우리 역사의 하늘과 별자리

고즈윈은 좋은책을 읽는 독자를 섬깁니다.
당신을 닮은 좋은책 — 고즈윈

우리 역사의 하늘과 별자리
김일권 지음

1판 1쇄 발행 | 2008. 8. 20.
1판 3쇄 발행 | 2016. 4. 7.

발행처 | 고즈윈
발행인 | 고세규
신고번호 | 제313-2004-00095호
신고일자 | 2004. 4. 21.
(121-819) 서울특별시 마포구 동교동 200-19번지 202호
전화 02)325-5676 팩시밀리 02)333-5980
홈페이지 www.godswin.com

값은 표지에 있습니다.
ISBN 978-89-92975-08-7

고즈윈은 항상 책을 읽는 독자의 기쁨을 생각합니다.
고즈윈은 좋은책이 독자에게 행복을 전한다고 믿습니다.

고대부터 조선까지 한국 별자리와 천문 문화사

우리 역사의
하늘과 별자리

김일권

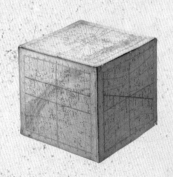

고즈윈
God's Win

우리가 잊어버린 우리의 하늘과 별자리

하늘의 별에는 옳고 그름이 없다는 옛 성현의 말씀이 있다. 시비(是非)가 없는 하늘이니 복잡다단한 세상사를 떠나 무한한 허공에 청춘의 열정을 쏟으며 진리를 탐구하면서 사랑의 애증과 인생의 파도를 넘고자 하였다. 하늘은 높아서 좋았고 넓어서 시원하였다. 막힘이 없는 하늘이니 선인들이 꿈꾸었던 무애(無礙)의 경계가 예 걸린 듯하였다.

우연한 계기로 시작한 고구려 별자리 연구는 우리 조상이 얼마나 하늘을 가까이 오르내리려 하였는지를 잘 보여 주었다. 고구려 벽화에는 천공에 걸린 별자리들 사이로 유영을 하고 춤을 추고 악기를 연주하는 선인들이 가득하다. 집안 오회분 4호묘의 천장 고임돌에 묘사된 북두칠성 그림이 압권이다. 거문고의 일종인 사현금(四絃琴)을 퉁기는 선인과 불춤을 추는 선인 사이에서 장구의 일종인 요고(腰鼓)를 두른 선인이 놀랍게도 대형 북두칠성을 배경으로 삼아 천상에 풍류를 수놓고 있다. 우리 역사에서 이토록 밤하늘의 별자리와 더불어서 노닐던 시대가 또 있었던가? 말 그대로 하늘과 인간이 하나로 어우러져 혼연일체를 추구하던 이 상상력은 왜 지금의 우리에게는 전해져 있지 않았을까? 고려와 조선의 하늘은 왜 그렇게 달라졌던 것일까?

지난 10년 동안 우리 역사 천문학에 몰두한 것은 이런 소박한 물음에 해답을 구하고 싶었기 때문이다. 우리 역사에 투영된 하늘과 별자리를 연구하면서, 하늘에도 무수한 논쟁이 있었고 숱한 이야깃거리가 간직되어 있음을 알게 되었다. 별자리가 단지 완상(玩賞)하는 정도의 반짝이는 별이 아니라 시대상과 문화상을 담고 있는 역사 해석의 중요한 주제임을 비로소 알 수 있었다. 별자리에도 자신들의 역사가 있었던 것이다.

고구려 연구에서 시작하여 동아시아 역사 천문학으로 분야를 확장하면서 고대 중국의 천문학 연구를 통해 전통 천문학의 기초를 마련하고자 하였으며, 이것이 『동양 천문사상 하늘의 역사』와 『동양 천문사상 인간의 역사』라는 열매로 맺혔다. 여기에서 닦은 이론적 토대를 바탕으로 한국 천문문화사를 지속적으로 연구해 왔는데, 본서에 담긴 글들은 바로 지난 10년간 고민하고 천착하였던 연구의 편린이다. 고대 한국의 별자리 암각화부터 삼국시대 천문기록, 고려시대 그리고 조선시대 천문도까지 긴 시대를 다루었지만, 이 책을 엮고자 한 애초 목적은 고려의 천문사상을 드러내는 것이었다. 긴 시간의 공백을 뛰어넘어 고구려에서 이어지던 고려의 하늘, 그리고 치성광불화라는 귀한 자료를 통해 우리가 모르던 고려인들의 천문 세계를 가늠해 보려 하였다. 그 결과 『고려사』에 숱하게 등장하는 별자리 제사들의 사상 배경과 구체적인 천문도의 모습을 짐작하게 되었으며, 그것이 이 책의 작은 성과이다. 역사 천문학에서는 문헌 연구와 유물 연구를 동시에 진행할 수밖에 없는데, 이 책에서도 두 측면을 함께 제시하고자 노력하였다. 중심 연구 분야인 고구려 벽화의 별자리 연구는 별도의 단행본으로 준비하여 올 가을이면 『고구려 벽화의 별자리와 신화』로 출간할 예정이다.

이 책에서는 우리가 잘 알지 못하는 전통천문을 고대, 삼국, 고려, 조선 등 시대별로 정리하였다. 오랜 세월 천문의 맥이 끊어질 듯하면서도 이어지는 모습을 다양한 자료로 접근할 수 있게 담아 보았다. 또한 우리 조상이 하늘을 어떻게 바라보았는지 쉬 엿볼 수 있도록 여러 가지 그림 자료를 모아 실었다. 이 부족한 책을 통하여 우리가 우리 역사 속의 하늘과 별자리 이야기를 하나의 줄기로 들여다볼 수 있다면 이 책을 펴낸 보람이 있을 것이다.

고려의 천문 이야기를 책으로 내려던 내게 늘 나의 학문에 신뢰를 던져 주는 고즈윈 출판사의 고세규 사장은 고려로 한정하지 말고 한국사 전체로 확장할 것을 요청하였다. 이에 용기를 내어 아직 부족한 면이 많지만 이 책을 내기에 이르렀다. 고귀한 인연을 만났으니 감사하다는 말이 무색하다. 분량이 많아 걱정스러운 이 책을 흔쾌히 출판하여 주심에 감사 말씀을 드린다. 아울러 편집과 교열에 정성을 다한 고즈윈 문형숙 님에게도 감사를 전한다.

　끝으로, 해도 해도 밀려드는 연구로 시간이 늘 모자라 연일 밤늦게 들어가는 바람에 많이 소홀한 가족들에게 미안한 마음이 크다. 큰딸 문주와 작은딸 효주의 꿈이 소록소록 자라기를 바라며 교육자로서 자신의 길을 한 치도 벗어나지 않는 아내 이현숙 선생에게 고마운 마음을 전한다.

넓은 하늘 아래 더불어 살아가는 공존과 소통의 지혜가
이 시대에 다시 굽이치기를 바라면서
청계산 남쪽 기슭에 기대인 문형관 연구실에서 이 글을 짓다.

2008년 7월
김일권

차례

3부 | 조선편

1부
–
고대편

고대 별자리의 문화사

역사 속에 전해지는 별자리 그림들을 비교하다 보면 동양과 서양의 별자리 형태가 대부분 다르다는 점을 발견하게 된다. 모양이 비슷한 별자리는 겨우 북두칠성과 오리온자리 정도에 불과하다. 한 자문화권의 동아시아 천문학을 공유하였던 고대 중국과 고대 한국의 별자리 유물 사이에서도 서로 다른 별자리 그림이 확인되고 있다. 왜 별자리 그림은 저마다 다른 것일까?

별자리에도 역사가 있다

우리 어릴 적 기억에 밤하늘에서 빛나는 별들은 꿈을 실어 나르고 신비를 불러일으키는 영원의 대상이었다. 동서양을 막론하고 별과 관련된 설화나 이야기를 접할 때마다 우리는 잠시 하늘의 무궁한 세계를 생각하곤 한다. 이렇듯 동경의 대상이던 별들이 인간의 역사 속으로 내려오자면 특정한 모양을 이루는 별자리로 변모해야 한다. 그래서 별과 별자리는 별개의 범주에 속한다. 인류 역사에서 별이 별자리로 전환되는 계기는 결코 가벼운 사건이 아니며, 문명사적으로 또다른 도약을 이루는 과정이다.

별 자체에 대한 연구가 현대 천체학에서 접근되는 영역이라면, 과거의 역사 천문학에서는 기본적으로 어떤 형태성을 부여한 별자리를 관측 대상으로 삼는다. 일정한 형태의 별자리가 마련된다는 것은 이를 공유하는 동일 문화권이 서로 소통할 수 있는 천문학의 정보 시스템을 갖춘다는 것을 의미한다. 별자리를 엮어 내는 눈이 제각기라서 다르게 기록된다면, 역사 전승은 물론이거니와 당시 사회에서도 서로 소통이 불가능할 것이다. 바로 이런 점에서 별자리를 역사의 산물로 바라보는 관점이 중요해진다. 별과 별자리가 다른 이유도 별자리가 역사성과 문화성을 벗어날 수 없기 때문이라 할 수 있다. 이는 고대의 천문학 연구에서 '무엇을 관측하였는가'에 못지않게 '어떻게 관측하고 기록하였는가'를 주목하는 이유이기도 하다.

이렇듯 '별'의 생성과 진화가 현대 천체학의 주제가 된다면, '별자리'의 형성과 변화는 역사 천문학의 영역이 된다. 역사 속에 전해지는 별자리 그림들을 비교하다 보면 동양과 서양의 별자리 형태가 대부분 다르다는 점을 발견하게 된다. 모양이 비슷한 별자리는 겨우 북두칠성과 오리온자리 정도에 불과하다. 여기에서 더 나아가 보면 한자문화권의 동아시아 천문학을 공유하였던 고대 중국과 고대 한국의 별자리 유물 사이에서도 서로 다른 별자리 그림이 확인되고 있다. 2005년 7월 1일 세계문화유산으로 등재되어 비로소 세계인에게 주목을 받게 된 고구려 고분 벽화 속 수많은 별자리 그림이 이를 증명하여 준다. 중국 천문학이 고구려를 완전히 뒤덮지는 못한 것이다.

왜 별자리 그림은 저마다 다른 것일까? 하늘의 별이 동양과 서양에서 그리고 중국과 고구려에서 서로 다르게 뜨는 것은 아닐 터인데 역사 속의 별자리 유물들은 뜻밖에도 서로 모양이 다르다. 이는 별자리를 엮어가는 방식이 문화권마다 동일하지 않을 수 있음을 보여 준다. 이렇게 별이 아니라 별자리일 때에는 자기 문화권으로 말미암은 문화성의 차이가 반영된다. 별자리는 문화의 속성을 지닌 존재인 것이다.

별자리는 또한 시대에 따른 변동을 동반하는 역사적인 존재이기도 하다. 어떤 별자리가 등장하는 것으로 비추어 그 자료의 시대적 편년을 가늠할 수 있으며, 동일한 별자리라도 시대가 흘러감에 따라 모양이나 개수가 변하기도 한다. 어떤 시대에 각광을 받던 별자리가 후대에는 쇠퇴하고 그 대신에 다른 사상적·사회적 배경을 타고 등장한 별자리가 새로이 주목을 받기도 한다. 이런 측면을 별자리의 역사성이라 일컬을 수 있다.

하늘의 성수에는 시비가 없다 하지만, 동양과 서양의 천문학에서는 서로 다른 이름과 다른 모양을 만들어 왔다. 현대 천문학이 서양의 전통을 따른 것이니 오늘날 밤하늘의 별은 모두 서양식 이름으로 불리게 되었다. 이 때문에 우리 역사에서 사용하던 별자리 이름과 모양이 대부분 잊혀져 버렸다. 기억되지 못한 사실이 아쉬운 것이 아니라, 우리가 우리 것을 알지 못한다는 사실에 자책하게 된다. 서세동점의 현대화가 하늘에서도 이루어진 탓이니 시대의 대세를 거스를 수는 없는 노릇이다. 역사학이 지난날의 일들을 반추하여 오늘의 우리를 살찌우는 작업이라면, 역사 천문학의 세계 또한 역사학의 문제의식을 공유한다.

우리 역사에 펼쳐졌던 천문의 역사를 들여다볼라 치면 기본적인 별자리 이름부터 여간 낯설지 않다. 단순히 동서양의 별자리 이름이 서로 다른 때문만은 아니다. 수천 년 동안 천문성수에 부여되었던 그 다양한 의미 체계를 이해하기 어렵기 때문에, 비록 별자리의 이름이 번역되었다 하더라도 낯설음을 면치 못한다. 물론 번역 자체가 생각처럼 쉽지도 않다. 한국 고대로의 별자리 여행을 떠나려는 지금 무엇부터 챙겨야 할까.

별자리와 문명 발전

별자리 관측이 어떻게 인류 문명의 발전에 기여하였는가는 고대 이집트의 천문학 연구를 통하여 널리 알려졌다. 피라미드에 쓰여 있는 상형문자를 해독함으로써 밤 하늘에서 가장 밝은 별 시리우스(Sirius, -1.5등성)가 새벽녘에 동쪽 하늘 지평선 위로 떠오르면 머지않아 나일 강이 범람하기 시작한다는 사실을 고대 이집트인들이 활용하였음을 알 수 있었다. 나일 강 최상류 에티오피아에서 산에 쌓인 눈이 녹아내리면서 범람을 일으키는데, 이때는 태양 고도가 최고가 되는 매년 6월말경(율리우스력으로 7월 중순) 하지 무렵에 해당하였다. 고 이집트 역법에서 일 년의 처음인 토트 달의 첫 날은 이를 맞추어 정해졌다. 이렇게 매년 되풀이되는 홍수를 예측할 수 있게 되면서 나일 강 유역에서 농경이 비약적인 발전을 이룩하였다.

고대 이집트인들은 이 예측의 전령사 구실을 하는 시리우스를 자신들의 가장 아름다운 여신 이시스(Isis)와 동일시하였다. 이시스는 나일 강 범람으로 기름지게 되는 비옥한 토양을 상징하였고, 또한 나일 강 자체를 의미하는 오시리스(Osiris) 신의 아내로서 남편을 도와 고대 이집트를 보호하는 자애로운 신들의 어머니 성모(聖母)로도 널리 추앙받았다. 이집트인들은 이런 시리우스의 신화적 이름을 그리스어로 소티스(Sothis)라 불렀다.

사실은 시리우스보다 먼저 이러한 범람의 천문학적 주기를 알려주는 별자리가 있었다. 시리우스가 새벽 동녘 하늘에 떠오르기에 앞서 언제나 먼저 출현하여 있는 오리온자리가 그것이다. 매우 밝은 별들로 구성된 오리온자리는 지평선상의 고도가 시리우스보다 높기 때문에 하늘에 머무는 시간도 그만큼 더 길어 관측하기가 훨씬 용이하다(오리온벨트 적위 0도, 시리우스 적위 -16도 가량, 현재 기준). 고대 이집트인들은 이 웅장한 자세의 오리온자리를 사후 세계의 주재자이자 파라오의 수호신인 오시리스 신과 일치시켰다. 이집트의 왕 파라오들이 죽으면 오리온자리로 다시 태어나 오시리스와 함께 영원한 삶을 누린다고 믿었던 것이다.

이렇게 오시리스 신과 이시스 여신을 하늘의 오리온자리와 시리우스에 결합시킨 신화는 고대 이집트 왕조에서 널리 전승되었다. 고대 이집트 피라미드 벽화에서 이런 장면을 많이 만날 수 있는데, 그중에 신왕조시대 센무트의 무덤 천장에 그려진 그림을 보면, 오시리스의 머리 위로 오리온 벨트의 세 별이 크게 그려져 있고, 그 뒤를 이시스 여신과 시리우스가 뒤따르고 있다.

왕이시여, 당신은 오리온자리와 함께 하늘을 횡단하고, 오시리스 신과 함께 저승을 항해합니다. 당신은 동쪽 하늘에서 떠서 적당한 계절에 새로 태어나고 알맞은 시기에 다시 젊어집니다. 하늘은 오리온자리와 함께 당신을 낳았습니다.(피라미드 문헌 제882-883행)

하늘에 계신 당신의 아버지(오시리스)와 오리온자리 곁에서 살며 젊어지소서.(피라미드 문헌 제2180행)

오시리스와 오리온에 대한 찬가로 가득찬 이런 내용은 피라미드 내부 벽면에 상형문자로 기록된 일명 〈피라미드 문헌〉(기원전 2300년경)에 상당한 분량으로 쓰여 있었다. 이것을 근거로 이집트 기자 지역에 나란히 놓인 세 피라미드가 바로 이 오리온자리 벨트의 3성에 응하여 건설되었다는 흥미로운 주장이 제기되었다. 또한 그 대(大) 피라미드 중간쯤에 있는 왕의 침실에 뚫린 통로가 기원전 2600년경의 하지 즈음 오리온벨트 별자리를 정확히 겨냥하고 있다는 연구도 나왔다(로버트 바우벌·아드리안 길버트의 『오리온 미스터리』). 이처럼 하지 무렵 새벽 동녘에 떠오르는 오리온자리와 시리우스는 고대 이집트 문명의 발전에 깊숙이 관련되었다.

여기에서 재미난 점이 하나 있다. 이집트 벽화에 묘사된 오리온자리가 현재 알려진 것과 같은 형태가 아니라 단지 세 개의 별이었다는 점이다. 이 세 별은 그리스 신화에서 사냥꾼 오리온의 허리끈에 해당한다 하여 흔히 오리온벨트라 불리는데, 이 삼대성(三大星)으로 오리온자리를 설명하고 있는 것이다. 현대 천문학에서 말하는 오리온자리는 두 팔과 두 다리를 지닌 7성 형태이다. 오리온자리에 대한 중국식 별자리 이름은 세 개의 별이라는 뜻의 삼수(參宿)이다. 이 역시 일직선으로 나란한 3대성만을 중시한 것이다. 고구려 벽화에 묘사된 오리온 별자리 또한 벨트 3성이 강조되어 있다. 다시 말해서 동서양이 동일한 모양으로 별자리를 인식하던 것이다.

그렇지만 동서양의 별자리 전체를 대조하여 보면 실상 서로 일치하는 별자리가 거의 없다. 북두칠성과 오리온자리 정도를 제외한 대다수 별자리는 연결하는 모습이 다르다. 이런 측면을 별자리의 문화성이라 부를 수 있다. 문화권이 다르면 다른 방식의 별자리 모양을 엮었던 것이다. 동양과 서양에서 별자리가 다르듯 중국과 고구려에서 또한 완전히 동일한 것은 아니다. 이런 점들을 잘 분석하면 고구려 시대에 인식되었던 별자리의 면모 역시 어느 정도 복원할 수 있다.

동서양이 대표적으로 내세우는 기본 별자리 체계인 황도 12궁과 적도 28수에도 문화성의 차이가 반영되어 있다. 물고기자리, 백양자리 등 서양의 황도 12궁이 황도대의 360도 원주를 12개의 커다란 별자리로 묘사한 것이라면, 각항저방 등 동양의 적도 28수는 천구 적도상의 360도 원주를 28개의 작은 별자리로 가른 것이다. 같은 360도 원주를 서양에서는 12등분하였고 동양에서는 28등분하였으니 별자리의 크기와 모양이 달라짐은 당연하고, 각기 황도와 적도를 기준으로 삼았으니 별자리 위치 또한 같지 않게 되었다.

시대가 지나면서 천문관측학의 수준과 범위가 확장되는 추세를 보임에 따라 새로운 별자리가 생겨나거나 분화되고, 또는 변형되기도 한다. 이런 측면을 추적하다 보면 특정한 시기부터 등장하는 별자리가 있을 수 있고, 그 위치와 모양이 달라지는 경우도 생긴다. 오리온자리가 처음에 3성이었다가 후일 7성으로 다시 10성으로 확장되는 것도 이러한 예인데, 이런 측면에서 우리는 별자리의 역사성이라는 관점을 수립할 수 있다.

문헌과 유물자료에 등장하는 별자리들을 서로 비교 분석하다 보면, 별자리 또는 그 체계가 시대성과 지역성을 드러내는 역사의 중요한 인소일 수 있음을 확인하게 된다. 이렇게 별자리의 문화성과 역사성이라는 두 관점을 통하여 지난 수천년 역사 속에 수놓아졌던 천문의 역사를 더욱 깊이 밝혀낼 수 있을 것이라 믿는다.

태양이 홀로 떠오르는 서양 천문

현대 서양 별자리가 고대 그리스-로마 신화에 기반을 둔다는 것은 널리 알려진 사실이다. 그렇다면 동양의 별자리는 어떤 내용을 담았을까?

 이 물음을 파헤치기에 앞서 동양과 서양에서 단지 별자리의 이름과 모양만 다른 것이 아니라는 점을 살펴볼 필요가 있다. 동양과 서양은 무엇보다 천문을 바라보는 기본 관점부터 서로 다르다. 이 문제는 천문의 배후인 하늘의 중심을 어떻게 설정하였는가, 다시 말해서 우주론의 구성 방식과 관계된다. 얼른 생각하기에 같은 하늘을 머리에 이고 살아 왔으므로 무엇이 달랐을까 싶지만, 역사에 드러난 자료들은 그렇지 않다는 점을 잘 보여 준다.

 하늘이 너무나 높고 커서 우리의 세상 전부를 감싸지만, 작은 땅 지구의 서편과 동편은 서로 다른 하늘을 추구하여 오면서 자신들만의 우주를 꿈꾸었다. 유대인의 성서에 나오는 신(God)이 서구의 하늘을 지배하기 이전, 고대 이집트인의 하늘은 나일 강 위로 매일 아침 승천하는 눈부신 태양을 우주 중심으로 삼았다.

 나일 강 하류 삼각주에 건설되었던 태양의 도시 헬리오폴리스(Heliopolis. 그리스어로 태양의 도시라는 뜻. Cairo도 아랍어로 태양의 도시라는 뜻)의 사제들은 연꽃 봉오리(Lotus. 인도의 연꽃은 활짝 펼친 원형인 반면에 이집트의 연꽃은 봉오리 맺힌 형태로 그려진다.) 속에 누워 있던 원초적 비존재이자 완전성을 의미하는 아툼(Atum. A-는 부정접두사. 우리 개념으로 무극(無極) 정도로 해석된다)이 나일 강의 태양신 라(Ra)로 태어났고, 매의 머리로 상징되는 라가 지상의 최고 통치자인 파라오(Pha-ra-oh, 위대한 라의 아들)로 화현하여 이 세상을 다스린다고 믿었다. 이 이야기가 이집트 고대 왕국의 주요 정치신학이자 자신들의 신화 우주론을 이루는 기본 뼈대가 되었다.

이렇게 하여 하늘의 중심인 태양의 신격화로서 라는 고대 이집트가 존속하는 오랜 세월 동안 왕권신수설의 주역으로 설정되었으며, 지상의 왕에게 하늘의 신탁을 내려주는 파라오의 수호신으로 숭앙되었던 것이다. 그런데 이집트의 태양신은 라(Re로도 불린다)만 있는 것이 아니라 아툼(Atum), 아텐(Aten), 아문(Amun), 호루스(Horus) 등이 모두 태양신이라는 뜻을 지닌다. 심지어 아몬-레(Amon-Re), 아툼-레(Atum-Re)와 같이 연용된 신의 이름까지 사용되었다. 이 중 가장 강력하였던 이름은 고대 이집트어로 '감추어진 존재', '보이지 않는 신'을 뜻하는 아문(Amun. Amen, Amon, Ammon 등으로도 불리며, 기도 끝에 붙이는 아멘의 유래이기도 하다)인데, 처음에 테베 지방 수호신이었다가, 중왕국시대(기원전 2040?~기원전 1758) 이래 테베가 왕국의 수도로 정해지면서 이집트 최고의 천신으로 부각되었다. 귀공자 얼굴의 황금마스크 주인공으로 유명한 투탕카멘(기원전 1333~1323)은 신왕국시대 제18왕조 아멘호텝 4세(아케나텐)의 뒤를 이어 8살 나이로 파라오에 올랐다가 17세의 젊은 나이에 요절하였는데, 그의 이름이 다름 아닌 태양신 아문의 빛으로 일어난 왕이라는 뜻의 투탕크-아문(Tutankh-amun)이다. 이처럼 이집트의 파라오들은 태양신이 자신들을 지킨다고 굳게 믿었다.

한편, 고대 페르시아에서 태동한 조로아스터교[창시자 스피타마 자라투스트라(Spitama Zarathustra, 기원전 660년경 출생)] 역시 태양을 제1의 주재자로 숭배하는 종교 전통이다. 선과 악의 이원적 대립 투쟁을 주요 뼈대로 삼는 조로아스터 교리에 따르면 이 세상에 종말이 올 때에 빛[光明]을 표상하는 선신(善神)이자 불멸의 주(主)이신 아후라 마즈다(Ahura Mazda, 현명한 주님)가 모든 악을 물리치고 만인을 부활시킬 것이라 믿었다. 후일 중국으로 들어와서는 불을 숭배하는 배화교(拜火敎)로 알려졌는 바, 불[聖火]이 사원의 깊고 고요한 핵심부에 안치되어 모든 의례 예배의 대상이 되었기 때문이다. 이 불이란 바로 광명으로 영원히 밝음[善]을 지향하는 태양의 투사물로써 진정 꺼지지 않는 선한 의로움[Asha]을 의미한다.

불교를 태동시킨 고대 인도를 둘러보아도 역시 태양신에 대한 신화가 다양한 갈래로 여러 이름으로 확산되어 있다. 우리에게 미래의 구세주로 유명한 미륵불(Maitreya)은 그 전신이 베다 신화에서 태양신으로 출발한 미트라(Mitra) 신이었다. 그가 같은 아리안계의 페르시아로 들어가서는 빛의 신이자 진실을 지키는 이들의 후원자로서 혹은 현생에서나 내생에서 암흑의 세력과 싸우는 수호신인 미트라로 거듭났으니, 후대 조로아스터교의 야자타(Yazata, 천사) 중 가장 중요한 존재로 부각되었다. 기원 후 2세기경 미트라 신앙(Mithraism)은 서쪽으로 영국에까지 퍼졌으며, 특히 로마 군인들 사이에 유행하여 '무적의 태양'이라는 전쟁의 수호신으로 숭배되었다. 4세기 이후 기독교가 로마 제국의 국교로 공인되면서 쇠퇴하였다.

또한 불교 화엄 신앙의 주불(主佛)인 비로자나불(Vairocana)도 의역하면 광명변조(光明遍照)로 번역되듯이 온 누리를 환하게 비춘다는 태양 신화에 바탕을 둔다. 밀교에서 우주의 중심으로 제시된 대일여래(大日如來)의 범명이 다름 아닌 마하 바이로차나(Maha-vairocana)이듯이 화엄경과 동일한 바이로차나 곧 위대한 태양신을 본질로 삼는다. 이 같은 바이로차나, 곧 비로자나불이 연화장 세계의 법신불(法身佛)로서 우주에 편만한 그의 가없는 가피력으로 지상 모든 중생의 무명(無明)을 깨친다는 태양 중심의 신화 구조를 그대로 내보이고 있다.

태양과 달이 함께 떠오르는 동양 천문

이처럼 서양의 사상과 신화에서 태양은 우주의 중심 상징으로서 매우 강력한 원동력으로 작동된다. 그 반면에 동양의 신화 사상으로 들어가 보면 이렇다 할 태양 중심의 신화를 찾기가 쉽지 않다. 굳이 찾자면, 11개나 되는 태양이 하늘에 동시에 떠올라 초목금수를 태워 버리는 것을 보고 후예(后羿)라는 명궁이 나서서 태양 10개를 쏘아 떨어뜨려 하나의 태양을 운행하게 하였다는 사일(射日) 신화가 주목된다. 하지만 한국, 중국 남서부, 동남아시아에 널리 퍼진 이 신화의 주된 안목은 자연의 질서에 어긋나는 재변(災變)을 바로잡았다는 정도여서 태양을 우주론의 중심으로 상징화한 스토리라 보기는 어렵다.

이것마저 우리의 무가(巫歌) 초감제에 이르면, 태양도 둘, 달도 둘이어서 인간이 일광에 타 죽고 월광에 얼어 죽는 지경에 처하자 천지왕의 두 아들 대별왕과 소별

왕이 무쇠 활로 각기 해와 달을 하나씩 쏘아 떨어뜨려 일월 질서를 바로잡았다는
식으로 각색된다. 이미 태양만이 아니라 태양과 달이라는 일월 신화로 전변되어 버
린 것이다.

　이러한 우주론의 지향성 차이로 말미암아 동양의 신화나 천문에서는 태양만 위
대할 수는 없었다. 언제나 달이 짝이 되어 작동하였기 때문이다. 그래서 지상 최고
의 왕을 태양에 비유하는 것은 그다지 의미가 적었다. 하늘의 아들[天子]일 뿐이지
태양의 아들은 아니었던 것이다. 동양이 펼쳐놓은 하늘의 역사를 들여다보면 태양
은 오히려 천자와 형제뻘 정도로 치부되었다. 제천 의례를 올리는 축판을 쓰면서
고대 중국 황제가 태양에 대해서는 모(某) 정도로 할 뿐 신모(臣某)라 칭신하지를
않은 것도 그 같은 의식의 발로였다.

　한국 고대사의 경우 조금 사정이 달라 보인다. 중국과 달리 초기 건국신화에서
광명(光明) 신화 구조가 매우 발달하여 있기 때문이다. 고구려 시조 추모왕은 유화
부인이 일광(日光)에 감응되어 낳은 아들이었으며, 신라 시조 혁거세 역시 일광에
의해 난생(卵生)으로 태어난 아들이었다. 둘 다 달에 대한 신화소가 보이지 않기 때
문에 태양 중심의 신화 성격이 짙다고 할 수 있다. 이렇게 한국의 고대 삼국에서는
처음에 태양 중심의 신화 구조를 지니고 있었다가 고대 국가로 성장하면서 점차
일월 신화로 확장되어간 것은 아닐까 짐작된다.

　고구려 전성기를 보면 고분 벽화에 흔히 묘사되어 있듯이 해와 달이 늘 함께 출
현하였으며, 모두루 묘지명(5세기초)에서는 고구려 시조를 '일월의 아들(日月之子)'이
라 표현하였다. 신라의 동해 바닷가에 전승된 연오랑 세오녀의 이야기도 이미 광명
신화가 아니라 일월 병행 신화로 변모되어 있다. 고대 국가로 성장하면서 중국의
일월 천문신화에 상당히 동화되어간 모습이다. 고구려 벽화 시대에서는 말할 것도
없이 일월이 동시에 동쪽과 서쪽 하늘을 환히 밝히는 빛나는 존재였다. 그런 끝에
마침내 고구려가 일월을 넘어 스스로를 '황천의 아들(皇天之子)'이요 '천제의 아들
(天帝之子)'이라는 '하늘의 아들' 신화로 엮어내었음을 압록강의 국내성 들판에 우
뚝 솟아 있는 광개토태왕비문(414년)이 웅변하고 있다.

태양력과 태음력

서양의 신화적 안목이 태양을 선호하는 까닭에 태양에 대한 상징이 더없이 높아졌지만 그에 반하여 달에 대한 이야기는 상당히 억압된 형태로 자리 잡게 되었다. 서구 문학에서 늑대가 울고 보름달이 뜨는 밤에 무슨 일들이 일어났던가 되새겨 보자. 〈나는 네가 지난 여름에 한 일을 알고 있다〉라는 미스터리 영화에서나 중세에 마녀사냥이 벌어지던 밤에는 언제나 둥근 달이 음험하게 비쳤다.

서구인의 정서상 달이 뜨는 밤에는 무언가 음습하고 흉측한 일이 벌어질 것만 같다. 라틴어 달의 여신 루나(Luna)에서 파생된 루너틱(lunatic)이라는 단어가 이를 잘 담고 있다. 광기가 서리다 또는 미치광이를 뜻하는 말로 사용된다. 달에 대한 좋지 않은 집단 기억이 반영된 탓일 것이다. 그 연원이 태양을 유일하게 강조하는 고대 이집트로까지 거슬러 갈 수 있음을 앞에서 살펴보았다.

그러나 달을 태양의 짝으로 존숭하던 동양의 문학에서는 달이 뜨는 보름밤이면 시를 한 수 읊어야 하고 강강술래를 덩실덩실 추어야 할 정도다. 우리 세시 풍속에 보름달과 관계된 절일(節日)이 유난히 많은 것도 모두 이러한 일월 병행 신화 기반 때문이라 할 수 있다. 정월 대보름과 중추 한가위날은 우리 민족의 대표적인 보름달 명절이다. "더도 말고 덜도 말고 보름달만 같아라."라는 덕담이 가능한 우리의 문화적 배경은 넓게 보자면 이처럼 동서양이 추구하였던 천문에 대한 관점 차이에서 찾을 수 있는 것이다.

역법 체계에서도 서양은 달의 변화를 배제하고 오직 태양력만 추구한 반면에, 동양은 태양과 함께 달의 위상 변화를 세밀히 기록하도록 하였다. 그래서 달을 표제어로 삼는 '달력'이라는 말까지 생겨났다. 달의 력(曆)이긴 하지만 순전한 태음력은 아니다. 달력의 표면 곧 역면(曆面)의 날짜를 달의 위상 변화를 따르도록 하였기 때문에 '음력'이라는 말을 쓰긴 하지만, 우리 달력에는 반드시 천구상 태양의 위치 변화를 맞출 수 있도록 24절기를 병기한다. 이 때문에 동양의 역법은 태음태양력 전통이 된다.

세계에서 가장 오래된 인류 문명으로 기록되는 메소포타미아 지역의 고대 바빌론 천문학도 실상은 태음태양력 전통에 서 있다. 이 점이 고대 이집트의 태양력 전통과 다른 점이다. 이집트 신화에서 잘 등장하지 않던 달의 그림이 바빌론 신화에서는 자주 등장한다. 바빌론의 왕 멜리시파크 2세가 나나이 여신에게 제 딸을 공희(供犧)하는 비석 그림을 보면 태양과 함께 초승달이 뚜렷하다(시공디스커버리총서 56 『하늘의 신화와 별자리의 전설』의 54쪽 그림 참고). 태양의 춘분절을 일 년의 설날로 삼고 황도 12궁의 창설에 기여하였던 바빌론이지만 태음의 요소를 천문학의 기본 요소로 중시하였던 것이다.

다만 이들의 달은 우리의 보름달과 달리 대개 초승달 모양을 이룬다. 메소포타미아(Meso는 between을, potamia는 river를 뜻한다) 일대를 비옥한 초생달 지역(Fertile crescent)이라 부르는 점이 흥미롭다. 고(古) 바빌론의 점토 판화에서도 그러하거니와 옛 터키 제국의 휘장에도 초승달(crescent)이 채택되었고, 현재 이슬람 국가인 중근동의 나라들에서는 국기에 초승달을 동일한 상징으로 그려 넣고 있다. 이슬람의 상징이 초승달로 대표된 셈이다.

이런 전통에서 말미암았는지 무슬림들은 순태음력을 사용한다. 이 역법에서는 태양의 변화를 고려하지 않기 때문에 1 태양년(365.2422일)과 1 태음년(354.3671일)의 차이만큼인 약 11일씩이 매년 빨라지게 된다. 그래서 마호메트(무함마드)가 코란에 포함된 신의 계시를 받았다는 신성한 라마단(제9월)은 시작되는 때가 매년 달라져 여름철에도 겨울철에도 걸린다. 뜨거운 열대의 사막 지역에서는 무관하겠지만 사계절이 뚜렷한 지역에서는 아무래도 개발되기 어려웠을 역법일 듯하다.

하늘 중심에 빛나는 북극성 신화

서양이 태양을 우주의 중심으로 삼은 반면 동양은 해와 달을 병행하는 신화 형태로 나아갔다. 그렇다면 동양에서는 우주의 중심을 상징하는 체계가 없었던 것일까? 우주의 중심 사상에 대한 이야기가 없을 수는 없었다. 그렇다면 무엇으로 표상하였던 것일까?

왕의 칭호로 국한할 경우 이집트의 파라오가 태양신 라를 내세웠다면 중국에서는 천자라는 말이 일찍부터 개발되었으니 하늘 그 자체를 우주의 중심으로 삼았던 것이다. 천문과 관련하여 생각한다면 동양에서 태양은 이미 달과 짝이 되는 존재이니 중심이 될 자격이 없는 노릇이었다.

그렇다면 고대 중국인들은 무엇에서 우주의 전일성과 중심성을 찾았을까? 이것의 단서를 우리는 공자 어록에서 찾을 수 있다. 『논어』「위정편」의 첫머리에서 공자는, "군주가 덕으로 정치하는 것을 일러, 비유컨대 북진성이 그 자리에 있어 뭇별이 아우르는 것과 같다.(爲政以德, 譬如北辰, 居其所而衆星共之.)"라고 하였다.

춘추전국을 마감하여 중국 최초의 통일제국을 열었던 진한대로 가면, 우주 최고의 지고신으로 공자가 말한 것과 동일한 북진성(北辰星), 곧 북극성을 내세웠다. 천상의 모든 별이 하나의 정점을 중심으로 움직이듯이 지상의 천자도 그와 같음을 북극성 신학을 통하여 천명하려 하였던 것이다. 이 시대에 북극성 신의 이름은 태일신(太一神)이었다. 태일이라는 말 자체가 이미 만물이 비롯된 '위대한 하나'를 지칭한다. 최초로 중국의 천문학서를 집대성한 사마천은 북극성을 하늘의 꼭대라는 의미에서 천극성(天極星)이라 표현하였다. 또 천제의 별이라는 뜻에서 제성(帝星)이라 별칭하기도 하였다. 로마의 율리우스 카이사르에 비견되는 한무제는 태일신을 국가의 공식적인 제천의 주신으로 숭봉한 최초의 황제였다.

이로부터 동양의 하늘에서는 북극성을 우주의 중심으로 내세우려는 정치사상 또는 철학사상 체계가 매우 발달하게 되었다. 서양이 내세운 태양이 낮 하늘을 불태우는 존재라면, 동양의 북극성은 밤하늘에 빛나는 별들의 제왕이었다. 이런 때문인지 밤하늘의 천문에 대한 이야기가 동양 사회에서는 깊이 스며들게 되었다. 특히나 하늘이 군주의 잘잘못을 천변 현상으로 견책한다는 천견(天譴) 사상이 천문과 결합되어 있어서 천문의 관측과 해석이 제왕학의 핵심으로 중시되었다.

그런데 북극성의 신학은 진한 제국의 힘이 무너지던 기원 전후 즈음부터는 하늘 자체의 천신(天神)이 별자리의 성신(星神)보다 높아야 한다는 반론을 받게 된다. 이에 하늘의 성스러움을 표상하는 황천상제(皇天上帝)가 태일신을 대신하여 우주의 중심신격으로 부각되었고, 곧이어 하늘의 물형적 원기호대함을 지칭하던 호천상제

(昊天上帝)가 다시 등장하여 서로 투쟁하게 되었다. 여기에다 북극성 자체의 중심성이 여전히 중시되어야 한다는 천황대제(天皇大帝) 신학도 제기되어, 말 그대로 하늘의 최고 지존 자리를 놓고 각축하는 쟁론의 장이 펼쳐지기에 이르렀다. 위진수당대와 송원대를 지나면서도 이러한 우주론적 신학 쟁론이 사라지지 않았으며 서로 부침을 거듭하는 형국으로 전개되었다. 다르게 본다면 밤하늘과 낮 하늘의 쟁론 같기도 하였다. 고려시대 궁궐에서 빈번하게 제사되었던 태일(太一) 초제(醮祭)는 이런 시대의 산물이다.

전반적으로 보아 북극성은 천문세계에서 여전히 최고의 존재로 군림하였다. 그 위상이 태양과 달에 비할 바는 더욱이 아니었다. 동양의 천문과 별자리 세계는 이 같은 관점에서 입론되고 전개되었다고 할 수 있다. 이 책에서 살펴볼 우리 역사 속의 별자리 역사와 천문의 문화사에는 이와 같은 동서양의 천문과 신화에 대한 서로 다른 지향성이 짙게 배어 있다.

영일 칠포 암각화에서 찾은
카시오페이아와 북두칠성

카시오페이아 성혈에서 북극성 성혈까지 120센티미터 거리였고, 북극성에서 윷판 성혈까지 거리도 120센티미터였다. 거의 북두칠성 위치에 윷판 도형이 새겨진 것이다. 이것을 어떻게 설명할 수 있을까? 이 새로운 현상을 관찰하면서 처음으로 북두칠성과 윷판을 연관 지었고, 그런 끝에 윷판 도형이 북두칠성의 사계절 사방위 주천운행도에서 창안되었을 것이라는 새로운 견해를 도출하기에 이르렀다.

별자리 암각화에 대한 연구

우리나라에서 암각화(바위그림) 연구가 전개된 지는 이미 3, 40년을 헤아린다. 울산 반구대와 천전리 암각화와 같은 초대형 바위 그림의 발굴은 한국 암각화 연구의 새로운 지평을 열었다. 고령 양전동 암각화의 동심원 문양은 일찍부터 주목되었고, 삼남 지역에 널리 분포된 검파형 문양은 암각화의 시기 추정에 중요한 단서를 제공하였다. 선각으로 새긴 암각 그림이 있고 구멍 형태의 암혈 그림도 있지만 넓게는 암각화라는 말로 통칭한다.

이 중에 바위 그림에 대해 천문학적으로 접근할 여지를 보여 준 것은 깊이와 너비가 적당한 바위 구멍 자료들이었다. 기존 연구에서는 오목하게 파인 바위 구멍의 형태가 여성 성기를 상징한다고 보아 이것을 성혈(性穴)이라 불렀고, 아들을 낳기 위해 바위를 갈아 마셨다는 속설에 기대어 풍요와 다산을 추구하던 고대인의 성 신앙 또는 기자(祈子) 신앙의 일종으로 풀이하였다.

그렇지만 모든 바위 구멍이 성기 신앙과 기자 신앙으로 해석되는 것은 아니다. 성혈은 자연 암반을 비롯하여 고인돌과 탑신부와 같은 인공 바위물을 가릴 것 없이 가히 전국에 산재된다. 대부분 적당한 깊이와 지름을 지닌 둥근 홈 형태의 성혈 자료들은 하나의 바위 면에 개수가 많은 것에서 적은 것까지 그리고 크기가 크고 작은 것까지 다양한 모습을 보인다. 이런 성혈의 배치와 형태를 조사하던 중에 구멍과 구멍 사이를 연결하는 연결선이 있는 경우는 좀 다른 방식으로 접근할 필요가 있다고 생각하게 되었다. 일견 하늘의 어떤 별자리를 새긴 것으로 보이기 때문이다. 이런 생각 끝에 필자는 한국 암각화 연구에서 '별자리 형태로서의 성혈 연구'라는 새로운 주제를 제기하기에 이르렀다. 말하자면 기자 신앙이나 성기 신앙의 성혈과, 별자리 형태의 성혈 자료를 분리하자는 관점이었다. 그러한 고천문 주제로서의 암각화 연구를 맨 처음 이끌어 낸 가장 주목할 만한 자료가 경북 영일 칠포리 일대의 별자리형 암각화다.

1990년에 포철고문화연구회가 「칠포리 암각화군 조사보고」(『古城』 2집, 1990)를 낸 이래 이 자료들의 도판과 사진 자료를 책자로 소개한 이하우·한형철 선생의 『칠포마을 바위 그림』(포철고문화연구회, 1994년)은 우리나라 암각화 연구의 중요한 전환점을 이룬 작업이었다.

필자는 여기에서 자극을 받아 고인돌을 비롯한 전국의 바위 그림에 새겨진 별자리형 성혈 문제에 더욱 파고들어 한국 고대의 천문학 분야로 확장하고 있다. 1998년 여름에 펴낸 「별자리형 바위 구멍에 대한 고찰」(『古文化』 51집, 한국대학박물관협회)은 한국 암각화 연구사에서 천문학적 접근을 처음으로 점화한 글이었다. 이 글에서는 그중 칠포리 지역의 별자리형 암각화를 주로 살펴보려고 한다. 바위의 성혈 그림들을 천문학적으로 분석하는 것은 근사하기만 한 일은 아니다. 해석의 작위성이 자못 삽입되기 때문이다.

그림 1 신흥리 오줌바위의 지리

그림 2 산불로 초목이 사라진 뒤의 오줌바위 원경(2006. 7. 30)

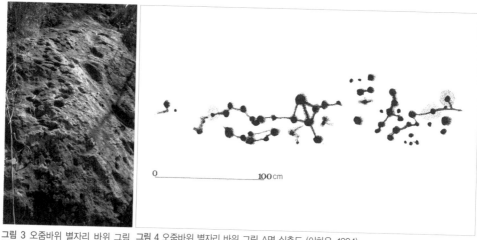

그림 3 오줌바위 별자리 바위 그림 **그림 4** 오줌바위 별자리 바위 그림 A면 실측도 (이하우, 1994)
A면 (2003. 1. 5)

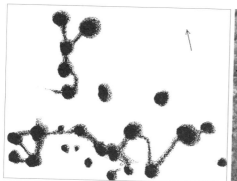

그림 5 오줌바위 별자리 바위 그림 B면의 W자, Y자형 그림
(이하우, 1994)

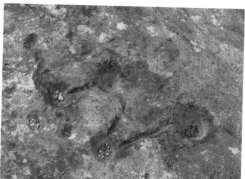

그림 6 오줌바위 W 별자리 성혈 (2006. 7. 30)

신흥리 오줌바위의 W자형 별자리 암각화

1.

경북 영일만 칠포 해수욕장 인근 야산에는 다양한 소재의 암각화군이 분포하여 있다. 그 중에서 별자리 관점을 가장 잘 보여 주는 자료는 영일군 청하면 신흥리 마을의 뒷산 오줌바위에 있다(그림 1, 2). 이것은 흥해읍 칠포리와 인접하여 있는데 계곡을 따라 신흥리의 마을 뒷산으로 오르는 암반 지대 초입부에 있다. 성혈과 성혈

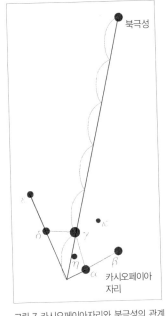

그림 7 카시오페이아자리와 북극성의 관계

표 1 카시오페이아자리 밝기와 구멍 크기

순 서	1	2	3	4		5	
Cas	ß	α	η	δ	ε	η	κ
밝 기	2.27	2.23	2.47	2.68	3.38	3.44	4.16
중국 성도명	王良 1	王良 4	策星	閣道 3	閣道 2	王良 3	王良 2
구멍 크기	Ø 11 d 6	Ø 7 d 4	Ø 9 d 6	Ø 7 d 3	Ø 5 d 3	(지름) (깊이)	(cm)

사이를 잇는 연결선까지 패 있어 별자리형 바위 그림으로서는 가장 제격이다. 경사진 바위면을 따라 별자리 암각화가 길게 늘어져 있다(그림 3, 4).

연결선을 새긴 성혈군이 바위면의 위아래 두 군데로 나뉘어 있어서 편의상 A면(아랫면)과 B면(윗면)으로 분리한다. 먼저 A면을 보면, 연결선을 지닌 성혈의 모습이 충분히 별자리를 연상시킨다(그림 4). 어떤 별자리를 관측하면서 옮겨 놓은 듯한데 무엇을 그린 것인지 파악하기는 쉽지 않다. 언제 새겼으며 어느 계절의 별자리인지 구별해 내기도 어렵다. 한꺼번에 새겼는지 여러 시대의 흔적이 묻어 있는지도 알아보기 힘들다. 그래서 일단 '별자리형 암각화'라는 큰 범주로 자리매김되는 정도지만, 예컨대 '검파형 암각화' 같은 부류와는 전혀 다른 암각화 주제가 새로이 성립할 수 있게 되었다.

2.

그런데 A면 위쪽에 놓여 있는 B면의 바위 그림은 그 형태가 매우 이목을 끈다(그림 5, 6). Y형 별자리 밑으로 W 모양 별자리 바위 그림이 완연한 것이다. 혹시 카시오페이아자리를 새긴 것이 아닐까. 이 그림을 처음 답사한 1995년 6월 이후 이런 생각이 머릿속에서 떠나지 않았다. 바위에 이 별자리를 새겼다는 것을 처음에는 받아들이기가 쉽지 않았다. 매우 흥미로운 그림이라는 것도 틀림없지만, 이렇게 연결선까지 분명한 별자리를 바위 그림으로 만나는 것이 얼마나 희귀한 일인지 연구를 거듭 할수록 분명히 알 수 있었다.

카시오페이아자리는 1년 내내 관측되는 주극성들로서, 밝기가 2~3등급이므로 육안으로 쉽게 구별된다. 전 하늘의 중심인 북극성을 찾을 때 북두칠성과 더불어 지표로 사용하는 길잡이 별자리이기도 하여 매우 중요한 별자리다. W자 모양의 볼록한 두 꼭지점을 연장하여 만나는 지점부터 W자까지의 거리만큼을 다섯 배 연장하여 나아간 지점에 북극성이 놓이게 된다(그림 7).

이런 구도를 상정하면서 앞쪽을 조사하여 보니 공교롭게도 크게 팬 성혈 하나가 이중 테두리로 강조된 것을 찾을 수 있었다(그림 8의 동그라미, 그림 9의 동그라미). W에서 바라보아 거의 정북쪽에 자리 잡았고, 거리도 대략 5배의 관계를 보이고 있었다. 구도상 북극성과 카시오페이아자리의 배치와 적절히 어울리는 것이다(그림 10, 11). 처음 발견된 당시에는 북극성 부분이 단단한 소나무 뿌리와 흙 속에 파묻혀 있었기 때문에 이 관계를 알 수 없었다. 1996년 4월 5일 카시오페이아자리 문제를 좀 더 조사하기 위해 발견자인 이하우 선생과 함께 필자가 이 부근을 파헤치다 새롭게 찾아낸 것이 바로 북극성 성혈이었다.

그림 8 신흥리 오줌바위 별자리 바위 그림 B면 사진 (2003. 1. 5. 좌측이 북쪽)

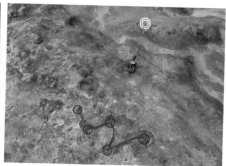

그림 9 신흥리 오줌바위 B면 별자리 바위 그림 (2006. 7. 30. 위가 북쪽)

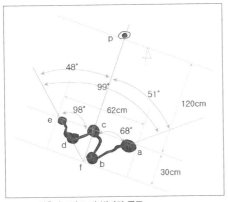

그림 10 신흥리 B면 W자 별자리 구조

	∠abc	∠cde	∠afc	∠cfe	∠afe
Cas	78°	115°	53°	32°	85°
W성혈	68°	98°	51°	48°	99°

표 2 카시오페이아와 신흥리 B면 W 별자리 기울기 비교

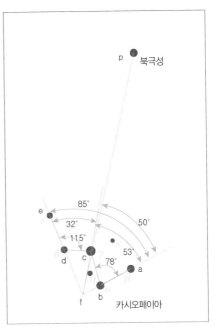

그림 11 카시오페이아자리 구조

다음으로 성혈 크기와 별자리 밝기가 어떤 연관이 있는지 살펴보았다. 바위 그림을 자세히 관찰하면, W를 이루는 구멍 다섯 개 중에서 1~3번 구멍은 확연하게 크고 깊이 팬 반면에, 맨 왼쪽 구멍은 가장 작고 깊이도 얕았다. 4번 구멍이 도면에서는 커 보이나 연결선 부분의 바위가 깨진 탓에 확장된 것이다. 실제 관측되는 별자리의 밝기 등급과 이런 바위 구멍의 깊이와 지름 크기가 대응되는지를 살펴보았다. 실제 카시오페이아자리 1~3번 별은 2.23~2.47 등급으로 서로 비슷하게 밝으며, 4번 별은 2.68등급으로 좀 어둡고, 5번 별은 3.38등급으로 가장 어둡다(표 1). 이로 볼 때, 가장 어두운 5번 별에 대응하여 5번 구멍이 가장 작고 얕게 패인 것을 알 수 있다. 이 대응관계는 신흥리의 W 성혈이 실제 별자리의 밝기 등급과 비례한다는 것을 보여 주는 것으로, 이 성혈이 직접 관측되어 새겨졌을 것임을 시사한다.

그 뿐 아니라 W자의 볼록한 쐐기꼴 모양이 좀 다른 점도 주목을 끈다. V 모양의 오른쪽 오목보다 왼쪽 오목이 더 완만한 각도를 이루는 것이다. 우측과 좌측의 값이 68°와 98° 값으로 2 : 2.88의 비율을 보이는데(그림 10의 ∠abc와 ∠cde), 실제 카시오페이아자리의 벌어진 각도가 대략 78°와 115°로서 2 : 2.94의 비율을 보인다. 그러므로 성혈과 실제 별자리 각도의 비율이 서로 거의 비슷하다고 할 수 있다. 북극성을 향한 꼭지점에 대한 부채꼴 모양에서도 W 바위 그림이 51°와 48° 값을 보이는데(그림 10의 ∠afc와 ∠cfe), 카시오페이아자리의 부채꼴이 각각 53°와 32°이므로(단 ∠afp는 50°), 정확하지는 않으나 충분히 의미 있는 경향성을 보이고 있다. 측정 방식에 따라 편차가 발생하는 점을 감안하더라도 위와 같은 정도의 대응성을 보인다는 것은 대단히 주목할 만한 결과다.

전체적으로 보아 세밀한 천문도가 아닌 자연 암반에 새긴 성혈 별자리가 이 정도의 정교성과 대응성을 지닌다면 대단히 우수한 작품이라 할 수 있다. 제5성이 가장 어두운 것에 대응하여 가장 작게 새겨져 있고, 부채꼴 모양의 각도 또한 편차는 있지만 급하고 완만한 각도가 2 : 3의 비율로 실제 카시오페이아자리와 잘 닮아 있다. 북극성과의 상대거리 관계도 적절하다.

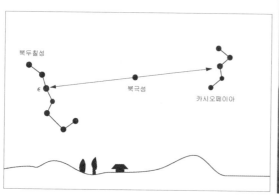

그림 12 북극성을 사이에 둔 북두칠성과 카시오페이아자리의 관계 (이태형, 1989)

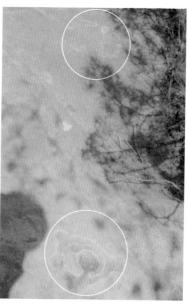

그림 13 수풀을 헤치고 새로 드러난 북극성과 윷판 성혈 (1996. 4. 5)

그림 14 북극성과 윷판 성혈을 추가한 신흥리 별자리 바위 그림 B면 모사도 (이하우, 2003. 6)

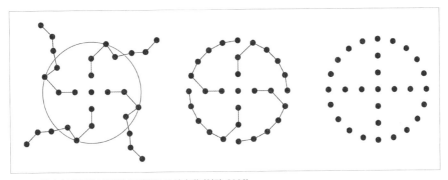

그림 15 윷판의 북두칠성 사방위 주천운동 모식과정(김일권, 2002)

3.

다음으로, 이 별자리의 북극성 너머 대척점에 북두칠성이 새겨져 있다면 이것을 카시오페이아자리로 확실하게 판정하게 된다(그림 12). 1996년 4월 5일에 이곳을 조사하며 나무뿌리와 흙으로 덮여 있던 부분을 파헤쳐 바위면을 드러내고 보니(그림 13), 대척점에 기대하던 북두칠성은 보이지 않고 그 대신에 원형의 윷판 도형 한 점이 새겨져 있었다(그림 14의 좌측). 카시오페이아 성혈에서 북극성 성혈까지 120센티미터 거리였고, 북극성에서 윷판 성혈까지 거리도 120센티미터였다. 거의 북두칠성위치에 윷판 도형이 새겨진 것이다. 이것을 어떻게 설명할 수 있을까? 새로 드러난바위면에서 윷판 그림 여러 개가 발견되기도 하였다.

이 새로운 현상을 관찰하면서 처음으로 북두칠성과 윷판을 연관 지었고, 그런 끝에 윷판 도형이 북두칠성의 사계절 사방위 주천운행도에서 창안되었을 것이라는 새로운 견해를 도출하기에 이르렀다(그림 15). 북두칠성이 직접 새겨진 것에 비하면 아쉬울 수밖에 없었지만, 결과적으로는 전혀 다른 망외의 성과를 올릴 수 있었다. 실상 북두칠성과 연관 지은 윷판 도형의 천체론적 해석은 우리 윷놀이 연구사에서 처음 제기된 관점이었고, 전국에 산재해 있는 윷놀이판 암각화를 연구하는 데 또 다른 전환점을 제공하게 된 쾌거 중 하나라 자부한다.[1] 이렇게 이곳 영일 신흥리 오줌바위 계곡의 별자리 바위 그림 B면 자료는 한국 암각화 연구에서 별자리형 성혈 연구 분야를 개척하는 중요한 자료가 되었다.

4.

이 별자리 그림을 카시오페이아자리로 볼 수 있다면 이 그림은 언제쯤 새겨졌을지 짚어 보기 위하여 필자는 이곳을 처음 답사한 직후 중국 고천문도와 비교하였다. 검토 과정에서 놀랍게도 중국 고천문도에는 W자형 카시오페이아자리가 일절 존재하지 않음을 발견하게 되었다. 카시오페이아자리에 해당하는 별들이 없는 것이 아니라 이것들을 W자 모양으로 연결 짓는 관점이 없었던 것이다. 중국식 천문 전통에서는 W자 모양의 카시오페이아자리를 만들어 내는 부분을 왕량성(王良星), 책성(策星), 각도성(閣道星)이라는 세 별자리로 분해하여 인식하기 때문에 W자형이 전혀 그려지질 않는다(표 3, 그림 16). 하늘의 별은 그대로인데 이를 인식하는 인간 사회의 별자리가 다른 것이다.

　중국 고천문서 중 가장 오래된 사마천의 『사기』 「천관서」 편에서 그러하며, 현전하는 고천문도 중에서 가장 오래된 당나라 중대 무렵의 둔황 성도 갑본과 을본에서도 그러하다. 이러한 중국의 고천문도 체제를 그대로 반영한 조선 초기의 〈천

---

1. 북두칠성의 주천운행도에서 윷놀이판이 창안되었을 것이라는 견해는 다음의 여러 논문을 통하여 발표하였다.
　　김일권, 「한국 고대인의 천문우주관」, 『강좌 한국고대사』 제8권, 가락국사적개발연구원, 2002
　　＿＿＿, 국민대학교 박물관, 2003년 2월
　　＿＿＿, 「국내성에서 발견된 고구려 윷놀이판과 그 천문우주론적 상징성」, 『고구려연구』 15집, 고구려연구회, 2003년 6월
　　＿＿＿, 고찰: 정읍 두승산 망화대의 바위 그림 자료 소개를 덧붙여」, 『한국암각화연구』 5집, 2005년 4월

상열차분야지도〉(1395년) 또한 W 모양의 카시오페이아자리 대신에 왕량성과 책성
및 각도성 등으로 분리하여 그렸다.

위와 같은 역사 천문학의 조건에 비추면, 신흥리 계곡의 W자 카시오페이아자
리는 적어도 조선시대의 작품은 아니라고 판단된다. 왜냐하면 중국식 천문 형식
을 따르는 〈천상열차분야지도〉가 조선시대 내내 중요한 천문도의 표준으로 사용
되었고 널리 전파되었다고 본다면, 이런 관점에 익숙한 조선시대에 W자형 별자리
를 바위에 그린다는 것은 설득력이 약하다. 그와 마찬가지로 중국식 천문학 지식
이 우리나라로 전래되기 시작하는 삼국시대에도 역시 W자형 별자리를 새기는 일
이 쉽지 않을 것이라 짐작된다.

그래서 일단 W자형 별자리 바위 그림의 각석 시기가 삼국시대 이전이거나 현대
서양의 천문 지식이 전해져 표준화되는 근현대 이후의 두 시기로 집약될 수 있다
고 본다. 그런데 두 시기 중 근현대에 새
겼다고 보는 견해는 신흥리와 칠포리 주
변의 암각화 상황을 고려할 때 좀 동떨어
지게 된다. 이 지역에는 고인돌을 포함하
여 청동기시대의 문화 현상으로 해석되는
암각화군이 다양하게 분포한다. 이런 상
황 때문에 결국 삼국시대 이전의 어떤 시
기가 아닐까 추정하게 된다.

물론 이 견해에 논란의 여지가 충분하
다. 조선 후기가 되면 서양 천문지식이 밀
려 들어오기도 하고, 또한 삼국시대에도

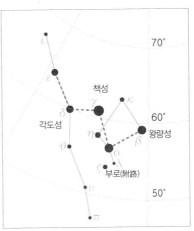

그림 16 카시오페이아자리(점선)와 중국 별자리(실선) 대조

중국 성도명	왕량1	왕량2	왕량3	왕량4	왕량5	책성	부로	각도1	각도2	각도3	각도4	각도5	각도6
Cas	β	κ	η	α	λ	γ	τ	ι	ε	δ	θ	ν	π
밝기	2.27	4.16	3.44	2.23	4.73	2.47	3.66	4.52	3.38	2.68	4.33	4.89	4.54

표 3 카시오페이아자리의 중국식 별자리 대응표(大崎正次, 『中國の星座の歷史』, 1987)

중국식 천문도가 전래되었지만 완전히 정착하였다고 보기는 어렵기 때문이다. 다만 조선 후기에 전해진 서양식 천문도는 현대에 보는 것과 다르며 이미 중국화 단계를 거친 서법 바탕의 중국식 천문도임에 유의해야 한다. 곧 별자리 모양은 중국식을 최대한 유지하였다. 이런 까닭에 조선시대 자체는 거의 배제할 수 있다고 본다.

이런 와중에 주목되는 역사 천문도 자료가 두 점 있으니, 다름 아닌 고구려 고분 벽화의 별자리 그림과 고려시대의 석관 천문도가 그것이다. 바위 그림의 별자리에 직접 연관되지 않고 시대적으로도 후대이긴 하지만 별자리의 역사적 변화와 문화적 편차 문제를 이해하기 위해서 요긴한 자료들이다.

5.

필자는 국내에서 처음으로 고구려 고분 벽화 속 별자리 그림 연구를 체계화하고 그 내용을 분석 동정하여 한국 고대사 연구의 중요한 주제로 부각시킴과 아울러 고대 천문학사를 전혀 새로운 궤도로 진입시켰다.

그러던 중에 고구려 제19대 광개토태왕(391~413)의 영락 18년(408년)에 만들어져 절대 축조 연대가 알려진 평안남도 남포시 덕흥리 벽화 고분을 살펴보았다. 서벽 천장 벽화부에서 두꺼비가 들어 있는 달 그림(月像) 위쪽에 세로 W자 모양인 별자리가 그려졌음을 확인하였고 이 별자리가 카시오페이아자리일 것이라고 논하였다 (그림 17). 영일 신흥리 오줌바위의 W자형 별자리 그림 외에 다시 만나는 카시오페이아자리 자료였다. 덕흥리 서벽의 W자형 별자리를 자세히 보면 V 모양 쐐기꼴 오목 중 위쪽이 넓고 아래쪽이 좁다. 그 벌어진 각도의 비율 역시 대략 3 : 2다. 앞서 실제 카시오페이아자리의 구조에서 본 것과 흡사하여 당시 고구려인이 사실적인 관측을 하였던 결과임을 방증하고 있다.

덕흥리 벽화 고분의 이 W자형 별자리는 역사적으로 시사하는 바가 크다. 중국 고천문도에 W자형 별자리가 존재하지 않으므로 덕흥리의 이 별자리가 곧바로 고구려 천문학의 독자적 발전 경향을 시사하는 중요한 자료가 되기 때문이다. 덕흥리 벽화에는 W자형 외에 필자가 세페우스자리로 동정한 바 있는 동벽 천장의 역V자형 날치5성[飛魚五星]이 있다. 이 또한 중국 고천문도에서 발견할 수 없는 별자리

였다. 더욱이 안악 1호분의 서쪽 천장부에 그려진 N
자형 별자리는 다른 곳에서 아직 전례를 찾지 못하였
고 중국 천문도에 그려진 것도 아니어서 무슨 별자리
인지 아직까지 그 실마리를 잡지 못하는 실정이다.[2]

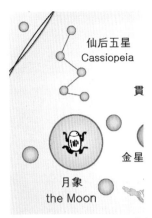

이렇게 고구려 벽화 고분은 고구려 자체의 천문 전
통을 시사하는 대목을 적지 않게 담고 있다. 아직 중
국식 천문도가 완전히 고구려를 덮지 못하고 있었던
것이다. 이런 역사 정황에 비추어 본다면 영일 신흥리
W자형 별자리 그림의 존재도 한국 고대의 독자적 천
문 관측 전통 측면에서 조망할 수 있지 않을까. 이런

그림 17 고구려 덕흥리 고분의 서벽
천장 별자리 (김일권, 2004)

측면이 바로 영일 지역의 별자리 암각화 자료가 지니는 주목할 만한 가치라 할 수
있다.

사실 육안으로 카시오페이아자리 부분을 관측할 때, 중국식처럼 왕량성과 책성
등으로 분리하여 인식하기가 훨씬 어려우며, W자 모양의 밝은 별자리로 파악하는
편이 더욱 용이하기 때문에, 중국 천문도라는 선입견이 없었을 고대 사회에서는 W
자형 별자리로 인식 관측하여 바위 그림으로 남겼을 개연성이 매우 높다.

6.

현재 국립중앙박물관에는 W자형 카시오페이아자리가 틀림없는 중요한 역사유물
이 전해지고 있는데, 고려시대에 만든 석관의 윗면에 그려진 이른바 석관 천문도가
바로 그것이다(그림 18).

석관 중심부에 봉황 두 마리가 얽힌 태극 형상 바깥으로 한편에는 북두칠성이
완연하고, 다른 편에는 W자형 연결선이 뚜렷한 카시오페이아 5성 별자리가 새겨
져 있다. 마주 보고 있기 때문에 북극성을 아우르는, 틀림없는 북두칠성과 카시오
페이아자리로 판명할 수 있다. 북두칠성에는 자루의 끝 쪽에서 두 번째 별(ζ UMa.

---

2. 김일권, 「5세기 고구려 고분벽화에 나타난 천문관과 천문학 : 덕흥리 고분(408)의 별자리 동정과 천문학적
인 고찰을 중심으로」, 『고구려의 역사와 문화유산』, 한국고대사학회·서울시정개발연구원, 2004ㄷ. 9월

동양식으로 개양성(開陽星), 무곡성(武曲星)]에 작게 연결선을 붙여 별 하나가 더 그려졌다. 이것은 북두 제8성이라 불리는 보성(輔星, 서양명 Alcor)이다. 얼마나 세밀하게 별자리를 관측하여 묘사하였는지를 여실히 알 수 있으며, 고려시대 천문도 수준을 유감없이 바라보게 된다.

그림 18 고려시대 석관 천문도(국립중앙박물관 소장)의 모사도

그런데 다시 생각하면 이 자료는 특이하지 않을 수 없다. 이미 중국식 천문도가 완전한 표준으로 자리 잡았을 고려시대에 전혀 비중국적인 카시오페이아자리를 그린 셈이 되기 때문이다. 이 문제는 다시 두 갈래 관점으로 접근할 수 있다.

첫째, 고려가 덕흥리 벽화 고분의 경우에서처럼 고구려의 천문 전통을 그대로 계승하여 중국 천문과 병존시켰을 가능성이다. 이는 고려시대에 만들어진 왕릉 천문도를 살펴보면 충분히 납득이 가는 관점이기도 하다. 공민왕릉이라든가 신종의 양릉 천문도에 고구려적인 천문 체계가 그대로 들어와 있기 때문이다.[3]

둘째, 고구려시대에 이미 서양 천문 지식이 일부 흘러 들어왔을 가능성이다. 고구려가 중근동의 서역 천문학과 직교섭하였거나 국제 교류가 활발하던 고려시대에 아랍 상인들을 통해 서역의 천문 지식을 수용하였을 가능성을 상정해 볼 수 있다. 그러나 이 관점을 뒷받침하기 위해서는 앞으로 좀 더 많은 자료와 증빙 전거를 찾아야 한다. 아직까지는 하나의 가설 제기 수준으로 만족할 정도다.

---

3. 여러 논문에서 고구려와 고려의 천문 전통이 계승되는 문제와 두 시대에 공통으로 발견되는 천문 특징에 대하여 자세히 논증하였다.

김일권, 「고구려 고분벽화의 북극성 별자리에 관한 연구」, 『고구려연구』 5집, 1998ㄴ. 6

_____, 「각저총·무용총의 별자리 동정과 고대 한중의 북극성 별자리 비교 검토」, 『한국과학사학회지』 22권 1호, 한국과학사학회, 2000ㄹ. 6

_____, 「고구려 벽화와 고대 동아시아의 벽화 천문 전통 고찰: 일본 기토라 천문도의 새로운 동정을 덧붙여」, 『고구려연구』 16집, 2003ㅇ. 12월

_____, 「고구려의 천문 문화와 그 역사적 계승 : 고려시대의 능묘 천문도와 벽화 무덤을 중심으로」, 『고구려연구』 23집, 2006ㄴ. 6

하여튼 고려시대에 중국 천문도에 없던 카시오페이아자리가 분명히 천문도에 남겨졌다는 것은 한국 천문학사에서 상당히 큰 파장을 불러일으킬 만한 사안이다. 앞으로 이에 대한 연구를 진행시킬 필요가 있으며, 혹여 중국의 비공식적 천문도 자료 속에 이런 관점이 배어 있었던 것은 아닌지도 세밀히 살펴볼 필요가 있을 것이다.

이상의 두 관점 중에서 현재로서는 첫째 견해가 유력하다 생각되므로, 고려시대에 W형 별자리가 새겨진 것은 고려 자체의 천문 전통과 고구려 이래의 계승 측면에서 깊이 조망된다. 이와 관련하여 영일 신흥리의 W형 별자리 존재도 한국 고대로부터 전승되었을 자체적인 천문 전통 측면에서 들여다볼 여지가 충분히 있다고 여겨진다. 만약 신흥리의 바위그림이 삼국시대 이전의 문화 현상일 수 있다면 그것은 다시 고구려 이전으로 더 거슬러 올라가 고인돌 문화가 꽃피던 선사시대의 천문 문화로 접근하게 된다. 이 관점에 대해서는 현재 북한 지역의 적지 않은 고인돌 덮개돌에서 별자리 바위 그림이 그려진 것으로 확인 보고되는 사정과도 연계하여 조망할 필요가 있다(그림 19). 남한

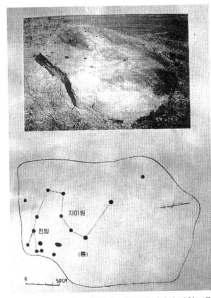

그림 19 북한 평원군 원화리 고인돌의 별자리 바위 그림 (『주체조선』 2005. 3월호 No.585, 평양)

그림 20 새로운 W 별자리가 발견된 신흥리 오줌바위 A면 초입부 전경 (2006. 7. 30)
그림 21 오줌바위 A면의 새로운 W 성혈 (2006. 7. 30)

그림 22 오줌바위 A의 새로운 카시오페이아자리(2006. 7. 30)

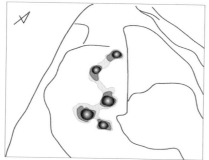
그림 23 오줌바위 A면의 새로운 카시오페이아 모사도

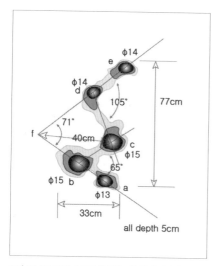
그림 24 오줌바위 A면의 새로운 카시오페이아자리 구조

지역의 고인돌 문화에서도 별자리 바위 그림에 대한 연구가 현재 진행되고 있는 바, 서로 충분한 자료 검토를 통해 이 문제를 본격적으로 제기할 필요가 있다.[4]

7.

2006년 여름 신흥리 계곡에서 별자리 성혈 하나를 새로이 확인하게 되었다. 2006년 7월 30일, 우리나라 별에 대한 다큐멘터리를 제작하는 중앙방송 Q채널팀과 함께 W자형 별자리 바위 그림의 천문학사적 의미와 암각화학적 의의에 관한 인터뷰 촬영 중에, 갑자기 김도형 촬영감독이 여기에도 똑같은 W 모양 별자리가 보인다고 한 것이다. 이에 살펴보니 조금 전에 이야기하였던 카시오페이아자리와 완전히 동일한 구조를 보이는 성혈이었다. 위치는 오줌바위 A면 별자리 바위가 시작되는 곳보다 조금 아래쪽 바위면이었다(그림 20, 21). 지금까지 이곳을 여러 차례 조사하였지만 수풀에 가렸는지 미처 확인하지 못한 새로운 자료였다.

---

4. 북한 지역의 고인돌 별자리 그림과 관련하여 필자가 「별자리형 바위 구멍에 대한 고찰」(『고문화』 51집, 1998)에서 도표로 정리한 〈표1 북한 지역의 별자리가 새겨진 고인돌 무덤 일람표〉 참조

성혈은 윗부분에 침식이 심하여 투박한 모습이 되었고, 연결선 고랑도 원래보다 넓어진 듯하였다. 그렇지만 기저부의 둥근 홈 상태가 여전히 잘 남아 있고, 전체 모양과 구도가 앞서

	∠abc	∠cde	∠afc
Cas	78°	115°	85°
W 성혈	65°	105°	71°

표 4 신흥리 A면 W 별자리 기울기 정도

살펴본 A면의 W 별자리 구조와 흡사하였다. W의 두 쐐기꼴 오목도 좌측이 넓고 우측이 좁아 전형적인 카시오페이아자리 형태를 닮았다(그림 22, 23). 각도를 재어 보니 대략 우측이 65°, 좌측이 105°여서, 둘의 상대 비율이 2 : 3.2로서 카시오페이아자리의 2 : 3 구조와 유사한 수준이었다(그림 24, 표 4). 역시 카시오페이아 별자리 성혈을 새긴 것이라고 판단 내릴 수 있는 것이었다.

이로써 신흥리 오줌바위 계곡에서는 연결선이 있는 W 별자리 성혈이 모두 두 점 닮은 꼴로 발견되었고, 둘의 모양이 실제 카시오페이아자리 구도와 흡사하므로 이곳 별자리 바위 그림의 고천문학적인 가치가 더욱 높게 평가될 것으로 보인다.

칠포리 상두들 고인돌에 새겨진 북두칠성과 북극성

1.

다음으로 신흥리의 별자리 그림과 연계하여 칠포리(七浦里) 일대의 별자리 바위 그림을 살펴보자. 가장 이목을 끄는 자료는 칠포리 상두들의 둔덕에 놓여 있는 고인돌에서 보였다. 칠포리 암각화 중에서 가장 유명한 것은 검파형 암각화와 여성 생식기 암각화로, 이것들은 칠포 해수욕장의 해안도로변에서 내륙 쪽으로 좀 들어가다 보면 칠포리 201번지로 불리는 곤륜산의 북쪽 기슭편에 새겨져 있다. 이 암각화군은 1990년 8월 7일에 경상북도 유형문화재 제249호로 지정되었다. 이곳에서 실개천 건너 소나무 수십 그루가 있는 상두들 쪽 둔덕에 고인돌로 보이는 바위가 있다. 바위는 크게 네 조각으로 갈라져 있다(그림 29). 바로 이 바위 윗면에 흥미로운 바위 구멍 그림들이 새겨져 있다(그림 25, 26).

첫째는 맨 앞에 놓인 바위면에 팬 북두칠성 바위 그림이다. 자루 모양이 지나치게 앞쪽으로 휘어 있지만 바위면의 상태에 따라 새기다 보니 접힌 듯하다. 일곱 구멍의 모양으로 보건대 북두칠성 별자리로 간주될 수 있는 자료다. (그림 27, 28)

둘째는 뒤쪽에 나란한 세 조각의 바위 중에서 맨 왼쪽에 있는 B 바위 그림인데, 크고 작은 홈이 여러 개 무질서하게 파여 있다. 그 중에서 가장 크고 뚜렷하게 팬 홈을 꼽으면, 일견 가로 모양의 일직선 형태로 잡히는 구멍 세 개가 특히 주목을 끈다. (그림 30)

셋째는 맨 오른쪽 바위면에 새겨진 윷놀이판 바위 그림이다. 십자와 원형으로 29점을 구성한 분명한 윷판 그림이다. 칠포리 해수욕장을 바라보는 곤륜산 기슭 암반과 신흥리 오줌바위에는 원형의 윷판 그림이 수십 점을 넘어 백 점 가까이 새겨져 있는데, 여기 상두들의 고인돌에도 별자리 성혈과 함께 한 점이 뚜렷이 새겨져 있는 것이다. (그림 31)

그림 25 칠포리 상두들의 별자리 고인돌 원경 (2003. 1. 5)   그림 26 상두들 고인돌의 윗면 (2003. 1. 5)

그림 27 상두들 고인돌 A바위의 북두칠성 (이하우, 1994)   그림 28 상두들 고인돌 A바위의 북두칠성 바위 그림 (2003. 1. 5)

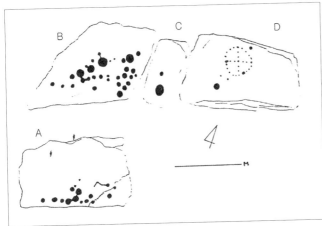

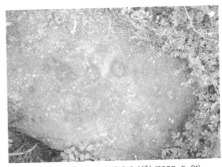

그림 30 상두들 B바위 3성 별자리 성혈 (2005. 5. 21)

그림 29 칠포리 상두들 고인돌의 별자리 바위 그림 평면도 (이하우, 2003). 아래에서 시계 방향으로 A, B, C, D로 구분

그림 31 상두들 고인돌 D바위의 윷판 그림 (2006. 7. 30)

2.

이 세 자료들이 모두 연관성이 있는지는 알 수가 없다. 한 가지 지적할 만한 점으로 북두칠성 위쪽의 B 고인돌에 일직선형으로 팬 3개의 별자리 성혈이 일견 고구려와 고려의 고분 벽화에 흔히 그려진 북극삼성(北極三星)을 연상시킨다는 점이다. 다음 이야기는 시대나 지역적으로 서로 연결된다고 볼 수는 없으나, 상두들 별자리 성혈을 이해하는 데 참고 삼을 만한 내용이다.

고려의 왕릉 벽화와 우선 비교해 보자. 20대 신종(神宗, 1144~1204)의 양릉(陽陵) 천문도에서는 천문도 중심부에 북두칠성과 북극삼성을 그려 두었다. 이것은 안동 서삼동 고려 벽화묘와 파주 서곡리 고려 벽화묘의 천장부에서도 동일하게 확인되는 별자리 구조다. 고구려 역시 평양시 진파리 4호분의 전천 천문도에서 보이듯이 천문도 중심에 북두칠성과 북극삼성을 그렸다. 말하자면 고구려의 천문 전통이 고려의 벽화묘로 그대로 전승되었던 것인데, 그 천문 형식은 북극3성과 북두7성의 두 별자리를 천문도 중궁(中宮)의 핵심 별자리로 안치한 것이다.

이 점은 중국의 당송대 고천문도가 북극삼성이 아니라 북극오성(北極五星)을, 북두칠성 대신에 사보(四輔)4성을 천문 중궁의 핵심 별자리로 삼는 것과 대조되는 측면이다. 이에 필자는 고구려와 고려의 '북극3성-북두7성' 천문과 당송의 '북극5성-사보4성' 천문이 각기 다른 전통이며 대립되는 것이라 주장한 바 있다.

이런 측면이 칠포리 상두들 고인돌의 별자리 구조에서 엿보이고 있기에 다시금 이곳 별자리 암각화가 주목받는 것이다. 북두칠성이 그려진 위쪽에 일직선 형태의 3성 별자리가 가장 크게 새겨진 구도는 북극3성-북두7성의 중궁 형식과 일견 흡사해 보인다. 물론 과연 그렇게 딱 들어맞는다고 간주하는 일은 여간 조심스럽지 않다. 이런 해석은 다시 상두들에 보이는 일직선 형태의 별자리를 어떻게 보느냐에 따라 복잡해진다. 크고 깊은 홈을 기준으로 삼으면 3성 별자리로 간주되나, 얕지만 옆에 놓인 하나의 홈을 연결지어 본다면 4성 별자리로 볼 수 있다. 이런 경우에는 『사기』「천관서」 편에서 제시된 천극(天極)4성 별자리가 유비된다. 천극4성은 진한시대에 천문 중심에 놓인 북극성 별자리다.

이처럼 말이 없는 바위 그림 자료인 탓에 문헌사 내지 천문학사로서의 사료적 해

그림 32 칠포리 제단형 고인돌 북쪽에서 남쪽으로 바라본 모습 (2006. 7. 30)

그림 33 제단형 고인돌과 앞쪽의 제단석 (이하우, 1994)

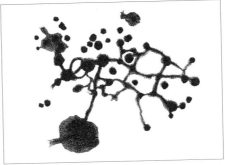

그림 34 칠포리 제단형 고인돌의 덮개면 성혈(2006. 7. 30)

그림 35 제단형 고인돌 덮개면의 도랑 있는 바위 구멍 평면도 (이하우, 1994)

석이 몹시 어려워 그 시대 맥락을 잡기가 난감하다. 또한 우리나라 암각화 중에서 북두칠성과 북극삼성을 나란히 그린 경우가 칠포리 외에서 아직 발견되지 않았다.

이렇게 해석할 여지가 상당히 좁은 자료임에도 칠포리 상두들의 별자리 바위 그림은 우리나라 암각화 중에서 북극성 표현과 관련하여 접근할 만한 가장 유력한 자료라는 점에서 그 가치를 주목하게 된다.

실상 북두칠성의 경우에는 국자 모양으로 쉽게 구별되기 때문에 보편적으로 널리 그려지고 발견될 수 있으나, 북극성은 천상의 중심이라는 다분히 관념적인 측면이 강하여 별자리 그림으로 형상화하기가 그다지 용이하지 않다. 대개 북극성을 별 하나로 묘사하거나 인식하는 것은 이런 사정 때문이다. 역사를 따라가다 보면 시대마다 정형화했던 북극성의 양식도 동일하지는 않다. 이는 천문학적인 세차 운

그림 36 칠포리 제단형 고인돌의 덮개면 서쪽 부분

그림 37 칠포리 제단형 고인돌의 덮개면 동쪽 부분

동 때문에 빚어지는 불가피한 현상이지만, 이것이 일반인에게도 상식이었다고 상정하기는 어렵다. 그러므로 만약 상두들의 별자리 그림이 북극삼성 혹은 천극4성으로 간주된다면 그것은 천문에 밝은 전문가의 식견이 반영된 어떤 결과물이라고 할 수 있다.

아무튼 칠포리 지역의 별자리 바위 그림이 지닌 이러한 가능성마저 충분히 눈여겨보면서 이곳의 암각화 문화에 접근할 때, 우리 역사 속에 전해지고 있을 또다른 천문 전통의 단면을 되짚어 보게 될 것이며, 또한 그 문화를 일구었을 어느 시대 칠포리 마을 사람들의 높은 안목에 감탄하고 경의를 표하게 될 것이다.

3.

칠포리 상두들의 고인돌 별자리 문제를 제천 신앙과 관련하여 접근하게 만드는 자료가 있다. 상두들 고인돌에서 바닷가 쪽으로 능선을 넘어선 곳에 일명 제단형 고인돌이 한 점 놓여 있다(그림 32~34). 덮개면에 크고 작은 성혈이 62개 가량 패였고, 물줄기를 연상시키는 연결선 도랑이 이리저리 얽혀 있다(그림 35). 무슨 별자리를 새겼음 직도 하지만 무질서하여 특정 별자리를 집어내기에는 용이하지 않다. 그래서 성운(星雲)형 별자리 바위 그림이라고 표현할 만하다.

왜 이런 형태의 성운형 성혈이 새겨졌을까. 이 고인돌이 제단 형식을 취하는 것

그림 38 바닷가 마을에서 이 야산으로 오르면 맨 먼저 이 제단형 고인돌을 만난다 (2006. 7. 30)

그림 39 동쪽 바닷가를 향해 촬영한 제단형 고인돌

에서 단서를 얻을 수 있을 듯하다. 제단에 해당되는 바둑판형 고인돌은 가로 220
센티미터 세로 250센티미터 크기에 땅 위로 드러난 높이가 100센티미터가량이다.
그 앞에 나란히 놓인 제단 상석은 세로변이 240센티미터가량으로 제법 널찍한 바
위다. 방향을 조사해 보니 제단과 상석을 이은 축이 정남북을 가리킨다. 보통 북쪽
을 향하여 제단을 설치하지만 이것은 정반대로 정남쪽을 향하여 제사 드리는 형국
이다. 왜 남쪽을 향하였을까 의문이 드는데, 이 칠포 지역의 지세를 둘러볼 때 제단
너머 남쪽으로 이 일대에서 가장 높이 솟은 곤륜산 정상부가 나란한 축에 놓인다.
곧 제사자들이 이 고인돌 바위에 정남쪽의 곤륜산(해발 177m)을 향하여 하늘 제사
를 지내는 제천단 기능을 부여하였으리라 짐작되는 것이다. 이러한 제단에 하늘의
뭇 별을 새겨 하늘의 영험성을 이끌어 내려 한 흔적이 아닐까 싶다.

왜 이 고인돌 바위는 이곳에 있었을까. 제단형 고인돌의 뒤쪽(북쪽)으로 시선을
돌리면 농발재 너머 신흥리 내륙 쪽에서 내려오는 소동천이 흐르고, 그 사이에 제
법 넓은 들판이 펼쳐져 있고, 강과 바다가 만나는 곳에 칠포항이 있다(그림 38). 여기
는 항구와 가까운 곳이다. 뱃일을 하던 옛사람들이 항구에 정박하여 여러 날 머물
면서 항해의 안녕과 풍어를 기원하기 위하여 뒷산에 오른다면 맨 먼저 눈에 뜨임
직한 곳이 바로 이곳 제단형 고인돌 언덕받이다. 그리 높지도 멀지도 않으면서 항
구와 바다가 한눈에 들어와 전망이 좋은 위치다(그림 39). 입지가 좋은 이곳에서 풍
어와 안녕을 기원하는 하늘 제사를 드리면서 제천단의 덮개돌에다 하늘의 별자리
를 내려 담는 주술 행위로 연결선이 있는 성운형 별자리 바위 그림을 새겼던 것이
아닐까 짐작해 본다.

제단형 고인돌에서 남쪽으로 야트막한 능선을 넘어서면 곧바로 앞서 살펴본 상
두들 고인돌의 북두칠성과 북극삼성 및 윷놀이판 바위 그림을 만나게 된다. 서로
무관하지 않은 고인돌 별자리 문화가 엮여 있는 것이다. 제천 행사와 천문 신앙
이 만나는 지점에 별자리 암각화라는 주목할 만한 고인돌 문화 현상이 남겨진 것
이라 이를 만하다. 소동천을 따라 농발재를 넘어서는 곳에 신흥리 오줌바위 계곡
이 있으니 신흥리의 북극성과 카시오페이아자리를 새긴 세력도 칠포 상두들의 고
인돌 별자리를 새긴 주체와 밀접한 친연성이 있으리라 예상된다. 바닷가 사람들이

안전한 항해를 위해 일찍부터 천문 관측 지식에 밝았다는 점을 생각한다면 칠포와 신흥리의 별자리 바위 그림 문화를 남긴 세력에 대한 의문이 조금은 가실 듯하다.

밤하늘 별자리를 새긴 천문의 역사

바위에 별자리를 새긴다는 사실은 그 자체만으로 흥미로운 일이다. 하늘을 동경하던 별자리 신앙의 한 갈래가 바위 문화로 전개되었을 것이다. 바위는 부드러운 종이에 비하면 새기기가 여간 어려운 소재가 아니다. 최대한 매끈한 면에 새긴다 하더라도 암석 재질에 따라 울퉁불퉁 굴곡이 지는 것은 피하기 어려웠을 것이다. 그래서 정교한 별자리 내지 천문도를 상정하고 접근한다면 바위 문화를 이해하기 어렵다. 투박하더라도 하늘을 담아내려 한 고대인들의 생각을 읽어 내는 일이 중요하다. 정교하지 않은 별자리 성혈에 대해서 천문학적 해석을 끝없이 가하여 한국의 별자리 바위 그림 문화가 지니는 역사적 의의를 끊임없이 제고하여야 할 것이다. 그럼으로써 우리 문화사 한쪽에 이토록 하늘을 경외하여 밤하늘의 별자리를 새긴 천문의 역사가 숨쉬고 있다는 사실을 우리 스스로에게 되살려 봄 직하다. 이 역사를 나타내는 것이 막연한 별자리 신앙일 수도 있고, 구체적인 별자리의 관측 사실을 남긴 흔적일 수도 있다.

칠포만 일대의 고인돌과 자연 암반에는 생각보다 다채롭고 정밀한 암각화가 남아 있다. 단지 성혈뿐 아니라 연결선을 부여한 별자리 그림으로서 신흥리 계곡의 카시오페이아자리와 북극성 성혈은 실제 하늘의 천문과 매우 흡사하여 각석의 정교성에 감탄하지 않을 수 없다. 이 자료는 우리나라 암각화 연구에 천문학적 연구의 필요성을 본격적으로 제기했을 뿐 아니라, 앞으로 세계사 차원에서 충분히 주목할 수 있도록 널리 알릴 필요도 있다.

시기 추정에서 고인돌의 덮개면에 새겨진 별자리를 반드시 고인돌 묘제가 유행하던 청동기 시대의 문화 현상으로 보아야 할지는 여전히 판단하기 어려운 문제지만, 고인돌을 매개로 하여 별자리 바위 문화를 일군 것 또한 주목할 만한 역사다.

북한 지역의 고인돌 별자리는 남한 지역의 것보다 더 직접적으로 고인돌 문화 당시로 접근하게 한다. 태곳적부터의 천문에 대한 지향성이 고인돌 문화로도 발현되었고, 그것이 지금에 전해져 별자리 암각화의 주제로 부각되고 있을 따름이다.

천문에 대한 지향은 예나 지금이나 크게 다르지 않다. 하늘이 우리의 본향이라 믿는 고대적 사유 속에서 고인돌의 덮개면이라든가 자연 암면에 별자리를 새기는 것은 그 하늘을 지상으로 끌어안으려는 본연의 회귀성이 반영된 문화이자, 인간이 자신들의 시간 개념을 위하여 천체 운행에 관심을 기울였던 흔적이라 이를 수 있을 것이다.

분명한 역사자료로 접근되는 고구려 고분 벽화의 천문문화가 이 같은 고인돌 내지 고대 바위 그림 문화 현상에까지 맞닿을 수 있을 것이라 믿으며, 우리나라 전역에서 속속 발견 보고되는 별자리 바위 그림 문화에 대한 관심과 연구가 앞으로 더욱 활발해지기를 기대한다.

원효와 경흥을 통해 본 신라의 천문관

통일 전후 신라의 천문 사상
불교적 사방위 천왕 사상을 강조하는 『금광명경』
중국 천문관과 불교 우주론이 결합된 경흥의 천문관
원효의 사신·이십팔수 관념과 불교적 천문 성수 세계관
통일신라의 사천왕 호국사상

신라의 천문 관련 자료는 현재 매우 소략하다. 『삼국사기』 「신라본기」의 일월식 기록이나 별자리 기사 등이 있지만 아직은 풀리지 않은 미스터리가 많다. 동아시아에서 현존하는 가장 오래된 천문 관측대로 일컫는 첨성대는 선덕여왕대에 설립된 것으로 여겨지는데, 그 첨성대의 성격에 대해서도 의견이 분분한 상태다. 『삼국사기』, 『삼국유사』 등에는 『고려사』와 같은 천문 오행 관련지가 따로 마련되지 않아서 신라의 천문에 접근하기가 매우 어렵다. 그렇다면 신라의 천문 사상에는 어떻게 접근할 수 있을까?

통일 전후 신라의 천문 사상

이 글에서는 한국 고대사에서 신라의 천문 사상을 들여다보고자 한다. 신라의 천문 관련 자료는 현재 매우 소략하다. 천문 관측과 관련해서『삼국사기』「신라본기」의 일월식 기록이나 별자리 기사 등이 있지만 아직은 밝혀진 것보다 풀리지 않은 미스터리가 많다. 동아시아에서 현존하는 가장 오래된 천문관측대로 일컫는 첨성대는 선덕여왕(632~647 재위)대에 설립된 것으로 여겨지는데 그 첨성대의 성격에 대해서도 의견이 분분한 상태다. 무엇보다『삼국사기』,『삼국유사』등에는『고려사』와 같은 천문 오행 관련지가 따로 마련되지 않아서 신라의 천문에 접근하기가 매우 어렵다.

고구려의 경우, 문헌 기록으로는 신라보다 취약하지만 고분 벽화라는 묘장 미술을 통하여 자신들의 천문 관념을 해와 달, 별자리 그림으로 표현하였기 때문에 그들의 천문사상적 또는 천문학적 측면에 더 많이 접근할 수 있다.[1]

그렇다면 신라의 천문 사상에는 어떻게 접근할 수 있을까? 이런 와중에『금강명경(金光明經)』에 대한 원효(元曉)와 경흥(憬興)의 주석에 천문 관련 대목이 있다는 말을 동국대 김상현 교수에게 듣게 되었다. 그로부터 일 년 뒤에 그『금강명경』의 대목을 접할 기회가 있었는데, 분량이 많지 않지만 통일신라 전후 7, 8세기 즈음에 전개되었을 신라의 천문 세계관의 일면을 이해하는 데 귀중한 내용이라고 여겨졌다.

---

1. 김일권,「고구려 고분 벽화의 천문 관념 체계 연구」,『진단학보』82호, 진단학회, 1996
____,「각저총·무용총의 별자리 동정과 고대 한중의 북극성 별자리 비교 검토」,『한국과학사학회지』22권 1호, 한국과학사학회, 2000

이에 그 자료를 소개하고 더불어 그 내용을 분석하면서 신라의 천문 사상 문제를 풀어 가고자 한다.

불교적 사방위 천왕 사상을 강조하는 『금광명경』

금광명경의 사상과 불교의 사방위 우주론

『금광명경』의 사상사적 의미는 먼저 『인왕경』, 『법화경』과 함께 호국삼부경(護國三部經)이라는 사실에서 찾을 수 있다. 이 경은 이미 선학들의 연구에서 밝혀졌듯이 사천왕(四天王) 사상에 기반을 둔 호국사상을 강조한다.[2] 사천왕은 불교의 우주론에서 수미산 중턱에 거주하면서 위로는 수미산 상부 도리천(삼십삼천)의 주인인 제석환인을 정점으로 하면서 아래로는 팔부신중과 뭇 신장을 거느린 채 염부제의 나라들과 중생을 위호한다는 불교의 사방위 수호신이라 할 수 있다.

통일신라에서 매우 발전한 사천왕상 조성과 그 신앙은 지금까지도 한국의 사찰에 고스란히 지속되고 있다. 일주문을 지나 천왕문에서 동방 지국천왕[持國天王, Dhrtarāstra, 제다라타(提多羅吒)], 서방 광목천왕[廣目天王, Virūpāksa, 비류파차(毘留波叉)], 남방 증장천왕[增長天王, Virūdhaka, 비류리(毘留離)], 북방 다문천왕[多聞天王, Vaiśravana, 비사문(毘沙門)] 등 사천왕상을 만나게 되는데, 이들은 불법 수호와 청정 도량을 유지하는 호법신으로서 고구려의 사신도와 유사한 기능을 지닌다.

신라 문무왕 10년(670), 백제와 고구려의 멸망 직후 다시 신라를 멸하려는 당나라의 내침에 맞서 명랑법사가 경주 낭산(狼山) 남쪽 신유림(神遊林)에 사천왕사(四天王寺)를 세우고 문두루[文豆婁, Mudra, 신인(神印)] 비법을 써서 적을 물리쳤다는 고사가 『삼국유사』 「기이」편에 전하고 있어, 외침에 대한 사천왕 신앙이 통일 전후 시기에 유포되어 있었을 것임을 보여 준다. 그때 당나라의 침공이 급박함에 따라 여

---

2. 『금광명경』의 경전적 사상사적인 맥락에 대해서 다음 논문 등을 참고하였다.
김상현, 「고려시대의 호국 불교 연구 : 금광명경 신앙을 중심으로」, 『학술논총』 1집, 단국대 대학원, 1976
김말환, 「금광명경의 윤리사상과 그 한국적 전개」, 동국대 교육대학원 윤리교육전공 석사학위 논문, 1984

러 가지 채색 비단으로 임시로 절을 가설하고 풀로 오방신상(五方神像)을 만들었다고 하기 때문에 사천왕 신앙이 오방위 사상과 연관되어 있음을 시사하기도 한다. 679년에 그 절을 고쳐 짓고 사천왕사라 일렀으며 일연(一然) 당시까지도 단석(壇席)이 없어지지 않았다고 한다.[『삼국유사』 권2 기이편 문호왕(文虎王) 법민(法敏)]

'경명왕(景明王) 7년(921) 10월 사천왕사 오방신(五方神)의 활줄이 모두 끊어졌고, 벽화의 개가 뜰로 쫓아 나왔다가 다시 벽 속으로 들어갔다.'(『삼국유사』 권 제2 경명왕)는 고사는 앞서의 기사와 함께 사천왕사 안에 오방신상이 설치되어 있음을 드러내고 있다.

그렇다면 사천왕과 오방신이 결합되었다는 말인데, 그 오방신의 구성은 문두루 비법을 설명한 『불설관정복마봉인대신주경』(佛說灌頂伏魔封印大神呪經, 이하 관정경) 권 제7에 다음과 같이 나타나 있다.

푸른 옷을 입고 청기를 토하는 동방 단차아가(亶遮阿加), 붉은 옷을 입고 적기를 뿜는 남방 마가지두(摩呵祇斗), 하얀 옷을 입고 백기를 뿜는 서방 이두열라(移兜涅羅), 검은 옷을 입고 흑기를 토하는 북방 마가가니(摩訶伽尼) 및 누런 옷을 입고 황기를 내뿜는 중앙 오달라내(烏呾羅嬭) 등 오방대신(五方大神)을 존념(存念)하면 모든 악귀가 희롱하는 공포로부터 보호받을 수 있으며, 신왕마다 다시 권속 귀신 7만이 있어 모두 35만 귀신이 오방대신과 더불어 제사악(諸邪惡)이 망녕되이 행하지 않도록 인간을 호위한다고 설하고 있다.[3]

『관정경』에 보이는 오방대신은 이미 중국의 전형적인 오행사상(五行思想)과 습합된 불교의 신장이라 할 수 있다. 따라서 신라의 사천왕 신앙은 밀교적인 방위 수호 사상을 중심으로 중국의 오행적 오방위 사상과 결합된 성격의 것이라 하겠다.[4]

---

3. 『불설관정경(佛說灌頂經)』[대정장(大正藏) 21권, No. 1331], 동진(東晋, 317~322) 시대 천축삼장(天竺三藏) 백시리밀다라(帛尸梨蜜多羅) 한역. 독립된 12개 경전이 하나의 관정경(灌頂經) 이름으로 묶인 것으로, 밀교적인 진언(眞言)과 벽사제액의 방법을 설하였다. 그중 제7권 『불설관정복마봉인대신주경』에서 문두루 방법을 설명하고 있으며, 전단목(栴檀木) 등으로 둥근 나무[員木]에 오방신왕과 그 권속 이름을 써서 존사(存思)하면 질병, 액난, 공포, 사귀를 방지할 수 있다고 한다.

4. 강우방, 「四天王寺址 彩釉四天王浮影像의 복원적 고찰」(『미술자료』 25집, 1980, 국립중앙박물관 ; 『원융과 조화 : 한국 고대 조각사의 원리 I』, 열화당, 1990 재수록)에서 사천왕상의 역사적 측면과 사상사적 배경, 미술사적 조형 형식 등에 대해서 폭넓게 다루었으며, 사천왕과 오방위 사상의 습합 문제에 대해서도 복합적으로 조망하였다.

『금광명경』의 역출과 신라에서의 유통 과정

『금광명경』은 5세기 초반 북량(北凉)의 담무참(曇無讖)에 의해 처음 번역되었다. 범본의 원명은 'Suvarṇa-prabhāsa Uttamarāja Sūtra'이며, 천태 지의(天台 智顗, 538~597)의 『금광명경현의(金光明經玄義)』에 따르면 진제 삼장(眞諦 三藏, 499~569)이 '수발나바파바 울다마인다라차열나 수다라(修跋拏婆頗婆鬱多摩因陀羅遮閱那修多羅)'로 한역하였으며, '수발나'는 금(金)이요, '바파바'는 광(光)이요, '울다마'는 명(明)이요, '인다라'는 제(帝)요, '차열나'는 왕(王)이요, '수다라'는 경(經)인데 그중 제왕을 생략하여 금광명경을 경명으로 삼았고 한다. [대정장(大正藏) 39권, 수지의설(隋智顗說) 관정록(灌頂錄) 『금광명경현의』 권 上]

역본이 모두 다섯 종류 있으나 진(陳)의 진제(眞諦)가 552년에 옮긴 『금광명경』 7권본과 후주(後周)의 사나굴다(闍那崛多)가 옮긴 『금광명경』 5권본은 실전되었으며, 현존하는 것은 북량의 담무참이 412년부터 421년까지 옮긴 『금광명경』 4권[고려대장경 37, 대정장(大正藏) 16-335], 수(隋)의 보귀(寶貴) 등이 597년에 옮긴 『합부금광명경(合部金光明經)』 8권(고려대장경 9, 대정장 16-359), 당의 의정(義淨)이 703년에 옮긴 『금광명최승왕경(金光明最勝王經)』 10권(고려대장경 9, 대정장 16-403)이다. 이 세 역본 모두 신라, 중국, 일본에 널리 유포되었다.

중국에서는 이에 대한 주소서(註疏書)로 진(陳)의 문제(文帝, 559~566)가 쓴 『금광명참문(金光明懺文)』, 수의 지의(智顗, 531~579)가 낸 『금광명경소(金光明經疏)』 3권과 『금광명경문구(金光明經文句)』 6권과 『금광명경현의』 2권, 수의 길장(吉藏, 549~623)이 쓴 『금광명경소(金光明經疏)』 1권, 당의 혜소(慧沼, ?~714)가 낸 『금광명최승왕경소(金光明最勝王經疏)』 10권, 송의 준식(遵式, 953~1023)이 써낸 『금광명참법보조의(金光明懺法補助儀)』 1권, 송의 지례(知禮, 960~1028)가 쓴 『금광명경문구(金光明經文句)』 6권, 『금광명경현의습유기(金光明經玄義拾遺記)』 6권, 『금광명최승왕참의(金光明最勝王懺儀)』 1권 등이 나왔다.

신라에서 찬술된 주소서로는 원효(617~686)의 『금광명경소(金光明經疏)』 8권, 경흥(신문왕대, 7C 후반)의 『금광명경약의(金光明經略意)』 1권, 『금광명최승왕경약찬(金光明最勝王經略贊)』 5권, 『금광명경술찬(金光明經述贊)』 7권, 태현(太賢, 경덕왕대, 8C 중반)의

『금광명경술기(金光明經述記)』4권,『금광명경요간(金光明經料簡)』1권, 도륜(道倫)의 『금광명경약기(金光明經略記)』1권, 승장(勝莊)의『금광명최승왕경소(金光明最勝王經疏)』8권 등이 있다고 고려시대 의천(義天, 1055~1101)의『신편제종교장총록(新編諸宗教藏總錄)』에서 확인되지만 대부분 실전되었다.[5]

그러나 그 일부 내용이 일본 승려의 금광명경 주소서에 인용되어 있음이 확인되어 승장의 경소 8권에 대한 집일본(輯逸本)이 안계현 선생에 의해 1964년에 처음 나온 바 있다. 그러다 다시 김상현 선생에 의해 원효의 집일본(1994)이 발표되었으며, 최근 경흥의 집일본(2001)이 준비되고 있다.[6] 이 작업들은 실전된 신라인의 1차 자료를 발굴 소개한다는 점에서 학술적 의의가 대단히 크다 하겠으며, 본고에서 천착하려는 신라의 천문사상 연구도 그 선구적 작업에서 촉발된 바 적지 않다.

한편 일본 승려의 금광명경 주소서도 적지 않은데, 간교(願曉, 728~798)의『금광명최승왕경현추(金光明最勝王經玄樞)』10권[대정장 No. 2196, 일장(日藏) 방등부(方等部) 장소(章疏) 2], 묘이치(明一) 집주(集註)의『금광명최승왕경주석(金光明最勝王經註釋)』10권(대정장 No. 2197), 묘비(平備)의『최승왕경우족(最勝王經羽足)』1권(대정장 No. 2198), 죠토(常騰, 740~815)의『주금광명최승왕경(註金光明最勝王經)』10권(일장 방등부 장소 1) 등이 대표적이다.[7] 이 네 곳의 본문 또는 세주 부분에 원효나 경흥, 승장 등의 일문(逸文)

---

5. 다만 경흥의『금광명최승왕경략찬』5권본이 일본의 대정신수대장경간행회 소장본으로 현존하지만 아직 한국 학계에 소개되지 않았다고 한다.

　김상현,「고려시대의 호국 불교 연구」, 1976

　김상현 집,「집일(輯逸) 금광명경소(金光明經疏) : 금광명최승왕경현추(金光明最勝王經玄樞) 소인(所引) 원효소(元曉疏)의 집편(輯編)」,『동양학』24집, 단국대 동양학연구소, 1994

6. 안계현 집,「승장찬 금광명최승왕경소(집일)[勝莊撰 金光明最勝王經疏(輯逸)]」,『불교학보』2집, 동국대 불교문화연구원, 1964

　김상현 집,「집일 금광명경소」, 1994

7. 그 외에도 묘토쿠(明得)의『금광명경현의십구과(金光明經玄義十句科)』1권, 쇼신(證眞)의『금광명경현약초(金光明經玄略抄)』1권, 료신(亮深)의『금광명경현의습유기채적(金光明經玄義拾遺記採蹟)』2권, 죠케이(貞慶)의『금광명최승문답초(金光明最勝問答抄)』10권, 구카이(空海)의『금광명경개제(金光明經開題)』1권, 사이쵸(最澄)의『금광명경주석(金光明經註釋)』5권, 엔친(圓珍)의『금광명최승왕경소(金光明最勝王經疏)』10권, 젠쥬(善珠)의『금광명경유심결(金光明經遊心決)』3권, 고묘(護命)의『금광명경해절기(金光明經解節記)』6권, 교신(行信)의『금광명경음의(金光明經音義)』1권, 타이간(泰巖)의『금광명경고(金光明經考)』1권 등이 있다. : 김상현,「고려시대의 호국 불교 연구」, 1976

이 효운(曉云), 홍운(興云), 장운(莊云) 형식으로 남아 있는 것이다. 조사 결과 간교의 『현추』에는 원효소(元曉疏)가 228회 12,000여 자 인용된 것으로 밝혀졌다.[8]

원효가 저본으로 삼은 판본은 8권의 『합부금광명경』(597)으로 파악되었으며, 원효 자신의 저술 중 『대승기신론소(大乘起信論疏)』에서 6회, 『열반종요(涅槃宗要)』에서 2회, 『금강삼매경론(金剛三昧經論)』, 『대혜도경종요(大慧度經宗要)』, 『법화경종요(法華經宗要)』, 『범망경보살계본사기(梵網經菩薩戒本私記)』 등에서 1회씩 『금광명경』이 인용되었다고 한다. 그리고 그의 『금광명경소』 8권은 신라의 경흥, 승장, 태현 등뿐 아니라 당나라에도 전해져 규기(窺基, 632~682)도 참고하였던 것으로 알려졌다. 일본에서는 『나라록(奈良錄)』에 의해 740년대에 이미 이 책이 유통된 사실이 확인되었으며, 원흥사 사문 간교(728~798)의 『금광명최승왕경현추』, 젠쥬(善珠, 724~797)의 『법원의경(法苑義鏡)』, 안쵸(安澄, 763~814)의 『중론소기(中論疏記)』 등에도 인용되었다고 한다.[9]

당나라 의정(義淨)의 10권본 『금광명최승왕경』(703)은 그 번역 직후 신라로 전래되었음이 『삼국사기』에 의해 확인된다. 경덕왕 2년(703) 7월 사신으로 당나라에 갔던 아찬 김사양이 다음해(704) 3월 돌아오면서 『최승왕경』을 가져와 바쳤다 한다.[10] 특히 김사양은 승려가 아닌 견당사이므로 금광명경에 대한 국가적 관심도를 반영한 것이라 하겠다.

이같이 『금광명경』의 전래 시기는 신라의 삼국통일을 전후한 7세기 중기로 추정되며, 8세기에는 중국, 일본에서도 널리 유포된 담무참의 4권본 『금광명경』, 보귀의 8권본 『금광명경』, 의정의 10권본 『금광명최승왕경』 등 세 가지 역본이 신라에서도 활발히 유통되고 연구되었음을 알 수 있다.[11] 호국경전으로서 백고좌법회(百高座法會) 등의 인왕경 신앙이 통일 이전인 진평왕 35년(613)에 이미 개설된 것에 비하여, 사천왕 수호 사상의 금광명경 신앙은 그보다 다소 늦은 통일 직후부터 활발

---

8. 김상현 집, 「집일 금광명경소」, 1994
9. 김상현 집, 「집일 금광명경소」, 1994
10. 『삼국사기』 「신라본기」 권8. 경덕왕 3년 3월 입당김사양회 헌최승왕경(入唐金思讓廻 獻最勝王經).
11. 김상현, 「고려시대의 호국 불교 연구」, 1976

해진다. 앞서 언급한 경주 낭산의 사천왕사가 670년 명랑 법사에 의해 임시 가설되었다가 679년 개창되었다 하는 것이나, 경덕왕 12년(753) 여름 큰 가물에 태현(太賢)을 내전으로 불러 기우를 위한 금광명경 강회를 열게 하였다[12]는 기록 등은 『금광명경』이 통일 이후에 널리 연구되고 신앙되었음을 보여 준다.

신라의 금광명경 신앙은 고려시대에도 계승되었다. 『고려사』에는 금광명경과 관련된 금광명경도량(金光明經道場), 사천왕품(四天王品)에 의거한 사천왕도량(四天王道場), 공덕천품(功德天品)에 의거한 공덕천도량(功德天道場) 등이 각기 15회, 12회, 2회로 개설된 것으로 기록되었으며, 그 외 『동문선(東文選)』에 금광명경도량문(金光明經道場文)이 9회나 남아 있다.[13] 그 개설 목적으로는 기우와 진병(鎭兵), 성변 기양(星變祈禳) 등이 제시되어 있다.

이처럼 통일신라, 고려시대의 긴 기간에 걸쳐 금광명경 신앙이 지속되었기 때문에 거기에 담겨 있는 천문 세계관은 우리나라의 불교적 천문 사상을 이해하는 데 적지 않은 의의를 지닐 것으로 생각된다.

중국 천문관과 불교 우주론이 결합된 경흥의 천문관

그러면 이제부터 이상과 같은 배경을 지닌 『금광명경』 주소서를 통하여 신라의 천문 사상을 살펴보도록 하겠다. 여기서 말하는 천문 사상이란, 천문 현상에 대한 관측 측면보다는 천문에 대한 사상적 관념적 이해 측면을 말한다. 특히 신라의 경우 이와 관련된 자료가 소략하기 때문에 이 글과 같은 시도가 그들의 천문에 대한 사상적 경향을 짚어보는 데 작은 계기가 되리라 생각한다. 다만 금광명경의 여러 주소서와 다른 불전에 담겨 있는 천문 사상 전반을 살펴보아야 하겠으나[14] 워낙

---

12. 『삼국유사』 권4 현유가 해화엄 조(賢瑜珈 海華嚴條)

13. 김상현, 「고려시대의 호국 불교 연구」, 1976

14. 김일권, 「고대 중국과 한국의 천문사상 연구」(서울대 종교학과 박사학위논문, 1999)에서 불교의 천문사상과 『수요경(宿曜經)』 등 천문 관련 불전, 도불의 습합 측면 등에 대해서 개략적으로 살펴본 바 있다.

방대한 작업이므로 일단 여기서는 신라인의 주소 내용이라 판단되는 것을 중심으로 천착하였다.

천문 관련 자료는 원흥사 사문 간교의 『금광명최승왕경현추』(이하 현추) 권9에 집중되어 있으며, 원효와 경흥, 승장의 주소가 '효운' 또는 '흥운', '장운' 형식으로 인용되어 있다. 품명으로는 제12 사천왕호국품(四天王護國品), 제15 대변재천녀품(大辯才天女品), 제18 견뢰지신품(堅牢地神品)에 수록되었다.

그런데 이들 세 품의 내용에서 천문 관련 구절은 사실 많지 않다. 4권본『금광명경』 원전 전체에서 일월성수(日月星宿) 등이 등장하는 구절은 제6 사천왕품에서 "彗星現怪 流星崩落 五星諸宿 違失常度 兩日並現 日月薄蝕 白黑惡虹 數數出現.(혜성현괴 유성붕락 오성제수 위실상도 양일병현 일월박식 백흑악홍 수수출현)"이라는 대목과 제11 정품론(正論品)에 "流星數墮 二日並現(유성수타 이일병현)", "星宿失度(성수실도)", "故令日月 五星諸宿 隨其分齊(고령일월 오성제수 수기분제)" 등과 제13 귀신품(鬼神品)에 "五星諸宿 變異災禍 一切惡事 消滅無餘(오성제수 변이재화 일체악사 소멸무여)", "日天子 月天子(일천자 월천자)" 등에 불과하다. 그런데도 원효와 경흥의 주소에는 그 내용을 보충 부연하는 부분이 많았던 것이다.

경흥의 『한서』「천문지」와 불교적 천문 세계관

먼저 주목되는 대목은 경흥이 『한서(漢書)』「천문지(天文志)」 내용을 인용한 부분이다. 이것은 제12 사천왕호국품에서 『금광명경』에 대한 공경과 믿음이 없어 그 나라를 옹호하는 사천왕과 제귀신이 떠나게 되면 온갖 재이 현상이 일어나게 될 것을 예시하는 다음 내용에 대한 주석 과정에 나와 있다.

『현추』에서는 이 국토 패망 현상을 첫째 사선(捨善), 둘째 작악(作惡), 셋째 재변(災變), 넷째 국패망(國敗亡) 등 크게 네 가지로 분류하였으며, 그중 재변은 다시 9종류로 정리하여, ① 다질역(多疾疫) ② 혜성괴(彗星怪) ③ 양일현(兩日現) ④ 상박식(常薄蝕) ⑤ 홍악상(虹惡相) ⑥ 유성락(流星落) ⑦ 대지진 ⑧ 정발성(井發聲) ⑨ 악풍우(惡風雨)라 하였다.

"우리 사천왕과 모든 귀신이 그 나라를 버리고 떠나게 되면, 그 나라에는 여러 가지 재이가 있게 될 것입니다. 백성들이 착한 마음을 잃게 되고, … 혜성이 괴이하게 출현하고, 유성이 떨어지고, 오성과 모든 별자리가 그 일정한 궤도를 잃어 어긋나고, 태양 두 개가 나란히 나타나고, 해와 달이 엷어지거나 좀먹게 되고[日月薄蝕], 희고 검은 나쁜 무지개가 수 차례 출현하게 될 것입니다. …"(『금광명경』 권2 「사천왕호국품」 제6)[15]

경흥은 그중 "일월박식(日月薄蝕)"이라는 구절에 대해 다음과 같이 설명하였다.

경흥이 말하였다. "『한서』에 '일월박식'이라 하였다. 위소(韋昭)가 말하기를 '기운이 왕왕 줄어드는 것을 박(薄)이라 하며, 이지러 하는 것을 식(蝕)이라 한다.'라 하였다. 이름을 풀이하여 말하면, 일월이 이지러지는 것을 식이라 하며 벌레가 풀잎을 먹듯이 점점 먹어들어가 허는 것이다. 『루탄경(樓炭經)』 제5에서 이르기를, '아수륜천왕(阿修倫天王)은 라호(羅呼)라 이름하며, 그 몸의 높이가 2만 8천리이다. 매월 15일이면 바다 중앙에 서는데, 물이 배꼽에 이른다. 머리를 내려 수미산 라보(須彌山 羅寶)와 태산(泰山) 및 사방 산진(四方 山鎭)을 살핀다. 손가락으로 일월을 덮으면 천하가 캄캄해지며, 혹 태양을 가리면 낮이 밤이 된다.'라 하였다. 이를 일러 일월식 때에 광명이 없어진다고 하는 것이다."(『현추』 9 「사천왕호국품」)[16]

경흥이 인용한 한서 부분은 『한서』 권26 「천문지」 제6의 서론에 서술된 '일월박

15. 담무참 역 4권본 『금광명경』, 대정장 16권, p.343 c. "我等諸王及諸鬼神 旣捨離已, 其國 當有種種災異. 一切人民 失其善心 唯有繫縛瞋恚鬪爭, 互相破壞 多諸疾疫 彗星現怪 流星崩落 五星諸宿 違失常度 兩日並現 日月薄蝕 白黑惡虹 數數出現. …"
　　의정 역 10권본에서는 "彗星數出 兩日並現 博蝕無恒 黑白二虹" 등으로 번역되어 있다(『금광명최승왕경』, 대정장 16권, p.430 a).
16. 『현추』 9, 대정장 56권, p.671 b. 興云. "漢書日月薄蝕. 韋昭曰. 氣往迫之曰薄. 虧毀曰蝕. 釋名云. 日月虧曰蝕. 稍侵毀如蟲食草葉. 如樓炭經第五云. 阿修倫天王 名羅呼. 其體高二萬八千里. 以月十五日 立海中央. 水裁至臍. 低頭闞須彌羅寶泰山及四方山鎭. 以指覆日月. 天下晦冥. 或覆日以晝爲夜. 所謂日月蝕時 厄[无]光明也."

식'을 지칭하는 것으로 확인된다.[17] 그리고 이어지는 위소왈 부분은 당 비서소감 안사고 주석(唐 秘書少監 顏師古 注釋)의 『한서』 「천문지」[중화서국 표점교감본(中華書局 標點校勘本)]에 실려 있는 주석 가운데 하나로 확인된다.[18]

이 같은 사실은 경흥이 살았던 7세기 후반의 신라에 『한서』 「천문지」의 지식이 유통되었음을 드러낸다. 경흥은 신문왕(682~692)대의 고승으로, 문무왕이 승하할 때 태자인 신문왕에게 그를 국사로 삼으라는 부탁까지 하였다 하므로, 그의 경사 (經史) 이해가 단순히 개인적인 차원으로 그치지 않는 것임을 짐작케 한다.

경흥 당대에 유포되었을 『한서』의 판본은 어떤 것일까 생각할 때, 안사고(顏師古, 581~645) 주석본이 출간된 직후 신라로 전입되었을 가능성을 상정하게 된다. 그 근 거가 되는 것은 위소(韋昭)다. 위소는 삼국 오(吳)나라의 상서랑, 태사령, 중서랑 등 을 역임하였으며, 고릉향후(高陵享侯)에 봉해진 인물이다[안사고 찬, 『한서』 권1 「한서서례 (漢書敍例)」]. 위진남북조시대에 많은 주석가가 반고(班固, 32~92)의 『한서』에 주를 하 였지만 당나라 초기 안사고에 의해 그 23가에 이르는 주본(注本)이 인용 정리되기 에 이르렀다. [중화서국 편집부, 『한서』 「출판설명(出版說明)」, 1960]

통일신라에서 『한서』에 대한 공식 기록은 원성왕 4년(788) 처음 설치된 독서삼 품과 제도에서 오경과 삼사(사기, 한서, 후한서), 제자백가서에 널리 통하는 자를 초탁 하였다는 데서 보인다.[19] 참고로 백제 부흥운동을 전개하였던 흑치상지(黑齒常之, 630~698)는 어렸을 때 『춘추좌씨전』, 『한서』, 『사기』, 『논어』 등을 공부하였으며[『흑치 상지 묘지명(黑齒常之 墓誌銘)』][20] 고구려에서도 오경, 『사기』, 『한서』, 범엽(范曄, 398~446)

---

17. 『한서』 권26 「천문지」 제6(중화서국 표점교감본). 凡天文在圖籍昭昭可知者, 經星常宿中外官凡 百一十八名, 積數七百八十三星, 皆有州國官宮物類之象. 其伏見蚤晚, 邪正存亡, 虛實闊陜, 及五星所行 , 合散犯守, 陵歷鬪食, 彗孛飛流, 日月薄食, 暈適背穴, 抱珥虹蜺, 迅雷風祅, 怪雲變氣：此皆陰陽之精, 其本在地, 而上發于天者也.

18. 『한서』 「천문지」 제6의 "日月薄蝕"에 대한 주석에는 "韋昭曰 氣往迫之曰薄, 虧毀曰食也."라는 위소의 주 석 외에 장안(張晏)과 맹강(孟康)의 주석이 더 있다. 맹강은 "日月無光曰薄蝕. 京房易傳曰 日月赤黃爲薄. 或 曰不交而食曰薄."이라 하였다.

19. 『삼국사기』 권10 「신라본기」 10. 元聖王 四年 春 始定讀書三品 以出身 讀春秋左氏傳 若禮記 若文選 而能通其義 兼明論語 孝經者爲上 讀曲禮 論語 孝經者爲中 讀曲禮 孝經者爲下 若博通五經 三史 諸 子百家書者 超擢用之 前祗以弓箭選人 至是改之

20. 『흑치상지 묘지명』 『역주 한국고대금석문』 1권, 한국고대사회연구소편, 1995, p.564. 年甫小學, 卽讀春秋

의 『후한서』, 『삼국지』, 손성(孫盛)의 『진춘추(晉春秋)』, 『옥편』, 『자통(字統)』, 『자림(字林)』 등이 읽혔음이 기록되어 있다(『구당서』 「동이열전」 고려).[21] 이 같은 기록은 7~8세기에 이미 삼국에 모두 『한서』가 널리 알려졌음을 보여 준다.

경흥은 이렇게 『한서』 「천문지」를 통하여 일식 같은 천문 현상을 해석하려 하였으며, 또한 『루탄경』 같은 불교의 밀교적 경전에 담겨 있는 천문 해석도 함께 도모하였음을 알 수 있다. 『루탄경』(6권. K-662, 19-425. T-23, 1-277)이란 루탄(樓炭, Loka-upatti) 곧 세계(Loka)의 성립과 괴멸에 대해 설한 경전이다. 서진(西晉)의 법립(法立)과 법거(法炬)에 의해 한역되었으며, 이역본으로 『기세경(起世經)』, 『기세인본경(起世因本經)』, 『불설장아함경(佛說長阿含經)』의 제30 『세기경(世記經)』 등이 있으며, 『대루탄경(大樓炭經)』이라고도 부른다. 『불설입세아비담론(佛說立世阿毘曇論)』도 내용이 비슷한 경전이다. 전체 13품으로 제1 염부리품(閻浮利品), 제2 울단왈품(鬱單曰品), 제3 전륜왕품(轉輪王品), 제4 니리품(泥犁品), 제5 아수투품(阿須倫品), 제6 용조품(龍鳥品), 제7 고선사품(高善士品), 제8 사천왕품(四天王品), 제9 도리천품(忉利天品), 제10 전투품(戰鬪品), 제11 삼소겁품(三小劫品), 제12 재변품(災變品), 제13 천지성품(天地成品)으로 구성되었다.[22]

제1 염부리품에서는 천지의 파괴 생성에 대해 설명하며, 염부리란 수미산 남쪽 세계인 염부제의 다른 번역어다. 제2 울단왈품에서 울단왈이란 수미산 북쪽 세계로 도적이 없는 좋은 가장 뛰어난 세계라 한다. 제3 전륜왕품에서 전륜성왕의 칠보(七寶)에 대해 설명하며, 칠보는 금륜보(金輪寶), 백상보(白象寶), 감색마보(紺色馬寶), 명월주보(明月珠寶), 옥녀보(玉女寶), 장성신보(藏聖臣寶), 도도신보(導道臣寶) 등이다. 제4 니리품에서 인도의 지리적 세계관을 설명한다. 이 세상 밖으로 대철위산(大鐵圍山)과 둘째 철위산이 있는데, 그 중간은 깊고 어두워서 햇빛과 달빛이 미치지 못하며, 그 가운데에 8대 니리(泥犁)가 있다고 한다. 대철위산 바깥에 염라왕의 궁전

左氏傳, 及班馬兩史. 歎曰, 丘明恥之, 丘亦恥之, 誠吾師也. 過此何足多哉. 未弱官, 以地籍授達率

21. 『구당서』 「동이열전」 고려. 俗愛書籍, 至於衡門廝養之家, 名於街衢造大屋, 謂之扃堂. 子弟未婚之前, 晝夜於此讀書習射. 其書有五經 及史記·漢書·范曄後漢書·三國志·孫盛晉春秋·玉篇·字統·字林. 又有文選, 尤愛重之.

22. 『고려대장경해제』, 고려대장경연구소, 1998.

이 있어서 신구의(身口意)의 세 가지 악업을 지은 자가 이르는 곳이라 설명한다. 제 5 아수투품에서 아수투는 수미산의 40만 리 아래쪽에 있는 나라로 사방에 네 개의 문이 있으며, 칠보로 지어진 성곽의 넓이와 길이가 각 336만 리라 한다.

제6 용조품에서 난생, 수생, 태생, 화생의 네 종류 용과 네 종류 금시조(金翅鳥)에 대해 설명하며, 금시조가 용을 먹는다 해도 사갈 용왕, 아누달 용왕 등 12종의 용은 잡아먹지 못한다고 한다. 제7 고선사품에서 마음과 입과 몸으로 선을 행하는 사람을 고선사라 하며 그는 죽은 후 제2 도리천에 태어나고, 그곳에서 수명이 다하여 하생하면 왕가에 태어나 태자가 된다고 한다. 제8 사천왕품에서 수미산왕의 동쪽에 제두뢰(提頭頼) 천왕, 남쪽에 비루륵(毗樓勒) 천왕, 서쪽에 비류라(毗留羅) 천왕, 북쪽에 비사문(毗沙門) 천왕의 네 나라가 있어 사천왕이 서로 함께 즐긴다고 한다.

제9 도리천품에서 수미산 꼭대기에 도리천이 있으며 너비와 길이가 각 320만 리라고 한다. 그 위에는 수다연(須陀延)이라 부르는 석제환인(釋提桓因)의 성곽이 있는데, 7중 벽과 난간과 교로(交露)와 행수(行樹)가 있으며, 모두 일곱 가지 보배로 지었다. 궁전의 동서남북에 각기 동산이 있으며, 또한 천제석 주변에는 천자 열 명이 있어서 옹호한다고 한다.

제10 전투품에서 천신과 아수투가 싸우는 이야기를 하였으며, 제11 삼소겁품에서 악행이 많은 도검겁(刀劍劫) 시기와 재물을 아껴 보시를 하지 않는 곡귀겁(穀貴劫) 시기와 역병겁(疫病劫) 시기 등 세 시기에 대해 설명하였다. 제12 재변품에서 천지에 있는 화재변(火災變), 수재변(水災變), 풍재변(風災變) 등 세 가지 재변에 대해 설명하였다. 세 재변 끝에 천지의 파괴가 이어진다고 한다. 제13 천지성품에서 천지가 부서진 뒤 다시 성립되는 과정을 설명하였다. 깊은 바다에서 해와 달이 수미산 주변으로 올라와서 천하에 낮과 밤이 있게 되고 춘하추동 사계절이 있게 되며, 남자와 여자가 구분되고, 인류 중에 최초의 대왕인 찰리종(刹利種)이 생겨나고 그 속에서 정반왕(淨飯王)의 왕자 실달(悉達) 보살이 태어났다고 설명한다.

이상과 같이 『루탄경』은 수미산과 석제환인의 도리천을 중심으로 사천왕국, 대철위산, 염라왕국 등으로 전개되는 불교의 공간 지리적 세계관을 담고 있으며, 성주괴공(成住壞空) 사상과 마찬가지로 천지의 생성과 파괴의 순환을 설명하고 있다.

그 과정에서 파생되는 물불바람의 재변과 일월 성립, 일월식 현상, 주야 사시 성립, 남녀 구분, 전륜성왕, 찰리종의 성립 등을 묘사하고 있는데, 일종의 불교적 세계 창생과 인류 기원의 신화라 할 수 있겠다.

따라서 경흥은 이러한 불교의 우주론적 세계관과『한서』「천문지」와 같은 중국의 천문 세계관을 함께 습합하여 자신의 체계로 엮어가고 있다고 파악된다. 경흥의 이러한 습합적 태도는 다음 절에서 살펴볼『현추』의 또다른 경흥소 중에서 중국적인 음양 율려 사상을 드러내는 대목에서도 확인된다. 이를 유불도의 삼교 측면에서 본다면,『한서』와 같은 중국 정사나 율려 사상이 지니는 사상적 토대는 (도교 전통으로 보기는 어려우므로) 중국의 유교에서 찾는다면, 경흥의 사상적 경향을 유불 습합적 맥락에서 조망할 수 있을 것이다.

첨언하자면 경흥의 불교적인 지리관에 대한 대목은『현추』권9「사천왕호국품」제12 부분에 다시 인용되어 있다.『금광명경』을 호지하는 곳에서 사천왕이 옹호하는 일을 ① 능호주(能護主) ② 소호경(所護境) ③ 소호왕(所護王) ④ 수쾌락(受快樂) ⑤ 득자재(得自在) 등 다섯 가지로 나누어 서술하였다. 이 부분에 대한 주석에서 경흥은 다음과 같이 부연하였다.

"『경율이상(經律異相)』에 따르면, 염부제 내에 16대국과 8만 4천 성과 8국왕 4천자가 있다. 동쪽으로 진 천자(晉 天子)가 있어 인민이 치성(熾盛)하고, 남쪽으로 천축국(天竺國) 천자가 있어 그 땅에는 이름난 코끼리가 많고, 서쪽으로 대진국(大秦國) 천자가 있어 그 땅에는 금과 벽옥이 풍요하고, 서북쪽으로 월지국(月支國) 천자가 있어 그 땅에는 좋은 말이 많다. 8만 4천 성 안에 사람이 6천 4백 종류 있고, 사람 1만 종과 음향(音響) 1만 종과 비구 56만 억이 모여 있고, 물고기가 6천4백 종, 코끼리가 4천5 종이 있고, 장수가 2천4백 종, 나무가 1만 종, 풀이 8천 종, 잡약(雜藥)이 740종, 잡향(雜香)이 43종, 보물이 121종, 정보(正寶)가 7종 있으며, 8만 4천의 인왕으로 말하면 모두 우열이 같지 않다. 그러므로 서로 어긋나지 않는다."(『현추』9「사천왕호국품」)[23]

23.『현추』9, p.667 a. 興云. 如經律異相云. 閻浮提內有十六大國. 八萬四千城. 八國王四天子. 東有晉天子. 人民熾盛. 南有天竺國天子. 土地多名象. 西有大秦國天子. 土地饒金璧玉. 西北有月支國天子. 土地

『경율이상』(516)은 양(梁)나라의 승민(僧旻, 467~527), 보창(寶昌) 등이 경율(經律)과 관련된 주요 내용을 50권으로 찬집한 책이다[『모치쓰키 신코, 망월불교대사전(望月佛教大辭典)』]. 여기에 반영된 지리관은 진대의 것이라 할 수 있는데, 동쪽에 진(晋)나라, 남쪽에 인도 천축국, 서쪽에 로마 대진국, 서북쪽에 쿠샨 월지국의 네 나라를 말하였다. 이같이 경흥의 신라에서는 불전을 통하여 중국 너머에 있는 서역의 로마까지 지리적 범위를 확대하고 있음이 주목된다.

경흥의 천문율력적인 율려 사상

『현추』권9의 제12 사천왕호국품에서 앞서 사천왕이 옹호하는 다섯 가지 일을 서술하였는데, 그 이어지는 부분에 사천왕의 옹호 결과 생기는 풍요롭고 좋은 일 여섯 가지를 나열하고 있다. 첫째 국락 인성(國樂 人盛)하고, 둘째 지미 옥양(地味 沃壤)하고, 셋째 사시 순서(四時 順序)하며, 다섯째 풍우 무재(風雨 無災)하고, 여섯째 자재 풍영(貲財 豊盈)한다는 내용이다. 그중 간교(顧曉)가 『현추』에서 "삼사시순서(三四時 順序)"로 정리한 부분은 『금광명경』 본문에서 "음양조화시부월서(陰陽調和時不越序)"라 한 구절이다(4권본 담무참 역, 대정장 16권 p.341 c). 바로 이 "사시 순서" 대목에 경흥과 원효의 적지 않은 인용문이 실려 있다.

먼저 경흥은 다음과 같은 음양 율려로 설명하였다.

"한서(寒暑)는 곧 음양의 기운으로, 율려에 응하므로 조화롭다. 사시(四時)는 각기 셋의 차례를 따른다. 그러므로 순서를 어기지 않는다고 한 것이며, 일이 마치 금궤(金匱)와 같다. 사칠요(四七曜)가 도수(度數)를 지킨다." (『현추』 9, 「사천왕호국품」)[24]

짧은 구절이지만 경흥의 이 설명에서 한대를 풍미하던 율려 사상을 원용하고 있

好馬. 八萬四千城中. 六千四百種人. 萬種人萬種音響. 五十六萬億丘聚. 魚有六千四百種. 象有四千五種. 將有二千四百種. 樹有萬種. 草有八千種. 雜藥有七百四十種. 雜香有四十三種. 寶有百二十一種. 正寶七種. 而言八萬四千人王者. 蓋有優劣不同. 故不相違.

24. 『현추』 9, p.667 b. 興云. 寒暑卽陰陽之氣. 應於律呂故調和. 四時各順三序. 故云不乖序. 事如金遺[匱]. 四七曜守度.

음을 여실히 알 수 있다. 율려 사상은 사마천의 『사기』 「율서」편 등에서 제기된 율력(律曆) 사상을 배경으로 반고의 『한서』 「율력지(律曆志)」에서 더욱 구체화된 천문 사상의 하나라 할 수 있다. 율려에는 음양, 역법, 율성(律聲), 음율, 예악, 팔풍, 오성, 십이월, 절기, 이십팔수 등 제반 천문 율력 관념이 복합적으로 반영되어 있다.

사마천에 따르면 율력이란 "하늘이 오행 팔정(五行八正)의 기운을 통할하는 원리이며, 하늘이 만물을 성숙케 하는 원리"이기도 하다.[25] 오행은 천상을 운행하는 수화목금토의 오행성에서 빚어진 오행 사상을 뜻하며, 팔정은 8방위나 8절기에 기초를 둔 개념으로 팔괘나 팔풍 사상과도 연관된다. 8방위는 동서남북 사방위에다 사유위를 합친 것이며, 8절기는 24절기 중 주요 벼리라 할 수 있는 이분이지(동지, 춘분, 하지, 추분)와 사립일(입춘, 입하, 입추, 입동)을 지칭한다. 하늘의 팔풍이란 단순한 바람이라기보다는 계절과 방위에 응하여 하늘이 만들어내는 조화스러운 기운으로 이해된다. "악(樂)은 천지의 조화이고, 예(禮)는 천지의 질서"[26]이며, "악은 하늘로 말미암아 이루어지고, 예는 땅으로 말미암아 지어진다."[27]고 하였듯이, 악은 하늘에 근거한 조화의 개념으로 설정되어 있다.

이 같은 하늘의 악은 다시 방위마다 절기마다 그에 합당한 자연의 리듬으로 다르게 포착된다고 보아 율성과 역법을 밀접한 상관 관계로 연결시킨다. 이에 매달의 절기 변화를 율관(律管)의 길이로 대응시킨 것이 바로 12 율려다. 하늘이 운동하면서 내놓는 조화의 리듬인 율려는 율관 길이가 81푼(分)인 황종(黃鍾, 子月, 11월)을 기준으로 하여 차례대로 육률(양률, 홀수월. 황종 태주 고선 유빈 이칙 무역)과 육려(음률, 짝수월. 대려 협종 중려 임종 남려 응종)의 12월 12율로 전개되는 것이다. 오성(궁상각치우)의 머리인 궁성(宮聲) 역시 황종과 같은 81푼을 기준으로 3분의 1씩 가감되면서 전개된다. (『사기』 「율서」 p.1249)

일월이 운행하는 도수(度數)와 역법의 절기를 악률의 이미지로 환원하는 이러한 율력 사상은 하늘과 인간 또는 시간과 공간의 일치를 추구하던 고대인들의 천인

---

25. 『사기』 「율서」 제3. 律曆, 天所以通五行八正之氣, 天所以成孰萬物也. 舍者, 日月所舍. 舍者, 舒氣也.
26. 『사기』 「악서(樂書)」 제2. 樂者 天地之和也, 禮者 天地之序也.
27. 『사기』 「악서」 제2, p.1191. 樂由天作, 禮以地制.

감응적 세계관 배경에서 접근된다.[28] 『사기』에서는 아직 율서와 역서가 구분되어 있지만 『한서』 이후에는 율력지로 통합된 것도 이 같은 사상이 확충된 때문이다. 그리고 『사기』에서는 율려라는 연칭 용법 없이 주로 육률 또는 12율로 통칭하고 있는 데 비해, 『한서』에서는 율려로 연용하는 경우가 많으므로[29] 율려 사상이 『한서』에 이르러 더욱 확립되었음을 시사한다.

이러한 배경에서 추위와 더위를 음양의 변화로 파악하면서 천문율력적인 율려 사상으로 사계절의 질서와 조화를 설명하고, 또한 그 질서의 이면을 사칠요(四七曜), 곧 이십팔수 체계로 조망한 경흥의 설명은 한대의 천문사상 분위기를 고스란히 반영한 것이라 간주할 수 있다. 앞서 경흥이 일월박식에서 『한서』 「천문지」를 인용한 것도 같은 배경이라 하겠다.

경흥의 다른 인용 대목에서는 궁상각치우의 오성을 언급하고 있다. 『현추』 9의 제15 대변재천녀품에서 산화(散花), 화병(花瓶), 분향(焚香), 음악(音樂) 등을 열거하면서 설단공양(設壇供養)의 의궤(儀軌)를 설명하는데, 그중 음악에 대해서 경흥은 북, 경쇠, 퉁소, 아쟁, 거문고 따위라 하였으며, 덧붙여 궁상우각치의 오성을 말하였다.

"六音樂. 興云. 鼓磬簫箏琴瑟之屬. 宮商羽角徵(육음악. 흥운. 고경소쟁금슬지속. 궁상우각치)"(『현추』 9, 「대변재천녀품」, p.679 a)

매우 짧은 구절이라 전체적 맥락이 잡히는 내용은 아니지만, 악기의 종류와 오성에 대한 언급은 앞서 말한 율려 사상과 밀접한 내용이므로 경흥의 천문사상적 경향을 이해하는 데 보충 자료가 될 것이다.

한편, 이상의 율려 관련 인용문 다음에 곧바로 다음과 같은 불교적 천문관이 경

---

28. 김일권, 「고대 중국과 한국의 천문사상 연구」, 1999
29. 예컨대, (『한서』 「율력지」 제1 上, p.965). "玉衡杓建, 天之綱也; 日月初躔, 星之紀也. 綱紀之交, 以原始造設, 合樂用焉. 律呂唱和, 以育生成化, 歌奏用焉. 指顧取象, 然後陰陽萬物靡不條鬯該成."
(『한서』 「율력지」 제1 上, p.972). "書曰: 「予欲聞六律·五聲·八音·七始詠, 以出內五言, 女聽」予者, 帝舜也. 言以律呂和五聲, 施之八音, 合之成樂. 七者, 天地四時人之始也. 順以歌詠五常之言, 聽之則順乎天地, 序乎四時, 應人倫, 本陰陽, 原情性, 風之以德, 感之以樂, 莫不同乎一."

흥의 이름(興云)으로 병술되어 있다.

경흥이 말하였다. "『보살처태경(菩薩處胎經)』제4에서 이르기를, '일궁(日宮)의 길이와 넓이[縱廣]는 51유순(由旬)이며, 월궁(月宮)은 49유순이다. 일광(日光)은 1천 광(光)을 내고, 월광(月光)은 1억 광을 방사한다.'『대집경(大集經)』제28에서 이르기를, '일천기(日天器)에서 10천 유순이며, 주궁(住宮)의 길이와 너비는 3만 2천 유순이다.'『입세경(立世經)』제5에서 이르기를, '월궁은 전단(栴檀)이라 이름하는데 천자와 동명이다. 일궁은 수야(修野)라 이름하는데 천자와 동명이다. 이 두 궁전은 둥글고 견고하여 마치 북[鼓]과 같으며, 40여 겁을 머무른다.'『지도론(智度論)』제35에 이르기를, '마치 태양은 천자가 중생을 연민하는 것과 같다. 그러므로 태양은 칠보 궁전과 함께 사방 천하를 모두 둘러싸면서, 중생을 위하여 모든 냉습한 것을 없애고 모든 어두움을 비추어 각기 그 자리를 얻게 한다.'『지도론』제39에 이르기를 '일월의 원방(圓方)은 500유순인데 지금 보이는 것은 마치 부채에 지나지 않는다. 실제로 크지만 보이는 것은 작다. 이러한 차이가 생기는 것은 두 수레바퀴를 덮은 형상이 반드시 하나로 헤아려지는 것이 아니기 때문이다.'라 하였다." 이렇게 여러 성교(聖敎)에 같지 않음이 있다. 다만『지도론』은 특별히 여러 방법으로 계산하였기 때문에 500유순이라 한 것이다. 너비는 예컨대『루탄경』제8,『입세경』제5,『대집경』,『대론(大論)』선권(先卷),『유가(瑜伽)』제2 등에 갖추어진 인용문은 저 소(疏)와 같다.[30] (『현추』9,「사천왕호국품」)

위에 언급된 경전 중에서『보살처태경』(7권. 대정장 12권 No.384)은 요진(姚秦)의 축불념(竺佛念)이 번역한 것으로, 천궁(天宮), 삼십삼천, 삼천대천 세계 등 불교의 지리관 세계관을 설한 경전이다.『입세경』은『불설입세아비담론』[10권. 559년 진(陳)의 진제(眞諦)

30.『현추』9, p.667 b. 興云. 菩薩處胎經第四云. 日宮縱廣五十一由旬. 月宮四十九由旬. 日放一千光. 月放一億光. 大集第二十八云. 在日天器十千由旬. 住宮縱廣三萬二千由旬. 立世經第五云. 月宮名栴檀. 天子同名. 日宮名修野. 天子同名. 此二宮殿團固如鼓. 住四十餘劫. 智度論第三十五云. 如日天子燐愍衆生鼓. 與七寶宮殿俱繞四天下. 爲衆生除諸冷濕照諸闇冥令各得所. 第三十九云. 日月圓方五百由旬. 而今所見不過如扇. 大而見小. 有此異者. 蓋二輪之形未然必一量故. 聖敎有不同. 但智度論. 別以算諸方. 故云五百. 廣如樓炭第八. 立世經第五. 大集. 大論先卷. 瑜伽第二. 皆具引文如彼疏.

옮김]으로 『천지기경(天地起經)』, 『천지기경록(天地起經錄)』이라 하기도 한다. 『대루탄경』과 유사한 내용으로 세계의 성립과 괴멸에 대해서 설한 것이다. 『대집경』은 『대방등대집경(大方等大集經)』[60권. 북량의 담무참과 수의 나련제야사(那連提耶舍), 법호(法護) 등이 번역]으로 생각되며, 『지도론』[100권. 용수(龍樹) 저, 구마라집(鳩摩羅什) 역]은 대품반야경의 주석서지만 제반 학설, 사상, 지리 등 다양한 내용을 백과사전적으로 설명한 논소이다. 모두 불교의 우주관이나 지리관을 논한 책이다.

경흥은 이렇게 방대한 불전을 통하여 자신의 우주론적 인식을 도모하였음을 알 수 있다. 해와 달을 일종의 하늘에 떠있는 궁전으로 보았으며, 그 일궁과 월궁의 크기와 지상과의 거리, 보이는 크기와 실제 크기의 차이 등을 설명하고 있다. 지상의 천자에 유비된 태양은 천하 사방을 돌면서 삼라만상을 환히 밝혀 중생을 안위케 하는 우주의 중심적 존재로 묘사되기도 하였다.

원효의 사신·이십팔수 관념과 불교적 천문 성수 세계관

원효의 불교 지리관

이상과 같은 불교적 천문 세계관은 경흥의 인용문뿐 아니라 원효의 금광명경 주소에서도 확인된다. 『현추』 권9 사천왕호국품 제12에서 위의 흥운에 이어, 효하소운(曉下疏云)으로 시작하는 다음 내용을 소개하고 있다.

원효의 하소(下疏)에서 말하였다. "『장아함(長阿含)』에서 이르기를, '달에는 이지러짐과 가득 참[虧滿]이 있다. 모서리가 조금씩 점점 숨기 때문에 이지러져 보이는 것이다. 또 달 주변에 하늘은 그 색이 참으로 청(靑)하여, 의복 역시 청색을 띠며, 소재한 면에 청색(靑色)이 성(城)을 비춘다. 그러므로 이지러짐이 심한 것이다. 가득차는 것은 달이 점점 정도(正度)를 향해 운행하는 것인데, 또한 옷과 하늘이 푸르다. 15일 만에 월성(月城)으로 전입(轉入)하여, 왕(王)과 함께 만난다. 또 수미산 남쪽 땅에 큰 나무가 있는데 염부제(閻浮提)라 이름한다. 높이 4천 리이며, 그 가지 그늘이 2천 리이다. 그 그림자가 달 가운데에 나타난다.'『루탄경』역시 이 설명과 같다.『유가(瑜伽)』에 따르면, '대해(大海) 가운데 어별(魚鼈) 등이 있음으로 말미암아 그림자가 월륜(月輪)에 드러나므로, 그 안에 흑색(黑色)이 드러나는 것이다.'라 하였다. 또 이르기를 '별이란 오성(五星)이다. 수(宿)란 28수이다.'라 하였다.『루탄경』제8에 이르기를 '이로부터 높이 40만 리에 천신(天神)의 집이 있다. 수정(水精)으로 지었으며, 허공 중에 있다. 대풍(大風)이 이를 지탱하며, 뜬 구름처럼 움직인다. 천하 사람들이 모두 성수(星宿)라 이름짓는다. 그 큰 것의 둘레는 720리이며, 중간 것은 480리이며, 작은 것은 20리이다.'라 하였다." 정법사(淨法師)가 말하기를 "어떤 설에 따르면 관세음(觀世音)은 이름을 보의(寶意)라 하며 일천자(日天子)를 짓고, 대세지(大勢至)는 보길상(寶吉祥)이라 이름하는데 월천자(月天子)를 짓는다. 허공장(虛空藏)은 보광(寶光)이라 이름하는데 성천자(星天子)를 짓는다. 도(度)란 로(路)요, 분(分)이다."(『현추』9,「사천왕호국품」)[31]

원효는『장아함』과『루탄경』,『유가』등의 천문관을 인용하면서, 달의 기울고 차는 위상 변화와 달 주변의 하늘이 푸른 모습, 달이 15일 만에 월성에 들어가 왕과 만난다는 것 등을 설명하고 있다. 또 달 속이 검게 보이는 것을 두고 수미산 남쪽의 커다란 나무 그림자 때문이라 하기도 하고, 바다 속에 있는 물고기 등의 그림자가 비친 때문이라 하기도 하였다. 또한 허공 중에 높이 뜬구름처럼 운행하는 것을 성수라 이름짓는다면서 오성 이십팔수를 말하였으며, 그 둘레 크기에 따라 대중소 세 종류가 있다 한다. 그 별은 수정으로 지어졌으며 대풍으로 지탱하는 것으로 이해되었다.

이같이 원효나 경흥의 7세기 신라에 매우 소박한 불교의 고대 천문 관념이『보살처태경』,『루탄경』,『입세경』,『장아함』,『대집경』『지도론』등의 불전을 통하여 접

31.『현추』9, p.667 b. 曉下疏云. 長阿含云. 月有虧滿者. 一通角行稍稍隱例故見缺. 又月邊有天其色正靑. 衣服亦表靑. 所在之面靑色照城. 十五日轉入月城. 與王適會. 又須彌南地有大樹名閻浮提. 高四千里. 枝蔭二千里. 影現月中. 樓炭經亦同此說. 依瑜伽者. 由大海中有魚鼈等. 影現月輪. 故其內有黑色現也. 又云. 星者五星. 宿者二十八宿. 樓炭經第八云. 從此高四十萬里有天神舍. 以水精作之. 在虛空中. 大風持之行如浮雲. 天下人皆名星宿. 其大圍七百二十里. 中者四百八十里. 小者二十里. 淨法師云. 有處說. 觀世音名曰寶意. 作日天子. 大勢至名寶吉祥. 作月天子. 虛空藏名寶光 作星天子. 度者路也分也.

근되고 있음을 엿볼 수 있다. 요컨대 불교의 천문 세계관을 통해 자신들의 천문 이해를 도모하고 있는 것이다.

원효의 사신도·이십팔수 인식

그런데 원효의 다음 성수 관념은 중국적인 사신과 이십팔수가 결합된 체계여서 매우 주목된다. 『현추』권9 대변재천녀품 제15에서 중생의 금광명경에 대한 발원(發願)을 통하여 얻게 되는 다섯 가지 이익, 곧 첫째 제병(除病), 둘째 탈빈(脫貧), 셋째 연년(延年), 넷째 증길(增吉), 다섯째 제재(除災)를 설명하는 부분에 소개되어 있다. 그중 셋째 연년은 성수가 보호하기 때문에 가능하다고 한다. 바로 이 성수 연명(星宿延命) 사상과 관련된 대목에 다음과 같은 원효의 주석이 삽입되어 있다.

본문에서는 "사방(四方)의 신성(神星)이 신명(身命)을 복호(覆護)한다."라 하였다. 원효가 이르기를 "사방신성이란 동방 청룡에 칠성이 있으니 각항저방심미기(角亢氐房心尾箕)이며, 북방 현무는 두우녀허위실벽(斗牛女虛危室壁)을 일컫는다. 서방 백호는 규루위묘필자삼(奎婁胃昴畢觜參)이며, 남방 주작은 정귀류성장익진(井鬼柳星張翼軫)을 일컫는다. 이것은 내행(內行)을 따르면서 우행(右行)하는 수(數)이다. 월수(月宿)를 구하는 법에 의하여 이 같은 차례가 지어졌다." 경흥이 이를 취하였다. (『현추』 9, 「대변재천녀품」)[32]

사방위의 신령한 별들이 인간의 신명을 보호하여 수명을 연장할 수 있게 된다는 불교적 성수 연명 관념이 담겨 있다. 그 사방 신성을 원효는 동청룡 서백호 남주작 북현무의 사방위 사신이 주재하는 사방위 칠수의 이십팔수를 지칭한 것으로 설명하였으며, 그 이십팔수가 동북서남의 순서로 된 것은 월수, 곧 달의 운행과 연관된 것으로 파악하였다. 이는 사신도가 지상의 방위가 아닌 천공의 별자리 운행에 따른 존재임을 분명히 인식한 대목이어서 더욱 주목된다. 경흥도 원효의 이러한 해석

---

32. 『현추』 9, p.679 b. 三延年. 星宿護故得延年耳. 本云四方神星覆護身命. 曉云. 四方神星者. 東方靑龍有七星. 謂角亢氐房心尾箕. 北方玄武. 謂斗牛女虛危室壁. 西方白虎 謂奎婁胃昴畢觜參. 南方朱雀 謂井鬼柳星張翼軫. 此是從內右行之數. 依求月宿之法而作此次第也. 興卽取之.

을 받아들였음이 확인되어 있다.

　여기에 보이는 사신 이십팔수 체계는 불교적 천문 관념이라기보다는 한대 전후에 발전한 중국적인 천문 사상의 하나다. 고구려 고분 벽화에서는 이미 4세기부터 사신도나 이십팔수 관념이 등장하여 있는 데 비해, 신라에서는 저간의 사정이 어떠한지 자료가 소략하여 파악하기 어려웠다. 『금광명경소』에 실렸을 원효의 주석은 바로 최소한 7세기의 신라에 사신도와 이십팔수의 천문 체계가 유통되어 있었음을 드러내는 귀중한 자료라 하겠다. 『삼국사기』 「신라본기」에서 효소왕 원년(692) 8월에 고승 도증(道證)이 당에서 돌아와 천문도를 올렸다[33]고 하였는데, 그 천문도 유입 이전에 이미 신라에서 어느 정도 천문성수 체계에 대한 이해가 있었을 것임을 원효의 금광명경 주석을 통해서 짐작하게 된다.

　신라에서 7세기 이전 사료 중에 이십팔수라든지 사신도, 성수도 등 천문과 관련된 내용이 거의 없다는 것은 돌려 말하자면 7세기 정도에 이르러서야 이러한 천문에 대한 관심이 생기고 연구가 비로소 활발해진 것이라 할 수 있다.

　신라 초기부터 기록되어 있는 『삼국사기』의 별자리 기사는 다른 관점에서 접근할 필요가 있다. 왕량성(王良星) 등이 기록되어 있는 혁거세 시기에 중국의 천문도 체계가 이미 성립되었다고 보기 어렵기 때문이다. 탈해 이사금 3년(59) 6월 기사[34]에 나오는 천선성(天船星)은 『사기』 「천관서(天官書)」나 『한서』 「천문지」에는 아직 입전되지 않은 별자리이며, 진(晉)의 사마표(司馬彪)가 지은 『후한서』 「천문지(天文志)」나 당(唐)의 방현령(房玄齡, 578~648)이 지은 『진서(晉書)』 「천문지(天文志)」에 이르러서야 등장하는 별자리다. 이러한 사실을 보면 『삼국사기』의 별자리 기사가 관측되고 기록되는 과정과 그 천문성수도 체계의 관계를 좀 더 깊이 연구해야 한다는 것을 알수 있다. 이 문제는 다른 기회에 다시 고찰하고자 한다.

원효의 인도 달력 사용 문제

그리고 별자리에 대한 신앙을 바탕으로 연명할 수 있다는 믿음에 이십팔수와 더불

---

33. 『삼국사기』 「신라본기」 권제8. 孝昭王 元年 八月. 高僧道證自唐廻, 上天文圖.
34. 『삼국사기』 「신라본기」 권제1. 脫解尼師今 三年 六月, 有星孛于天船.

어 불교의 점성 사상이 함께 깔려 있음을 확인하게 된다. 같은 제15 대변재천녀품에서,

"성속(星屬)이라 한 것은 혜소(慧沼)가 이르기를 '무릇 사람이 태어난 날은 이십팔수에 소속된다. 그중에 혹 성도가 서로 어그러진 것이 있다.' 하였고, 경흥이 대집경 등에 널리 있다고 말하였다." (『현추』9,「대변재천녀품」)[35]

라고 한 대목은 바로 그 같은 연명 신앙을 담고 있으며, 사람의 생일에 이십팔수를 배속시키는 본명성(本命星) 사상으로 운용되고 있음을 보여 준다.

그런데 역시 같은 제15 대변재천녀품의 조금 뒷부분에 삽입되어 있는 원효의 귀수(鬼宿)에 대한 설명은 그가 중국의 이십팔수에 대한 이해가 깊었음을 보여 준다.

포쇄성(布灑星)이란 본문에서 귀수라 하였다. 원효가 이르기를, "월수가 귀성지일(鬼星之日)에 이것을 구하는 것을 일컫는다. 월수의 방법은 금궤설(金匱說)과 같다. 달 수를 곱하고 날짜를 더한다(倍月 加日). 넷에 이르러 다시 하나를 더한다. 우행(右行)하여 이를 셈한다. 허수(虛宿)를 따라 실수(室宿)에서 일어난다. 실성(室星)이란 북방칠수(北方七宿) 중 제6수이다. 귀성(鬼星)이란 남방칠수(南方七宿) 중 제2수이다. 갖추어 설명하면 그와 같다."고 하였다. 승장(勝莊), 혜소 및 유칙(有則)은 본문에 따라 해석하였다. 경흥은 원효의 설을 널리 취하였다. (『현추』9,「대변재천녀품」)[36]

이것은 호주(護呪)를 설명하는 중에 나오는 귀수를 설명한 부분이다. 포쇄성(Puṣyaḥ)은 귀수 또는 치성수(熾盛宿)로 의역되는 말이다. 남방칠수의 두 번째인 귀

---

35. 『현추』9, p.678 c. 言星屬者. 沼云. 凡人生日屬二十八宿. 於中或有星度相違. 興云. 廣如大集.
36. 『현추』9, p.679 a. 布灑星者 本云鬼宿. 曉云. 謂月宿於鬼星之日求此. 月宿之法如金匱說. 倍月加日, 四至加一. 右行數之. 從營[虛]起言[室](營起) 室者北方七宿中第六宿. 言鬼星者. 南方七宿中第二宿. 具說如彼. 莊沼及則依本文釋. 興廣取曉. 加云. 布灑此云鬼. 異經中佛生之日, 乃至總言. 北方七宿中第六室星. 至於南方. 七中第二鬼星是也. 則云. 此日吉祥. 法易成遂. 故佛出胎踰城成道皆此日. 廣如諸處. 今見寶星陀羅尼經第四. 具存此意. 可知.

수가 든 날은 불생지일(佛生之日) 또는 길상지일(吉祥之日), 부처의 성도일(成道日) 등 불교의 신행(信行) 과정에서 중요한 날로 여겨진 듯하며, 이 날을 구하는 방법에 대해서 원효가 설명하고 있는 것으로 파악된다. 그 배월가일 등의 방법은 다음에서 보이는 불교의 역법과 관련되는 듯하다.

포쇄성에 대한 신라 승장의 설명이『현추』9 견뢰지신품(堅牢地神品) 제18 말미에 삽입되어 있어 좋은 참고가 된다. 청소법(請召法), 견신법(見身法), 호신법(護身法) 등의 수행 방법과 그 절차를 첫째 정처(淨處), 둘째 엄신(嚴身), 셋째 거좌(踞座), 넷째 대존(對尊), 다섯째 수공(修供), 여섯째 용일(用日) 등 여섯 과정으로 나누어 설명하면서 다음처럼 포쇄합일(布灑合日)에 대해 말하고 있다.

"귀수는 범어로 포쇄라 하며, 때에 따라 달과 서로 합한다. 비록 매달에 합하는 날[合日]이 있지만, 팔일(八日)에 해당하며, 오직 2월에 있다. 승장이 이르기를 '매월 13일을 백팔일(白八日)이라 이름한다. 포쇄합(布灑合)이란 이 달에 성수(星宿)와 합하는 때를 일컫는 것'이라 하였다. 혜소는 '서방 월법에 검은 달 절반이 앞에 있고(黑半在前), 흰 달 절반이 뒤에 있다(白半在後)라 하였는데 이것과는 같지 않다. 다만 백월팔일(白月八日)에 의하여 송주(誦呪)한다. 포쇄란 곧 귀성이다. 그러나 아직 달의 대소가 다른 것을 알지 못한다. 만약 백팔이 항상 귀성과 합하게 된다면, 응함에 따른다. 다만 백팔이 귀성과 합하는 날을 취하되, 반드시 백팔이 귀성과 늘 합할 필요는 없다.'라 하였다." (『현추』9, 「견뢰지신품」[37]

이로 보면 달이 매월 귀수와 합하는 날을 특별한 날로 보아 '백팔일'이라는 이름을 붙였던 것으로 보이며, 이 날에 송주를 한다고 하므로 역일과 신행을 일치시키려는 불교적 점성 사상으로 운용되고 있다 볼 수 있다. 승장은 그 날을 매달 13일

37.『현추』9, p.685 a. 當時下. 第二示軌有三. 一請召法. 二見身法. 三護身法. 初也. 有三. 此初標引有六. 一淨處. 二嚴身. 三踞座. 四對尊. 五修供. 六用日. 此方鬼宿. 梵名布灑. 此星有時與月[日]相合. 雖於每月皆有合日. 然當八日唯在二月. 莊云. 月十三日名白八日. 布灑合者. 謂於此月星宿合時. 沼云. 西方月法. 黑半在前. 白半在後. 與此不同. 但依白月八日誦呪. 布灑者卽鬼星. 然未知月大小殊. 若爲白八常鬼星合. 准應. 但取白八與鬼星合日. 未必白八常與鬼星合也.

로 고정시키기도 하였다. 의정(義淨)이 옮긴 『금광명최승왕경』 권6 사천왕호국품 제12에서는 매월 8일 혹은 15일을 택하여 사천왕의 호신주(護身呪)를 수행할 것을 설하고 있다.[38]

혜소(당, ?~714)가 말한 서방 월법(西方 月法)은 고대 인도의 역법을 지칭한 듯하다. 범력(梵曆)에서는 한 달이 초하루에 시작하는 게 아니라 만월의 다음날부터 다음 만월까지를 한 달로 삼는다. 그 한 달의 전반부를 흑분(黑分) 또는 흑월(黑月)이라 하고, 후반부를 백분(白分) 또는 백월(白月)이라 한다. 따라서 음력 16일부터 그믐날 까지가 흑월이 되며, 초하루부터 보름날까지가 백월이 되는 셈이다[『불광대사전(佛光大辭典)』 「불교역법(佛敎曆法)」]. 그러므로 흑반재전 백반재후(黑半在前, 白半在後)라 한 것이다.

그런데 혜소는 포쇄합일이 이것과 다르다고 하였다. 이 말은 귀수 때문에 나온 듯하다. 범어로 포쇄(布灑, Puṣyaḥ)가 귀수로 번역되지만, 포사(布史, Pauṣa)도 귀수로 번역되기 때문이다. 포사는 부사월(富沙月), 보사월(報沙月, 寶沙月)로도 음역되는데, 범력의 10월에 해당되며, 당력(唐曆)으로 10월 16일부터 11월 15일까지에 해당된다. 이에 포사월(布史月)을 귀수월(鬼宿月), 중동월(仲冬月), 귀월(鬼月)이라고도 칭한다[『불광대사전』 「포사월(布史月)」]. 『보성다라니경(寶星陀羅尼經)』[대정장 13권, No.402]에서는 포사의 다른 음사인 부사(富沙)가 귀수로 번역되어 있다. 따라서 귀수와 관련된 말에 포쇄성과 포사월의 두 가지가 있게 되므로, 혜소는 포쇄가 10월이 아니라 백월 8일 에 귀성이 합치되는 것을 의미한다고 본 것이다.

이상에서 달의 운행과 연관된 귀수합일(鬼宿合日)을 구하는 방법에 대한 설명이 라든가, 또 앞서 사람의 생일을 이십팔수로 배속시킨다고 하는 것 등과 관련하여, 당시에 사용되었을 일종의 불교 달력을 떠올리게 된다. 불교 행사를 특별한 날에 하기 위해서 또는 생일의 본명성(本命星)적 운용을 위해서는 이십팔수 등이 역면(曆面)에 담겨 있는 달력이 필요하였을 것이다.

---

38. 『금광명최승왕경』 권6 「사천왕호국품」 제12. 대정장 16권 p.431 b. 世尊. 若持呪時. 欲得見我自身現者. 可於月八日或十五日. 於白疊上畫佛形像. 當用木膠雜彩. 莊飾其畫像人爲受八戒. 於佛左邊. 作吉祥天女像. 於佛右邊 作我多聞天像. 幷畫男女眷屬之類. 安置虛處咸令如法.

이처럼 원효가 귀성지일을 말하고, 승장이 백팔일을 말한 것 등을 보면 이 시기의 신라에 범력이 실제 사용되었거나 그 개념이 유포되었을 가능성을 제기하게 된다. 이에 더 나아가 금광명경 주소서 전체뿐 아니라 천문 역법의 내용이 실려 있는 불교의 제반 경전과 그것이 신라로 유통된 과정 그리고 삼국시대의 역법 관계 등을 폭넓게 연구한다면, 신라의 천문 역법 문제를 좀 더 많이 드러낼 수 있을 것으로 보인다. 이런 점에서 원효, 경흥, 승장 등의 금광명경 관련 일문(逸文)에 담겨 있는 천문사상 대목들은 우리의 고대사를 이해하는 데 적지 않은 의의가 있다.

통일신라의 사천왕 호국사상

이상 소략하게나마 통일 전후 시기에 전개되었을 신라의 천문 성수 세계관에 대해서 살펴보았다. 이와 관련된 자료가 드문 가운데 신라인들의 『금광명경』 주소 관련 일문 자료는 비록 체계적이지 않더라도 그들의 천문 사상을 들여다보는 데 유용한 의의를 지니고 있었다.

경흥의 주소를 통해, 『한서』 「천문지」의 천문 율려 사상이 반영되어 있음을 확인한 것이 무엇보다 큰 성과다. 더위와 추위[寒暑]라든가 사계절의 자연질서를 음양의 변화로 파악하면서 악율(樂律)과 역법이 연계된 율려 사상으로 자연의 조화를 이해한 것은 한대의 사상적 배경과 상통하는 맥락이라 여겨졌다.

한편 『루탄경』, 『입세경』, 『대집경』 같은 불전을 통하여 불교의 우주관, 지리관, 세계관 등을 광범위하게 흡수하고 있는 점도 확인되었는데, 이런 경향은 원효의 주소서에서도 보이던 것이다. 이 대목들은 7~8세기에 신라에서 불교적인 우주관이 이론적으로도 널리 연구되고 믿어졌음을 보여 준다. 하늘의 궁전으로 여겨진 일궁(日宮)과 월궁(月宮)에 대해 그 크기와 거리는 얼마나 되는지, 달 속의 그림자는 왜 생기는지, 일월식은 어떤 현상인지, 하늘의 성수는 어떻게 움직이는지 등 하늘의 여러 천문 현상과 존재들에 대해 불교적인 세계관을 원용하여 이해하고자 하였음을 볼 수 있었다. 그와 함께 『한서』 「천문지」의 일식 개념을 동원하는 등 중국적인 천문세계관에 대한 연구도 나타나 있으므로, 유불적인 맥락의 천문 사상 경향이 추구되고 있었다고 할 수 있다.

원효도 중국 천문사상에서 중요한 사신 관념과 이십팔수를 연결한 성수 체계를 서술하였으므로, 이 시기의 신라에 이러한 중국적인 천문 성수 세계관이 널리 알려졌을 것임을 보여 주었다. 그러면서 포쇄합일, 백월 등 인도의 범력과 관련되는 대목을 드러내고 있어, 불교적 역법의 문제도 앞으로 신라의 천문 역법 문제를 접근할 때 함께 고려해야 할 중요한 요소일 것임을 제기하였다. 그리고 이십팔수를 사람이 태어난 날에 귀속시키는 본명성적인 점성 사상이 이 시기에 이미 불교적 맥락에서 전개되고 있음을 엿볼 수 있었다.

이러한 천문 사상의 배경이 되는 『금광명경』은 통일신라의 사천왕 호국 신앙을 뒷받침하는 주요 경전이면서, 신라의 사방위적 우주론을 이해하는 데에도 중요한 경전이다. 신라인들이 이 경전에 의거한 불교의 사방위 수호신이라 할 수 있는 사천왕을 통해서 국토 옹호와 불법과 신명의 수호를 펼쳐내고자 한 것으로도 볼 수 있다. 고려시대에도 금광명경 사상과 신앙이 지속되고 있어, 이와 관련된 여러 가지 논의는 한국의 고대 사상사 이해에 중요한 부분이 될 듯하다.

이 글의 논의는 작은 시작에 불과하다. 신라의 사상계로 유입되었을 많은 불전의 내용을 분석하는 데 더욱 주목한다면 신라의 불교적 천문 세계관을 더 깊이 풀어낼 수 있을 것이며, 고려시대에 더욱 복합화된 유불도 삼교 간의 우주론적 세계관 교섭 연구에도 적지 않은 실마리를 찾을 수 있을 것이다. 이 글에서는 다루지 못하였지만 신라의 역법 문제, 천문성수도 체계 문제, 불교적 천문 재이론 등 다양한 주제가 폭넓게 연구될 때 신라의 천문 사상 전반에 대한 윤곽이 그려질 것이다. 앞으로 많은 관심과 연구가 요청된다.

고분 벽화로 살펴보는 고구려의 천문관

고구려가 남긴 천문학 관련 유물자료는 고분 벽화에 묘사된 별자리 그림이 유일하다. 신라와 백제가 천문 관련 유물을 거의 남기지 않은 것에 비할 때, 고구려 벽화 속 성좌도 자료는 한국 고대 천문학을 복원하기 위하여 매우 주목하지 않을 수 없다. 같은 시기 동아시아 전체의 천문도 역사를 비교해 보면 고대 일본에서는 아직 천문도 자체의 유물이 전하지 않으며 중국의 위진남북조에서도 고구려 벽화보다 다양하고 선명한 성좌도 자료가 발견되지 못하고 있다. 그러므로 고구려의 벽화 천문 자료가 지니는 역사적 의의는 매우 높다.

상서재이적 자연관과 천견 사상

고구려 역사를 관찬사서로 남긴 『삼국사기』 「고구려본기」를 보면, 고구려가 하늘에서 천명을 받은 성스러운 나라임을 천제지자(天帝之子) 사상을 통하여 표명하고 있다. 신화 형식을 빌어서 천제의 아들 해모수와 하백의 딸 유화 사이에서 일광(日光)의 감응을 받아 난생(卵生)한 이가 바로 고구려를 건국한 시조 동명성왕이라고 하는 것이다. 상서로운 일광이 천명을 표상하는 신화 구조다. 부여군의 추격을 받아 엄사수[호태왕 비문에는 엄리대수(奄利大水)]에 이르렀을 때 "나는 천제의 아들이요, 하백의 외손"이라 하여 자신이 '하늘의 아들'임을 언명하였고, 비류수 상류의 비류국왕 송양(宋讓)이 "그대가 어디서 왔는지 모르겠다."고 하였을 때, "나는 천제의 아들[天帝子]로 모처에 와서 도읍을 하였다."하고 대답하였다. 이같이 고구려는 하늘의 근원성에 기대어 건국의 정당성을 얻고자 하였다.

이를 뒷받침하기 위하여 하늘의 의지가 자연의 재상(災祥)을 통하여 표징된다는 상서재이적 자연 사상을 피력하고 있다. 국왕이 잘못을 하였을 때에는 재변으로 견책을 하고, 올바른 정사를 펼칠 때에는 서징(瑞徵)을 내린다는 이른바 천견(天譴) 사상의 일환이다. 시조 동명성왕 조를 보면, 3년(기원전 35) 3월 황룡(黃龍)이 홀령(鶻嶺)에 나타났고, 그해 7월 상서로운 구름인 경운(慶雲)이 홀령 남쪽에 출현하였으며, 6년 8월에는 신작(神雀)이 궁정에 모여들었고, 10년 9월에는 난(鸞)새가 왕대(王臺)에 모여들었다고 기록하였다.[1]

---

1. 『삼국사기』 「고구려본기」 제1. (始祖東明聖王) 三年, 春三月, 黃龍見於鶻嶺. 秋七月, 慶雲見鶻嶺南, 其色青赤.

여기에 경운(慶雲)은 경운(卿雲 또는 景雲)이라 일컫는 것으로, 태평성대에 나타난 다는 상서로운 기운의 일종이다. 『사기』「천관서」와 『수서』「천문지」등에 따르면, "연기 같으나 연기가 아니고, 구름 같으나 구름도 아닌 것이 뭉게뭉게 어지러이 날 리고, 새끼줄처럼 꼬아졌다가 바퀴처럼 꼬불꼬불 구부러지는 것을 이르며, 이것은 희기(喜氣)이며 태평의 부응"²이라고 하였다. 신작과 난새가 모여드는 것도 태평을 상징하므로, 하늘이 내려보내는 이러한 서징을 통하여 동명성왕의 건국이 성화(聖 化)된다고 믿었음을 엿볼 수 있다. 유리왕 2년(기원전 18) 10월에 신작이 왕정(王庭)에 모여들었다는 기사도 같은 맥락일 것이다.

차대왕 4년(149) 5월에 행성 다섯 개가 동시에 같은 방향에 출현하는 오성취합(五 星聚合) 현상을 관측한 기록이 보이는데, 이를 두고 천문을 담당하는 일자(日者)가 "이는 임금의 덕이요 나라의 복"이라고 무고(誣告)히 아뢰자 왕이 기뻐하였다는 대 목이 있다.³ 오성이 같은 곳에 모이면 그 아래의 나라가 의(義)로써 천하를 이르게 한다⁴고 보아 이 천변 현상은 대개 서징의 일종으로 취급한다.

그런데 차대왕 조의 일관은 왕의 노여움을 살까 두려워하여 억지로 대답하였다 는 것으로 보아 여기서는 구징(咎徵)의 일종으로 본 것으로 파악된다. 오행성이 취 합할 때, "유덕자(有德者)이면 경하(慶賀)를 받아 사방을 위무하지만, 무덕자(無德者) 는 재앙을 받아 사망에 이르게 된다"⁵는 조건부적 해석이 참고된다. 이런 측면이라 면 일관이 차대왕의 무덕(無德)을 힐난한 셈이 되는데, 그 전년도인 차대왕 3년 4월 에 왕이 태조대왕의 원자(元子)인 막근(莫勤)을 죽이자 그 아우 막덕(莫德)이 따라서

六年, 秋八月, 神雀集宮庭.

十年, 秋九月, 鸞集於王臺.

2. 『수서』「천문지」지15. "瑞氣. 一曰慶雲, 若煙非煙, 若雲非雲, 郁郁紛紛, 蕭索輪囷, 是謂慶雲, 亦曰景雲. 此喜氣也, 太平之應. 一曰昌光, 赤如龍狀. 聖人起, 帝受終則見." 『사기』「천관서」제5에도 동일한 내용이 나온다. : 김일권, 「역주 고려사 오행지」(4), 『고려시대 연구』 X, 한국학중앙연구원, 2006. 9월

3. 『삼국사기』「고구려본기」제3. 次大王 四年, 夏四月丁卯晦, 日有食之. 五月, 五星聚於東方. 日者畏王之 怒, 誣告王曰: "是君之德也, 國之福也." 王喜.

4. 『사기』「천관서」제5. 五星皆從而聚於一舍, 其下之國可以義致天下.

5. 『사기』「천관서」제5의 정의(正義) 주석. 五星若合, 是謂易行, 有德者受慶, 掩有四方; 無德者受殃, 乃以 死亡也.

목매어 죽은 사건이 상관된 사건으로 제시되어 있다. 일관은 이 같은 왕의 무도함을 하늘이 오행성 취합으로 견책한 것이라 본 셈이다.

이에 앞서 차대왕 3년 7월 평유원(平儒原)의 사냥터에서 흰 여우[白狐]가 뒤따라오며 울자 왕이 활을 쏘았지만 맞히지 못하였는데, 이를 두고 무사(巫師)가 왕에게 아뢰기를, 여우는 요사스러운 짐승으로 길하지 않는 상징인데, 더욱이 흰색인 것은 하늘이 간절히 하고 싶은 말을 요괴(妖怪)로 내보인 것이니, 이는 인군(人君)으로 하여금 자신을 성찰하여 일신하기를 요구한 것으로써, 만일 임금이 덕을 닦으면 전화위복이 될 수 있다고 간언하였다. 그러나 왕은 이 말을 경청하지 않고 도리어 "흉하면 흉하고 길하면 길할 뿐이거늘, 이미 요괴인 것이 다시 복이 될 수 있다고 하니 어찌 거짓말이 아니겠는가." 하면서 그를 죽여 버렸다. (고구려본기 제3)

고구려에서는 이렇게 왕의 무덕함을 견책하기 위하여 하늘이 요변과 천변으로 자신의 의지를 드러내고 있다고 보았다. 오성취합 현상은 구슬이 꿰어진 듯 보인다고 하여 오성연주(五星連珠)라고도 일컫는데, 역법 측면에서는 시간의 기원을 설정하는 역원(曆元)의 일종으로서 매우 중시한 것이나, 차대왕 조에서는 군주의 정치를 평가하고 길흉화복을 예시하는 하늘의 천견적 표징으로 간주되어 있다.

고대적 사유의 전형이기도 한 이 같은 상서재이의 물화적 자연관이 고구려 사회에서도 팽배하여 있음은 이상의 고구려 초기 기록 외에 여러 곳에서도 여실히 볼 수 있다. 그러한 반면에 문헌 기록과는 다른 측면의 유물 자료를 들여다보면 고구려가 하늘을 관찰하고 해석하는 또 다른 통로인 천문 사상 또는 천문 관측학에서도 상당히 수준이 높았음을 알 수 있다. 다음에서는 이 문제를 집중적으로 살펴본다.

고구려 고분 벽화와 동아시아 벽화 천문의 시대

고대 동아시아 벽화 천문의 시대

고구려가 남긴 천문학 관련 유물자료는 고분 벽화에 묘사된 별자리 그림이 유일하다. 삼국시대를 통틀어서 신라와 백제가 첨성대 정도를 제외하고는 천문 관련 유물을 거의 남기지 않은 것에 비할 때, 고구려 벽화 속 성좌도 자료는 한국 고대 천문학을 복원하기 위하여 매우 주목하지 않을 수 없다. 다만 성좌도 유물이기 때문에 고대 천문학의 다양한 측면을 포괄할 수는 없으며 주로 천문도의 역사 면에서 접근하게 되는 한계가 있다. 그렇지만 같은 시기 동아시아 전체의 천문도 역사를 비교해 보면 고대 일본에서는 아직 천문도 자체의 유물이 전하지 않으며, 중국의 위진남북조에서도 고구려 벽화보다 다양하고 선명한 성좌도 자료가 발견되지 못하고 있다. 그러므로 고구려의 벽화 천문 자료가 지니는 역사적 의의는 매우 높다.

이 시기 직후 동아시아 천문도 역사에서 주목할 만한 작품은 고구려 멸망 30년가량 후 그려진 700년경의 일본 기토라 고분 천문도와, 8~10세기 중반 무렵으로 추정되는 당나라의 둔황 성도(星圖) 갑본과 을본 정도인데, 여기에서 비로소 본격적인 전천(全天) 천문도 형식이 발전하고 있기 때문에, 적어도 고구려가 존속한 7세기 후반까지는 고구려의 성좌도 자료가 매우 중요한 동아시아 역사 천문도의 1차 유물 자료로서 귀중한 경쟁력을 갖는다. 고구려뿐 아니라 중국 위진남북조를 통틀어서도 고구려가 멸망하기 전에 만들어진 천문 유물 중 현전하는 것은 대부분 무덤 속 묘실 천장에 직접 별자리를 그리는 '벽화 천문도' 양식이다. 이런 점에서 이 시대를 벽화 천문의 시대라고 이를 수 있다.

고구려의 벽화 천문도는 봉토석실의 벽화 고분 묘제가 유행하기 시작한 4세기 무렵부터 7세기까지 집중되어 나타난다. 지금까지 확인된 천문 벽화묘는 25기에 달하며, 전체 벽화 무덤 100여 기 중에서 1/4을 차지한다. 성좌도가 뚜렷한 것부터 단편적인 흔적만 알려진 것, 아직 사진 자료가 공개되지 않은 것까지 있어 연구하는 데 어려움이 적지 않지만, 현재까지 나온 자료만으로도 충분히 고구려인들이 관측한 별자리와 그들이 추구한 천문의 세계를 재구성해낼 수 있다.

묘실 벽화로 천문도를 그리는 전통은 한대에 시작되었는데, 지금 남아 있는 자료를 살펴보면 그 숫자가 많지는 않다. 전한시대에 4점과 신망(新莽)시대에 3점 정도가 전하고, 후한시대로 넘어가면 화상전(畵像塼)과 화상석(畵像石) 재료가 다수 전하지만, 그 벽화 천문 문화가 꽃핀 것은 고구려에 와서다. 특히 위진수당대 700년(3~10세기) 동안 90기가량의 벽화 고분 중 16기에서 별그림이 확인되는 반면에, 고

만주 지역			북한 지역			
집안	환인	무순	평양시	남포시	평남	안악
29기	1기	1기	26기	23기	13기	14기
소계 31기			소계 76기			
총계 107기						

표 1 고구려 벽화 고분 분포 (2006년 현재)

제 재	벽화 고분	별그림	일월상	사신도
위진십육국 시기(3~5세기)	33	3	4	3
남북조 시기(5~6세기)	17	6	4	5
수당 시기(6~10세기)	36	7	7	11
합 계(3~10세기)	86기	16기	15기	19기
고구려(4~7세기)	107기	25기	27기	34기

표 2 고구려와 위진수당대 벽화 고분의 천문 요소 분석표

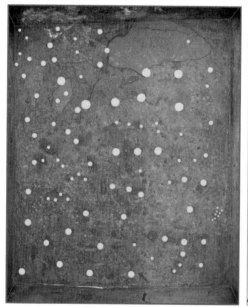

그림 1 진파리 4호분 천장석의 금박 천문도. 중심부에 북극삼성 과 그 위로 북두칠성이 보인다. (김일권, 2004)

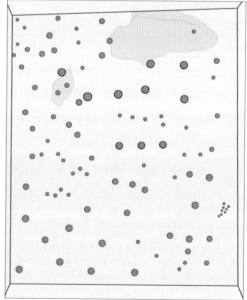

그림 2 진파리 4호분 금박28수 천문도 모사(김일권, 2004)

구려는 300년(4~7세기) 만에 벽화 고분 107기를 만들었고(표 1),[6] 그중 무려 25기에서 별자리 그림이 확인되고 있다. 위진수당에서는 주로 장식적 별그림으로 천문 벽화를 그렸다면, 고구려에서는 한 줄에서 세 줄까지 연결선이 있는 뚜렷한 관측적 별자리를 그렸다는 점에서 수량뿐 아니라 내용으로도 당시 동아시아 천문 관측 수준을 끌어올리는 중요한 자료로서 가치가 있다(표 2).

위진수당대 천문 벽화 무덤 중에서 요녕의 북연 풍소불(馮素弗) 부부묘(415)와 낙양의 북위 원예(元乂) 묘(526) 등 5, 6기를 제외하고 나면, 관측적 별자리가 아니라 장식적으로 천공에 별을 흩뿌리듯 그렸기 때문에 천문학적 가치가 감소한다. 그중 가장 돋보이는 작품이 북위 원예묘인데, 천장 중심부에 은하수를 놓고 그 곁에 연결선이 있는 별자리를 여러 개 그렸지만, 그 별자리의 형태와 위치가 정밀하지 못하여 동정하는 데 애로가 많다. 이 원예묘보다 120년 앞선 시기에 이미 은하수와 뚜렷한 별자리를 그린 고구려의 덕흥리 고분(408년)에 떠올려 보면, 당시에 고구려 천문도 수준이 얼마나 높았는지 쉽게 짐작할 수 있다.

이러한 가운데 500년대 전반으로 편년되는 고구려 진파리 4호분의 천장에는 전천 별자리를 돌판 한 장에 담은 전천 천문도가 자리 잡았다. 천장 중심부에 천문의 회전축인 북극성좌와 북두칠성을 그렸고 그 둘레에 28수 별자리를 그렸는데, 고구려보다 훨씬 뒤인 당송 연간에 유행하던, 이른바 개천식(蓋天式) 28수 천문도의 선구적 형태를 이 진파리 4호분에서 처음 만나는 것이다(그림 1, 2). 이처럼 진파리 4호분은 동아시아 천문학사에서 전천 별자리를 석판 하나에 그린 개천식 28수 천문도 형식으로서는 가장 오래된 유물이 된다. 더구나 이보다 시기가 앞선 것으로 편년되는 덕화리 2호분에 그려진 28수는 별자리 그림 각각에 별자리 이름이 묵서명으로 병기되어 있어 5, 6세기에 고구려에서는 이미 28수 천문학이 깊이 인식되어 있었음을 알 수 있다.

그런데 진파리 4호분의 천문도는 별을 모두 둥근 모양의 금박으로 표현하였다는 점에서 금박 전천 천문도라고 이를 수도 있는데, 이와 동일한 양식이 훗날 700

---

6. 전호태, 「고분 벽화로 본 고구려의 역사와 문화」 『고구려 고분벽화』, 주식회사 연합뉴스, 2006. 8월

년 전후 무덤으로 편년되는 일본 나라현 다카마쓰고분(高松塚)에서 확인되었다. 이 다카마쓰고분과 채 2킬로미터 안 되는 거리에 조성된 기토라 고분의 천장석에서 도 금박으로 묘사된 전천 천문도가 발견되었다. 둘 다 양식적으로 진파리 4호분의 금박 천문도 전통을 잇고 있는 것이다. 특히 기토라 천문도는 내외규(內外規)와 적 황도(赤黃圖)의 4규를 모두 갖추어서 세계에서 가장 우수한 고천문도로 평가 받기 에 부족함이 없는 작품인데, 사신도와 일월상을 동시에 구축한 형식 등이 고구려 의 천문 전통과 맞닿아 있다. 게다가 기토라 천문도의 내용을 분석한 결과 그 관 측 위치가 북위 38~39도선의 평양 지역으로 추정되고 있어, 기토라 천문도의 제작 주체를 고구려에서 찾는 관점이 현재 대세를 이룬다. 고대 일본에서는 이 두 고분 에서만 천문도가 발견되었지만, 이것들이 모두 고구려 천문학의 영향을 받은 것으 로 추정되기 때문에, 당시 동아시아에서 고구려의 천문도 전통이 차지하는 비중이 얼마나 높은지를 짐작하기가 어렵지 않다.

고구려 천문 벽화 무덤의 분포

별자리 그림이 그려진 고구려 벽화 무덤은 묵서명 덕분에 축조 연대가 밝혀진 안 악 3호분(357년)과 덕흥리 고분(408년)을 비롯하여 모두 25기 고분에 이른다. 1950 년대까지만 하더라도 7기에 별자리가 그려진 것으로 조사되었으나, 1970년대에 덕 흥리 고분 등 많은 벽화 고분이 새로 발견되었고, 고구려 벽화 연구의 전혀 새로운 장르로 고구려 천문학을 대두시킨 1980년대 초반 북한 사회과학원 리준걸 선생의 작업에서 발견된 것까지 무려 21기가 확충되었다. 그러다가 이후 남한 학계에서 이 문제를 본격적인 주제사로 처음 개진한 필자에 의해서 1990년대 후반에 안악 3호 분의 앞방 천장석에 별자리 그림이 그려진 것이 확인되어 총 22기로 망라되었다. 그렇지만 최근 자료 검토 과정에서 평안남도 순천시 동암리 벽화분과 집안 하해방 31호묘에서도 별자리 잔편이 발견되었다는 보고서를 뒤늦게 확인하게 되었고, 평 양시 개마총의 천장 벽화 별자리 그림까지 추가하여, 2006년 현재 별자리 벽화 고 분을 총 25기로 정리하게 되었다(표 7).

이들 고구려 별자리 벽화 25기의 분포 상황을 살펴보자. 기원후 3년에서 427년

안악	집안	평양
3기	8기	14기
안악 3호분, 안악 1호분, 복사리 고분	씨름무덤, 춤무덤, 하해방 31호분, 삼실총, 장천 1호분, 통구 사신총, 집안 오회분 4호묘와 5호묘	덕흥리 고분, 약수리 고분, 동암리 벽화분, 성총, 천왕지신총, 대안리 1호분, 쌍영총, 수렵총, 덕화리 1호분과 2호분, 우산리 1호분과 2호분, 개마총, 진파리 4호분
합 계	총 25기	

표 3 고구려 별자리 벽화 고분 분포 (2006년 현재)

까지 전반기의 수도로 424년간 정치 문화의 중심지가 되었던 압록강 이북 국내성 일대에서 8기가 확인되며, 남진 정책에 따라 새로이 개발된 대동강 양안의 수도 평양과 안악 지역에서 17기가 확인된다(표 3).

한 가지 주목할 만한 점은 세 지역의 벽화 무덤 분포지 중 안악 지역에서 가장 이른 시기의 별자리 벽화가 나타나는 점이다. 안악 3호분(357년)부터 천장석에 해와 달을 비롯하여 북두칠성 등의 별자리를 그렸고, 이 뒤를 잇는 복사리 고분(4세기말)과 안악 1호분(4세기말~5세기초)도 같은 안악 지역에 있다. 통념상 당시 수도였던 국내성의 집안 지역에서 먼저 출현할 것으로 기대하는 것과 달라서, 고구려 벽화의 발전 단계를 규명함에 있어 안악 지역의 역할이 적지 않을 것임을 시사한다.

이상 4세기 별자리 고분 3기과 6~7세기 편년의 진파리 4호분, 집안 오회분 4호묘와 5호묘, 통구 사신총 등을 제외하면 나머지 별자리 고분은 모두 5세기에 집중되어 있다. 시기별 분포를 보면 5세기가 고구려 별자리 벽화의 전성기였음을 알 수 있다. 이것은 제19대 광개토태왕(391~413)과 제20대 장수왕(413~491)의 치세 전후에 고구려 문화가 비약적인 발전을 이룩하는 시대 정황과 일치한다. 5세기 별자리 벽화 고분 중 단연 이목을 끄는 곳은 묵서명으로 인하여 영락 18년(408)에 만들어졌음이 밝혀진 남포시 강서 구역 덕흥리 벽화 고분이다. 이곳은 전체 고구려의 별자리 고분 중에서 가장 다채로운 별자리를 보여 주고, 고구려 천문학의 보편성과 특수성 문제를 가장 분명하게 드러내는 고분이기도 하다.

고구려 벽화 무덤은 주제 변화에 따라 보통 세 시기로 구분하는데, 4세기에서 5세기 중반 무렵까지의 제1기는 인물과 생활 풍속도 위주 벽화를 그렸으며, 5세기 중반에서 6세기 중반까지의 제2기는 생활 풍속도에다 장식 무늬와 사신도 주제가 병행되며, 6세기 중반 이후 7세기까지의 제3기는 사신도가 벽화의 중심 주제로 그려진다. 이 분기법을 준용하되, 내용이 변천하는 정도에 따라 시기를 구분하면 다음과 같은 분석이 가능할 것이라 생각한다.

제1기는 고구려적 별자리가 형성되는 시기로, 별자리가 처음 그려진 357년(안악 3호분)부터 고구려식 '사방위 별자리 체계'(제1형)가 완성되는 5세기 중반 무렵까지를 말한다. 대표적인 무덤으로 안악 1호분과 덕흥리 무덤, 약수리 무덤, 씨름무덤, 춤무덤, 천왕지신총이 있다. 많은 별자리가 있지만 사진 자료를 파악하지 못하여 동정이 어려운 복사리 고분과 별무덤도 여기에 속할 것이다. 특히 복사리 고분은 가장 많은 별그림이 있으며, 남방(南方)이라는 묵서 방제도 남아 있고, 무엇보다 북두와 남두 및 동서 방위 별자리로 해석할 여지가 있다고 여겨지는 주목할 만한 무덤이다.

다음으로 제2기는 고구려적 별자리 체계 위로 중국식 천문의 영향이 강조되는 복합 시기로, 위진 도교의 영향이 엿보이는 장천 1호분, 28수 체계라든가 『회남자(淮南子)』의 구천(九天)설이 묘사된 덕화리 2호분 및 28수 천문도 형식을 담은 진파리 4호분 등을 대표로 꼽을 수 있다. 여기에다 제1형의 방위 체계에서 변모된 제2형의 고구려식 일월남북두(日月南北斗) 방위 체계를 내보이는 삼실총과 덕화리 1호분도 이 시기로 분류될 수 있을 것이다. 특히 삼실총의 경우 덕흥리 무덤처럼 많은 신화도교적인 도상을 묘사하고 있어 초기적인 특성이 강하게 느껴지지만, 연화화생도와 같은 불교적 내세관 제재도 복합되는 등 도불 교섭의 색채가 농후하므로 제2기 중국식 천문 복합의 흐름을 타고 있는 것이 아닐까 한다. 쌍영총의 경우 제1형 방위 별자리 체계가 읽히므로 제1기의 특성을 지닌다 여겨지나, 5세기 후반의 무덤으로 편년하고 있는 관례를 따라 여기에 넣어둔다.

마지막 제3기는 고구려적 우주관이 크게 확충되는 시기라고 할 수 있다. 제2형 방위 체계에 천문의 중심인 북극삼성과 오방위 중심 신수인 황룡도(黃龍圖)를 내세위 5방위 천문 체계를 표방함으로써 이전과는 질적인 변화를 도모하고 있다. 이 5방위 별자리 체계가 표현된 통구 사신총과 집안 오회분의 4호묘와 5호묘를 대표로 내세울 수 있으며, 비록 별자리는 없지만 황룡도가 인상 깊은 강서대묘도 이 시기의 흐름을 따르고 있다 여겨진다.

제1기 고구려적 별자리 형성기(4~5C)

안악 3호분(357년)	최초의 천장 별자리 벽화
안악 1호분(4C말)	북두와 남두 별자리 처음 도입, 비중국적 N자형 별자리 묘사
복사리 벽화 무덤(4C말~5C초)	별그림 가장 많음, 사숙도 별자리 해석 여지
덕흥리 무덤(408년)	비중국적인 카시오페이아자리와 비어5성, 최초의 오행성 그림,
	방위 별자리 모색 흔적, 삼벌육성 등장, 지축상 그림
약수리 무덤(5C초)	동서 방위 별자리 완성, 남방 별자리로 묘성 그림,
	사신도와 방위 별자리의 결합, 3중 천문방위 표지
씨름무덤(5C초)	오숙도 방위 별자리 처음 제시, 고구려식 북극3성 창출
별무덤(5C전)	사숙도 별자리로 해석될 여지 있으나 동정이 어려움
춤무덤(5C중반)	오숙도 방위 별자리, 북극3성, 초기 사신도 결합
천왕지신총(5C 중반)	사숙도 별자리, 지축상 그림

제2기 중국적 천문 복합기(5~6C)

삼실총(5C중반)	일월남북두의 제2형 방위 체계 모색
장천 1호분(5C중반)	위진 도교의 북두칠성 사상 영향, 북두구성
쌍영총(5C후반)	고구려적 별자리와 연결선, 사숙도 방위 별자리
우산리 1호분(5C말)	방위 별자리 해석할 여지 있으나 동정이 어려움
우산리 2호분(5C말)	방위 별자리 해석할 여지 있으나 동정이 어려움
덕화리 1호분(5C말)	일월남북두 방위별자리의 전형
덕화리 2호분(5C말)	28수 그림과 명칭이 병기된 가장 오래된 유물자료,
	회자자의 9천 별자리, 일월남북두 방위 별자리
진파리 4호분(6C전)	중심부 고구려식 북극3성과 북두칠성, 최초의 전천 28수 금박 천문도

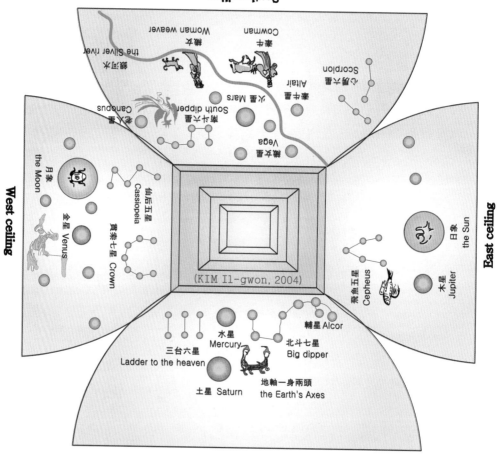

그림 3 덕흥리 무덤(408년)의 별자리(김일권, 2004)

제3기 고구려적 우주관 확충기(6~7C)

통구 사신총(6C전반)	황룡도 그린 오신도 고분, 북극3성과 일월남북두의 5방위 별자리 체계
집안 오회분 4호묘(6C전반)	황룡도의 오신도 고분, 북극3성의 5방위 별자리 체계, 천문과 신화와 풍류의 다차원적 우주관
집안 오회분 5호묘(6C후반)	용호도의 오신도 고분, 북극3성의 5방위 별자리 체계, 천문과 신화와 풍류의 다차원적 우주조감도
강서대묘(6C말)	황룡도 그린 오신도 고분

남포 덕흥리의 하늘에 새겨진 고구려 별자리

고구려 고분 중에서 가장 다채로운 별자리를 간직한 덕흥리 고분의 벽화를 통하여 고구려 별자리의 면모를 살펴보자. 사방 벽면의 천장부에 별을 모두 64개 담고 있으며, 별자리 원반 크기가 천체의 비중에 따라 여러 종류로 다르게 묘사된 점이 특징이다(그림 3).[7]

먼저, 가장 크게 그려진 것이 동벽와 서벽 천장에 자리 잡은 해와 달이다. 태양 속에는 태양의 정령인 세 발 달린 까마귀가 날개를 활짝 벌렸으며, 달 속에는 장생불사를 상징하는 옥두꺼비가 담겨 있다. 천지우주 사이에 해와 달이 가장 빛나고 밝다는 의미와 사실을 담았을 것이다. 고구려 고분 중에서 해와 달이 그려진 것은 27기이며, 한 곳을 제외하고는 모두 동쪽에 일상(日像)을, 서쪽에 월상(月像)을 대칭시켰다. 무덤 속에서 천체의 방향성을 표시한 것이다. 해 속의 삼족오(三足烏)는 씨름무덤에서 잘 드러나듯 고구려에 와서는 우아한 볏[鷄冠]을 올려 봉황의 자태를 보이는 양식으로 발달하였다. 달의 상징물로 두꺼비 외에 옥토끼와 계수나무를 그렸다. 계수나무가 낭창낭창 늘어진 1호분의 달은 그 황금빛 달빛이 압권이다. 두꺼

---

7. 이 덕흥리 별자리 이하 부분은 「고구려의 천문과 고분 벽화」(『인류의 문화유산 고구려 고분벽화』, 연합뉴스·교도통신 공동 발행, 주식회사 연합뉴스 출판, 2006ㅁ. 8월)에 게재된 것이나 고구려 별자리의 체계를 일목요연하게 잘 살펴볼 수 있는 내용이라서 여기에 다시 수록하였다.

비는 3천 년을 산다는 불사의 영물이다. 옥토(玉兎)는 곤륜산의 서왕모(西王母)에게서 불사 약을 훔쳐 달나라로 도망쳤다는 항아분월(嫦娥奔月) 신화에 등장하는 영물로서 영원한 삶[永生]을 상징한다. 다만 일반 토끼와는 형상이 같지 않은데, 두 발 동물로 의인화된 토끼만이 영생의 상징인 옥(玉)을 부여 받는다.

두 번째로 크게 그려진 것은 목성, 토성과 같은 오행성(五行星)이다. 행성은 고구려뿐 아니라 고대 중국에서도 관측되었지만 덕흥리 고분은 이를 그림으로 표현한 동아시아 최초의 유물 자료라는 역사적 의의가 있다. 적색의 짙은 테두리선 안에 누른 빛깔을 채워 구형 이미지를 연출하였는데, 현대 천문학에서 천체와 지구를 공 모양으로 인식하는 것과 유사한 천구설(天球說)의 맥락을 표현한 것이어서 주목된다. 벽면은 네 개이나 행성은 다섯이므로 북벽 천장에 행성을 두 개 그렸다. 북벽 위쪽의 작은 것이 방위상 수성(水星)이 되고, 아래쪽의 큰 것이 오행 사상의 중심이 되는 토성(土星)으로 비정된다.

『삼국사기』「고구려본기」의 차대왕 4년(149) 5월조에서 오성이 동방에 모였다고 하듯이, 이미 2세기에 오행성을 관측하였다는 기록을 남겼다. 동일한 시기에 오행성이 한꺼번에 관찰되는 오성취합(五星聚合) 현상은 지금도 대단한 우주의 빅쇼다. 그 밖에도 형혹성(熒惑星)이 심성(心星)을 지나갔다는 기록이 있는 등, 일찍부터 고구려에 자체적인 천문 관측 체계가 있었음을 시사하나 기록이 미비하여 그 자세한 내막을 파악하기는 어렵다.

셋째, 일월오성 다음가는 크기로 많은 별자리가 그려져 있다. 별자리 중에서 가장 크게 그려진 것은 북벽 천장의 북두칠성이다. 짙은 적색 연결선으로 뚜렷하게 이은 북두칠성은 그 형태가 S자여서 실제 밤하늘에 보이는 것에서 역전된 모습이나, 이를 뒤집어 보면 그 배치가 상당히 사실적이다. 별 크기도 실제 겉보기 등급에 비례한다. 이는 고구려 벽화의 별자리가 단순한 화가적인 작품이 아니라 당시의 천문관측학적 측면이 반영된 것임을 보여 준다.

그런데 이 북두칠성의 제6성 무곡성(武曲星)에 짧은 연결선을 이어 그린 북두 제8의 별 보성(輔星, Alcor)의 존재가 최근 확인되었다. 이 보성은 한국 천문역사에서 처음 그려진 것으로서 이것 역시 고구려 천문학의 관측적 정밀성을 높여 주는 자료다. 고구려 관직명에서 최고 재상을 좌보(左輔)와 우보(右輔), 또는 대보(大輔)라 일컫는 것과 연관되는 의미로 보이기도 한다.

넷째, 북벽 왼편 천장에 둘씩 세 쌍으로 병립한 3×2성은 고려와 조선에서도 인간의 탄생과 양육을 주관하는 별자리로 널리 믿어진 삼태육성(三台六星)으로 해석된다. 이 별자리는 북두칠성의 두괴(斗魁) 뒤편 문창육성(文昌六星) 아래쪽으로 둘씩 세 쌍이 늘어진 모습인데, 서양식 별자리로는 큰곰자리의 발바닥 부분에 해당하지만, 동양식 별자리에서는 선관(仙官)이 지상에 오르내리는 징검다리 대좌 또는 사다리 별자리로 여겨 상태(上台), 중태(中台), 하태(下台)라 불렀고, 대좌가 셋에 별이 6개이므로 삼태6성이라 이름하였다. 『진서(晉書)』「천문지」에서 상태는 천자와 여왕(女主)의 생육을, 중태는 제후와 삼공 경대부의 생육을, 하태는 사인(士人)과 서인(庶人)의 생육을 주관하는 별자리로 점성되었다.

다섯째, 북벽 천장에서 북두칠성 아래에 '지축일신양두(地軸一身兩頭)'라 적힌 방제와 함께 머리가 둘이고 몸이 하나로 붙어 있는 신화 도상이 그려져 있으며, 당시 고구려 천문학에서 북극과 남극이라는 지축(地軸) 개념이 있었음을 보여 주는 중요한 장면으로 해석된다. 천왕지신총(5세기 중반)에도 이와 동일한 표현이 북벽의 북두칠성 아래에 보인다. 이 같은 지축상 그림은 천체들이 지축을 중심으로 주천한다는 천문학적 사실에 대한 인식을 신화적으로 표현한 장면으로 이해된다.

여섯째, 남쪽 천장으로 시선을 돌리면, 화면을 대각선으로 가로지르는 푸른 강줄기의 은하수가 인상적인 가운데 견우와 직녀가 애틋하게 이별하고 있다. 은하수 강변 양쪽으로 둥근 별이 몇 개 떠 있는데 그중에 견우성과 직녀성이 그려졌을 것이다. 한여름철 칠월칠석날 전후로 1년에 한 번 만난다는 설화의 두 주인공이다.

남벽의 오른쪽 위 천장 부분에 북두칠성보다 약간 작은 크기로, 국자 모양을 이루는 여섯 별이 희미한 연결선으로 이어져 그려졌는데, 이 별자리가 바로 이후 고구려 벽화의 마지막 시기까지 남방의 방위 별자리로 채택된 남두육성(南斗六星, 서양명 궁수자리, Sgr)이다. 중국 벽화에서는 찾기 어렵고 유난히 고구려 벽화에서 강조되어 고구려식 천문 특징을 잘 담아내는 별자리라 일컫는다.

고구려 벽화에서 남두6성은 독립적으로 표현되지 않고 북두칠성의 맞은편 짝으로 대칭되어 등장한다. 덕흥리 고분 외에 안악 1호분, 씨름무덤, 춤무덤, 천왕지신총, 삼실총, 덕화리 1호분, 덕화리 2호분, 집안 5호묘, 집안 4호묘, 통구 사신총 등 10기에서 남방의 방위 별자리로 뚜렷이 그려져 있으며, 천왕지신총의 남벽에도 남두의 두괴가 묘사되어 있다. 북두와 대비되는 측면보다 28수 형식 속에서 두수(斗宿)로 표현된 별무덤(星塚), 우산리 1호분, 진파리 4호분의 것까지 합치면 절반을 상회하는 14기 벽화에서 남두육성을 볼 수 있다.

남두의 두표 끝쪽 3번 별 근처에 현재의 동지점이 있으므로 태양은 양력 12월 하순부터 1월초까지 이 남두육성 부근을 통과한다. 이를 역산하면 고구려 벽화 시기에는 동지점이 남두 두괴와 우수(牛宿) 사이쯤에 있었을 것으로 보인다.

이 별자리는 우리나라에서 한여름철 남쪽 하늘 지평선 가까이 은하수에 자루가 반쯤 잠긴 모습으로 관측되며, 북두칠성만큼이나 크고 뚜렷해서 매우 깊은 인상을 남긴다. 이렇게 실제 남쪽 하늘 은하수 속에서 관측되기 때문에, 덕흥리 벽화는 그 같은 관측 사실을 바탕으로 은하수가 흐르는 남벽 천장에 남두육성을 그린 것으로 여겨진다.

고구려 벽화에서 왜 북두와 남두의 대비를 중시하였을까. 일차적으로 고구려에서 독특하게 구축된 방위 별자리로 삼았을 법하며, 관측학상 두 별자리는 동일한 국자 모양을 이룬다. 이차적으로는 위진대 신선도교의 천문 사상 중에서 "남두가 생을 주관하고, 북두가 죽음을 주관한다(南斗注生, 北斗注死)"[『수신기(搜神記)』권3]는 점성관에 기초를 두었을 것으로 짐작된다. 북두칠성이 내세의 사후 세계를, 남두육성이 현세의 연수(延壽)를 담당한다는 믿음이다.

남두육성 바로 아래에 날개를 펼친 서조(瑞鳥)의 이름이 '길리지상(吉利之象)'이라 묵서되었는데, 길하고 이로운 새라는 뜻이므로 인간의 연수를 주관하는 남두육성의 의미와 곧바로 상통한다. 길리지상 오른편에 큰 붉은 반점으로 그려진 별 하나가 전 하늘에서 천랑성(天狼星, 시리우스) 다음으로 밝은 남극 노인성(老人星, 카노푸스)이다. 이 별은 보면 무병장수한다 하여 수성(壽星)으로도 일컫는다.

이렇게 남두육성과 남극 노인성 그리고 길리지상의 세 도상이 동일한 의도로 덕흥리의 남벽 하늘에 배치된다. 덕흥리 벽화의 화가가 천문관측학과 천문 사상의 양 측면을 적절히 어울려 놓았던 것이다.

일곱째, 시선을 서쪽과 동쪽 천장으로 돌리면, 월상 위로 세워 그려진 W자형 5 성과 일상 위의 삿갓 모양 5성이 눈에 띤다. 중국 천문도에서는 이들이 무슨 별자리인지 찾지 못한다.

서벽의 W자형 5성은 형태상 현대 천문학의 카시오페이아자리와 동일한데, 문제는 중국 고천문도에서 이 부분의 별자리를 W 모양으로 인식하지 않고 전혀 다른 형태를 보이는 왕량(王良), 각도(閣道), 책(策)이라는 세 별자리로 분해하여 인식한다는 점이다. 이 때문에 청나라에 이르기까지 중국식 천문도에서는 카시오페이아자리를 전혀 만나지 못한다. 그러므로 고구려 벽화에 이 별자리가 그려졌다는 것은 고구려 천문학이 중국과는 다른 천문도 체계를 구축하고 있었을 것임을 시사하는 중요한 대목이 된다.

동벽의 V자형 5성도 형태로 보아 서양의 세페우스자리에 비정되지만 중국식 천문도에서는 보이지 않는다. 그래서 필자는 그 옆에 '비어(飛魚)'라 묵서된 날개 달린 물고기 그림을 참고 삼아 '비어5성' 또는 '날치5성'이라는 우리말 별자리 이름을 붙여 주었다. 안악 1호분 서벽 천장의 N자형 4성도 무엇을 그린 것인지 아직 밝혀지지 않았다. 이렇게 고구려 벽화에만 그려진 별자리들은 고구려의 독자 천문 전통 측면을 더욱 제고하게 한다.

우리가 모르는 고구려와 고려의 북극삼성 별자리

1.

고대 한중 간에 달리 나타난 별자리의 문화성과 역사성을 가장 잘 보여 주는 것으로 천체 관측의 중심축 구실을 하는 북극성 별자리를 꼽을 수 있다. 그런데 역사 속의 북극성 이야기를 알아보기 위해서는 다소 난해한 과정을 거쳐야 한다. 우선 북극성은 모든 천체가 하루에 한 번씩 회전할 때 그 중심이 되는 추축 역할을 하는 별자리여서, 예로부터 천문의 주인이자 하늘의 주재자인 천제의 별자리로 인식

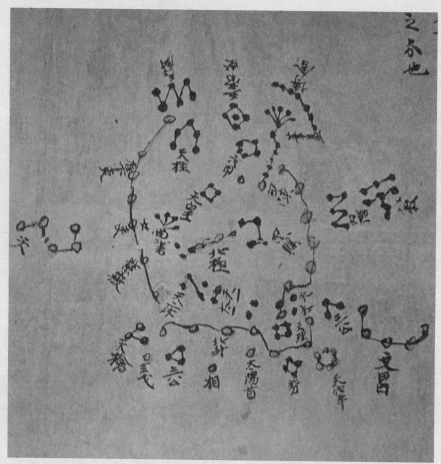

그림 4 둔황 성도 갑본(대영도서관 소장, 8세기경). 北極 글자 위에 일직선 모양의 북극5성좌와 그 오른편에 ㄷ모양의 사보 4성좌가 보인다.

그림 5 씨름무덤 북벽 천장의 북극3성

되어 왔다. 그런데 북극성은 하나지만 천문도상에서 하나로 표현하지는 않는다.

천체학적 관점에서 북극성은 지구의 북극축이 천구로 한없이 연장하여 간 곳에 자리 잡은 별을 뜻하지만 이는 엄밀한 정의가 못 된다. 지축이 가리키는 천구상의 가상 지점을 북극점이라 하는데 공교롭게 여기에 별이 있을 확률은 매우 낮다. 그래서 천구 북극점에서 가장 가까우면서도 밝은 별을 북극성으로 부르며 관측 중심축으로 삼게 된다. 그렇지만 북극성을 달랑 하나 설정하게 되면 이를 알아보기 쉽지 않아 문제가 생긴다. 이에 북극성을 포함하여 주변의 밝은 별 몇 개를 서로 연결 지은 일련의 북극성좌를 창출하게 된다. 이 때문에 동아시아 역사상 최초의 문헌 기록으로 기재된 한대의 천극성(天極星)은 북극성 자체를 의미하기도 하지만 주변의 세 별을 합친 천극4성이라는 뜻을 지니기도 한다.

이 천극성은 현재 우리가 관측할 수 있는 북극성이 아니다. 이미 역사 속으로 사라진 지 오래되었다. 이는 지구의 지축이 그대로 서 있지 못하고 시간이 지나면서 팽이처럼 조금씩 흔들리는 세차(歲差) 운동으로 말미암아 북극성의 위치가 변동되어 천극성이 더는 북극성 역할을 할 수 없게 된 때문이다. 그런데 북극성을 흔히 부동성(不動星)이라 하여 움직이지 않는 별로 일컫는데 북극성이 변동한다는 말이 가당키나 한 것인가? 중국에서 이 같은 세차 현상이 4세기 동진(東晉)의 천문학자 우희(虞喜, 281~356)에 의해 처음 발견되었지만 곧바로 역법(曆法)의 원리에 반영되지 못한 것은 부동성의 관념을 변화시키기가 쉽지 않았던 때문이다.

당나라 무렵이 되자 새로이 천구의 북극점에 다가선 별 하나를 새 북극성으로 삼고 하늘의 추축(樞軸)이라는 의미에서 천추성(天樞星)이라는 이름을 붙였는데, 그와 더불어 북극성 별자리는 주변의 4개 별까지 합친 북극5성좌로 엮었다. 이를 그린 최초의 자료는 중당(中唐) 무렵으로 추정되는 둔황 성도 갑본(8세기)이다. 주극성 범주의 별자리를 뜻하는 자미원(紫微垣)의 중심에 북극5성좌와 이를 보좌한다는 사보(四輔)4성을 뚜렷하게 묘사하였다(그림 4). 이때부터 중국 천문도에는 북극오성좌가 반드시 그려져 현재에까지 이른다. 지금 중화인민공화국의 깃발로 쓰이는 오성홍기(五星紅旗)에는 붉은 바탕에 큰 별 하나를 포함해 다섯 별을 그렸는데, 이 같은 자신들의 북극오성좌 전통이 반영된 것으로 보인다.

그림 6 춤무덤 안칸 북벽의 기린도와 북극3성

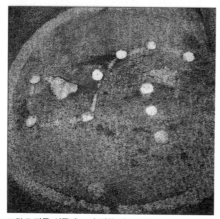
그림 7 파주 서곡리 고려 벽화묘(1352년)의 북극3성과 북두칠성

2.

이러한 반면에 당의 둔황 성도보다 몇백 년 앞서 그려진 고구려 별자리 벽화들(4~7세기)을 분석하다 보면, 북쪽 천장에 북두칠성과 더불어 나란히 묘사한 삼성(三星) 별자리가 자주 발견된다. 가장 이른 것이 5세기 초반으로 편년되는 국내성 씨름무덤에서 확인된다(그림 5). 북쪽 천장에 연결선 세 줄이 인상적인 3성 별자리가 시원스럽게 뻗어내렸는데, 바로 이 별자리가 고구려의 북극성좌다. 세 별로 구성되었으니 '북극삼성(北極三星)'이라 이름 붙일 수 있다. 가운데 별이 북극성이다. 당송의 것과는 다른 북극성 별자리를 성립시킨 것이다.

씨름무덤이 만들어지던 5세기 초반은 광개토태왕(391~413)을 이어 장수왕(413~491)이 고구려 국력을 가장 강성하게 만들던 시기다. 점증하던 고구려 중심의 천하관과 국가적 자긍심이 북극삼성으로 표출된 것은 아닐까. 하늘에 북극성이 지상으로 내려와 고구려의 천하를 열었다는 통치 사상의 일환으로 읽히는 것이다.

공교롭게도 같은 시기 자신들의 출자(出自) 신화를 1차 금석문 자료로 남긴『광개토태왕비』(414년) 첫머리에서, 고구려 건국 시조 추모왕(鄒牟王)을 '천제의 아들(天帝之子)이요, 황천의 아들(皇天之子)'(1면 1·2행)로 성화(聖化)시키고 있다. 흔히 우리를 천손 민족이라 일컫지만 이는 어디까지나 후대에 재해석된 인식이며, 5세기 당시의 금석문 자료는 고구려 왕실 스스로가 '하늘의 아들(天之子)'이라는 신화 구조를 견지하고 있었음을 여실히 알 수 있다.[8] 고구려를 세운 성스러운 임금 추모왕은 하늘이 내린 아들이니, 이 나라야말로 이 세계 천하 사방의 중심이요 가장 성스러운 성지라는 인식을 내비친 것이다.

사실 지금까지의 연구 결과 이 씨름무덤의 북극3성은 고대 동아시아 유물 자료 중에서 맨 처음 그려진 북극성 별자리로 추산되고 있다. 둔황 성도보다 3백년가량 앞선 자료이며, 위진남북조시대의 천문 관련 유물 중에서도 북극성 그림을 남긴 것은 현재까지 확인되지 않는다. 북극성이 그려지지 않았다고 해서 중국의 천문학 수준이 고구려보다 낮다는 이야기는 아니다. 그렇지만 고구려가 그 어느 나라보다 먼저 천문 관측의 중심인 북극성 별자리를 유물 자료로 남겼다는 것은 고구려 천문학의 깊이를 가늠할 수 있는 중요한 대목이 된다.

고구려의 삼성 별자리가 북극성좌라는 사실이 비록 최근 필자의 연구 결과로 밝혀진 것이지만, 그 타당성은 고구려의 다른 벽화 고분들이 1차적으로 입증하여 준다. 씨름무덤과 비슷하게 5세기 초반으로 편년되는 남포시 약수리 무덤 북벽에도 북극3성이 북두칠성과 나란하게 묘사되었으며, 5세기 중반으로 편년되는 국내성의 춤무덤은 씨름무덤과 이웃하여 부부묘처럼 여겨지는 무덤인데, 이곳의 북벽 천장에도 하늘을 질주하는 기린도(麒麟圖) 뒤편으로 기린보다 훨씬 크고 세 줄의 강렬한 연결선으로 이어진 북극3성이 자리 잡고 있다(그림 6). 마지막 벽화 시기에 해당하는 집안 5호묘와 4호묘, 통구 사신총의 천장석 북쪽에도 북두칠성 아래로 가운데 별이 조금 크게 그려진 북극3성도가 동일하게 반복된다.

무엇보다 결정적인 자료는 평강공주와 온달장군의 부부합장묘로 추정되는 6세기 전반의 진파리 4호분 천장석에 있다. 금박이 곱게 입혀졌을 진파리 4호분의 금박 28수 천문도는 사방 벽면 형식의 다른 벽화천문도와는 달리, 천장석을 이루는 한 장의 대형 석판에다 하늘의 전체 별자리를 그린 전천(全天) 천문도 양식이다. 그러므로 그 중심부에는 관측의 구심점이 되는 북극성이 그려지게 된다. 다른 별자리보다 크고 밝게 그려진 별 세 개와 일곱 개가 뚜렷하게 관찰된다. 형태로 보건대

---

8. 김일권, 「고구려 건국신화의 신화 계보 변동 : 천지에서 천손으로」, 『다시보는 고구려사』, 고구려연구재단 편, 2004ㅁ.11월

일곱 별은 북두칠성이 분명하고, 그 아래 중심부의 세 별은 바로 전천의 중심인 북극3성이 된다(그림 1, 2). 이 진파리 4호분처럼 북극성과 28수를 동시에 그리는 중궁(中宮)-28수 천문도 양식은 중국의 경우 고구려보다 늦게 당말에서 오대 시기에 유행하는 것이어서, 고구려 천문도의 역사적 의의를 한층 높여준다.

3.
한국사에서 북극삼성은 고구려에서만 그려진 것은 아니다. 고구려의 역사적 정통성을 계승하였다 하여 국호를 이어받은 고려의 여러 왕릉과 귀족 묘실 벽화에서 북극3성이 전승되고 있다. 고려말 문신 권준(權準, 1281~1352)의 무덤인 경기도 파주시 진동면 서곡리 고려 벽화묘(1352년)의 천장석에 완연한 북두칠성과 함께 별 세 개로 구성된 별자리가 뚜렷한데, 이것이 고구려식 천문 전통에서 보이던 바로 그 북극3성이다(그림 7). 이 무덤의 주인 권준은 조선 초에 만들어진, 세계에서 두 번째로 오래된 석각 천문도 〈천상열차분야지도〉(1395년)의 제작 책임을 맡은 양촌(陽村) 권근(權近, 1352~1409)의 큰할아버지다. 고려말 조선초의 대유학자이면서 천문학자였던 권근의 집안에서 천문 벽화묘를 만들면서 북두칠성과 함께 천체 관측의 중심인 북극삼성을 그린 것이기에 자료의 타당도와 신뢰도가 더욱 높다.

또한 고려 제20대 신종(神宗, 1198~1204 재위)의 무덤인 양릉(陽陵, 1204년) 천장석에도 28수가 원형으로 둘러싼 안쪽으로 좌우에 해와 달 원반이 그려졌고, 그 중심부에 북극3성과 북두칠성이 동일하게 그려져 있다. 중궁 별자리와 28수 위주로 그린 천문도 양식이 고구려 진파리 4호분의 것과 유사하여 천문도 양식이 계승된 것이 분명하게 읽힌다.

양릉보다 1세기가량 이른 시기로 편년되는 경북 안동 녹전면 서삼동의 고려 벽화묘(12세초)에는 천장석의 화강암 판석에 직접 붉은색을 입힌 179성의 천문도가 온전하게 남아 있다. 그 어느 유물보다 고려 천문도 내용을 분명하게 보여 주는 자료인데, 중심부에 역시 북극3성과 북두칠성이, 동서로 해와 달이 그려져 있으며, 바깥 원주상에는 28수가 그려졌다. 북극3성-북두칠성-일월-28수로 구조화된 전천 천문도 형식인 점이 양릉과 동일하다(그림 8).

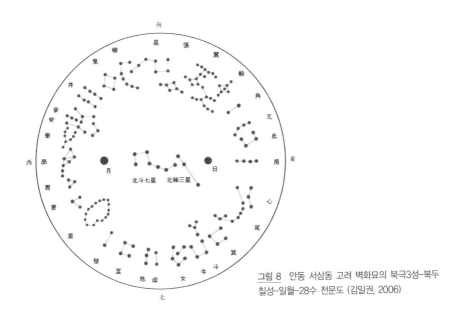

그림 8 안동 서삼동 고려 벽화묘의 북극3성-북두
칠성-일월-28수 천문도 (김일권, 2006)

　　이렇게 고려는 고구려의 천문 전통을 계승하고 있었다. 고구려식 북극3성이 수백 년을 격한 고려에 이르러서도 여전히 살아 있던 것이다. 우리 역사에서 북극성 별자리가 삼성(三星)이었음을 고구려와 고려의 벽화 유물들이 이처럼 여실히 증언하고 있다. 이외에도 증빙될 만한 자료가 더 있다. 이를테면 공민왕(1351~1374)의 무덤 현릉(玄陵, 1374년)을 들여다보면 천장석에는 일월(日月)과 남북두(南北斗) 별자리의 고구려식 천문 형식을 담았고, 사방 벽면에는 신라의 천문 전통인 십이지신상(十二支神像)을 그렸다. 말하자면 고구려와 신라를 통합적으로 계승하였다고 하는 고려의 역사 의식이 능묘(陵墓)벽화 속의 천문 문화로 훌륭하게 구현된 것이다.

고구려의 천하 사방을 수호하는 사신도와 사숙도 시스템

1.
한편, 5세기 고구려의 별자리 벽화를 분석하다 보면 예기치 않은 중요한 사실 하나를 발견하게 된다. 별자리들이 동청룡, 서백호, 남주작, 북현무의 사신도와 밀접한 상관 관계를 맺고 있다는 점이다.

우선 후대로 갈수록 비중이 증대되는 사신도(四神圖)는 일찍부터 고구려 사방위 우주론의 대표적인 제재로 구축되어 왔다. 사신도의 사상적 측면은 두 가지로 읽히는데, 묘 주인의 사후 안녕을 위하여 사방위를 수호한다는 방위신(方位神) 역할과 무덤의 삿된 기운을 막아 낸다는 벽사신(辟邪神) 역할이 사신도에 함께 부여되어 왔다. 또한 평양 부근에서 출토된 낙랑 시기 금석문 자료들은 동서와 남북의 사신이 기능을 달리하고 있음을 시사한다. 평양 정백리 2호분에서 출토된 동경에서 "좌청룡과 우백호는 상서롭지 못한 것을 물리치고, 주작과 현무는 음양을 조화한다.(左龍右虎辟不羊 朱鳥玄武順陰陽.)"고 하여, 동서의 청룡과 백호는 서로 짝을 이루어 벽사의 신수로, 남북의 주작과 현무는 각기 암수의 쌍으로 구성되어 음양조화를 상징하는 신수로 비정된 것이다. 이 때문인지 고구려 벽화에서 청룡과 백호는 위호가 늠름한 모습으로 입구를 향해 묘실을 수호하는 형상을 지녔고, 주작과 현무는 주로 쌍으로 마주하여 암수 조화를 지향하는 모습이다. 일제 시기에 발견된 강서대묘의 현무도에서 거북과 뱀이 이루는 원형의 조화 이미지는 한중일 사신도 작품 중 최고 걸작으로 꼽힌다.

사신도 제재는 제1기 벽화에서 무덤칸 천장부에 그려졌다가 점차 무덤칸 벽면으로 내려와 마지막 제3기 벽화에 이르면 강서대묘에서처럼 무덤칸 사면 벽화의 유일한 중심 주제로 강화된다. 이 같은 위치 변화는 사신도가 처음에는 일월성수와 함께 하늘 세계의 일원으로 등장하였다가 점차 지상 세계의 수호 영물로 그 기능이 전변하였음을 시사한다.

진한 시기에 사신도 관념이 처음 발생하던 과정을 살펴보면, 애초에 이것은 천문의 변화 현상을 설명하기 위하여 창출된 별자리 상징물이었다. 남쪽 지평선 위 하늘에 일정하게 계절별로 바뀌어 나타나는 천구 적도(赤道) 근처의 별자리들을 일괄적으로 분류하기 위하여 봄철 별자리에는 청룡의 모습을, 가을철 별자리에는 백호의 모습을 투영시켰던 것이다. 그런데 천상 방위와 지상 방위가 거울 대칭을 이루는 관계로 인하여, 겨울철 별자리는 남방의 주작 별자리로, 여름철 별자리는 북방의 현무 별자리로 엇바뀌어 투영되었다. 이렇게 하여 천구의 적도상 별자리를 28개로 정리한 체계가 소위 이십팔수(二十八宿)가 되었고 이를 다시 각기 계절과 방위로 7개씩 나누어 청룡의 동방칠수[각항저방심미기(角亢氐房心尾箕)], 현무의 북방칠수[두우녀허위실벽(斗牛女虛危室壁)], 백호의 서방칠수[규루위묘필자삼(奎婁胃昴畢觜參)], 주작의 남방칠수[정귀류성장익진(井鬼柳星張翼軫)]가 차례로 순환하면서 일년 사계절의 하늘을 표상하는 천문 체계로 정립된 것이다(표 4).

고구려 벽화에서 사신도의 자세를 살펴볼 때, 청룡과 백호는 머리가 남쪽 입구를 향하는 남수북미(南首北尾)로, 주작과 현무는 서수동미(西首東尾)로 그리는 원칙이 벽화 후기로 갈수록 일반화되는데, 이 경향을 바로 그 같은 천상의 사신도와 28수의 상관성을 증대시키는 흐름으로 볼 수 있다. 다만 청룡 백호의 수미 방향은 남쪽을 향하는 자세로 일관되지만, 주작과 현무는 암수 쌍으로 그리는 까닭에 어느 쪽을 머리 쪽으로 삼아 방향성을 부여할지 실상 애매하다. 한 마리만 표현되는 주작의 경우는 때로 동수서미(東首西尾)로 그려지기도 하는데, 이런 표현이 원칙을 파괴한 것은 아니다. 남방칠수에 날개를 펼친 주작 형상을 투영할 때, 남방칠수의 가운데쯤에 해당하는 류수(柳宿)에 주작의 부리를 배당하다 보니 좌우 방향성을 부여하기가 어려워진 탓이 크다. 이에 오대·북송과 고려조에서는 측면형이 아닌 정면형의 주작도와 현무도를 선호함으로써 그런 문제를 피해 가고 있다.

따라서 북송대에 붙여진 『이아(爾雅)』「석천(釋天)」의 주소(注疏)에서 "사방에 모두 칠수가 있어 각기의 형상을 이루는데, 동방은 청룡 형상을 만들고 서방은 백호 형상을 만들며 둘 다 남쪽으로 머리를 향하고 북쪽으로 꼬리를 두었다. 남방은 새

	봄철 별자리	여름철 별자리	가을철 별자리	겨울철 별자리
사신도	청룡칠수	현무칠수	백호칠수	주작칠수
사방위	동방칠수	북방칠수	서방칠수	남방칠수
28수	각항저방심미기 (角亢氐房心尾箕)	두우녀허위실벽 (斗牛女虛危室壁)	규루위묘필자삼 (奎婁胃昴畢觜參)	정귀류성장익진 (井鬼柳星張翼軫)
태양의 분지점	추분점	동지점	춘분점	하지점

표 4 사신도와 이십팔수의 4계절 별자리 분속표

형상을 이루고 북방은 거북 평상을 띠는데 둘 다 머리가 서쪽을 향하고 꼬리가 동쪽을 향한다. (四方皆有七宿 各成一形, 東方成龍形 西方成虎形 皆南首而北尾, 南方成鳥形 北方成龜形 皆西首而東尾).'라는 해석은 남북 신수의 경우 서수동미 형태로만 한정할 수는 없는 점을 간과하고 있다. 말하자면 동서의 청룡과 백호는 그 형상 자체가 기다란 동물이어서 머리와 꼬리 방향을 분명히 정할 수 있지만, 남북의 주작과 현무는 서로 마주보는 암수의 쌍으로 묘사하는 특성상 수미를 결정하기가 모호해지는 것이다.

2.

한편, 사방위 우주론의 천문 체계로 사신도만 있는 것이 아니다. 그와 유사하게 동서남북 네 방위에 각 방위를 표상하는 고유한 별자리가 있다는 인식이 고구려의 고분 벽화에 확연하게 드러나 있기 때문이다. 이것은 중국의 한당대 묘실 벽화에서는 찾아볼 수 없는, 매우 독특한 고구려식 천문 시스템이다. 사신도가 동서남북을 지키는 수호신 역할을 하는 것처럼 밤하늘의 별자리에도 동서남북을 주재하는 고유한 방위 별자리가 있다는 천문 방위 사상이 고구려의 5세기 벽화에 집중적으로 성립하였던 것이다. 이러한 방위 별자리의 모티프가 후한대 남양 화상석의 창룡성좌도, 백호성좌도 등에서 더러 보이지만, 그것을 뚜렷한 사방위 천문표지로 성립시킨 것은 어디까지나 고구려에 와서이다.

고구려에서 유난히 강조된 이 '사방위 별자리' 시스템을 좀 더 쉽게 설명하기 위해 필자는 최근에 '사신도(四神圖)'와 같은 어법을 적용하여 '사숙도(四宿圖)'[9]라는 용어를 제시하였다(김일권, 2004ㄷ). 사숙도의 사방위 별자리는 남북의 별자리와 동서의 별자리가 서로 대칭을 이루는 구도다(표 5).

덕화리 1, 2호분에서 극명하게 보이듯이 (1) 북쪽 천장에는 일년 내내 관찰되는

9. 조선시대에 사신도를 사수도(四獸圖)라 일컫던 것과 혼동을 피하기 위해 사숙도(四宿圖)라는 이름을 붙였지만, 숙(宿)이 별자리를 지칭할 경우 대개 수라 발음하므로 이를 사수도(四宿圖)라 불러도 무방할 것이다. 어원을 보면 숙(宿)은 잠잘 숙을 뜻했다가 달이 하룻밤 묵어가는 곳이라는 의미에서 별자리를 지칭하는 것으로 의미가 확장되면서 별자리 수라 일컫게 되었다. 달이 대략 28일(1항성월 27.3일)을 주기로 천구상을 한 달에 일주천하므로, 매일 하루에 한 자리씩 머무는 곳을 이십팔수(二十八宿)라 불러 특칭하였다.

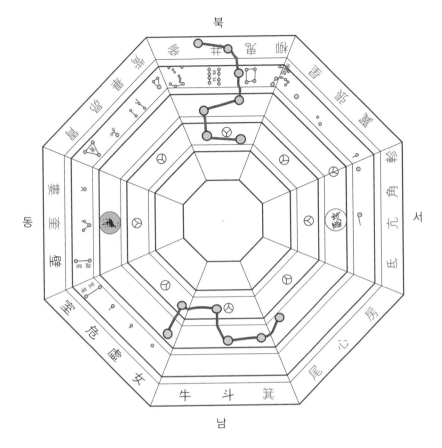

그림 9 덕화리 2호분의 일월28수도와 북두칠성, 남두육성 (김일권, 2006)

천문표지 방위	사신도 / 오신도	일월상	사숙도 / 오숙도 별자리
동	청룡	일상	심방육성 (동쌍삼성, 전갈자리, Sco)
서	백호	월상	삼벌육성 (서쌍삼성, 오리온자리, Ori)
남	주작		남두육성 (궁수자리, Sgr)
북	현무		북두칠성 (큰곰자리, UMa)
중앙	황룡		북극삼성 (작은곰자리, UMi)

표 5 고구려 고분 벽화의 3중 천문 표지 체계

그림 10 약수리 고분 동벽 (김일권, 1997ㄴ) : 청룡 + 일상 + 동쌍삼성(심방육성)

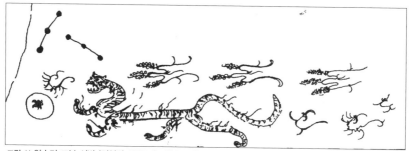

그림 11 약수리 고분 서벽 (김일권, 1997ㄴ) : 백호 + 월상 + 서쌍삼성(삼벌육성)

북두칠성을 그렸고, (2) 남쪽 천장에는 북두칠성과 형태가 유사한 남두육성을 대칭적으로 그렸다. 두 별자리가 국자 모양으로 서로 유사한 점에 착안한 것인데, 여기에는 또한 남두육성이 인간의 무병장수를 주관하고 북두칠성이 인간의 사후 세계를 보살핀다는 도교적 점성 관점이 투영되어 있다(그림 9).

다음으로 약수리 고분에서 보이는 바와 같이, (3) 동쪽 천장에는 막대기 두 개가 들 입(入)자 모양으로 서로 기대듯 엇갈린 모습을 보여 주는 동쌍삼성(東雙三星) 형식의 심방육성(心房六星, 전갈자리)을 그렸고, (4) 서쪽 천장에는 그와 대칭되는 사람 인(人)자 형태로 서쌍삼성(西雙三星) 모양의 삼벌육성(參伐六星, 오리온자리)이 그려져 있다. 모양으로 이름짓자면 각기 동입육성(東入六星), 서인육성(西人六星)이라 부를 만하다. 이 두 별자리의 적경(赤經) 차이는 180도를 이루고 있어, 동쪽 하늘에 전갈자리가 떠오르면 서쪽 하늘에서 오리온자리가 사라지는 관계다. 고구려인들은 이른바 하늘의 초대형 천문 시소 게임을 벌이는 이 두 별자리를 관측하여 동서의 방위 별자리로 채택한 것이다(그림 10, 11).

25기의 별자리 벽화 분석 과정에서 이와 같이 고구려인들이 매우 관측학적 관점

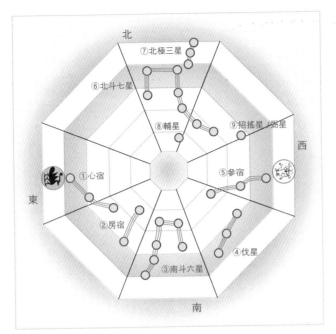

그림 12 씨름무덤의 북극삼성과 오숙도 별자리 (김일권, 2006)

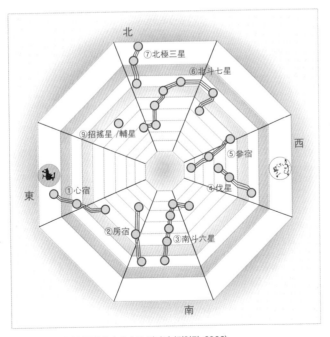

그림 13 춤무덤의 북극삼성과 오숙도 별자리 (김일권, 2006)

에서 사숙도, 곧 사방위 별자리(the four directional constellations) 체계를 의도적으로 마련하였다는 결론이 새롭게 도출되었다. 여기에다가 (5) 천문의 중심인 북극삼성(北極三星, 작은곰자리)까지 합치면 오숙도(五宿圖) 별자리 시스템이 성립된다. 5세기 고분 벽화들에는 이런 방위 별자리 관점이 상당히 강화되어 있는데, 씨름무덤과 춤무덤은 오숙도 별자리 체계가 적용된 대표적인 벽화 무덤이다(그림 12, 13).

이와 함께 동벽과 서벽에 늘 그려지는 일상과 월상의 존재도 각기 동쪽과 서쪽을 표지하는 천문 방위 상징이다. 일월상이 묘사된 벽화 고분 27기 중에서 별자리가 함께 그려진 곳은 모두 22기이므로, 별자리 고분은 대개 일월상을 그렸던 셈이다. 이렇게 고구려의 고분 벽화에서는 사신도에다 일월상 및 사숙도 별자리가 결합된 3중 천문방위 표지 시스템을 구축하고 있었다. 고구려가 얼마나 하늘의 천문 세계를 지향하였고 사방위 우주론을 추구하였는지를 여실히 읽을 수 있다.

황룡과 북극성이 펼치는 고구려적 천하관과 황룡우주론

고구려 후기 고분 벽화로 가면 동서남북의 사신도 형식에다 중앙 천장에 황룡(黃龍)을 추가한 '오신도(五神圖)' 형식이 새롭게 발전한다. 황룡은 천문오행 사상에서 사방의 중심인 중앙토(中央土)를 의미하며 제왕 또는 천제를 상징하는 신수다. 만물이 토대로 하는 대지의 색에서 유비된 황색이 지상의 모든 것을 대표하는 중앙의 색으로 성화(聖化)되어 제왕의 상징으로 발전하였듯이, 중앙의 황룡 역시 제왕을 대변하는 신수로 부각되었다. 황룡을 중앙에 배치하는 오신도 형식은 한무제 시기 황로(黃老)적 천문관을 집대성한 『회남자』의 「천문훈(天文訓)」에서 처음 제출되었다. 여기서 동방목(東方 木)의 신은 세성(歲星, 목성)이며 수호 동물은 창룡이라 하였고, 남방화(南方 火)의 신수는 형혹성(熒惑星, 화성)과 주조(朱鳥)이며, 서방금(西方 金)의 신수는 태백성(太白星, 금성)과 백호이며, 북방수(北方 水)의 신수는 진성(辰星, 수성)과 현무이며, 중앙토의 신수는 진성(鎭星, 토성)과 황룡이라 하였다. 후한의 저명한 천문학자 장형(張衡, 78~139)도 『영헌(靈憲)』에서 중앙의 신을 황신(黃神)이라 일컬었다. 이렇게 우주의 중심에 황룡을 안치하는 것은 4방위론에서 5방위론으로 전변되는 것이면서, 사방위의 주재자이자 관찰자인 자기 중심의 자긍 의식이 뚜렷

그림 14 집안 오회분 4호묘 천장석의 황룡도와 북극3성
(위쪽의 大小3성 중 가장 큰 것이 북극성)

그림 15 강서대묘 천장 황룡도

	동 서	남 북	중 앙	비 고
이신도 벽화	청룡·백호	–	–	주로 위진수당 벽화 (묘도)
사신도 벽화	청룡·백호	주작·현무	–	고구려 제2기 벽화 (묘실)
오신도 벽화	청룡·백호	주작·현무	황룡	고구려 제3기 벽화 (묘실)

표 6 한중 사신도 벽화의 양식 비교

한 문화 형식으로 드러난 것이라 할 수 있다.

문헌으로 남은, 동명성왕 3년(기원전 35) 3월조에 기록된 '황룡(黃龍)이 홀령(鶻嶺)에 나타났다'는 상서 현상은 고구려 건국이 천명에 따른 것임을 시사한다. 고구려에서 이러한 황룡 사상이 5세기 전후에 매우 발전하는 것을 〈광개토태왕비〉(414) 1면 3행에서 다시금 확인할 수 있다. 천제의 아들이자 황천의 아들이며 하백의 외손인 시조 추모왕이 '왕위를 즐거워하지 않으므로 하늘에서 황룡을 아래로 내려 보내 왕을 영접케 하였고, 왕은 홀본의 동쪽 언덕에서 황룡의 머리를 딛고 승천하였다(不樂世位, 因遣黃龍來下迎王. 王於忽本東罡, 履龍頁昇天)'고 묘사하였다. [10]

광개토왕비가 세워지던 장수왕 전후는 고구려가 천하 사방의 중심이라는 독자적인 천하관이 팽배하던 때다. 하늘을 주재하는 천제의 아들이 세운 거룩한 나라,

---

10. 한국고대사회연구소 편, 『역주 한국고대금석문』 1권, 가락국사적개발 연구원, 1992

천지를 환히 밝히는 일월의 아들이 세운 성스러운 나라, 동아시아 세계의 중심에 서 있는 나라라는 고구려적 천하 사상이 고분 벽화에서는 황룡도를 통해 전개되었고, 비문에서는 황룡 신화로 표출된 것이다. 이렇게 고구려에서 황룡은 우주의 중심이자 주관자인 천제의 대변자로 상징화되어 있다.

이와 더불어 6세기로 편년되는 고구려 벽화묘에서는 또다른 장치를 마련하고 있었다. 집안 오회분 4호묘에서 보이듯이, 천장 중심부 벽화로 황룡도와 천문 관측의 중심 별자리인 북극삼성을 동반시키는 것이다(그림 14). 이웃한 통구 사신총에도 북극3성좌와 함께 화려하고 동세가 넘치는 황룡도가 그려져 있다. 오회분 5호묘의 천장석에는 북극3성좌와 함께 용호도(龍虎圖)를 그렸지만 이 역시 황룡도와 동일한 사상의 표현으로 볼 수 있다. 이전까지 주로 연화문이 천장석에 있었다면 이제는 황룡이 천장 중앙에 자리 잡아 무덤 칸 내부의 사신도를 아우르는 형국이 되었다. 황룡이 지니는 중심 상징성의 결과다. 또한 고구려 제25대 평원왕(559~590)의 능으로 추정되는 강서대묘(590년)[11]의 천장석에도 오성(五星) 신수의 중심인 황룡이 꿈틀거리고 있다. 어느덧 고구려의 6세기 벽화에서는 이 나라가 우주의 중심이라는 천하관이 오신도 천문 형식을 통해 표출된 것이다. 따라서 흔히 알려진 것처럼 강서대묘를 사신도 무덤으로 보는 것에서 나아가 오신도 무덤으로 재규정할 필요가 있다(그림 15). 더구나 강서대묘가 왕릉으로 추정되는 만큼, 천하의 중심인 황룡이 사방 천지를 통할하듯이 고구려의 제왕이 천하를 통치한다는 고구려적 천문 정치 사상이 농후하게 투영되었을 것임을 읽을 수 있다.

현재까지 알려진 중국의 한당대 벽화묘에서 황룡을 중앙의 천장석에 그리는 양식이 아직 보이지 않기 때문에, 오신도 관점의 벽화가 수립된 것은 고구려적 천문 전통과 문화 정체성을 드러내는 중요한 테마로 주목할 필요가 있다(표 6).

---

11. 아즈마(東潮) 선생은 강서대묘를 590년 10월에 붕어한 평원왕의 능으로, 강서중묘는 618년 9월에 붕어한 영양왕의 능으로 추정하였다. : 東潮, 「魏晉·北朝·隋·唐と高句麗壁畵」, 『고구려 벽화의 세계』, 고구려 연구 16집, 고구려연구회, 2003년 12월

중국과 다른 천문전통을 수립하다

지금까지 고구려의 천문과 하늘 사상을 몇몇 문자 기록과 25기에 이르는 천문 벽화묘를 통해 재구성해 보았다. 고구려 벽화에 사방위 신수로 사신도가 묘사된 사실은 일찍부터 널리 알려졌지만, 그와 더불어 사방위 방위 별자리로 사숙도 천문 시스템이 구축되었다는 사실은 이제 제시된 내용이다. 문헌 기록이 전하지 않아 고구려 천문학의 더 다양한 면모를 알 수 없으되, 이런 벽화 유물들을 통하여 고구려 인들이 관측했고 추구하던 천문 세계를 재구축할 수 있는 것만으로도 고구려 문화의 깊이를 넉넉히 짐작할 수 있다.

고구려의 천장석 벽화에 등장한 북극삼성은 고구려가 중국과는 다른 갈래의 천문 전통을 수립하고 있었음을 시사하는 주목할 만한 대목이다. 더욱이 그것이 고려시대 왕릉과 귀족 벽화 무덤으로 온전히 계승되었다는 점에서 고구려와 고려의 역사적 동질성은 한층 분명해진다. 명확한 별자리 유물로 입증할 수 있는 주제이므로 고구려의 벽화 천문 연구는 중국으로부터 고구려를 지켜내고 한국 고대사의 영역을 확장할 수 있는 새로운 역사 이론을 구축하는 데 적지 않은 도움을 줄 것으로 기대된다.

고구려는 또한 후기 벽화 시대에 이르러 중국의 한당대 벽화묘에서 발견되지 않는 오신도 벽화 양식을 새롭게 개진하고 있었다. 천문의 중심인 북극삼성과 더불어 묘실 천장석 중심부에 제왕의 신수인 제5 황룡도를 안치함으로써, 사신도 벽화의 단계를 넘어선 오신도 우주론을 표명한 것이다. 이로 미루어 보건대 고구려 후기 사회에서는 황룡과 북극성을 중심으로 삼는 천문 지향적 코스모스가 고구려의 자긍적 우주론과 정치 사상에 적지 않은 반향을 일으키고 있었을 것으로 짐작된다.

표 7 〈고구려 별자리 벽화 고분 25기 일람표〉 (김일권, 2006)

	고분명	시기	무덤 형식	북쪽(안벽)	남쪽(앞벽)	동쪽(좌벽)	서쪽(우벽)
1	오국리 안악 3호분	357년	다실/남향/생활풍속	북두칠성	·M자형 5성(남두육성?)	일륜(日輪)	월륜(月輪)
2	대추리 안악1 호분	4C말	외방/남향/생활풍속	북두칠성	남두육성(1성과 흔적)	·동삼성(심수) ·월상(月像)	·N자형 4성 ·일상(日像)
3	안악 복사리 고분	5C초 (4C 말?)	외방/편동15° 남향/ 생활풍속	·북두7성+ 2성(북극삼성?) ·좌우대칭배열의 64성	·ㄴ형 '남방' 4성 ·ㅁ형 4성 ·ㅁ형 4성 ·V자형 3성	·ㅁ형 4성 ·ㅁ형 4성 ·쌍3성, 6성, 4성 ·일륜	·쌍3성, 3성 ·월륜
4	남포시 덕흥리 고분	408년	두방/남향/생활풍속	·오행성(토성, 수성) ·북두칠성+보성 ·삼태육성 ·지축일신양두	·화성 ·은하수 ·남두육성, 남극 노인성 ·심방육성 ·견우성, 직녀성 ·큰 별 3개	·목성 ·∧자형 비어5성 ·큰 별 2개 ·일상	·금성 ·W자형 선후5성 ·U자형 관삭7성 ·큰 별 6개 ·월상
5	남포시 약수리 고분	5C초	두방/편서남향/ 생활풍속·사신도	·북두칠성 ·북극삼성 ─ 현무·묘주	묘수7성 ─ 외 주작	·심방육성 ·일상 ─ 청룡	·삼벌육성 ·월상 ─ 백호
6	순천시 동암리벽화분	5C초	두방/편남서향/ 생활풍속	별 흔적 (벽화 조각)	(훼손 심함) ?	?	?
7	집안시 씨름무덤	5C초	두방/편서50° 남향/ 생활풍속	·북극삼성 ·북두칠성+보성 ·초요성(혹은 필성)	남두육성	·심방육성(1성 탈락) ·일상	·삼벌육성 ·월상

	고분명	시기	무덤 형식	북	북서	남	남동	동	동북	서	서남
8	남포시 성총	5C전	외방/남향/생활풍 속·사신도		6성		6성		적색 일륜		황색 월륜
				4성		3성		3성		4성		
				현무		주작		청룡		백호		

	고분명	시기	무덤 형식	북쪽(안벽)	남쪽(앞벽)	동쪽(좌벽)	서쪽(우벽)
9	집안시 춤무덤	5C중	두방/편서50° 남향/ 생활풍속·사신도	·북극삼성 ·북두칠성 +보성(혹은 초요성) ─ 기린	남두육성 ─ 쌍주작	·심방육성 ·일상 ─ 청룡	·삼벌육성 ·월상 ─ 백호
10	집안시 하해 방 31호분	5C중	두방/편동30° 남향/ 장식무늬	3성+3성 (3각 고임면)	(훼손 심함) ?	?	?
11	순천시 천왕지신총	5C중	두방/남향/생활풍 속·장식무늬	·북두칠성(2줄연결선) ·보성+초요성 ·북극삼성(2성 잔존) ·지축일신양두이체상	남두육성(2줄연결선)	·심방육성 ·일상(삼족오)	·삼벌육성 ·월상(두꺼비) ·'기타 홑별 2개'
12	남포시 대안리 1호분	5C중	두방/편동5° 남향/ 생활풍속·사신도	북두칠성 ─ 쌍현무·묘주	'천장 고임부에 20점 가량 별 반점?' ─ 암수 주작·직녀	─ 청룡·일상	─ 백호·월상(섬여)
13	집안시 삼실총	5C중	세방/편남서향/ 생활풍속·사신도	2널방 북두칠성 ─ 3널방 북두칠성 일부 4성 ─ 쌍현무(1실)	남두육성 ─ ·남두육성 일부 4성 ·적색 별 3성 ─ 쌍주작(1실)	일륜(원반) ─ 일륜(적색 원반) ─ 쌍청룡·쌍백호·쌍주작·쌍현무 (2·3실 고임부)	월륜(원반) ─ 월륜(먹색 반원)

번호	위치	연대	방향/성격	북두칠성	북두구성	일상(삼족봉황)	월상(섬여, 옥토, 절구)
14	집안시 장천 1호분	5C중	두방/편남37° 서향/생활풍속·장식·사신도	'북두칠청(北斗七靑)'(붉은 글씨)	북두구성	일상(삼족봉황)	월상(섬여, 옥토, 절구)
				암수주작·쌍기린(동북)	현무(서남)	백호(동남)	청룡(서북)
15	남포시 쌍영총	5C후	두방/편서남향/생활풍속·사신도	·북극삼성 ·삼태육성	·평행 쌍3성 (남두육성의 변형)	·동쌍삼성(심방육성)+3성 ·V자형 부광7성 ·일상	·서방삼성(삼벌육성) ·월상
				쌍현무·묘주(널방)	암수주작(널방)	청룡(앞방)	백호(앞방)
16	남포시 수렵총 (매산리 사신총)	5C후	외방/남향/생활풍속·사신도	북두칠성		일상	월상
				현무·묘주[선면(仙面)]	주작	청룡	백호
17	대동군 덕화리 1호분	5C말	외방/남향/생활풍속·사신도	북두칠성	남두육성	일상	월상
				현무	주작	청룡	백호
18	대동군 덕화리 2호분	5C말	외방/남향/생활풍속·사신도	북두칠성	남두육성	일상	월상

18 대동군 덕화리 2호분 세부

동	동북	북	북서	서	서남	남	남동
辟·奎·婁	胃·昴·畢·觜	參·井·鬼	柳·星·張·翼	軫·角·亢·氐	房·心·尾·箕	斗·牛·女	虛·危·室
○	○	○	○·○	○	○	○	○

벽성(辟星), 위성(胃星) / 정성(井星), 류성(柳星) / '28수+9天' / 실성(室星)

현무	주작	청룡	백호

| 19 | 남포시 우산리 1호분 | 5C말 | 외방/남향/생활풍속·사신도 | | | | |

19 남포시 우산리 1호분 세부

북	북동	동	남동	남	남서	서	북서
3성	7성	3성	6성	3성	2성	3성	6성
(사신도) ?		?		?		?	

| 20 | 남포시 우산리 2호분 | 5C말 | 외방/남향/생활풍속·사신도 | | | | |

20 남포시 우산리 2호분 세부

북	북동	동	남동	남	남서	서	북서
1성	3성	2성	1성		1성	3성	3성
(사신도) ?		?		백호		?·삼족오 일상	

번호	위치	연대	방향/성격	북두칠성	남두육성	일상	월상
21	평양시 개마총	6C초	외방/남향/생활풍속·사신도	별 11개(5+6성) 잔존 (방위 불명)	? '고임 단부 8天女'	별 2개 잔존 (연결선 흔적)/일상	별 4개 잔존 /월상
				현무	주작	청룡	백호
22	평양시 진파리 4호분	6C전	외방/남향/사신도	·북방칠수 ·북극삼성·북두칠성 ·보성·구진육성(중심부)	남방칠수 '금박 28수 천문도'	서방칠수	동방칠수
				?	주작	청룡·일상	백호·월상(계수·섬여)
23	집안시 통구 사신총	6C전	외방/남향/오신도	·북두칠성 ·북극삼성·황룡도 (천장석)	남두육성	일상(삼족오)	월륜(흰색 원반)
				현무	주작	청룡	백호
24	집안시 오회분 4호묘	6C전	외방/편동30° 남향/오신도	·북두칠성 ·북극삼성·황룡도·홀별 10개(중심부)	남두육성	일상(삼족오)	월상(섬여)
				현무	주작	청룡	백호
25	집안시 오회분 5호묘	6C후	외방/편동22° 남향/오신도	·북두칠성 ·북극삼성·용호도·아치형홀별7+2성(중심부)	남두육성	일상	월상
				현무	주작	청룡	백호

2부

–

고려편

고려시대의 새로운 천문서『천지서상지』

　

새로운 천문서의 등장

『천지서상지』 관련 일본 자료와 찬자에 대한 기존 견해

『천지서상지』 찬자에 대한 재해석과 문제점

『고려사』에 인용된 『천지서상지』 사료 발굴

한국 고대사의 중요한 천문서, 『천지서상지』

기존에는 일본에서만 유통된 것으로 알려졌던 『천지서상지』가 고려에서도 천지의 상서 해석에 활용되고 유통되었음을 분명하게 확인할 수 있었다. 이에 『서상지』의 찬자 문제를 재검토하면서 이것이 지니는 역사적 의의와 한국사에서의 사료적 가치를 새롭게 조망하고자 한다. 여태 고대 일본에서만 그 흔적이 보고되었으나 이제 고려에서도 유통된 것이 분명하므로 『서상지』는 고대 한국과 일본에서 의미 있게 활용된 중요한 천문서로 새로이 자리매김되어야 할 것이다. 당에서 찬집된 뒤 일본으로 직접 건너간 것이 아니라 고대 한국을 통해 전해졌을 가능성을 처음으로 제기하는 것은 이 글의 의의 중 하나이다.

새로운 천문서의 등장

여기에서 다루는 『천지서상지(天地瑞祥志)』(666년)는 국내 학계에 불과 몇 년 전에 소개되었다. 『백산학보』 52호(1999년 3월)에 부산외대 권덕영 선생의 「『천지서상지』 편찬자에 대한 새로운 시각」이라는 논문이 발표되면서 한국 고대사 연구에 전혀 새로운 견해가 제기되었다. 부제로 '일본에 전래된 신라 천문지리서의 일례'라 하였기 때문에 더욱 주목 받았으며, 더구나 지금까지도 명쾌하지 않는 『삼국사기』의 천문 관련 기록들을 해명하는 데 매우 좋은 자료가 발굴되었다는 점에서 그 의의가 컸다. 이 논문의 주장대로 신라인이 찬집한 것이 역사적인 사실이라면 이것은 한국 고대사뿐 아니라 동양 천문학사를 완전히 새롭게 쓰게 만들 일이었다.

필자는 고구려 고분 벽화의 천문 성수도 연구를 비롯하여 한중일 삼국의 고대 천문사상사 비교 연구를 진행하는 와중에 이 자료를 접했다. 2000년 2월 권덕영 선생이 어렵게 구한 『천지서상지』의 초본(抄本) 마이크로필름(일본 교토대학 인문과학연구소 소장) 복사본의 재복사본을 대전에서 선생께 직접 전해 받는 기회를 얻었다. 흔쾌히 자료를 주심에 이 자리를 빌어 다시 한번 감사 말씀을 올린다.

그때부터 이 책을 검토하면서 관련 자료를 조사하였다. 다양한 천문 관련 내용을 다룬 이 책은 매우 흥미로운 새로운 자료임이 틀림없었다. 그렇지만 『천지서상지』(이하 『서상지』)의 목차 구성과 내용을 일별하였을 때 그 편찬 의도나 서술 내용, 수집된 참고서목 등으로 보아 신라인이 이 책을 편찬했을 가능성은 거의 없어 보였다(『서상지』의 목차는 본고의 결론 앞절에 수록하였다).

그러다 『고려사』에 나타난 종교문화사 연구' 프로젝트(서울대 종교문제연구소, 1999)

를 진행하면서 전혀 의외의 기록을 만나게 되었다. 『고려사』「오행지(五行志)」권53에서 고려 인종(仁宗) 8년(1130)의 일자(日者)가 아뢴 주언(奏言) 중에 "천지서상지운(天地瑞祥誌云)"으로 이어지는 인용 대목이 발견된 것이다.

다시 『고려사』 전체를 검토한 결과 「예지(禮志)」 '군례(軍禮)'의 정종(靖宗, 고려 제10대 왕, 1018~1046) 6년(1040) 기사에서 "서상지운(瑞祥志云)"이라 인용된 구절이 추가로 확인되었다. 고려 태조 15년(932)의 세가 기록에서도 유사한 "상서지운(祥瑞志云)"으로 인용된 구절이 보였다. 이로써 기존에는 일본에서만 유통된 것으로 알려졌던 『서상지』가 고려에서도 천지의 상서 해석에 활용되고 유통되었음을 분명하게 확인할 수 있었다.

이때부터 『서상지』의 찬자가 신라인일 수도 있겠다 싶어 혼선을 빚게 되었다. 고려 태조 15년(932)은 경순왕 6년으로 아직 신라가 존립하던 때이므로 이때의 『상서지』가 『서상지』를 가리키는 것이라면 최소한 통일신라 말기에 이미 유통되었다고 보게 되어 정황으로 미루어 볼 때 신라와 무관하지 않게 될 것이기 때문이다.

이렇게 『서상지』의 편찬자가 원래대로 당나라인일 개연성이 가장 높다고 생각하지만 새롭게 신라인일 가능성 또한 배제하기 어려운 상황에서, 이에 대한 논의를 재검토하면서 견해를 분명히 밝힐 필요성을 느껴 본고를 준비하게 되었다. 그러다가 『서상지』의 본문과 관련 논문들을 다시 검토하는 와중에 찬자의 국적 문제를 기존의 당인설로 되돌리게 하는 중요한 단서를 찾게 되었다. 그 단서는 다음에 다루겠지만 이미 오타 쇼지로(太田晶二郎, 1972)의 논문에서 지적된 바 있다. 권덕영(1999)의 논문에서는 이 문제를 전혀 언급하지 않아 간과한 것인지 누락된 것인지 판단하기 어렵다. 이에 『서상지』의 찬자 문제를 재검토하면서 그것이 지니는 역사적 의의와 한국사에서의 사료적 가치를 새롭게 조망하고자 한다.

『서상지』는 당 고종 인덕(麟德) 3년(666)에 편찬된 뒤로 중국에서는 유통된 흔적이 아직 발견되지 않았으며, 일본에서는 『일본삼대실록(日本三代實錄)』권29 조간(貞觀) 18년(876) 기사에 처음 인용된 뒤로 16세기에 이르기까지 꾸준하게 기록되어 있다. 여태 고대 일본에서만 그 흔적이 보고되었으나 이제 고려에서도 유통된 것이 분명하므로 『서상지』는 고대 한국과 일본에서 의미 있게 활용된 중요한 천문서로 새로이 자리매김되어야 할 것이다. 비록 일본과 고려에서 각기 처음 기록된 876년과 1040년 사이에 약 160년 간의 차이가 있지만, 당에서 찬집된 뒤 일본으로 직접 건너간 것이 아니라 고대 한국을 통해 전해졌을 가능성을 처음으로 제기하는 것은 이 글의 의의 중 하나일 것이다.

이렇듯 『천지서상지』는 한국 고대사 또는 고대 한중일 천문교섭사 연구를 더욱 확충하는 좋은 자료라 여겨진다. 물론 이러한 의의의 1차 공로는 이 자료를 끄집어 낸 권덕영 선생에게 돌려야 할 것이다.

『천지서상지』 관련 일본 자료와 찬자에 대한 기존 견해

1.

『서상지』의 전승과 보존에 대해서는 나카무라 쇼하치(中村 璋八)의 「天地瑞祥志について : 附引書索引」(『漢魏文化』 7호, 漢魏文化研究會, 1968)[1]에서 처음 접근되었으며, 오타 쇼지로의 「天地瑞祥志略說 : 附けたり, 所引の唐令佚文」(『東京大學史料編纂所報』 7호, 1972)에서 다시 고찰되었다. 이들 논문과 권덕영의 논문(1999) 등을 바탕으로 하여 일본측 『서상지』의 기록 내용을 정리하면 아래와 같다.

『서상지』에 의거하여 상서재이(祥瑞 災異)를 해석한 사료는 맨 먼저 일본의 『삼대실록』[2] 권29, 세이와 천황(清和 天皇)의 죠간 18년(876) 8월 6일 경술조(庚戌條)에 보인다. 『천지서상지』의 약칭으로 생각되는 '서상지'에 의거하여 천문 현상을 설명하였다.[3] 그 다음 『부상약기(扶桑略記)』 제24, 다이고 천황(醍醐 天皇)의 엔쵸(延長) 5년

---

1. 나카무라 쇼하치의 『日本陰陽道書の研究』(汲古書院, 東京, 1975)에 동일 제목으로 재수록되었다. 나카무라 쇼하치와 오타 쇼지로의 논문과 관련 자료는 필자의 일본인 친구 삿사 미쓰아키[佐々充昭. 리쓰메이칸(立命館) 대학 문학부 교수]의 도움을 받아 구하였다.

2. 『일본삼대실록(日本三代實錄)』은 892년경에 찬수를 시작하여 중간에 잠시 중단되었다가 901년에 완성된, 세이와(清和)·요제이(陽成)·고코(光孝) 등 3대의 사적을 기록한 칙찬 역사서다. (권덕영, 『天地瑞祥志』 편찬자에 대한 새로운 시각―日本에 전래된 신라 天文地理書의 일례―」, 『백산학보』 52, 1999)

3. 이보다 앞선 동년(876) 7월 27일 임인조에 "天文要錄祥瑞圖曰 非氣非煙 五色紛縕 是謂卿雲 亦謂景雲也. 占曰 王者之德 至山陵則景雲出. 又曰 天子孝則景雲見."이라 하여 "천문요록상서도(天文要錄祥瑞圖)"

(927) 9월 29일야 조목에서 오에 고레토키(大江 維時)가 『천지서상지』를 이용하여 천문 현상을 설명하고 있다(中村璋八, 1968).

"日入之時 赤雲八條 起自東方 直指西方 廣殆及竟天 瑞祥志曰 天氣峙時 山川出雲 占云 赤氣如大道一條 若如三四條者大赦 人民安樂."(『삼대실록』 권29, 876년 8월 6일 경술일)

"黑雲三四尺 東西亘天 大江維時云 天地瑞祥志曰 黑雲三四尺亘天 春必有喪 云云."(『부상약기』 제24, 927년 9월 29일야)

이렇게 9세기 후반부터 기록되기 시작한 『서상지』는 16세기에 이르기까지 꾸준하게 활용되었다.[4] 불가에도 보급되어 도지(東寺)의 삼보(三寶)라고 칭하는 고보(杲

를 언급하고 있다. 이 구절을 『천문요록(天文要錄)』과 『상서도(祥瑞圖)』의 둘로 보아야 할지는 아직 판단하기 어려우며, '서상지(瑞祥志)'가 아닌 '상서도(祥瑞圖)'인 점도 이를 『천지서상지』의 약칭으로 보기에 저어하게 한다(中村璋八, 「天文要錄について」, 『日本陰陽道書の硏究』, 汲古書院, 1975).

4. 나카무라 쇼하치(1968)와 오타 쇼지로(太田晶二郎, 1972)의 조사에 따르면, 앞서의 『삼대실록』 세이와 천황(淸和天皇)의 876년 8월 6일 경술조와 『부상약기』 다이고 천황(醍醐天皇)의 엔쵸(延長) 5년(927) 9월 29일야 조목에 이어, 일본사에서 다음과 같은 『천지서상지』 인용 기록이 확인되었다 한다.

안나(安和) 2년(969), 賀茂保憲이 太白犯南斗에 관해서 인감(引勘)하였고, 덴엔(天延) 3년(975), 中原以忠이 彗星・月犯畢・月犯井에 대해서 인감하였고, 덴기(天喜) 4년(1056), 客氣가 彗星인가에 대해서 中原師任과 음양두(陰陽頭) 安倍章親이 인감하였으며, 고헤이(康平) 3년(1060), 음양두 겸 천문박사 安倍章親, 권천문박사 安倍親宗이 月蝕에 관해서 인감하였고, 에이쵸(永長) 2년(1097), 中原師遠이 彗星에 관해서 인감하였고, 죠지(長治) 3년(1106), 中原師建이 彗星과 震動에 대해서 인감하였으며, 특히 彗星에 대해서 인감하였으며, 淸原信俊도 彗星에 대해서 인감하였다.

에이만(永万) 2년[닌난(仁安) 원년. 1166], 음양조(陰陽助) 安倍泰親, 천문박사 安倍業俊이 (1) 月入大微宮에 관해서 (2) 地震에 관해서 (3) 地震・月薄蝕에 관해서 (4) 月掩食南斗에 관해서 (5) 月入氐中, 歲星熒惑相犯에 관해서 (6) 太白經天에 관해서 (7) 地震에 관해서 (8) 熒惑失行增光, 日病, 月色如火에 관해서 (9) 地震・月犯房에 관해서 (10) 月犯南斗에 관해서 (11) 熒惑犯哭星에 관해서 (12) 月入太微에 관해서 (13) 辰星歲星鎭星相犯, 月犯心前星에 관해서 (14) 月入太微에 관해서 『서상지』를 인감하였으며, 安倍泰親이 日有一珥一背에 대해서 인감하였다.

지쇼(治承) 3년(1179), 安倍泰親, 음양박사 安倍季弘, 천문박사 安倍業俊이 太白犯亢에 관해서 인감하였고, 지쇼 4년(1180), 음양대윤(陰陽大允) 安倍泰茂가 飄風에 관해서 인감하였고, 요와(養和) 원년(1181), 安倍泰親, 음양박사 安倍季弘, 천문박사 安倍盛俊이 太白辰星相犯에 대해서 인감하였다.

가마쿠라(鎌倉) 시대에 가로쿠(嘉綠) 2년(1226), 음양두 겸 권천문박사 安倍泰忠이 太白犯哭에 대해서 인감하였고, 쇼와(正和) 2년(1313), 음양두 安倍長親이 熒惑犯歲星에 관해서 인감하였다.

寶, 1306~1362)의『대일경소연오초(大日經疏演奧抄)』에도 두 조목이 인용되어 있으며, 그중 하나는 현전하지 않는 제9권에 따른 인용이라 한다(中村璋八, 1968).

이 같은『서상지』의 존재를 처음 목록화한 문헌은 신라 진성여왕대(887~897)에 해당하는『일본국현재서목록(日本國見在書目錄)』(891)이다.[5] 여기에 천문가부(天文家部) 461권이 수록된 가운데 "天地瑞祥志卄"이라 등재되어 있으며, 그 외 "天文錄石氏中官占三卷, 大文要錄十陳卓撰, 天文錄一部卅祖恒撰, 天文錄圖一, 天文要會律林注, 天文畧集決一, 天文要集一, 天文要卅三卷, 天文災異雜占一, 天文要集一, 天文要會一高氏撰, … 天文要錄五十, 天文要錄私記一" 등이 함께 수록되어 있다.[6]

그 후 헤이안(平安) 시대 정치가이자 한학자였던 후지와라 미치노리(藤原通憲,

남북조 시대에 고에이(康永) 원년(1342), 安倍國弘이 太白犯軒轅, 太白犯太微에 관해서 인감하였고, 무로마치(室町) 시대에 오에이(應永) 32년(1425), 음양두 安倍有重이 地震에 대해서 인감하였고, 오에이 33년(1426), 賀茂在方이 地震에 대해서 인감하였고, 에이쿄(永享) 5년(1433), 賀茂在盛이 地震에 대해서 인감하였으며, 賀茂在方이 彗星과 地震에 관해서 인감하였고, 에이쿄 6년(1434), 두번에 걸쳐 賀茂在方이 地震에 대해서, 또 流星에 대해서 인감하였다.

분안(文安) 원년(1444), 安倍有重, 권천문박사 安倍有俊, 음양두 천문박사 安倍有季가 彗星에 관해서 인감하였고, 분안 6년(1449), 賀茂在盛이 地震에 대해서 인감하였고,

오닌(應仁) 원년(1467), 賀茂在貞, 賀茂在盛이 太白歲星相合에 대해서 인감하였고,

분메이(文明) 5년(1473), 賀茂在成이 歲星犯月에 관해서 인감하였고,

죠쿄(長享) 3년[엔토쿠(延德) 원년. 1489] 및 메이오(明應) 2년, 安倍有宣이 地震에 관해서 인감하였고,

메이오 2년(1493), 음양두 安倍有宗이 地震에 관해서 인감하였고,

메이오 3년(1494), 流星에 대해서 인감하였고,

메이오 3년(1494), 6년(1497), 7년(1498)에 두 번씩 安倍有宣이 地震에 대해서 인감하였고,

분키(文龜) 3년(1503), 安倍有宣, 安倍有尙이 歲星熒惑塡星相犯에 관해서 인감하였고,

에이쇼(永正) 3년(1506), 賀茂在通, 賀茂在盛이 地震에 관해서 인감하였고,

에이쇼 4년(1507), 安倍有宣이 地震에 관해서 인감하였고,

에이쇼 5년(1508), 賀茂在重이 地震에 관해서 인감하였다 등.

5.『현재서목록』은 일본에서 가장 오래된 한적 목록서로, 대략 875년~891년에 후지와라 스케요(藤原佐世)가 당시 일본 궁중에 전해 오던 한적을 목록화한 것이라 한다. 그 목록 말미에 적혀 있는 "書現在書目錄後"에 의하면, 조간 17년(875) 궁중의 비각(秘閣) 냉천원(冷泉院)에 화재가 발생하여 많은 전적이 불타 버린 것이 목록 작성의 계기가 되었다고 한다. 이로 보아『현재서목록』에 수록된 서목은 냉천원 화재 시 살아남은 서적들인 셈이므로,『천지서상지』는 875년 이전부터 일본 궁실 도서관에 비장되어 오던 전적이었을 것으로 추정되었다. (권덕영, 앞의 논문, p.385)

6. 中村璋八,「天文要錄について」,『日本陰陽道書の研究』, 汲古書院, 1975

1106~1159)의 장서를 집록한『통헌입도장서목록(通憲入道藏書目錄)』에서 "天地瑞祥志 第十六"이라 하여 제16권 월령편(月令篇)의 존재가 다시 언급되었다. 현전하는 사본은 에도(江戶) 시대에 예로부터 천문역산 등을 가업으로 하던 아베씨(安倍氏) 가문에서 필사한 고본을 저본으로 하여 1686년에 전사한 것으로 현재 일본 존경각 문고에 보관되어 있으며, 1932년 동방문화학원 교토연구소에서 그 존경각본을 모사한 초본을 만들었는데 그것이 지금 교토대학 인문과학연구소에 소장되어 있다. 현재는 20권중 9권만이 전해진다.

2.

『천지서상지』의 찬자는, 자서(自序) 형식의 계문(啓文)[7]에 따르면, 당 고종대의 대사(大史) 살수진(薩守眞)이며, 대왕전하(大王殿下)의 영지(令旨)를 받들어 예로부터 전해 온 천문 상서 관련 자료를 총정리한 것으로 되어 있다. 문제는 그 살수진이 일본과 중국 학자의 기존설에 따른 당인(唐人)인가, 아니면 한국 학자의 새로운 주장에 따른 신라인 설수진(薛秀眞)과 이명동인인가이다. 사실 권덕영의 논문이 발표되기 전까지는 당연히 당인으로 처리되었다.

중국의 역대 천문 관련 서적을 총망라한 최근의『중국과학기술전적통휘(中國科學技術典籍通彙)』「천문권(天文卷)」(1995, 이하『통휘』)에서도 일본 교토연구소장의 1932년 초본(抄本) 영인본을 수록하면서,『천지서상지』를 인덕 3년(666) 당 태사(太史) 살수진(생몰 미상)의 찬집으로 설명하고 있다.

나카무라 쇼하치(1968, 1975)는 당나라 초의 살수진이 찬한 것은 확실하지만 그에 대해 언급한 책이 있는지 없는지 분명하지 않다면서, 살수진의 성씨 '살(薩)'이 혹시

7.『천지서상지』권1 啓文,『통휘』4-315. "臣守眞啓 稟性愚瞢 無所開悟 伏奉令旨 使祇承譴誡 預避災藥 一人有慶 百姓又安 是以 臣廣集諸家天文 披攬圖識 災異雖有類聚而□□相分 事目雖多 而不爲條實 也" … "守眞 憑日月之光耀 觀圖諜於前載 言涉於陰陽 義關於瑞祥 纖分於惡無窮 秋毫之善必陳. 今拾明珠於龍淵 抽翠羽於鳳穴 以類相從 成爲廿卷 物阻山海 耳目未詳者 皆據爾雅·瑞應圖等 畫其形色 兼注四聲 名爲天地瑞祥志也"

본고의『천지서상지』인용 쪽수 표시는『중국과학기술전적통휘(中國科學技術典籍通彙)』「천문권(天文卷)」 (薄樹人 主編, 河南敎育出版社, 鄭州, 1995)의 제4책에 실린 영인본을 기준으로 삼았다.『통휘』4-315는 그 제4책 315쪽이라는 의미다.

'설(薛)'의 오기가 아닐까 추정하였다. 『일본서기』 권30 지토 천황(持統 天皇) 3년 6월 경자조에 "賜大唐續守言, 薩弘恪等稻, 各有差"라 하였고, 같은 해 9월 기사조에 "賜音博士大唐續守言, 薩弘恪, 書博士百濟末士善信銀人卄兩"이라 하는 등 '살' 씨 기록이 있으므로, 당에도 살 씨가 존재하였을 것으로 생각하였다. 또한 『서상지』 본문에서 찬자가 각 용어에 대한 사성 주기(四聲 注記)에 상당한 관심을 기울였으므로 음운학에 조예가 깊은 인물로 추정하였다.

오타 쇼지로(1972)는 천문 역수를 관장하는 대사 살수진이 동궁의 명에 의해 지은 것으로 보고, 그 동궁을 다음과 같이 추정하였다.

당 고종 인덕 3년(666)에 동궁으로 있던 태자는 현경(顯慶) 원년(656)에 황태자로 책봉되었다가 상원(上元) 2년(675)에 살해된 황태자 홍(弘)이다. 그는 고종의 제5자로 측천 황후의 소생인데, 측천의 뜻을 여러 차례 거슬렀다가 죽임을 당하였다. 시호는 효경황제(孝敬皇帝)이다. 태자 홍은 고금문집에서 영사여구(英詞麗句)를 골라 모은 일종의 유서(類書)인 『요산옥채(瑤山玉彩)』를 편찬한 바도 있기 때문에 『서상지』와의 관련성을 상정하게 된다고 보았다. 오타는 『요산옥채』가 문아(文雅)의 유서라면, 『서상지』는 기술·실용(技術·實用)의 유서라 보아 둘 다를 태자 홍과 관련지었다. 결국 『서상지』 계문에 나오는 '대왕전하'를 당 고종대의 동궁 황태자 홍으로 파악하고 그의 영지에 따라 태사 살수진이 『서상지』를 찬집한 것으로 추정한 것이다.

다음으로, 살수진의 '살'이라는 성은 존재하지 않는다면서 '설'의 잘못으로 보고는, 천문 율력에 능통하여 당 고조 대에 태사령을 역임한 설이(薛頤) 또는 그 자손이 아닐까 추정하였다. 『구당서』 「방기열전(方伎列傳)」에 따르면 설이는 당 태종이 진왕(秦王)인 시절에 장차 천자가 될 것이라는 참언(讖言)을 하여 총애를 받은 인물인데, 태종대에는 자부관(紫府觀)의 청대(淸臺)에 거하면서 현상을 관찰하여 재상(災祥)을 주언하였다고 한다. 설이가 수 양제 대업(大業, 605~616) 연간에 도사였다고 하며 그 대업에서 『서상지』가 찬진(撰進)된 인덕 3년까지 대략 5, 60년이므로 설이 자신이 살수진일 가능성도 있지 않을까 하였다. 아니면 당나라 초 태사령 이순풍(李淳風)이 그 아들, 손자까지 일족이 같은 태사령을 역임한 사례에 비추어, 살수진도 그러한 천문가업을 이어받은 설이 가문의 사람일 수도 있을 것이라 보았다.

『천지서상지』 찬자에 대한 재해석과 문제점

1.

이상의 견해와 달리 권덕영(1999)은 계문 말미에 기록된 '麟德 三年 四月 日'이라는 찬술 시기에 주목하여, 인덕 3년(666) 정월을 기하여 건봉(乾封) 원년 정월로 개원(改元)[8]되었음에도 이를 3개월이나 지나도록 몰랐다면 찬자가 당나라 사정에 어두운 사람일 수 있다면서 신라인일 가능성을 제시하였다. 신라에서 중국의 개원 사실이 몇 개월이나 늦게 반영된 예를 들면서 『서상지』의 기록 시기도 그와 마찬가지 경우로 파악한 것이다.[9] 이 논거를 기점으로 하여 『서상지』 계문에서 찬술 명령자로 언급된 '대왕'도 신라 문무왕으로 비정하기에 이른다.

　　그러나 이 논지의 출발점에서 중대한 실수를 범하게 된다.

　　『서상지』에는 오타 쇼지로의 논문(미주 89)에서 이미 지적되었듯이 상호 모순된 기록이 있다. 『서상지』의 편찬 경위를 서술한 계문에서는 그 성서(成書) 시기를 '인덕 3년 4월 일'로 기록하여 인덕 3년 정월 5일자부터 건봉 원년 정월로 개원된 사실을 반영하지 않았지만, 『서상지』 제20 「제총재편(祭惣載篇)」에서는 다음과 같이 찬자가 이미 건봉 개원된 사실을 잘 알고 있었음을 분명하게 기록하여 두었다.

---

8. 인덕(麟德) 연호는 기존 연호 용삭(龍朔, 661~663)에서 664년 정월 1일부로 바뀐 연호이며, 이후 인덕 3년(666) 정월을 기하여 태산 봉선례 거행을 기리기 위한 새 연호 건봉(乾封)이 제정되며 폐지되기에 이른다. 이에 건봉 원년 정월 임신일자부터는 새로운 연호를 사용하게 되었다. (『구당서』 권6 「고종본기하(高宗本紀下)」 제6)

9. 필자의 생각으로 666년 전후 신라는 대백제, 대고구려 전쟁 등으로 그 어느 시기보다 당과 긴밀하게 협력했으므로 오히려 당 중앙 정부의 동향에 민감하였을 것으로 생각된다. 권덕영의 논문에서 예로 든 875년, 881년, 885년의 경우와는 시대 상황이 전혀 다르다. 그리고 당시 신라 견당사는 김인문으로 665년 10월 입당하여 668년에 귀국하였는데, 그와 함께 입당한 사절단 중 일부가 먼저 귀국하면서 당의 개원(改元) 사실을 신라에 보고했더라도 나당간 행로에 소요되는 기간을 감안하여 2, 3개월 지체되었을 가능성도 있다고 하였는데, 당시 당으로서도 신라로서도 가장 큰 전쟁을 치르면서 서로의 정보에 어두웠다는 것은 더욱이 가정하기 어려운 설정이라 생각된다. 더구나 개원을 행한 당 조정은 장안이 아니라 동도, 곧 낙양에 있었다.

大唐 麟德 三年 歲次 景寅(=丙寅)[10] 正月 戊辰朔 皇帝 以元日 備禮於圜丘之壇 焚 柴告天 二日 登封於芥兵之頂 三日 降禪於社首之山 更爲乾封元年也[11] (『천지서상지』 권20 봉선조(封禪條). 『통휘』 4-439)

　　이 부분은 『서상지』 찬자가 당나라 조정 사정에 매우 밝았으며, 책이 완성되기 불과 몇 달 전에 일어났던 태산 봉선제 행사를 날짜별로 장소별로 정확히 파악하여 기록하였음을 보여 준다. 이것은 당 조정의 정황을 가까이에서 관찰하거나 사령(祠令) 등 의례 관련 자료에 바로 접근할 수 있던 사람이 아니고서는 서술이 불가능한 내용이다.

　　권덕영도 오타 쇼지로의 논문을 인용하면서 분석하였으므로 이 대목을 보았을

---

10. 경인(景寅)은 원래 병인(丙寅)인데 당인들이 병 자를 피휘한 것이다. 당 고조(이연)의 아버지 당 세조 이름이 병(昞)인데, 그 병(昞)과 병(丙)이 동음이라 하여 병(丙) 자도 피휘하여 경(景) 자로 고치게 하였다(中華書局 標點校勘本 『수서(隋書)』 권1 제기(帝紀)의 교감기(校勘記) 10번, p.27 참조). 당 조에서 지어진 『진서(晋書)』, 『수서』 등에는 그 같은 피휘 대목이 대폭 반영되었으나, 현재의 중화서국 표점교감본에서는 그것을 다시 고쳐놓았다. 『진서』 「제기」 권3의 교감기 2번(p.83)에서는 병(昞)과 발음이 같은 병(丙)뿐 아니라 병(秉), 병(炳) 등도 피휘되었을 것으로 보았다.
　　필자는 처음에 이를 병인(丙寅)의 오기로 보았으나, 한국고대사학회 제65회 발표회(2002년 4월 20일, 국립대구박물관)에서 경주대 문화재학과 김창호 선생이 그 같은 피휘 관점을 숭복사 비문을 예로 들어 설명해 주었다. 이에 『역주한국고대금석문(譯註韓國古代金石文)』(한국고대사회연구소편, 1992)을 찾아 확인해 보았는데, 숭복사 비문 외에도 병(丙) 자 피휘 대목이 몇 군데 더 발견되었다.
　　'숭복사 비'의 '慶曆景午年春'에 대한 설명에서는 양화(陽火)가 중첩되는 것을 꺼려 병오(丙午, 886년)를 경오(景午)로 쓴 것이라 하였다. '신룡(神龍) 2년(706) 명 금동사리함기'에서도 "神龍二年景午三月八日"이라 하여 피휘하였다. 다음 '흑치준(黑齒俊, 676~706) 묘지명'에서도 "卽以神龍二年歲次景午八月壬寅朔十三日 葬於北邙山原禮也."라 하여, 병오를 경오로 피휘하였다. 이에 대한 주석에 따르면, 『좌전(左傳)』 소공(昭公) 17년조에서 丙과 午가 모두 불[火]에 해당하여 화기(火氣)가 가장 승(勝)하기 때문에 병오의 간지를 피한 것이라 설명하였다.
　　그런데 '문무왕릉비'(682)의 뒷면 마지막 22행에는 "廿五日景辰建碑 大舍臣韓訥儒奉"이라 하여, 양화(陽火)가 중첩되지 아니한 병진일(丙辰日) 간지[火와 土]도 피휘하여 놓았다. 이로 보건대 고대 금석문에서 병(丙)의 경(景) 자 피휘는 양화 중첩 때문이라기보다는 당 세조 이병(李昞)의 이름을 피하기 위한 당나라 초의 피휘 규정 때문이라고 보아야 할 것이다.
11. 이에 대한 『구당서』 「고종본기하」의 기록에서 "麟德 三年 春正月 戊辰朔 車駕至泰山頓 是日 親祀昊天上帝 於封祀壇 以高祖·太宗配饗 己巳 帝升山行封禪之禮 庚午 禪於社首 祭皇地祇 以太穆太皇后·文德皇后配饗；皇后爲亞獻 越國太妃燕氏爲終獻 辛未 御降禪壇 壬申 御朝觀壇受朝賀 改麟德三年爲乾封元年… 乾封元年 正月 五日 已前 大赦天下 賜酺七日… 丙子 皇太子弘 設會"라 하였으므로 『천지서상지』 봉선조 기록이 매우 정확하게 그 경과 과정을 서술한 것임을 알 수 있다.

터인데 그의 논문에서는 전혀 언급하지 않았다. 이것은 『서상지』 찬자의 재해석에 중요한 대목이다. 찬자가 건봉 개원 과정을 소상히 알고 있었음이 분명한 만큼 권덕영의 새로운 논지는 그 출발점부터 성립하기 어렵게 된 것이다.

이러함에도 찬자가 계문에서 건봉 원년 4월로 하지 않고 '麟德 三年 四月 日'이라 한 점에 대해서는 여전히 명쾌하게 해명되지 않는다는 점에서 사월을 정월의 오기로 보기에 어렵다. 삼년이나 사월이라는 숫자를 필사 과정의 오기 또는 후대의 가필(加筆)로 볼 수도 있지만 이를 입증하기가 어렵다. 정월에 건봉 개원이 있었음을 찬자가 분명히 알고 있다. 한 가지 가능한 해명으로 건봉 개원이 되었음에도 어떤 사정에 따라 기존의 인덕 연호를 습용한 사정이 있지 않았을까 생각할 수 있지만 이 역시 억측에 지나지 않는다. 이 문제는 미결 과제로 남겨질 전망이며, 앞으로 더 많은 고찰을 기다려야 할 것이다.

그렇지만 찬자가 당나라 사정에 어두운 번국(藩國) 사람일 수 있다는 가정은 이제 성립하기 어렵게 되었다. 3개월간 개원 사실에 어두울 수 있는 신라에서 『서상지』의 찬자를 연결 지으려 했던 견해는 권20 봉선조의 내용을 해명해야만 그 논지를 유지할 수 있을 것이다.

이 본문의 봉선조 대목이 후대에 가필된 것이 아닐까 의심할 수도 있지만, 『서상지』 권20 「제총재」편에서 봉선(封禪), 교사(郊祀), 제일월(祭日月), 사직(社稷), 종묘(宗廟), 적전(籍田) 등 국가 의례의 주요 항목에 대해 각기의 의례적 전거와 역사적 전개 과정을 서술하면서 더불어 당대의 『사령(祠令)』(당시의 의례 관련 시행령 또는 거행 기록)에 의거한 각 항목의 시행안들을 기술하기 때문에 이 대목을 가필로 보기는 어렵다. 가필은 본문 내용보다는 아무래도 계문의 날짜 부분에서 하기 용이할 것이다. 본문의 다른 항목들에서도 당시에 시행된 최신 자료를 첨부하면서 서술하여 놓았다.

2.
바로 그러한 『서상지』의 서술 방식에 비추어 보면, 권덕영이 찬자의 신라인설을 주장하게 된 두 번째 전거, 곧 『서상지』 권20에 실린 "취리산맹약문(就利山盟約文)"[12]에 붙어 있는 세주(細註)가 충분히 가능할 수 있다고 여겨진다.

"大唐麟德二年 秋八月 勅使 類人猿 新羅王及百濟隆 盟于就利山 [就利山百濟地也 由盟改亂山爲就利山 在只馬縣也]" [『천지서상지』 권20 맹서조(盟誓條), 『통휘』 4-447]

그 세주에서 살수진은 "취리산은 백제의 땅이다. 맹약을 맺은 것으로 인하여 난산(亂山)을 취리산(就利山)이라 고쳤으며, 지마현(只馬縣)에 있다."고 주석하였다. 이를 두고 권덕영은 "살수진이 신라인이 아니었다면 중국의 동쪽 조그만 나라에 있는 취리산에 관한 설명을 이처럼 자세하게 붙일 수 있을까 의문스럽다."고 하면서 신라인이 아니고서는 붙이기 어려운 주석 내용임을 강조하였다. "더욱이 중국의 고전과 고사 일색인 이 책에서 중국 이외의 사실로서 신라와 백제가 맺은 취리산 맹약문을 유일하게 선택하여 수록한 행위 자체도 의미심장한 일"이라고 덧붙이기도 하였다.

그러나 이 문제 역시 권20 「제총재」편의 구성과 그 서술 방식을 살펴보면 신라인이 아니더라도 그런 자세한 세주가 충분히 가능한 것임을 알 수 있다.

『천지서상지』 권20 목차 : 祭惣載 封禪 郊 祭日月 迎氣 巡狩 社稷 宗廟(拜墓附見) 藉田(蠶附見) 靈星 三司 明堂 五祀 高禖 祭風雨 雩 祭水 禖 儺 祭馬 治兵 祭向神 祭 鼓麾 盟誓 振旅 樂祭 祭日遭事

살수진은 당의 의례 전반에 대한 총론(「제총재」)에 이어 역대 중국의 국가 의례에

---

12. 일제 조선총독부 조선사편수회에서 간행한 『조선사(朝鮮史)』 제1편 제3권에 『천지서상지』에 실린 취리산 맹문(就利山盟文)이 게재되었으며, 이로 인해 『서상지』의 존재가 널리 알려지게 되었다(太田晶二郎, 1972, 후주 1). 이병도 역주의 『삼국사기』(을유문화사, 1983) 신라본기 제6에서 취리산 회맹에 대해 "자세한 것은 천지서상지(권 20), 책부원귀(册府元龜, 권981, 外臣部 26, 盟誓條)에 실려 있다"는 간략한 주석이 실리게 된 것도 그 『조선사』의 영향으로 생각된다. 『서상지』의 취리산 회맹문에는 『삼국사기』에 실리지 않은 서문과 본문 일부가 더 담겨 있어 이 부분 연구에 좋은 참고가 된다.

서 첫머리에 놓이는 봉선제와 교사(郊祀)를 필두로 일월의례(日月儀禮), 영기의례(迎氣儀禮) 등 26가지 주요 국가 의례를 자신의 논증['신수이위(臣守以爲)'나 '수왈(守曰)']과 함께 정리하여 놓았다. 그러면서 매 항목에 당시 당의 예부에서 마련한 것으로 보이는 『대당사령(大唐祠令)』을 직접 인용함으로써 각 의례에 대한 준칙과 시행 규례를 정립하고자 하였다.[13]

「제총재」편에서 대사(大祀), 중사(中祀), 소사(小祀)의 국가 의례 등급 문제를 서술하면서 그 전거를 당시 시행령인 『사령』에 의거하였으며,[14] 「교조(郊條)」 부분 서술에서도 "금대당사령(今大唐祠令)"[15]에 의거하는 등 나머지 제일월, 영기(迎氣), 순수(巡狩), 사직(社稷), 종묘(宗廟) 등 거의 모든 항목에서 대당사령 의안을 함께 논급하였다.[16] 권20 전반에 인용된 『대당사령』은 살수진의 직책이 태사였기 때문에 쉽게 접할 수 있었을 것으로 보이는 중요한 자료다.

이처럼 권20에서는 각 의례에 대한 경전적인 이해와 역사상 변천 과정을 간략히 기술하면서 그와 더불어 당시 최신의 시행 의안을 중심으로 논의를 전개했다.

권20의 '맹서조(盟誓條)' 역시 그러한 방식으로 서술되어 있다. 먼저 『주례(周禮)』 「추관(秋官)」을 인용하여 맹약 의례를 관장하는 사맹(司盟) 관직을 소개하였으며,[17]

---

13. 오타 쇼지로(1972)는 당령 일문(唐令 佚文) 연구에 귀중한 자료라면서 『서상지』에 인용된 『대당사령』을 모두 정리하였다. 그에 따르면 『서상지』 권20에 사령이 모두 26개 인용되어 있다. 당조의 율령은 여러 차례 개정되었는데 『서상지』에 인용된 당령은 서상지 편찬 당시의 현행령일 것으로 보았다. 당조에서 최초로 제정한 율령은 고조 무덕 7년(624)의 무덕령(武德令)이며, 그 다음 태종 정관 11년(637) 제2차 개정령인 정관령(貞觀令)이 반포 시행되었으며, 다음 고종 영휘 2년(651)에 개정된 영휘령(永徽令)이 반행되었으므로, 『서상지』의 당령은 그 영휘령이었을 것으로 파악하였다.

14. 『통휘』 4-438. "祠令曰 昊天上帝 五方上帝 皇地祇 神州 宗廟 等 爲大祀. [散齋四日 致齋三日也] 日月星辰 岳鎭海瀆 先農 等 爲中祀. [散齋三日 致齋二日] 司中 司命 風師 雨師 諸星 山林 川澤之屬 爲小祀. 州縣之准小祀例也 [散齋二日 致齋一日]"

15. 『통휘』 4-439. "今大唐祠令曰 冬至日祀昊天上帝於圜丘 太祖配 牲用蒼犢二 其從祀五方上帝 日月用方色犢各一 …"

16. 다만 제고휘(祭鼓麾)에서는 "군령(軍令)"을 인용하였으며, 제향신(祭向神), 맹서(盟誓), 진려(振旅), 악제(樂祭), 제일조사(祭日遭事)에는 사령 언급이 없다.

17. 『통휘』 4-446. "周禮·秋官曰 司盟掌盟載之法 凡邦國有疑會同則 掌其盟約之載 及其禮議北面 詔明神旣盟則貳[之] 盟萬民之犯命者詛 其不信者亦如之 有獄訟者則使之盟詛 凡盟詛各以其地域之衆庶共其牲而致焉 旣盟則爲司盟共祈酒脯"

이어서 『한서』를 인용하여 여태후가 여 씨를 왕으로 옹립하려 하자 한 고조의 백마 맹약례에서 유 씨가 아닌 사람이 왕이 되면 천하가 함께 이를 공격할 것이라면서 여 씨가 끼어드는 것은 그 맹약에 위배됨을 말하였다.[18]

이렇게 맹약의 준엄성과 의의를 설명하고는 곧이어 당 고조 인덕 2년(665) 8월에 있었던 칙사 유인원(劉仁願)과 신라왕, 백제왕 사이의 취리산 맹약문을 소개하였다.[19] 『사령』이라는 인용 전거를 직접 밝히지는 않았지만 다른 항목의 경우에서처럼 『대당사령』에 의거하였을 것으로 생각된다. 취리산 회맹문은 『서상지』가 쓰여지기 불과 8개월 전의 일로, 『서상지』는 매우 생생한 자료를 수록한 셈이다. 대당사령 또는 그에 준하는 예부의 자료를 통하지 않고서는 회맹문 자체를 수집하여 기록하기는 어려웠을 것이다.

이 역시 살수진이 이 같은 당의 각종 의례 자료를 직접 접할 수 있는 태사 신분이었기 때문에 가능한 일이었다고 생각된다. 특히 후술되는 바와 같이 그가 소속되었을 것으로 생각되는 난대(蘭臺)의 하위 부서이며 태사국의 인접 부서인 저작국(著作局)은 당의 각종 비지(碑志)와 축문(祝文), 제문(祭文) 등을 수찬(修撰)하는 곳이기 때문에 취리산 회맹문 문건이 바로 이곳에서 작성되었을 가능성이 매우 높다. 이런 점들로 미루어 백제 지마현에 있는 조그마한 지명에 대한 세주가 당인으로서도 충분히 가능하였을 것으로 생각된다.[20]

---

18. 『통휘』 4-447. "漢書曰 高后欲立諸呂爲王 陵曰高皇帝刑白馬而盟曰 非劉氏而王者 天下共擊之 介呂氏非約也"

19. 『천지서상지』의 회맹의례는 『주례(周禮)』 「추관(秋官)」의 사맹(司盟)편[『주례정의(周禮正義)』 권69, 淸孫詒讓 撰, 中華書局, 1987, 11책)에 실린 내용과 동일하므로, 취리산 회맹례가 『주례』의 회맹의례를 전거로 하였을 것임을 시사한다.

20. 『주례』 「추관」 '대사구(大司寇)'편에서 "凡邦之大盟約 涖其盟書 而登之于天府 大史·內史·司會及六官皆受其貳而藏之"라 하여, 방국(邦國)의 대맹약례에서 태사 등이 그 맹약문을 받아 보관한다 하였다. 또한 『주례』 「춘관(春官)」 '대사(大史)'편에서 "凡邦國都鄙及萬民之有約劑者藏焉 以貳六官 六官之所登 若約劑亂 則辟法不信者刑之 正歲年以序事 頒之于官府及都鄙 頒告朔于邦國"이라 하여, 태사가 그 맹약을 내외에 반포한다 하였다.

『천지서상지』에 따르면 나당과 백제 사이의 취리산 맹약도 『주례』의 회맹의례에 준하여 그러한 과정을 밟았을 것으로 보이므로, 태사인 찬자 살수진이 그 회맹의례 과정에 참여하였거나 회맹문의 보관과 반포에 관여하였을 것으로 추정된다. 이러한 측면은 살수진의 태사로서의 존재를 더욱 분명하게 한다.

또한 취리산 회맹례는 당시 동아시아의 형세를 뒤흔드는 대사건이었으므로 이미 신라뿐 아니라 당나라에도 널리 알려졌을 것이며, 더욱이 그 회맹문을 준비한 예부 또는 난대 관계자들은 취리산이 백제 지마현에 있던 산이며 회맹으로 인하여 개칭된 산이라는 사실 정도는 당연히 파악했을 것이다. 이러한 맥락에서 취리산에 대한 세주는 신라인이 아니더라도 그들 자료에 의거하여 충분히 주석될 수 있다고 보인다.

3.

다음으로 권덕영(1999)은 『삼국사기』(권7)의 "문무왕 14년(675) 9월에 왕이 영묘사 앞길에서 군대를 사열하고 아찬 설수진(薛秀眞)의 육진병법(六陣兵法)을 관람하였다"는 기록을 근거로 신라 문무왕대 아찬 설수진을 『서상지』의 찬자 살수진과 동일인으로 추정하였다. 육진병법은 당 고조, 태종대 명장인 이정(李靖)이 제갈량의 팔진법(八陣法)에 의거하여 만든 병법이므로 설수진은 일찍 당나라에 유학하여 그곳에서 육진병법을 터득하고 674년에서 많이 앞서지 않은 시기에 귀국했을 것이라는 견해다.

그러면서 『삼국사기』(권46) 열전 강수전 말미에 『신라고기(新羅古記)』를 인용하여 신라에서 문장이 뛰어난 사람으로서 강수(强首), 제문(帝文), 양도(良圖), 풍훈(風訓), 골답(骨沓) 등과 함께 '수진(守眞)'을 거론하였는데, 양도와 풍훈처럼 도당유학생 혹은 견당사로서 당을 왕래한 경험이 있던 사람이 아니었을까 추정하였다. 그 수진(守眞)과 설수진(薛秀眞)은 가운데 글자가 다르나 발음이 같고 활동 시기가 비슷하며 또 모두 당나라에서 공부한 경험이 있는 사람으로 추정된다면서 두 사람을 동일인으로 보았다. 이에 이들과 찬자 살수진과도 동일인이라는 사실을 추론할 수 있다면서 찬술을 명한 대왕전하는 바로 문무왕이라고 결론지었다.

이상의 논술은 사료를 어떻게 해석할 것인가 하는 문제로 환원될 수 있다.

문무왕대 병법가인 설수진과 문장가인 수진의 이름이 기록되어 있어 공교롭게도 찬자인 태사 살수진과 우리말 발음이 모두 동일하게 된 것은 우연의 일치라고 할 수 있을 것이다.[21] 그렇지만 세 사람은 경력이 전혀 다르다. 비록 고대 사회에서 병법가가 천문에 대한 소양을 기본적으로 갖추었다고 하더라도 천문가로서의 전문적인 식견에는 비할 바 아니며, 천문가 역시 병법에 대해 궁구하였다 하더라도 군진을 지휘하는 병법가로 자리매김하기는 어려울 것이라 생각된다. 문장가 역시 병법가와 천문가로서의 소양과 등치시키기에는 위험성이 높다.

사료는 단편 자료를 혼합하여 해석할 수 있다고 생각되지 않으며, 그 자료가 제시하는 역사적 맥락(historical context)들이 소통되기를 기다려야 할 것이다. 근거가 명확하지 않거나 내용상 흐름이 뒷받침되지 않을 때는 사료 해석을 유보하는 것이 더 나은 태도라 생각된다.

아직 병법가 설수진이 당에 유학했다는 증거가 없으며, 육진병법을 나당연합군 관계에서 배웠을 수도 있다.[22] 또한 문장가 수진이 유학했거나 견당사로 파견되었을 것이라고 하는 추정에는 비약의 강도가 높다. 이들이 견당사였다는 정도로는 『천지서상지』를 편찬하기가 불가능하며, 도당 유학생이었다고 하더라도 방대한 천문 자료를 수집 연구하고, 『대당사령』 같은 일급 문서에 접근하여 『천지서상지』 같은 천문 관련 전문서를 편찬하였다고 보기는 맥락상 기간상 어렵다.

그리고 『서상지』에는 매우 많은 용어에 대해 반절(反切)과 사성(四聲)을 병기하여 놓았기 때문에 중국어 음운학에도 상당한 학식이 있었을 것으로 보이는 바(中村璋八, 1968), 이런 점이 유학생 입장에서도 쉽게 가능하다고 보기에는 어렵다.

또한 "今時民家 春祠司中 秋祠厲屬卽山"(『서상지』 권20 「제총재」편 중 '오사조(五祀條)', 『통휘』 4-442)에서처럼 당시 당나라 민가에서 행해지는 신앙 의례까지 관찰한 흔적이 있는데, 신라 유학생이 민가 풍습까지 관찰하여 기록하기는 쉽지 않았을 것이라 생각된다. 아울러 예컨대 "太宗文皇帝詔書曰"로 게재된 "太史奏 今月下旬以來 有星出於南方光"(『서상지』 권1 五明災消福至, 『통휘』 4-320) 같은 기사는 사료화되기

---

21. 그러나 중국 발음은 秀(xiù)와 守(shǒu)로 다르다.
22. 서영교, 「나당전쟁기 唐兵法의 도입과 그 의의」(한국사연구회 제227차 월례발표회, 2002. 3. 16)에서 674년 9월 문무왕이 목격한 육진병법은 나당이 공동 작전을 수행하던 과정에서 당군에게서 습득하였을 것으로 파악하였다.

이전의 자료이므로 태사국 관련자가 아니고서는 인용하기 어려운 내용일 것이다.

　권덕영(1999)은 문무왕의 명을 받아 찬술했다 하더라도『서상지』에 인용된 그 막대한 전적들을 신라에서 수집하기는 어려웠을 것이므로, 설수진이 당에 유학하던 중 개인의 학문적 관심으로 천문지리서 편찬 작업을 시작하여 거의 완성한 후 귀국하여 신라에서 마무리한 것으로 추정하였다.[23] 이 추정대로 개인의 학문적 관심사가 편찬 동기라면,『서상지』계문에서 "伏奉令旨"라 한 관찬적 편찬 동기나 "신기(神祇)의 견계(譴誡)를 잘 헤아려 재변을 예피(預避)케 함으로써 一人[황제]과 백성을 평안하게" 또는 "아무리 작은 악(惡)이라도 드러내며, 작은 선(善)이라도 펼치겠다"는 거국적 편찬 동기들과는 모순되며 그 관심사 맥락이 다르다고 생각된다. 이미 영지(令旨)를 받아 착수하였음을 보여 주기 때문이다.

　더구나 계명(啓命)의 주체를 신라 문무왕으로 설정하였으므로 설수진이 유학하면서 문무왕의 명을 받았을 터인데, 필자가 살펴본 바로는『서상지』어디에도 신라 또는 문무왕을 주체로 하는 기술 내용을 찾기가 어렵다. 모든 서술 주체가 당과 천자 혹은 중국사의 입장이며, 서술 내용 또한 신라와 관련된 것은 보이지 않으며 모두 중국천문학사에서 의미 있는 자료이다.

　그리고『서상지』계문의 '대왕'이라는 호칭도 신라에서만 사용된 것이 아니라 당대에 이미 동궁의 칭호로 사용되었기 때문에 '대왕전하'를 중국의 번국 질서를 반영한 신라적 맥락으로만 파악하는 견해도 무리가 따른다.『송서(宋書)』,『북제서(北齊書)』등을 보면 남북조시대에 황제를 대왕이라 칭한 예가 발견되며,[24] 등극하기

---

23. 이어서 권덕영(1999)은 최치원이 입당하여 17년간 지었던 각종 표문(表文)과 상계(狀啓), 시문들을 885년 귀국하여서는『계원필경집(桂苑筆耕集)』20권,『중산복궤집(中山覆簣集)』5권 등 여러 책자로 정리하여 헌강왕에게 진상하였듯이, 신라의 도당유학생들이 당에서 연구 저술한 것을 본국에 가지고 와서 수정 보완한 후 왕에게 바친 경우가 있으므로, 마찬가지로 설수진의『서상지』도 그가 당에 있을 때 수집 편찬한 내용을 귀국한 뒤 정리 완성하여 문무왕에게 바쳤던 것으로 추정하였다.

24.『송서』권97 열전 제57 西南夷列傳 呵羅單國, 이하 中華書局 標點校勘本, p.2380. "伏惟皇帝 是我眞主. 臣是訶羅單國王名曰堅鎧 今敬稽首聖王足下 惟願大王知我此心久矣 非適今也. 山海阻遠 無緣自達 今故遣使 表此丹誠. … 若見哀念 願時遣還 令此諸國 不見輕侮 亦令大王名聲普聞 扶危救弱, 正是今日. 今遣二人 是臣同心 有所宣啓 誠實可信."

　『북제서』권24 열전 제16 杜弼傳, p.350. 世宗曰「凡欲持論, 宜有定指, 那得廣包衆理, 欲以多端自固?」弼曰「大王威德 事兼衆美 義博故言博 非義外施言」世宗曰「若爾 何故周年不下 孤來卽拔?」弼曰「此

이전 태자 시절의 진왕 당 태종을 대왕이라 부른 예는 자주 보인다.[25] 당 예종(睿宗, 662~716)의 옹립 과정에서 대왕이라 불리기도 하였다.[26] 따라서 대왕 용법이 있다 하여 신라로만 연결 지을 수도 없다.

4.

신라인 찬자설은 이제 거의 성립되기 어려울 것으로 생각된다. 여기에서는 권덕영의 논문(1999)에서 회피되었거나 개진되지 않았지만 신라인 찬자설이 성립되기 어려운 여러 가지 정황 자료를 살펴보고자 한다.

무엇보다 찬자 살수진의 관직명이 대사(곧 태사)라 기록되어 있다는 점이다.

태사는 일단 당나라 제도에 따르면 천문 역법을 다루는 태사국의 관직으로 태사령(太史令, 종5품下) 또는 태사승(太史丞, 종7품下)을 지칭한다고 볼 수 있다. '太史奏言'처럼 태사국과 관련된 호칭에서 태사로 통칭한 예가 적지 않기 때문이다.[27] 또한 관명으로 대부분 태사령이나 태사승을 온전히 호칭하였지만, 더러는 인명 앞에 붙여 '태사 이순풍', '태사 구담라(瞿曇羅)'처럼 쓰이기도 하였다.[28] 특히 『구당서』의

蓋天意欲顯大王之功」

25. 『구당서』 권68, 열전 제18 尉遲敬德傳, p.2497. "會突厥侵擾烏城 建成舉元吉爲將 密謀請太宗同送於 昆明池 將加屠害. 敬德聞其謀 與長孫無忌遽啓太宗曰「大王若不速正之 則恐被其所害 社稷危矣」太 宗歎曰「… 寡人雖深被猜忌 禍在須臾 然同氣之情 終所未忍…」

『구당서』 권68, 열전 제18 程知節傳, p.2504. "授秦王府左三統軍 … 每陣先登 以功封宿國公. 武德七年 建成忌之 搆之於高祖 除康州刺史. 知節白太宗曰「大王手臂今並翦除 身必不久. 知節以死不去 願速自 全」

26. 『신당서』 권81, 열전 제6 中宗諸子列傳 譙王重福傳 p.3594. "睿宗立 徙集州 未行 洛陽男子張靈均說 重福曰「大王居嫡長 當爲天子. 相王雖平大難 安可越居大位? 昔漢誅諸呂 乃東迎代王」

27. 『구당서』 권5, 고종본기하 p.103. 고종 의봉(儀鳳) 3년(678) 7월 "又太史奏「七月朔 太陽合虧而不虧. 此 蓋上天垂祐 宗社降靈 豈虛薄所能致此!」

『구당서』 권10, 숙종본기 p.246. 숙종 지덕(至德) 2년(757) 4월 을유일 "太史奏「歲星·太白·熒惑集于東井」

『구당서』 권32, 지제12 역지 p.1152. "高宗時 太史奏舊曆加時寖差 宜有改定. 乃詔李淳風造麟德曆"

28. 『신당서』 「천문지(天文志)」 1, 권31 지제21. "唐興 太史李淳風·浮圖一行 尤稱精博 後世未能過也. 故 採其要說 以著于篇. 至於天象變見所以譴告人君者 皆有司所宜謹記也"

·『신당서』 「방기열전(方技列傳)」 권204 열전 제129 설이전. "卽祠建淸臺 候辰次災祥以聞 所上與太史 李淳風 數歲卒"

『구당서』 「역지(曆志)」 권33 지제13, p.1217. "武太后稱制 詔曰 … 命太史瞿曇羅造新曆 至三年 復用夏

왕원지 열전(王遠知 列傳)에서 '태사 설이'라 한 부분이 『신당서(新唐書)』에서는 '태사령 설이'로 기록되어 있다.[29] 이것은 태사령을 태사로도 불렀음을 보여 주는 좋은 예다.

『구당서』「직관지(職官志)」에 따르면, 태사령은 천문 관찰과 역수 계정(曆數 稽定)을 관장하며, 그 소속 관원을 거느려 일월성진의 변화와 풍운기색의 변이를 점후(占候)한다[30]고 하였다. 또한 현상기물(玄象器物)과 천문도서를 관리하며, 매년 다음해의 역보(曆譜)를 만들어 반포한다. 매 계절의 상서재이를 기록하여 문하중서성으로 송달하며, 매년 말 이를 모두 집록 밀봉하여 사관(史館)에 송달하는 등 국가의 천문 역법을 관장하는 중추 부서다.

이렇게 살수진은 이러한 직무를 담당하는 태사였음을 계문에서 밝히고 있다. 다만 인덕 3년 곧 건봉 원년(666) 당시에는 태사국에서 그러한 태사 관직명이 사용되지 않았음이 다음처럼 확인되기 때문에 그 해석이 단순하지 않게 된다.

당나라 때에는 태사국의 관명과 직제가 여러 번 개편되어 매우 복잡하다. 고조 무덕(武德) 4년(621)에 수 양제대의 태사감(太史監, 태사령과 태사승 각 2인)을 태사국으로 개칭하여 비서성(祕書省) 소속으로 하고 그 장관으로 태사령을 두었다. 그러던 것이 고종 용삭(龍朔) 2년(662)에 이르면 그 태사국이 비각국(祕閣局)으로 개칭되면서 장관인 태사령은 비각랑중(祕閣郎中)으로, 차관인 태사승은 비서각랑(祕書閣郎)으로 개명되었다[『통전(通典)』직관전(職官典)]. 고종 함형(咸亨) 원년(670) 관명이 복구

時 光宅曆亦不行用"

29. 『구당서』권192, 열전 제142 은일열전(隱逸列傳) 왕원지전(王遠知傳), p.5125. 태종 정관(貞觀) 9년(635) "勅潤州於茅山置太受觀 幷度道士二十七人 降璽書曰「… 近已令太史薛頤等往詣 令宣朕意."

『신당서』권204, 열전 제129 방기열전 왕원지전. 태종 정관 9년(635) "詔潤州卽茅山爲觀 俾居之 璽詔曰「… 祠舍何當就功 令太史令薛頤等往宜朕意."

30. 태사령 아래에는 사력(司曆) 2인(장조력, 掌造曆), 보장정(保章正) 1인(장교, 掌敎), 역생(曆生) 41인, 감후(監候) 5인(장후천문, 掌候天文), 관생(觀生) 90인(장주야사후천문기색, 掌晝夜司候天文氣色)이 소속되었으며, 다음 영대랑(靈臺郎) 2인 역시 천문기색을 교습하며 그 아래 천문생 60인이 소속되었다 한다. 다음 설호정(挈壺正) 2인은 물시계[漏刻]을 관장하며, 사진(司辰) 70인, 누각전사(漏刻典事) 22인, 누각박사(漏刻博士) 9인, 누각생(漏刻生) 360인, 전종(典鐘) 112인, 전고(典鼓) 88인, 해서수(楷書手) 2인, 정장(亭長) 4인, 장고(掌固) 4인이 소속된다. 건원 이후에는 춘하추동중(春夏秋冬中)에 따른 정5품의 오관정(五官正)이 새로이 신설된다. [『구당서』지 제23 직관지 비서성조(祕書省條) pp.1854~56]

되면서 태사령으로 환원되었다 한다[『구당서』 열전 이순풍전(李淳風傳)].[31]

결국 『서상지』가 찬집되던 전후의 662년에서 670년까지는 태사국이 아니라 비각국이며 그 장관도 태사령이 아니라 비각랑중이므로 살수진의 관직명인 태사를 사용하기가 어려워 보인다. 그렇다면 살수진이 사용한 직책 태사는 무엇인가? 이에 태사의 관명을 찾아보면 비서성의 관명과 관련됨을 아래와 같이 알 수 있다.

금중(禁中)의 도서비문(圖書 祕文)을 관장하던 전통에서 유래된 비서성은 방국(邦國), 경적(經籍), 도서(圖書)의 일을 관장하며, 그 아래 저작국[著作局, 비지(碑志), 축문, 제문 등 수찬(修撰)]과 태사국(천문 관찰과 역수 계정 관장)의 두 국(局)을 통괄하며, 감(監) 1인(종3품)과 소감(少監) 2인(종4품上)을 두었다. 고종 용삭 2년(662)에 직제를 개편하면서 기존의 비서성을 난대(蘭臺)로 개칭하였는데, 그 장관인 감을 태사로, 소감은 시랑(侍郎)으로, 승(丞)을 대부(大夫)로 개명하였던 것이다. 고종 함형 시기(670)에 다시 구제로 복귀되었다 한다.[32]

따라서 『서상지』가 찬성(撰成)된 인덕 3년 곧 건봉 원년(666)의 직제상으로 살수

---

31. 그 이후로도 여러 번 명칭과 직제가 변경된다. 무후 구시(久視) 원년(700) 5월에는 혼천감(渾天監, 감 1인)으로 그해 7월 다시 혼의감(渾儀監)으로 개칭되었다. 무후 장안(長安) 2년(702) 8월에는 다시 태사국(태사국령 2인)으로 환원되어 인대(麟臺)에 예속된다. 중종 경룡(景龍) 2년(708) 6월에 태사감[영명부개(令名不改)]으로 독립되었으며, 예종 경운(景雲) 원년(710) 7월에는 다시 태사국으로 복원되어 비서성에 예속된다. 그해 8월 태사감으로 고쳤다가 11월에 다시 태사국으로 복원하였다. 경운 2년(711) 윤9월에 혼의감으로 고쳤다. 현종 개원(開元) 2년(714) 2월 태사감으로 고쳤으며, 개원 15년(727) 정월에 마지막으로 태사국(令 2인)으로 환원되었으며, 천보(天寶) 원년(742)에는 다시 태사감으로 개정되어 비서성에서 독립된다. 대개 국(局)일 때에는 비서성 소속이며, 독립된 관서일 때에는 감(監)이라 칭하였다.

　숙종 건원(乾元) 원년(758) 3월에는 사천대(司天臺)로 승격되면서 직제와 관원 구성도 이전의 태사국과 대폭 다르게 개정된다. 기존의 태사령(종5품下)과 태사승(종7품下)이 각기 사천감(司天監, 종3품 1인)과 소감(少監, 정4품上 2인)으로 승급되었으며, 사천감은 비서감과 동품이 되었다 한다. : 『구당서』 「직관지」, 『신당서』 「백관지(百官志)」, 『통전』 「직관전(職官典)」 및 『이십육사대사전(二十六史大辭典)』 「전장제도권(典章制度卷)」(길림인민출판사)에 서술된 직제 개변 과정이 완전히 일치하지는 않으며, 여기서는 『구당서』 「천문지」의 말미 '구의(舊儀)'에 기록된 내용을 기준으로 삼았다.

32. 비서성 역시 이후 몇 차례의 개변 과정을 거친다. 『구당서』 「직관지」에 따르면 광택(光宅) 원년(684) 이후 측천무후 동안 인대[麟臺, 인대감(麟臺監), 인대소감(麟臺少監)]로 개칭되었다가, 중종 신룡(神龍) 원년(705)에 다시 비서성(비서감, 비서소감)으로 회복되었다. 『통전』 「직관전」에는 무후 천수(天授) 초(690)에 인대로 개칭되었다 하며, 『신당서』 「백관지」에는 무후 수공(垂拱) 원년(685)에 인대로 개칭되었다가 예종 태극(太極) 원년(712)에 옛 이름[舊稱]으로 복귀하였다 한다.

진의 태사는 용삭 2년(662)부터 개정된 '난대 태사'일 가능성이 매우 높아 보인다. 물론 앞서 개진한 태사국의 태사령을 대신한 통념적 용법의 태사로도 볼 수 있을 것이나 용삭 연간에 비각랑중으로 개칭된 사정을 감안하여야 한다.

요컨대 살수진의 태사 관직은 인덕, 건봉 연간에 사용된 난대의 태사이든 태사국의 태사령이든 당 고종대에 천문 역법을 관장하던 직책이었음은 틀림없어 보인다. 난대는 태사국의 상위 관서로 서로 밀접한 관련이 있다.

5.

그 다음 문제는 이러한 태사 직책이 신라에는 없었다는 점이다. 권덕영도 그의 논문(각주 37)에서 지금까지의 연구 성과에 의하면 신라에 대사 관직이 있었다는 증거가 없기 때문에 신라인 설수진과 동일인일 가능성에 미심쩍은 부분이 없지 않다면서도 이에 대한 논변을 회피하고 있다. 오히려 신라에 대사 관직이 없었더라도 신라 하대 최치원 등 도당유학생의 예에서처럼 설수진이 당에 있을 때의 관직을 신라에 돌아와 그대로 습용했을 수도 있거나 아니면 신라에 이미 대사 관직이 설치되어 천문과 역법을 주관했을지도 모를 일이라고 별다른 논증 없이 견강부회하고 있다.

신라에서는 예로부터 일관(日官) 또는 일자(日者)가 천문가 역할을 하였으며, 『삼국사기』 「직관지(職官志)」에 의하면 경덕왕 8년(749)에 공식적인 천문박사(후일 사천박사로 개칭)를 둔 것으로 기록되어 있으나, 그가 소속된 관부나 관직 명칭이 무엇이었는지는 아직 확실하게 알려지지 않았다.[33] 백제의 경우 『삼국사기』 「직관지」에서는 『북사(北史)』를 인용하여 일관부(日官部)가 있었던 것으로 기록하였다.

그 반면에 당의 태사령은 "천문 관찰과 역수 계정을 관장하며, 모든 일월성진과 풍운기색의 변이를 점후"하는 관직으로 분명하게 제시되어 있기 때문에 『서상지』의 내용 구성과는 잘 어울리는 직책이라 할 수 있다. 또한 태사국에서 "현상기물과 천문도서를 관장"한다 하므로 『서상지』에 인용된 수많은 천문 상서 관련 전적을 직접 접할 수 있는 위치에 있다. 그리고 "매 계절의 상서재이를 기록하여 문하

---

33. 신종원, 「고대의 日官과 巫」, 『신라 초기불교사 연구』, 민족사, 1992

중서성으로 송달하며, 매년 말 이를 총록 밀봉하여 사관에 송달한다"(『구당서』「직관지」) 하므로 천지 상서재이에 관한 관찰과 연구를 하는 것이 태사의 본분이었을 것이다.

6.

이러한 측면에서 태사 살수진이 현존 중국 사료에는 보이지 않지만 그와 가장 근접하는 인물로 오타 쇼지로(1972)가 제시한 설이(薛頤)가 주목된다. 살(薩) 씨와 설(薛) 씨가 통용된다는 것은 역사적 사실이면서 공통된 견해다. 필자도 『구당서』 열전에 등장하는 유력한 설 씨 인물을 모두 조사하였지만 설이의 경력이 가장 주목되었다.

설이(생몰 미상)는 『구당서』「방기열전」에 입전되어 있다. 그는 골주[滑州, 현 하남 활현(滑縣)] 사람으로 수양제 대업(大業, 605~616) 시기에 도사가 되었으며, 천문 율력을 잘 풀었고 잡점에는 더욱 밝았다 한다. 당 고조 무덕 초에 진부(秦府)로 추직되었는데, 비밀히 진왕(당 태종 이세민)에게 "덕성(德星)이 진분야(秦分野)를 지키니 왕은 당연히 천하를 가지게 될 것"이라 참언을 하였다. 이로부터 진왕은 그를 태사승으로 제수케 하였으며 다시 태사령으로 천직케 한다. 태종 정관 중에도 태종의 태산 봉선행에 혜성 천변이 나타나므로 중지할 것을 조언하였다. 나중에 표문을 올려 다시 도사가 되기를 청하자, 태종은 그를 구종산(九嵕山)[34]의 자부관(紫府觀)에 안치하여 중대부(中大夫, 신당서에는 太中大夫)를 배수하였고 자부관의 주사(主事)를 맡게 하였다. 또 자부관 가운데에 일청대(一淸臺, 신당서에는 청대)를 건립하여 현상(玄象)을 측후케 하였으며, 재이, 상서, 박식(薄蝕), 적견(謫見) 등의 일이 있으면 그 상태에 따라 문후토록 하였는데, 그 상주된 전후 내용이 중앙 경대(京臺, 아마 난대와 통하는 명칭)의 천문역법가 이순풍(李淳風, 602~670)과 많은 부분에서 서로 부합하였으며, 몇 년 뒤

---

34. 『구당서』 권38, 지리지1, p.1397의 '十道郡國 關內道一 河南道二'에 따르면, 정관 10년(636) 문덕황후의 소릉을 구종산에 안치하면서 운양, 함양(雲陽, 咸陽)의 두 현을 갈라 예천현(醴泉縣)을 설치하였다(貞觀十年, 置昭陵於九嵕山, 因析雲陽·咸陽二縣置醴泉縣)하므로, 구종산은 장안성 서북쪽에 자리 잡은 산이다.

『천지서상지』의 초본(抄本) 마이크로필름. 일본 교토대학 인문과학연구소 소장.

1. 『천지서상지』권1. 속표지
2. 목차 일부
3. 계문의 시작 부분
4. 계문의 말미 부분 '인덕 3년 4월~'
5. 건봉 원년 개원 기록 부분
6. 백제 취리산 회맹 사건 부분

졸하였다 한다.[35]

이처럼 설이는 당고조 무덕 연간(618~626)에 태사국의 태사승과 태사령을 역임하였으며 당태종 정관 연간(627~649)에도 계속 태사령으로 활동한 것으로 보인다. 태종의 태산 봉선행에서 혜성 천변이 나타난 것은 정관 15년(641)의 일이므로[『구당서』 지제3 예의지(禮儀志), p.884], 최소한 이때까지는 태사국과 관련된 일을 하였을 것이다.

『구당서』「은일열전(隱逸列傳)」의 왕원지전 중에 정관 9년(635) 태종은 "태사 설이 등"으로 하여금 왕원지에게 가서 자신의 뜻을 알리도록 하였다 하며, 똑같은 대목의『신당서』「방기열전」왕원지전에서는 '태사령 설이 등'으로 말하였으므로 이 시기에 설이가 태사령으로 재직하였음을 알 수 있다.[36]

또한『신당서』「역지」에 보면, 정관 14년(640) 태종이 남교 친사(南郊 親祀)를 11월 계해삭 갑자동지일에 거행하려 할 때, 직태사(直太史)[37] 이순풍은 자신의 새로운 역산에 따르면 그 날은 갑자합삭 동지일이라면서 태사령 부인균(傅仁均, ?~?)의 계산에 삼각(三刻)의 오차가 있음을 주장하였다. 이 문제를 놓고 당시 사력(司曆) 남궁

---

35. 『구당서』권191, 열전 제141 방기열전 설이전, p.5089. "薛頤 滑州人也. 大業中爲道士 解天文律曆 尤曉雜占. 煬帝引入內道場 亟令章醮. 武德初 追直秦府. 頤嘗密謂秦王曰「德星守秦分 王當有天下 願王自愛」秦王乃奏授太史丞 累遷太史令. 貞觀中 太宗將封禪泰山, 有彗星見 頤因言「考諸玄象 恐未可東封」會褚遂良亦言其事 於是乃止. 頤後上表請爲道士 太宗爲置紫府觀於九嵕山 拜頤中大夫 行紫府觀主事. 又勅於觀中建一清臺 候玄象 有災祥薄蝕謫見等事 隨狀聞奏. 前後所奏 與京臺李淳風多相符契. 後數歲卒."

36. 『구당서』권192, 열전 제142 은일열전 왕원지전, p.5125. "貞觀 9년(635) 勅潤州於茅山置太受觀 幷度道士二十七人. 降璽書曰「…近已令太史薛頤等往詣,令宣朕意.」"
『신당서』권204, 열전 제129 방기열전 왕원지전. "貞觀九年 詔潤州卽茅山爲觀 俾居之. 璽詔曰「省所奏 願還舊山 已別詔不違雅素 幷勅立祠觀 以伸曩懷. 未知先生早晚至江外 祠舍何當就功 令太史令薛頤等往宣朕意..」"

37. 『당대제도사략론고(唐代制度史略論稿)』(李錦綉, 1998, 중국정법대학출판부, 북경)에서는 직태사의 직(直)이 직관(直官)을 일컫는 것으로 보았다. 직관은 신분보다 능력 위주로 인재들을 흡수하고 개발하기 위하여 활용된 당나라 제도의 하나인데, 특히 천문 역법 음악 기술 등 여러 과학기술을 연구한 사람들에 좀 더 집중되어 있다고 한다. 당은 이 직관 제도를 통하여 매우 광범위하고 활발한 과학기술사의 발전을 이룩하였다고 평가하고 있다. 위의 이순풍뿐 아니라『천지서상지』의 살수진도 직관이라는 제도 맥락에서 조망될 수도 있을 것이다. 직관의 내용과 자료는 한국고대사학회 제65회 발표회(2002. 4)에서 고려대 아세아문제연구소의 박대재 선생이 코멘트해 준 것이다. 직관들의 신분이 비교적 낮아서 그 활약에 비해 사료에 누락된 사례가 많을 수 있다는 견해도 제시하였다.

자명(南宮子明)과 태사령 설이 등이 그 방법이 사실에 부합함을 인증하였고, 국자제주(國子祭酒) 공영달(孔穎達, 574~648) 등도 이순풍의 역산을 따를 것을 청했다고[38] 한다.

이 대목은 설이가 태종 정관 14년(640)에도 태사령에 보임하고 있었음을 보여 준다. 부인균은 고조 무덕 원년(618 무인년) 7월 새로운 『무인원력(戊寅元曆)』을 완성하였으며, 이 역법이 이순풍의 인덕력(麟德曆)이 반포(665)될 때까지 사용되는 등 당나라 초의 최고 천문역법가로 유명하다.

또한 설이는 부인균에 이어 당대 최고의 천문역법가로 부상한 이순풍과도 같은 시기에 살았다. 이순풍의 부친 이파(李播)는 수나라 도사로 천문 역상에 밝았으며 고부체(古賦體)로 주천성명(周天星名)의 의의를 담은 『천문대상부(天文大象賦)』를 저작하였고 이 책은 지금까지도 전해지고 있다.[39] 부친의 가업을 이어 이순풍도 어려서부터 천문 역산 음양학에 밝았다 하며, 정관 원년(627)에 현행 무인력에 문제가 있음을 태종에게 상소하면서 그 설이 일부 채택되어 직태사국(直太史局)이라는 직책에 제수되기에 이르며, 정관 22년(648)에 태사령으로 천직된 이래 고종대까지 보임한다.

이순풍은 새로운 천문 관측 의기인 『황도혼의(黃道渾儀)』(633)를 제작하였으며, 『진서』와 『오대사(五代史)』, 『수서(隋書)』 중 천문지, 율력지(律曆志), 오행지(五行志) 등을 편찬(641년)하였으며, 남북조와 수대의 대혼란기를 거치면서 허다하게 산실된 천문성점서들을 수집하여 분류 편집한 『을사점(乙巳占)』(645년, 『통휘』 4책)을 편찬하였으며, 고종 인덕 원년(664)에는 유작(劉焯, 543~610)의 『황극력(皇極曆)』과 자신의 『을사원력(乙巳元曆)』(629)에 기초를 둔 『인덕력』을 편찬하여 당 현종대 일행(一行,

---

38. 『신당서』 권25, 지제15 역지. "貞觀初 直太史李淳風又上疏論十有八事 復詔善爲課二家得失 其七條 改從淳風. 十四年 太宗將親祀南郊 以十一月癸亥朔 甲子冬至. 而淳風新術 以甲子合朔冬至 乃上言: 「古曆分日 起於子半. 十一月當甲子合朔冬至 故太史令傅仁均以減餘稍多 子初爲朔 遂差三刻.」 司曆南宮子明 太史令薛頤等言: 「子初及半 日月未離 淳風之法 較春秋已來暑度薄蝕 事皆符合.」 國子祭酒孔穎達等及尙書八座參議 請從淳風."

39. 『중국과학기술사(中國科學技術史)』 「인물권(人物卷)」(북경, 과학출판사, 1998)의 이순풍편을 참고하였다. 수나라 이파의 『천문대상부』는 『통휘』 「천문권(天文卷)」(1995)의 제1책에 실려 있다.

683~727)의 『대연력(大衍曆)』(728)으로 대체될 때까지 63년간 행용되는 등 당나라 초의 국가적 천문 역법 발전에 커다란 기초를 닦아 놓았다. 그 아들 이언(李諺)과 손자 이선종(李仙宗)도 모두 태사령이 되었다고 한다.[40]

이렇게 당 고조와 태종 때에 태사령을 역임한 설이는 태사령 부인균과 태사령 부혁(傅奕, 555~639)[41]과 동시대를 살았고, 당 태종과 고종 시기에 크게 활약한 이순풍과도 같은 시대를 살았으며, 태종 말기에 장안 근처 예천현 구종산의 자부관이라는 도관에 머물면서 칙명에 의해 건립된 일청대에서 천문 상서재이 현상을 점후하였던 당초의 저명한 천문 역법가로 정리된다.

따라서 설이는 『서상지』가 찬성되던 666년 시점에 가장 가까우면서 천지 서상의 편찬 내용과도 잘 부합되는 인물이라 할 수 있다. 그러나 그가 고종 인덕 연간까지 살았을지는 의문이다. 설이열전에서 '後數歲卒'이라 하였기 때문에 태종 말기에서 몇 년 지나지 않아 죽었을 것으로 보인다. 고종 즉위(649)부터 건봉 원년까지는 17년가량 걸린다.

그러므로 『서상지』의 편찬자 설수진은 아마도 그 설이의 편찬 작업 또는 천문가업을 계승한 자손이거나 가문 중의 한 사람일 가능성이 높다. 앞서 부친 이파로부터 가업을 물려받은 이순풍의 경우도 그 아들과 손자까지 태사령을 역임한 전례에 비추어 볼 ·때, 설씨 가문도 그러하였지 않았을까 추정되는 것이다. 설수진의 관직이 태사인 점도 그렇고, 『서상지』의 내용이 천문 상서재이와 관련된 내용이 중심인 점도 설이와의 밀접한 관련성을 상정한다.

7.

다음으로 당나라 초 태사국에서 활동하였던 유명한 설이 가문의 한 사람으로 추정되는 살수진이 『천지서상지』를 편찬하였음에도 그 이름이 기록되지 않은 점은

---

40. 『구당서』 권79, 열전 제29 이순풍전
41. 부혁 역시 천문 역법에 밝았으며, 당 고조가 부풍태수(扶風太守)일 때 초치되어 태사승으로 발탁되었다가 태사령까지 역임한다. 당시 태사령이던 유검(庾儉)과 의견 충돌이 잦았다 하며, 무덕 3년(620)에는 『누각신법(漏刻新法)』을 편찬하였으며, 무덕 7년(624) 불교를 비판하는 상소를 여러 차례 올린 인물이기도 하다. (『구당서』 권79, 열전 제29 부혁전)

역시 미스터리라 하겠다. 앞서 언급한 바 있듯이 과학기술 전문가가 많이 포진한 직관들의 신분이 중인 정도로 비교적 낮아서 그 역할에 비해 누락된 사례가 많다는 직관 제도 측면에서 볼 수 있을는지, 살수진을 그런 사례의 하나로 보려면 더 많은 정황 자료가 필요하다.

역사 기록의 미스터리 측면에서『천지서상지』와 동시대 작품이면서 유사한 유통 경로를 보여 주는, 당나라 초 이봉(李鳳, 623~674)이 찬(撰)한『천문요록(天文要錄)』(664)을 통하여서도『천지서상지』같은 천문 관련 저작이 편찬될 수 있는 시대적 맥락을 다음처럼 읽을 수 있다.

『천문요록』(50권 중 26권 현전)[42]은 그 서문에서 "제가(諸家)의 천문 점서들을 정리하여 천문요록 1부를 완성하였다"면서, 말미에 "대당 인덕 원년(664) 오월 십칠일 하남좌중 삼공랑장 신이봉 주상(大唐 麟德 元年 五月 十七日 河南左中 三公郎將 臣李鳳 奏上)"이라 하였으므로『서상지』보다 2년 앞서 편찬된 책임을 알 수 있다. "주상(奏上)"이라 하였기 때문에 황제에게 바쳐진 것인데, 서문에서 "칙여조칙신봉(則如詔勅臣鳳)"이라는 구절도 칙찬(勅撰)일 측면을 시사하지만 그 구절의 해석이 어렵다.[43]

『구당서』64 고조이십이자열전(高祖二十二子列傳)과『신당서』79 고조제자열전(高祖諸子列傳)에 찬자 이봉(李鳳)에 대한 간단한 기록이 실려 있다. 이에 따르면 이봉은 고조의 제15자로 무덕 6년(623)에 빈왕(豳王)에 봉해졌으며, 정관 7년(633) 등주(登州) 자사로 제수되었고, 정관 10년(636) 괵왕(虢王)에 봉해졌다. 인덕 초 청주(青州) 자사에 제수되었다가 고종 상원(上元) 원년(674)에 52세로 죽었다고 한다.

42.『천문요록(天文要錄)』의 목차 : 제1 序, 제2 日災圖占, 제3 月災圖占, 제4 日占, 제5 月占, 제6 歲星占, 제7 熒惑占, 제8 鎭星占, 제9 太白占, 제10 辰星占, 제11 角占, 제12 亢占, 제13 氐占, 제14 房占, 제15 心占, 제16 尾占, 제17 箕占, 제18 斗占, 제19 牛占, 제20 須女占, 제21 虛占(缺), 제22 危占, 제23 室占, 제24 壁占, 제25 奎占, 제26 婁占, 제27 胃占, 제28 昴占, 제29 畢占, 제30 觜占, 제31 參占, 제32 東井占, 제33 鬼占, 제34 柳占, 제35 七星占, 제36 張占, 제37 翼占, 제38 軫占, 제39 石內官占, 제40 石內官占, 제41 石內官占, 제42 石內官占, 제43 石內官占, 제44 石內官占, 제45 石內官占, 제46 石外官占, 제47 耳內官占, 제48 耳內官占, 제49 耳外官占, 제50 巫內外官占 (50권 중 26권 잔존 : 1 4 5 10 11 14 16 17 20 24 26 28~31 33 35 40 41 43~46 48 49 50권)

43.『천문요록』서문 :『통휘』4-27. "尙鳳以末學之迷惑 豈非逑著本意也. 以庸昧 雖無博聞 瞻校檢略 以所値者 不失其事 以所觀者 不失其情 而推議彼大綱 則如詔勅臣鳳 諸家之占書繁煩 不善者剟而去之 其應於正理者則具述 所由附輒 天文要錄成一部"

나카무라 쇼하치(1975)는 이 같은 괵왕 이봉의 경력에서『천문요록』과 같은 대부(大部)의 천문서를 찬할 만큼의 소양 기록이 보이지 않기 때문에, 찬자 이봉과 동일인인지 분명치 않은 것으로 보고, 만약 동일인이라면 찬성(撰成) 시기인 인덕 원년은 그가 42세 되던 해라 하였다. 이렇게 내용상으로는 잘 연결되지 않지만, 시기상으로는 서로 부합하기 때문에『천문요록』의 찬자가 고조의 15자 괵왕 이봉일 가능성도 배제하긴 어렵다.

그런데 이렇게 당 고종대에 찬집된 것이 분명한『천문요록』도『천지서상지』와 마찬가지로 신구당서의 경적 예문지 등 중국측 문헌 목록에서 언급되거나 기록된 것이 현재까지 알려진 바가 없다. 그 대신에『서상지』와 마찬가지로 일본측 사료에서 처음 기록되었으며, 그 판본 역시『서상지』와 유사한 경로를 거쳐 서사(書寫)되어 일본 존경각(尊經閣) 소장본으로 현전한다.[44]

『천문요록』은 일본의『삼대실록』권29, 세이와 천황의 조간 18년(876) 7월 27일 임인조[45]에 처음 인용되어 나타나며, 그해 8월 6일조에도『서상지』와 함께『천문요록』을 인용하였다 한다.『서상지』와 마찬가지로 후지와라 스케요(藤原佐世)의『日本國見在書目錄』(891)에서 여러 천문 저록과 함께 목록화되었다.[46] 일본의 천문 음양가로 유명한 아베 씨(安倍氏), 카모 씨(賀茂氏)의 양가들이 주로 이 책들을 근거로 천변 재이를 풀이하였다 하므로, 7세기 당나라에서 성립되어 9세기 일본으로 유통된『천문요록』과『천지서상지』는 일본의 고대 천문 해석에 큰 영향을 끼친 책이라 하겠다.

이 두 책에는 매우 다양하고 방대한 천문, 성점(星占), 오행, 율력, 상서 관련 문헌들이 인용되어 있어, 당나라 초까지 전해지는 천문 상서 관련 문헌들을 총집대성한 작업의 일환이라 평해진다. 당나라 초 시기에 저작된 이 문헌들이 중국측 기록에는

44.『천문요록』의 문헌 기록과 유통 경로 등에 대해서는 나카무라 쇼하치(中村璋八), 「天文要録について」『日本陰陽道書の研究』(汲古書院, 1975)에서 자세히 다루어졌으며, 필자도 이 논문에 크게 의지하고 있다. 다만 필자가 대본으로 삼은『천문요록』은『통회』「천문권」(1995)의 4책에 실린 영인본이다.

45.『삼대실록』권29. "天文要錄·祥瑞圖曰 非氣非煙 五色紛縕 是謂卿雲 亦謂景雲也. 占曰 王者之德 至 山陵則景雲出. 又曰 天子孝則景雲見."：中村璋八, 「天文要録について」, 1975

46. 中村璋八, 「天文要録について」, 1975. 본 책의 122쪽 참고.

남아 있지 않고 고대 일본에서 나란히 등장하여 현전하는 점도 특이하다.

『천문요록』에는 전한대 개발된 천체 관측 의기의 일종인 혼의(渾儀)의 역사라든가 당대 대표적 성점서인 『개원점경(開元占經)』(718)을 보충해 주는 자료들이 담겨 있는 등 고대 천문학 연구에 그 학술적 가치를 평가 받는다.[47]

『천문요록』에 인용된 참고문헌 목록을 보면 고천문학 관련 전문가가 아니고서는 그 문헌들의 수집과 활용이 결코 쉽지 않았을 것임을 잘 보여 준다. 서문의 '이봉 천문요록도 채례서명 목록(李鳳 天文要錄圖 採例書名 目錄)'이라는 제목하에 모두 60종의 참고문헌이 수록되어 있다.[48] 기존의 『수서』나 『신구당서』에 수록된 문헌과 완전히 동일한 것들을 비롯하여 책의 권수에 편차가 있는 것, 실전된 것, 그리고 『천문요록』에만 보이는 서목(書目)들도 다량 포함되어 있다. 마지막의 경우는 이봉이 『천문요록』을 편찬할 당시에 유통되어 동원할 수 있던 책들일 것이다.[49]

『천지서상지』 역시 천문 상서에 관한 방대한 문헌과 그 내용을 인용하였다. 나카무라 쇼하치(1975)가 정리한 '천지서상지 인서색인(引書索引)'을 살펴보면 총 370

---

47. 孫小淳, 「天文要錄提要」, 『통휘』 4-25

48. 『천문요록』의 〈採例書名 目錄〉: 1 薄讚 三卷 三家造, 2 蓋天論 十卷 李公連撰, 3 渾天圖 五卷 前漢宿公撰, 4 周牌 二卷 黃鏡注, 5 定象紀 卄卷 李辨撰, 6 七燿運定紀 七卷 紫金撰, 7 定天赤道論 一卷 前漢唐都造, 8 五星出度分記 五卷 東晉陳卓造, 9 定象圖 七卷 後漢賈達造, 10 黃道晷度記 五卷 後漢賈達撰, 11 定天論 三卷 朱尺造, 12 天文分野 十二卷 前漢當到撰, 13 定天論圖記 二卷 李淳撰, 14 天文星運占 五卷 周萇弘造, 15 天文要決占 卄卷 周應邵撰, 16 天文象運論 五卷 李辨鏡撰, 17 孝經雄圖 二卷 大唐李奇造, 18 乾坤災異圖 卄卷 光武帝撰, 19 乾運度星占 卄卷 堯帝撰, 20 天地定象論 十二卷 陽光撰, 21 春秋災異 卅八卷 郗萌造, 22 西晉紀 卅卷 前漢唐都造, 23 九州分野星圖 九卷 前漢李房造, 24 荊州占 卄二卷 劉叡撰, 25 五靈紀 十八卷 前漢李朔造, 26 天文緯經 卅八卷 京房撰, 27 乾象紀 八卷 班固撰, 28 春秋災星圖 卄卷 鄭卓竈撰, 29 天文詳紀 卄卷 魯梓愼撰, 30 東晉紀 六十卷 後漢賈達撰, 31 懸摠紀 卅卷 東晉陳卓撰, 32 天文要集 卅卷 晉韓楊撰, 33 天文錄 卅一卷 南齊祖咺撰, 34 勅鳳符表 一百卄卷 宋錢樂撰, 35 靈憲 一卷 張衡撰, 36 天文占 卄卷 孫僧化撰, 37 海中占 卄卷 道仙撰, 38 易緯 六卷 鄭玄注, 39 禮緯 二卷 宋均注, 40 玉韜 十卷 梁元帝撰, 41 金壇玉遺 六卷 陶弘景撰, 42 春秋緯 卅八卷 宋均注, 43 春秋星體論 卅卷 李貞武撰, 44 金海摠集 三十卷 李太子撰, 45 周易逆勅災異 十二卷 李房撰, 46 金海散精篇 三卷 梁蕭吉撰, 47 河圖符文 三卷 貞武撰, 48 金海摠 卅七卷, 49 周易分野星圖 四卷 梓愼撰, 50 彗字出象記 三卷 唐都撰, 51 虹蜺通玄 七卷 郗萌撰, 52 七燿年紀 二卷 甄鸞撰, 53 乾象歷 三卷 劉洪撰, 54 景初曆 三卷 楊緯撰, 55 元嘉加曆 二卷 何丞天撰, 56 正曆 四卷 劉智撰, 57 周貞曆 二卷 李善撰, 58 羽?正曆 二卷 李公撰, 59 驎德曆 二卷 大唐紫金撰, 60 唐順曆 二卷 李達撰

49. 나카무라 쇼하치(1975)는 각 서목들을 기존 목록서들과 대조했을 뿐 아니라 본문에 인용된 횟수 등도 정밀하게 조사하여 정리하였다.

여 항목에 이르는 서목, 편명(篇名) 또는 인명이 제출되었으며, 각 항목이 본문에 인용된 횟수와 면수도 함께 적출되어 있다. 이것은 20권 중 잔존본 9권에 대한 조사이므로 『서상지』 전체에 인용된 자료는 훨씬 많았을 것이다. 당나라 초에 태사국이나 난대의 태사가 아니면 접하기 어려웠을 문헌들도 적지 않아 보인다. 또한 천문역법 전문가가 아니고서는 개진하기 힘든 문헌 내용들이 "수진이위(守眞以爲)" 혹은 "수왈(守曰)" 형식으로도 인용 구사되어 있다.

당나라 초는 이상과 같은 천문 유서(類書) 작업이 매우 활발하던 시기다. 그런데 사실상 이러한 분위기는 중국 재통일의 위업을 달성한 수나라 조정에서 나온 흐름이다. 『수서』 「율력지」의 수문제 개황(開皇) 20년(600)조 기사를 보면, 황태자(수양제 양광)가 천하의 역산가들을 동궁으로 초치하여 천문역법 연구를 집중시키고 있다. 수대의 유명한 천문학자 유작(劉焯)은 그중 하나였는데, 태자에게 『황극력』(600)을 증수(增修)하여 바쳤다고 하였다.[50]

이 대목은 동궁 태자의 계명(啓命)으로 천문역산서가 찬집될 수 있는 역사적 정황을 잘 보여 준다. 수나라 조정의 경우와 마찬가지로 당 고종대에도 동궁 태자를 계명의 주체로 삼아 『천지서상지』가 찬집될 수 있었다고 보게 된다. 마치 유작이 다음 황제가 될 황태자(수 양제)에게 천명의 정통성을 담보하는 천문 역서를 찬진하였듯이, 살수진도 다음 황제에 오를 황태자(이홍)에게 천문 상서 책을 찬진하였다고 보는 것이다.

유작의 황극력은 비록 시행되지는 않았지만 남북조의 역법 성과를 총결집한 것이며, 당나라 때 사용된 이순풍 찬의 『인덕력』[665년 반포. 일명 의봉력(儀鳳曆)]은 황극력을 기초로 하여 발전시킨 역법이다.[51] 당 태종의 사명(賜名)을 받아 더욱 유명해진 이순풍의 『을사점』(645)도 천문 성점 관련 유서의 일종이며, 당나라 초의 시대적 배경에서 가능한 작업이다.

---

50. 『수서』 권18, 지제13 율력지 下, p.459. "開皇二十年 袁充奏日長影短 高祖因以曆事付皇太子 遣更研詳著日長之候. 太子徵天下曆算之士 咸集于東宮. 劉焯以太子新立 復增修其書 名曰皇極曆 駁正胄玄之短. 太子頗嘉之 未獲考驗. 焯爲太學博士 負其精博 志解胄玄之印 官不滿意 又稱疾罷歸. 至仁壽四年 焯言胄玄之誤於皇太子."

51. 陳遵嬀, 『中國天文學史』 권5, 台北: 明文書局, 1988, p.150의 〈隋唐五代曆法篇〉

이처럼 위진남북조의 대혼란기를 겪으면서 흩어져 버린 천문 역법 상서를 정리하고 연구함으로써 천문에 대한 표준을 마련하고자 한 것이 통일제국으로서 기초를 닦아 나가던 수대와 당나라 초의 사회적 분위기가 아니었을까 짐작된다. 이런 시대적 사회적 배경이『천문요록』과『천지서상지』같은 천문역서들의 찬집을 낳았을 것이다.

이 시기를 지난 중당(中唐) 즈음에는 현종대 천축승 구담실달(瞿曇悉達, Gautama Siddhanta)이 칙찬한『개원점경』(718)을 비롯하여 당승 일행(一行)의『대연력(大衍曆)』(729년 반포) 등 인도 천문학에서 유래된 불교적 천문 사상이 반영된 천문 성점서나 역법의 찬술이 활발해진다. 이런 흐름상『천문요록』과『천지서상지』는 인도 천문학 도입 이전에 마지막으로 행해진 전통적 천문 유서로 평가될 수 있다.[52]

『고려사』에 인용된『천지서상지』사료 발굴

1.

지금까지『천지서상지』가 고대 일본사에만 언급된 것으로 알려져 있었으나 필자가 새롭게 조사한 바로는『고려사』에도 두 곳 인용되어 있었다. 첫째 사료는『고려사』오행지 화행조(火行條)에 있으며, "천지서상지운(天地瑞祥誌云)"이라 분명하게 언급되었다.

인종 8년(1130) 8월 을미일 초경(初更, 초저녁 8시경)에 불 그림자[火影]와 같은 붉은 기운[赤氣]이 북방(坎方)에서 일어나 북두칠성의 두괴(斗魁) 안으로 들어가 불규칙하게 일어났다 꺼졌다 하다가 삼경(三更, 자정 전후)에 이르러서야 없어졌다. 일자(日者)가 아뢰

---

52. 중국 천문학사에서는 크게 세 차례 외래 천문학을 받아들이는데, 첫째가 수당대의 인도 천문학이며, 둘째가 원대의 이슬람 천문학이며, 셋째가 명말청초의 서양 천문학이다. 불전을 통한 인도 천문학이 이미 위진시대부터 도입되어 들어오지만, 관방 천문 측면에서 본격적인 영향을 드러내게 된 것은 천문관직의 요직에 인도 승려를 채용하고 그들의 천문역법을 수용한 당 현종대부터 할 수 있다.

기를, "『천지서상지』에 의하면 적기가 화영(火影)처럼 나타나는 것은 신하가 그 임금을 모반할 징조이니, 엎드려 바라건대 덕을 닦아 재변을 해소토록 하기 바랍니다."라고 하였다.[53] (『고려사』「오행지」화행조)

이 대목은 불 그림자 같은 적기(赤氣)가 북두칠성의 머리부분으로 나타나 서너 시간 동안 머물다 사라진 천상(天象)을 기록한 부분이다. 이것이 기록된 인종 8년 (1130) 무렵은 묘청(妙淸)의 서경 천도 문제를 놓고 권력 대립이 있던 시기로, 서경 중흥사 탑의 진재(震災) 등과 함께 묘청 일파를 제거하려는 수단으로 원용된 재이 현상이라 해석되었다.[54] 청적황백흑의 오기(五氣) 중 붉은색의 적기를 상서가 아닌 구징(咎徵)의 일종으로 해석한 것이다. 『천지서상지』의 그 인용 대목은 내용상 권10 운기(雲氣)편 중 '오색운기조(五色雲氣條)'에 서술되었을 것으로 생각되나, 권10이 실전된 상태라 직접 확인하기는 어렵다. 오히려 『고려사』의 이 대목은 『천지서상지』의 일문(逸文)을 보충하는 데 좋은 자료가 된다.

둘째 사료로, 『고려사』「예지」'군례'의 계동대나의조(季冬大儺儀條)에 보면 다음과 같이 "서상지운(瑞祥志云)"으로 인용된 부분이 있다.

정종 6년(1040) 11월 무인일 왕의 조칙에서, "짐이 즉위한 후 호생(好生)할 것을 마음 먹고 새, 짐승, 곤충까지도 모두 나의 혜택을 입도록 하려 하였다. 그런데 연말에 하는 나례(儺禮)에 닭을 다섯 마리씩이나 잡아 역귀를 구축하려 하니 짐의 마음이 몹시 아프다. 되도록 다른 것으로 대용하게 하라."고 하였다. 이에 사천대(司天臺)에서 말하기를 "『서상지』에 의하면 '12월에 대나의(大儺儀)를 행할 때에 해당 부서에 지시하여 막대기로 심을 박고 흙으로 소를 만들어서 찬 기운을 가시게 한다'고 하였으니 청컨대 각각 길이 1척, 높이 5촌에 달하는 황토로 소[牛] 네 필을 만들어 닭 대신 사용케 하기 바랍

---

53. 『고려사』 53권 지7 오행1 화. 仁宗八年, 八月乙未初更 赤氣如火影 發自坎方 覆入北斗魁中 起滅無常 至三更乃滅. 日者奏: "天地瑞祥誌云 赤氣如火影見者 臣叛其君 伏望修德消變."
54. 이희덕, 「고려사·오행지 譯註」『고려시대 천문사상과 오행설 연구』, 일조각, 2000, p.254 참조. 이희덕 선생은 고려사 오행지에 나타난 천변 기록을 당시의 정치적 상황과 관련하여 어떤 맥락으로 천변 재이가 운용되는지를 자세히 살피고 있다. 다만 천지서상지에 대해서는 '미상'(p.256)이라 처리하였다.

150 | 2부 고려편

니다"라고 하니 왕이 그대로 하게 하였다.⁵⁵ (『고려사』「예지」군례 계동대나의조)

이 대목은 『천지서상지』권20의 나조(儺條)에 그대로 게재되어 있으므로[다만 토우(土牛) 앞에 출(出) 자가 더 있다], 『고려사』의 '서상지운(瑞祥志云)'은 『천지서상지』의 줄임말임이 분명하다.⁵⁶ 『천지서상지』에서는 『주례』「하관」의 방상씨(方相氏)편을 인용하면서 역귀를 쫓는 장례식에서의 나의(儺儀)를 설명하였으며, 곧이어 『예기(禮記)』「월령(月令)」의 내용을 인용하면서 대나례(大儺禮)를 설명하고 있다.⁵⁷ 그 인용된 『예기』「월령」에는 계춘(季春)의 달에 춘기(春氣)를 필(畢)하는 나의를 행하고, 중추(仲秋)의 달에는 천자가 직접 추기(秋氣)를 달(達)하는 나의를 행하는 내용이 덧붙어 있다.

나의는 일종의 역귀 예방 의례로, 음기가 성할 때 역귀가 이를 타고 일어나 질병 등 음해를 일으킨다고 보아 이를 억제하는 것이다. 계춘 나의를 통하여 남아 있는 겨울의 한기를 물리침으로써 역귀 발생을 방지하며, 중추 나의는 중추의 달에도 여름의 양기가 쇠하지 않으면 오히려 해가 되기 때문에 천자가 추기를 맞이하여 음기를 지상에 달하게 하는 의식이며, 계동(季冬) 나의는 계동이 가장 음기가 성한 때라 하여 또 그해의 마지막이라 하여 신년을 맞이하기에 앞서 묵은해의 악귀를 모두 몰아내는 의식으로 행해진다. 계동 나의는 대나라 하여 특별히 중시하였는데, 『고려사』「예지」의 계동대나의조에서는 연말 궁중의 대규모 행사로 묘사되어 있다.

이처럼 고려 10대 왕 정종(靖宗)대 사천대의 담당자가 『예기』「월령」을 전거로 하여 대나의를 설명했어도 동일한 내용이 기술되었을 터인데, 『천지서상지』를 전거로

---

55. 『고려사』64권 지18 예6 군례 · 계동대나의조. 靖宗六年十一月戊寅詔曰: "朕卽位以來心存好生欲使鳥獸昆蟲咸被仁恩. 歲終儺禮磔五鷄以驅疫氣朕甚痛之可貸以他物." 司天臺奏: "瑞祥志云: '季冬之月命有司大儺旁磔出土牛以送寒氣.' 請造黃土牛四頭各長一尺高五寸以代磔鷄." 從之.

56. 『천지서상지』권20 나조(儺條)의 전문을 소개하면 다음과 같다: "周禮曰 方相氏 [掌]蒙熊皮 黃金四目 玄衣朱裳 執戈揚楯 帥百隷而時難 以索室毆疫. 大喪先柩匶. 及墓入壙以戈擊四隅毆方良. 禮記月令曰 季春之月 命國儺九門磔禳以畢春氣. 仲秋之月 天子乃儺以達秋氣. 季冬之月 命有司大儺旁磔出土牛以送寒氣. 祠令曰 季冬晦堂 贈儺磔牲於宮門及城四門 各用雄鷄一將預前一日所司奏聞." (『통휘』4-445)

57. 『서상지』에 인용된 구절은 대조 결과 『주례』「하관」의 '방상씨편' 내용과 『예기』「월령」의 내용과 동일하다. 다만 『예기』「월령」의 나의는 계춘과 중추와 계동의 월령으로 각기 흩어져 있었는데 『서상지』에서는 이를 하나로 엮어 놓았다.

내세운 것은 고려시대 사천대에서 천지 상서 해석의 중요한 준거로『천지서상지』를 적극 준용하였음을 잘 보여 준다.

셋째로,『서상지』와 관련되지 않을까 의심되는 대목이『고려사』의 태조 세가(世家) 중 15년(932) 기사에 다음처럼 '상서지운(祥瑞志云)'으로 인용되어 있다.

태조 임진 15년(932) 여름 5월 갑신일에 왕이 군신들에게 회유(誨諭)하기를, "근래에 서경을 복구하고 백성을 옮겨 충실히 한 것은 그 지력(地力)에 의거하여 삼한(三韓)을 평정하고 장차 거기에 도읍(都邑)을 정하려고 한 것이다. 그런데 지금 민가의 암탉이 수탉으로 변하고 큰 바람이 불어 관사가 무너졌으니 대체 무슨 재변이 이른 것인가. 옛날 진(晉)나라에 간신이 음모를 품고 있었는데 그 집 암탉이 수탉으로 변한 일이 있었다. 복자(卜者)가 '사람이 분에 넘치는 뜻을 품었으므로 하늘이 경고하는 것'이라 하였으나 그 악의를 고치지 않아 그 가문이 주멸을 면치 못하였다. 오왕 유비 때에 큰 바람으로 문이 무너지고 나무가 뽑힌 일이 있었다. 그 복언(卜言)이 역시 같았으나, 또한 패가망신에 이르렀다.

또『상서지(祥瑞志)』에 이르기를 '부역이 공평하지 못하고 공납이 과중하여 아래 백성들이 왕을 원망하면 이러한 징조가 나타난다'고 하였다. 옛일로 지금을 추험하면 어찌 이런 일이 없겠는가. 지금 사방에 노역이 계속되고 이미 공비(供費)가 많은데 공부(貢賦)가 줄어들지 않으니, 나는 이로 인해 천견(天譴)이 이를까 밤낮으로 근심스럽고 두려워서 감히 편안히 있을 수가 없다.

그러나 지금 형편으로 군국 공부(軍國 貢賦)를 감면하기는 어렵다. 오히려 군신들이 공도(公道)를 행하지 못하여 백성들의 원망이나 비분한 마음을 품게 함으로써 이러한 재변을 자아낸 것이 아니겠는가. 각자 마땅히 마음을 고쳐먹어 화가 미치지 않도록 하라."[58] (『고려사』「세가」태조 15년조)

---

58 『고려사』2권 세가2 태조2 15년조. (壬辰) 十五年 夏五月甲申 諭群臣曰『頃完葺西京 徙民實之 冀憑地力 平定三韓 將都於此. 今者民家雌雞化爲雄 大風官舍頹壞 夫何災變至此. 昔晉有邪臣 潛畜異謀 其家雌雞化爲雄. 卜云: '人懷非分 天垂警戒.' 不悛其惡竟 取誅滅. 吳王劉濞之時 大風壞門拔木. 其卜亦同 濞不知戒 亦底覆亡. 且祥瑞志云: '行役不平 貢賦煩重 下民怨上 有此之應.' 以古驗今 豈無所召. 今四方勞役不息 供費旣多 貢賦未省, 竊恐緣此 以致天譴 夙夜憂懼 不敢遑寧. 軍國貢賦 難以蠲免. 尙慮群臣

이와 같이 고려 건국 초기 서경 건설 과정에서 "민가자계화위웅(民家雌雞化爲雄)" 과 "대풍관사퇴괴(大風官舍頹壞)"의 재변이 일어난 것은 백성의 노역을 살피지 않아 천견이 이른 것임을 『상서지』의 "行役不平 貢賦煩重 下民怨上 有此之應."이라 는 대목을 인용하여 경계하였다.

그런데 그 인용 서목이 『상서지』이며, 위의 계동대나의조에 보이던 『서상지』의 오기가 아닐까 의심되었다. 이에 잔존본 『천지서상지』에서 그 구절을 찾아보았으 나 아직 확인되지 않았으며, 내용상 가장 유력하다고 생각된 권12의 「풍총재편(風 惣載篇)」과 권16의 「오행편(五行篇)」, 권18 「금총재편(禽惣載篇)」의 계조(鷄條) 등에서 비슷한 재이 내용을 확인하긴 하였지만 『고려사』와 동일한 인용 구절을 찾지는 못 하였다.

그래서 『고려사』의 그 『상서지』가 『서상지』가 아닌 다른 문헌이지 않을까 생각 되었다. '상서지'라는 이름이 들어간 책을 찾아보았는데 신구당서 등의 중국 전적 류에는 보이지 않으며, 중국 정사 중 『남제서(南齊書)』[양(梁)의 소자현(簫子顯) 찬]에서 지명(志名)으로 사용하고 있었다. 『남제서』 「상서지」를 살펴보았으나 해당 내용을 찾을 수 없었다. 그렇다면 실전된 『서상지』 부분에 실려 있을 가능성이 상정되지만 내용상 이 또한 매우 어려운 가정이다.

이렇게 『고려사』 태조 시기에서 말하는 『상서지』가 어떤 문헌인가에 대해 그 출 전이 명확하지 않으므로 그 성격을 규정하기가 어렵지만, 현재로서는 맥락상 『서 상지』와의 관련성을 배제하긴 어려운 정도라 할 수 있다. 앞으로 이에 대해 면밀히 조사해야 할 것이다.

이상의 검토 결과 고려 전기 정종 6년(1040)과 중기 인종 8년(1130)의 기록에서 『천 지서상지』가 분명하게 인용되어 있음을 발견했다. 특히 전자의 기록에서 사천대 담당자가 『천지서상지』를 전거로 제시하므로, 고려시대 천문가들에게 이 책은 천 지 상서재이 등의 해석에 중요한 준거로 원용되었음을 새롭게 확인할 수 있었다.

不行公道 使民怨咨 或懷非分之心 致此變異, 各宜悛心 毋及於禍."

2.

다음 『천지서상지』의 목차를 통하여 고려시대에 활용되었을 천지 상서 내용을 짐작해 보자.

※ 『천지서상지』 목차 (전체 20권 중 현재 제1, 7, 12, 14, 16, 17, 18, 19, 20의 9권만 잔존)

9.訴訟 10.劒弓 11.龍蛇 12.六畜 13.禽獸 14.魚龜 15.水火 16.道路行臥 17.船車 18.山草木 19.冢墓

〈제14〉1.音聲 2.童謠 3.妖言 4.革俗 5.神 6.鬼 7.魂魄 8.物精

〈제15〉農業 百穀 禾 柜必己 稻 黍 稷 秫 粟 穄 菽 麥 麻 蠶 草 藷 芝英 莖莆 華平 朱草 蓂英 福幷 延嘉 紫蓬 平甫 賓連 萍實 屈軼 蜚廉 菊 蕧藜 苦買 薏苡 薑 瓜 菁 葶藶 水藻 艾 三慢葵 福草 禮草 葳蕤

〈제16〉月令 五行 木 火 土 金 水 (醴泉井附見)

〈제17〉宅舍 光 血 肉 毛 衣服 床 刀劒 鏡 鼎 釜 甑 甕 印璽 金縢 環 玉 貝 蘇 胡鉤 山 石 船 金車 銀車 象車 山車 烏車 威車

〈제18〉禽惣載 鳳凰 發明 焦明 鸐鶴 幽昌 鸞 吉利鳥 富貴鳥 鵉鷟 商羊 鷄鷗 海鳧 鷖丘 號 跋踵 潔鉤 梟溪 酸興 虫它鼠 鵪鳩 胜遇 鷦 大鷃 鵸鵌(一名比翼) 鸓鶴 鶹雀 鷟 鷹 鳬 鵁鴣 鵞 鵙 鷗 白鷺 世樂 鷄 雉 烏 鵲 鵊 鴟胡 鳶 雀 鶄 鵁鵮 鵙 鸛鵁 反舌 載鳶 鷹 鳩 鳶 鵙 梟 蟬 蠅 蟻蟓 胡蝶 蜂 蟷蜋 魚 龜 黽 蟹 虫 蜘蛛 蝗 蚯蚓 蟻 螻蛄 蝦蟆 射妖

〈제19〉獸惣載 麒麟 象 馬 牛 羊 犬 虎 狼 熊 猪 麋 塵 麏 麚 鹿 麞 駿牙 狐 菟 猨 狸 貁 獺 犀 獬豸 兕 白澤 狡 比肩周巾 角端 貍力 長舌 猾 朱厭 犰 朱儒 蚍 蛝 鼠(服翼附見) 龍 蛟螭

〈제20〉祭惣載 封禪 郊 祭日月 迎氣 巡狩 社稷 宗廟(拜墓附見) 藉田(蠶附見) 靈星 三司 明堂 五祀 高禖 祭風雨 雩 祭氷 禓 儺 祭馬 治兵 祭向神 祭鼓麾 盟誓 振旅 樂祭 祭日遭事

가장 인상적인 것은 권17, 권18, 권19에 각 항목과 관련된 그림이 함께 수록되어 있다는 점이다. 전승 과정에서 남아 있는 그림이 그리 많지 않아 아쉬움이 남지만, 고려시대에는 원본이 그대로 전해졌을지도 모를 일이다. 그 그림들은 주로 『서응도(瑞應圖)』 등의 도해 문헌을 전거로 인용하고 있다.

권17의 옥조(玉條)에 명주(明珠), 현규(玄珪), 벽(璧), 옥(玉), 장(璋)의 그림(『통휘』 4-388)이 실려 있으며, 패조(貝條)에 패(貝) 위의 새그림(4-389)이 있으며, 그 외 금거(金車), 은거(銀車), 상거(象車), 산거(山車), 오거(烏車) 등의 거도(車圖)가 그려졌다 (4-392).

다음 권18의 「금총재편」에는 봉황(鳳凰), 발명(發明), 초명(焦明), 숙학(鸖鶴), 유창(幽昌), 난(鸞) 등 각 항목의 설명과 함께 원래는 그려졌을 그림 부분이 비워진 채 처리되어 있다.

다음 권19의 「수총재편(獸惣載篇)」에도 각 항목의 설명과 함께 그림 부분을 비워두고 있다. 남아 있는 것으로 마조(馬條)의 택마도(澤馬圖), 등마도(騰馬圖), 옥마도(玉馬圖), 용마도(龍馬圖)(4-417, 418)가 그려져 있으며, 그 외 양도(羊圖, 4-421), 백호도(白虎圖, 4-424), 미도(麋圖, 큰사슴 미)와 균도(麇圖, 노류 균, 4-426), 서도(犀圖, 무소 서), 해치도(獬豸圖), 비도(似牛), 백택도(白澤圖, 4-430) 및 분(鼢, 두더지 분), 구(鼩, 생쥐 구), 겸(鼸, 두더지 겸), 석(鼯, 날다람쥐 석), 혜(鼷, 생쥐 혜), 오(鼯, 날다람쥐 오), 유(鼬, 족제비 유), 년(鼲, 푸른다람쥐 년) 등의 서도들(4-431)이 실려 있다.

이러한 도해를 비롯하여 『천지서상지』에는 일월오성 및 여러 성상(星象)에 대한 내용뿐 아니라 기상(氣象), 동식물, 꿈, 소리, 광물 등 매우 다양한 소재에 대한 상서재이 내용들이 방대한 전거에 기대여 실려 있다. 이 책에 대한 연구와 분석은 고려시대 천문 상서 사상을 궁구하는 데 훌륭한 자료 역할을 할 것으로 기대된다. 앞으로 『고려사』의 천문지 오행지 등의 분석에 직접 원용되는 바 적지 않을 것이다. 이 같은 『천지서상지』와 고려시대 천문 사상에 대해서는 또다른 기회를 통하여 접근하여 보고자 한다. 찬자의 국적 문제에 집중되다 보니 정작 천착하여야 할 이 문제를 깊이 다루지 못하여 유감이다.

한국 고대사의 중요한 천문서, 『천지서상지』

지금까지 살펴본 바와 같이 『천지서상지』는 당 고종대 건봉 원년(666) 천문 역상을 담당하던 태사 살수진이 편찬한 것임이 틀림없으며, 그 태사는 당시의 직제 조건으로 보건대 비서성에서 개칭된 난대의 태사였을 가능성이 매우 크며, 그렇지 않으면 일반적인 통칭상의 태사국 태사일 수도 있을 것으로 검토되었다.

계명의 주체인 대왕전하는 오타 쇼지로의 견해처럼 시기상 당 고종 때 동궁 황태자였던 홍이었을 것으로 생각된다. 수나라 조정의 천문학자 유작이 동궁의 황태자(수 양제)에게 『황극력』을 바쳤듯이, 태사 살수진도 후일 황제가 될 황태자(이홍)에게 『천지서상지』를 찬진하였던 것이라 할 수 있겠다.

비록 『구당서』나 『신당서』 어디에도 살수진과 그의 『천지서상지』에 대한 기록이 보이지 않지만, 살수진은 당 고조와 태종대에 태사령을 역임하였고 태종 말기 퇴임해서는 칙명으로 건립된 장안 근처의 자부관 일청대에서 천상 변이를 추달하던 태사령 설이의 자손 또는 그 가문의 한 사람으로 추정되었다.

당나라 초의 가장 유명한 천문학자이면서 『진서』, 『수서』의 천문 율력 오행지를 편찬하였던 이순풍의 경우도 『천문대상부』를 남긴 부친 이파에게서 천문 가업을 이어받은 것이었으며, 그 아들과 손자도 태사령을 역임하여 가업을 계승하고 있음을 보았다. 이러한 이순풍은 설이가 태사령으로 있는 동안에 태사국에서 만났을 것이며, 살수진 역시 태사국에서 이순풍과 같은 시기를 지냈을 것으로 고찰되었다.

난대의 전신 비서성은 비지(碑志), 축문(祝文), 제문(祭文) 등을 수찬하는 저작국과 천문 역법을 관장하는 태사국을 관할하는 상위 부서다. 태사국의 직무가 일월성진과 풍운기색의 변이를 점후하면서 또한 현상기물과 천문도서를 관리하며, 매년 다음해의 역보를 상정하고, 상서재이를 기록하여 문하중서성과 사관에 송달하는 등 국가의 천문 역법을 관장하는 중추 부서다.

이러한 난대나 태사국에 깊숙이 관련된 인물이 아니고서는 『천지서상지』에 인용된 그 다양한 상서재이 의례 문헌이나 곳곳에 동원된 대당사령 같은 매우 생생한 자료들을 구할 수 있고 접할 수 있기는 쉽지 않았을 것이라 생각되었다. 이런 측면에서 신라인 설수진이 문무왕의 계명을 받아 『천지서상지』를 찬술하였을 것이라고 하는 권덕영(1999)의 주장은 성립할 가능성이 높지 않다고 생각되었다. 설수진은 육진병법 전문가로 『삼국사기』에 기록되어 있는데 비록 고대 사회에서 병법가와 천문가가 서로 무관하지 않다 할지라도 천문에 관한 전문가가 아니고서는 『천지서상지』 같은 대저작을 편찬하기는 어렵다고 생각되었다.

더구나 신라인설을 주장하게 된 중요한 논거로『서상지』의 찬자가 건봉 원년으로 개원된 사실을 3개월이 지나도록 파악할 수 없었다는 점을 제시하였지만, 기실 『천지서상지』제20「제총재편」의 봉선조에는 건봉 개원의 과정을 매우 정확하고 소상하게 기록하여 두었다. 살수진이 이처럼 개원 사실을 알고 있었음에도 계문에서 이를 반영하지 않은 점은 물론 새로운 문젯거리임이 틀림없으며 앞으로 또 다르게 접근되어야 하는 과제일 것이다. 그렇지만 이를 기반으로 출발한 신라인설은 더는 설정하기 어려운 견해라 생각되었다.

취리산 회맹문에서 취리산에 대한 세주가 신라인이 아니고서는 붙이기 어려운 주석일 것이라 한 또다른 논거도 당의 각종 의례 자료를 직접 접할 수 있는 태사 신분에서는 그다지 어려운 일이 아니었을 것으로 파악되었다. 특히 난대의 하위 부서이며 태사국의 인접 부서인 저작국은 당의 각종 비지와 축문, 제문 등을 수찬하는 곳이기 때문에 취리산 회맹문 문건이 바로 이곳에서 작성되었을 가능성이 매우 높다. 그렇기 때문에 백제 지마현에 있는 조그마한 지명의 조사와 그 개칭 과정을 잘 알고 있었을 것이므로 충분히 그런 세주가 가능하였을 것이다.

그리고 신라에서는 태사 직책이 설립된 적이 없기 때문에『서상지』의 신라인 찬설 주장은 더욱 설정하기가 어렵다. 대왕이라는 호칭노 신라에서만 사용된 깃이 아니라, 이미 중국의 남북조에서도 사용된 바 있으며 당 태종이 동궁이던 시절의 칭호로도 사용되었다.

신라 문무왕대 병법가로 설수진의 이름이 기록되어 있고, 또 당시 문장가로 이름 높았던 수진의 이름이 기록되어 있으며, 공교롭게도『서상지』의 찬자 살수진과 우리말 발음이 모두 동일하게 된 것은 우연의 일치라고 할 수 있을 것이다. 중국식 발음이 다른 점도 고려할 만하다. 그러나 사료 해석은 단편 자료의 제시나 단순 비교가 아니며 그 자료가 제시하는 역사적 맥락들이 소통되지 않거나 내용상 흐름이 뒷받침되지 않을 때는 유보되어야 마땅할 것이다.

설수진과 수진은 각기 병법가와 문장가로 그 성격이 다르며, 천문가 살수진과는 더욱 거리가 멀다. 아주 크게 보아 서로 통할 수 있다 하더라도『천지서상지』같은 천문서를 편찬하는 것은 또다른 전문적 소양과 자료 근접성, 시대적 여건 등 복합적인 조건이 갖추어져야 가능하다. 『천지서상지』와 거의 같은 시기에 편찬된 『천문요록』(664)도 중국 문헌 전적류 어디에도 언급되지 않았지만 당의 이봉 찬술이 분명하며, 이러한 책들이 이 시기에 출현한 것은 당의 건국 정통성을 천문으로 담아내고자 한 천명 사상 측면에서 또는 남북조의 대혼란기를 겪으며 산실되고 혼란스러웠던 천문 역법 상서재이에 대한 총정리 작업의 요청이라는 수당의 시대적 배경에서 조망될 필요가 있다.

이상에서처럼 『서상지』의 찬자가 신라인일 수 없음을 살펴보았지만, 그 논쟁을 계기로 오히려 『천지서상지』의 존재가 한국 고대사학계에 널리 주목 받게 되었으며, 그것은 오로지 권덕영 선생의 문제 제기 덕분이었다 하겠다.

필자는 그 찬자에 대한 상반된 견해를 검토하는 가운데 『고려사』에서 『천지서상지』를 전거로 하여 천변 현상과 국가 의례 해석에 원용하는 대목을 새롭게 확인하였다.

『고려사』의 정종 6년(1040)과 인종 8년(1130)의 기록에서 분명하게 언급되어 있어서 고려시대에 전개되었을 천문 상서관에 대한 연구와 이해가 새로운 계기를 만나게 되었다. 특히 사천대에서 매우 다양한 천견 내용을 담고 있는 『천지서상지』를 활용하였으므로, 『고려사』의 천문지, 오행지 또는 각종 상서재이 관련 대목에서 고려시대 천문 담당자들이 천문을 해석했을 방식과 논리 및 그 준거들을 좀 더 깊이 천착할 수 있을 것이라 전망된다.

아직 태조 15년(932)조의 『상서지』가 『천지서상지』를 지칭하는지 명확히 규명되지는 않았지만 앞으로의 연구 여하에 따라 새로운 해석의 가능성을 담고 있다. 고대 일본에서 『천지서상지』의 존재가 9세기말부터 나타나기 시작하여 16세기에 이르기까지 『천문요록』과 함께 천문 상서재이 해석의 주요 전거로 활용되었으므로 일본의 천문사상 이해에 매우 중요한 자료지만, 이제 한국 고대사에서도 중요한 천문 상서 관련 자료로 자리매김되어야 할 것이다. 나아가 고대 일본과 고려에 이 문헌이 유통되었다면 통일신라 시기에 이미 한반도에 유입되어 고려에, 또 한편으로는 일본에 전해졌을 가능성을 새롭게 설정해볼 수도 있을 것이다.

불교의 북극성 신앙 역사와
고려의 치성광불 신앙

불교에서는 북극성을 어떻게 이해했는가
불교의 북극성 신앙과 백제의 북진묘견 신앙
고려의 치성광불 신앙과 구요당의 재해석
북진묘견과 치성광불로 드러난 불교적 북극성 신앙

우리 학계에서 칠성에 대한 연구 성과물은 비교적 많이 나온 편이지만 북극성에 대한 관심과 연구
는 매우 소략한 실정이다. 결코 북극성이 북두칠성만큼 깊이 신앙되거나 문화화되지 않은 때문이
아니다. 사실은 전통 시대에 펼쳐졌던 천문의 역사를 현재 우리가 너무 모르는 탓이 크다. 앞으로
다룰 묘견보살이나 치성광불은 바로 북극성에 대한 불교적 이해의 산물이라 볼 수 있다. 이 글에서
는 바로 이러한 불교적 북극성 관념의 내용과 사상적 맥락이 어떤 것인지 살펴보고자 한다.

불교에서는 북극성을 어떻게 이해했는가

밤하늘의 많은 별 중에서 북두칠성은 우리에게 매우 친숙한 별자리다. 예로부터 칠성은 우리의 생과 사의 두 세계를 수호하는 것으로 믿어져 왔다. 이러한 생각을 펼쳐나가는 데에 크게 영향을 끼친 두 종교 전통을 꼽으라면 도교와 불교를 들 수 있다. 동양의 천문성수관에서 이 전통들의 교섭이 시작된 때는 물론 불교가 서역에서 처음 동쪽으로 전해지던 후한 말이다.

불교적 천문 사상은 후한 환제(桓帝, 147~167) 시기에 중앙아시아 안식국(安息國, Parthia, 기원전 240~기원후 227)의 태자였던 안청(安淸, 자는 世高, 148~170)이라는 승려가 중국으로 와서 서역의 천문성수 내용을 담은 『사두간경(舍頭諫經)』을 번역하면서 처음 유입되는 것으로 알려져 있다.[1] 이때부터 불교의 천문성수 관념이 고대 동아시아 세계에 커다란 문화적 파장을 남기게 된다. 남북조시대를 거쳐 수당대에 이르면 불교 문화가 만개하게 되는데, 그와 함께 천문 관련 번역서도 다량 출현하며, 특히 6~7세기경에 정립되는 밀교의 영향으로 북두칠성을 비롯한 이십팔수 등 여러 가지 성수 신앙이 절정에 이르게 된다.

여기에서 살펴볼 불교의 북극성 관념도 그러한 시대적 흐름을 따라 전개되었을 것이다.[2] 우리 학계에서 칠성에 대한 연구 성과물은 비교적 많이 나온 편이지만 북

---

1. 안세고(安世高)가 번역한 『사두간경』은 현재 실전된 것으로 보이며, 그 내용은 서진의 축법호(竺法護, 266~313)가 번역한 『사두간태자이십팔수경(舍頭諫太子二十八宿經)』(일명 사두간경)으로 남아 있다. 또한 오(吳, 222~280)의 축율염(竺律炎)과 지겸(支謙)이 공역(230~?)한 『마등가경(摩登伽經)』은 『사두간경』의 동본이역으로 알려져 있다. :陳遵嬀, 『中國天文學史』권2, 台北 明文書局, 1985, p.149
2. 도교 또는 고대 중국의 천문전통에서 전개된 북극성 관념에 대해서는 본인의 「북극성의 위치 변화 및 한대

극성에 대한 관심과 연구는 매우 소략한 실정이다. 결코 북극성이 북두칠성만큼 깊이 신앙되거나 문화화되지 않은 때문이 아니다. 사실은 전통 시대에 펼쳐졌던 천문의 역사를 현재의 우리가 너무 모르는 탓이 크다. 더구나 천문 구조를 생각해 보면 칠성 신앙의 전개 과정에서 북극성에 대한 관심이 배제되기는 어렵다. 앞으로 다룰 묘견보살(妙見菩薩)이나 치성광불은 바로 칠성의 근원처이자 주재자인 북극성에 대한 불교적 이해의 산물이라 볼 수 있다.

이 글에서는 바로 이러한 불교적 북극성 관념의 내용과 사상적 맥락이 어떤 것인지, 더 나아가 한국 고대사에서는 어떠한 이야기가 가능할지 살펴보고자 한다. 그 천착 과정에서 조선시대에는 칠성 신앙이 중심인 데 반해 고려시대에는 구요신앙이 중심이었음을 드러내고자 한다. 이런 맥락에서 조선 후기 이래 사찰에 보편적으로 흡수되어 간 칠성각 문화의 전신이 다름 아닌 고려의 구요당 문화라는 가설을 처음으로 제시하고자 한다. 물론 이 가설은 매우 다각적이고 신중하게 검토되어야겠지만 전통 천문의 역사적 변천에 대한 연구가 한국 문화사의 흐름을 풍부하게 하는 중요한 통로가 될 것임은 분명할 것이다.

불교의 북극성 신앙과 백제의 북진묘견 신앙

관음의 화현 묘견보살 신앙

1.

불교 전통에서 북극성 신격은 크게 두 가지 흐름으로 전개된다. 하나는 여래의 신격으로 격상된 치성광여래(熾盛光如來) 신앙이며, 다른 하나는 보살의 반열로 북진

의 천문우주론」(『도교문화연구』 제13집, 한국도교문화학회, 1999. 4), 「도교의 우주론과 지고신 관념의 교섭 연구」(『종교연구』 제18집, 한국종교학회, 1999. 11) 등에서 다룬 바 있다. 이들 논문에서 북극성이 지닌 상징적 의미와 그것의 천문학적, 역사적 변천 과정에 주목하였다. 여기에서는 그 논문들에 이어 불교의 천문 전통에서 북극성에 대한 상징과 사상 문제를 들여다본다. 이런 주제를 '북극성의 신화와 천문학'이라 불러도 좋을 것이다. 도교와 불교의 천문사상 연구는 신화와 종교, 역사와 과학이 어떻게 만나고 있는지를 잘 드러내 주는 흥미로운 주제이기도 하다.

보살(北辰菩薩)로도 불리는 묘견보살(妙見菩薩) 신앙이다.

묘견(Sudṛṣṭiḥ)이란 묘안(妙眼)과 같은 뜻으로 천수천안(千手千眼)을 지닌 관음보살의 화현으로 간주된 존재다.[3] 관음은 중생의 이익을 위해 수많은 변화신으로 나타나는데, 천상의 중심인 북극성에 가탁된 존명이 묘견보살이다. 묘견보살은 뭇 하늘의 중심인 북극성에 거하면서 일체의 선악과 제법의 실상을 묘견하는 묘체로 인식되며 자비심의 지극한 표상으로 이해된다.

동진(東晉, 317~420) 시기에 번역된 『칠불팔보살소설대다라니신주경(七佛八菩薩所說大陀羅尼神呪經)』[4]에서,

나는 북진보살인데 이름을 묘견이라 한다. 지금 신주(神呪)를 설하여 모든 국토를 옹호하고 매우 기특한 일을 지으므로 묘견이라 이름한 것이다. 염부제에 처하여서는 뭇 별 중에서 가장 수승하며 신선 중의 신선이며 보살의 대장이며, 모든 보살을 광목케 하고 모든 중생을 널리 구제한다.[5]

---

3. 『백보구초(白寶口抄)』「묘견법(妙見法)」, 大正新修大藏經 圖像, 권148, 1933, p.264

4. 이 책에서 말하는 칠불은 석가 이전의 과거 7불을 일컫는데, ①蘇盧都呵(晉言決定)의 維衛佛 ②胡蘇多(晉言除一切鬱蒸熱惱)의 式佛 ③密耆兜(晉言金鼓)의 隨葉佛 ④金剛幢三昧(晉言拔衆生苦)의 拘留秦佛 ⑤畢者阿兔(晉言聲振十方)의 拘那含牟尼佛 ⑥初摩梨帝(晉言拯濟群生)의 迦葉佛 ⑦烏蘇耆畫膩多(晉言金光照曜)의 釋迦牟尼佛이다. 팔보살은 ①閻浮摩兜(晉言解衆生補?)의 文殊師利菩薩 ②阿那耆摩寧(晉言拔衆生苦)의 虛空藏菩薩 ③阿那耆不智究梨智那(晉言大拯濟)의 觀世音菩薩 ④阿那耆知羅(晉言救諸病苦)의 救脫菩薩 ⑤阿那耆置盧(晉言度脫衆生)의 跋陀和菩薩 ⑥阿那耆置盧(晉言救諸病苦)의 大勢至菩薩 ⑦烏蘇波置樓(晉言救諸病苦)의 得大勢菩薩 ⑧阿那耆置樓(晉言救濟衆生)의 堅勇菩薩이다. 그 외 권2에 제천수요와 관련된 여러 보살이 등장하는데, 문수사리보살(文殊師利菩薩), 정자재왕보살(定自在王菩薩), 묘안보살(妙眼菩薩), 공덕상엄보살(功德相嚴菩薩), 선명칭보살(善名稱菩薩), 보월광명보살(寶月光明菩薩), 북진보살(北辰菩薩), 태백선인(금성), 형혹선인(화성), 대범천왕(大梵天王), 대자재천왕(大自在天王), 화락천왕(化樂天王), 도솔타천왕(兜率陀天王), 염마천왕(焰摩天王), 도리천왕(忉利天王) 등이다. :『칠불팔보살소설대다라니신주경(七佛八菩薩所說大陀羅尼神呪經)』(晉代 317~420, 失名. 今附東晉錄), 『불교대장경(佛敎大藏經)』57책(佛敎書局 編輯, 台北, 佛敎出版社, 1978 ; 부산, 고전독서회 발행, 1982)

5. 『칠불팔보살소설대다라니신주경』(『불교대장경』57책), p.162. 我北辰菩薩名曰妙見. 今欲說神呪, 擁護諸國土, 所作甚奇特 故名曰妙見. 處於閻浮提. 衆星中最勝, 神仙中之仙, 菩薩之大將, 光目(혹은 因)諸菩薩曠(혹은 廣)濟諸群生.

라 하여, 묘견이 뭇 별 중 가장 수승(秀勝, 뛰어나고 훌륭하다)한 북진이며 호국 성신임을 밝힌다. 그래서 존성왕(尊星王)⁶이라 칭하기도 하는 묘견은 뭇 보살의 대장이 된다. 또한 묘견이 신선 중의 신선이라 하는 대목은 불교의 보살 사상이 중국의 신선 사상과 습합되고 있음을 잘 보여 준다.

이러한 묘견보살 신앙은 북극성을 우주의 중심으로 여기는 한대의 천문우주론적 배경 아래에서 그 신앙적 사상적 의의가 적극적으로 발현되었다. 중생 구제를 목적으로 하는 관음신앙이 동양의 민중에게 하늘의 중심이자 천변재이의 근원처로 여겨지던 북극성 신앙마저 흡수함으로써 관음보살의 가피력은 더욱 확대되어 갔다.

묘견신앙이 강화되는 이런 측면은 인도의 신화 구조에서 판테온의 정점에 옹립되지 않았던 인드라(Indra)가 동아시아로 와서는 제석천(帝釋天)이라는 하늘의 지고신으로 크게 주목 받는 것과 유사한 맥락으로 볼 수 있다. 『삼국유사』의 단군 기사에서 환인(桓因)을 '천신(天神)'이 아니라 '석제(釋帝)'로 해석한 것도 고려시대의 불교적 세계관 또는 신앙 풍토 측면에서 환인의 성격을 하늘을 주재하는 최고신으로 규정하려는 의도에서 비롯되었다고 여겨진다. 만약 그 대목을 승려가 아닌 유자(儒者)가 풀이하였다면 당시 유가 지고신 명칭이던 황천상제(皇天上帝) 또는 호천상제(昊天上帝)로 번역했을 것이며, 조선 후기에 풀이했다면 '천주(天主)'라는 주석을 붙였을 것이다. 무속의 신행 구조에서 널리 알려진 제석 신앙도 그 같은 지고의 하늘신 신앙 전통에서 조망될 수 있을 것이다.

묘견은 북방 신행(信行)의 보살로 설정되는데, 『묘견다라니경(妙見陀羅尼經)』에 다음과 같이 적혀 있다.

대운성광보살(大雲星光菩薩)이 곧 묘견보살이다. 이 사바세계의 북방에 있기 때문에 북진(北辰)이라 한다. 능히 중생을 구제하고, 모든 길상복록(吉詳福祿)을 호지(護持)하므로, 묘견보살이라 이름한다. … 무량무변의 중생이 심한 괴로움과 번뇌를 받을 때, 정북

6. 『백보구초』 「묘견법」 권148, p.265. 『수요문답(宿曜問答)』에서 "北極者 北辰也. 北辰者 妙見也. 妙見者 尊星王也. 且妙見 衆星尊, 故北辰猶百川之宗巨海."

방을 향하여 지심 서원으로 묘견보살을 부르면 즉시에 모두 해탈케 한다.[7]

또한 『존성왕초(尊星王抄)』에 따르면, 묘견보살은 정광불(定光佛)과 야수왕(耶輪王) 사이에서 태어났는데, 그 본원력(本願力)을 펴기 위해 이 정토의 북진성(北辰星)이 되어 중생을 제도한다 하며, 또는 북방 정광여래(定光如來)의 좌협시로 등장하기도 한다.[8]

2.

이렇게 묘견보살은 주로 북극성을 지칭하지만, 북두칠성의 보성[두병(斗柄), 제6 무곡성(武曲星)의 쌍성]을 가리키는 경우도 있다. 이 경우 묘견보살은 모든 별의 어머니 성모(星母)이며, 북두칠성은 그 권속으로 간주된다. 북두칠성 중 무곡성 옆의 보성을 '성모(星母)'라 하였는데, 북두 등을 출생시키기 때문에 칠성은 그 권속이 된다고 한다.[9] 이런 측면 때문에 묘견은 북두칠성과 매우 밀접하게 연관되어 이해된다. 존성왕이 묘견으로 드러날 때 연화 위에 북두칠성을 수지(手持)하며, 칠성으로 드러날 때는 보성이라 이름한다[10]는 도식을 만드는 것이나, 칠성 중 존성이 형이고 묘견이 아우라 하거나,[11] 또는 서로 합할 때 묘견이라 하고, 열 때 북두라 한다는 묘견법(妙見法)과 북두법(北斗法)의 개합(開合) 의궤[12]를 제시하는 것 등은 묘견보살과

---

7. 『백보구초』「묘견법」권148, p.265. 『묘견다라니경』下에서 "大雲星光菩薩 是妙見菩薩. 有此娑婆世界北方, 故名北辰. 能救諸衆生, 令護諸吉詳福. 故名爲妙見菩薩. … 若有無量無邊衆生, 受諸極苦惱, 聞妙見菩薩名, 地心誓願 向正北方 稱名, 妙見菩薩 卽時 悉皆解脫令得安穩."
8. 『백보구초』「묘견법」권148, p.265. 『존성왕초(尊星王抄)』云, "此菩薩 定光如來 爲左脇士. 此北方在淨土 名微妙. 在彼淨土 以弘誓願本願力故, 成北辰星化度衆生."
9. 『백보구초』「묘견법」권148, p.265.『묘견신주경(妙見神呪經)』云 "北斗 輔星者 妙見 輔相也." /口云 "妙見者 武曲星傍輔星是也. 此輔星爲諸星母. 出生北斗等故, 道場觀 以北斗七星爲眷屬也." /或云 "妙見者 則七星中第六星. 輔星卽妙見也. 七星中 尊星兄 妙見弟也." /水曜云 "妙見也. 胎藏曼茶羅 蓮花部內尊也."
10. 『백보구초』「묘견법」권148, p.265. 或傳云, "付星 此尊星王也. 故北斗 尊星王同體也. 仍現妙見時, 蓮花上置七星持之. 現七星時 名輔星也."
11. 『백보구초』「묘견법」권148, p.265. 或云 "妙見者 則七星中第六星. 輔星卽妙見也. 七星中 尊星兄 妙見弟也."
12. 「묘견보살」『밀교대사전(密教大辭典)』(增訂版, 種智院大學 密教學會內密教大辭典 再刊委員會, 法藏館, 1969), p.2115. 薄草決云 "妙見 諸星上首也. 北斗 眷屬也. 妙見法與北斗法 開合不同也. 合時云 妙見, 開

166 2부 고려편

북두칠성의 밀접성을 구축한 예
들이다.

그런데 중국 천문 관념에서 보
성(輔星)은 그 이름에서 보이듯이
어디까지나 천제의 보신(輔臣)에
지나지 않는 위치지만, 불교의 점
성 관념에서는 오히려 북두칠성을
낳은 성모로 간주되어 더 근원적
의미를 부여 받는다. 이것은 묘견
관념이 불교적인 천문전통을 기
반으로 하여 제기된 것임을 보여

그림 1 묘견만다라. 『별존잡기(別尊雜記)』 소재(『밀교
대사전』, 1969)

주는 대목이다. 후일 도교의 천문전통에서는 이런 사유에 영향을 받아 보성을 북
두구진(北斗九辰)을 낳은 뭇 별의 어머니 '두모(斗姆)'로 재해석하였다.

불교의 천문만다라 체계는 이상의 묘견보살을 중심으로 펼쳐진다. 묘견을 북극
성 신격으로 보든 또는 보성으로 보든, 우주의 중심 상징성과 뭇 별의 근원적인 모
체성이라는 중의적 성격과 지위가 부여된 것이라 할 수 있다.

묘견만다라 도상을 살펴보면 묘견보살이 대체로 여성 이미지로 그려지는데, 관
음의 화현으로서 성모라는 여신적 성격을 드러낸 것이라 생각된다. 묘견보살의 좌
우 손에 북두칠성이 피어나는 연화와 오색 구름이 찬연한 법인(法印)을 그린 경우
가 있지만, 대개는 삼족오(三足烏)가 그려진 일상(日象)과 두꺼비가 그려진 월상(月
象)을 갖추거나 단순히 태양과 달 원반을 표현한다. 이것은 일월을 묘견의 변신으
로 이해하는 것과 관련된다. 묘견보살은 몸이 하나지만 다섯 가지 분신으로 표현
되는데, 첫째 묘견, 둘째 북진(北辰), 셋째 천일진(天一震), 넷째 일광(日光), 다섯째 월
광(月光)으로 각기 변신하여 중생을 교화한다.[13]

時云 北斗. 故妙見持七星 是表其旨 最祕事也. 如大日尊與四佛."

13.『백보구초』 「묘견법」 p. 265. 『불설북방미묘성불묘견경(佛說北方微妙成佛妙見經)』에서 "妙見菩薩 現
五身化衆生. 一妙見, 二北辰, 三天一震, 四日光, 五月光." 또는 抄云 "妙見經云 一身分五. 一妙見, 二日

이렇게 북극성, 일월신, 북두칠성 등은 묘견보살과 관련하여 중요한 성상(星象)들이다. 묘견만다라는 이것들을 기본적인 구성 요소로 포함하는 한편, 십이지신상, 황도십이궁상 또는 칠요(七曜), 구요(九曜), 이십팔수 성상을 차례로 그 바깥 동심원 속에 포진시킨다. 십이지는 매월의 월직(月直) 지지(地支)로 12월장(月將)이라고도 한다.

백제의 북진묘견존성 신앙

그런데 이와 같은 묘견신앙은 한국과 중국보다 일본의 불교 천문 사상사에서 매우 광범위하게 확산되어간 성수신앙 전통으로 조망되는데,[14] 고대 백제에서 일본으로 전수된 천문신앙으로 알려져 있어 매우 주목을 끈다.[15] 이 대목은 천문 관련자료가 소략한 백제사의 천문 전통을 전혀 새로운 관점에서 제기하는 중요한 점이다.

일본의 『북진묘견보살영응편(北辰妙見菩薩靈應篇)』과 『진택영부연기집설(鎭宅靈符緣起集說)』, 『취두산구기(鷲頭山舊記)』, 『묘견사략연기(妙見社略緣起)』, 『후태평기(後太平記)』 등에 따르면, 백제 26대 성왕의 제3 왕자로 생각되는 임성태자(琳聖太子)가 일본 스이코천황[推古女主] 5년(597) 곧 백제 위덕왕 44년에 도일하여 일본에 관음신앙 및 특히 묘견신앙과 영부신앙을 처음으로 전하여 개조로 받들어졌으며, 그 후손인 다타라 씨(多多良氏)와 오우치 씨(大內氏)는 왕에게 성씨를 하사 받은 일본의 대성(大姓)으로 지금의 야마구치(山口)현 지방을 중심으로 크게 번성했던 호족으로 유명하다. 조선 제2대 정종 원년(1399)에는 25대 후손 오우치 요시히로(大內義弘)가 자신의 가계가 백제왕의 후예임을 증명하기 위해 조선 정부에 사람을 보냈다는 기록이 『정종실록』권2에 전하기도 한다. 관련 자료에 따른 임성태자의 행적을 김영태 선생의 논문에 의거하여 요약하면 대략 다음과 같다.

- 도일하기 전 백제의 임성태자가 어느 날 밤에 꿈을 꾸는데, 한 노인이 와서 "그대

光, 三月光, 四北辰, 五天一神."

14. 하야시 온(林溫), 「妙見菩薩と星曼茶羅」(『日本の美術』 No. 377, 東京 至文堂, 1977)에서 일본의 묘견신앙 전반에 대하여 많은 그림자료를 곁들여 자세히 서술하였다.

15. 본고의 이하 임성태자 관련 서술은 김영태, 「백제 琳聖太子와 妙見信仰의 일본 傳授」(『불교학보』 제20집, 1983)에 개진된 내용에 전적으로 기대었다.

나라 동해의 일본국에 쇼토쿠태자(聖德太子)라는 왕자가 있는데 그가 곧 생신관음보살(生身觀音菩薩)이다."라고 하여, 쇼토쿠태자를 생신관음으로 보는 신앙과 연관되는 것으로 기록하였다.

• 스이코 3년(595) 9월 18일 일본의 스호우국 쓰노군 아오야기포(周防國 都濃郡 靑柳浦)에 홀연히 하늘에서 큰 별이 내려와 소나무 위에 7일7야를 머물면서 혁혁한 광명을 놓으니 보름달처럼 밝았다. 그곳 사람들이 기이하게 여겼는데 마침 무인(巫人)에게 의탁하니 무인이 말하기를, "나는 북진묘견존성(北辰妙見尊星)이다. 지금으로부터 3년 뒤에 백제국의 임성태자가 이 나라에 올 것이다. 이 일을 쇼토쿠태자(당시 섭정)에게 알려서 저 임성을 이 나라에 머물도록 하게 하라." 하였다.

• 스이코 5년(597) 3월 2일 임성태자가 용두(龍頭)로 장식한 배에 백사백환(百司百宦)과 함께 일본의 스호우국(지금의 야마구치현) 사와군 마리후빈(左波郡 鞠生濱)에 도착하였는데 나중에 그곳을 다타라 빈[多多良濱, 지금의 防腐府市]이라 이름하였다. 그때 교토에서는 칙사(勅使) 하타 가와카츠(秦川勝)으로 하여금 그곳 요시키군(吉敷郡)의 도이타향(問田鄕)에 왕궁을 세워 거처하게 하였다 한다.

• 스이코 5년(597) 가을 쓰노군 아오야기포(지금의 쿠다마쓰시)의 가쓰라기산 마루(桂木山嶺)에 궁전을 세우고, 9월 9일 백제국에서 가져온 북진존성의 신체(神體)를 모시고 북진존성공(北辰尊星供)을 수행하였으니 이것이 일본에서 최초의 북진성공이었다 한다. 이로부터 북진묘견존성왕을 받드는 정제일(定祭日)을 9월 18일로 하였는데 이 날이 북진성의 강림일이었다고 한다.

• 스이코 11년(603) 가을 고로쿠원 마루(高鹿垣嶺)에 북진성궁(北辰星宮)을 세우고 상궁(上宮)이라 하였으며, 북두칠요석(北斗七曜石)을 봉납하였다. 또 가쓰라기산 기슭 아가정(關伽井)에 일우(一宇)의 사방(社坊)을 세워 일가정방(關伽井坊)이라 불렀다(號).

• 스이코 13년(605) 일본왕으로부터 다타라(多多良)라는 성을 받았다.

• 스이코 17년(609) 태자는 와시즈 산 꼭대기(鷲頭山頂)에 성당(星堂)을 세우고 상궁(上宮) 중궁(中宮)이라 하였는데 이는 고로쿠원의 궁과 가쓰라기산의 궁을 옮긴 것이다. 상궁에는 북두칠요석과 칠보(七寶)의 옥을 봉납하고, 중궁에는 묘견성의 상을 봉납하여 매월 또는 사계의 제례를 엄연히 거행하였다.

• 스이코 19년(611) 태자는 백제국의 왕법을 설하여 일본의 직제를 고쳐 12계관위와 의복을 정하게 하였다. 이 해에 태자는 옥관을 하사 받고 나니와쿄(難波京, 오사카의 옛 이름)의 생옥지궁(生玉之宮)에서 북진성공(北辰星供)을 수행하였다.

• 죠메이 천황(舒明天皇) 5년(633) 임성태자는 백제에서 나니와쿄로 불상사(불장화사)를 오게 하여 그 기술을 배워 스이코천황상, 쇼토쿠태자상, 허공장보살(虛空藏菩薩)상, 임성태자 자상 및 그 밖의 불상과 신상을 손수 만들었다. 왕성 진호(鎭護)와 부가(富家)의 번창을 위해 와시즈 산에 봉납하였다.

• 덴지 천황(天智天皇) 6년(667) 6월 21일 태자는 96세로 나니와쿄의 생옥지궁에서 서거하였다고 한다.

이상의 기록 내용에 문제가 없는 것은 아니지만 쇼토쿠태자의 관음화신설이나 북진존성의 성궁(星宮)을 건립하고 묘견상을 마련하여 북진성공(北辰星供)을 수행한 연원이 백제국 왕자인 임성태자에서 비롯되었음을 여실히 보여 준다. 그 묘견신앙의 내용을 짐작하기 위하여 후대에 행해진 북진묘견존성의 공사 행법(供祀 行法)을 기록한 『후태평기』를 잠시 살펴보자.

먼저 객전(客殿)의 정면에 신향(新享)의 성당(星堂)을 짓고 금란(金襴)으로 지붕을 이어, 사방의 기둥은 비단으로 감고 오색의 오방번(五方幡)을 드리운다. … 오급(五級)의 성단(星檀)은 금은을 새기고 칠보를 갖추어 그 위에 촉강(蜀江)의 비단으로 천개(天蓋)를 만들어 올리고, 단상에는 천종백미(千種百味)를 갖추어 오작(烏雀)의 향로(香爐)에 한 근의 명향(名香) 영래향(靈來香)을 한꺼번에 사르면 향풍(香風)이 욱열(郁烈)하고 그 향연(香煙)이 전당의 안팎에 가득하여 꼭 부향세계(浮香世界)에 들어간 것과 같다. 단에서 십 간(十間) 떨어진 곳에 정림산(定林山)을 쌓아 금은의 바위를 세우고 오엽(五葉)의 소나무와 두 가지 대나무를 나란히 심어서 산 앞에 못 물을 가득 채우고 그 앞에는 육축(六畜)을 얽어 연결하고 … 예(例)의 우왕(牛王)을 갖추어 지기(地祇)의 제사(祭祀)를 행한다. 신악무(神樂巫) 5인과 팔을녀(八乙女) 8인이 회설(回雪)의 옷소매를 잇대어 무동(舞童) 7인은 난시(鸞翅)를 들고 연봉설(鳶鳶舌)을 뻗쳐 가릉빈가(加凌頻伽)의 가무(歌舞)

를 하매 그 소리는 구경하는 사람들을 감동시키고 춤추는 소매 단선(團扇)의 바람은 천
개(天蓋)를 번쩍여 번장(幡張)을 편번(翩翻)하여 마치 그대로 극락세계에 간 것 같은 착
각을 일으키게 한다. … 이리하여 수광이생(垂光利生)의 운간(雲間)에서 화광동진(和光同
塵)의 광명을 놓아 북진묘견보살이 홀연히 천강(天降)하여 광명 혁돌(光明 赫突)하게 나
투신다.

이처럼 북진존성공법(北辰尊星供法)은 새롭게 지은 성당(星當)에서 오색 오방번을
드리우며 5층 성단(星壇)을 마련하여 금은칠보로 장식하고 명향을 사르고 신악무
녀(神樂巫女)의 가무 속에 북진묘견보살의 천강을 맞이하는 매우 성대한 국가적 행
사로 묘사되었다.

그런데 『후태평기』에는 "원래 이 북진존성공이라 하는 것은 백제국의 왕법으로
서 황극천(皇極天)을 계승하여 인도를 세우는 바의 대례"라 하여, 백제 왕실에서 북
극성 의례가 왕법으로 행해졌음을 언급하고 있다. 백제 시조 온조왕이 20년 봄 2
월에 대단(大壇)을 설치하고 친히 천지에 제사한 것을 비롯하여, 백제의 역대 제왕
들이 매년 사중지월(2, 5, 7, 9월)에 하늘과 오제신에 제천하였다는 기록이 『삼국사기』
「백제본기」 제사조(祭祀條)에 전하는데, 이상의 일본측 기록을 참조하자면 백제 성
왕(聖王, ?~554) 즈음에 이르러 그 국가제천의례에 북진묘견존성을 제사하는 불교
적 성수의례(星宿儀禮)가 가미되었을 가능성이 엿보이는 것이다. 백제 왕자 임성태
자의 이러한 북진묘견 신앙 전수 기록은 자료가 매우 드문 백제의 천문 성수 신앙
양상을 이해하는 데 매우 귀중한 자료로서 가치를 지닐 것이라 평가된다.

고려의 치성광불 신앙과 구요당의 재해석

치성광불과 구요의 천문사상적 맥락

1.
불교의 천문사상에서 북극성을 신격화한 불보살로는 이상의 묘견보살 외에 다른

갈래로 여래 반열의 치성광여래가 있다.

일월성수를 권속으로 하는 치성광불정(熾盛光佛頂, Prajvaloṣnīṣaḥ, 鉢羅入縛攞鄔瑟抳沙)은 석가불의 교령화신(敎令化身)으로 모공(毛孔)에서 치성광염(熾盛光焰)을 뿜어낸다 하여 붙은 이름이며[『대성묘길상보살설제재교령법륜(大聖妙吉祥菩薩說除災敎令法輪)』], 태장(胎藏) 만다라 석가원(釋迦院)의 최승불(最勝佛)로 여겨졌다. 일명 금륜불정(金輪佛頂)이라고도 하는데, 곧 석가여래가 수미산정(須彌山頂)에서 성도(成道)하고 나서 윤보(輪寶)를 가지고 제천(諸天)을 절복(折伏)하는 쪽을 금륜불정이라 하였으며, 무수한 광명을 방사하여 중생을 교령(敎令)하는 쪽을 치성광이라 하였다.[16] 치성광여래의 수인이 석가와 같은 설법인(說法印) 또는 금륜인(金輪印)을 짓는 것은 이러한 사상의 흔적이라 여겨진다.

그 소의경전으로는 천축 시라발타라[尸羅跋陀羅, 계현(戒賢), Śīlabhadra, 530~640]가 한역한 『대성묘길상보살설제재교령법륜(大聖妙吉祥菩薩說除災敎令法輪)』[약칭 치성광궤(熾盛光軌)]을 비롯하여, 문수보살을 교주로 설정한 보리선(菩提仙) 역의 『대성묘길상보살비밀팔자다라니수행만다라차제의궤법(大聖妙吉祥菩薩秘密八字陀羅尼修行曼茶羅次第儀軌法)』[약칭 팔자문수궤(八字文殊軌)], 당의 불공(不空, 705~774)이 한역한 『불설치성광대위덕소재길상다라니경(佛說熾盛光大威德消災吉祥陀羅尼經)』[약칭 치성광다라니경) 및 그 동본이역으로 『불설대위덕금륜불정치성광여래소재일체재난다라니경(佛說大威德金輪佛頂熾盛光如來消災一切災難陀羅尼經)』[당 실역(失譯)] 등이 있다(『밀교대사전』 「치성광불정」 참조).

『치성광다라니경』에 따르면, 석가모니불이 정거천궁(淨居天宮)에 거하면서 제수요(諸宿曜), 유공천중(遊空天衆), 구집대천(九執大天) 및 이십팔수(二十八宿), 십이궁신(十二宮神), 일체 대중에 다음처럼 고하였다고 한다.

나는 지금 과거 사라왕여래(沙羅王如來)가 설법한 치성광대위덕다라니제재난법(熾盛光大威德陀羅尼除災難法)을 설한다. 만약 국왕 대신이 거처한 곳과 여러 국계(國界)가 혹

16. 모치쓰키 신코(望月信亨)편, 『佛敎大辭典』, 1973
『밀교대사전』, 증정판(增訂版), 1969, 〈치성광불정(熾盛光佛頂)〉

오성(五星)의 능핍(凌逼)을 받고, 라후(羅睺) 혜패(彗孛) 요성(妖星)이 비추는 소속 본명궁수(本命宮宿) 및 제성위(諸星位)가 혹 국가의 제좌(帝座)나 분야처(分野處)에 임하여 능핍하고 장난(障難)을 할 때에는, 청정처(淸淨處)에 도량(道場)을 설치하여 이 다라니를 108번 혹은 1천 번을 하루에서 이레 동안 염송하면 일체 재난이 소멸되며 위해를 막을 수 있을 것이다. 만약 태백 화성이 남두에 들어가 나라나 집[家], 분야처에 장난을 지으면 일분노상(一忿怒像)의 불화(佛畵) 앞에 도로형(都嚕形)을 설하여 이 다라니를 수지 염송(守持 念誦)하면 재난이 제거되고 왕명을 거스르고 패역한 사람의 몸으로 옮겨질 것이다.

이같이 국왕이나 대신, 국가가 오성·혜패·요성 등의 천재를 받을 때에 치성광다라니경을 수지 독송하면 물리칠 수 있을 것이라 설하는 등 오성능범(五星凌犯), 요성핍박(妖星逼迫) 등의 재난 소멸과 국가 모반, 염승 저주 등의 제액 기양과 자손 번창, 무병 장수 등의 길상초복을 기원해 주는 존재로 묘사하고 있다.

『칠요양재법(七曜攘災法)』에서는 구요 이십팔수에 의한 양재법(攘災法)을 설하고 있는데, "구요식재대백의관음(九曜息災大白衣觀音)다라니"를 말하면서 "만약 일월이나 오성이 인본명궁(人本命宮)에 있을 때에는 대식재관음(大息災觀音), 문수팔자(文殊八字) 혹은 치성광불정 등의 도량을 개설하여 본 법의 다라니를 염송하면 일체 재난이 자연히 소멸될 것"이라 한다.

그 외 『대묘금강대감로군나리염치성불정경(大妙金剛大甘露軍拏利焰熾盛佛頂經)』에서 치성광불은 손에 8폭의 금륜(金輪)을 들고 일곱 사자좌에 거처하며 그 몸에서는 무량백천의 광명을 방사해 화염이 나온다고 하였고, 『불설북두칠성연명경(佛說北斗七星延命經)』[당 바라문승(婆羅門僧)]에는 약사칠불과 유사한 칠성여래명이 거열되어 있어, 무병장수의 약사신앙과 연명장수의 칠성신앙이 서로 습합되어 있음을 보여 준다.[17] (표 1)

---

17. 강소연, 「조선시대의 칠성탱화」, 서울대 고고미술사학과 석사학위논문, 1998. 8, p.17 참조. 이 논문에서는 칠성신앙과 관련된 치성광여래의 의미와 도상적 고찰을 둔황, 중국, 한국, 일본 등에 걸쳐 광범위하게 다루었다. 필자의 치성광여래 부분은 이 논문에서 계발 받은 바 매우 크다.

	『북두칠성연명경』의 칠성여래	『약사경』의 약사칠불
貪狼星	東方最勝世界 運意通證如來佛	善稱名吉祥如來
巨門星	東方妙寶世界 光音自在如來佛	寶月智嚴 光音自在王如來
祿存星	東方圓滿世界 金色成就如來佛	金色寶光妙行成就如來
文曲星	東方無憂世界 最勝吉祥如來佛	無憂最勝吉祥如來
廉貞星	東方淨住世界 廣達智辨如來佛	法海雷音如來
武曲星	東方法意世界 法海遊戲如來佛	法海勝慧遊戲神通如來
破軍星	東方琉璃世界 藥師琉璃光如來佛	藥師琉璃光如來

표 1 칠성여래와 약사칠불의 습합성

요컨대, 치성광여래는 "빛이라는 매체를 통해 중생을 제도하는 불"로 뭇 성상의 중심에 거듭난 존재인데, 광명이 온 누리에 두루 비친다는 뜻을 지닌 법신 비로자나[毗盧遮那, Vairocana. 광명편조(光明徧照)] 곧 밀교의 대일여래(Maha-vairocana)와도 그 의미가 일맥상통한다. 이에 비로자나불과 치성광여래, 석가불이 모두 동격으로 이해되는 가운데, 화엄우주론적 법신으로는 비로자나불 사상이 전개되고, 석가불의 천문우주론적 교령화신으로는 치성광여래 사상이 전개된 것으로도 볼 수 있다.[18] 이러한 제천수요의 교주인 치성광불은 일월오성, 혜패 등 갖은 천상의 재난으로부터 국가와 왕실을 수호하여 제액초복하는 천문상서의 대표 상징으로 구축되어 간다.

『제재교령법륜(除災教令法輪)』에 나타난 태장계(胎藏界)적 치성광여래의 만다라적 도상을 살펴보면 치성광여래의 사상적 배경을 다음과 같이 좀 더 구체적으로 짐작

강소연은 차재선, 「조선조 칠성불화의 연구」(『고고미술』 186호, 한국미술사학회, 1990. 6)에서도 존명의 동일성 측면이 언급된 바 있는 약사신앙과 칠성신앙의 관계에 대해서도 몇 가지 지적하였는데, 첫째 치성광여래와 약사여래가 동일한 지물인 약합을 들고 있는 경우가 있으며, 둘째, 약사여래의 협시보살인 일광보살과 월광보살이 치성광여래의 협시보살이기도 하며, 셋째, 약사칠불(藥師七佛) 중 다섯 여래의 존명이 칠성여래의 것과 동일하다는 점 등을 들어 약사신앙과 칠성신앙 간의 밀접한 관련성을 제기하였다.

이 문제는 불교의 무병 장수 연명 신앙과 관련하여 매우 중요한 문제제기라 생각되며, 특히 약사불과는 그 성격상 별로 어울리지 않는 일월광보살이 좌우협시로 응립되어 있다는 것은 칠성신앙과의 습합성을 강력히 시사하는 바로 여겨진다. 그 습합 과정이 언제 어디서 어떻게 진행되었는지를 추적하는 작업은 우리나라 약사신앙의 역사적 사상적 배경을 이해하는 데 매우 중요한 과제일 것이다. 다른 기회에 이 문제를 검토하여 보고자 한다.

18. 강소연, 「조선시대의 칠성탱화」, 1998, p.18

할 수 있다(그림 2 참조).

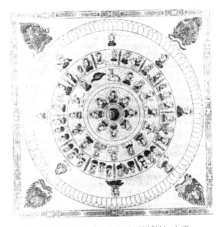

국왕의 제재(除災)를 위하여 흰 끈[白緤]
또는 깨끗한 흰 베[素布]에 12폭 륜을 그리
고, 그 륜 중심에 8엽 백련화를 그리며, 연
화 중심에 금륜불정의 일자진언 패로훔(悖
嚕吽, bhrūm)을 쓴다. 글자 뒤에 치성광불
정, 글자 앞에 불안부모(佛眼部母), 불정(佛
頂)의 오른쪽에 문수사리(文殊師利), 왼쪽
에 금강수(金剛手)를 그리되 이들 사존이
마주보게 한다. 문수의 오른쪽에 부사의동
자(不思議童子), 왼쪽에 구호혜보살(救護慧菩薩)을, 금강수의 오른쪽에 비구지(毘俱胝),
왼쪽에 관자재보살(觀自在菩薩)을 그린다. 이들 팔존의 외측에 둥글게 계도(界道)를 그
리고 계도의 위쪽에 치성광 및 불안, 문수, 금강수의 진언을 쓴다. 그 바깥에 일월오성,
라후, 계도의 구집(九執) 및 대범(大梵), 정거(淨居), 나라연(那羅延), 도사다(都使多), 제
석, 마혜수라(摩醯首羅)의 십이존(오성을 일괄로 하면 11존으로 12존이 아니며, 이를 펼
치면 15존이 된다. 만다라를 보면 16천이 있어, 의궤에서 지천(地天)을 누락한 듯하다.)
을 그린다. 이 제천의 바깥에 계도를 그리고 그 바깥으로 열두 독고저(獨股杵)를 그린
뒤 그 금륜의 폭 사이에 치성광불의 앞쪽에서 불(佛)을 향하여 오른쪽부터 차례로 사자
궁(獅子宮), 여궁(女宮), 칭궁(秤宮), 갈궁(蝎宮), 궁궁(弓宮), 마갈궁(摩竭宮)을 그린다. 이
육궁은 치성광불의 오른쪽에 있으며, 불(佛)의 뒤쪽에서 차례로 보병궁(寶瓶宮), 어궁(魚
宮), 양궁(羊宮), 우궁(牛宮), 남녀궁(男女宮), 해궁(蟹宮)을 그린다. 이 십이궁의 바깥에 이
십팔수를 안치한다. 이십팔수의 바깥 둘레에 윤연(輪緣)을 그려 차망(車輞) 형태를 하
며, 이 망 위에 팔방천(八方天)을 그린다. 치성광불 앞쪽으로 염마천(焰摩天), 뒤쪽으로
다문천(多聞天), 문수의 뒤에 수천(水天), 금강수의 뒤에 지국천(持國天) 건달파왕(乾闥婆
王), 동북 모서리에 욕계(欲界) 자재천(自在天), 동남 모서리에 화천(火天), 서남 모서리에
나찰주(羅刹主), 서북 모서리에 풍천(風天)을 그린다. 망 위의 빈 곳에는 치성광의 진언

및 연생(緣生) 사구게(四句偈) 등을 쓴다. …(『밀교대사전』 치성광만다라조)

여덟 잎의 백련화 중심에 금륜불정의 진언인 홈(㖃)이라는 글자가 있고, 그 글자의 사방위에 치성광불, 불안부모, 문수사리, 금강수의 사존이 안치되며, 다시 문수보살의 좌우에 부사의동자와 구호혜보살이, 금강수의 좌우에 비구지와 관자재보살이 놓여 팔존을 이룬다. 이 팔존의 바깥으로 일월오성, 라후, 계도의 구집 및 대범, 정거, 나라연, 도사다, 제석, 마혜수라의 십이천존상이 묘사되며, 다시 그 바깥으로 황도십이궁, 이십팔수, 팔방천이 동심원상으로 그려진다.

이렇게 치성광만다라에는 태장계적 금륜불정을 중심으로 치성광불, 문수보살, 관음보살 등이 사방위, 팔방위로 벌려 있고, 일월오성, 구요, 십이궁, 이십팔수 등 제천수요가 외호하지만, 아직 북두칠성이 비중 있는 성수 제재로 끼어들지는 않는다.

다음에서 살펴볼 고려와 조선의 치성광불화 두 점은 이상의 금륜불정 중심의 태장계적 만다라 형식과 달리 북진존성의 불교적 표현인 치성광여래를 직접적인 주존으로 내세우는 천문만다라적 형식을 지향하는데, 여기에서도 칠성보다는 구요 중심의 천문성수 형식을 지향하고 있다. 이 같은 경향은 고려시대를 지나 조선 전반기까지 지속되었을 것으로 여겨지며, 아마 양란을 지난 조선 후반기부터는 구요보다 칠성이 중심 성수로 자리매김되었을 것이다. 이 점은 한국의 칠성 신앙사를 전혀 다른 각도에서 재론하게 할 것이다.

후고구려의 치성광불 신앙 흔적

한국사에서 치성광여래 신앙이 처음 문헌기록에 나타난 때는 후고구려의 궁예왕 말기이다. 『고려사』 「세가」 1을 보면, 고려 태조가 즉위(918년 6월)하기 석 달 전 그의 역성혁명을 예견하는 '고경 도참(古鏡 圖讖)' 대목이 다음처럼 실려 있다.

처음 태조의 나이 30세 때 꿈에 9층 금탑이 바다 중에 서 있는데 자신이 그 위에 올라가 있는 것이 보였다. 정명(貞明)¹⁹ 4년(918) 3월 중국 상인 왕창근(王昌瑾)이 저자 가운데서 갑자기 어떤 사람을 만났는데, 그는 얼굴이 이상하고 수염과 머리가 희며 옛날 관을 쓰고 거사(居士)가 걸치는 옷을 입었으며 왼손에는 도마 세 개를, 오른손에는 사방 1척 크기의 옛날 거울 한 개를 들고 있었다. 그 사람은 창근에게 내 거울을 사겠느냐고 물었다. 창근이 쌀 두 말을 주고 그것을 샀다. 거울 주인은 그 쌀을 길가 거지들에게 다 나눠 주고는 선풍처럼 빠르게 사라졌다.

창근이 거울을 저자 담벽에 걸어 놓으니 일광이 옆으로 비치면서 가늘게 쓰인 글씨가 은은하게 보이는 것이었다. 그 글을 읽어 살펴보니, "삼수(三水) 중과 사유(四維, 동서남북) 아래에 황천상제가 아들을 진마(辰馬)에 내려보냈다. 먼저 닭을 잡고 뒤에 오리를 친다는 것은 운수가 일삼갑(一三甲)에 가득 찼음을 이른 것이다. 밤이면 하늘에 오르고 낮이면 세상을 다스려 자년(子年)을 만나면 대업을 중흥하리라. 종적과 성명을 감추거니 혼돈 속에서 누가 진(眞)과 성(聖)을 알리요. 법을 떨치어 뇌성이 진동하고 신령한 번개가 번쩍이면 사년(巳年) 중에 두 용이 나타나니, 하나는 푸른 나무(靑木) 속에 몸을 감추고 다른 하나는 흑금(黑金)의 동쪽에 형적을 드러내리라. 지혜로운 자는 이를 보고 우매한 자는 보지 못하네. 구름을 일으키고 비를 쏟으면서 사람들과 더불어 정벌하니, 때로는 성하고 때로는 쇠한다. 성쇠가 있는 것은 악독한 잔재를 없애기 위함이다. 이 용의 아들(龍子)이 서너 번 대를 바꾸어 가면서 여섯 갑자를 서로 잇는다. 이 사유(동서남북)에서 기필코 축(丑)을 멸하리니 바다 건너 올 때에는 모름지기 유(酉)를 기다려라. 이 글이 만일 밝은 왕(明王)에게 보이면 나라와 백성이 편안하고 임금은 길이 창성하리라. 나의 기록은 전부 1백 47자이다."라고 적혀 있었다.

창근이 처음에는 글이 있는 줄 몰랐다가 나중에 이것을 보고 이상히 여겨 궁예에게 바쳤다. 궁예는 창근으로 하여금 거울 판 사람을 찾게 하였으나 달이 차도록 찾지 못하였다. 오직 동주(東州, 철원의 옛 이름) 발삽사(勃颯寺)의 치성광여래 불상 앞에 토성(土星)을 맡은 옛 신상이 있었는데 그 형상과 같았고 역시 좌우 손에 도마와 거울을 들고 있었다. 창근이 기뻐하여 그 사실을 자세히 써서 올리니 궁예가 경탄하고도 이상하게

---

19. 후량(後梁, 907 ~ 923) 말제(末帝)의 연호. 고려가 건국되던 궁예 정개(政開) 5년을 이른다.

여겨, 글을 잘 아는 송사홍(宋舍弘), 백탁(白卓), 허원(許原) 등에게 해석하게 하였다.

사홍 등이 서로 말하기를, "'삼수 중과 사유 아래 황천상제가 진마에 아들을 내려보냈다'는 것은 진한, 마한이라는 뜻이요, '사년(巳年)에 두 용이 나타나서 하나는 청목 속에 몸을 감추고 다른 하나는 흑금 동쪽에 형적을 드러낸다'는 것은 청목은 소나무이니 송악군 사람으로서 '용'으로 이름을 삼은 사람의 자손이 임금이 되리라는 말이다. 왕 시중(왕건)이 왕후(王侯)의 기상이 있는데 아마 이를 두고 이른 말일 것이다. 흑금이라는 것은 철인데 지금 도읍을 하고 있는 철원(鐵圓)을 일컫는 것이요, 지금 궁예왕이 처음 여기서 일어났다가 결국 여기서 멸망한다는 말일 것이다. '먼저 닭을 잡고 뒤에 오리를 칠 것'이라는 것은 왕 시중이 임금이 된 후에 먼저 계림(신라)을 점령하고 다음에 압록강 강안까지 회복하리라는 뜻이다."라고 하였다. 세 사람은 서로 의논하기를, "왕은 시기가 많아 사람 죽이기를 좋아하니 만일 이 글을 사실대로 고한다면 왕 시중이 반드시 해를 입을 것이요, 우리 역시 화를 면치 못할 것이다."하고는 거짓말을 꾸며서 궁예에게 보고하였다.[20]

곧 918년 3월 중국 상인[唐商客] 왕창근이 철원 황궁 저잣거리에서 백발 노인에게 옛 거울 하나를 구입하였는데, 거기에 "상제가 진마에 아들을 내려보려 삼한을 통일할 것"이라는 내용의 참서가 적혀 있었으며, 이를 궁예 왕에게 바쳤더니 그 거울을 판 사람을 찾게 하였고, 한 달 정도 만에 동주 발삽사의 치성광여래 불상 앞에서 도마와 거울을 들고 있는 전성(塡星, 토성의 다른 이름) 고상(古像)의 모습이 거울 주인과 흡사한 것을 알게 되었다는 내용이다. 결국 궁예 왕 시대 철원의 사찰에서 치성광여래 불상이 주불로 모셔져 있었으며, 그 앞에 오행성 중 하나인 토성이 거

20. 『고려사』 「세가1」 태조1. "初太祖年三十夢見九層金塔立海中自登其上. 貞明四年三月唐商客王昌瑾忽於市中見一人狀貌瑰偉鬚髮皓白頭戴古冠被居士服左手持三隻梡右手擎一面古鏡方一尺. … 其文曰 : "三水中四維下上帝降子於辰馬. 先操雞後搏鴨此謂運滿一三甲. 暗登天明理地遇子年中興大事. 混蹤跡沌名姓混沌誰知眞與聖. 振法雷揮神電於巳年中二龍見一則藏身靑木中一則現形黑金東. 智者見愚者盲興雲注雨輿人征. 或見盛或視衰盛衰爲減惡塵滓. 此一龍子三四遞代相承六甲子. 此四維定滅丑越海來降須待酉. 此文若見於明王國泰人安帝永昌. 吾之記凡一百四十七字." 昌瑾初不知有文及見之謂非常獻于裔. 裔令昌瑾物色求其人彌月竟不能得唯東州勃颯寺熾盛光如來像前有塡星古像如其狀左右亦持梡鏡. 昌瑾喜具以狀白裔歎異之令文人宋含弘白卓許原等解之.

울과 도마를 지물로 삼는 형식으로 설립되어 있었다는 것이다.

토성 형상과 관련하여,『범천화라구요(梵天火羅九曜)』(당의 一行 修述)에 묘사된 토성은 바라문이 우관(牛冠)에 석장(錫杖)을 지물(持物)로 하였다[21] 하고, 또 첨부된 그림에는 석장을 지닌 맨발의 노인이 어린 남녀 동자가 끄는 소를 탄 모습이므로, 도마와 거울을 지물로 하는 발삽사의 토성 소상은 이와는 다른 갈래의 양식이다. 아직 이런 후고구려 양식의 전거를 찾지 못하였는데, 앞으로 이 형상과 지물 문제가 제대로 규명된다면 나말여초의 천문사상을 이해하는 중요한 준거를 확보하게 될 것이다.

이로써 비록 도참 내용이긴 하지만 후고구려의 사찰에서 치성광여래를 불상으로 안치하면서 그 앞에 토성 등 오성의 소상을 마련했음을 짐작하게 된다. 또한 치성광여래와 상제가 연결된 모티프로 묘사되므로 왕건의 고려 건국의 정통성을 불교적 천문사상에서 이끌어 내는 흐름을 읽을 수 있다. 토성은 천명의 전달자로 보인다.

한국에서는 치성광여래라는 존명을 쓰고, 일본에서는 금륜불정 또는 묘견보살이라는 존명을 쓰는데, 존명이 다를 뿐 아니라 도상도 매우 다르다고 한다.[22] 이 같은 견해는 불교의 성수 신앙 이해에 매우 돋보이는 관점이라 생각되며, 북극성과 관련된 성수 신앙이 일본에서는 묘견보살을, 한국에서는 치성광여래를 중심으로 전개된 것을 의미한다. 이렇게 일본과 한국이 서로 다른 북극성 신앙을 펼치게 된 이유는 각기 도입된 시기와 관련되지 않을까 한다. 현전하는 문헌자료들에 따르면 묘견보살 신앙은 백제 후기에 일본으로 건너갔으며, 치성광불 신앙은 후삼국시대 무렵에 등장하여 고려시대에 전개되었다. 따라서 북극성에 관한 두 갈래의 불교적 신앙이 백제와 고려라는 시대 차를 두고 한국에 전파되었을 것이며, 그 결과 한국과 일본의 성수 신앙 지형이 서로 달라진 것으로 볼 수 있다.

---

21. 『범천화라구요』(唐 一行 修述) : 其形如婆羅門牛冠首持錫杖. p.651
22. 강소연,「조선시대의 칠성탱화」, 1998, p.17

고려의 구요신앙과 구요당 성격 문제

그러면 한국의 치성광여래 신앙은 어떤 형식으로 전개되었을까? 이에 관해서는 무엇보다 고려 14세기 추정작 〈치성광여래왕림도(熾盛光如來往臨圖)〉(미국 보스턴 박물관 소장)[23]가 주목 받는다. 주존인 치성광여래를 제천수요가 에워싼, 고려시대에 유행하였을 천문 만다라의 일종이다.

도상에는 치성광여래가 신비스런 구름에 휩싸인 우거(牛車)를 타고 천상에서 하강하는 가운데 그 주변으로 일광·월광 보살이 주요 협시로 등장하고 오성, 라후, 계도의 구요성, 십이궁, 이십팔수, 북두칠성, 남두육성, 삼태육성 등이 포진하였다(7장의 그림 28).[24] 또한 그림을 자세히 보면 28수 성관에 각각 동물이 하나씩 함께 그려져 있다. 이것은 십이지신상처럼 이십팔수신상을 표현한 것이다. 이런 측면도 매우 흥미로운 부분이나 이에 대한 분석은 다음 기회로 미룬다(7장 참조). 우거를 타고 내려오는 형식은 현전 자료 중에서 둔황 출토의 〈치성광불오성도(熾盛光佛五星圖)〉(897년, 絹本彩色, 대영박물관 소장.『돈황회화(敦煌繪畵)』I, 동경 고단샤, 圖27)에서 비롯하는 것으로 알려졌으며, 다만 거기에는 오성 도상만 그려져 있다.[25]

그런데 이 치성광도상을 전체적으로 보자면 북두칠성보다는 구요(九曜)가 중심으로 설정되어 있다. 칠성을 포함한 북두구성도(北斗九星圖)는 치성광여래 뒤편 오른쪽 위 모서리에 자그맣게 묘사된 반면에, 오성을 포함한 구요도(실제로는 十一曜)는 여래의 앞쪽을 시위한 채 칠성도보다 훨씬 큰 광배에 큰 인물로 묘사되어 있다.

이런 화면 구성은『고려사』에 상당한 비중으로 기록되어 있는 구요당 신앙과 무관하지 않을 것으로 생각된다. 물론 북두칠성에 대한 의례가 행해지긴 하지만 구요당 행차만큼 빈번해 보이지는 않는다.『고려사』전체에서 북두 초례(醮禮)는 7번가량 기록되었으며,[26] 그중 의종 23년조 기사를 보면 십일요의 뒤에 북두가 거열되

23.『고려시대의 불화』, 시공사, 1997, 도판 63. 絹本彩色, 126.4×55.9cm. Fenollosa-Weld Collection Courtesy, Museum of Fine Arts, Boston, U.S.A.

24. 7장에 제시된 고려 전본 치성광불화의 모사도는 필자가 판독하고 밑그림을 그렸으며, 서울 학연문화사의 김소영 디자이너가 일러스트로 정리해 주었다.

25. 강소연,「조선시대의 칠성탱화」, 1998, p.42

26.『고려사』「세가」의 북두칠성 기사. 문종 때의 기사를 제외하고는 모두「세가」에 기록되어 있다.

므로 고려시대 천문세계관에서는 북두보다 십일요 곧 구요의 비중이 앞섰음을 알
수 있다.

구요당은 고려 태조 7년(924) 외제석원(外帝釋院), 신중원(神衆院)과 함께 창건된
이래 역대 왕들이 꾸준하게 찾던 곳이며, 특히 도우(禱雨)를 위한 초성처(醮星處)로
도 많이 활용되었다. 초제(醮祭)라 하여 반드시 도교적 의례인 것은 아니며, 도교든
불교든 성수(星宿)에 대한 의례는 초(醮)라 부른 것으로 보인다. 『고려사』 「예지」의
'길례·잡사(吉禮·雜祀)'에서는 "국가 고사에 왕왕 천지 및 경내 산천을 궐이나 정에
서 두루 제사하는 것을 초라 한다(國家故事往往遍祭天地及境內山川于闕庭謂之醮)." 하
여, 천지나 산천 제사까지 포괄적으로 정의하고 있는데, 이 또한 초례의 대상 범주
를 넓게 잡아야 할 것임을 보여 준다.

문종 36년(1082) 5월 구요당에 초제 도우하였고, 예종 8년(1113) 4월에는 사흘간
구요당에 도우하였으며, 인종 17년(1139) 8월과 명종 5년(1175) 5월에는 외제석원에
행차하였다가 다시 구요당에 행차하였다는 기록이 보인다. 고종대에는 『고려사』
「세가」의 전체 25번 기록 중 절반이 넘는 14번이나 외제석원과 함께 구요당에 행
차하였을 정도로 구요에 대한 신앙이 최고조로 올랐음을 보여 준다. 충숙왕 원년
(1314) 윤3월, 동2년 4월의 "친초구요당(親醮九曜堂)"이라는 기사는 구요당에 가서 구
요를 초제하였다는 것으로 해석되며, 그 외 "행구요당(幸九曜堂)"이라는 기사들도
같은 의미로 해석된다.

구요는 일월오성의 칠요에 다시 라후성(羅睺星), 계도성(計都星)을 합칭한 것으로

문종 2년(1048) 7월 己未 親醮北斗于內殿. (고려사·예지·잡사)

의종 6년(1152) 4월 壬申 醮北斗於內殿.

의종 23년(1169) 정월 己卯 醮二十八宿又醮北斗.

의종 23년(1169) 2월 己酉 醮十一曜南北斗二十八宿十二宮神於修文殿.

의종 23년(1169) 3월 辛酉 醮太一十一曜南北斗十二宮神於內殿.

고종 40년(1253) 12월 戊午 親醮北斗.

고종 41년(1254) 정월 丁酉 親醮北斗于內殿.

충렬왕 19년(1293) 11월 丙子 彗星犯紫薇又犯北斗.

충렬왕 27년(1301) 8월 戊寅 彗星見于北斗.

충렬왕 27년(1301) 8월 壬午 彗見于北斗.

공민왕 13년(1364) 2월 辛酉 彗見一在太微南 一在大角邊 一在北斗東北 一在氐北 色赤長尺餘.

불교 경전을 통하여 인도에서 전래된 천문 관념이다. 특히 라후와 계도는 실제 별이 아니라 가상으로 설정된 행성이지만 일·월식에 관계된 성수이기 때문에 고대 천문에서는 더욱 주목하였다. 이 구요에다 역시 달 궤도와 관련된 가상 천체인 자기(紫炁 혹은 紫氣)와 월패(月孛)를 합칭하면 십일요(十一曜)가 된다. 중국의 전통적 천문 관념에서는 일월오성의 칠요를 '칠정(七政)'이라 하여 중시하였지만 인도 천문학이 들어오면서 '칠요' 또는 거기에 라후, 계도, 자기, 월패의 사요[四曜 혹은 사여(四餘)]를 덧붙인 '구요', '십일요'라는 개념을 많이 사용하게 된다.[27]

이처럼 고려시대의 구요당이란 결국 칠요, 구요 또는 십일요에 대한 성수신앙을 전개하던 곳이라 정리된다. 충렬왕 14년(1288) 12월 병진일 기사에서 "구요당에 행차하여 십일요를 초제하였다(丙辰幸九曜堂醮十一曜)"는 기록은 이를 잘 보여 준다.

십일요에 대한 기록은 의종대에 집중되어 나타나는데,[28] 그 내용을 살펴보면, 궁

---

27. 서윤길, 「구요신앙과 그 사상원류」(『고려밀교사상사연구』, 불광출판부, 1993)에서 구요당과 그 신앙을 도교적으로 파악한 양은용과 김승혜의 견해를 비판하면서 구요에 인도 고래의 천문 관념인 라후와 계도가 포함되는 것 등을 근거로 하여 고려시대의 구요신앙을 불교의 밀교적 맥락에서 파악할 것을 강조하였다. 기실 그런 오류는 조선 태조 대부터 유학자들의 몰이해로 말미암은 것으로, 조선에 들어오면서 고려의 모든 성수 신앙과 초제가 도교적인 것으로 이해되었으며 구요의 신앙처인 구요당마저 도교의 배성소(配星所)로 억측 규정하게 되었다고 비판하였다.

필자도 서윤길 선생의 기본적 안목에 동의하며, 구요신앙의 일차적인 내원은 불교의 천문사상에서 찾아야 할 것으로 믿는다. 그러나 구요 개념이 인도 천문에서 출발한 것일지라도 중국에 전래되어 당나라 시대를 거치면서는 중국적 천문 관념과 부단히 습합되는 운명을 피할 수 없었을 것이며, 그 결과 특히 고려시대의 구요를 중심으로 펼쳐진 치성광불 만다라에서는 구요뿐 아니라 남두육성, 삼태육성 등 도교적 점성 관념까지 아우르게 된 것으로 파악된다. 『고려사』에서 십일요와 함께 태일(太一), 남북두(南北斗) 등이 함께 초제되는 기록은 그런 습합의 맥락에서 이해된다. 그리고 『고려사』의 초제 기사들을 살펴보면 도교적인 의례로만 볼 수는 없으며 역시 도불의 성수의례를 범칭하는 맥락으로 여겨진다. 따라서 고려의 구요신앙은 도불의 습합 맥락에서 조망되어야 할 것이다.

28. 『고려사』의 십일요 기사. 고종 때의 기사만 「오행지」에 기록되어 있을 뿐 나머지는 모두 「세가」의 기록이다.

의종 4년(1150) 12월 己酉, 親醮十一曜於內殿.

의종 23년(1169) 2월 乙未, 幸喜美亭醮十一曜二十八宿於內殿.

의종 23년(1169) 2월 己酉, 醮十一曜南北斗二十八宿十二宮神於修文殿.

의종 23년(1169) 3월 辛酉, 醮太一十一曜南北斗十二宮神於內殿.

고종 4년(1217) 3월 壬午, 九曜堂十一曜藏內有聲如奏樂.

원종 14년(1273) 5월 戊午, 戊午親醮十一曜于本闕.

원종 14년(1273) 11월 甲申, 醮十一曜于內殿.

원종 15년(1274) 5월 壬辰, 幸本闕醮十一曜禱雨.

궐 내전에서 십일요와 함께 태일, 남북두, 이십팔수, 십이궁신에 초제한 것으로 되어 있다. 남북두는 남두육성과 북두칠성을 말하고, 십이궁신은 황도십이궁이며, 태일은 북극성의 다른 이름이다. 이것을 모두 포괄하는 성수 판테온이 바로 고려전본 〈치성광여래왕림도〉에 그대로 담겨져 있다(7장의 그림 28). 따라서 고려시대에 성수 초제를 거행할 때 어떤 형식의 천문성수도를 예배 대상으로 삼았을지를 이로써 짐작하게 되며, 또한 이것들에 대한 예배가 구요당이라는 독립된 전각뿐 아니라 궁궐 내 희미정(喜美亭), 수문전(修文殿) 등 여러 내전에서도 이루어졌음을 알 수 있다.

그 치성광불 만다라가 모두 불교적 천문성수로 구성된 것은 아니며 도교적 성수 관념도 함께 담고 있기 때문에, 고려시대의 구요신앙은 이미 왕성하게 진행된 도불의 천문 교섭 측면에서 조망하게 된다. 남두육성, 삼태육성은 그 대표적인 예라 할 것이며, 치성광여래 바로 아래에 도교의 지존(至尊) 중 하나인 천황대제(天皇大帝)가 면류관을 쓴 복장으로 묘사된 점도 도불의 교섭 증거다. 이런 도불 교섭 관점 역시 고려시대의 천문사상을 이해하는 중요한 준거의 하나가 될 것이다.

조선 후기 칠성각 신앙의 부상

이상에서 본 바와 같이 고려시대 불교의 천문 신앙은 치성광여래를 비롯한 일월오성 등 구요가 중심이 되어 있다. 이런 흐름은 조선 전반기까지 계속되고 있다. 이는 선조 2년(1569) 작 〈치성광불제성강림도(熾盛光佛諸星降臨圖)〉[29]를 통하여 확인할 수 있다(7장의 그림 30).[30]

충렬왕 14년(1288) 12월 丙辰, 幸九曜堂醮十一曜.

29. 자주색 비단 금선묘(金線描), 84.8×66.1cm, 교토 고려미술관 소장, 『일본소재한국불화도록』(국립문화재연구소, 1996)의 도판 14와 모사도면 2 참고. 이 도상의 도판 설명에 의하면, 묵서(墨書)로 적힌 하단의 화기(畵記) 내용은 "隆慶三年己巳, 三月日誌, 大施主崔氏□令, 波湯大施主丁永水, 諸墮喜芽同結, 良緣同成正, 覺, 畵士靈肹, 供養主敏□, 化主守正."이며 보관함의 명문은 "舊 生野市藏", "隆慶三年己巳, 李朝永祿十二年, 至寛政四壬子年二百二十四年"으로 되어 있다. 융경(隆慶)은 명나라 목종(穆宗)의 연호이며, 융경 3년은 선조 2년(1569)에 해당한다.

30. 『일본소재한국불화도록』(1996)의 모사도면 2에 제시된 성수명은 적지 않은 부분에서 잘못 판독되어 있다. 도판 14를 자세히 관찰하면 그 성수명을 대부분 읽을 수 있는데, 구요, 남두육성, 삼태육성, 이십팔수 등에 대한 안목 없이 판독하다 보니 그런 오류를 범한 것 같다. 물론 도판 자체의 마멸이 심하여 판독이 매우 어려운 곳도 있다. 필자도 원본을 보지 않은 상태에서 진행한 것이라 모호한 부분이 남아 있다. 이에 대한 정확한 판

이 그림에서는 치성광여래가 우거를 타고 강림하는 가운데 일월오성 등의 칠요 (혹은 구요)와 함께 북두칠성, 남두육성, 삼태육성, 십이궁신, 이십팔수 등의 제천수요(諸天宿曜)가 여래를 위호하고 있다. 앞서 나온 고려본 〈치성광여래왕림도〉와 거의 동일한 형식이므로 고려의 천문 전통이 최소한 조선 전기까지는 지속되고 있음을 짐작하게 된다. 역시 칠성보다 구요가 만다라 중심에 있으므로 조선 전기에도 구요 중심의 천문 신앙이 강하였을 것이라 여겨진다. 바꿔 말하면 구요신앙 속에서 칠성신앙이 자리매김되어 있었다고 하겠다.

고려전본과 선조 2년작 치성광불화의 도상 구성은 다음 표 2와 같다. 자세한 분석은 7장을 참고 바란다.

이렇게 주존인 치성광여래에 커다란 비중을 두면서 뭇 제천수요 불보살이 에워싸는 치성광불 만다라 형식은 이상의 두 작품 외에 16세기 작품인 가정이십년명 칠성탱(嘉靖二十年銘七星幀, 1541. 일본 고베 다몬사 소장), 충남 논산 쌍계사 칠성목판(七星木板, 1580. 삼성출판사박물관 소장)이 있으나[31] 이를 끝으로 더 전해지지 않으며, 여러 연구에 따르면 양란 이후 조선 후반기의 칠성탱화로 가면 대략 주존인 치성광여래와 더불어 칠원성군(七元星君)의 비중이 매우 커지는 쪽으로 도상 양식이 변했다.[32] 시사하는 바가 매우 많은 연구 결과라 하겠다.

구요가 아닌 일월칠성으로 만다라의 주류가 변한다는 것은 조선 후기 불교에서 치성광여래를 정점으로 하는 일월오성, 사요, 이십팔수, 십이궁도, 남두육성, 삼태

독 문제는 7장에서 자세히 다루었다. 다만 본고에서는 기존 도록의 성수명을 수정한 그림과 분석 내용(본 장의 표 2와 7장의 그림 30)을 제시하는 선에서 그치고자 한다.

새로 수정된 성수명은 대략 다음 18곳이다: 臺大帝→玉皇大帝, 月學星→月孛星, 紫金星→交食星, 日太陽→日大陽, 方星→房星, 注□星→延壽星, 益天星→益算星, 度危星→度厄星, 上將星→上生星, 諸候星→諸侯星, 卽星→卿星, 七星→土星, 魚星→庶星, 織女星→須女星, 梯星→柳星, 翌未星→翼星, □星→虛星, □七星→織女星

31. 차재선, 「조선조 칠성불화의 연구」, 『고고미술』 186호, 한국미술사학회, 1990. 6

32. 칠성불화의 양식 변화 문제는 차재선, 「조선조 칠성불화의 연구」(1987년 동국대 석사논문; 『고고미술』 186호, 한국미술사학회, 1990. 6 재수록)에서 처음 본격적으로 연구되었으며, 다음 강소연, 「조선시대의 칠성탱화」(서울대 고고미술사학과 석사논문, 1998. 2)에서 광범위한 자료를 대상으로 연구를 심화하였으며, 박효열, 「조선후기 七星圖 비교연구 : 전라도 지역과 경기도 지역의 양식 비교를 중심으로」(동국대학교 불교대학원 불교예술사 전공 석사학위논문, 1998년 12월)에서도 칠성불화 양식의 시대적 추이와 지역적 특성을 다각도로 분석하였다.

	성 수	고 려 본	선 조 본
중앙	북진성	치성광여래(熾盛光如来)	치성광여래
1단	일 월	일광변조보살(日光遍照菩薩)·월광변조보살(月光遍照菩薩)	일광변조보살·월광변조보살
2단	제천	천황대제(天皇大帝)	옥황대제(玉皇大帝)·천황제(天皇帝)
			제석 등 5존제천(尊諸天)
3단	십일요	일태양성(日太陽星) 월태음성(月太陰星)	일대양(日大陽) 월대음(月大陰)
	(오성)	목성 화성 진성(鎭星) 금성 수성	사성(司星) 목성 화성 토성 금성 수성
	(사요)	라후성(羅睺星) 계도성(計都星) 월패성(月孛星) 자기성(紫氣星)	라후성(羅候星) 교식성(交食星) 자미성(紫微星) 월패성
하단부	남두육성	사명성(司命星) 사록성(司祿星) 연수성(延壽星) 익산성(益算星) 도액성(度厄星) 상생성(上生星)	사비성(司非星) / 사명성 사록성 연수성 익산성 도액성 상생성
	삼태육성	천자성(天子星) 여주성(女主星) 제후성(諸侯星) 경성(卿星) 사성(士星) 서인성(庶人星)	천자성 여성(女星) 제후성 경성 사성 서성 두성(斗星) 우성(牛星) 태자성(太子星) 수녀성(須女星)
상단부	북두구진	탐랑성 거문성 녹존성 문곡성 염정성 무곡성 파군성 보성(輔星) 필성(弼星)	'칠성(七星)' [탐랑 거문 녹존 문곡 염정 무곡 파군 좌보 우필] [구진명 필자 삽입]
			童子七元星君 (추정)
	십이궁	보병궁(寶甁宮) 쌍어궁(双魚宮) 백양궁(白羊宮) 금우궁(金牛宮) 음양궁(陰陽宮) 거해궁(巨蟹宮) [금륜(金輪)] 사자궁(獅子宮) 쌍녀궁(双女宮) 천칭궁(天秤宮) 천갈궁(天蝎宮) 인마궁(人馬宮) 마갈궁(磨蝎宮)	정월쌍어(正月双魚) 이월백양(二月白羊) 삼월금우(三月金牛) 사월음양(四月陰陽) 오월거해(五月巨蟹) 유월사자(六月獅子) [보개(寶蓋)] 칠월쌍녀(七月双女) 팔월천칭(八月天秤) 구월천갈(九月天蝎) 시월인마(十月人馬) 십일월마갈궁(十一月磨蝎宮) 십이월보병궁(十二月寶甁宮)
외곽	이십팔수	각성(角星) 항성(亢星) 저성(氐星) 방성(房星) 심성(心星) 미성(尾星) 기성(箕星) 두성(斗星) 우성(牛星) 녀성(女星) 허성(虛星) 위성(危星) 실성(室星) 벽성(壁星) 규성(奎星) 루성(婁星) 위성(胃星) 묘성(昴星) 필성(畢星) 자성(觜星) 삼성(參星) 정성(井星) 귀성(鬼星) 류성(柳星) 성성(星星) 장성(張星) 익성(翼星) 진성(軫星)	각성 항성 저성 방성 심성 미성 기성 [두성] 견우성 직녀성 허성 위성(危星) 실성 벽성 규성 루성 위성(胃星) 묘성 필성 자성 삼성 가위성(可危星) 정성 귀성 류성 성성 장성 익성 진성

표 2 고려 전본과 선조 2년(1569)작 치성광불화의 도상 구성 (필자 考定)*

* 사비성은 허수(虛宿) 북쪽에 놓인 별 2개를 지칭하므로 남두육성과는 상관이 없는 별자리다. 『수서』 「천문지」에서 허수 주변에 사명(司命) 2성과 사록(司祿) 2성 및 사위(司危) 2성, 사비(司非) 2성이 포진되어 있다고 묘사하였으므로, 남두육성 소속의 별자리와는 별개 존재임을 알 수 있다. 이것은 선조본의 불화천문도 제작자가 남두육성과 허수 소속 6성의 이름이 서로 유사한 탓에 이를 혼동하여 사비성을 마치 남두육성의 하나인 것처럼 잘못 처리된 부분이라 여겨진다.

육성 등 다양하고 총체적인 천문에 대한 사상이 간략해지는 경향을 의미한다고 볼 수 있다. 구요가 일월식 및 행성 운행과 관련된 성수라면, 북두칠성은 단지 수요장단의 점성적 기원 관점이 커질 수밖에 없는 성수다.

박효열의 연구에 의하면, 전각명이 칠성전으로 등장하는 가장 앞선 시기의 자료가 유기(有璣, 1707~1785)의 『호은집(好隱集)』 권2에 나오는 "칠성전 상량문(七星殿 上樑文)"(『한국불교전서』 제9책, 조선시대편 3, p.719)이라 하며, 그러다가 구한말 보정(寶鼎, 1861~1930)의 『다송문고(茶松文稿)』(『한국불교전서』 제12책, 보유편 2, p.756)에서는 칠성전에서 격이 떨어진 칠성각(七星閣)으로 등장한다면서 칠성각이라는 명칭은 거의 20세기에 이르러서야 사용된 것이 아닐까 추측하고 있다. 이렇게 보면, 양란 이전에는 구요당이 중심이었다면, 양란 이후에는 성수도의 중심 내용이 구요에서 일월칠성으로 바뀌는 양식 변화와 더불어 전각의 이름도 구요당에서 칠성전으로 다시 칠성각으로 전변되었을 가능성을 상정해볼 수 있다.

조선시대 불교 의례집인 『석문의범(釋門儀範)』(1931)의 칠성단 예경문(七星壇 禮敬文)에 따르면, 양란 이후 변화된 새로운 도상 양식과 상통하는 예불 형식 곧 치성광여래를 중심으로 일월과 칠성이 보좌하는 형식이 성립되었다. 다시 말해 오성과 사요의 구요 또는 십일요가 배제되어 있다.

지심귀명례 금륜보계 치성광여래불(志心歸命禮 金輪寶界 熾盛光如來佛)

지심귀명례 좌우보처 일광월광 양대보살(志心歸命禮 左右補處 日光月光 兩大菩薩)

지심귀명례 북두대성 칠원성군 주천열요 제성군중

(志心歸命禮 北斗大星 七元星君 周天列曜 諸星君衆)

자미대제통성군 십이궁중태을신(紫微大帝統星君 十二宮中太乙神)

칠정제림위성주 삼태공조작현신(七政齊臨爲聖主 三台共照作賢臣)

고아일심 귀명정례(故我一心 歸命頂禮)[33]

---

33. 『석문의범(釋門儀範)』, 안진호 篇, 1931, 칠성단(法輪寺), 〈칠성단(七星壇)〉 p.70

현재의 칠성단 예불도 이와 다르지 않다.[34] 이능화(李能和)의 『조선도교사』(1927)
에는 조선의 불사의식이 금나라와 원나라의 고사를 따른 것 같다고 하면서, 불사
요집(佛事要集) 중에서 칠성청(七星請) 일단을 소개하고 있다.[35] 『석문의범』(1931)의
칠성청 내용과 거의 똑같으며 몇 글자 다른 점이 있다.

이와 같이 조선 후반기의 천문 신앙에서 치성광여래가 일월칠성의 주불(主佛)로
재해석됨에 따라 칠성신앙 중심으로 천문 신앙이 전개되었다. 고려시대의 구요신
앙과는 그 천문에 대한 주안목이 달라진 결과라 생각된다. 이는 조선조의 숭유억
불 정책에 따른 불교 사상계의 변동과 무관하지 않을 것이며, 양란 이후 황폐화된
사회 변화와도 무관하지 않을 것이라 짐작된다. 일종의 천문 만다라를 통하여 하
늘의 세계를 지상에 그대로 옮겨놓으려고 한 고려적 안목과는 달리, 양란 이후에
는 개인의 수요장단과 길흉화복에 더 주안점을 두는 점성적 칠성신앙이 확산되어
갔다고 보는 것이 심한 억측은 아닐 것이다.

덧붙여 『석문의범』의 칠성단 예경문 중에서 "자미대제통성군 십이궁중태을신(紫
微大帝統星君 十二宮中太乙神)"이라 부연된 대목은 도교의 천문사상과 관련되며, 도
교 천문 전통에서 북극성 신격으로 옹립한 자미대제(紫微大帝) 또는 한대 천문 전
통에서 북극성 신격으로 제기되었던 태을신(太乙神, 다른 말로는 太一神)을 불교의 치

---

34. 현재 통용되는 『상용불교의범(常用佛教儀範)』(이복동 편, 보련각, 1998)의 저녁예불 칠성단 예경문(p.97)에도
다음과 같이 일광월광, 북두칠성, 좌보우필, 삼태육성, 이십팔수가 치성광불의 주요 권속으로 제시되었다.
志心歸命禮 能減千災 成就萬德 金輪寶界 熾盛光如來佛
志心歸命禮 左補處 日光遍照 消災菩薩
　　　　　右補處 月光遍照 息災菩薩 摩訶薩
志心歸命禮 北斗大聖 七元星君 左輔右弼 三台六星
　　　　　二十八宿 周天烈位 無量無邊 諸星君衆
　　　　　靈通廣大慧鑑明 住在空中映無方
　　　　　羅列碧天臨利土 周天人世壽算長
　　　　　故我一心 歸命頂禮
35. 『조선도교사』, 이종은 역주, 보성문화사, 1992, 〈조선 사찰의 칠성각〉, p.294
左補處 日光月光 兩大菩薩
南無 金輪寶界 熾盛光如來
右補處 北斗大聖 七元星君(召請眞言後由致云)
仰惟 熾盛光如來 如來智慧不思議 悉知一切衆生心 …

성광여래와 동일한 신격으로 간주하였음을 보여 주는 것으로, 이 역시 도불 교섭의 중요한 측면을 담고 있다.

지금까지 후고구려 이래의 치성광여래 신앙이 고려시대를 지나 조선시대에도 계승되어 현재의 사찰 칠성탱화 또는 칠성단 예불 형식에 남아 있음을 살펴보았다. 이 측면은 한국의 천문성수 전통 또는 칠성신앙의 흐름을 이해하는 데 매우 중요한 대목일 것이다. 앞으로 이에 대한 연구가 더욱 확대 심화되어야 할 것이다.[36]

울산 어물동 일광월광 마애보살상의 재해석 문제

고대의 천문문화 현상을 잘 보여 주는 흥미로운 자료가 한 가지 있어 덧붙이고자 한다. 2003년 1월 윷놀이판 바위그림을 찾아서 울산시 유형문화재 제6호로 지정된 울산시 북구 어물동 산122 소재의 마애삼존불상을 답사하다가 마애여래좌상의 좌우에 시립된 보살상이 원통형 보관을 하였고 그 보관 위 장식으로 둥근 원반형 일월상이 조각된 것을 보게 되었다.

이 삼존불상은 방바위라 불리는 거대한 바위 벽에 돋을새김을 한 것인데, 현지 안내판에서는 가운데 좌불(높이 5.2미터, 어깨 폭 2.9미터)이 통일신라시대의 조각 기법을 보여 주는 약사여래불이며 양쪽 협시로 일광보살과 월광보살이 입상으로 새겨졌다고 설명하였다.

어느 쪽이 일광인지 언뜻 판단하기 어렵다. 보관 위에 새겨진 원반이 단순한 원형이어서 잘 구별되지 않는다. 바라볼 때 좌측(우협시) 보살의 것은 가지런히 정돈된 원반 형태를 띠고 있으며, 우측(좌협시) 보살의 원반 속에는 무언가를 새긴 듯도 하지만 마모가 심하여 잘 구별되지 않는다. 보살 입상의 얼굴과 몸체를 보면 우협시는 좀 여성스럽고 허리가 약간 잘록한 느낌이 들며, 좌협시는 얼굴과 어깨폭, 허리가 남성스럽게 두툼한 모습이다. 그러므로 좌협시를 남성적인 일광보살로, 우협시를 여성적인 월광보살로 볼 수 있지 않을까 한다. 앞서 『상용불교의범』에서 일광을 좌보처로, 월광은 우보처로 인식한 것과 같은 구도인 셈이다. 그리고 보면 우협

---

36. 본 장은 필자의 『동양 천문사상, 하늘의 역사』(예문서원, 2007)에 실린 것과 중복되는 부분이 있지만, 이 책의 논지 전개에 필요하여 재수록하였다.

시의 보관 위 원반이 달처럼 부드럽게 느껴지기도 한다. 좌측 월광보살이 왼손에 든 무언가는, 가슴께에 움켜쥔 손과 허리끈 속을 칼처럼 기다랗게 관통하는 어떤 지물로 보이는데 고려본 치성광불화의 월광변조보살이 긴 칼을 지물로 든 것과 느낌상 통하는 맛이 있다. 우측 일광보살도 가슴께에 오른손으로 무언가를 지물로 들고 있다.

　이처럼 일광보살과 월광보살이 마애 조각상으로 전해지고 있다는 사실이 놀랍다. 그런데 한국 불상 양식에서 일월광보살을 협시로 쓰는 약사여래상이 더러 있기 때문에 가운데 본존을 당연하게 약사여래불로 비정하고 있지만, 어물동 마애 약사

그림 3 울산 어물동 마애삼존 불상의 일광–월광보살상
그림 5 우협시 월광보살과 달 원반

그림 4 오른손에 금륜 원반 형태의 지물을 쥔 가운데 주존과 좌우 협시 모습
그림 6 좌협시 일광보살과 해 원반

여래가 오른손에 든 지물이 약합(약 그릇)인지 자세히 들여다보면 불상은 둥근 원반의 수레바퀴 형상 같은 지물을 정면을 향하여 활짝 편 모습을 취하고 있어 보인다. 약합으로 보기에는 평면형 원반에 가깝다. 혹시 이 지물이 이 글에서 살펴본 치성광불의 전형적인 지물인 금륜(金輪)은 아닐까? 만일 금륜이라면 이 삼존불의 주불은 약사여래가 아니라 치성광여래가 되기 때문에 보통 심각한 사태가 아니다. 이 불상이 조성된 시기를 통일신라로 보고 있으나 고려 초기라는 설도 있다. 바위 모서리에 서까래를 걸친 흔적이 남았으니 예전에는 이 불상을 모시는 전각 지붕이 따로 설치되어 있었을 텐데, 수습된 기와 조각이 고려 초기의 것이라는 데 따른 견해다. 이로 보면 매우 오래 전 신라-고려 즈음에 이 불상이 조성된 것이 분명한데, 혹여 이 시기에 치성광여래의 북극성 신앙이 마애불상으로 드러난 것은 아닌지 앞으로 조사해 보아야 할 것이다.

북진묘견과 치성광불로 드러난 불교적 북극성 신앙

하늘의 뭇 성수 중에서 현대의 우리에게는 북두칠성만이 돋보이고 있으나, 지금까지의 고찰을 통하여 한국 고대의 천문성수 세계에서는 북극성을 중심으로 한 천문만다라가 활짝 펼쳐졌음을 엿볼 수 있었다.

북극성은 칠성만큼 밝은 별자리가 아니기 때문에 이를 관측하고 문화로 남기는 것이 쉬운 일은 아니지만 모든 별이 북극성을 중심으로 돌고 있으므로 뭇 천상(天象)의 중심 상징성을 띠게 된다. 고대 중국과 도교의 천문 전통에서도 일찍부터 북극성에 대한 다양한 상징화 작업이 있었으며, 이 글에서 살펴본 바와 같이 불교의 천문 전통에서도 크게 두 갈래의 북극성 관념이 전개되었다.

묘견보살 신앙에서는 북극성을 관음보살의 화현으로 간주하여, 북극성이 하늘의 중심이자 뭇 별의 어머니인 성모(星母)로서 수많은 천상의 변화를 보살피며 또한 하늘 높은 곳에서 뭇 중생의 서원을 들어줄 것이라는 믿음 체계를 내비친다. 고대 일본부터 현대에 이르기까지 묘견신앙은 일본의 성수 신앙을 들여다보는 매우 중요한 주제인데, 일본측 자료에 따르면 일본의 성수 신앙은 백제 26대 성왕의 제3왕자로 생각되는 임성태자가 6세기경 관음신앙, 영부신앙과 함께 전해 준 묘견신앙에서 비롯된 것으로, 고대 한일 간의 천문사상 교섭 측면에서 시사하는 바가 많은 대목이다. 비록 백제의 관련 자료를 현재 찾을 수 없을지라도 이를 통하여 고대 백제에서도 북극성을 중심으로 한 천문성수 신앙이 어떻게 전개되었을지 대략 짐작할 수 있게 되었다.

불교적 북극성 관념의 다른 갈래인 치성광불 신앙은 후고구려 시기부터 관련 자료가 있는데, 고려 건국의 정통성을 불교적 천문사상에 기대는 천명론(天命論)의 일환으로 묘사되어 있다.『고려사』「세가」의 '고경 도참(古鏡 圖讖)'에 따르면 철원의 발삽사(勃颯寺)라는 사찰에 오성 중 하나인 전성 상(塡星像)을 비롯한 치성광여래상이 모셔져 있었던 것으로 보여, 나말여초에는 이미 치성광불 신앙이 도입되었을 것으로 보인다.

이후 고려시대를 풍미하였을 치성광불 신앙의 내용이 어떠하였을지는 고려 전본으로 추정된〈치성광여래왕림도〉의 도상에서 읽을 수 있다. 여기에는 일월광보살이나 구요 등 불교적 천문 관념뿐 아니라 천황대제, 남두육성, 삼태육성 등 도교적 천문 관념도 함께 구성되어 고려시대의 천문사상 구도에서 도불 교섭 측면이 중요한 관점임을 알 수 있다.

선조 2년작〈치성광불제성강림도〉는 고려본 치성광 불화와 내용이 대동소이하므로 최소한 조선 전기까지는 고려적 천문 판테온 체계가 지속되었을 것으로 짐작된다. 이들 치성광 불화의 화면 구성을 보면 칠성 도상보다 구요 도상이 훨씬 크고 중심적인 비중을 차지하는데, 이를 토대로 고려시대의 천문 세계관에서는 북두칠성보다 구요가 성수 신앙의 중심에 있었을 것으로 생각되었다. 그러다가 양란 이후 칠성을 중심으로 삼는 칠성불화가 양식적으로 크게 발전하여 현재에 이른 것으로 파악되었다. 비록 구요가 아닌 칠성이 부각되기는 하였지만 사찰의 칠성청 의례나 칠성탱화에서 보이듯이 그 배후에는 여전히 치성광여래가 주존으로 자리 잡고 있으므로, 나말여초 이래 고려 조선을 거치면서 살아남은 북극성에 대한 불교적 성수 신앙이 지금까지 지속되고 있음을 여실히 볼 수 있었다.

그런데 그 불교적 성수 세계관에 도교적 천문 요소가 적잖이 반영되어 있기 때문에 고려 이래로 꾸준히 전개되었을 도불 교섭 측면은 한국 문화사를 풍부하게 하는 중요한 연구 관점이 된다. 이같이 천문성수 관념에 대한 연구는 시대 흐름에 따라 하늘을 이해하는 다양한 모습을 두영해 냄으로써 한국인의 천문적 지향성을 잘 드러낼 것이며, 우리 문화의 내면을 이해하는 또 하나의 방법이 될 것이다.

고려시대 치성광불 천문도와 도불 교섭

–
불가와 천문도의 인연
고려본과 선조본 치성광불화의 도상 분석
치성광불화에서 드러나는 천문사상과 도불 교섭
고려와 조선의 천문문화 변화

불가와 천문도의 인연은 언제 시작되었을까? 쉽게 생각하자면 우리나라 사찰에 안치되어 있는 칠성각의 칠성탱화 전통을 떠올리게 된다. 우선 칠성탱화는 천문도로 보기에 구성이 단순하여, 성수 신앙의 일종인 칠성 신앙 형식 중심으로 구축되어 있다는 점에서 그렇다. 한 발짝 더 나아가 보자. 언제부터 칠성각은 사찰에 결합되었으며, 그 시대적 배경이나 사상적 맥락은 무엇인가? 우리 역사 연구에서 이 문제를 명쾌하게 설명해 줄 답변은 아직 나오지 않았다.

불가와 천문도의 인연

1961년 11월 속리산 법주사 법당 깊숙한 곳에서 매우 진귀한 신법천문도(新法天文圖)가 동국대 사학과 이용범 교수에 의해 발견되었다. 높이 168센티미터에 한 폭의 너비 56센티미터짜리 모두 448센티미터의 8폭 병풍식으로 제작된 〈황도남북양총성도(黃道南北兩總星圖)〉는 성도(星圖) 제작 방식을 설명한 천문도설(天文圖說)과 일월오성의 묘사(제1폭)에 이어 직경 143센티미터의 초대형 북극권 천문성도(제2~4폭)와 남극권 천문성도(제5~7폭)로 구성되었다. 제8폭에 제작자들의 관직 성명이 기록되어 있어 영조 19년(1743) 정월에서 5월 사이에 독일 천주교 신부이자 천문학자인 대진현(戴進賢, Ignatius Kögler, 1680~1746)의 〈황도총성도(黃道總星圖)〉(1723)를 왕명으로 모사한 작품이라 추정되었다.[1]

서두에 이러한 신법천문도 이야기를 꺼내는 것은 소박한 물음 하나를 되짚어 내기 위해서다. 어찌하여 이렇게 자료 가치가 높은 천문도가 불가의 법주사에 소장되어 있었을까. 관찬 신법천문도가 법주사에 안착하게 된 역사적 경위는 아직 잘 알려져 있지 않지만, 현재 관점에서 보면 불가와 천문도가 그리 가까운 관계는 아닐 성싶다.

그렇다면 불가와 천문도의 인연은 언제 시작되었을까? 쉽게 생각하자면 우리나라 대부분의 사찰에 안치되어 있는 칠성각의 칠성탱화 전통을 떠올리게 된다. 그러

---

1. 이용범, 「법주사 소장 "新法天文圖"에 대하여: 在淸天主教神父를 통한 서양 천문학의 조선 전래와 그 영향」(『역사학보』 31·32집, 1966년 ;이용범, 『한국과학사상사연구』, 동국대출판부, 1993 재수록)에서 제작 과정과 이를 둘러싼 제반 역사적인 문제를 상세히 다루어 놓았다.

나 이 의문을 푸는 것도 단순하지는 않다. 우선 칠성탱화는 천문도로 보기에 구성이 단순하여, 성수신앙의 일종인 칠성 신앙 형식 중심으로 구축되어 있다는 점에서 그렇다. 한 발짝 더 나아가 보자. 언제부터 칠성각은 사찰에 결합되었으며, 그 시대적 배경이나 사상적 맥락은 무엇인가? 우리 역사 연구에서 이 문제를 명쾌하게 설명해 줄 답변은 아직 나오지 않았다. 칠성각이라는 명칭이 언제부터 사용되었는가? 이 또한 모호하다.[2]

이런 점에서 이 글에서 다룰 '치성광불(熾盛光佛) 천문성수도' 두 점은 우리 역사상의 칠성 신앙 또는 도교와 불가의 천문 사상 문제를 좀 더 다른 각도에서 들여다보게 할 것이다. 첫째 작품은 고려시대(14세기) 추정작 〈치성광여래왕림도〉(보스턴 미술관 소장, 그림 28)이며, 둘째 작품은 이와 구성이 매우 유사한 조선 전기 선조 2년(1569)작 〈치성광불제성강림도〉(일본 교토 고려미술관 소장, 〈칠성도〉, 그림 30)이다.

이 두 작품은 조선 후기의 칠성 불화 양식과 크게 차이 난다는 점에서 주목된다. 무엇보다 가운데 본존 치성광여래의 주변에 묘사된 불보살 각각에 별자리 형태와 함께 성수명(星宿名)이 병기되었기 때문에 고려·조선 초기의 천문성수도 연구에 매우 귀중한 자료가 된다. 또한 내용 구성상 도불 교섭적 측면이 역력하기 때문에 고

---

2. 필자는 최근에 고려의 치성광불 신앙과 그 천문 사상 측면에 대한 논문을 발표한 바 있다. : 김일권, 「불교의 북극성 신앙과 그 역사적 전개 - 백제의 북진묘견과 고려의 치성광불 신앙을 중심으로」, 『불교연구』 18집, 동국대 한국불교연구원, 2002. 2. 이 글은 이 논문의 후속편 성격이다.

그 논문에서 불교의 북극성 관념에 대한 일반론과 그것이 한국사에서 전개되는 맥락에 대한 의견을 개진하였다. 불교에서 북극성을 일컫는 갈래로 북진묘견보살(北辰妙見菩薩) 관념과 치성광불 관념이 주목되는 가운데, 전자는 백제를 통해 일본에 전해져 널리 퍼졌으며, 후자는 통일신라 말기에 시작하여 고려시대로 전승되어 간 것으로 파악되었다.

치성광불 신앙은 궁예의 후고구려 시기부터 관련 자료가 발견되며, 왕건이 고려 건국의 정통성을 불교적 천문사상에 기대는 천명론의 일환으로 묘사되어 있다. 『고려사』 「세가」의 '고경 도참(古鏡 圖讖)'에 따르면 철원의 발삽사라는 사찰에 오성 중 하나인 전성(塡星) 상을 비롯한 치성광여래상이 모셔져, 나말여초에는 이미 치성광불 신앙이 도입되었을 것으로 생각되었다.

이러한 고려시대의 치성광불 신앙이 조선시대 양란 이후로 가면 사상과 양식 변화를 동반하면서 현재와 같은 칠성불화 형식으로 전변되는 것으로 고찰되었다. 고려의 치성광불화에서는 아홉 행성을 주목한 구요(九曜)가 중심이었다면, 양란 이후의 칠성불화에서는 인간의 생사화복을 주지한다는 북두칠성이 중심 제재로 전개된다. 이런 면에서 현재 칠성각의 칠성도는 고려의 치성광불화에서 비롯되었을 것으로 생각되며, 아울러 칠성각의 전신이 고려의 구요당(九曜堂)이 아니었을까 추정하기도 하였다.

려시대 천문사상의 기저를 도불 교섭이라는 관점에서 접근하게 한다.

이 자료들은 이미 여러 논문에서 자세히 소개되고 연구된 바 있다: 차재선, 「조선조 칠성 불화의 연구」, 『고고미술』 186호, 한국미술사학회, 1991. ; 강소연, 「조선시대의 칠성탱화」, 서울대 고고미술사학과 석사논문, 1998. ; 박효열, 「조선후기 칠성도 비교연구: 전라도 지역과 경기도 지역의 양식 비교를 중심으로」, 동국대 불교예술사 석사논문, 1998. 이 논문들은 현전하는 칠성불화의 내용과 양식적 변천을 잘 다루고 있으며, 특히 칠성탱화의 역사적 연원과 사상적 배경에 대해서도 적지 않은 단서를 담아놓았다.[3]

여기에서는 이들 선구적 연구 성과를 바탕으로 하되, 다만 칠성탱화의 전반적 분석보다는 이 두 치성광불 만다라에 대한 천문성수도 자료 분석과 거기에 깔려 있을 천문사상적 맥락 규명에 치중하고자 한다. 이러한 작업은 한국 불교사와 도교사의 천문 전통뿐 아니라 고려시대의 천문사상을 접근하는 데에도 적지 않은 안목을 길러 주리라 기대된다.

고려본과 선조본 치성광불화의 도상 분석

이번 장에서는 두 치성광 만다라의 도상을 분석하고자 하는데, 그에 앞서 성수명의 정확한 판독 문제부터 점검하지 않으면 안 된다. 특히 기존 도록집에 실린 선조 2년본(1569)의 도판 모사도가 몇몇 부분에서 잘못 판독되어 있으며, 고려본 치성광도 또한 지금까지 그림만 제시되었을 뿐 도상명이 판독되거나 분석되지 않았다.

---

3. 이후 강소연은 「京都 고려미술관장 '치성광여래강림도' 考」(『京都美學美術史學』 1호, 2002. 3)에서 선조본 치성광여래강림도에 대한 미술사적 고찰과 도불 습합적 내용 분석을 도모하였다. 그런데 이 논문에서는 여전히 선조본의 잘못 판독된 모사도(『일본소재한국불화도록』 소재)를 그대로 전재하고 있다. 필자는 이 논문을 받아보기에 앞서 「불교의 북극성 신앙과 그 역사적 전개」(『불교연구』 18집, 2002. 2)를 게재하면서 고려본을 처음으로 모사 판독하였고, 또한 선조본의 판독 오류를 수정한 그림을 제출한 바 있다. 이 과정에서 두 그림에 담긴 천문 사상과 도불 교섭 문제도 전면적으로 분석하였으나, 분량 관계상 천태불교문화연구원의 제1회 천태불교학술회(2002. 5)에 나누어 발표하게 되었다.

기존 연구가 성수 내용보다 칠성불화의 양식 변천 문제에 초점을 두었다면, 필자는 거기에 담긴 천문 사상의 내용을 드러내고자 하기 때문에 각 존상의 정확한 명칭을 판독하는 작업이 중요하다. 그러나 성수명이 병기되지 않은 존상도 있고, 도록 사진만으로 판독하지 못하는 것도 있어 아직 모든 성수존명(星宿尊名)의 이름을 확정할 수 없는 한계를 지닌다. 미비한 점은 추후에 보강할 예정이다.

선조본 치성광불화의 성수명 판독

(1) 먼저 선조 2년작 〈치성광불제성강림도〉(1569)에 대한 도판 원모사도(『일본소재한국불화도록』, 국립문화재연구소, 1996, 도면 2 칠성도)에서, 구름으로 싸인 우거 아랫단에 성수 보살 17위가 일렬로 나열되었는데 남두육성과 삼태육성을 포함한 성수들이다.

그중 남두육성의 일부를 원모사도에서 '주□성(注□星) 익천성(益天星) 수위성(廋危星) 상장성(上將星)'으로 읽었으나 이러한 성수명은 존재하지 않으며, 도교『정통도장(正統道藏)』의 남두육성 자료와 고려본 치성광불화에서 대부분 판독되는 것들과 대조하면, 각기 '연수성(延壽星) 익산성(益算星) 도액성(度厄星) 상생성(上生星)'으로 판독된다.

다음 삼태육성 부분에서도 제후성(諸候星)은 제후성(諸侯星)의 잘못이며, 마찬가지로 '즉성(卽星) 칠성(七星) 어성(魚星)'이라 한 것도『정통도장』과 고려본 치성광불화의 것을 비교하면 각기 '경성(卿星) 사성(士星) 서성(庶星)'으로 읽힌다. 이로써 삼태육성이 천자(天子), 여주(女主), 제후(諸侯), 경대부(卿大夫), 사(士), 서인(庶人)의 계급 구조를 뜻하는 이름으로 구성되었음을 쉽게 알 수 있다.

다음 맨 아래줄의 이십팔수 이름에서도 잘못된 것이 많다. 화기(畵記) 왼편의 '불성(彿星), 습미성(習未星)'은 전혀 존재하지 않는 성수명이며 별자리 모양으로 비추어 볼 때 각기 '류성(柳星), 익성(翼星)'임이 분명하다. 화기 오른편의 '□성(□星), □칠성(□七星)'이라는 부분은 '허성(虛星), 직녀성(織女星)'으로 확실히 읽힌다. 직(織)은 약자로 쓰여 있다. 직녀성 오른쪽에 견우성(牽牛星)이 있다.

이곳 일단의 성수들이 이십팔수 중 북방칠수이므로 수녀성(須女星)으로 판독하여야 할 것 같으나, 그 위줄의 미성(尾星) 바로 아래 성수가 오히려 수녀성으로 판

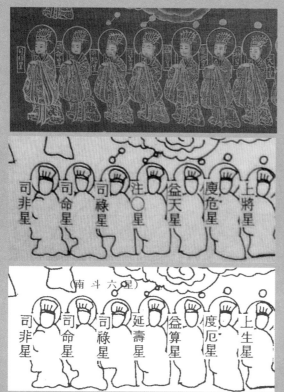

그림 1 선조본 남두육성. 첫 그림이 사진이고, 둘째 그림이 『일본소재한국불화도록』에 실린 기존 모사도이며, 마지막 그림이 필자가 새로 판독한 모사도다. 일곱 개의 별로 구성되어 잘못되어 있다.

그림 2 선조본 삼태육성과 다른 별자리 일부. 왼쪽부터 순서대로 천자성, 녀성, 제후성, 경성, 사성, 서성이 삼태육성이다.

독된다. 원 모사도에서는 이를 직녀성이라 하였지만 필자의 판독으로는 수녀성으로 거의 확실히 읽히므로 맨 아래줄 오른쪽에서 두 번째 성수를 직녀성으로 보는 것이 견우성과 관련해서도 타당할 것으로 생각된다. 사실 이곳 북방칠수 부분의 성수들은 나열 순서나 별자리 모양에 적지 않은 혼선이 있다. 남두육성이 되어야 할 곳이 일곱 별로 구성된 것이나, 태자성(太子星), 직녀성, 견우성은 이십팔수의 일부가 아님에도 거열된 것 등이 그렇다.

그리고 맨 아래줄 전체를 살펴보면 성수존명과 그에 해당하는 별자리 그림이 한 자리씩 어긋나 있다. 성수명보다 별자리 그림이 하나 모자라게 그려져 있어, 하나씩 맞추고 나면 아래줄 맨 왼쪽에 기재된 가위성(可危星)은 그에 해당하는 존상과 이름은 있지만 별자리는 그려져 있지 않다. 더구나 가위성이라는 이름의 별자리 자체가 전통 천문서에서 발견되지 않으니, 사위성(司危星)을 잘못 표기한 것이 아닐까 한다. 이에 이 글에서는 사위성으로 설명하기로 한다. 가위성이든 사위성이든 이십팔수를 구성하는 별자리가 아니어서, 이십팔수를 배열하는 외곽부에 어떤 착란으로 잘못 끼워진 듯 보인다. 또한 바로 위줄 남두육성 무리의 맨 왼쪽에 사비성(司非星)이라는 이름과 해당 존상이 그려져 있는데, 이 별자리는 남두육성의 권속이 아니어서 여기에 있을 이유가 없다.

『수서』와 『송사』의 「천문지」에 따르면, 아래줄의 사위성과 위줄의 사비성은 이십팔수 중 하나인 허수(虛宿)에 딸린 네 별자리 중 둘에 해당한다(그림 4). 사위성은 누각이나 다리에서 떨어져 다치거나 죽는 일을 담당하고, 사비성은 허물과 과실을 주관한다. 그 외에 행동거지의 잘잘못을 주관하는 사명(司命) 2성과 공로를 포상하고 수명을 연장하는 사록(司祿) 2성도 허수 소속이다. 허수에 딸린 이들 별자리 사명(司命) 2성, 사록(司祿) 2성, 사위(司危) 2성, 사비(司非) 2성은 모두 허수 북쪽에 있으면서, 천자 이하의 수명(壽命)과 작록(爵祿), 안위(安危), 시비(是非) 등의 일을 주관하는 것으로 설정되어 있다. 곧 허수 자체가 공허함을 상징하여 죽음과 상장(喪葬)을 주관하는 까닭에, 여기에 딸린 별자리들도 그와 연관된 의미를 지닌 것이다. 그런데 허수 소속 별자리 중에서 사명과 사록은 남두육성의 사명성(司命星)과 사록성(司祿星)과 이름이 동일하다. 이 선조본 치성광불화의 화가가 이런 문제를 혼동하

그림 3 선조본 남방칠수. 기존 모사도에는 왼쪽에서 네 번째에 있는 류성(柳星)과 맨 오른쪽의 익성(翼星)이 잘못 나와 있다.

그림 5 기존 모사도에는 옥황대제가 대대제(臺大帝)로 잘못 나와 있다.

여 고려본처럼 남두육성의 존명만 그려
야 할 곳에 허수와 관련된 사비성과 사위
성을 추가로 그린 것이 아닐까 한다. 사
위성(가위성)에는 별자리가 부여되어 있지
않다. 결과적으로는 허수 부속 4좌 8성이
모두 드러나 있는 형태여서 이 시기에 허
수의 8성에 대한 점성사상이 수립되었던
흔적일 수도 있다.

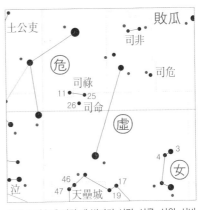

그림 4 허수에 딸린 네 별자리 사명, 사록, 사위, 사비

　이렇게 선조본 치성광불도에는 성수에
대한 작가의 이해 부족이 심하게 드러나는데, 매우 질서 정연하게 처리된 고려본
치성광불도와 대조를 이룬다. 조선시대로 들어서면서 불가의 천문 지식 수준에서
고려시대보다 정교함이 떨어지는 사회 현상의 단면이 반영된 것이 아닐까?

　요컨대 선조본에 잘못 가필된 '사비성(司非星), 가위성(可危星), 태자성(太子星), 견
우성(牽牛星), 직녀성(織女星)'은 고려본 치성광도에 없던 별자리로, 이십팔수나 남두
육성, 삼태육성에도 포함되지 않는 자격 불명의 성수다. 사비성은 허수 소속 별자
리이며, 가위성은 사위성(司危星)의 오기로 여겨진다. 견우성은 물론 이십팔수의 하
나지만 선조본에서는 우수(牛宿)와 견우성으로 중복 처리되었기 때문에 잘못 부연
되었다고 보았다. 직녀성도 수녀성과 중복되는 경향이 있다. 굳이 중복의 오류를
범하면서 이것들을 부연한 까닭은 선조본 작가가 견우와 직녀 설화의 별자리를
제시하고 싶었기 때문이었을지도 모른다.

　다음으로 원 모사도에서 치성광여래 왼편에 대대제(臺大帝)라 한 부분은 필자의
판독으로는 '옥황대제(玉皇大帝)'로 읽히며, 그 아래 월학성(月學星)이라는 곳도 인도
천문과 관련되는 '월패성(月孛星)'으로 읽힌다. 오른편 오성 부분에서 라후성(羅候星),
자미성(紫微星)이라고 한 곳은 각기 '라후성(羅睺星)'과 자기성(紫炁星)'으로 적어야
할 것을 잘못 쓴 것이 아닌가 한다. 자금성(紫金星)이라는 곳은 글자 획 모양으로
볼 때 자금(紫金)과는 거리가 멀며 필자의 판독으로는 '교식성(交食星)'으로 추정된
다. 아마 고려본 치성광도에서 계도성(計都星)으로 읽히는 것을 여기에서는 일월식

과 관련된다는 의미의 교식성이라는 이칭으로 적어놓은 것으로 생각된다. 목성(木星) 왼편에 사성(司星)이라 적혀 있는데 오행성이나 십일요 이름 중에 사성과 관련된 것은 없기 때문에 무언가 착각으로 기입된 것이 아닐까 한다. 고려본에는 없다.

이처럼 원 모사도에서 대대제, 월학성, 자금성이라 한 이름은 전통적 성수명에 전혀 나오지 않는 이름이며, 자미성 또한 십일요(十一曜)의 구성원으로 거의 쓰지 않는 명칭이다. 이상의 판독 과정을 거쳐 새롭게 고친 선조본의 수정 모사도를 〈그림 18〉에 제시하였다.

(2) 존명이 병기되지 않은 도상 중 치성광여래의 아래 좌우에 여래 다음 크기로 그려진 두 존상은 그 위치나 비중으로 보아 치성광불의 두 협시보살인 일광보살과 월광보살로 추정된다. 월대음(月大陰) 쪽의 우협시를 월광보살로, 여래의 왼손 법륜 아래 일대양(日大陽) 쪽의 좌협시를 일광보살로 삼았다.

월광 아래 합장한 도상 둘과 일광 아래 합장한 도상 둘에도 존명이 적히지 않았다. 존상과 광배 크기로 보아 그 네 존상은 '제석(帝釋)'(釋은 약자로 적혀 있음)과 동일한 반열로 여겨지며, 그 비중은 일월광보살보다 아래이면서 십일요보다 위로 보인다. 이들은 불교의 천관(天觀)을 담은 대천(大天)의 구성원으로 보인다. 이에 제석천존(帝釋天尊)을 근거로 관련 제천수요(諸天宿曜)를 찾으면 대략 대자재천(大自在天)·대범천(大梵天)·나라연천(那羅延天)·도솔천(兜率天) 혹은 대자재천·대범천·대변재천(大辯才天)·대공덕천(大功德天) 등을 거론할 만하다. 특히 전자의 다섯 제천은 치성광불을 중심으로 하는 불교 천문만다라에서 중요한 의미를 지닌 대천(大天)이며, 후자는 조선시대 칠성예배에서 등장하는 명칭이다.

여래 뒤편에 북두구성(北斗九星)과 함께 '칠성(七星)'이라는 포괄적 이름이 붙은 존상 아홉이 있다. 북두칠성에다 좌보[=外輔] 우필[=內弼]이 합칭된 북두구진(北斗九辰)임이 분명하다. 성수 모양에서도 제6 무곡성에 작은 별 두 개를 붙여 그려두었다. 이 좌보성과 우필성에 해당하는 존상 둘은 관모에 홀을 든 조복(朝服) 차림이며, 나머지 칠성은 긴 머리를 왼쪽 어깨로 늘어뜨린 여인 모습을 하였다. 북두칠성을 아리따운 여인으로 묘사하는 양식은 이미 당나라의 『불설북두칠성연명경(佛說

北斗七星延命經)』에서도 보이던 것으로, 선조본의 칠성 도상은 그『연명경』의 것과 매우 흡사하여 도상 전통의 유구함이 엿보인다.

끝으로 십이궁도(十二宮圖) 위쪽에 신비로운 구름을 타고 넷과 셋으로 무리지어 가부좌 자세에 머리가 짧은 동자 모습으로 하강하는 일곱 존상에도 존명이 적히지 않았다. 이 역시 북두칠성으로 보이는데, 조선시대 들어서 새로이 제기된 동자 칠원성군(童子七元星君)이 아닐까 한다.[4]

차재선의「조선조 칠성불화의 연구」(1991)에서는 머리를 가지런히 빗어 내린 소년으로 묘사된 동자칠원성군을 소개하고 있다. 전남 구례 천은사(泉隱寺) 칠성각 칠성탱(1749)에 보이는 이 형식은 1800년대 칠성불화에서 더욱 확산되며, 그 명칭은 경전이나 다른 불화의 화기에는 보이지 않고 통도사(通度寺) 서운암(瑞雲庵) 칠성탱 (1861)의 화기에서 "紫微七元星君 北斗七元星君 內輔弼星 外輔弼星 三台六星 二十八宿諸大星君 童子七元星君"이라 하여 그 이름이 나타나며, 조선조 후기에 자식 낳기를 비는 기자(祈子) 신앙이 두드러짐에 따라 나타난 도상이 아닐까 추정 하였다.

이러한 견해를 참고하여 선조본 치성광불화에 묘사된 일곱 존상을 그와 같은 '동자칠원성군'으로 비정하고자 한다. 조선 후기 18, 19세기 칠성불화에서 확산되는 동자칠성 신앙이 이미 선초 무렵에 시작되는 것으로 볼 수 있다. 이런 동자칠성 출현은 고려의 치성광불화에 없던 새로운 양식으로 구요 신앙보다 칠성 신앙이 강조되는 조선시대의 천문 안목이나 아들을 선호하는 성리학적 가치관이 확산되는 사회 변동과 관련 있을 것으로 보인다.

고려본 치성광불화의 도상 판독

(1) 다음 고려 14세기 추정작 〈치성광여래왕림도〉(『고려시대의 불화』 도판 63, 시공사, 1997)의 존상명을 판독하면 〈표 1〉과 같다. 이에 대한 모사도와 도상 판독은 필자에 의해 처음으로 시도된 것이다. (그림 29, 30)

---

4. 차재선,「조선조 칠성불화의 연구」,『고고미술』 186호, 한국미술사학회, 1991, p.68~70

그중에서 상단부의 십이궁명(十二宮名)은 글자 판독이 거의 불가능하여 원반 속에 그려진 금우(金牛), 남녀인물, 거해(巨蟹) 등의 도상 내용으로 추정하였으며, 궁명(宮名)은 선조본의 것을 따랐다. 선조본의 궁명에서 모호한 부분도 있지만 원모사도에서 읽은 십이궁명을 그대로 사용하였다.

좌우와 하단의 이십팔수는 별 모양으로도 식별할 수 있을 만큼, 성수상과 성수명이 비교적 뚜렷하여 특별한 어려움이 없다.

금우궁 아래 작은 구름을 타고 내려오는 북두구성 그림은 너무 작아 판독하기 어렵지만 자세히 관찰하면 차림새로 대략 구별된다. 삭발 비구 모습을 한 앞줄의 넷과 뒷줄의 셋이 탐랑성(貪狼星), 거문성(巨門星), 녹존성(祿存星), 문곡성(文曲星), 염정성(廉貞星), 무곡성(武曲星), 파군성(破軍星) 등 칠성으로 생각되며, 관모 수염에 관복 차림을 한 앞줄 오른쪽의 조복성관형 두 존상이 좌보성(左輔星)과 우필성(右弼星)일 것이다. 여기의 아홉은 모두 남자 얼굴을 하고 있는 데 비해, 선조본 치성광도의 칠성도에는 칠성이 여자 모습으로 그려졌다. 선조본에서 긴 머리를 옆으로 내린 여자 얼굴[被髮女容]의 일곱이 칠성신(七星神)이며, 오른편에 관복과 관모를 쓴 남자 모습[朝服星官]의 둘이 좌보성과 우필성으로 쉽게 구분되었듯이, 고려본에서도 삭발비구승 형식의 일곱 칠성신과 조복성관 형식의 두 좌보·우필 존상이 쉽게 구분된다. 이처럼 선조본, 고려본 모두 좌보와 우필이 조복 차림의 도교적 성관(星官) 모습인 점이 주목을 끈다. 이 두 성수가 본래 불교 연원이 아닌 도교 배경의 성수였음을 시사한다.

중앙 우거(牛車) 아랫단의 삼태육성 부분은 천자성(天子星)과 여주성(女主星)만 확실하고 나머지는 불분명하지만 사성의 사(士) 자가 읽히므로 선조본 치성광도에 따라 제후성, 경성, 사성, 서성으로 추정하였다. 남두육성 중 익산성의 산(算) 자와 상생성의 생(生) 자가 불분명하였으나 『정통도장』에 근거하여 추독(推讀)하였다.

구요 부분에서 금성과 월패성 사이에 있는 존상의 글자가 보이지 않으나 전체 십일요의 구성상 자기성(紫氣星, 紫炁星이라고도 쓰며, 대개는 炁로 써서 신령성을 강조한다)으로 추정되었다. 화성(火星)과 월태음성(月太陰星)의 아래에 줄을 잡고 우거를 모는 마부가 묘사되어 있다.

	성 수	고 려 본	선 조 본
중앙	북진성	치성광여래 (왼손에 법륜)	치성광여래 (머리 위 북극성 별 그림. 왼손에 법륜)
1단	일월천	일광변조보살·월광변조보살 (추독) (머리에 보관, 월광의 좌수보검)	일광보살·월광보살 (머리에 화관)
2단	대천주	천황대제 (면류관)	옥황대제 (합장, 화관)·천황제 (면류관, 집홀)
	(불천)		제석천·대자재천·대범천·나라연천·도솔천 혹은 제석천·대자재천·대범천·대변재천·대공덕천 (모두 합장에 화관)
3단	십일요 (일월)	일태양성·월태음성 (관모 집홀, 각 적색과 백색 원반의 관식)	일대양·월대음 (관모 집홀, 둘 다 적색 원반의 관식)
	십일요 (오성)	목성 화성 진성 금성 수성 (금성·수성은 여성형 보관 집홀, 나머지 조복집홀, 토성에 우두관, 목성에 저두관)	사성 목성 화성 토성 금성 수성 (모두 조복집홀 관모, 단 수성은 합장에 화관)
	십일요 (사요)	라후성 계도성 월패성 자기성 (조복 관모 집홀, 단 월패는 삭발비구승복)	라후성 교식성 자미성 월패성 (라후는 집홀에 관모, 나머지는 집홀에 쪽모양 관)
하단부	남두육성	사명성 사록성 연수성 익산성 도액성 상생성 (모두 조복집홀)	사비성/사명성 사록성 연수성 익산성 도액성 상생성 (조복)
	삼태육성	천자성 여주성 제후성 경성 사성 서인성 (모두 조복집홀)	천자성 녀성 제후성 경성 사성 서성 / 두성 우성 태자성 수녀성 (경성 이하 작은 화관)
상단부	북두구진	탐랑성 거문성 녹존성 문곡성 염정성 무곡성 파군성 (삭발비구승) / 보성 필성 (조복집홀) (성수명 추독)	'칠성' [탐랑 거문 녹존 문곡 염정 무곡 파군 (피발여용상) /좌보 우필 (조복장관형) (구진명 필자 삽입) 동자칠원성군 (십이궁의 상단부, 가부좌)
	십이궁	보병 쌍어 백양 금우 음양 거해 사자 쌍녀 천칭 천갈 인마 마갈 (추독 / 거해궁과 사자궁 사이에 금륜)	정월쌍어 이월백양 삼월금우 사월음양 오월거해 유월사자 칠월쌍녀 팔월천칭 구월천갈 시월인마 십일월마갈 십이월보병 (사자궁과 쌍녀궁 사이에 보개)
외곽	이십팔수	각성 항성 저성 방성 심성 미성 기성 (우측) 두성 우성 녀성 허성 위성 실성 벽성 (우하) 규성 루성 위성 묘성 필성 자성 삼성 (좌측) 정성 귀성 류성 성성 장성 익성 진성 (좌하)	각성 항성 저성 방성 심성 미성 기성 (우측) [두성] 견우성 직녀성 허성 위성 실성 벽성 (우하) 규성 루성 위성 묘성 필성 자성 삼성 (좌측) 가위성 정성 귀성 류성 성성 장성 익성 진성 (좌하)
	28수 신수 (추정)	각[蛟] 항[龍] 저[貉] 방[兔] 심[狐] 미[虎] 기[豹] 두[獬] 위[牛] 녀[蝠] 허[鼠] 위[燕] 실[猪] 벽[貐] 규[狼] 루[狗] 위[雉] 묘[鷄] 필[鳥] 자[猴] 삼[猿] 정[犴] 귀[羊] 류[獐] 성[馬] 장[鹿] 익[蛇] 진[蚓]	28수 존상 (선조본 모두 화관조복, 고려본 중 필성만 삭발비구승형)

표 1 고려 전본(14세기)과 선조 2년(1569)작 치성광불화의 도상 구성

끝으로 치성광여래 바로 곁에 있는 좌우 존상의 글자는 판독하기 매우 어렵다. 위치로 보아 일광보살과 월광보살의 두 협시보살로 추정된다. 여래 왼손 아래 존상의 첫 글자를 일(日)로 읽을 수 있을 것 같아 이것을 일광보살로 삼고 반대편 천황대제(天皇大帝)의 위쪽 우협시 존상을 월광보살로 추정하였다. 이 두 존상은 여래 다음으로 가장 크게 묘사되어 있다. 자세히 보면 세 갈래 수염을 지닌 일광은 오른손으로 불꽃 모양의 무엇이 소복이 담긴 쟁반을 들고 있으며, 눈썹이 매서운 월광은 오른손에 칼자루를 곧추 세워 들고 있다. 『칠요양재법(七曜攘災法)』[806년, 당 금구

타(金俱吒) 찬]에 묘사된 월궁신(月宮神)이 청천의(靑天衣)에 보검(寶劍)을 지물(持物)로 하였다 하므로, 보검을 든 쪽이 월광보살임이 분명할 듯하다. 이 두 협시의 정확한 존명은 추후 확인해야 할 것이다. 그리고 세로 직사각형 글자란의 크기로 보아 글자 개수가 대략 5자에서 7자는 되어야 하므로, 필자의 새로운 모사도에서는 조선조 '칠성청(七星請)'에 나오는 존칭을 따라 각각 일광변조보살(日光遍照菩薩)과 월광변조보살(月光遍照菩薩)로 추독하였다.

표 1에 두 치성광불화에 대한 판독 결과를 요약 정리하였다. 광배 크기나 복식 정도에 따라 단락을 구분하였다.

치성광불화의 판테온 구성 개괄

앞서 고찰한 도상 및 성수명 판독을 바탕으로 치성광불화의 전체적 도상 구성을 살펴보자. 고려본과 선조본 치성광불화는 구성이 거의 동일한데 비중이나 성격에 따라 대략 열 단락으로 가를 수 있다.

광배 크기로 본다면 1) 본존인 치성광여래가 가장 크며, 2) 그 다음 일광·월광보살이 크며, 3) 그 다음으로 제석 등 대천보살(大天菩薩), 4) 천황대제와 옥황대제다. 5) 그 다음 크기로 일월오성과 사요(四曜)를 포함한 십일요 성중(星衆)이 그려졌는데 이들은 홀(笏)을 들고 관모(冠帽)를 쓴 조복(朝服) 차림이므로 보살 반열로 보기는 어렵다. 고려본에서는 수성과 금성이 여성형으로, 조선본에서는 수성만 여성형으로 그려졌다. 고려본의 월패성은 삭발 비구 승려형이다. 오성 중 토성에 우두(牛頭) 관식이, 목성에 저두관(猪頭冠)(?)이 그려진 듯하다.

그 다음은 십일요보다 광배가 조금 작으면서 그와 동일한 관식과 조복 차림을 한 6) 남두육성과 7) 삼태육성을 들 수 있다. 고려본에서는 십일요보다 남두육성의 복식 격이 떨어지며, 남두육성보다 삼태육성의 관복 격이 떨어진다. 선조본에서는 삼태육성 중 경성(卿星), 사성(士星), 서성(庶星)의 관식은 다른 세 삼태성과 남두육성보다 격이 낮다. 아마 제후 아래의 사서인(士庶人)을 담당한 별이라서 그런가 싶다. 그런데 십일요 중 화성, 토성, 금성 및 교식성(交食星), 자기성(紫炁星), 월패성(月孛星)의 광배와 관식이 다른 십일요보다 작고 뒤떨어진다. 그 반면에 수성은 제

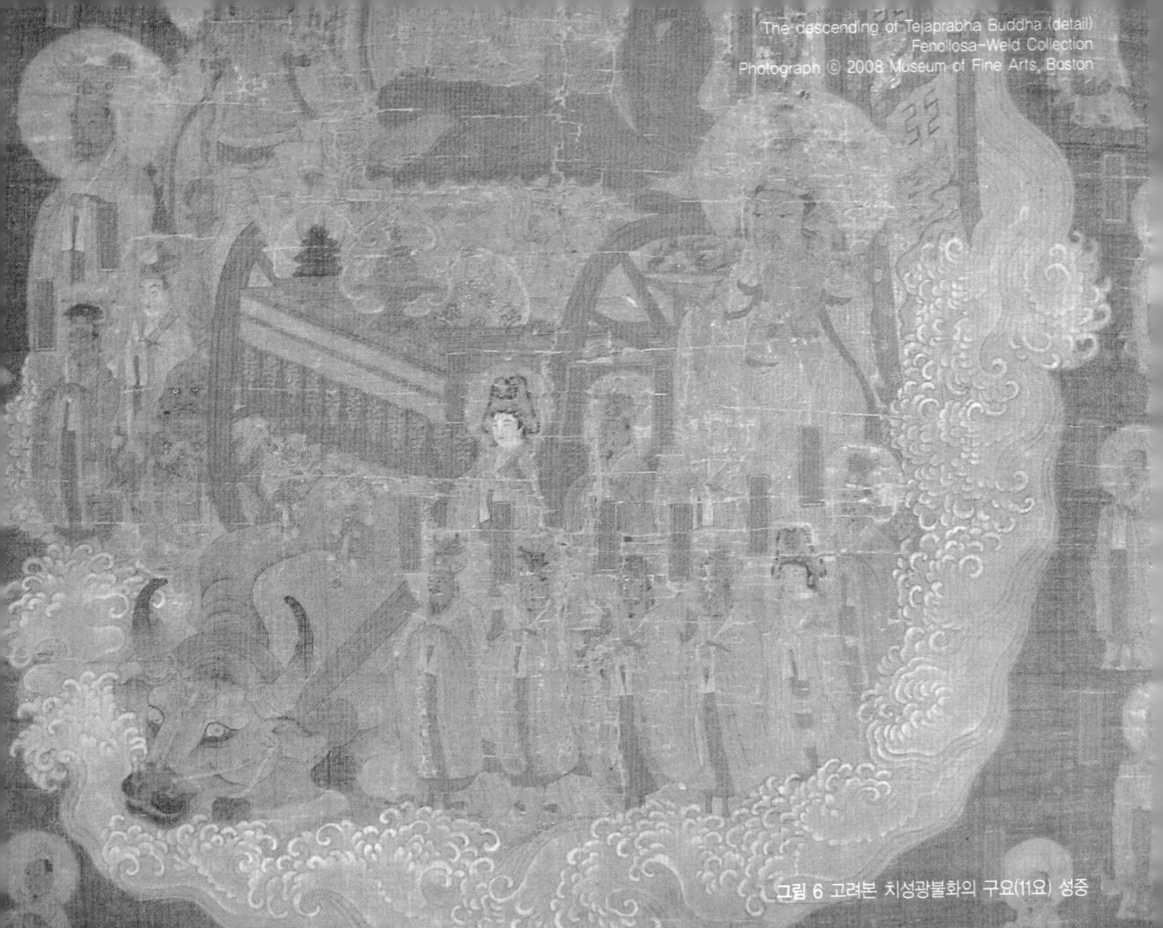

The descending of Tejaprabha Buddha (detail)
Fenollosa-Weld Collection
Photograph © 2008 Museum of Fine Arts, Boston

그림 6 고려본 치성광불화의 구요(11요) 성중

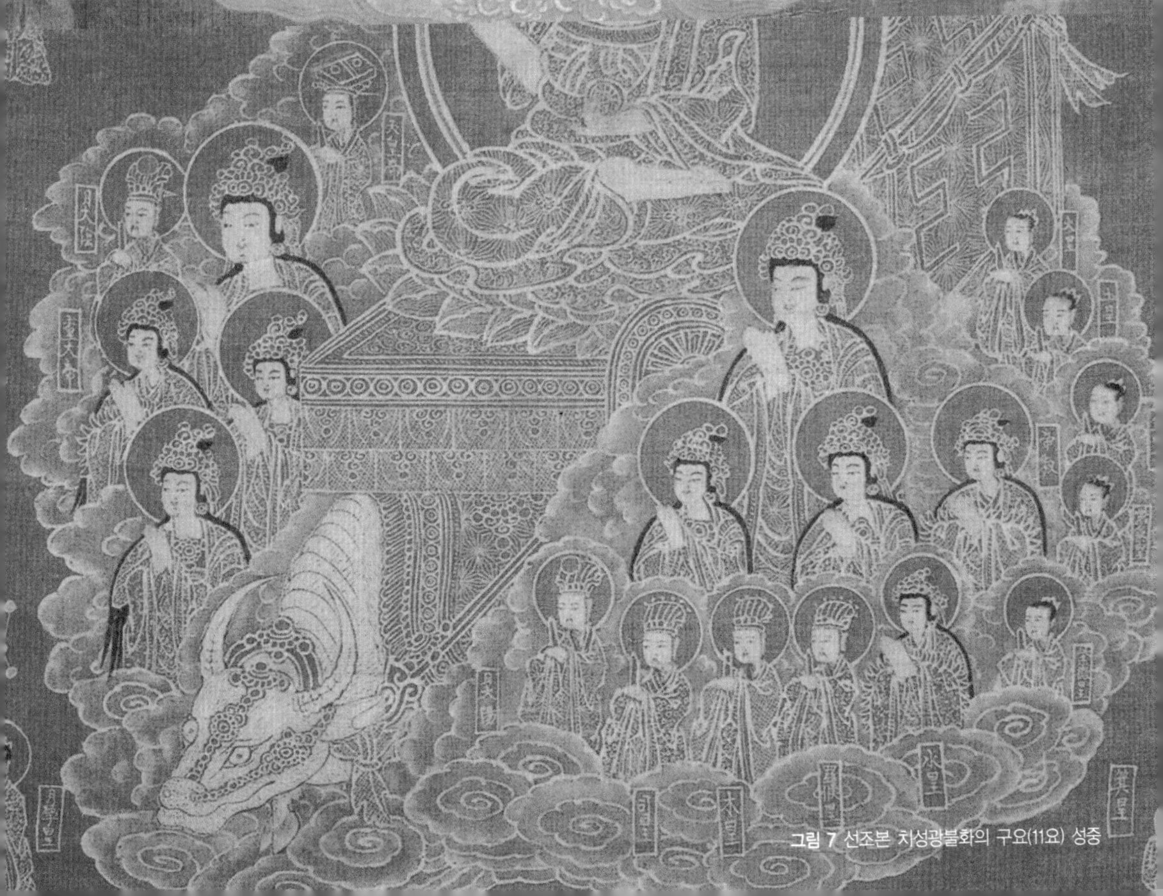

그림 7 선조본 치성광불화의 구요(11요) 성중

천보살(諸天菩薩)보다 광배는 작지만 동일한 관식을 취하여 눈에 띤다.

8) 그 다음으로 이십팔수 성중이 있는데, 이들은 고려본에서는 삼태성과, 선조본에서는 경성·사성·서성과 동일한 관식에 조복을 하였다. 여래의 왼손 쪽에 동방칠수 각항저방심미기(角亢氏房心尾箕)가, 그 반대편에 서방칠수 규루위묘필자삼(奎婁胃昴畢觜參)이 그려졌다. 북방칠수 두우녀허위실벽(斗牛女虛危室壁)은 오른쪽 아래에 그렸으며, 남방칠수 정귀류성장익진(井鬼柳星張翼軫)은 왼쪽 아래에 그려졌다. 고려본의 필성은 비구승려형이다.

9) 북두칠성은 이십팔수보다 작은 광배에 작은 인물로 그려졌다. 선조본의 칠성은 긴 머리를 늘어뜨린 피발여용 형상을 하였으며, 보성(輔星)과 필성(弼星)은 칠성과 같은 광배이나 홀을 들고 관모를 쓴 조복 차림의 성관형(星官形)이어서 구별된다. 고려본의 칠성 역시 북두구진인데, 삭발비구승 형태를 취한 앞뒷줄 일곱 존상이 북두칠성이며 그 오른쪽에 조복성관형 차림을 한 좌보성과 우필성이 서 있다.

10) 북두구진보다 작은 광배에 작은 인물로 묘사된 일단의 무리가 선조본의 십이궁도 뒤편 하늘에서 두 무리로 나뉘어 내려오고 있다. 앞서 언급한 바대로 이 역시 북두칠성으로 생각되며 어린이 모습이어서 조선시대에 새로 등장하는 동자칠원성군으로 추정된다.

11) 마지막으로 금륜(金輪) 혹은 보개[寶蓋, 보주(寶珠) 따위로 장식된 천개(天蓋)]를 사이에 두고 하늘 위쪽에 궁륭형으로 에워싸는 십이궁도가 있다. 선조본에는 두 줄짜리 테두리 원반 안에 오른쪽부터 차례로 궁명을 따라가면 쌍어궁(双魚宮), 백양궁(白羊宮), 금우궁(金牛宮), 음양궁(陰陽宮), 거해궁(巨蟹宮), 사자궁(獅子宮), 쌍녀궁(双女宮), 천칭궁(天秤宮), 천갈궁(天蝎宮), 인마궁(人馬宮, 활과 화살), 마갈궁(磨蝎宮, 날개 편 새), 보병궁(寶鉼宮, 항아리)이 그려져 있으며, 각기 정월부터 십이월까지 배당되어 있다.

치성광불화에서 드러나는 천문사상과 도불 교섭

고려 천문의 중심, 구요와 십일요 성중

(1) 치성광불 만다라의 구성에서 두드러진 점은 무엇일까? 첫째, 일월과 오성 및 사요로 구성된 십일요 성중이 만다라 중심 역할을 하고 있다는 점이다. 그래서 십일대요(十一大曜)라 한다. 그런데 십일대요의 성격은 이미 구요가 갖추었기 때문에 구요로 대변하여도 무방하다. 고려에서 그 전당을 구요당이라 한 것을 보면 구요 중심의 천문 체계를 표방하였다고 생각된다.

십일요가 지닌 천문학적 의미는 이것들이 하늘에 붙박이로 고정되어 있는 항성(恒星, fixed star)이 아니라 천문 변화를 주도하는 행성(行星, moving star)이라는 데서 찾을 수 있다. 그러므로 요(曜)와 성(星)은 구분된다. 움직이는 별인 행성들은 고대 동양에서 흔히 일요(日曜), 월요(月曜), 목요(木曜) 등 요로 구분 지칭되었다. 물론 움직이는 천체에는 혜성(彗星), 유성(流星) 등이 더 있지만, 이것들은 손님처럼 왔다간다 해서 객성(客星)이라 부른다. 이와 달리 움직이지 않고 늘 그 자리에 있는 천체가 하늘의 수많은 성진(星辰)인 셈이다. 그 별들 중에서도 기준이 되는 별자리로 북극성 등 자미원(紫微垣)과 태미원(太微垣), 천시원(天市垣)의 삼원 별자리가 있고 적도 주변에는 이십팔수가 설정되어 있다. 고대 동양에서 천문 변화를 점후하는 것의 기본 원리는 결국 요와 성의 관계 여부에 달려 있다. 제자리에서 움직이지 않는 항성들 사이로 궤도를 그리며 움직여 가는 행성들을 관측함으로써 군신 관계, 국가간 관계 등을 점후하였던 것이다.

고려의 천문에서 중시된 십일요는 이 같은 면에서 의의가 있다. 이와 달리 조선조 칠성 신앙의 경우에는 천문 변화의 문제가 아니라 그 별자리에 인간의 명운을 부여하여 자신의 길흉화복을 추단하는 기복적 의의가 강하다.

둘째, 치성광불화에서 일월이 이중적 신격으로 분화되어 있는 점이다. 하나는 치성광여래의 좌우 협시보살로 묘사된 보살 반열의 일광보살(日光菩薩)과 월광보살(月光菩薩)이며(일월광격), 다른 하나는 성중으로서 칠요(七曜)의 구성원이 되는 일태양성(日太陽星)과 월태음성(月太陰星)이다(일월요격). 전자의 경우 격을 달리하여 일광

천자(日光天子)와 월광천자(月光天子)라 존명하기도 한다. 선조본의 좌우 보처인 일광·월광은 화려한 보관을 쓴 보살의 복식을 하였지만, 고려본의 월광보살은 오른손에 칼을 들고 갑주를 입은 무신의 모습이고 일광은 그와 대조적인 온화한 문신의 모습이다. 이런 측면에서 그 아래 칠요의 자격인 일요·월요 성관(星官)보다 높은 격식을 갖춘 인물로 묘사되었다고 생각된다.

이 같은 일월의 존상 분화는 일월이 지닌 천문 배경이 분리된 데서 말미암은 것으로 여겨진다. 첫째는 광명을 주재하는 치성광여래가 모든 빛의 근원이자 천지의 대변자 격인 일월을 자신의 두 보좌로 삼는 동양적 천문우주관에서 조망된다. 둘째는 하늘의 뭇 별에서 움직이는 별, 곧 행성으로서의 일월과 오성을 같은 차원으로 여겨 이 칠요를 천문 변화의 기본 단위로 상정하려는 천체운행 측면에서 조망된다. 지구에서 보면 칠요는 천문 변화를 주도하면서 끊임없이 하늘의 일정한 궤도를 움직여 가는 변화의 축이 된다. 십일요 중 나머지 사요에도 칠요와 같은 맥락이 담겨 있다. 이 사요는 실제 천체는 아니지만, 달의 운행 궤도에서 비롯된 가상적인 네 천체이면서 역시 자신의 일정한 궤도를 지닌 것처럼 인식되었다.

(2) 십일요의 구성은 세 단락 정도로 가를 수 있다. 첫째 천지 음양의 대변자 격인 일월, 둘째 일정한 궤도를 끊임없이 도는 오성, 셋째 일월식의 천변 현상을 일으킨다고 믿어진 라후(羅睺), 계도(計都), 자기(紫炁), 월패(月孛)의 사요[일명 사여(四餘)]가 덧붙는 형식이다. 이 중에서 일월과 오성은 칠요라 합칭하는데, 고대 중국에서 천문 변화를 주장하는 일곱 존재로 여겨 칠정(七政)이라 부르기도 하였다.

사여는 중국 천문에 없던 것인데 불전 번역을 통하여 인도 천문학이 도입되면서 유래된 가상의 네 천체를 일컫는다. 달의 백도(白道)와 해의 황도(黃道)가 만나는 두 지점에서 일식과 월식이 일어나는데 인도의 옛 달력에서는 이 천구상의 교회처(交會處)도 일정한 주기와 궤도를 지닌 것으로 인식하여 행성으로 분류한 것이다. 두 교점 중 백도상 강교점(천체가 북쪽에서 남쪽으로 내려가면서 황도면을 지나는 점)을 라후(羅睺, Rāhuḥ), 승교점(천체가 남쪽에서 북쪽으로 올라가면서 황도면을 지나는 점)을 계도(計都,

Ketuḥ)라 불렀다.[5]

불전에 표현된 명칭을 살펴보면,『범천화라구요(梵天火羅九曜)』에서는 일월식을 일으키는 천체라는 의미에서 식신성(蝕神星. 라후 식신성, 계도 식신성)이라 하였으며,『칠요양재법』에서는 이를 다시 일월식의 머리와 꼬리로 구분하여 라후는 식신두(蝕神頭), 계도는 식신미(蝕神尾)라 부른다.『범천화라구요』에서는 라후를 누런 깃발이라는 뜻의 황번(黃幡)으로, 계도를 표범의 꼬리라는 의미에서 표미(豹尾)로도 번역했다.『마등가경(摩登伽經)』,『북두칠성호마법(北斗七星護摩法)』에서는 라후를 일월식을 일으키는 교회식신성(交會蝕神星)으로, 계도를 살별로 알려진 혜성으로 보기도 하였다.

이 두 식신성과 기존의 칠요를 합하여 구요라 합칭하게 된 것이다. 불교에서는 이것들이 다른 별들을 잡아먹는다는 뜻에서 구집(九執, Nava Grahaḥ)이라 불렀다. 당 현종 때에 천축 천문학승 구담실달(瞿曇悉達, Gautama Siddhanta)이 번역한『구집력(九執曆)』은 이를 반영한 것이다.『구집력』에는 매일을 칠요에 배당하는 칠요주기법이 담겨 있으며, 8세기초 당의 의정(義淨)이 번역한『불설대공작주왕경(佛說大孔雀呪王經)』에도 칠요의 순서가 현재와 같게 기록되어 있다.

나머지 월패, 자기(紫炁. 紫氣와 같다)는 정확한 개념이 잘 알려지지 않았는데, 대략 황도에서 가장 멀리 떨어진 백도상의 두 지점 중 각각 황도 북쪽의 것과 남쪽의 것을 지칭한 가상 천체로 해석된다.[6] 이 둘도 인도 천문학에서 유래된 것이라 하는데

5.『칠요양재법』(타이베이판『불교대장경』54책)에서 "라후 갈라사는 일명 황번(黃幡), 일명 복(復), 일명 태양수(太陽首)이며 항상 은행(隱行)하여 볼 수 없다. 일월을 만나면 잡아먹으며, 삭망에 만나면 반드시 식(蝕)한다. 일월이 상대(相對)하여도 또한 식(蝕)한다. 19일에 1도를 가며, 한 달에 1도와 10분의 6도를 움직이며, 일 년에 19도와 3분의 1도를 움직이며, 1년 반이면 일차(一次)를 운행한다. 18년에 일주천하며, 11도 3분의 2도를 퇴행(退行)한다. 무릇 93년이면 크게 종결하여 다시 반복한다."고 하였다. "계도 갈라사는 일명 표미(豹尾), 일명 식신미(蝕神尾), 일명 월겁력(月劫力), 일명 태음수(太陰首)이며, 항상 은행하여 보이지 않는다. 사람의 본궁(本宮)에 들면 재화(災禍)가 오며, 항상 하늘에 순행(巡行)하여 서질(徐疾)이 없다. 9일에 1도를 가며, 한 달에 3도와 10분의 4도를 가며, 아홉 달에 일차를 운행하며, 일 년에 40도와 10분의 7도를 운행한다. 9년에 일주천하며, 6도 10분의 3도 차이가 생긴다. 무릇 62년에 7주천하며, 3도 10분의 4도 차이가 생긴다."고 하였다. 이 같은 설명은 라후성과 계도성을 그 자체로 일정한 주기와 운행 궤도를 가진 천체의 일종으로 본 것이다.
6. 인도의 사요 영향으로 당 이후의 구(舊) 역서(曆書)에는 항상 라후(羅睺)·계도(計都)·자기(紫氣)·월패(月孛)의 문제를 싣는다고 한다. :陳遵嬀,『中國天文學史』권2, 明文書局, 1985, pp.152~154

	일월	오성	사 여	
칠 요	일, 월	목, 화, 토, 금, 수	–	–
구 요	일, 월	목, 화, 토, 금, 수	라후, 계도	–
십 일 요	일, 월	목, 화, 토, 금, 수	라후, 계도	자기, 월패

표 2 칠요, 구요, 십일요 비교

불전에서는 거의 언급되지 않고 도교 경전류에는 중요하게 포함되어 있다. 이 때문에 월패성과 자기성을 도교적 맥락의 천체로 보는 견해가 제기되었으며[7] 일리 있는 지적이라 생각된다. 월패를 혜성으로 해석하는 경향도 있다. 라후, 계도라는 명칭이 번역어임이 분명하나, 자기와 월패는 번역어가 아닌 듯한 이유도 이 때문이 아닐까 여겨지지만 더 자세한 추고는 후일로 기약한다. 그래서 불교의 천문사상에서는 구집의 구요가 으뜸이 되며, 도교의 천문에서는 구요보다 십일대요를 내세우는 경향이 있다.

고려의 천문사상에서는 결국 성(星) 중에서도 요(曜)에 많은 의미를 부여했던 것이다. 칠요는 중국 천문 전통에서도 일찍부터 특별한 존재로 취급되어 하늘의 다스림을 주도하는 칠정(七政)으로 불렸다. 여기에 인도 천문사상에서 도입된 라후·계도가 덧붙음으로써 불교 천문에서는 구요라는 새로이 확장된 요 중심의 천문 체계를 전면에 내세우게 되었으며, 일월식의 천변(天變)을 제왕에 대한 하늘의 견책으로 받아들이던 중국적 천견(天譴) 사상으로 인해 구요 사상은 당 전후에 더욱 천문의 중심 범주로 확산되었다.

기왕에 마련된 구요에 자기, 월패를 덧붙인 십일요 사상은 주로 도교 천문에서 운위되고 수록되었는데 그 같은 구요 관념의 연장선에서 이해되며, 십일요에 대한 관찰과 의례를 통하여 천문 변화의 모든 것을 담아내려 하였던 것이 아닐까 생각된다.

도장(道藏)에서 『십일요신주경』[전칭 원시천존설십일요대소재신주경(元始天尊說十一曜大消災神呪經)], 『상청십일대요등의(上淸十一大曜燈儀)』같은 제명이 등장하게 되었고,

---

7. 서윤길, 「구요신앙과 그 사상원류」, 『고려밀교사상사연구』, 불광출판부, 1993

『태상동진오성비수경(太上洞眞五星秘授經)』등 천문 관련 도경(道經)들에서도 구요 또는 십일요 관념이 널리 원용되기에 이른다(『정통도장』 2책, 5책).

『상청십일대요등의』는 십일요에 대한 재초작단의궤(齋醮作壇儀軌)를 설명한 책인데, 삼청상성십극고진(三淸上聖十極高眞)의 중천성주(中天星主)인 자미대제(紫微大帝)를 중심으로 일궁·월부성군(日宮·月府星君), 오성사요성군(五星四曜星君), 남두육사성군(南斗六司星君)·북두구황성군(北斗九皇星君), 주천이십팔수성군(周天二十八宿星君), 본명원진성군(本命元辰星君), 삼관대제(三官大帝) 등을 설위한다 하였다(『십일요신주경』도 동일).

중천성주라는 자미대제는 물론 북극성 신격이다. 그 다음의 일궁태양제군(日宮太陽帝君)·월궁태음제군(月宮太陰皇君)과 오성사요(五星四曜)는 십일대요를 일컫는다. 사요의 명호는 ① 교초건성 라후은요성군(고진황번궐)[交初建星 羅睺隱曜星君(高眞黃幡闕)]과 ② 교종신미 추성계도성군(표미진성궁)[(交終神尾 墜星計都星君(豹尾鎭星宮)], ③ 천일 자기도요성군(天一 紫炁道曜星君), ④ 태일 월패혜성성군(太一 月孛彗星星君)이라 하였다. 신수지성(神首之星)인 라후성은 보검을 차고 비룡을 몰고 흑도(黑道)를 따라 다니면서 항상 회삭(晦朔)에 점측(占測)된다 하였다. 교종(交終)의 은요(隱曜)인 계도성은 어두운 곳에서 음덕(陰德)을 표상하는데, 부릅뜬 눈에 위엄 있는 무복(武服)을 입고 주전(珠躔)을 따라 돌면서 분노하면 산악에서 용사(龍蛇)를 분출한다고 한다. 천일(天一)에 가탁된 자기성은 목덕(木德)의 여기(餘氣)를 품수 받았으며 자미(紫微)의 정요(精耀)를 포함하고 있다고 하였다. 태일(太一)에 가탁된 월패성은 야광지기(夜光之炁)를 품수 받았으며, 비록 흑도를 지나지만 가히 측험할 수 있다고 하였다. 불교의 사요가 지니는 이미지와 대체로 유사하여 도불 습합된 십일요 신앙을 잘 보여 준다.

고려시대의 천문 전통에서는 이상과 같은 천변이나 성변(星變)에 대한 천견 사상 맥락에서 구요 또는 십일요에 대한 의례가 중시되던 것으로 여겨진다. 역대 왕들이 구요당에 빈번히 행차하였고, 내전 등 궐내에서 제천수요에 대한 초제(醮祭)가 자주 거행된 점을 보면 알 수 있다. 이규보의 『동국이상국집(東國李相國集)』에 실려 있는 「구요당행천변기양십일요소재도량겸설초례문(九曜堂行天變祈禳十一曜消災道場

兼設醮禮文)」,「성변기양십일요소재도량문(星變祈禳十一曜消災道場文)」,「국복십일요
이십팔수초례문(國卜十一曜二十八宿醮禮文)」 등도 고려의 구요 신앙이 어떠했을지를
잘 보여 준다.「천변기양오성도량문(天變祈禳五星道場文)」은 십일요 중 오성을 주제
로 한 초례문이다.

이러한 구요에 대한 천문 전통이 조선시대에 쇠퇴하게 되면서, 그 대신 북두칠성
등 다분히 개인 구복적인 차원의 성수신앙이 주류로 자리매김되는 것이 아닐까 생
각된다.[8] 물론 고려에서도「북두청사(北斗青詞)」 등으로 미루어 보아 북두칠성에 대
한 신행도 설행되었지만 고려 천문체계에서 중심적 지위에 있었다고 보기는 어렵
다. 반면 조선조에서는 구요 등 대부분의 성수의례가 쇠퇴하게 됨으로써 그 결과
북두칠성 신앙이 강조되는 형국이라 할 수 있다.

(3) 다음 고려본 십일요의 도상 양식에 대해 살펴보면, 고려본의 오성 중 수성과 금
성은 여성형이며, 월패성은 삭발 승려의 모습이며, 나머지 십일요는 홀을 든 남성
형 문관 차림새다. 오성의 관식이 무슨 상징으로 구별된 듯도 한데 잘 파악되지 않
는다. 구요의 형상을 서술한 불전을 참조하여 고찰하면 다음과 같다.

먼저 일월상에 대해 살펴보면, 서천축에서 온 당승 금구타(金俱吒)가 찬집한『칠
요양재법』에서, 일궁의 신형은 사자 같은 머리에 천의를 입고 보병(寶瓶)을 수지(手
持)한 사람의 형상이며, 월궁의 신형은 청색 천의를 입고 보검을 수지한 천녀의 형
상이라 하였다. 고려본 치성광불화에서 일광보살이 불꽃(?) 쟁반을 수지한 원만상
이고, 월광보살이 보검을 든 무장의 모습인 것과 어느 정도 유사한 맥락이 읽힌다.
특히 월궁에 동일한 보검 지물이 있다.[9]

다음으로 오성의 형상을 살펴보면,『칠요양재법』에서 금성은 신형이 여인으로
황의를 입고 머리에 계관(鷄冠)을 쓰고 손에 비파를 켠다 하였으며, 목성은 노인 형

---

8. 김일권,『불교연구』 18집(2002)에서 고려와 조선의 천문 사상의 차이 문제를 다루었다.
9. 당승 일행(一行)이 한역한『범천화라구요』(54책)에서는, 태양밀일성(太陽密日星)은 횡사(橫死)가 없이 복록
(福祿)을 가져다주는 대길성(大吉星)으로 서술되었고, 가슴에 환한 둥근 태양을 안고 있으며 서조(瑞鳥)가 머
리 위에 한 마리, 무릎 앞에 다섯 마리가 앉아 있는 모습이다. 태음월천(太陰月天) 역시 대길성으로 가슴에 둥
근 달을 안았으며 말 다섯 마리가 에워싼 형상이다.

태양

태음

형혹성(화성)

진성(辰星, 수성)

세성(목성)

태백성(금성)

전성(塡星, 토성)

라후식신성

계도식신성

그림 8 『범천화라구요』의 구요 도상(九執圖).

상에 청의를 입고 저관(猪冠)을 두르며 용모가 엄연(儼然)하다 하였고, 수성은 여인 모습으로 청의를 입고 후관(猴冠)을 하고 손에 문권(文券)을 들었다 한다. 화성은 동아(銅牙)에 적색모(赤色貌)를 하며 성내는 빛(嗔色)이며 표범 가죽 치마(豹皮裙)를 입었고 사비(四臂) 중 한 손에 집궁(執弓)하고 다른 손에 집전(執箭), 집도(執刀)하였으며, 토성은 바라문 형상으로 흑색이며 머리에 우관(牛冠)을 두르고 한 손에 주장자(柱杖子)를 잡고 다른 손은 앞을 가리키고 있다고 하였다.

당승 일행(一行)이 한역한 『범천화라구요』에서도, 토성은 바라문 형상에 우관수(牛冠首)를 하였고 석장(錫杖)을 수지하였다. 수성은 부인 신상(神狀)에 원관 수대(猿冠 首帶)를 하였고 지필(紙筆)을 수지하였다. 금성은 여인 형상에 유관 수대(酉冠 首帶)와 백련의(白練衣)를 입고 탄현(彈弦)하였다. 화성은 외도(外道) 같은 신형에 여관 수대(驢冠 首帶)와 네 손에 병기도인(兵器刀刃)을 잡았다. 목성은 신형이 경상(卿相)과 같고 청의에 해관(亥冠)을 쓰고 손에 화과(華果)를 들었다.

고려본에서 수성과 금성의 양식이 여성 형상인 것은 이와 같이 수당대에 점증되는 불전의 천문 영향으로 여겨진다. 그리고 오성의 머리에도 위의 불전 내용과 같은 관식(冠飾)을 하였을 것으로 짐작되나 판독하기에 고려본이 매우 희미하다. 다만 현재 오성 중 토성에 우두(牛頭) 관식과 목성에 저두(猪頭)(?) 관식을 한 것이 읽히기도 하여 그 개연성을 높여 준다. 그리고 선조본의 금성은 관복을 입은 남성형이어서 양식이 변형된 것이라 생각된다.

원대 도교의 중심지 중 하나였던 영락궁 삼청전(1325년)에 묘사된 오성도에서는, 목성은 과반(果盤)을 든 문관 형상으로, 우두로 수식된 토성은 금인(金印)을 든 노인 형상으로, 금성은 비파를 안은 여인 형상으로, 머리에 웅크려 앉은 원숭이(猿猴)로 수식된 수성은 패찰과 필(筆)을 든 여인 형상으로, 머리에 당나귀(驢頭)로 수식된 화성은 병인(兵刃)을 잡은 무장 형상으로 되어 있다.[10] 고려본의 형상도 이 같은 원대 도교의 양식과 어느 정도 상통하지 않을까 짐작되나, 다른 점도 적잖이 눈에 띈다.

---

10. 『영락궁벽화전집(永樂宮壁畵全集)』(天津人民美術出版社, 1997)의 도판 참조

덧붙여『범천화라구요』에는 사요 중 라후성과 계도성에 대한 도상이 실려 있으며, 둘다 은행하여 보이지 않는 흉성으로 서술되었다. 그 중 라후 식신성은 머리 셋에 각기 뱀을 하나씩 치켜든 괴인 형상으로 일명 라사(羅師), 황번(黃幡), 화양(火陽)이라 한다. 일명 표미(豹尾), 대은(大隱)이라 하는 계도 식신성 역시 질병 재액을 주는 흉성으로 머리 셋에 각기 뱀을 세 마리씩 치켜든 더욱 무시무시한 괴인 형상으로 묘사되었다.

그림 9 원나라 영락궁 도관의 구요 도상. 그림 중앙에 있는 일요와 월요를 중심으로 오른쪽 부분에 구요가 있다. 첫째 줄에 왼쪽부터 일요, 월요, 목성, 토성이 있고, 둘째 줄에 월요 위로 수성, 금성이 있으며, 셋째 줄에 수성 위로 월패, 자기, 화성이 있고, 마지막 줄에 월패 위로 계도, 라후가 있다.

영락궁 삼청전의 도관 벽화에 묘사된 사요 도상을 참고하면, 자기성은 문관 복장을 하였으며, 월패성은 목 위로 뱀이 스치고(盤蛇) 검은 뺨(黑臉)에 피발한 모습이다. 이들 뒤에 검을 잡고 무시무시하게 생긴 무장 모습으로 라후성과 계도성이 그려져 있다.[11]

고려본 치성광불화에서는 사요의 모습이 이상의 불전과 도교에 보이는 것과 같은 괴기스런 형상을 취하지는 아니하였으며 라후성, 계도성, 자기성 모두 홀을 든 문관 복식을 하였다. 다만 월패성만 홀을 든 승려 모습이다. 선조본에서는 모두 홀을 든 문관 형상을 하였다. 아마 양식의 변화를 시도한 듯하다. 문화 양식의 수용

11. 도경(道經) 중『상청십일대요정의(上淸十一大曜灯儀)』에서 묘사된 구요 형상에 대하여, 태양은 '若奉於君', 태음은 '象侔后德', 목성은 '果玩蟠桃', 화성은 '劍戟之氣持儀, 弧失之在御馬', 금성은 '常御四弦之樂, 旁觀五德之禽'(상반구는 按琵琶, 하반구는 指鷄), 수성은 '立木猴而捧硯, 執素卷以抽毫', 토성은 '帶劍伏牛, 杖錫持印', 라후성은 '身御飛龍, 手執寶劍', 계도성은 '怒摧山嶽, 怪出龍蛇', 자기성은 '冠聳璊玉 仰瞻穆穆之容, 服曳飛霞遙想鏘鏘之珮', 월패성은 '冠服之飾躬待將趍昕朝之著凜鈇鉞之在手'라 하였다. : 왕손(王遜), 「영락궁삼청전벽화제재시탐(永樂宮三淸殿壁畵題材試探)」[『문물(文物)』63년 8기],『정통도장』5책 참조.

과 변용이라는 주제를 잘 담아 내는 대목이기도 하다.

고려의 천문 지고신 천황대제와 도불 습합

(1) 치성광불 만다라의 또다른 특징은 고려 도불의 습합성을 잘 드러낸다는 점이다. 도상으로도 쉽게 구분되듯이 일월광보살 다음으로 크게 그려진 천황대제(선조본에서는 천황제)는 면류관에 조복을 입고 있어 도교 신격임이 분명하다. 선조본에 그려진 옥황대제 역시 도교 신격의 대표적인 존상이다. 이들은 제석 등 제천보살의 반열에 버금가는 지위를 차지하고 있다.

천황대제는 글자 그대로 하늘의 성스러운 황제라는 뜻을 지니며 구진 성궁(鉤陳星宮)의 중요한 별자리로 입전되어 있다. 천황이라는 말은 주(周)대에서 이미 정립된 천지인 삼재 구조에서 각기를 상징하는 성스러운 존재로서 하늘의 천황, 땅의 지황, 사람의 인황을 내세우던 선진시대의 삼황(三皇) 신화와 밀접하다. 천황이 지닌 이러한 신화 배경 때문에 하늘을 주재하는 최고의 별자리 신격으로 옹립되었을 것이다. 다만 전한에서는 별로 주목받지 못하였으며 후한대 정도를 지나서야 최고 신의 맥락을 지니게 된다.

고려에서 천황에 대한 용례는 의종 6년(1152)에 처음 보이는데, "6월 계미일 왕이 묘통사(妙通寺)에 가서 마리지천(摩利支天) 도량을 베풀었으며, 이날 수창궁(壽昌宮)으로 돌아와 명인전(明仁殿)에서 칠이성신(七二星神)에 초제하였고, 또한 천황대제, 태일(太一) 및 십육신(十六神)에 초제하여 역질(疫疾)을 기양(祈禳)하였다."[12] 한다.

또한 명종 5년(1175) 8월 기미일 "왕이 현성사(現聖寺)에 갔다가, 또 순천관(順天館)에 가서 천황(天皇)과 지진(地眞)의 두 신사(神祠)에게 복을 빌었다."[13]고 하였으며, 고종 14년(1227) 10월 경술일에 "왕이 외제석원(外帝釋院)에 갔는데, 재추(宰樞)들에 명하여 천황당(天皇堂) 초제를 베풀어 전쟁에서 승리하기를 빌었다."[14] 한다.

---

12. 『고려사』 「세가」 17권. 의종 6년 6월 癸未 幸妙通寺 設摩利支天道場. 是日遷壽昌宮. 醮七十二星於明仁殿 又醮天皇大帝太一及十六神以禳疾疫.

13. 『고려사』 「세가」 19권. 명종 5년 8월 己未 幸現聖寺 又幸順天館 祈福于天皇地眞兩祠.

14. 『고려사』 「세가」 22권. 고종 14년 10월 庚戌 幸外帝釋院 命宰樞 設醮于天皇堂 以祈兵捷.

고려본
The descending of Tejaprabha Buddha (detail)
Fenollosa-Weld Collection
Photograph ⓒ 2008 Museum of Fine Arts, Boston

그림 10 천황대제. 왼쪽 처음 그림은 고려본 치
성광불화에, 왼쪽 둘째 그림은 선조본에, 위 그림
은 영락궁 삼청전에 있는 천황대제이다.

이상 몇 가지 대목에서 고려시대의 천황 관념이 엿보이는데, 주목되는 점은 의종 6년조 기사에서 태일(太一)의 앞에 천황대제가 제시되었다는 점이다.

별자리로서 천황대제는 『사기』「천관서」에서는 없었다가, 전후한 교체기에 유행된 위서(緯書) 사상에서 북극성의 정령(精靈)을 북진 요백보(北辰 耀魄寶)라 규정하면서 제창된 관념과 연관되는 신격이다. 이에 대한 내용은 후한의 경학자 정현(鄭玄, 127~200)의 육천설(六天說)에 잘 나타나 있다.

정현은 『주례(周禮)』「춘관(春官)」 '대사악(大司樂)'에 대한 주석에서, 국가 교사(郊祀) 의례 중 동지 원구(圜丘)에서 제사되는 하늘(＝북진)과 정월 남교(南郊)에서 제사되는 소수명지제(所受命之帝) 및 하지 방구(方丘)에서 제사되는 곤륜(崑崙)과 북교(北郊)에서 제사되는 신주지신(神州之神)을 각각 구별하였다. 이 중 하늘 전체의 주재신인 북진 요백보와 오행사상에 따른 다섯 천제, 곧 태미오정제(太微五精帝)를 합친 여섯 하늘(六天)을 모두 제천의 주신인 천제로 인정하는 육천설을 제창하였다. 천황대제는 이러한 북진 요백보를 지칭한다고 이해되었으므로, 결국 후한대에 이르러 북극성이 지니는 우주론의 중심 성격은 만물의 근원이라는 뜻에서 사상적인 태일(太一) 개념으로, 북극성이 지니는 위서(緯書)적 신비주의 성격은 하늘을 주재하는 성스러운 임금이라는 뜻의 종교적인 천황대제 개념으로 분화되었다. 이것은 북극성 상징의 이중적 분화 맥락에서 조망된다. 오정제(五精帝)는 역대 왕조의 수명을 내려 주는 소수명지제를 뜻하는데, 목덕(木德)의 왕조는 창제 영위앙(蒼帝 靈威仰), 화덕(火德)은 적제 적표노(赤帝 赤熛怒), 토덕(土德)은 황제 함추뉴(黃帝 含樞紐), 금덕(金德)은 백제 백초거(白帝 白招拒), 수덕(水德)은 흑제 즙광기(黑帝 汁光紀)의 천명을 받는 것으로 이해되었다. 이러한 오감제(五感帝) 사상은 한대 위서학(緯書學)에서 제기된 것이다.[15] 한대 이후에 태미원이라는 별자리가 자미원 다음으로 중시된 것도 이런 맥락과 무관하지 않다.

천황에 대한 이러한 후한대의 천문사상이 『진서』「천문지」에는 구체적인 별자리로 입전되기에 이르는데, "鉤陳口中一星曰天皇大帝, 其神曰耀魄寶, 主御群靈,

---

15. 安居香山·中村璋八 편, 『중수 위서집성(重修 緯書集成)』 권6, 東京 明德出版社, 1979의 「하도(河圖)」 p.138

執萬神圖."라 하였다. 자미중궁에 있는 구진육성(鉤陳六星)의 갈고리 모양 입구 안에 하나의 별을 천황대제라 일컫고, 그 신을 요백보라 부르며, 군령(群靈)을 통어하고 만신도(萬神圖)를 아우르는 별자리로 자리매김하였다. 송원대에 가서 그 구진좌의 구진대성(句陳大星)이 새로운 북극성으로 주목을 받는 맥락도 이와 관련하여 주목할 필요가 있다.

이렇게 천황대제 또한 군령과 만신의 주재자로 묘사되는데, 『고려사』에 기록된 천황대제는 이러한 성격으로 이해된다. 태일보다 앞세운 것은 대제(大帝)라는 봉작 때문이 아닐까 생각되지만, 『고려사』 전체에서 천황에 대한 기록은 4건 정도에 불과하기 때문에 고려에서는 전반적으로 천황보다 태일을 더 중시한 것으로 파악된다.

(2) 그리고 앞서의 기록에 따르면 고려에서는 천황당이라는 전당이 따로 건립되었는데 그 천황당은 여러 곳에 세워진 듯하다.

첫째, 예종 10년(1115) 전후에 세워진 도교의 중추 궁관인 복원궁(福源宮) 안에 천황당이 세워졌다. 『고려사』 「병지(兵志)」의 간수군조(看守軍條)에서 "복원 천황당에 산직장상 둘을 두었다(福源天皇堂 散職將相二)"하고 복원궁에는 잡직장교(雜職將校) 둘, 산직장상(散職將相) 둘을 두었다 하므로, 천황당이 국가에서 상당히 중요하게 관리하던 곳임을 알 수 있다. 구요당에는 산직장상 둘과 감문위군(監門衛軍) 둘을 두었다 하므로, 이곳이 천황당보다 더 중시된 곳임이 드러난다.

둘째, 앞서 나온 명종 5년(1175) 기사에 따르면 왕이 순천관에 행차하여 천황과 지진 양사(兩祠)에 기복하였다 하므로, 대명궁(大明宮)의 순천관 내에도 천황사가 있었던 것이다. 다만 사묘(祠廟) 형식이어서 당(堂)인지는 분명치 않으나, 이규보의 『동국이상국집』 권38에서 「순천관천황당수리후보안초례문(順天館天皇堂修理後保安醮禮文)」이라는 초례문을 통해 당 형식이었음이 확인된다. 순천관의 천황당을 수리한 후에 그 안보를 기원하는 초례문을 올렸다 하므로, 천황사가 곧 천황당을 뜻하는 표현이 된다. 그 초례문에서 천상의 옥신(玉宸, 하늘의 궁전)에 거주하는 천황이 만물을 구제하려 인간 세계에서는 이 순천관에 머무른다고 하였으며, 또 새로 중수한 천황당에 신령의 보금자리를 보전하여 하늘에서 더욱 많은 복을 내려 주기를 기원하고 있다.[16] 순천관에는 장교 여섯, 산직장상 넷, 산직장교 넷을 둔다(「병지」'간 수군조')고 하였는데, 복원궁 천황당보다 더욱 강화된 경비제도를 갖추었다.

그리고 순천관에 세워진 천황사와 지진사의 성격을 알아보자. 천황당은 이미 만신의 군령을 집장하는 천황대제를 모신 곳인데, 지진사는 명칭으로 보아 천황에 대응되면서 땅의 지기(地祇)를 대표하는 지진을 모신 전당일 것이다. 이에 고려에서는 천지의 주재신을 모시는 전당이 순천관에 각기 마련되었음이 드러난다.

그런데 고려 전체에서 가장 빈도가 높은 천과 지의 보편적 주재신으로는 황천상제(皇天上帝)와 후토지기(后土地祇)가 이미 따로 숭신되었다. 황천과 후토를 천지의 짝으로 대비시킨 기록은 여러 번 나타난다. 인종 8년(1130) 12월 을유일 금나라에 보낸 표문의 말미에서 "황천 후토가 이 말을 살필 것(皇天后土鑑臣此言)"이라 하였고, 고종 19년(1232) 9월 몽고 관인에 대한 답서에서도 "황천과 후토가 실제로 보살필 것(皇天后土實監之矣)"이라 하였다. 공양왕 4년(1392) 7월 이성계에게 행한 맹세문에서도 "황천 후토가 위에서 곁에서 세세토록 자손에 서로 상해가 없기를 굽어 보고 있을 것(皇天后土 在上在旁 世世子孫 無相害也)"이라 하였다. 이처럼 맹세의 보증인으로 왕의 책명과 금, 송의 왕복 외교문서 등에서 황천이 지고신 명칭으로 빈번하게 등장하여 있다.

이같이 고려에서는 하늘의 최고신 이름으로 황천상제와 천황대제가 둘 다 중시되는 특징을 보인다. 그러나 『고려사』에서 황천을 모시는 별도의 사당 혹은 전당이 보이지 않는다. 그렇지만 『고려사』 전체에서 가장 보편적인 하늘신으로 황천의 이름이 가장 자주 등장한다. 곧 황천상제는 지상 만물을 관장하고 군왕에게 수명과 견책을 내리며 공식 외교 문서의 공증을 서는, 당시 하늘의 대표적 지고신으로 받들어졌다.[17] 이에 비해 천황대제는 도교적 제천의 대상으로, 각종 천변기양과 승

---

16. 『동국이상국집』 권38에서 「순천관천황당수리후보안초례문(順天館天皇堂修理後保安醮禮文)」, "有精甚眞 宅玉晨於天上, 救物無棄 留瓊館於人間. 頃因棟宇之傾頹, 尋命工徒而營葺. 兹移法仗 有動常居 及力役 之方終, 揀日辰而還安 仍陳典祀. 祇叩沖庥 庶臨菲薄之儀. 曲借顧歆之賜. 復眞游於華構, 旣保靈栖 墮 寶眷於重霄 益綏多福."

17. 김일권, 「고려시대의 다원적 지고신 관념과 그 의례사상사적 배경」(『한국문화』 제29집, 서울대 한국문화연구소, 2002)에서 고려의 복합적인 지고신 문제를 다루었다.

전기원의 초례를 흠향 받는 고려의 수호천신적 성격이 강하여, 구체적인 전당을 따로 마련하여 제사하는 대상이었다. 또한, 원나라 무렵에 구진육성좌의 구진대성(句陳大星, a UMi)이 새로운 북극성으로 대두되었는데, 천황당은 이런 천문 변화로 말미암아 구진성좌의 주재자이던 천황대제가 고려 후반기에 새로운 우주의 중심으로 부상되는 시대적 변화와도 관련이 있을 것이다.

이런 면에서 고려의 지고신 관념이 이중 구조라고 할 수 있다. 만물의 조물주이자 보편적인 지고신으로서 황천상제[體]와, 천상의 중심인 북극성 별자리이자 고려 국토를 수호하는 주재신으로서 천황대제[用]가 고려인들에게 중층화된 셈이다. 거꾸로 고려의 지고신 관념이 두 가지 맥락으로 분화되었다고도 할 수 있는데, 황천이 넓고 푸른 하늘을 뜻하고 천황이 밤하늘에 빛나는 별인 까닭에, 낮 하늘에서 느껴지는 물형적인 하늘의 주재신과 밤하늘에서 느껴지는 만령의 주재신이 각기의 관점으로 특화되어 간 것이라 할 수 있다. 이런 맥락 때문에 천상성수 신격을 망라한 고려본 치성광불화에 천황대제가 옹립된 것이 아니었을까.

셋째, 앞서 나온 고종 14년(1227) 기사에 따르면 왕이 외제석원에 행차하여 천황당에 (몽골군에 대한) 병첩기원(兵捷祈願)의 설초(設醮)를 행하였다 하므로(강화 천도는 고종 19년), 개경의 외제석원에도 천황당이 건립된 것으로 보인다.

덧붙여 태청관(大淸觀)에도 천황대제와 태일을 모셨는데, 조선 초기까지 존속되었다가 태청관이 없어지면서 천황대제를 소격전으로 옮겼다 한다. 개성의 태청관 외에 조선 초기 한양의 문묘 오른편에도 태청관을 세웠고, 여기에서 군진의 출정 고천(告天)과 진법 강습 등을 행하였다고 한다.[18]

(3) 이로써 고려시대에 천황당이 복원궁, 순천관, 외제석원의 세 곳에 세워졌고 국가에서 관직을 주어 관리하던 공공기관이었음을 확인하였다. 이러한 천황당에서 주로 전쟁 승리를 기원하는 도교적 초제가 거행된 것으로 보이기 때문에 고려에서 천황대제는 국가의 수호천신이자 전쟁의 군신 기능도 지녔을 것이라 여겨진다.

---

18. 이능화 저, 이종은 역, 『조선도교사』, 보성문화사, 1992

고종 14년조에서 몽골군을 물리치는 병첩초례를 개설하였다 하며, 현전하는 고려의 청사 중 이규보의 천황초례문(총 6편)에 따르면 천황은 고려의 군진을 보호하고 적을 물리치는 전쟁의 수호신이다.

정월 초하루를 맞이하여 거행한 「정단행천황초례문(正旦行天皇醮禮文)(1)」에서 "감히 공정 무사한 천도를 바라오니 조순(助順)의 위엄을 가만히 돌리시어, 두병(斗柄)이 인방(寅方)을 가리킴을 따라서 동으로 적진을 쳐부수고 감방(坎方, 북쪽)을 등진 궁궐을 향하여 북으로 승전의 첩서를 주달하게 하여 주소서(敢覬無私之道 黙迴助順之威, 致令順斗柄之指寅 東推賊壘, 向宸居之負坎 北奏捷書)."(『동국이상국집』 권38 도량재초편)라 하여, 전쟁 승리를 기원하였다.

이규보의 천황초례문 6편 모두 정결한 제사의 흠향을 받으시고 은택을 베풀어 적들을 정벌하고 승리할 수 있도록 기원하는 내용을 담았다. 6편명은 「천황초례문(天皇醮禮文)」, 「천황전별초문(天皇前別醮文)」, 「천황별초문(天皇別醮文)」, 「정단행천황초례문(1)」, 「정단행천황초례문(2)」, 「순천관천황당수리후보안초례문」이다. 그중 「천황초례문」에서는 "느낌이 있으면 통하는 것은 천존의 묘도요, 부득이하여 사용하는 것은 실로 왕자의 의병입니다(有所感則通 是曰天尊之妙道. 不得已而用 實惟王者之義兵)."라 하여, 천황대제를 천병을 거느리는 천존(天尊)으로 묘사하기도 하였다. 이 역시 군진의 수호신으로서의 성격이 강하게 노출된 대목이다.

이상의 고찰에서, 고려의 천문성수 판테온을 표상한 치성광불화에 고려의 수호신이자 천상의 만령을 대표하는 요백보로서 천황대제를 묘사한 역사적·사상적 맥락을 들여다보았다. 비록 『고려사』에 기록된 빈도는 낮지만, 정월의 정기적인 천황초례라든가 천황당이라는 건축물의 존재로 비추어볼 때 천황대제의 비중이 매우 높았음이 엿보인다. 또한 천황에 대한 전당과 초례가 모두 국가 관리 하에 있기 때문에, 국가의례에서 천황대제가 차지하는 위상이 결코 작지 않을 터이며, 굳이 등급을 매긴다면 대사급 정도는 되었을 것이다.

그리고 천황이 다분히 도교적 주재신의 하나이기 때문에 치성광불화는 도불 습합 관점의 천문사상을 담은 중요한 자료로 파악된다. 고려에서 의종 6년(1152)에 처음 보이는 천황 용례도 고려 중기의 도교 전통으로 말미암아 부각된 지고신격의 하나로 평가하게 된다. 이 같은 역사에 의거한다면 고려본 치성광불화의 성립 연대를 아무리 올려도 고려 의종대의 12세기 이전으로 소급하기는 곤란하지 않을까 생각된다. 그렇다면 12~14세기 고려 후반기의 도불 천문사상을 담아낸 작품으로 볼 여지가 크다.

덧붙여 의종 6년조의 수창궁(壽昌宮) 명인전(明仁殿)에서 질역기양(疾疫祈禳)을 위해 설초된 칠이성신(七二星神)의 성격은 무엇일까? 그리고 또 천황대제와 태일신(太一神)과 함께 초제된 십육신(十六神)은 무엇일까? 일단 성신(星神)의 숫자가 많으므로 고려에서 숭봉된 천문성수 신격을 망라한 어떤 체계일 것이다. 그중에서 16성신은 천황·태을과 연관된 어떤 천문 판테온 체계를 이해하는 데 중요할 것이라 생각되나 현재 그 단서를 잡기 어렵다.

그런데 72성신의 경우 이 글의 치성광불화를 참조하여 구성하면, 북극성, 일월, 오성, 사요, 북두칠성, 남두육성, 삼태육성, 노인성, 십이지궁, 이십팔수를 합칭한 것이 아닐까 추정할 수 있겠다(1+2+5+4+7+6+6+1+12+28=72). 북극성은 의종 6년조가 설초의례(設醮儀禮)인 점으로 미루어 도교의 천황대제를 지칭한다고 짐작되나, 치성광불화의 주인인 불교적 북극성의 치성광여래와 습합되었을 측면도 배제하긴 힘들다. 앞서 고종 14년(1227) 기사에는 천황당이 외제석원 소속으로 되어 있기 때문이다. 외제석원은 내제석원과 다른 제석 도량처로 불교의 호법성중을 모시는 곳으로 파악되어 있다.[19] 만약 이러한 추정이 성립한다면 칠십이성초(七十二星醮)의 72성신은 고려의 천문성수체계를 대표하는 위상을 지니게 될 것이며, 이를 담은 치성광불화는 고려 천문사상의 도불 교섭 문제를 드러내는 매우 중요한 자료가 될 것이다.

조선조 치성광불화의 옥황대제 존상과 그 역사적 배경

(1) 고려본 치성광불화에서 도교적 천문사상을 담아낸 대표적인 신격의 하나로 면류관을 쓴 천황대제가 치성광불의 오른편에 있었다. 선조본 치성광불화에도 이 신격은 똑같이 면류관을 쓴 채 치성광불의 오른쪽에 자리 잡았으며, 다만 방제(傍題)

---

19. 서윤길, 「제석사상과 그 신앙의 고려적 전개」, 『고려밀교사상사연구』, 불광출판부, 1993

그림 11 옥황상제. 위쪽 그림은 영락궁에 있는 것이며 왼쪽 그림은 선조본 치성광 불화에 있는 것이다.

가 천황대제가 아닌 '천황제(天皇帝)'로 간칭되었다.

그런데 그 아래쪽에 '옥황대제'라는, 고려본에 없던 전혀 새로운 신격이 있다. 옥황대제 역시 불교가 아닌 도교 맥락의 신격이다. 천황제보다 광배와 크기가 크기 때문에 선조본에 묘사된 최고의 도교 신격은 이 옥황대제다. 다만 다른 일월오성의 제불보살과 마찬가지로 합장한 채 머리에 화려한 보발을 쓰고 있어, 외관상 바로 위쪽의 천황제가 면류관에 도복에 집홀하고 있는 도교적 모습과는 전혀 다른 수식을 하였다. 불교적으로 윤색된 모습인 것이다.

왜 고려본에는 없다가 선조본에 등장하였으며, 불교 복식을 하였을까? 이 문제를 풀어가는 과정은 매우 복잡하지만 개괄적인 흐름을 짚어 보자.

첫째 단서는 선조본에서 옥황대제가 천황제보다 비중이 큰 신격으로 묘사되었다는 점이다. 고려본에서는 천황대제가 도교의 최고신격이었지만 선조본에 이르러서는 천황제로 축소되고 그 대신 옥황대제가 전면으로 나섰다. 이처럼 대제(大帝)의 존칭이 옥황대제로 넘어간 구도이다. 조선 전기에는 옥황대제가 도교의 최고천신으로 간주된 것이다. 이는 여말선초 두 치성광불화가 그려지는 사이에 천문사상의 변화가 일어났음을 시사한다.

사실 우리가 최고의 주재신으로 옥황대제 또는 옥황상제를 만나는 역사 사료는 우리나라의 경우 거의 조선시대 자료이며, 고려시대 자료에서는 극히 드물다. 중국사에서 옥황은 고대의 십삼경은 물론 수당대에도 공식석상에서 언급되는 존재가 아니었는데, 북송을 거치면서 대천제 혹은 상제의 최고 반열에 오르게 되었으며, 명청에 이르러서는 민관 최고의 신격으로 받들어져 오늘날에 이른다.

이제 옥황상제는 휘황찬란한 하늘의 궁인 영소보전(靈霄寶殿)에 거처하면서 휘하에 천지에 있는 모든 신을 문무백관으로 거느린다. 이십팔수·구요성관·태백금성 등 천문 신격들과 사해용왕·지장보살·염라대왕 등 불교 유래의 신들과 옥제의 부인인 서왕모 등 그 이전에 등장한 중국의 모든 도불 신격이 옥황상제를 정점으로 하는 새로운 판테온에 편성되어 있다. 이렇게 위세당당하고 명성이 쟁쟁한 옥황

상제는 송명 이전에는 없었다.[20]

옥황이나 옥제라는 말은 문헌기록상 남조 양대 도홍경(陶弘景, 456~536)의『진령위업도(眞靈位業圖)』라는 도교의 신보(神譜)에서 처음 보인다. 여기서 옥황도군(玉皇道君)은 옥청경(玉淸境)의 우위(右位) 제11위 서열 정도로 상당히 낮은 위치에 있었다. 그 이후로 도교에서 계속 운위되다가 이씨의 노자를 조상이라 여긴 당의 숭도(崇道) 정책에 힘입어 당 중기의 풍류천자 현종대(712~756)에 이르면 옥황의 생일을 정월 초구일로 흠정(欽定)하는 등 옥황성탄(玉皇聖誕)을 성대하게 축하하는 민간 풍속이 촉발된다. 이에 이태백의 "누런 학이 하늘에 올라 옥제에게 하소연하네(黃鶴上天訴玉帝)", 백거이의 "옥황 임금을 우러러 배알하네(仰謁玉皇帝)" 등 많은 문인 묵객의 시가에서 환영 받는 소재가 되었다.

그러나 무엇보다 옥황이 공식적인 국가의 최고신격으로 승격한 것은 북송의 진종(眞宗, 997~1022)과 휘종(徽宗, 1100~1125) 때다. 당시 북송은 북방 요나라의 공격으로 전연지맹(1004)이라는 중국사상 최대의 굴욕을 당하면서 왕권의 위기와 민심 이반을 심각하게 겪는다. 이를 타개하기 위해 진종은 꿈 속에서 한 신인 성관(神人 星冠)이 내려와 "조 씨가 천명을 받아 송에서 흥한다(趙受命, 興于宋)"라는 천서[天書, 곧『대중상부(大中祥符)』3편]를 주었다고 하는 1차 천서 사건(1008)을 유포한다. 진종은 이 날을 국가기념일로 제정하고 전국 각지에 천경관(天慶觀)을 건립케 하였다. 4년 뒤 진종은 다시 2차 천서 사건(1012)을 조작한다. 이번에는 하늘의 옥황에게 송조의 조상인 조현랑(趙玄朗)을 내려 보낸다는 명령을 받았다는 것이다. 이로부터 조현랑을 송조의 수호신이자 조상신으로 섬기게 되는데, 옥황에게는 옥황대천제[전칭 태상개천집부어력함진체도옥황대천제(太上開天執符御曆含眞體道玉皇大天帝)]라는 대천제의 존호를 올리면서(1015) 국가의 최고 수호천신으로 옹립하였다. (『송사』「예지」권7)

그 후 북송의 마지막 휘종 시기에는『만수도장(萬壽道藏)』(5481권)을 편찬하는 등 도교에 대한 국가 지원이 극에 달하는데, 이 분위기에서 정화(政和) 6년(1116) 9월삭에 옥제는 다시 호천옥황상제[전칭 태상개천집부어력함진체도호천옥황상제(太上開天執符御

---

20. 진기환,『중국의 토속신과 그 신화』, 지영사, 1996

曆含眞體道昊天玉皇上帝)]라는 상제의 성호를 부여받으면서 드디어 공식적인 국가의 사전제도인 명당(明堂)에서 향사(享祀)되기에 이른다. 그에 대응한 지기의 휘호는 승천효법후덕광대후토황지기(承天效法厚德光大后土皇地祇)라 하였다. 이는 옥황이 천제 혹은 대제 반열에서 상제로 승격된 것을 의미하며, 그와 동시에 국가 최고사전의 주신이었던 호천상제(昊天上帝) 숭봉과 결합되었음을 뜻한다. 따라서 최고 주재신으로서의 옥황상제라는 명호는 북송 휘종대에 이르러 비로소 등장한 것이다. 그러나 남송에서는 그 작업을 계승하지 않고 유가의리론적 호천상제 중심의 남조 의례 전통을 답습하였다.

남북송을 지난 원대의 도교에서도 옥황상제에 대한 숭봉 작업이 계속 이어진다. 원나라 도사 현양자(玄陽子) 서도령(徐道齡)이 집주한 『북두연생경주(北斗延生經註)』(1334년, 『정통도장』 28책) 권5 첫머리에서 "호천의 지존이신 황금 대궐의 옥황상제 어전에 신이 삼가 받드오니, 하늘이 오두미도로부터 만상을 드리워 함께 합니다(昊天至尊金闕 玉皇上帝 御前 臣聞 天垂萬象由五斗而共)."라 하여, 옥황상제를 호천의 지존으로 내세우면서 북두구진의 연생법(延生法)을 풀이하고 있다.

역시 원대의 39대 천사(天師) 태현자(太玄子)가 집주한 『옥추경집주』(1333년, 『정통도장』 2책)에서도 옥추경의 교주인 구천응원뇌성보화천존(九天應元雷聲普化天尊)의 의미를 풀이하면서, 호천옥황상제가 뇌정(雷霆)을 호령하며 후토황지기(后土皇地祇)가 뇌정을 제어하며 북극자미대제가 오뢰(五雷)를 장악한다고 하여, 옥황상제를 첫머리로 내세우는 새로운 판테온을 드러내고 있다.

『선천두모주고현과(先天斗母奏告玄科)』(『정통도장』 58책)에서는 호천금월옥황상제(昊天金闕玉皇上帝)를 필두로 하여 천황천부·천모천제(天皇天父·天母天帝), 자미중천북극대제(紫微中天北極大帝), 구진성궁천황대제(鉤陳星宮天皇大帝), 승천효법후토황지기(承天效法后土皇地祇), 구천응원뇌성보화천존(九天應元雷聲普化天尊), 마리지천대성(摩利支天大聖), 상청자미벽옥궁태일대천제(上清紫微碧玉宮太一大天帝) 등을 포진시키며, 그 아래로 제천천제(諸天天帝), 상청십일대요성군(上清十一大曜星君), 남두육사연수성군(南斗六司延壽星君), 북두구황해액성군(北斗九皇解厄星君), 동서중삼두성군(東西中三斗星君), 보천성상만상군진(普天星象萬象群眞), 천강대성규광성군(天罡大聖奎光星君)

등 제요성군(諸曜星君)을 신속(臣屬)으로 하는 신보(神譜)를 마련하고 있다.

이렇게 옥황상제는 송원대 도교에서 기존의 신보 질서를 새롭게 재편하는 매우 강력한 지존으로 등장하게 되는데,『태상동신천공소마호국경(太上洞神天公消魔護國經)』(『정통도장』19책)에서는 "천지가 이미 정립됨에 삼청이 퇴장하고 옥황이 명을 받아 만방을 통어하게 되었다(天地旣立 三淸退藏 玉皇承命 統御萬方)."하여, 아예 옥황대천제가 기존의 삼청존신을 밀어 내고 새로이 등극한 존재임을 분명히 하였다. 그 휘하로 구천·삼십이천제군(九天·三十二天帝君), 삼관·오두·구요중성(三官·五斗·九曜衆星) 등 천지만물의 일체 선중(仙衆)을 포섭하는 삼계(三界)의 통어자(統御者)로서 이제 새로운 천지부모가 되었음을 선언하고 있는 것이다.

왜 옥황이 부각되었을까? 무엇보다 앞서 보았듯이 북송 황제들이 기존의 권위 질서를 뛰어넘어 자신의 정통성을 강화해 줄 새로운 이념 기반으로서 영원한 왕권을 상징하는 옥황을 통해 새로운 지배 이데올로기를 구축하려는 정치적 필요성을 느꼈을 것이다.

그렇지만 정치적 필요성 이면에 옥황이 지닌 일차적 의미도 고찰해 보아야 한다. 옥은 고대부터 영원한 생명의 상징으로 주목되던 물질이다. 옥을 패용하면 무병장수를 할 것이라 믿은 것인데 지금도 우리 문화에서 옥은 신비로운 건강의 광물로 귀중한 대접을 받고 있다. 도교 수련술에서도 옥은 장생을 구현하는 중요한 것으로 여겨졌다. 황이란 성스럽다는 의미이므로, 옥황은 결국 옥이 지닌 영원한 상징성을 본질로 하는 개념이라 할 수 있다. 따라서 옥황상제는 영원한 생명의 최고 주재자가 되는 셈이다.

기존의 도교 판테온에서 최고 존재로 숭앙되는 원시천존은 우주의 존재 근원을 뜻하는 원시를 본질로 하였다면, 옥황상제는 생명의 영원성을 본질로 하는 새로운 존재자다. 또다른 도교의 지고신으로 천상의 중심인 북극성을 기반으로 성립된 자미북극대제가 있으며, 자미북극성이 세차운동으로 인하여 중심 지위가 흔들리면서 새로운 북극성으로 등극한 구진천황대제도 있다. 그런데 구진대제의 등장은 고대부터 북극성을 영원한 부동의 중심으로 여겼던 생각을 혼란스럽게 하였을 터인데, 전통적 권위의 자미대제와 새로운 등극자 천황대제 사이에 어느 정도의 갈등은 불

가피하였을 것이다. 아마도 이러한 시대적 부침에 따른 갈등 와중에 영원성의 주재
자로 부상된 옥황상제가 드디어 북극자미대제와 구진천황대제의 권위마저 넘어서
서 우주 삼계 삼라만상의 최고 지존으로 등극한 것이 아니었을까. 정치적 위기감
에 흔들리던 북송 황제들이 바로 그러한 옥황의 영원성을 주목하여 결국에는 최고
신격으로 옹립한 것이라 할 수 있겠다.

그렇지만 각자의 요구와 맥락이 다른 만큼 지고신의 완전한 통일을 꾀하기는
어렵다. 송원대 도관에서는 여전히 자신들의 세계관에 기반을 둔 원시천존의 삼청
존신을 최고로 상정하였고, 민간에서는 도교에서 좀 더 벗어나 있으면서 도불 습
합 과정을 거쳐 국가의 공식적 권위를 부여 받은 옥황상제를 최고 존신으로 상정
한 반면에, 정부 차원에서는 기존에 국가제천의례의 주신이었던 호천상제가 여전
히 중심 지위를 유지하는 형국이다. 물론 이들의 관계는 완전히 분리하는 것도 어
려우며, 시대적 부침과 굴곡 속에서 여러 내원(來源)이 복합화되고 혼재되는 측면을
고려하여 접근하여야 할 것이다.

(2) 고려로 북송의 과의도교가 유입된 때가 휘종 연간에 해당하므로, 같은 시기인
숙종(1096~1105), 예종(1106~1122) 연간에 북송이 국가적으로 새롭게 부각시킨 옥황
상제 숭봉 문화가 흘러들어 왔을 법한데, 『고려사』에는 별다른 흔적이 기록되지 않
았다. 고려의 상제관(上帝觀)에서는 여전히 황천상제와 천황대제, 호천상제의 이름
만 주목되어 있다. 고려가 북송의 도교를 공식적으로 받아들이면서도 자신들의 지
고신관 맥락을 여전히 고수하던 흔적으로 생각된다. 다만 고려의 민간으로 흘러들
어왔을 가능성이 충분히 있을 것이라 상정되지만, 현재 그 흔적을 찾기가 매우 어
렵다.[21] 이규보의 『동국이상국집』에서 옥황이 인격신으로 묘사되나 지고신의 모습
은 아니다.[22]

---

21. 『고려사』에서 거의 유일하게 옥황이라는 표현이 「악지」 당악·수룡음조(唐樂·水龍吟條)에서 보인다.
"옥황금궐은 언제 봄철/ 백성이 높은 하늘을 우러러 기뻐하니(玉皇金闕長春 民仰高天欣 …)" 그러나 직접적인
옥황상제의 표현은 아니며, 이규보의 시문집에 보이는 선가적 맥락처럼 하늘 높은 곳의 옥청 선경을 뜻하는
이미지 정도로 묘사되었다.
22. 고려에서 옥황은 이규보의 시문 가운데 다음 다섯 번 정도 언급된다. 여기에 묘사된 옥황이 다분히 도교

중국사에서도 남송 이후 옥황상제 신앙은 국가 공식 측면보다 도교와 민간 차원에서 널리 유행한 것으로 여겨지는데 원명대 역시 비슷한 흐름을 보인다. 그렇지만 이러한 옥황에 대한 전승담이 더욱 만연하여 중국 전역의 민, 관 모두에 크나큰 영향을 끼치기에 이른다. 『삼국지연의』, 『수호전』, 『금병매』와 함께 명대 4대 장회(章回)소설인 오승은(吳承恩)의 『서유기』는 이런 분위기를 반영하여 옥황상제를 민·관·도 최고의 지고신으로 확립케 한 이정표가 되는 작품으로 평가된다. 명 헌종(1465~1487)이 황궁 북쪽에 옥황각(玉皇閣)을 건립하여 교사(郊祀)와 동등한 예법을 지시한 것은 당시 사회상을 반영했기 때문일 것이다[『명사(明史)』 「열전」 제64 상로(商輅)].

이같이 옥황상제는 북송에서 공식적인 최고신 지위에 오른 이래, 그것이 민간과 도교로 확산되면서 명청대에는 비록 국가의 최고의례 차원은 아니었어도 도교와 민관에서 천계의 최고 지존으로 숭봉된 것으로 요약된다. 크게 보면, 천자가 독점하는 국가의례에서의 호천상제와 일반 민관에서 널리 숭봉된 옥황상제가 분리 또는 분화된 맥락이라 할 수 있다. 이 분화로 말미암아 오히려 천자의 권위와 별개로 일반인도 하늘의 지고신에 다가갈 수 있는 통로가 열린 셈이다. 조선조에 들어서

적이며 인격신적이지만, 최고 주재자로서 하늘의 지고신적 면모를 지닌 존재라 보기에는 어렵고, 다만 선가적 이상향의 주재신적인 취향이 느껴진다. 북송에서 강화된 것과 같은, 천지를 모두 통할하는 최고 존신 옥황상제 관념이 이 시기에 아직 유입되지 않았음을 보여 주는 자료가 된다. 시적 생략이라 하지만 옥황은 아직 대제나 상제의 존칭을 받지 않는다. 이하 자료는 한국고전번역원과 한국역사정보통합시스템을 이용해서 검색하였다.

"오색 구름 가운데 옥황에게 절하니 별과 달은 머리 위에서 찬 까끄라기처럼 깜박이네.(五色雲中拜玉皇 壓頭星月動寒芒.)" [전집 13권 고율시, 「기사년 등석에 한림원에서 지어 올리다(己巳年 燈夕 翰林院 奏呈)」의 등롱시(燈籠詩) 4수 중 첫째 수]

"한 가지 꺾어 옥황에게 바친다면 이로부터 비로소 모란의 공이 있으리라.(一枝若向玉皇奉 從此始有牧丹貢.)" [전집 18권 고율시, 「진양후가 그날 당번 든 문객들의 성씨를 모아 운을 만들어 겨울철 모란에 부하는 글(晉陽侯集 其日上番門客之姓爲韻 冬日牧丹賦)」]

"용지에 들어가 옥황을 대면하네.(龍池對玉皇.)" [전집 8권 고율시, 「좌사간 김충에게 올리는 글(上左司諫金沖)」]

"옥황이 봉래궁으로 불러들여(玉皇召入蓬萊宮)" [전집 13권 고율시, 「손한장이 다시 화답하기에 차운하여 부친다(孫翰長復和次韻寄之)」]

"옥황의 가피를 받으며 웃는 얼굴로 회답하였더니(爲被玉皇廻笑面)" [전집 3권 고율시, 「여럿이 지은 산호정모란시에 차운하고 서문을 짓다(次韻諸君所賦山呼亭牧丹幷序)」]

옥황상제 신앙이 크게 전개되는 까닭도 명대에 일어난 지고신의 분화 현상에서 찾을 수 있지 않을까 한다.

조선조에서는 이미 자신을 제후국으로 규정했기 때문에 국가 공식 의례에서 고려의 전통적인 황천상제나 천자 권위의 호천상제를 천자 예법으로 섬길 수는 없었을 것이다. 호천상제가 여전히 유가 의리론상으로 최고의 지고신으로 남아 있었지만 어디까지나 관념 속에 존재하여 현실적으로 접근할 방법이 전무한 실정이었다. 그 반면에 도교와 사회 일반에서는 이미 새롭게 부상된 옥황상제를 받아들이고 있었으며, 특히 도교 중심 기관인 소격전(세조 12년 소격서로 개칭)이 그런 경향의 중심 구실을 하면서 대중이 지고신에 가까이 갈 수 있는 현실적인 방법론을 확보 제공하였던 것이다. 따라서 옥황상제를 묘사한 선조본 치성광불화는 이러한 조선 초기의 경향성을 반영한 작품으로 생각되며, 이런 현상은 여말선초 원명의 도교 문화가 유입되면서 비로소 촉발되었을 것이라 추정된다.

(3) 조선 초기의 옥황상제 논의는 소격서 혁파와 관련된 『조선왕조실록』 기록에서 나온다.

중종 6년(1511) 6월 5일 조강(朝講)에서 대사간 김세필 등이 소격서 혁파를 아뢰었는데 불허하자, 특진관 유숭조(柳崇祖)가 "소격서는 허망한 일이니, 송나라 때 왕흠약(王欽若)이 하늘의 존호를 '옥황상제'라 하였고, 또 천자라야 천지에 제사하며 제후는 다만 산천에 제사하는 법인데, 우리나라가 상제에 제사함은 예에 맞지 않습니다."(중종실록)라고 하면서 의례의 봉건 질서에 비추어 소격서에서 옥황상제를 제사함이 참례임을 강조하였다. 또한 자신이 직접 다녀온 마니산의 기우 제단에서 접한 옥황상제라 쓴 위패와 제천 연주악인 운마악(雲馬樂)의 허황됨을 비판하였다.

중종 11년(1516) 12월 14일 주강(晝講)에서 헌납 문관이 소격서 혁파를 주장하였는데, 영사 김응기(金應箕)가 "신이 세 번 마니산 향사가 되어 제사할 때 가보니, 옥황상제를 제사하되 노자로 배향하고 이십팔수를 위판에 써놓았으며, 또 염라대왕에게도 제사하였으니, 어찌 성신이 내려와 흠향할 리가 있겠습니까? 소격서도 이와 같으니 허탄한 일은 모두 시급히 혁파해야 합니다."(중종실록)라고 주청하였다.

그러나 중종은 소격서가 조종 이래의 것이라 혁파하지 못하며, 또 그 설관(設官)도 유래가 오래되어 고칠 수 없다 말하였다.

'음사에 복이 없다[淫祀無福]'와 '복을 구해도 돌아오지 않는다[求福不回]' 등 그 신이 아니면 흠향하지 않는다는 논리(중종 25년 대사간 박광영 상소)를 내세워 도교적인 제천의례 자체를 부정한 조광조 등 성리학자들의 집요한 요청에 의해 끝내는 중종 13년(1518) 9월 소격서가 혁파되기에 이른다. 그러나 몇 년 안 가서 중종 17년(1522) 12월 다시 부설된다.

명종 2년(1547) 5월 26일 석강(夕講)에서도 특진관 최연(崔演)이 도참설을 신봉하지 말라면서, "소격서는 하늘에 제사를 지낸다(祭天)는 명분으로 설치되었습니다. 상단은 옥황상제, 중단은 노자, 하단은 염라왕입니다. 이는 당연히 제사지낼 신들이 아닙니다."라 하였다. (명종실록)

이상의 논의로 미루어 보아 조선 초기 소격서는 옥황상제와 노자, 염라대왕으로 구성된 신위를 숭봉하였으며, 아울러 강화도 마니산의 기우제천에서는 옥황상제가 주신인 가운데 노자를 배향하였고 이십팔수 성신도 함께 제향하였으며, 이를 설관 곧 국가의 견관의례(遣官儀禮)로 설행하였음을 알게 된다. 선초에 거행된 도교식 제천 의례의 전형을 보는 듯한데, 이것들이 선초의 국가 의례 체제에 편입되어 있었음을 알 수 있다.[23]

또 성종 15년(1484)에 왕이 소격서를 혁파해도 되는지 묻자, 좌승지 권건(權健) 등이 "국가의 큰 일이 제사와 전쟁에 있는데, 초제도 그와 함께 중요시되어 온 지 오래이므로 갑자기 혁파할 수 없음"을 주청하였다. 그러면서 "소격서는 중국의 초사(醮祀)를 모방한 부서이며 태일전(太一殿)은 칠성과 뭇 별자리를 제사하는 곳인데 그 신상이 모두 피발여용이며, 삼청전(三淸殿)은 바로 옥황상제, 태상노군, 보화천존, 재동제군(梓潼帝君) 등 10여 위를 제사하는 곳인데 모두 남자 초상입니다. 그 나머지 안팎의 여러 단에는 사해용왕신장, 명부십왕, 수부제신(水府諸神)을 설위하였으며 위판(位版)에 제명(題名)된 것이 무려 수백"이라 하였다[성현(成俔, 1439~1504)의 『용

---

23. 이상 실록 자료는 서울시스템주식회사의 『CD-ROM 국역조선왕조실록』을 활용하였다.

재총화(慵齋叢話)』를 인용한 『오주연문장전산고(五洲衍文長箋散稿)』「경사편·도장류·도장잡설」의 「동국도교본말변증설(東國道教本末辨證說)」].

여기에서 선초 소격서의 구성과 신위 상황을 더 자세히 말하고 있다. 소격서 안의 삼청전에서는 옥황상제, 태상노군, 보화천존, 재동제군 등 10여 신상이 모셔졌고 남자 모습이며, 태일전에는 머리를 풀어헤친 여자 모습의 북두칠성과 기타 별자리가 제사되었고, 나머지 내외의 제단(諸壇)에 사해용왕신장, 명부시왕, 수부제신 등 수백 신위가 모셔져 있었다는 것이다. 특히 칠성의 모습이 피발여용인 점이 주목되는데, 선조본 치성광불화의 칠성신이 그와 같은 피발여용이다. 고려본 치성광불화의 칠성신은 삭발승복이므로, 조선조를 넘어오면서 양식의 변화가 수반되었음을 시사한다.

그리고 소격서에서 불교 연원의 염라대왕과 명부시왕을 위패나 신상으로 모시는 점으로 미루어 조선 초기의 도교 역시 도불 습합 측면에서 조망된다. 또한 옥황대제의 출자 설화를 담은 『옥황경』[고상옥황본행집경(高上玉皇本行集經), 중당대]은 석가모니의 전생담인 『불본행집경(佛本行集經)』을 모방한 책으로, 여기에서 옥황이 태자 신분에서 국왕이 되어 선정을 베풀고 중생을 구제하고 여러 보살에게 대승을 가르치다 청정자연각왕여래(淸淨自然覺王如來)라는 여래 칭호를 받는 등 석가불의 일생과 유사하다(진기환, 1996). 이는 옥황상제의 출현 배경에 이미 도불 습합 맥락이 깊숙이 관여되어 있었음을 보여 주는 것으로, 『서유기』에서 삼장법사와 손오공이 대립 결합된 구도 역시 도불 습합적 반영이라 생각된다. 이런 도불 습합성에 말미암아 옥황상제 신앙이 도불 양쪽으로 널리 전승될 수 있었을 것이다. 선조본의 옥황대제 화상이 불보살의 두발 복식을 취한 것도 조선 초기 도교의 도불 습합적 관점과 더불어 옥황 자신이 그러한 도불 습합의 산물이라는 점에서 조망된다.

이처럼 조선 초기에는 도교의 소격서를 중심으로 송원명대에 새로운 지고신으로 부상한 옥황상제를 최고 존신으로 숭봉하는 의례 형식이 완전히 도입 정착되었음을 알 수 있다. 그리고 국가적 사전제도에서가 아니라 다분히 도교의례적인 맥락에서 조망되어 있는데, 이마저 천자 제후의 봉건의례 질서에 따라 제후국인 조선으로서는 옥황상제를 제사할 수 없음을 선언하고 있다.

그림 12 선조본 치성광불화의 5대 불천. 맨 오른쪽이 제석천이다.

결국 고려에서 등장하지 않던 옥황상제가 선초에 이르러 매우 활발하게 수용되었음을 알 수 있는데, 비록 중종조에 중심기관이던 소격서가 혁파되었지만 이 같은 도교 문화의 확산으로 말미암아 조선시대에는 옥황상제가 최고의 지고존신으로 자리 잡기에 이른다. 그러므로 지금까지 무속의 무가를 포함하여 우리의 역사 전적류에서 옥황상제의 명호를 만나게 되는 것은 거의 조선시대 문화의 영향일 것이라고 결론지을 수 있다. 이러한 지고신의 역사적 문화 변천을 선조본 치성광불화가 또한 도상으로 잘 보여 주고 있다.

덧붙여 현재 우리 고전번역물을 살펴보면 고려, 조선 할 것 없이 삼국시대의 것에서조차 옥황상제로 번역하는 경우가 잦다. 이는 그 시대 문화를 제대로 반영하지 못한 번역일 뿐 아니라 원문을 훼손하는 의미마저 적지 않다. 더구나 그냥 상제라 한 경우, 심지어 천황대제, 황천상제라 명기된 경우조차 이를 옥황상제로 번역함으로써, 전혀 다른 시대적 사상적 배경을 혼동시킨다. 물론 의역 차원이라면 허용될 수도 있을 것이다. 그러나 이는 역사물들을 모두 조선시대의 문화 용어로 재해석한 셈이 된다. 지고신의 관념과 명호도 부단한 역사의 산물인 만큼 되도록 그 역사적 맥락을 살려 두는 방향으로 접근함이 바람직할 것이다.

치성광불화의 제석천과 불교의 불천 구조

(1) 다음으로 고려본에 없던 대천보살(大天菩薩)의 문제다. 선조본에서 일월광보살의 바로 아래에 포진되기 때문에 그 신격의 비중이 바깥의 구요·십일요 성중보다 클 것으로 생각된다. 광배 크기도 일월광보다 약간 작고 십일요보다 크다. 이런 구도로 미루어 고려본이 일월광보살 아래에 바로 구요와 사요의 십일요 성중을 거열하여 구요 중심 천문관을 내비쳤다면, 선조본은 일월광보살 아래에 대천보살을 거열함으로써 좀 더 강화된 불교의 제천수요 중심 천문관을 담아 냈다고 대비된다.

문제는 대천보살의 존명이 제석(帝釋) 하나만 명기되어 있다는 점이다. 나머지 넷의 이름은 무엇일까? 아무래도 그 실마리는 제명(題名)이 있는 제석천존에서 풀어가야 할 것이다. 제석천과 더불어 제천수요로 엮일 수 있는 불교의 제천 시스템을 찾아야 한다. 불교의 천(天) 관념은 가시적인 공간적 하늘만 의미하지는 않으며, 일월성수의 수요(宿曜)도 각기 하나의 천으로 이해되는 가운데, 동서남북 방위도 하나의 천으로 접근되었고, 인간의 인식 속에서나 가능한 수행의 위계에 따른 이상세계로서의 하늘마저 불교의 제천(諸天)을 구성하는 중요한 요소가 된다. 더구나 고대 인도 용법에서 천신을 뜻하는 데바(Deva)도 천으로 번역되면서 불교의 천 구조는 매우 혼잡한 양상을 보인다. 천룡(天龍), 야차(夜叉), 약차(藥叉) 등 인간 주변 세계에 있는 수많은 신중(神衆), 귀중(鬼衆)도 제천의 중생으로 이해되기 때문에 불교의 천중에서는 인간계와 천계의 구분이 매우 모호하다. 이는 수많은 불보살을 제천의 상위에 두려는 불교의 기본 관점에서 말미암은 특성이라 여겨진다.

이렇게 하늘을 둘러싼 불교의 복합적 세계관을 포괄하는 담론 체계를 필자는 '불천론(佛天論)' 또는 '불천관(佛天觀)'이라 하고자 한다. 불천론의 구조가 경전마다 관점에 따라 매우 다양하고 편차도 넓어 한 가지 기준으로 규정하기 어렵지만, 본고의 논의를 위해 개략적이나마 풀어본다.

선조본의 다섯 제천을 어떻게 볼 것인가는 이렇게 매우 복잡한 불교의 불천관에 따라 여러 가지로 설정해 볼 수 있다. 대략 방향을 잡아 보면 다음과 같다.

먼저 제석(Indra-deva)은 주지하다시피 욕계 육천 중 가장 높은 도리천(忉利天, 삼십삼천과 같다. 도리는 범어로 33이라는 뜻이다.)의 주재자다. 고대 인도에서 세계의 중심

	지거천		공거천			
욕계육천	① 사천왕천	② 도리천	③ 야마천	④ 도솔천	⑤ 화락천	⑥ 타화자재천
	=護世天 (수미산 중복)	=三十三天 Trāyastrimśa (수미산정)	=焰摩天 =時分天 Suyāma-deva	=都使多天 =知足天 Tusita-deva	=化自在天 Nirmāṇarati	=他化天 Paranirmitavaśavarti-deva
사대천왕	① 동방 지국천왕		② 남방 증장천왕		③ 서방 광목천왕	④ 북방 다문천왕
	提頭賴吒天王 Dhṛtarāṣṭra		毘留勒叉天王 Virūḍhaka		毘留博叉天王 Virūpākṣa	毘沙門天王 Vaiśramaṇa
천룡팔부	乾達婆	毘舍闍	鳩槃多	避脇多	那伽	富單那	夜叉	羅刹
	Gandharva 食香鬼	Piśāca 食血肉鬼	Kumbhāṇḍa 甕形鬼	Preta 餓鬼	Nāga 龍	Pūtana 臭穢鬼	Yakṣa 藥叉勇健鬼	Rākṣasa 速疾鬼

표 3 수미산 욕계 육천의 불천 구조

(cosmic axis)이라 믿던 수미산(Sumeru-parvata)의 산정에 있다는 하늘이며, 그 아래 수미산의 허리에는 사방을 수호하는 사천왕천(四天王天)이 있다. 이 둘은 중국적 세계관에 입각하자면 우리가 사는 세계의 전체를 뜻한다. 이런 점에서 도리천과 사천왕천은 우리가 사는 지상을 기저로 한 하늘이라는 의미에서 지거천(地居天)이라고도 한다.

욕계의 나머지 하늘은 야마천[夜摩天, 염마천(焰摩天)과 같다, Suyāma-deva, 시분천(時分天)의 뜻], 도솔천[兜率天, 도사다천(都使多天), Tusita-deva, 지족천(知足天)의 뜻], 화락천[化樂天, Nirmāṇarati, 화자재천(化自在天)과 같다], 타화자재천(他化自在天, Paranirmitavaśavarti-deva, 욕계천의 임금이 거주)이며, 이것들은 공중에 있다 하여 공거천(空居天)이라 지칭되지만, 실은 인간의 인식 속에 있는 심미적(審美的) 하늘이라 할 수 있다.

도리천을 의역하면 삼십삼천이 되는데, 그 가운데에 제석천이 있고 주변 팔방위 각각에 네 하늘씩 합하여 33천이 된다. 이 시스템은 고대 중국의 하늘 구조에서 중앙 균천(鈞天)을 비롯한 창천(蒼天-동), 변천(變天-동북), 현천(玄天-북), 유천(幽天-서북), 호천(顥天-서), 주천(朱天-서남), 염천(炎天-남), 양천(陽天-동남)의 구천과 동일한 공간적 범주를 지닌다(『여씨춘추』「유시람」). 인도와 중국 모두 지상 방위를 기준으로 전천을 중앙과 동서남북 팔방위로 구분한 이론인 셈이다. 그런데 이로 보면 중국의 하늘이 불교에서 말하는 욕계 육천 중 도리천을 뜻하는 것에 지나지 않게 된다. 바꿔 말하면 이 때문에 불교의 하늘 중 도리천만이 고대 중국인들에게 의미 있고 쉽게 접목될 수 있던 공간적 하늘이었을 것이라는 뜻이다. 물론 도리천의 하위에 있는 사천왕천도 사방위 공간 구조로 중국의 사방위 우주론과 쉽게 습합된다. 그러나 욕계의 나머지 네 하늘인 야마천 등은 공간적 하늘 구조로 접근되기보다 불교의 수행사상에 기반을 둔 심미적 하늘로 이해될 수밖에 없었을 것이다. 이를테면 미륵보살이 거주하는 도솔천은 공간적 하늘보다 천상에 있는 구원의 이상향 이미지가 강하다.

이에 도교에서는 그 불교의 공간적 천관만 받아들여 똑같은 33천설 혹은 거기에다 도교 자신의 새로운 하늘인 삼청천[三淸天. 옥청(玉淸), 상청(上淸), 태청(太淸)]을 올려 36천설을 만들어 내기도 하였고, 혹은 제석천 대신 대라천(大羅天)을 최고 하늘로 설정한 33천설을 내세우기도 하였다.

이상 불교의 수미산 중심 육천설을 관점으로 하여 선조본 치성광불화에서 이름이 없는 제천에 접근하면, 도리천의 중심인 제석천과 더불어 그 수미산의 사방위 하늘을 지키는 사천왕천으로 일단 상정할 수 있다. ① 동방지국천(東方持國天) ② 서방광목천(西方廣目天) ③ 남방증장천(南方增長天) ④ 북방다문천(北方多聞天) ⑤ 제석천. 그런데 사천왕천은 사방위 공간 구조로는 적합하지만 일월성수의 제수요 성신들을 거느리기에는 사상적 기반이 약하다. 사천왕천이 주로 지상의 사방위를 수호하는 역할을 맡아 왔기 때문이다.

그렇다면 제석천과 함께 야마천, 도솔천, 화락천, 타화자재천을 합하여 다섯 제천으로 볼 수 있지 않을까? 비록 나머지 넷은 제천수요를 관장하는 하늘의 성격보다 인욕을 넘어선 불교 수행의 심미적 하늘 성격이 강하긴 하지만, 이것들이 공중의 공거천으로서 하늘의 모든 제천수요를 그 아래에 둔다는 관점이다. 그렇지만 필자 소견으로는, 이상의 두 가지 가설 모두 불교의 제천수요 시스템과 잘 부합하지 않기 때문에 선조본 치성광불화의 제천 신격에 어울리기는 어려울 듯하다.

(2) 그러므로 논의를 원점으로 돌려 보기로 한다. 치성광불화가 치성광여래를 교주로 하는 천문 만다라이므로 치성광불과 관련된 불교의 천문 시스템 속에서 제천 문제에 접근해 보자.

치성광불은 석존이 수미산정에서 제천수요를 교령 절복(教令 折伏)하는 화신으로 대두되었다. "만약 국왕 대신이 거처한 곳과 여러 국계(國界)가 혹 오성의 능핍을 받고, 라후 혜패 요성이 비추는 소속 본명궁수(本命宮宿) 및 제성위(諸星位)가 혹 국가의 제좌(帝座)나 분야처(分野處)에 임하여 능핍하고 장난을 할 때에는, 청정처에 도량을 설치하여 이 치성광다라니를 108번 혹은 1천번을 하루에서 7일 동안 염송하면 일체 재난이 소멸되어 위해를 막을 수 있을 것"이라 하였다[당의 불공(不空), 『치성광불정경(熾盛光佛頂經)』. 전칭 『불설치성광대위덕금륜불정치성광여래소재일체재난다라니경』].

여기에 서술된 교설의 주된 대상을 살펴보면, "석존이 정거천궁(淨居天宮)에 거하면서 제수요(諸宿曜)와 유공천중(遊空天衆), 구집대천(九執大天) 및 이십팔수, 십이궁신 일체 성중에 과거 사라왕여래가 설한 치성광다라니를 설법"하노라고 하였듯이, 이 『치성광불정경』이 보여 주는 불천의 기본 구조는 구집·대천과 이십팔수·십이궁신의 제수요 유공천중으로 설정되어 있다. 대부분의 불전은 이러한 체계를 일반으로 삼고 있다.

『불설대공작명왕화상단장의궤(佛說大孔雀明王畫像壇場儀軌)』(당의 불공 역)에서는 내원(內院) 중심에 불모대공작명왕(佛母大孔雀明王)을 주존으로 하는 불천 구성을 담고 있다. 주존 위로 발시여래부터 석가여래, 자씨보살에 이르는 칠불세존(七佛世尊)을 모시고, 내원 사방에는 사방 벽지불을, 네 모서리에는 아난다, 라후라, 사리불, 대목건련의 사대성문(四大聲聞)을 그린다. 다음 제2원에는 팔방천왕(八方天王)과 그 권속을 그리는데, 동방에 제석천왕, 동남방에 화천왕(火天王), 남방에 염마천왕(焰摩天王), 서남방에 나찰주(羅刹主), 서방에 수천(水天), 서북방에 풍천왕(風天王), 북방에 다문천왕(多聞天王), 동북방에 이사나천(伊舍那天)을 그린다. 제3원에는 동북모서리부터 28 대약차장(大藥叉將)과 제귀신중을 그리며, 다시 수요 십이궁신을 그린다고 하였다. 『감로치성광불경』(달마서나 역, 전칭 대묘금강대감로군나리염만치성광불정경)에서는 대일변조여래(大日遍照如來)를 주존으로 하는 치성광불 체계를 담고 있다.

『공작왕주경(孔雀王呪經)』(구마라집 역)의 불천 구조는 남방 정광불(定光佛), 북방 칠보당불(七寶堂佛), 서방 무량수불(無量壽佛), 동방 약사유리광불(藥師琉璃光佛)의 사방불이 주재하는 가운데, 위로는 여덟 보살이 있고 아래로는 사천왕이 있다고

8대 불보살		熾盛光佛	佛眼菩薩	文殊菩薩	金剛手菩薩	救護慧菩薩	不思議童子	毘俱胝菩薩	觀自在菩薩
16대천	5대천 (五通神仙)	大自在天 Maheśvara 摩醯首羅天		大梵天 Mahābrahman		那羅延天 Nārāyaṇa 堅固天	覩史多天 Tusita-deva 兜率天	帝釋天 Śakrodevendra 釋提桓因陀羅	
	구집요천	日天	月天	火天	水天	木天	金天	土天	羅睺天 / 彗星天
십이궁		師子宮 寶瓶宮	女宮 魚宮	秤宮 羊宮	蝎宮 牛宮		弓宮 男女宮	摩竭宮 蟹宮	
이십팔수		昴畢觜參 서방칠수	井鬼柳 남방칠수	星張翼軫	角亢氐 房心尾箕 동방칠수		斗牛女 북방칠수	虛危室壁	奎婁胃 서방칠수
護世八天		持國天	火天	焰摩天	羅刹天	水天	風天	多聞天	伊舍那天
4대명왕		不動明王		降三世明王		無能勝明王		烏芻沙摩明王	
십이연생멸		無明	行·識	名色	六入	觸·受	愛·取	有·生	老死

표 4 『치성광불정의궤』(796년)의 치성광불 제천수요 만다라 구조

한다. 그러면서 아직 체계가 정밀하지 않은 채 위로 무색계(無色界)의 제천과, (색계·욕계의) 수타회천(首陀會天), 변정천(遍淨天), 광음천(光音天), 화락천(化樂天), 타화자재천(他化天), 부교락천(不憍樂天), 도솔타천(兜率陀天), 도리천(忉利天), 석제환인천(釋帝桓因天)과, 제두뢰타천왕[持國], 비루륵차천왕[增長], 비루박차천왕[廣目], 비사문천왕[多聞]의 사대천왕과 일월오성·이십팔수의 귀자모(鬼子母) 등이 모두 나의 몸을 옹호하고 있다는 불천관을 말하였다.

『수요의궤(宿曜儀軌)』(당의 일행)의 불천 구조는 위로 허공장(虛空藏), 문수(文殊), 보현(普賢), 연명(延命), 제석천, 비사문천(毘沙門天) 등의 '보살천(菩薩天)'을 먼저 받들어 공양하고, 그 다음에 일천, 월천, 화성, 수성, 목성, 금성, 토성, 라후성, 계도성의 '구집요천(九執曜天)'과 이십팔수와 북두 중의 본명속성(本命屬星) 등을 권청(勸請)하는 구도다.

이렇게 불전마다 불천 구조가 다양하지만, 본고의 선조본을 고찰하기 위해서는 치성광불과 좀 더 직접 관련되는 경전의 내용을 준거로 삼아야 할 것이다. 『대성묘길상보살제재교령법륜』(796년, 당의 시라발타라 역, 이칭 『치성광불정의궤』)과 이를 더 짜임새 있게 정리한 『아사박초(阿娑縛抄)』 소재의 『치성광본(熾盛光本)』(1278년, 参州禪房 日

僧書)에 따르면 불천 구조는 다음과 같이 요약된다.

먼저『치성광불정의궤』의 발원문에서 "至心發願 唯願大日 本尊界會 熾盛佛頂 一切如來 祕密除災 教令法輪 八大菩薩 四大明王 十六大天 三部五部 諸尊聖衆 …"라 하였듯이, 대일여래를 본존으로 하는 계회(界會)에서 치성광불과 일체여래가 8대보살과 4대명왕, 16대천 등의 성중에게 제재난법의 교령 법륜을 굴리고 있다.

『치성광불정의궤』의 말미 발원문에서 "諸子某甲 我今歸命 佛法僧寶 海會聖衆, 仰啓 淸淨法身 遍照如來, 普告十方三世 一切諸佛 大菩薩衆, 一切賢聖 聲聞緣覺, 五通神仙 九執大天, 十二宮主 二十八宿, 衆聖靈祇 四大明王, 護世八天 幷諸眷屬, 土地山川 護法善神, 業道冥官 本命星主. 我今遇此災變 … 唯願九執天神 依佛教輪 變災爲福. …"이라 하였는데, 구집대천과 십이궁주, 이십팔수, 중성령기(衆聖靈祇) 등에게 재변위복을 기원하고 있다. 여기에 등장한 다섯 대천보살을 '오통신선(五通神仙)'이라 부른 점이 흥미롭다. 다섯 대천을 하나의 연관 체계로 묶으려는 관점의 용법으로 보이기 때문이다.

다음 봉청제존(奉請諸尊)의 구체적인 작법에서, '치성광불을 비롯한 불안부모(佛眼部母)보살, 문수보살, 금강수보살, 구호혜(救護慧)보살, 부사의동자(不思議童子)보살, 비구지(毘俱胝)보살, 관자재(觀自在)보살'의 팔대 불보살을 권청한 가운데, '대자재천, 대범천, 나라연천, 도사다천, 제석천'의 오대천존(오통신선)과 '일천, 월천, 화천, 수천, 목천, 금천, 토천, 라후천, 혜성천'의 구집요천을 제시하였다. 그 다음으로 십이궁주·이십팔수의 수요성중(宿曜星衆)과 호세팔천(護世八天)·사대명왕을 제시하였으며, 마지막으로 이 모든 것이 십이연기(十二緣起)의 생멸법(生滅法)에 따른 것임을 덧붙여 놓았다(표 4).

이 같은 치성광불 교주의 불천론(佛天論)에서 결국 대자재천에서 제석천까지의 1) 오대천과 2) 구집요천 및 3) 십이궁과 4) 이십팔수 천중을 치성광불의 교령 대상인 제천수요의 골격으로 파악하고 있었음을 확인할 수 있다. 앞에 나온 발원문 등을 참고하면 특히 다섯 대천과 구요를 합하여 16대천으로 제시하고 있으므로, 이것들을 합칭한 '구집대천(九執大天)'은 치성광불 소의의 불천관에서 최상위 구조를 차지하는 존재가 된다.

이에 이 『치성광불정의궤』 및 이를 정리한 『치성광본』의 구집대천이 선조본 치성광불화에 묘사된 제천수요의 존명과 밀접할 것으로 추정한다. 선조본에서 구집 곧 구요의 존명은 명기되어 있으므로 구요는 논외로 하고, 나머지 5대 대천인 ① 대자재천 ② 대범천 ③ 나라연천 ④ 도사다천 ⑤ 제석천을 선조본의 제천보살로 상정할 수 있지 않을까 한다. 불교 경전들에 보이는 불천의 갈래가 매우 복잡하고 다양하지만, 치성광불 중심의 천문 만다라에서 의미 있게 요약된 것이 위의 다섯 대천이 아니었을까 생각된다.

1) 대자재천(Maheśvara)은 마혜수라천(摩醯首羅天)으로 음역되며, 흰 소를 타고 큰 위덕을 가진 색계 최정상 천신으로, 삼천대천세계의 주재자이며 자존(自存)하는 존재다. 이 신을 달리 비차사(毘遮舍)라 부르기도 하고, 색계 초선천의 임금이라 하고, 혹은 호세팔방천(護世八方天)의 하나인 이사나천(伊舍那天)이라 하여 욕계 제6천의 천주가 된다고 한다. 2) 대범천(Mahābrahman)은 색계 초선천의 주재자인 대범천왕을 일컬으며, 이 사바세계의 주재자로, 인간계 제왕(帝王)의 형상으로 묘사된다. 석가모니의 좌우에 대범천과 제석천을 두기도 한다. 3) 나라연천(Nārāyaṇa)은 견고천(堅固天)으로 번역되며, 천상의 역사(力士)를 의미한다. 원래 고대 인도 신화에서 최고 태양신이었던 비뉴천(毘紐天, Viṣṇu, 비슈누)이었는데 점점 세력을 얻어 천상 낙원인 나라연천이 되었다 한다. 비뉴천은 변정천(遍淨天, 색계 3선천)이라 의역되는 하늘이다. 4) 도사다천(Tuṣita-deva)은 지족(知足) · 희족(喜足) · 묘족천(妙足天)으로 의역되는데, 흔히 도솔타천 혹은 도솔천으로 음역되는 천계로, 수미산 꼭대기에서 12만 유순이나 되는 높은 곳에 있으며, 여기에 미래의 구원불인 미륵보살이 주재자로 있다고 믿어졌다. 5) 제석천(Śakrodevendra)은 석제환인다라(釋提桓因陀羅) 혹은 석가제바인다라(釋迦提婆因陀羅)로 음역되며, 석가는 석(釋)으로 음역하고 인다라는 제(帝)로 의역하여 제석(帝釋)이라 약칭한다. 완전 의역하면, 석가는 능(能), 데환 혹은 데바는 천(天), 인다라는 제(帝)가 되므로 '능천제(能天帝)'라 의역된다. 수미산정 도리천의 천주이며, 사천왕과 32천을 통솔하고 아수라의 군대를 정벌한다는 호법천신이며, 이 정토 세계의 주재자다. (이상 이운허, 『불교사전』, 동국역경원, 1995 참고)

5대천왕	1) 娑婆界主 大梵天王	2) 地居世主 帝釋天王	3) 親伏魔冤 金剛密跡 色界頂居 摩醯首羅天王	4) 總領鬼神 散陰大將 能與總持 大辯才天王	5) 隨其所求 大功德天王
일월사천왕 (제석천왕 아래)	北方護世 毘婆娑門天王	東方護世 提頭賴吒天王	南方護世 毘盧勒叉天王	西方護世 毘盧博叉天王	白明利生 日宮天子
제신부	三洲護法 韋馱天神	發明功德 堅牢地神	覺場垂陰 菩提樹神		生諸鬼王 鬼子母神
	行日月前 摩利支天	秘藏法寶 沙竭羅龍王	掌幽陰權 閻摩羅王		
자미대제 북두구진	北極眞君 紫微大帝	北斗第一 貪狼星君	北斗第二 巨門星君	北斗第三 祿存星君	北斗第四 文曲星君
		北斗第六 武曲星君	北斗第七 破軍星君	北斗第八 外輔星君	北斗第九 內弼星君
삼태육성	上台 虛精 開德眞君		中台 六淳 司空星君		下台 曲生 司祿星君
이십팔수	二十八宿		周天列宿		諸星君衆
호법신중	出現勝德 阿修羅王	妙音廣目 迦樓羅王	攝伏我慢 緊那羅王	普慧光明 摩睺羅王	并從眷屬

표 5 불사 〈신중청〉의 제수요존신

물론 이것들은 제석천 외에는 공간적인 하늘로서 그다지 의미가 없으나, 일월성신 제천수요의 상위에 있는 구집대천 체계로 믿어진 존재들이다. 비록 불교의 천관념이 욕계 6천, 색계 18천, 무색계 4천으로 갈라지고, 다시 이들 28제천을 문수보살을 교주로 보는 만다라, 공작명왕을 교주로 보는 만다라, 대일여래를 교주로 보는 만다라 등 교설에 따라 여러 갈래로 나누는 집합 구조를 가지더라도, 치성광불을 교주로 보는 천문 만다라에서 보자면 위와 같이 접근할 수 있지 않을까 한다.

(3) 끝으로 이상과 또다른 접근법으로 『고려사』에 빈번하게 등장하는 불교의 제천사상 측면에서 조망하는 가설이다. 우리 역사 흐름 속에서 조망하려는 시도이기도 하다. 고려의 역사적 배경에서 불교 천신으로 신앙되던 불천들이 치성광불화로 흘러들어 갔을 가설을 상정할 수도 있기 때문이다.

고려의 왕실과 국가에서 천변 소재 도량과 관련하여 천제석도량(天帝釋道場, 23회), 공덕천도량(功德天道場, 13회), 마리지천도량(摩利支天道場, 9회), 사천왕도량(四天王道場, 2회), 대일왕도량(大日王道場, 1회), 북제천병호국도량(北帝天兵護國道場, 1회) 등이 주목된다. 그 도량의 개설주인 제석천, 공덕천(=길상녀천), 마리지천, 사천왕천, 대일천 등을 선조본의 제천과 관련하여 접근할 수도 있을 것이라 생각한다.

　이 관점은 조선조 사찰의 불사(佛事) 의식 중에 제천수요를 봉청하는 의례 〈신중청(神衆請)〉에서 '내비보살(內秘菩薩)의 자비와 외현천신(外現天神)의 위맹(威猛)'을 바라면서 숱한 도불 교섭적 존신을 거열하는 대목에서[24] 그 가능성을 찾을 수 있다. 그 내용을 표 5에 정리하였다.

　〈신중청〉의 존신 중에서 천왕으로 존명된 대천을 찾아보면, 1) 사바계주(娑婆界主) 대범천왕 2) 지거세주(地居世主) 제석천왕 3) 친복마원 금강밀적 색계정거(親伏魔寃 金剛密跡 色界頂居) 마혜수라천왕 4) 총령귀신 산음대장 능여총지(總領鬼神 散陰大將 能與總持) 대변재천왕 5) 수기소구(隨其所求) 대공덕천왕 등 다섯이 있다. 모두 천왕으로 호칭되었으므로 일련의 연관된 체계를 설정하게 한다. 마혜수라천왕은 대자재천왕의 범어다.

　앞서 나온『치성광불정의궤』(796년)와『치성광본』(1278)에 제시된 오대 대천과 비교할 때, 대자재천(마혜수라천), 대범천, 제석천은 동일하며, 나머지 도사다천(도솔천)과 나라연천(견고천) 대신에 대변재천과 대공덕천이 들어와 있다. 1) 대변재천(Sarasvatī)은 힌두 신화에서 노래와 음악을 맡은 여신으로 일명 대변공덕천이라 하며, 걸림 없는 변재를 가져 불법 유포와 수명 연장, 재산 증식의 공덕을 가져다 준다고 믿어진다. 2) 대공덕천은 길상녀천이라고도 하는 길상천(吉祥天, Śrī-mahadevī)을 뜻하는데, 온갖 길상과 공덕을 가져다준다고 믿어진 힌두 신화의 락슈미(Lakṣmī) 여신에서 유래되었다. 일찍이 제석, 마혜수라, 비습노와 함께 불교에 들어가 북방 비사문천을 주처로 하고 미래에 성불하여 길상마니보생여래가 되었다 하며, 밀교에서는 태장계 대일의 변신 혹은 금강계 대일의 변신인 비사문천왕의 아내라 하기도 한다(『불교사전』, 1995).

　제석천왕 아래로 동서남북의 호세(護世) 사천왕과 일궁·월궁천자가 거열되었다. 신중청의 후반부는 북극자미대제를 주존으로 하는 북두구진 성군과 삼태육성 성군, 이십팔수 제성군중 등을 거론하고 있어, 도불의 천문성수가 습합된 구조를 보

---

24. 이능화,『조선도교사』(1992), 제26장 칠성편

여 준다.

고려조의 마리지천(摩利支天, Marīci)이 〈신중청〉에서는 천신격이 아닌 제신부(諸神部)의 마리지신(摩利支神)으로 격하되어 있다. 마리지천은 양염(陽炎), 성광(成光)이라 번역되는데 아지랑이를 의미한다. 볼 수도 붙잡을 수도 태울 수도 적실 수도 없는 은형(隱形)의 몸으로 항상 일천(日天) 앞에서 줄달음질치는 자재한 신통력을 가졌다 하며, 모든 액난과 전쟁의 승리를 기원하는 신이다.

이같이 '신중청'의 제천수요 구조는 선조본 치성광 만다라의 구성과 많은 점에서 상통하는데, 이 때문에 더욱이 선조본의 그 다섯 대천 존상을 신중청에 제시된 다섯 불천으로 비정할 수 있지 않을까 한다. 제시된 성격을 보면, 1) 대범천왕은 사바세계의 교주이며, 2) 제석천왕은 지거세계의 교주이고, 3) 마혜수라 대자재천왕은 마(魔)와 원(冤)을 절복시키는 복마의 교주로서 색계 정거궁에 거주하며, 4) 대변재천왕은 모든 귀신을 총령하는 산음대장이며, 5) 대공덕천왕은 그 구하고자 하는 바를 따라 응하는 길상천의 교주다. 이에 이들이 치성광불과 일광·월광의 아래에 있으면서 뭇 성수제신과 호법신중을 거느리는 선조본의 그 오대 대천일 가능성이 매우 높다고 생각한다.

지금까지 고찰한 바를 정리하면, 필자는 선조본의 다섯 대천의 존명으로『치성광불정의궤』에 따른 ① 대자재천 ② 대범천 ③ 나라연천 ④ 도사다천 ⑤ 제석천의 5대 대천, 혹은 조선조 〈신중청〉에 따른 ① 대범천왕 ② 제석천왕 ③ 마혜수라천왕 ④ 대변재천왕 ⑤ 대공덕천왕의 오대천왕을 제시한다. 전자가 치성광불화의 경전적 전거에 의한 것이라면, 후자는 고려와 조선시대의 우리 역사 속에서 접근되는 내용이다. 아마 후자가 선조본 치성광불화의 5대 대천 존상에 더욱 가까울 것으로 생각된다.

북두칠성과 북두구진의 존명

(1) 치성광불화의 중심부에 묘사된 이상의 구집대천 성중 다음으로 이들을 앞뒤에서 호위하는 세 무리의 성중이 눈길을 끈다. 첫째, 치성광불의 뒤편 오른쪽 위에 있는 북두구진의 성중과, 둘째, 구요 아래의 남두육성 성중과, 셋째, 그 오른쪽의 삼

태육성 성중이 바로 그들이다.

도불의 성진(星辰) 신앙에서 이것들은 '북두와 남두', '북두와 삼태'가 각 결합관계를 맺으면서 인간의 생사화복을 주관한 가장 유명한 천문성수들이다. 북두칠성이 사후 천상 세계의 수호자였다면 남두육성은 인간의 수명장수를 주관하였고, 북두가 인간의 생사화복을 주관한다면 삼태성은 인간의 탄생과 혼백을 보존하는 수호성신이었다. 이렇게 서로 관계가 밀접한 세 성신들이 고려본에서 화면의 위치나 크기로 보아 비슷한 비중으로 묘사되어 있다. 고려시대와 조선 초기의 천문 사상에서 이러한 북두와 남두와 삼태에 대한 신앙이 널리 전개되었을 것으로 여기게 하는 중요한 장면이다.

이처럼 북두칠성은 우리의 성수신앙 중에서 단연 중심성을 지니며, 그와 관련된 남두육성과 삼태육성이 둘 다 도교의 천문점성론에서 입론되어 있기 때문에 이들 셋은 기본적으로 도교적 측면에서 조망된다. 그렇지만 치성광불화에 그려진 북두칠성 존상이 고려본에는 삭발 승복의 비구승려 모습이며, 선조본에는 머리를 길게 늘어뜨린 피발여성의 모습이다. 이는 치성광불화의 칠성이 이차적으로 불교적 성수신앙 측면에서 구축되었음을 말해 준다.

특히 선조본의 칠성은『불설북두칠성연명경』(당의 바라문승 역)에 제시된 칠성여신의 이미지와 매우 흡사하다(그림 13). 1739년작 태안사 칠성탱과 쌍계사 삼성각의 〈치성광불도〉에 묘사된 칠성이 단정한 여성의 모습이라 한다.[25] 이 같은 불교의 여성 칠성신 형식은 도교의 칠원성군이 남성형인 것과 대조된다. 그런데 성현의『용재총화』에서 "소격서의 태일전은 칠성과 제수(諸宿)를 제사하는 곳인데, 그 신상이 모두 피발여용"이라 하여, 조선시대 도교의 소격서에 모셔진 칠성신도 불교 내원의 피발 여성상임을 알 수 있다. 이처럼 조선조에 모셔진 칠성신은 도불의 구분을 넘어 기본적으로 불교적인 여성형을 띠고 있다.

(2) 하늘의 뭇 별자리 중에서 북두칠성만큼 크고 뚜렷한 별자리를 일년 내내 만나

---

25. 강소연,「조선시대의 칠성탱화」, 서울대 고고미술사학과 석사논문, 1998

기는 쉽지 않다. 그런 만큼 칠성은 많은 의미를 지니고 다양한 이름이 붙어 있다. 역사 속에서 칠성 각기의 명칭법은 매우 복잡한 양상을 보인다.

『사기』「천관서」에서 선기옥형(旋璣玉衡)으로 포괄하면서, 두표[斗杓, 두건(斗建)]와 두형(斗衡), 두괴(斗魁)의 세 부분으로 나누는 정도[26]였다가, 칠성 각기에 고유한 이름을 부여하게 되었으며, 그 명칭도 몇 갈래가 있다.

첫째, 위서류(緯書類)의 『춘추운두추(春秋運斗樞)』에서 정리된 ① 천추(天樞) ② 천선(天璇) ③ 천기(天璣) ④ 천권(天權) ⑤ 옥형(玉衡) ⑥ 개양(開陽) ⑦ 요광(搖光) 계열이 있다. 이 갈래는 『진서』「천문지」와 『수서』「천문지」에 공식 수록되었다. 당나라 사마정(司馬貞)의 『사기색은(史記索隱)』(『사기』「천관서」의 대표적인 세 가지 주석서 중 하나)에 인용된 관계로, 천문지의 공식 명칭으로 사용하게 된 것이 아닌가 한다. 도장류(道藏類)에서도 이 명칭법이 사용되었다[『운급칠첨(云笈七籤)』 권24 「일월성진부(日月星辰部)·총설성(總說星)」 중 「북두구성직위총주(北斗九星職位總主)」 등].

둘째, 북두칠성의 다른 명칭으로 『낙서(洛書)』「역두중(易斗中)」에 가탁된 ① 파군(破軍) ② 무곡(武曲) ③ 염정(廉貞) ④ 문곡(文曲) ⑤ 녹존(祿存) ⑥ 거문(巨門) ⑦ 탐랑(貪狼)으로 부르는 계열이 있다. 이 갈래는 당 현종 때 승려 구담실달(고종~724?)에 의해 편찬된 『개원점경(開元占經)』 권67 「석씨중관(石氏中官)」에 처음 수록되어 전한다. 여기에 인용된 『낙서』 역시 위서(緯書)의 하나이기 때문에 파군 등으로 부르는 명칭 계열이 한대 위서학(緯書學)에서 기원되었다고 볼 수 있으나, 『개원점경』 이전의 천문류 전적에서 찾기 어렵기 때문에 중당 정도에 이르러 『낙서』「역두중」에 가탁된 이름이 아닐까 추정된다.

당 현종 때 태사감을 역임한 유명한 천문학자이면서 승려인 구담실달이 『개원점경』을 찬하며 이 계열을 썼듯이, 불교 전적에서는 주로 이 갈래의 명칭법을 선호한다. 특히 당대 불전에 집중적으로 나타나기 때문에, 파군성 등의 낙서류 계열이 불교 점성술 관점에서 크게 선호되었음을 시사한다. 역으로 인도 점성술 전적이 당

---

26. 사마천은 "두표가 용각성(龍角星)으로 이어지며, 두형은 남두육성으로 겨눠지며, 두괴는 삼수(參宿)의 머리를 베개로 삼는다(杓携龍角, 衡殷南斗, 魁枕參首)"고 하여, 북두칠성을 ① 자루 부분의 두표, ② 몸통 저울대 부분의 두형, ③ 머리 부분의 두괴라는 세 부분으로 가름하였다.

대에 집중적으로 한역되어 유입되는 과정에서 낙서류 명칭법을 대거 채택하였다고 볼 수도 있다. 다만 불전에서 28수나 칠요 등에 대한 범어명은 실으면서도 파군성 등에 대해서는 언급하지 않기 때문에 범어의 번역어는 아닌 듯하다. 그래서 도교의 점성술 맥락에서 찾아보게 되지만 도교에서는 다른 계통의 명칭법을 선호한다. 현재로서는 한대 위서 사상에서 연원(淵源)한 것으로 보게 되는데, 아직 한대 이후 당대 사이의 과정이 누락되어 있기 때문에 낙서류 계열이 불교 천문에서 주목되는 역사적 배경이 잘 파악되지 않는 형편이다. 추후 심화된 연구가 필요하다.

셋째, 도교 경전에는 이상 위서류의 명칭과 더불어 계열이 전혀 다른 '태성(太星), 원성(元星), 진성(眞星), 뉴성(紐星), 강성(綱星), 기성(紀星), 관성(關星)'이라 하는 명칭법과 '양명성(陽明星), 음정성(陰精星), 진인성(眞人星), 현명성(玄冥星), 단원성(丹元星), 북극성(北極星), 천관성(天關星)'이라 하는 명칭법을 함께 사용한다. 또한 『북두치법무위경(北斗治法武威經)』의 경우 '천추(天樞), 천임(天任), 천주(天柱), 천심(天心), 천금(天禽), 천보(天輔), 천충(天沖)'이라는 이름과 함께 '괴작관행화보표(鬼+魁勺雚行華甫魒)'라는 칠성 귀명(鬼名)을 제시하였다. 『진서』 「천문지」에는 이것과 또다른 '정성(正星), 법성(法星), 영성(令星), 벌성(伐星), 살성(殺星), 위성(危星), 부성(部星)'이라는 이름을 『석씨성경(石氏星經)』에 가탁하여 싣고 있다.

지금까지 보았듯이 북두칠성의 명칭법 갈래가 상당히 복잡하다. 크게 갈라서 보면, 불교의 천문점성가들이 선호하는 명칭법에서는 두괴에서 두병 쪽으로 일곱 별의 명칭을 탐랑성, 거문성, 녹존성, 문곡성, 염정성, 무곡성, 파군성이라 하고, 그 각각이 인간의 수요장단(壽夭長短)과 길흉화복을 주관한다는 강한 기복 성향을 드러낸다. 탐랑은 탐심을, 녹존은 복록을, 염정은 청렴과 곧음을, 문곡과 무곡은 문무의 두 범주를, 파군은 적진을 부수듯이 양재(禳災)하는 의미를 담고 있다. 불교의 칠성 신앙에서 기복 동기와 가장 친화성을 보이는 이러한 낙서류 계열을 받아들였던 것으로 생각된다. 당승 일행(一行, 673~727)의 『북두칠성호마법』, 일명 『복치성광법(複熾盛光法)』에서 북극칠성이란 탐랑, 거문, 녹존, 문곡, 염정, 무곡, 파군, 존성이라 하면서 "이것들을 지심봉계(至心奉啓)하면 재액을 해탈하고 수명을 연장하여 백

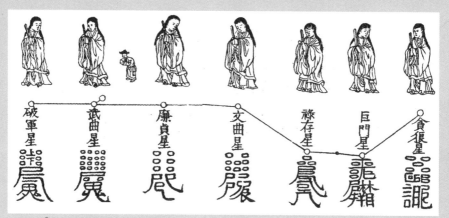

그림 13 『불설북두칠성연명경』의 북두팔성도

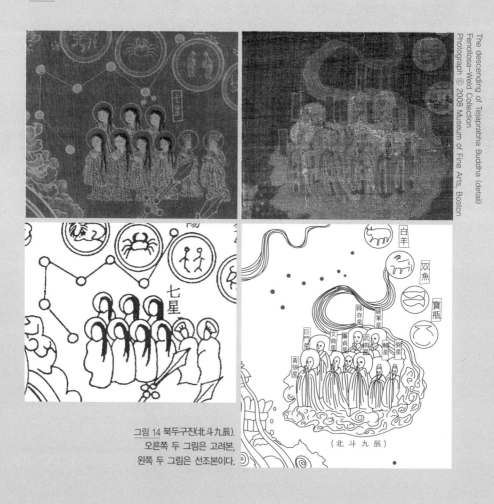

그림 14 북두구진(北斗九辰).
오른쪽 두 그림은 고려본,
왼쪽 두 그림은 선조본이다.

(北 斗 九 辰)

세를 살 수 있다"[27]는 대목은 그 같은 기복 경향을 잘 드러냈다.

그 반면에 도교 전통에서는 한대의 천문우주론 맥락이 매우 강하기 때문에 주류로 삼는 칠성 명칭법도 규범론적 성격이 강하다. 태성, 원성, 진성, 뉴성, 강성, 기성, 관성 등 도교의 명칭은 일곱 별 모두 우주의 근원이라는 뜻이며, 양명, 음정, 진인, 현명, 단원 등의 명칭 역시 음양사상 및 우주규범론적 성격을 담고 있는 개념이다. 물론 도교에는 또 한편에 불교처럼 기복적 측면의 명칭법도 그대로 혼용한다. 칠성 각각이 인간의 수명 복록을 주재한다는 본명성 관념은 도교와 불교에서 동일하게 전개된다. 요컨대, 도교의 칠성 관념이 우주규범론적 측면과 개인의 기복적 성격을 함께 보여 준다면, 불교의 칠성 관념은 도교와 같은 우주규범적 맥락이 약한 대신에 개인의 기복적 동기를 중심으로 삼는다.

고려본 치성광불화에서 칠성존명이 명기되었으나 판독이 어려운데, 이 글의 고려본 모사도에서는 지금까지 살펴본 칠성 명칭법 중 불교에서 선호되는 탐랑, 거문 등의 계열을 따라 추정 기입하였다.

(3) 다음 치성광불화의 칠성 무리를 자세히 보면, 고려본에서 승려 모습의 일곱 칠성 외에 관복을 입은 두 존상이 오른편 아래에 거열되었고, 선조본에서도 피발 여성형의 칠성신 오른편에 관복을 입은 두 존상이 덧붙여 그려졌다. 이것은 첫째 고려와 선초의 칠성 신앙이 북두칠성이 아니라 북두구성 형식임을 보여 주며, 둘째 복식으로 미루어 보건대 이 존상들이 불교가 아닌 도교 내원의 성신임을 시사한다. 두 성신의 존명은 좌보성과 우필성으로, 이들을 합칭하여 도교에서는 '북두구진(北斗九辰 혹은 北斗九眞)'이나 북두구황(北斗九皇)'이라 불렀다. 이 두 별은 북두칠성에 덧붙은 별이다.

이에 역사적으로 칠성과 관련된 점성 형식에 크게 세 가지 흐름이 있게 된다. 첫째, 북두칠성만으로 하는 경우이며, 물론 가장 보편적이다. 둘째, 북두칠성에다 제8의 보성을 합칭한 북두팔성 형식인데, 불교에서는 '북두팔녀 혹은 북두팔보살'로

---

27. 『북두칠성호마법』(일명 『복치성광법』), 『불교대장경』 54책, p.645. 至心奉啓 北極七星 貪狼 巨門 祿存 文曲 廉貞 武曲 破軍 尊星, 爲某甲 災厄解脫 壽命延長 得見百秋.

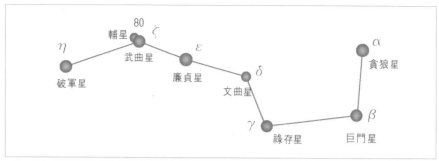

그림 15 북두칠성의 각 별자리 이름

그림 16 북두칠성 수레[帝車]를 탄 하늘의 임금과 고깔을 쓴 우인(羽人) 보성(輔星). [산둥 무량사 화상석, 『금석삭(金石索)』에서].

말한다. 셋째, 거기에 다시 제9의 필성을 덧붙이는 북두구성 형식인데, 도교의 점성학에서 제기된 체계다.

좌보성은 북두칠성의 두병 쪽 둘째 별인 제6 개양성(開陽星, Mizar, ζ UMa)과 쌍성을 이루는 보성(Alcor, 80 UMa, 말을 탄 기수라는 의미의 아랍어)을 지칭하며, 쉽지는 않지만 육안으로 관측할 수 있는 별이다. 고대 중국을 비롯하여 인도, 아라비아, 페르시아, 유럽 등지에 일찍부터 알려져 있었다. 고대 로마에서 군인을 뽑기 위한 시력검사에 이용된 것으로도 유명한데, 알코르와 미자르를 구별할 수 있으면 합격되었다고 한다.

중국 천문학에서는 이를 보성이라 하여, 천자를 보좌하는 보신(輔臣)의 의미를 담았다. 이 보성의 밝기가 강해질 때 재상 중에 모반하는 기운이 있는 것으로 해석하였다. 전국시대(기원전 4세기)에 처음 보성이라는 이름이 보이기 시작하여, 이후 『사기』「천관서」, 『진서』「천문지」, 『송사』「천문지」 등 역대 천문지에 실렸다. 후한대 산둥성 무량사(武梁祠, 기원후 150년경) 화상석에 북두제군(北斗帝君)이 타는 수레[帝車]를 새긴 그림이 있는데, 개양성 바로 옆에 이 보성이 그려져 있다.(그림 16) 도교에서는 이 제8의 보성에 외보성(外輔星), 제황(帝皇), 동명성(洞明星), 고상황신(高上皇神), 천존옥제지성(天尊玉帝之星), 상양(常陽) 등 여러 별칭을 붙였다.

불교에서는 이 별을 모든 별의 어머니라는 뜻에서 성모(星母)인 묘견보살(妙見菩薩)로도 보았다. 이때 북두칠성은 그 권속으로 간주된다[『묘견신주경(妙見神呪經)』云 "北斗 輔星者 妙見 輔相也."]. 또는 북두칠성과 이 별을 합하여 북두팔녀(北斗八女)라고 하였다. 초당의 금강지(金剛智, Vajrabodhi, 671~741)가 『북두칠성염송의궤(北斗七星念誦儀軌)』에서 범어로 된 '팔성주(八星呪)'를 소개한 뒤, '팔녀백세존(八女白世尊)'이 나와서 이 주문을 매일 염송하면 일체의 죄업을 소멸하고 모든 소원을 성취할 것이라 하면서 "북두팔녀가 일체의 일월성수 및 제천룡 약차(諸天龍 藥叉)와 더불어 모든 장난(障難)을 일시에 단괴(斷壞)하기 때문"이라 하였다. 이같이 불교의 보성 이미지는 칠성신과 마찬가지로 여성의 모습을 취한다. 그런데 앞서 『불설북두칠성연명경』의 칠성 그림(그림 13)에서 제6 무곡성 옆에 관복을 입은 자그마한 보성이 묘사되었는데, 여성상이 아닌 점이 이목을 끈다. 아직 완전히 불교화되지 않고 도불 교섭적 맥락을 담은 것이라 평가할 수 있다.

다음 제9의 우필성은 문헌상 현재까지 도교의 도장(道藏) 자료에서만 확인되고 있다. 내보성(內輔星), 태존성(太尊星), 은원성(隱元星), 태미왕제군신(太微王帝君神), 태상진성(太常眞星), 태제진인성(太帝眞人星), 공은(空隱) 등으로 불렸는데, 북두 제3성(Phecda, γ UMa) 옆에 있다고 한다. 그런데 현대 천문관측학상으로는, 북두 제3성 주변에 달리 관측되는 별이 없다. 다만 북두 제6 개양성 옆에 안시쌍성(眼視雙星)으로서 보성이 있고, 또 그 안쪽에 다시 개양성과 분광쌍성(分光雙星)을 이루는 제3의 별이 확인되었다.[28] 그렇지만 이는 매우 발달한 현대의 천체관측기술로 비로소 관측할 수 있는 것이어서, 관측을 오로지 육안에만 의존하던 고대 중국에서 그 제3의 별을 필성으로 보았다고 말하기에는 무리다. 아직 도교 자료 외의 중국 천문학 기록에서도 우필성을 관측한 기록이나 문헌 자료가 없다. 이는 우필성이 실재하는 별이 아니라 관념상의 별일 가능성을 시사한다.

---

28. 안상현, 『우리가 정말 알아야할 우리별자리』, 현암사, 2000

도교에서 북두구성은 칠현이은(七見二隱)으로 표현되는데, 숨어 있는 이은성(二隱星)은 물론 좌보와 우필이다. 이 별은 볼 수 없으나 만약 보게 되면 장생하며 신성을 이룬다는 점성사(占星辭)[29]가 붙은 것도 그 같은 비관측성과 관념성에서 말미암은 대목이 아닐까 짐작된다. 이렇게 도교의 북두구성 형식은 실제로 관측되지 않은 별까지 포함하여 아홉이라는 숫자에 맞추어 창출한 개념으로 여겨지는데, 아홉이라는 숫자는 더 이상이 없이 가장 큰 수라는 상수학적 의미를 지닌다. 이런 맥락에서 한대의 구야설(九野說)이나 구주설(九州說), 구궁성(九宮說)처럼 북두칠성을 구성설(九星說)로 확장한 것은 아닐까.

한편 북두구성은 모든 별의 어머니 두모원군(斗姆元君)의 자식으로 생각되었다. 두모원군은 불교의 성모 관념에서 영향을 받아 생겨난 도교 신격이라 생각되는데, 두모의 본생(本生)은 자광부인(紫光夫人)이며, '북두구진성덕천후(北斗九眞聖德天后), 도신현천대성진후(道身玄天大聖眞后)' 등의 호칭이 붙는다. 자광부인이 연지(蓮池)에서 목욕하다가 홀연히 연화 9가지에 감화되어 아들 아홉을 낳았는데, 맏이는 천황대제, 그 다음은 자미대제, 나머지 일곱은 탐랑, 거문 등의 칠성이었다고 한다[『옥청무상영보자연북두본명생진경(玉淸無上靈寶自然北斗本命生眞經)』, 『정통도장』 2책]. 이러한 본생담에 담긴 두모 관념은 앞서 살펴본 바 있는 여성 이미지의 묘견보살의 성모 관념과 대동소이하다. 연화 속에서 탄생하는 설정도 두모 신앙이 불교의 영향 아래 성립되었음을 보여 준다.

지금까지 북두 제8 좌보성과 제9 우필성이 도교의 점성학 측면에서 입론된 것으로 보이는 가운데, 북두팔녀라든가 성모 관념이라든가 불교의 점성 관념과 부단히 교섭하고 있음을 살펴보았다. 고려본과 선조본의 두 치성광불화에 묘사된 북두구성은 그러한 북두칠성에 대한 역사적 도불 교섭의 결과로 조망된다. 칠성은 피발여용형으로, 보성과 필성의 이은성은 조복 차림의 성관형(星官形)으로 혼재시킨 불화 양식은 전형적인 도불 교섭 관점을 반영한 것이라 하겠다.

---

29. 『운급칠첨』 권24 「일월성진부·총설성(日月星辰部·總設星)」[『도장요적선간(道藏要籍選刊)』, 1989], p.181. 北斗九星 七現二隱. 其第八第九是帝皇太尊精神也. … 內輔一星 在北斗第三星, 不可得見, 見之長生成神聖也. 外輔一星 在北斗第六星下, 相去一寸, 許若驚恐厭魅起視之吉.

덧붙여 선조본에서 그림 맨 위의 십이궁도 위쪽으로 신비로운 구름을 타고 내려오는 일곱 존상은, 선조본 치성광불화의 성수명을 판독하는 부분에서 언급하였지만, 조선시대 들어서 새로운 칠성 형식으로 제기된 동자칠원성군이 아닐까 추정된다. 비록 존명이 적히지 않았지만, 머리가 짧은 동자 모습이며, 통도사 서운암(瑞雲庵) 칠성정(七星幀, 1861)의 화기에서 "紫微七元星君 北斗七元星君 內輔弼星 外輔弼星 三台六星 二十八宿諸大星君 童子七元星君"이라 하여 북두칠원성군 외에 또 동자칠원성군을 제시하는 점 등으로 미루어 역사상 조선조에 들어 처음으로 양식화되는 칠성 신앙의 또다른 갈래일 것이라 여겨진다. 아직 그 사상적 경전적 맥락을 파악하지 못하였는데, 앞으로 더욱 깊이 연구할 필요가 있다.

그 외 조선 후기 불화에서는 칠원성신으로서가 아니라 여래로서의 칠성여래가 주목되기도 하였다. 송광사 관음전 칠성탱(1867)에는 칠성여래의 존명이 적혀 있는데, ① 유리세계 약사유리광여래불(琉璃世界 藥師琉璃光如來佛, 파군성), ② 정주세계 광달지변여래불(淨住世界 廣達智辨如來佛, 염정성), ③ 원만세계 금색성취여래불(圓滿世界 金色成就如來佛, 녹존성), ④ 최승세계 운의통증여래불(最勝世界 運意通證如來佛, 탐랑성), ⑤ 묘보세계 광음자재여래불(玅寶世界 光音自在如來佛, 거문성), ⑥ 무우세계 최승길상여래불(無憂世界 最勝吉祥如來佛, 문곡성), ⑦ 법의세계 법해유희여래불(法意世界 法海遊戲如來佛, 무곡성)이다. 이것들의 하단에는 각 여래에 대응되는 금관을 쓰고 집홀한 도교의 칠원성군이 자리 잡았다 한다(강소연, 1998, 圖 29). 이들 존명은 『불설북두칠성연명경』에 서술된 칠성여래와 전혀 동일한 이름이다. 이 같은 칠성 형식의 분화 혹은 복합화 현상 역시 조선시대의 천문사상과 칠성 신앙을 조망하는 중요한 또 하나의 관점이 될 것이다.

삼태육성과 삼혼설 : 인간의 생육과 연생의 수호성신

(1) 삼태육성(三台六星)은 칠성의 두괴 뒤쪽으로 나열된 여섯 별을 말하며, 둘씩 세 무리를 이루고 있다(兩兩相比). 문창성 쪽 첫째 두 별을 상태(上台, *ι*, *κ* UMa), 가운데

두 별을 중태(中台, λ, μ UMa), 태미원 쪽 두 별을 하태(下台, υ, ξ UMa)라 일렀다.[30] 서양에서는 이것들을 한갓 큰곰자리의 발바닥으로 여겼지만, 동양에서는 하늘을 오르내리는 섬돌 사다리로 혹은 선인들이 잠시 쉬어 노닐며 지상 하계를 내려다보는 관대(觀臺)로 보았다. 정월 설날 즈음의 밤하늘에 머리 바로 위를 올려다보면 이 세 무리의 삼태육성이 유난히 찬란하게 빛난다. 새해를 시작하는 밤하늘에서 삼태육성이 인간 하계를 굽어살피는 형국이다. 그래서인지 삼태성에 마치 우리의 삼신신앙처럼 인간의 탄생과 양육 보호의 이미지가 부여되었다.

중국의 역대 천문지에 묘사된 삼태육성은 크게 두 가지 맥락을 가진다.[31]

첫째는 하늘의 기둥(天柱)으로서 삼공(三公) 관직에 비견되어, 덕과 상서를 주관(主開德宣符)하는 별자리로 간주하는 맥락이다. 『한서』 「백관공경표(百官公卿表)」에 따르면 삼공은 천자 다음의 최고 권위를 지닌 신하 중의 으뜸인 태위(太尉)·사도(司徒)·사공(司空) 또는 사마(司馬, 主天)·사도(司徒, 主人)·사공(司空, 主土) 아니면 태사(太師)·태부(太傅)·태보(太保)를 말한다. 하늘에서 보자면 삼태가 삼공, 북두칠성이 구경(九卿)에 해당하며, 땅으로 보자면 오악(五岳)이 삼공, 하해(河海)가 구경에 해당한다[『후한서』 「유현(劉玄)열전」 주석]. 이러한 하늘의 삼공인 삼태육성 중 상태성은 수명을 관장하는 사명(司命)을, 중태성은 종실을 관장하는 사중(司中)을, 하태는 병사와 복록을 관장하는 사록(司祿)을 맡아 직능이 분화되었다.

둘째로, 삼태를 천상 최고신인 태일신이 오르내리는 하늘의 계단[天階] 또는 인

---

30. 요즈음 '삼태성'이라 하면 세 개의 큰 별[三太星]이라는 의미로 오리온자리의 가운데 세 별(Orion belt)을 흔히 지칭하는데, 동양천문학사에서 보면 오리온자리[삼수(參宿)]를 삼태성으로 부른 용례는 전혀 없다. 삼수의 '삼대성(三大星)'으로 부른 경우는 매우 드물게 있다. 삼수라는 명칭 자체가 이미 그 세 별에 주목하여 붙여진 말이다. 아마도 근대 이전 전통 천문사상에서 내내 중시된 북두칠성과 삼태육성을 간략하게 '칠성과 삼태성'으로 부르던 관습이 현대에 들어 그 의미가 잘 알려지지 않은 채 와전된 결과, 오리온벨트 부분을 삼태성으로 오해하게 된 것이 아닌가 한다. 이는 완전히 잘못된 맥락이며 비역사적 비전통적인 것이기 때문에 이에 '삼태성'을 삼태육성의 '삼태성(三台星)'으로 바로잡는다.

31. 『진서』 「천문지」 중궁조. 三台六星, 兩兩而居, 起文昌, 列抵太微. 一曰天柱, 三公之位也. 在人曰三公, 在天曰三台, 主開德宣符也. 西近文昌二星曰上台, 爲司命, 主壽. 次二星曰中台, 爲司中, 主宗室. 東二星曰下台, 爲司祿, 主兵, 所以昭德塞違也. 又曰三台爲天階, 太一躡以上下. 一曰泰階. 上階, 上星爲天子, 下星爲女主. 中階, 上星爲諸侯三公, 下星爲卿大夫. 下階, 上星爲士, 下星爲庶人. 所以和陰陽而理萬物也. 君臣和集, 如其常度, 有變則占其人. 『수서』 「천문지」, 『송사』 「천문지」와도 동일하다.

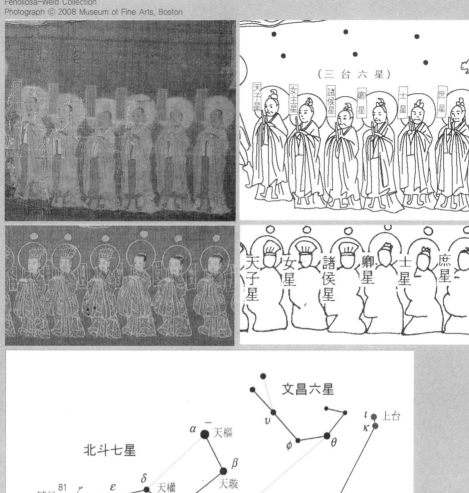

（三 台 六 星）

天子星　女主星　諸侯星　廟星　士星　庶星

天子星　女星　諸侯星　卿星　士星　庶星

文昌六星

北斗七星

α　天樞

β
天璇

δ　天權

輔星　81　ζ
80
開陽　ε　玉衡
γ　天璣

η
七　搖光

큰 곰자리 UMa

ν
φ　θ

ι　上台
κ

λ　中台
μ

χ
太陽守

ψ
太尊

三台六星

ν　下台
ξ

그림 17 북두칠성과 삼태육성 별자리와 존상. 첫째, 둘째 그림은 고려본, 셋째, 넷째 그림은 선조본이다.
다섯째 그림은 큰 곰자리와 북두구성, 삼태육성을 비교한 그림이다.

간 세계의 봉건적 계급질서를 상징하는 계단[泰階]으로 보는 견해다. 이 경우 상계
는 천자, 중계는 신하, 하계는 백성으로 비견된다. 구체적으로 1) 상계 중 상성(上
星)은 천자를, 하성(下星)은 여주(女主)를 지칭하며, 2) 중계 중 상성은 제후와 삼공
을, 하성은 경대부(卿大夫)를 지칭하며, 3) 하계 중 상성은 사인(士人)을, 하성은 서
인(庶人)을 지칭한다. 군신 간의 화합을 삼태의 변화를 통하여 점후한다는 것이다.
이러한 세 계단이 평평하면 음양이 조화되고, 평평하지 못하면 농사를 망치거나 여
름에 서리가 내린다고 하여, 삼태육성이 음양을 조화하고 만물을 다스리는 별자리
의 하나로 여겼다. 고려본과 선조본의 삼태육성 존명은 이를 따른 것이다.

(2) 이러한 배경의 삼태육성은 도교의 천문에서 북두칠성과 더불어 인간의 생사화
육(生死化育)을 주관하는 매우 중요한 성수로 믿어져 왔다. 도교의 『북두연생경』[전
칭 태상현령북두본명연생진경(太上玄靈北斗本命延生眞經)]에 실려 있는 북두주(北斗呪)에서
는 북두구성에 대한 믿음과 삼태육성에 대한 관념을 잘 보여 준다. 전반부는 중천
의 대신인 북두구진(北斗九眞)이 천계를 돌면서 미진한 것까지 세세히 다 살피니 어
떤 재앙이 멸하지 않겠으며 어떤 복이 이르지 않겠는가 하며, 천강(天罡, 북두칠성)이
가리키는 바에 따라 영보장생(永保長生)하기를 바란다는 점성 기원을 담았다. 후반
부는 허정(虛精)과 육순(六淳)과 곡생(曲生)으로 이루어진 삼태육성이 나를 낳아 주
고 길러 주고 보호해 주는 생육신(生育神) 기능을 지닌 것으로 묘사하였다.[32]

　북두주의 바로 앞 부분에서 "상태 허정 개덕성군, 중태 육순 사공성군, 하태 곡
생 사록성군(上台 虛精 開德星君, 中台 六淳 司空星君, 下台 曲生 司祿星君)"이라고 존명
을 밝혔는데,『진서』「천문지」의 이해와 서로 통한다. 이 대목에 대한 원대 도사 서
도령 집주의 『북두연생경註』(1334년)[33]의 대목을 살펴보면 원대 도교의 삼태성 관념

---

32. 『북두연생경』. "北斗九眞 中天大神, 上朝金闕 下覆崑崙, 調理綱紀 統制乾坤. 大魁貪狼 巨門祿存 文
曲廉貞 武曲破軍 高上玉皇 紫微帝君, 大周天界 細入微塵, 何災不滅 何福不臻. 元皇正炁 來合我身, 天
罡所指 晝夜常輪, 俗居小人 好道求靈, 願見尊儀 永保長生. 三台虛精 六淳曲生, 生我養我 護身形, 괴작
관행화보표(鬼+魁 勺 灌 行 華 甫 䰢) 尊帝急急如律令."

33. 『태상현령북두본명연생진경주(太上玄靈北斗本命延生眞經註)』(현양자 서도령 集註,『정통도장』제
28책)의 말미에 원 순제 "원통(元統) 2년(1334) 9월 9일 玄陽子 徐道齡 齋沐焚香再拜謹題"라 하여 도장(

이 자세히 상술되어 있다. 『진서』의 내용과 마찬가지로 서술하면서 삼태성을 상중하 각기 사명(司命)·사중(司中)·사록(司錄) 또는 태위·사도·사공의 삼공으로 해석하였고, 다시 『옥추경(玉樞經)』을 인용하여 만약 '삼재와 구횡'의 액운을 면하려면 고요한 밤에 머리를 북진성(北辰星)으로 두고 북진 위에 있는 삼태성(三台星)에 공경 예배할 것을 말하였다. 이어 쌍목(雙目)이 첩첩으로 된 이 천계(天階)는 태상(太上)이 승강(昇降)하는 길이라 하였다.

그러면서 허정, 육순, 곡생은 삼태성군의 내휘(內諱)이며, 각기의 명호(名號)로 1) 상태성군은 통묘현도천존(通妙玄都天尊)이라 하고 탄생을 주관하는 자(生生主者)이며, 2) 중태성군은 인화소덕연복천존(仁化昭德延福天尊)으로 인간을 양육하는 자(養養大神)이며, 3) 하태성군은 영원묘유공동천존(靈源妙有空洞天尊)으로 인간을 보호하는 자(護護天翁)라 풀이하였다. 여기서 삼태 각기가 주장하는 '생(生)·양(養)·호(護)'는 인간의 연생을 위해 필수불가결한 '삼혼(三魂)'으로 보았다. 삼태성이 태허(太虛)의 현정신(玄精神)인 허무(虛无)한 삼기(三炁)를 받아 적기(赤氣)·백기(白氣)·청기(靑氣)를 토하는데 이것이 사람의 진기(眞炁)인 삼혼이라 한다. 인간은 혼이 있어 생(生)하고, 생하면 반드시 길러져야(育) 하고, 길러지면 반드시 보호되어야 한다. 만약 생육은 되었는데 보호되지 않으면 요절하게 되니 생명이 유지(延生)되는 요결이 바로 삼혼 세 글자에 있으며, 신명(身命)을 귀히 여기지 않으면 삼혼이 떠날 것이라 한다. 북두주 설명 부분에서도 하늘에서 삼태성의 진기가 내려와서 생아 육아 호아(生我 養我 護我)함으로써 장생신선(長生神仙)을 얻는 것이라 하였다.

이 같은 소위 삼태성의 삼혼설(三魂說)은 밤하늘의 뭇 별 중에서 인간의 일체 생사 화복을 주관하는 북두칠성과 더불어 삼태육성을 가장 널리 숭신되는 별자리로 여기게 하였다. 삼태성은 인간의 생육과 연생을 옹호하는 중요한 별자리였던 셈이다.

삼태성과 칠성의 밀접한 관련성은 곳곳에 나타난다. 삼혼설을 더 밀고 들어가 '삼혼칠백(三魂七魄)'으로 갈라서 풀어내었는데, 삼태의 혼신(魂神)은 양(陽)으로 나의 몸을 생하며, 칠성의 백신(魄神)은 음(陰)으로 나의 정기(精氣)를 길러 주는 것이

道藏)으로서는 보기 드물게 작자와 연대를 밝혀 놓았다.

므로, 혼백이 몸에서 분리되지 않아야 하며, 북두구진과 삼태육성이 나의 신형(身形)을 호위할 것이라 하였다. 삼태성과 칠성을 삼혼과 칠백으로 비견한 것이다. 그래서 삼태는 중천의 대화(大化)이며 북두의 화개(華蓋)라 하였다(서도령 집주, 『북두연생경註』, 578쪽). 그 혼백의 신이 포태(胞胎)를 내려 보냄으로써 바야흐로 탄생할 수 있으므로, 삼태의 태(台)란 태(胎)를 이른다고 하게 된다[전동진(傳洞眞) 註, 『북두연생경註』, 『정통도장』 28책, 659쪽]. 원나라 태현자(太玄子)의 『옥추경집주(玉樞經集註)』(1333년, 『정통도장』 2책)에서는 "하늘에 구요(九曜)가 있어 인간에 구령(九靈)이 있으며, 하늘에 삼태성이 있어 인간에 삼혼(三魂)이 있다."라 하여 구요와 삼태를 구령과 삼혼으로 대비시키기도 하였다.

(3) 이 글의 치성광불화에 그려져 있는 삼태육성의 존명과 그 천문사상적 의미는 이와 같은 맥락에서 조망된다. 고려본과 선조본의 삼태육성 존명이 '천자성, 여주성, 제후성, 경성, 사성, 서성(天子星, 女主星, 諸侯星, 卿星, 士星, 庶星)'으로 확인되므로, 천자 이하 서민에 이르기까지 모든 사람이 인간의 생육신이자 연생의 수호성신인 삼태성의 생육 옹호를 받아 연생장수할 것이라는 점성 사상을 표방하고 있는 것이다.

조선시대에 칠성과 삼태성의 신앙은 더욱 확산된 것으로 보이는데, 거기에는 『옥추경』의 보급 영향이 컸을 것으로 생각된다. 앞서 잠깐 언급되었지만 『옥추경』에서는 삼재와 구횡의 액운을 면하려면 칠성과 삼태성에 예배할 것을 제시하고 있다. 삼태 칠성 신앙의 경전적 전거 역할을 한 것이다. 조선초 소격서에서 『옥추경』의 주신인 구천응원뇌성보화천존에게 바친 기우청사(祈雨青詞)가 있었다고 한다[서거정의 『사가집(四佳集)』: 이능화, 『조선도교사』].

주지하다시피 조선시대의 무(巫)·도(道)·불(佛)이 습합된 민간의 각종 독경 신행(讀經 信行) 중에 『옥추경』이 차지하는 비중은 상당하다. 조선초 도교의 주관 부서인 소격서에서 관원을 선발할 때 취재 과목으로 제시된 도경 중에는 『태일경(太一經)』, 『진무경(眞武經)』, 『용왕경(龍王經)』 등과 더불어 『연생경(延生經)』, 『옥추경』이 들어 있다[성종조 1485년 완성된 『경국대전(經國大典)』 권3 「예전(禮典)」 도류 취재편(道流 取材篇)]. 『연생경』은 『태상현령북두본명연생진경(太上玄靈北斗本命延生眞經)』을 지칭하는 것으로 확인되었으며 그 내용 일부가 김시습의『매월당집초(梅月堂集抄)』「천형편(天形編)」에 수록되어 있었다. 이『북두연생경』은 지금까지 다룬 바와 같이 칠성과 삼태성 신앙의 소의경전(所衣經典)이라 할 성격을 지녔다.[34]

그와 함께 소격서에서는『옥추경』의 도경도 제시하고 있다.『옥추경』은 원제가『구천응원뇌성보화천존옥추보경(九天應元雷聲普化天尊玉樞寶經)』이며, 구천응원뇌성보화천존(약칭 구천보화천존)이 옥청천(玉淸天)에 있으면서 십방(十方) 제천의 제군(帝君) 등을 옥허구광지전(玉虛九光之殿)에 회합시켜 온갖 재난과 병질 등을 물리치는 기양법(祈禳法)을 설하는 내용이다. 휘하에 십방 삼계 제천 제지(十方 三界 諸天 諸地), 일월성진 산하초목(日月星辰 山河草木), 비주충동 천룡귀신(飛走蟲動 天龍鬼神) 등이 모두 포함되며, 특히 구천뇌공장군(九天雷公將軍), 오방뇌공장군(五方雷公將軍), 팔방운뢰장군(八方雲雷將軍), 오방변뢰사자(五方變雷使者), 뇌부총병사자(雷部總兵使者) 등 구천응원부(九天應元府)의 구천뇌문사자(九天雷門使者)들을 파병하여 인간계의 온갖 귀마를 제복(制伏)하는 것으로 묘사되었다. 곧 이들은 하늘의 뇌군으로 복마를 위주로 하는 복마대제(伏魔大帝)의 직능을 지닌 신격이라 할 수 있다. 뇌군(雷軍)이 우레와 천둥을 동반하는 벽력을 사용하므로 번개로 귀마를 제어한다는 힌두 신화의 인드라 신, 그리스 신화의 제우스 신과도 성격이 비슷하다. 그러는 가운데 삼재와 구횡의 액운이나 생전에 형수(刑囚)의 우환이나 신륜(身淪)의 고통을 면하려면 삼태성과 북두구진에 예참할 것을 강조한 것이다. 북두는 하늘의 천추(天樞)로서, 두중(斗中)에 천강성(天罡星), 두내(斗內)에 염정성(廉貞星), 두외(斗外)에 파군성(破軍星)이 있어 뇌성십이문(雷城十二門)을 관장하는데, 천강이 소지(所指)하는 바에 따라 제마정(諸魔精)을 섭복(攝伏)하고 중생을 이익 되게 한다고 서술하였다. 이로 보면 '옥추경'이란 천상의 최고 거주처인 옥청천(玉淸天)과 북두의 천추(千樞)를 지칭한 데서 생겨난 개념으로 여겨진다. 이러한 옥추경과 연생경 등의 점성 사상은 조선조 억불 정책 아래 무·도·불의 왕성한 습합을 거치면서 민간에 널리 확산된 것이다.

이런 배경에서 불교의 칠성 의례에서 칠성과 삼태의 신앙이 두드러지는 맥락을

---

34. 김일권, 「김시습과 조선 초기 도교의 천문사상」, 『도교문화연구』 15집, 한국도교문화학회, 2001. 11

조망하게 된다. 조선조의 대표적인 불교 의례집인『석문의범(釋門儀範)』(안진호 篇, 법륜사, 1931)에 수록된 '칠성단 예경문(七星壇 禮敬文)'은 치성광여래를 중심으로 일광·월광보살과 칠원성군 등이 보좌하는 가운데 칠정이 성주(聖主)가 되고 삼태성이 현신(賢臣)이 되는 관계 구조를 담았다.[35] 현재 통용되는 칠성단 예불문에서도 "지심귀명례 북두대성 칠원성군 좌보우필 삼태육성 이십팔수 주천열위 무량무변 제성군중(志心歸命禮 北斗大聖 七元星君 左輔右弼 三台六星 二十八宿 周天烈位 無量無邊 諸星君衆)"이라 하여 북두구진과 삼태육성 등에 지극한 마음으로 귀명할 것을 예참하고 있다.[36]

결국 칠성과 삼태육성은 개인의 수요장단과 길흉화복을 주관하는 우리의 대표적인 성수신앙 갈래라 정리할 수 있다. 이것은 이 글에서 고찰한 것처럼 고려시대에 이미 배태 전개되었고, 조선시대를 거쳐 지금까지 전승되었다.

남두육성의 육사 존명과 연수 사상

(1) 다음으로 제천구요 성중의 왼쪽 아래에 나열된 남두육성의 문제다. 고려본과 선조본 모두 왼쪽부터 사명성(司命星), 사록성(司祿星), 연수성(延壽星), 익산성(益算星), 도액성(度厄星), 상생성(上生星)으로 명기되었다. 단, 선조본에서 사명성 왼쪽의 사비성(司非星)은 허수에 딸린 별자리로 남두육성과는 무관하므로 논외로 한다.

남두육성은 천상의 연생 연명의 주관 부서로 일찍부터 주목받던 별자리다. 우리나라의 경우 고구려 고분 벽화에서 북쪽의 북두칠성과 짝이 되는 대면(對面)적인 맥락으로 남쪽에 대형 남두육성을 그려두었다. 고구려 천문사상이 지니는 큰 특징 중 하나는 동서남북의 수호 신수인 청룡 백호 주작 현무의 사신도 체제와 마찬가

---

35. 안진호 篇,『석문의범』, 법륜사, 1931, 제13 칠성단. 志心歸命禮 金輪寶界 熾盛光如來佛 /志心歸命禮 左右補佑 日光月光 兩大菩薩 /志心歸命禮 北斗大星 七元星君 周天列曜 諸星君衆 /紫微大帝統星君 十二宮中太乙神 /七政齊臨爲聖主 三台共照作賢臣 /故我一心 歸命頂禮.

36. 이복동 篇,『상용불교의범(常用佛敎儀範)』, 보련각, 1998의 저녁예불 칠성단 예경문(p.97). 志心歸命禮 能減千災 成就萬德 金輪寶界 熾盛光如來佛 /志心歸命禮 左補處 日光遍照 消災菩薩 /右補處 月光遍照 息災菩薩 摩訶薩 /志心歸命禮 北斗大聖 七元星君 左輔右弼 三台六星 /二十八宿 周天烈位 無量無邊 諸星君衆 /靈通廣大慧鑑明 住在空中映無方 /羅列碧天臨利土 周天人世壽算長 /故我一心 歸命頂禮

지로 천상의 별자리에서도 동서남북 사방위를 수호하는 '사방위 수호 성수' 체제를 구축하였다는 점이다.[37] 이를 사숙도(四宿圖)라 이름 지었는데, 각 방위를 대표하는 사숙도의 '방위 별자리'로 북방의 북두칠성, 남방의 남두육성, 동방의 심방육성(心房六星, 전갈자리), 서방의 삼벌육성(參伐六星, 오리온자리)이 있다. 여기에 북방에 북두칠성과 함께 고구려의 북극성 별자리인 북극삼성(北極三星)을 그려 오숙도(五宿圖) 별자리 체계를 구축하였으며, 동쪽과 서쪽으로 세 발 까마귀의 일상(日像)과 두꺼비·옥토(玉兎)의 월상(月像)을 역시 동서 방위 표상으로 채택하였다.[38]

남두육성은 이십팔수 중 북방칠수의 첫째인 두수(斗宿)의 다른 이름으로, 서양명 궁수자리(φ, λ, μ, σ, τ, ζ Sgr)에 북두와 동일한 두형(斗形)을 지닌 별자리다. 국자 모양이어서 두괴(斗魁. σ, τ, ζ Sgr)와 두표(斗杓. φ, λ, μ Sgr)로 가르며, 두표 끝에 태양이 동지날 머무는 동지점이 있다. 남두의 두표 사이로 황도가 지나가기 때문에 오행성과 달이 남두를 범(犯)하였다는 관측 기록이 많이 남아 있다.

한여름 남쪽 하늘 지평선 위쪽으로 은하수에 자루가 반쯤 잠긴 남두육성을 관측할 수 있는데, 북두칠성만큼이나 크고 뚜렷한 별자리 모습이 매우 인상 깊다. 그런데 거극도(去極度, 북극 거리)가 –30° 안팎으로 적도 이남에 있으므로 관측 시기가 하지 전후로 제한되며, 또 지평선 가까이(18°~28° 가량)에서 출몰하기 때문에 산악이 많은 우리나라에서는 관측하기 쉬운 편이 아니다. 남두육성이 떠오르는 것을 보면 남쪽 하늘의 북두칠성이라 할 만큼 웅장한 느낌을 받는다.[39]

---

37. 김일권, 「고구려 고분벽화의 별자리그림 고정」, 『백산학보』 47호, 백산학회, 1996
_____, 「고구려 고분 벽화의 천문 관념 체계 연구」, 『진단학보』 82호, 진단학회, 1996
_____, 「고구려 고분 벽화의 천문사상 특징: 삼중 천문 방위 표지 체계를 중심으로」, 『고구려연구』 3집, 고구려연구회, 1997
_____, 「고구려 고분 벽화의 북극성 별자리에 관한 연구」, 『고구려연구』 5집, 고구려연구회, 1998
_____, 「각저총·무용총의 별자리 동정과 고대 한중의 북극성 별자리 비교 검토」, 『한국과학사학회지』 22권 1호, 한국과학사학회, 2000
38. 필자의 고정(考定)으로는, 심방육성은 심수(心宿. α, σ, τ Sco, 각기 1.0, 2.9, 2.8 등급)와 방수(房宿. β, δ, π Sco, 2.6, 2.3, 2.9 등급)를 뜻하며, 삼벌육성은 삼수(參宿)의 삼대성(三大星. δ, ε, ζ Orion, 2.2, 1.7, 2.1등급)과 벌삼성(伐三星. 42, θ2, ι Orion, 4.6, 6.4, 2.8 등급)을 뜻한다. 북극삼성은 작은곰자리의 γ, β, 5 UMi를 지칭할 것으로 추정되었다.
39. 2002년 8월 1일경 시베리아 답사 도중 바이칼 호수 안의 알혼 섬에서 자정을 넘긴 시각에 남두육성이 은

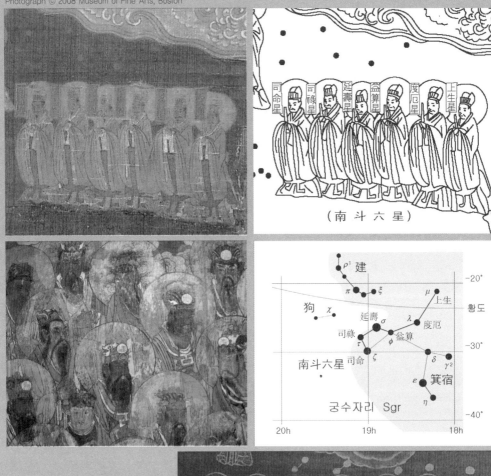

（南斗六星）

司命星　司祿星　延壽星　益算星　度厄星　上生星

（南斗六星）

（南斗六星）

司非星　司命星　司祿星　延壽星　益算星　度厄星　上生星

그림 18 남두육성. 처음 두 그림은 고려본이며, 그 다음 왼쪽은 영락궁본이며, 오른쪽은 궁수자리와 남두육성을 비교한 것이고, 마지막 두 그림은 선조본이다.

(2) 이 남두육성에 고대인들은 인간의 삶의 문제를 투영했는데, 국자형 별자리여서 기본적으로 북두칠성과 밀접하게 관련된 역할을 맡게 된다.

동진말 도사 양희(楊羲, 331~386)의 저작이라는 『상청경(上清經)』에서 "남두육사 주연수, 계육궁칭위(南斗六司 主延壽, 計六宮稱爲): 제일 천부 사명성군(第一 天府 司命星君), 제이 천상 사록성군(第二 天相 司祿星君), 제삼 천량 연수성군(第三 天梁 延壽星君), 제사 천동 익산성군(第四 天同 益算星君), 제오 천추 도액성군(第五 天樞 度厄星君), 제육 천기 상생성군(第六 天機 上生星君), 시위남두육사성군야(是爲南斗六司星君也)."이라 하여, 인간의 수명 연장을 주관하는 부서를 남두육성에 두고 있다. 진(晋, 4세기경)대 간보(干寶)가 펴낸 『수신기(搜神記)』에서도 "남두주생, 북두주사(南斗注生, 北斗注死)"라 하여, 북두칠성이 죽음을 관장한다면 남두육성이 삶을 주관한다는 대대적 점성 관계를 처음으로 분명히 하였다.

『남두연수등의(南斗延壽燈儀)』(『정통도장』 5책)는 남두에 대한 재초설단(齋醮設壇)을 설명한 책인데, 중천(中天) 성주(星主) 자미대제를 주존으로 하여 일궁태양제군(日宮太陽帝君) · 월부태음황군(月府太陰皇君)과 오성사요성군(五星四曜星君, 구요)을 시립시키며, 다음으로 남두육사연수성군(南斗六司延壽星君), 북두구황연생성군(北斗九皇延生星君)과 동서중두성군(東西中斗星君), 이십팔수성군 등을 세운다 하였다. 여기서도 남두와 북두가 함께 놓이며 다만 남두는 연수, 북두는 연생으로 둘 다 인간의 수명 장생이라는 유사한 직능을 부여하였다. 사실 북두는 생사를 모두 포괄하는 복합적인 존재다.

남두육성 신앙의 소의경전이라 할 만한 『남두연수경(南斗延壽經)』[전칭 태상설남두육사연수도인묘경(太上說南斗六司延壽度人妙經), 『정통도장』 19책]의 도입부에는 태상노군이 후한 환제 원수(元壽) 원년(155년) 정월 7일에 강생하여 천사(天師) 장도릉(張道陵, 후일 천사도로 개칭한 오두미교의 창시자)에게 『북두연생경(北斗延生經)』을 주었고, 정월 15일 상원날에 다시 강림하여 『남두연수경』을 전수하였다고 한다.

하수에 잠긴 채 남쪽 지평선 위로 떠 있는 광경을 보았다. 북쪽의 북두칠성과 매우 흡사한 국자형이었으며, 크기도 카시오페이아자리보다 클 정도로 상당히 거대해서 웅장한 자세였다. 아마 고구려인들도 이런 관측 경험을 바탕으로 하여 북두칠성과 남두육성을 각기 북방과 남방의 방위 별자리로 삼았을 것이다.

그러면서 남두육사(南斗六司)는 이십팔사(二十八舍) 중 두수육성(斗宿六星)을 일 컫는데, 북두칠정(北斗七政)과 직능을 분직하여 함께 삼재(三才), 육합(六合), 팔괘(八 卦), 구궁(九宮)을 다스리고 중외의 백벽관품(百辟官品)을 총할하므로, 자미태미(紫微 太微)의 양극도조(兩極都曹)가 된다고 하였다. 곧 자미원의 북극 관청은 북두칠성 에, 태미원의 남극 관청은 남두육성에 둔 셈이다.

이어서 북두는 감궁(坎宮)에 위처(位處)하므로 월요(月曜)와 같고 그 신이 사람에 내려 백(魄)이 되며, 남두는 리궁(離宮)에 처하여 일요(日曜)와 같고 그 신이 사람에 내려 혼(魂)이 된다고 하여, 인간의 혼백을 남북이사(南北二司)에서 주관케 하였다. 남두는 도백(陶魄)을, 북두는 주혼(鑄魂)을 맡는 분직 형식을 마련한 것이다. 이러한 양극이사(兩極二司)가 공동으로 만물을 주조 생성하고 천인(天人)의 작위를 매기며 인민의 녹봉을 증감하고 연령을 연촉(延促)하고 재복을 여탈하니, 일월양요(日月兩 曜)의 남북이사에 청배(請拜)할 것을 강조하고 있다. 또 노군이 장도릉에게 거듭 선 언하기를, 남두 화관(火官)은 독해를 제거하고, 북두 수신(水神)은 흉재를 멸할 것이 라 하였다. 이처럼 남두와 북두는 일월, 감리(坎離), 남북, 물불[水火]의 두 기운을 주 재하는 음양 사상의 대대자로 도식화되고 있다.

남두육사의 존명은 제1 천부 사명 상장 진국 진군(명덕궁)[天府 司命 上將 鎭國 眞 君(明德宮)], 제2 천상 사록 상상 진악 진군(동문궁)[天相 司祿 上相 鎭嶽 眞君(洞文宮)], 제3 천량 연수 보명 진군(유덕궁)[天梁 延壽 保命 眞君(柔德宮)], 제4 천동 익산 보생 진군(보광궁)[天同 益算 保生 眞君(保光宮)], 제5 천추 도액 문창 진혼 진군(천절궁)[天 樞 度厄 文昌 鎭魂 眞君(天節宮)], 제6 천기 상생 감부 대리 진군(대성궁)[天機 上生 監簿 大理 眞君(大聖宮)]이라 하였다(궁명은 『남두연수등의』에 의거). 특히 연년 장생을 구할 때 에 이 남두육성진군(南斗六星眞君) 혹은 육사진군(六司眞君)에게 지극 치성할 것을 말한다. 끝으로 예참법으로 동일 단상에 양극이두(兩極二斗)의 두성(斗星) 상을 세 워 분향(焚香) 헌다(獻茶) 청신(請神)하는 초례 절차를 부기하였다.

이러한 점성 관념이 더욱 확대되어, 나중에는 남북이두 외에 동두오성[東斗五星. 창령연생진군(蒼靈延生眞君), 능광호명진군(陵光護命眞君), 관천대위집복진군(關天大衛集福眞君), 대명화양보화진군(大明和陽保和眞君), 미극총감진군(尾極總監眞君)]과 서두사성[西斗四星. 백표

진군(白標眞君), 고원진군(高元眞君), 전황령진군(典皇靈眞君), 장거위진군(將巨威眞君)] 및 중두
삼성[中斗三星. 혁령도세진군(赫靈度世眞君), 건화상성진군(乾化上聖眞君), 충화지덕진군(沖和至
德眞君)]으로 확장한 오두존령(五斗尊靈) 체계를 엮어낸다. 이에 동두제군(東斗帝君)
은 주산호명(主算護命)의 직능을, 서두제군(西斗帝君)은 기명호신(記名護身)의 직능
을, 중두대괴(中斗大魁)는 장산복마보명(掌算伏魔保命)의 직능을 부여하였다(『태상설
東斗主算護命묘경』, 『태상설西斗記名護身묘경』, 『태상설中斗大魁保命묘경』 등).

이로 보면 북두칠성, 남두육성, 동두오성, 서두사성, 중두삼성의 오두(五斗) 모두
인간의 혼백과 수명과 복록을 수호관장하는 성신들이며 하늘의 관부인 셈이다. 그
런데 동두, 서두, 중두는 실제 별자리로 존재하는 것은 아니며 단지 남북이두의 점
성 사상을 오방위론적으로 확장 부연해간 정도다. 우리의 천문점성관에는 이처럼
실제와 관념이 뒤섞인 경우가 많다. 이를 두고 자연의 객관적인 천문 질서와 인간
의 주관적인 인문 질서가 복합적으로 교섭하는 구조라 한다. 이른바 천문과 인문
의 이중성이라 할 만하다.

(3) 도경(道經)이 아닌 고대의 천문 전적들에서 다시 고찰하여 보자. 먼저 『사기』
「천관서」에서 남두육성을 단순히 하늘의 묘(廟)로 보던 것을, 『진서』 「천문지」에 이
르면 천묘(天廟)라 하면서도, 현량 진사(賢良 進士)를 추천 포상하거나 작록(爵祿)을
품수(稟授)하는 승상·대재(大宰)의 지위로 재규정하고 있다. 그러면서 남쪽의 두괴
2성은 천량(天梁)이며, 중앙 2성은 천상(天相), 북쪽 2성은 천부정(天府庭)으로 이것
들 또한 수명의 기한을 주관하는 별자리인데, 이 두성(斗星)이 크게 빛나면 왕도(王
道)가 평화롭고 작록이 시행된다고 하였다(『진서』 「천문지」 이십팔사조. 『수서』 「천문지」도
동일). 이는 이미 한당 사이에 남두육성을 수명 작록을 관장하는 상서로운 별자리
로 보는 관점이 구축되었음을 시사한다.

한 선제 신작(神爵) 원년(기원전 61) 즈음에 장안성(長安城) 옆에 세성(歲星), 진성(辰
星), 태백성(太白星), 형혹성(熒惑星)과 함께 남두사당을 건립했다는 기록(『한서』 「교사
지」 제5하)으로 보아, 한대에 이미 남두육성을 상서(祥瑞)의 별자리로 보았을 것이라
짐작된다.

『주서(周書)』「선제제기(宣帝帝紀)」 권7에서도, 금성이 남두에 들어가고, 목성이 헌원성(軒轅星)을 범하고, 형혹성이 방성(房星)을 범하고 또 토성과 회합한 천문 현상을 두고, 남두는 작록을 주관하며(南斗主於爵祿) 헌원성은 후궁(後宮)이고 방성은 명당 포정소(明堂 布政所)를 말하므로 어찌 관인에 질서가 없어지고 우환이 이를 수 있겠는가 반문하였다[『북사(北史)』「주본기(周本紀)」下第十 宣帝宇文贇條에도 동일]. 남두는 상서의 별이므로 천범(天犯)에도 무관하다는 말이다.

『송사』「천문지」(이십팔사조)에서는 남두의 그러한 성격을 더욱 분명히 하였다. 천자의 수명 익산(壽命 益算)과 재상의 작록을 주관하는 구체적인 '하늘의 상록부(賞祿府)'로 규정한 것이다. 이같이 작록과 익산, 포상을 주관한다는 천지상록부로서의 점사(占辭) 흐름이 남두육성에 매겨진 기본적인 관점이라 정리된다. 물론 도장에 보이는 남두육성의 이해와 같은 연장선에 있다.

이 글의 치성광본에 제명(題名)된 남두육성의 이름은 사명성, 사록성, 연수성, 익산성, 도액성, 상생성으로 『남두연수경』 등에 언급된 이름과 동일한데, 이상의 『진서』「천문지」, 『송사』「천문지」의 점성 흐름과 같음을 알 수 있다. 흥미롭게도 육사성명(六司星名)에 모두 인간의 수명 장수와 복록 기원을 담아 놓았다. 사명성은 인간의 명운을, 사록성은 복록을, 연수성은 인간의 연생을, 익산성은 수요장단(壽夭長短)을, 도액성은 액운기양을, 상생성은 영원한 삶의 기원을 맡았다. 남두육성이 온통 수명 복록을 주관하는 성신들로 정의되어 있으므로, 가히 하늘의 상록부요 천조(天曹)의 연수(延壽) 부서라 할 만하다. 이 같은 남두육성이 치성광여래를 중존(中尊)으로 하는 불교 천문사상에 들어와 있으므로 고려·조선조의 도불에서 북두와 남두가 지녔을 점성적 기능이 충분히 짐작된다.

(4) 그런데 고려에서는 남두육성 외에 수명 장수를 주관하는 성신(星神)으로 '남극 노인성(南極 老人星)'이라는 수성(壽星)이 등장한다(『사기』「천관서」). 고려 10대 정종(靖宗) 5년(1039) 2월에 남교(南郊)에서 노인성을 치제한 것을 비롯하여, 의종대에는 노인성 초제가 매우 빈번해진다. 고려에는 노인성과 남두육성이 둘 다 수성 기능을 지닌 것이다. 그런데 조선조로 들어가면 남두육성 신앙은 점점 쇠해지고 남극 노

인성에 대한 신앙이 크게 확산되어 대조를 이룬다.

　노인성은 춘분 시기 저녁 무렵이나 추분 시기 새벽 무렵 남교에서 보이는 별인데, 이것이 보이면 천하가 안녕하고 수창(壽昌)하며, 보이지 않으면 전쟁이 일어나거나 인주(人主)에 우환이 있다는 점석을 내린다. 그 밝기가 -0.72 등급으로 전 하늘에서 무척 밝은 별 중 하나지만, 거극도가 -50°를 넘어 적도 이남에 있기 때문에 우리나라에서는 남해안이나 제주도 등지에서나 관측할 수 있게 된다. 중국의 장안과 낙양의 위도가 우리의 남해안 정도에 해당하는 북위 35°이므로 남극 노인성이라는 수성 신앙은 중원의 별자리 문화라고 할 것이다.[40] 수성 제사 시기로 남조 진(陳)은 2월 8일을, 당송은 추분일을 이용하였으며, 명초에는 중사(中祀)로 편제하였다가 혁파되기도 하였다(『수서』「예의지」, 『송사』「예지」, 『명사』「예지」).

　이러한 수성 노인성 신앙은 고구려 벽화에서 이미 등장한 바 있으며 고려조에도 지속되었다가 조선조에 들어 상당한 주목을 받은 것으로 파악되는데, 본고의 치성광불화에는 표현되지 않았다. 이 때문에 노인성에 대한 도불 습합은 비교적 늦게 일어났을 것으로 짐작되는데, 조선 후기 민화에서 머리가 기형적으로 길게 늘어난 수성 노인도가 풍속화 소재가 되는 사회적 분위기와 맞물리지 않았을까 생각되지만 자세한 고찰이 요구된다. 수성 노인이 그려진 칠성탱화 자료는 현전하는 것 중에서 호암박물관 소장 동치(同治) 11년명 칠성탱(1872), 예천 용문사 칠성탱(1884), 서울 봉은사 북극보전 칠성탱(1886), 해남 대흥사 대웅보전 칠성탱(1901), 김천 직지사 칠성탱(1911), 승주군 선암사 무우전 칠성탱(1918), 해인사 칠성탱(1925), 구미 금강사 칠성탱(1935), 문경 운암사 칠성탱(1939), 상주 북장사 칠성탱(1947), 태백 장명사 칠성탱(1955) 등이 있으며, 주로 19세기와 20세기 들어서 나타나고 있다(강소연, 1998의 도판 참고). 이렇게 수성 노인이 불교의 천문사상으로 편입되는 문제는 아마도 조선 후기의 도불 습합이라는 새로운 관점으로 풀어가야 하지 않을까 싶다. 양란 이후

---

40. 그런데 고려 의종 24년(1170) 4월에, 충주 부목사 최광균이 "지난 달 28일 죽장사(竹杖寺)에서 노인성 제사를 드렸는데 그날 저녁 수성(壽星)이 나타났다가 삼헌(三獻)에 이르러 사라졌다."고 보고하였다. 왕이 크게 기뻐하고 백관들이 치하를 하였다 한다. 충주 지역에서는 관측이 어려운데, 여기서 나타났다는 수성은 노인성이 아닌 다른 별이든가 아니면 거짓 보고일 수 있다.

에 조선 전기와 다른 맥락의 도불 교섭 현상이 광범위하게 일어났을 것으로 보이기 때문이다. 현재의 사찰에 봉안되는 칠성탱화에 수성 노인이 묘사되는 역사적 맥락을 상고하기 위해서도 조선 후반기의 도불 교섭에 대해 더욱 연구가 필요할 것이다.

그림 19 수성 노인성(계명대 박물관 소장)

황도십이궁의 구성과 도상 양식 고찰

(1) 다음으로 치성광불화의 맨 윗단에 아치형으로 배치된 열두 개의 황도십이궁도를 고찰해 보자. 고려본의 십이궁도는 매우 희미하여 윤곽이 뚜렷하지 않은데, 다행히 선조본의 경우 각 궁의 도상이 완전하다.

선조본의 십이궁은 네모칸 안에 궁명도 적어두었다. 화면의 오른쪽에서 보개까지 차례로 정월 쌍어, 이월 백양, 삼월 금우, 사월 음양, 오월 거해, 유월 사자의 여섯 궁명과 궁도가 있고, 보개에서 왼쪽까지 칠월 쌍녀, 팔월 천칭, 구월 천갈, 십월 인마, 십일월 마갈, 십이월 보병의 여섯 궁명과 궁도가 그려져 있다. 고려본에는 월별 표시 없이 네모칸에 글자만 있으며, 도상은 현재 물고기 모양, 양 모양, 남녀 모습, 큰 게, 두 여자 모습, 활과 화살 등 희미하나마 몇 곳에서 윤곽이 보인다. 이 그림을 기준으로 선조본과 대조하면, 맨 오른쪽에 쌍어궁이 아니라 보병궁부터 시작한다. 가운데 금륜까지 보병궁, 쌍어궁, 백양궁, 금우궁, 음양궁, 거해궁의 여섯을, 금륜에서 좌상단까지 사자궁, 쌍녀궁, 천칭궁, 천갈궁, 인마궁, 마갈궁으로 매듭된다. 그러면 이러한 십이궁에는 어떤 역사와 의미가 있을까.

황도십이궁은 태양이 지나가는 궤적을 천구상에서 찾기 위하여 마련된 별자리 체계인데, 고대 바빌론 천문학에서 성립된 개념으로 알려져 있다. 황도를 찾아내기

	현재명	雙魚宮	白羊宮	金牛宮	雙子宮	巨蟹宮	獅子宮	室女宮	天秤宮	天蝎宮	人馬宮	摩羯宮	寶瓶宮
	우리말	물고기	양자리	황소	쌍둥이	게자리	사자	처녀	천칭	전갈	궁수	염소	물병
선조본	月	1월	2월	3월	4월	5월	6월	7월	8월	9월	10월	11월	12월
	宮名	双魚	白羊	金牛	陰陽	巨蟹	獅子	双女	天秤	天蝎	人馬	磨蝎	寶鉼
	宮圖	가로누운 두 물고기	흰 양	황소	마주 선 남녀	큰 게	사자	마주 선 두 여인	T자형 저울	전갈	활과 화살	날개 편 새	큰 물병
고려본	(순서)	2	3	4	5	6	7	8	9	10	11	12	1
	宮名	双魚	白羊	金牛	陰陽	巨蟹	獅子	双女	天秤	天蝎	人馬	磨蝎	寶鉼
	宮圖	세로 선 두 물고기	양	황소	마주 선 남녀	큰 게	(불명)	마주 선 두 여인	(불명)	(불명)	활과 화살	(불명)	(불명)

표 6 치성광불화의 황도십이궁

위해 황도의 남쪽과 북쪽에 각각 9°씩 폭 18°의 긴 띠를 생각하여 이것을 수대(獸帶, zodiac)라고 하였으며, 대체로 수대 안에서 관측되는 열두 별자리를 황도십이궁이라 이름 지었다. 태양이 한 달에 평균 한 궁씩 동으로 옮겨가서 열두 달 만에 일주천 하는데, 태양이 한 달간 머무르는 천구상의 열두 거처라는 의미에서 십이궁이라 하였다. 황도 주천을 12 등분한 것이므로 궁 간 간격은 대략 30°다. 황도십이궁은 춘 분점을 기점으로 하는데, 세차 운동으로 인하여 춘분점이 매년 50.2초씩 서향하여 72년에 1도 차이 나며, 2150년에 30도 곧 일궁의 차이가 생기고 열두 궁을 모두 도 는 주기는 약 25,800년이다. 따라서 2천년 전에는 춘분점이 백양궁에 있었으나 지 금은 쌍어궁에 있고 보병궁으로 옮겨 가는 중이다.

고대 그리스의 천문학자 히파르쿠스(Hipparchus, 기원전 150년 전후)의 시대에 춘분점 이 백양궁 8도에 있었다 하며, 이즈음에 서양 점성술의 기반이 되는 천궁도(天宮圖, Horoscope)가 개발된 것으로 알려져 있다. 대략 기원 전후 시기에 춘분점이 지금과 같은 쌍어궁으로 들어섰다.

알렉산더의 동방 원정으로 그리스 문화가 고대 인도로 흘러들어가는 기원전 4 세기를 전후하여 그리스 천문학 전통이 인도에 전래되었을 것으로 여겨지는데, 그 중 황도십이궁법은 대략 기원전 2세기 이후에 전해졌다. 이 때문에 인도의 십이궁 명칭법에서도 모두 희랍어의 음역명 또는 의역명을 사용하였다 한다. 인도로 유입 된 그리스 전래의 십이궁법은 다시 불전으로 흡수되어 갔으며, 중국에는 그 불전

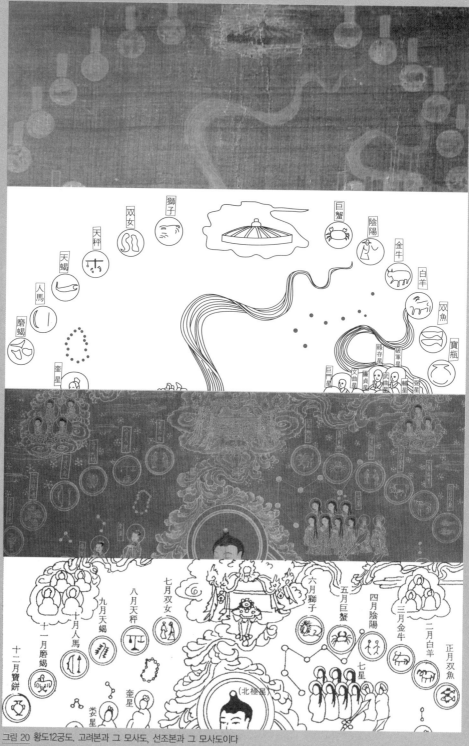

그림 20 황도12궁도. 고려본과 그 모사도, 선조본과 그 모사도이다

의 한역 과정에서 처음 전해지게 된다.[41]

(2) 중국에 황도십이궁이 처음 전래된 때는 수당대 즈음이다. 현재 알려진 바로는 수(隋)대의 야련제야사(耶連提耶舍)가 번역한『대승대방등일장경(大乘大方等日藏經)』에서 십이궁명이 최초로 출현한다. 이 책은『대방등대집경(大方等大集經)』의 일부분으로, 북제 시기(550~577)에 역경(譯經)되기 시작하여 수대 초기(6세기 후반)에 역출(譯出)되었다. 그 다음으로 당 불공(不空)의『수요경(宿曜經)』(758년)과 금구타(金俱吒)의『칠요양재법』(806년)에서 등장하며, 다시 송초의 법현(法賢, 1001년 졸)이 역출한『지륜경(支輪經)』(985년경)에 실려 있다.『수요경』은 본문 안에서도 서로 다른 번역명을 쓰고 있다.『지륜경』의 십이궁명은 백양궁이 천양궁(天羊宮)으로 된 것만 제외하면 나머지 궁명이 거의 그대로 전해지기 때문에 그 의의가 적지 않다. 이보다 앞서 당말 오대의 도사 두광정(杜光庭 . 850~933)이 편찬했다는『옥함경(玉函經)』(10세기 초)에는 전통시대에 가장 널리 통용된 '백양 금우 음양 거해 사자 쌍녀 천칭 천갈 인마 마갈 보병 쌍어'의 십이궁명이 그대로 전재되어 있어, 가장 중요한 저본(底本)이 된다. 현재 통용되는 명칭과 비교하면 쌍자궁(双子宮)이 음양궁(陰陽宮)으로, 실녀궁(室女宮)이 쌍녀궁(双女宮)으로 되어 있는 점만 다르다. 11세기 북송의『무경총요(武經總要)』(1044년)와『이기심인(理氣心印)』(1064년)에서도『옥함경』의 명칭을 그대로 따르고 있다.

표 7을 보면 마갈궁의 표기법이 매우 복잡한데 다른 것에 비해 확정된 한자명이 없이 혼란스러웠음을 보여 준다. 마갈궁은 인도의 범어 Makara의 음역이며, Ma를 마(磨 혹은 摩)로, kara를 갈(竭 혹은 蝎, 羯)로 음역한 것이다. 마갈궁(摩羯宮)은 희랍신화에서 유래한 양신어미(羊身魚尾), 곧 양의 몸에 물고기 꼬리를 달고 있는 괴수를 상징하는데, 이 도형이 중국에 알려지면서 결국에는 양의 의미를 취한 갈(羯) 자를 쓰게 된다.

---

41. 이 글에서 말하는 황도십이궁의 의미와 역사에 대해서는 하내(夏鼐), 「종선화요묘적성도론이십팔수화황도십이궁(從宣化遼墓的星圖論二十八宿和黃道十二宮)」,『중국천문문물논집(中國天文文物論集)』(文物出版社, 1989)을 많이 참조하였다.

현재 이름	대방등일장경	수요경 권上	수요경 권下	칠요양재법	지륜경	옥함경	무경총요	이기심인	천상열차분야지도	선조본 치성광불화
	6세기	758년		806년	985년	10C초	1044년	1064년	1395년	1569년
白羊宮	特羊	羊宮	–	–	天羊	白羊	–	–	白羊宮(戌) 降婁	白羊
金牛宮	特牛	牛宮	–	–	金牛	–	–	–	金牛宮(酉) 大梁	金牛
双子宮	雙鳥	婬宮	男女	儀	陰陽	–	–	–	陰陽宮(申) 實沈	陰陽
巨蟹宮	蟹	–	–	–	巨蟹	–	–	–	巨蟹宮(未) 鶉首	巨蟹
獅子宮	獅子	師子	獅子	師子	–	–	–	–	師子宮(午) 鶉火	獅子
室女宮	天女	女宮	双女	双宮	双女	–	–	–	雙女宮(巳) 鶉尾	双女
天秤宮	秤量	秤宮	–	–	天秤	–	–	–	天秤宮(辰) 壽星	天秤
天蝎宮	××	蝎宮	–	–	天蝎	–	–	–	天蝎宮(卯) 大火	天蝎
人馬宮	射	弓宮	–	–	人馬	–	–	–	人馬宮(寅) 析木	人馬
摩羯宮	磨竭	–	摩竭	磨羯	摩羯	磨蝎	–	–	磨竭宮(丑) 星紀	磨羯
寶瓶宮	水器	鉼宮	寶瓶	–	–	–	–	–	寶鉼宮(子) 玄枵	寶鉼
双魚宮	天魚	魚宮	–	–	双魚	–	–	–	雙魚宮(亥) 娶訾	双魚

표 7 황도십이궁 명칭 변천표. 夏鼐(1989)의 표를 일부 수정보완하고, 조선의 자료를 첨부하였다. 표의 '–'는 바로 앞 칸과 같다는 뜻이다.

십이궁의 도상 형식은 명칭보다 비교적 늦게 도입되는데 다음 세 가지 유물 자료가 주목된다. 첫째, 현재 전해지는 그림 중에서 신강 토로번(吐魯蕃, 투루판) 출토의 십이궁이십팔수도상 사본(寫本)이 가장 먼저 등장했으며 당대의 것으로 추정된다. 현재 이십팔수 중 일곱 수(軫, 角, 亢, 氐, 房, 心, 尾)와 십이궁 중 세 궁(双女, 天秤, 天竭)이 잔본(殘本)으로 전한다.

둘째, 다음 둔황 천불동의 벽화 중에서 막고굴 61호동(P117, C75)에 있는 것은 치성광불도를 주제로 하였는데, 불상 양측과 후면에 구요신상이, 용도(甬道) 양 측벽에 황도십이궁도가 뚜렷하게 그려져 있다고 한다. 북벽에 금우궁(황소 모양), 쌍녀궁(긴 머리에 우임 한복 입은 여인 둘), 인마궁(말을 끄는 장정), 보병궁(호리병 모양 물병)이 있고, 백양궁과 사자궁은 이미 박락(剝落)되었다. 남벽에 음양궁(마주 선 남녀), 천칭궁(T자형 저울), 천갈궁(8족의 전갈), 마갈궁(龍首魚身형 神獸), 거해궁(큰 게), 쌍어궁(가로놓인 물고기 둘) 도상이 비교적 잘 남아 있다. 전반적으로 중국화된 표현 화법이다.(그림 21)

이렇게 막고굴 61동 벽화는 치성광불과 구요신중, 십이궁신을 소재로 하는 불교의 천문 시스템을 그려 놓은 것이다. '조정녹희(曹廷祿姬)' 등의 제명(題名)으로 보아 대략 송초 또는 서하(西夏, 1035~1227) 즈음으로 추정하나, 제재와 화법에 따라 원대로 보는 견해도 있다. 치성광불 제재는 당말송초 불화에 자못 유행했으며 송초에 많이 그려졌다고 한다.

셋째, 제작 연도가 가장 분명한 것으로 하북(河北) 장가구(張家口) 시의 선화(宣化) 지역 하팔리촌(下八里村)에서 발견된 선화 장세경(張世卿, 1116년졸) 요묘벽화(遼墓壁畵)의 황도십이궁도가 있다. 궁륭형 천장부에 연화를 중심으로 두고, 맨 바깥에 황도십이궁도가 원 속에 그려졌으며, 그 안쪽으로 이십팔수 그림이 있다. 다시 그 안쪽에 일월오성 및 라후·계도의 구요를 뜻하는 것으로 생각되는 아홉 반점과 북두칠성 그림이 보인다. 맨 중심에 대형 연화가 있어 불천의 제천수요 세계를 표방하였다. 묘실 벽화에서 십이궁도가 그려진 최초의 작품이다(그림 22).[42] 일상(日像)에는 금오(金烏)가 그려졌다. 십이궁도 중 금우궁의 박락이 심하며, 사자궁과 보병궁을 각기 남북 방향으로 두었다.

각 궁의 표현 방식을 보면, 인마궁은 채찍을 들고 말을 끄는 사람 그림으로 막고굴 61호동의 것과 같다. 서양에서는 희랍 신화에 바탕을 둔 인수마신(人首馬身)의 괴물(Centaur)을 묘사한 반면에, 중국에서는 현실적인 사람과 말로 분리하여 그렸다. 마갈궁은 날개 달린 용수어신(龍首魚身)의 동물로 표현되었는데, 서양 신화에 바탕을 둔 원래의 양각어미(羊角魚尾)를 중국식 관점으로 재해석하여 어룡(魚龍) 형식으로 변형한 것이다. 역시 막고굴 61호동의 것과 비슷하다. 다음 보병궁도 물병을 비스듬히 기울이는 서양 신화의 인물상이 아니라 단지 커다란 물병만 표현하였다. 음양궁의 두 인물과 쌍녀궁의 두 여인 모두 중국식 복식의 인물상으로 변형 묘

---

42. 하북성박물관(河北省博物館),「하북선화요벽화묘 발굴간보(河北宣化遼壁畵墓 發掘簡報)」및「요대채회성도시아국천문사상적중요발현(遼代彩繪星圖是我國天文史上的重要發現)」(『문물』 75-8): 陳遵嬀,『中國天文學史』권2, p.254

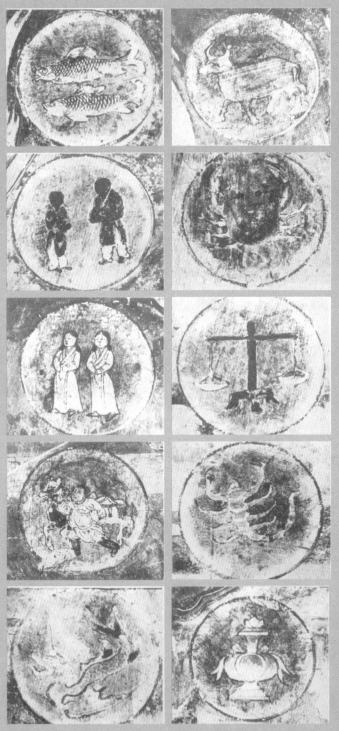

그림 21 막고굴 61호동 용도의 십이궁도 벽화(『中國天文文物論集』, 1989). 백양궁과 사자궁은 박락되었으며 위부터 순서대로 쌍어궁, 금우궁, 음양궁, 거해궁, 쌍녀궁, 천칭궁, 천갈궁, 인마궁, 마갈궁, 보병궁이다.

그림 22 요나라 장세경 벽화묘(1116)의
채회 성도. 일월오성의 구요, 북두칠성,
이십팔수, 황도십이궁을 그렸다.

사되었다.

　요나라에서는 이 장세경 벽화묘 외에도 이와 비슷한 천문성수 벽화를 많이 남겼
다. 하북 선화 7호 장문조(張文藻) 벽화묘(1093)에 일월 이십팔수가 그려져 있으며,
하북 선화 하팔리 2호 장공유(張恭誘) 벽화묘(1117)에도 일월 이십팔수 외에 황도십
이궁도와 신상 형식의 십이지원신도가 그려져 있다(『문물』96-9). 이에 대한 연구는
고구려와 요나라, 요나라와 고려의 천문문화 관계 문제를 푸는 데 매우 중요한 역
할을 할 것으로 전망된다.[43]

(3) 지금까지 살펴본 수당대 황도십이궁 명칭과 도상 양식을 선조본·고려본의 것
과 비교하면 다음과 같다.

---

43. 김일권, 「고구려 벽화와 고대 동아시아의 벽화 천문 전통 고찰: 일본 기토라 천문도의 새로운 동정을 덧붙
여」, 『고구려연구』 16집, 고구려연구회, 2003ㅊ 12월.

첫째, 보통 십이궁의 순서를 고대 그리스에서 확립된 백양궁(당시의 춘분점)부터 잡는데, 선조본에서는 쌍어궁을 기점으로 하였으며 그것도 '정월 쌍어(正月 双魚)'라 하였다. 현재 대략 춘분점은 물고기자리, 추분점은 처녀자리, 하지점은 쌍둥이자리, 동지점은 궁수자리의 황도상에 있다. 따라서 쌍어궁이 지닌 천문학적 의미는 3월의 춘분점이 든 달의 태양 거소가 되는데, 서역의 역법 전통에서는 주로 이 달을 일년의 첫 달로 삼는다. 동양에서 입춘절이 든 인월(寅月)을 세수로 삼는 것에 비해 두 달 가량 늦는 방식이다. 이로 보아 선조본의 십이궁법은 서역의 천문역법 전통에서 의미 있는 춘분절의 쌍어궁을 정월로 삼는 월 표시법을 보이고 있다. 아마도 불가의 역법 전통과 관련되는 듯하다.

둘째, 고려본에서는 보병궁에서 시작하고 있어, 또다른 맥락이 반영되었을 것으로 짐작된다. 고려 당시의 춘분점이 북방칠수의 마지막인 벽수(壁宿)에 있었는데, 벽수는 현재 서양의 물병자리에 속한다. 그러나 물고기자리와 물병자리가 상당 부분 겹치기 때문에 어느 쪽으로 보아도 무방하며 보통은 춘분점이 물고기자리에 있다고 표현한다. 따라서 고려본의 십이궁법이 보병궁을 춘분점으로 보는 새로운 천문학적 관점을 반영한 형식일 수가 있다. 그렇지 않다면 최소한 선조본의 십이궁 형식과는 다른 맥락에서 입론된 것이라 할 수 있다.

셋째, 선조본의 십이궁 도상은 대체로 수당대 이래의 전통적 양식을 따르고 있다. 쌍어궁, 백양궁, 금우궁, 거해궁, 천칭궁, 보병궁은 거의 동일한 표현 양식이라 여겨진다. 그런데 표현 차이가 가장 두드러진 인마궁이 주목을 끈다.

선조본의 인마궁은 단순히 활과 화살을 그려둔 궁전형(弓箭形)인 데 비해, 장세경 요묘나 막고굴 61호동의 것은 말과 사람이 함께 등장하는 견마인(牽馬人)의 모습이다. 고려본의 인마궁도 희미하긴 하지만 궁전형으로 선조본의 것과 동일해 보인다.

다음 선조본의 마갈궁이 두 날개를 활짝 편 시익조(翅翼鳥)의 모습인 데 비해 장세경 묘와 막고굴의 것은 날개 달린 용수어신 형상이다. 천갈궁도 양식 차이가 있는 듯하나 윤곽이 뚜렷하지 않아 직접 비교하기가 어렵다. 사자궁의 경우 선조본의 것이 장세경 묘의 것에 비해 갈기가 상당히 휘날리는 모습이다.

장세경 묘와 막고굴의 쌍녀궁이 나란히 곧추서서 멀리 응시하는 두 여인의 모습이었다면, 선조본의 것은 허리를 살짝 굽힌 채 마주보며 이야기하는 듯한 두 인물상으로 묘사되었다. 음양궁 역시 선조본에서 마주보면서 허리를 약간 굽혀 이야기하는 두 인물상인데, 장세경 묘에서는 나란히 정면을 향하였으며, 막고굴에서는 왼쪽 여인이 정면을 응시하는 자세다.

이렇게 고려본과 선조본이 지닌 황도십이궁의 표현 양식은 수당대 이래의 중국적 전통 양식과도 상당한 차이를 보인다. 인마궁과 마갈궁의 경우는 더욱 그러한데, 고려적 재해석인지 아니면 또다른 내원이 반영된 것인지 앞으로 고찰하여야 할 것이다.

넷째, 십이궁명을 대조할 때, 선조본의 명칭법은 백양궁, 음양궁, 쌍녀궁 등으로 수당대 방식이 아닌 대략 송대 이래의 방식에 따른다. 이는 선조본의 것이 북송 이후의 양식과 밀접한 관련을 맺을 것으로 추정케 하는데, 만약 고려본의 명칭이 선조본과 동일하다면 고려본 치성광불화의 상한 시기를 고려 중기로 한정할 수 있게 된다. 하지만 아직 고려본 궁명이 전혀 판독되지 않아 추후 과제로 남겨 둔다. 그리고 선조본의 궁명은 조선 초기의 『천상열차분야지도』(1395)에 표현된 십이궁명과 거의 유사하다. 다만 師子(열차)와 獅子(선조), 磨竭(열차)과 磨蝎(선조), 寶餠(열차)과 寶鉼(선조)에서 차이가 있다.

이처럼 치성광불화에 표현된 황도십이궁은 천문사상의 역사적 과정을 조망하는데 적지 않은 역사적 준거를 가져다준다. 앞으로 더욱 정밀하게 연구 분석해야 할 것이다.

(4) 덧붙여, 『고려사』에서 12세기 의종조에 십이궁신 기사가 두 번 기록되어 있다. 의종 23년(1169) 2월 기유일, 수문전(修文殿)에서 십일요와 남북이두와 이십팔수와 십이궁신을 초제하였으며, 그해 3월 신유일, 내전에서 태일과 십일요와 남북이두와 십이궁신을 초제하였다 한다.[44] 여기에 등장한 성수신들은 모두 고려본과 선조본

---

44. 의종 23년(1169) 2월 기유일, "醮十一曜南北斗二十八宿十二宮神於修文殿."
　　의종 23년(1169) 3월 신유일, "醮太一十一曜南北斗十二宮神於內殿."

의 치성광불화에 중요한 제재로 등재되었으므로, 고려 의종대의 그 초제에서 상정되었을 성수신격(星宿神格)들의 구성 양식을 더 쉽게 추정해볼 수 있게 되었다.

이 기록들로 미루어 의종대의 고려 중기 무렵에 이미 황도십이궁도가 도입되었다고 추정할 수 있다. 예종대에 이미 북송 도교가 공식 도입되었고 또 의종대는 예종·인종대를 이어 고려에서 도교 문화가 가장 흥기되던 시기이므로 북송의 천문성수문화가 도입되었을 가능성이 매우 높은 시기 중 하나다.

그러나 앞서 선화 지구 요대 벽화묘들에서 살펴보았듯이 천문문화가 발달한 요나라 양식이 다른 통로로 고려의 예종·인종·의종 연간에 들어왔다고 가정해 볼 필요도 있다. 특히 요나라 황도십이궁도는 중국 천문학사상 처음으로 묘실 벽화에 그려진 것으로 유명하다. 둔황 막고굴과 신강 투루판의 십이궁도 자료는 중국 서쪽 변방에서 나온 것이므로, 아무래도 고려에 가까운 지역이며 인접국인 12세기 요나라와의 문화 교섭 통로를 설정하는 것이 더 쉬울 듯하다. 고려 문화사를 더욱 이해하기 위해 앞으로 여요 간 천문문화 교섭 연구를 통하여 이 문제를 더 깊이 파고들 필요가 있다.

그런데 이미 고려 성종 연간에 여요 간 성점학(星占學)에 관한 교류가 있었다는 흔적이 포착되고 있다. 그것은 요나라 한림학사 야율순(耶律純)이 984년(고려 성종 3년)에 편찬한 『성명총괄(星命總括)』이라는 점성학 책자의 자서(自序)에 있다. 야율순은 고려와 국경 문제를 의론하러 고려 요동에 사신으로 왔다가, 고려의 국사(國師)가 성전지학(星躔之學)에 정통하다는 소문을 접하고 예물을 갖추어 만나뵙기를 청하였지만 이루지 못하였는데, 고려 국왕의 명으로 비로소 만나게 되어 수차례 왕복하면서 성명지학에 대해 논하다가 드디어 북면(北面)하여 스승으로 따르게 된다. 그 끝에 스스로를 '해상 이인(海上 異人)'이라 칭하는 고려 국사에게서 여러 성명학의 이론과 『이백자진경(二百字眞經)』, 『이십오제(二十五題)』 등을 전수받았다고 기록하고 있다. 『성명총괄』의 본문은 그 성점학의 내용을 다룬 것이다.[45]

---

45. 『성명총괄』이란 책자의 존재는 1998년경 서울대 국사학과의 남동신 선생(현 덕성여대 사학과 교수) 소개로 주목하게 된 책이다. 이 책을 검토하다 황도12궁 명칭이 등장하는 것을 보고 한국 고대사의 사료 발굴 차원에서 중요하다 생각되어 일부 번역과 분석을 가하고 있다. 『문연각 흠정 사고전서』 제809책 「자부」 115 술

그중 12궁 명칭과 관련하여,『성명총괄(星命總括)』권중(卷中)의 십이궁명(十二宮命) 편(209쪽) 등을 보면, 자궁(子宮)에서 해궁(亥宮)에 이르는 12궁의 명운론을 설명하면서 금우(金牛), 음양(陰陽), 거해(巨蟹), 쌍녀(雙女), 인마(人馬), 마갈(磨蝎), 보병(寶瓶)이라는 황도 12궁명을 언급하고 있다. 이에 관한 내용을 고려 국사가 요나라 한림학사 야율순에게 가르친 내용으로 서술되어 있으므로, 고려 초기에 황도12궁 이론이 도입되었던 것이 아닌가 한다. 다만, 현재 필자의 조사로는 아직 고려 성종 3년에 국사로 있었던 사람이 누구인지 그리고 요나라 한림학사 야율순이 어떤 인물이었는지 그 역사적 전거가 제대로 잡히지 않고 있다. 그리고 성명총괄 내용 분석 또한 난해하기 그지 없으나,『사고전서』로 공간(公刊)될 정도로 원명청의 성점학 학자들에게는 매우 유명한 필독서 중의 하나였음은 널리 알려진 바이다. 이 때문에 더욱 주목받는 책이라 하겠으며, 더구나 고려 초기 여요 간 사상 교류라는 측면, 그리고 고려인의 새로운 자료 발굴이라는 측면, 고려 천문성점학의 연구 측면 등 꾸준히 관심을 두고 고찰해야 할 주제가 적지 않다. 앞으로 자료 축적과 분석을 통하여 이 책의 의의를 고찰할 만하다.

이십팔수와 고려의 28 신수상

(1) 끝으로 치성광불화의 가장자리로 빙둘러 그려진 이십팔수 도상에 대한 고찰이다. 이십팔수는 달이 일주천하면서 하루씩 머무르는 집이라는 뜻에서 이십팔사(二十八舍)라고도 불리며, 달은 약 28일 만에 한 번 순환한다. 이것들은 천구 적도상에 있는 별자리를 대략 28등분하여 마련한 하늘의 길잡이 혹은 이정표 별자리이다. 이십팔수가 처음 성립될 때에는 대개 천구 적도상에 있었지만, 지금은 세차 운동으로 인하여 황도와 적도 주변에 절반씩 걸치게 되었다. 이십팔수의 성명은 동방칠수에 각항저방심미기(角亢氐房心尾箕), 북방칠수에 두우녀허위실벽(斗牛女虛危室壁), 서방칠수에 규루위묘필자삼(奎婁胃昴畢觜參), 남방칠수에 정귀류성장익진(井鬼柳星張翼軫)이다.

수류 5) (대만 상무인서관, 1983; 서울, 경인 영인본, 여강출판사, 1988)에 요나라 야율순 찬,『성명총괄』3권본이 수록되어 있다.

그런데 불교 천문에서는 이십팔수보다 이십칠수(二十七宿)를 쓰는 경향이 있다. 그것은 불교가 중국과 다른 인도 유래 천문전통을 기반으로 삼기 때문인데, 아마도 달이 주천하는 주기가 28보다 27일에 가까운 사정과 관련되는 듯하다(항성월 27.3일). 당의 불공이 한역한 『수요경』(758)을 보면, 우수(牛宿)가 빠진 이십칠수를 서술하면서 〈이십칠수 십이궁도〉를 그려두었다(그림 23). 당나라 승려 바라파밀다라(波羅頗密多羅, 692~693 출간)가 한역한 『보성다라니경(寶星陀羅尼經)』「대집품(大集品)」 제4에서는 이십팔수의 범명(梵名)과 그에 대한 당명(唐名)을 서술하면서 허수(虛宿)를 누락하였다.[46]

이십팔수의 기점도 중국의 경우 각수(角宿)지만,[47] 불교 천문학에서는 묘수(昴宿)부터 기산한다. 춘분을 일 년의 첫머리로 두는 고대 인도의 천문전통과 당시 묘수 근처에 춘분점이 있던 사정이 불교 천문학에 반영되었기 때문일 것이다. 당의 불공이 번역한 『불모대공작명왕경(佛母大孔雀明王經)』권下(52책 p.1107)에 서술된 이십팔수는 묘필자삼정귀류를 동방칠수로, 성장익진각항저를 남방칠수로, 방심미기두우녀를 서방칠수로, 허危실벽규루위胃를 북방칠수로 분류하였다.

고려본과 선조본의 치성광불화는 각수에서 시작하는 형식을 취하고 있어 중국 전통 방식을 따른다. 동방칠수 각항저방심미기는 치성광불화 화면의 오른쪽 가장자리에 묘사하였고, 북방칠수 두우녀허위실벽은 오른쪽 아래 가장자리에 그렸다. 서방칠수 규루위묘필자삼은 왼쪽 가장자리로, 남방칠수 정귀류성장익진은 왼쪽 아래 가장자리로 그렸다. 각 별자리에 따른 별자리 모양과 이름, 그를 상징하는 관료 복식의 이십팔수 인물상을 함께 그려 두었다.

---

46. 고대 중국에서도 이십팔수가 완전히 정착되기 전까지 이십칠수를 혼용한 흔적이 있다. 『사기』「천관서」 오관조(五官條)의 이십팔수는 27개뿐이며 벽수(壁宿)가 없다. 사실 사마천 『사기』의 「천관서」, 「율서」에는 이십팔수법이 대략 세 종류 실려 있으며 통일되어 있지 않다. 『여씨춘추』의 「십이기」, 「유시람」과 『회남자』 등에서도 약간씩 편차가 있다. 이 때문에 이 시기를 지나서야 현재와 같은 정형화된 이십팔수법이 통용되었을 것으로 여겨진다. 현재의 이십팔수에서도 자수(觜宿)는 적경이 거의 삼수(參宿) 속에 파묻혀 실제 기능을 못하고 있다. : 김일권, 「四神圖 형식의 성립 과정과 漢代의 天文星宿圖 고찰」, 『고구려연구』 11집, 2001
47. 각수(角宿)를 봄의 시작(입춘절 즈음)으로 보아 이십팔수의 기산점을 삼은 것이라 한다. 이에 고대 중국에서 동방칠수 각항저방심미기는 봄철의 계절별자리로 상정된 셈이다. 현재는 세차 운동으로 인하여 위차가 많이 어그러져 있다. : 하내(夏鼐), 「종선화요묘적성도론이십팔수화황도십이궁」, 1989

그런데 고려본에서는 다소 변형되었긴 하지만 이십팔수 도상과 성수명이 전형적인 방식을 따른 반면, 선조본에서는 잘못 그려진 경우가 많다. 첫째, 북방칠수와 남방칠수의 경우 성수명과 각 별자리의 성상(星象)이 한 자리씩 잘못 이동되어 붙여져 있다. 별자리 모양과 이름을 통용되는 기준에 따라 맞추고 나면 남방칠수에서 정귀류성장익진 외에 가

그림 23 『수요경』(758)의 이십칠수·십이궁도. 우수가 빠졌다.

위성(可危星)이라는 성수명이 별자리 도상 없이 존상만 덧붙은 것을 확인할 수 있다. 가위성은 물론 이십팔수에 포함되는 이름이 아니며, 허수에 딸린 사위성(司危星)의 오기라 생각된다.

둘째, 북방칠수의 경우도 일곱 성수만 그려야 하는데, 두성·우성·태자성·수녀성·견우성·직녀성·허성(虛星)·위성(危星)·실성(室星)·벽성(壁星)으로 처리되어 매우 혼란스럽다. 더구나 두성·우성·태자성·수녀성에는 별자리 모양이 없고 단지 성수명과 존상만 표현되어 있다. 북방칠수의 둘째인 우수가 우성과 견우성으로 중복 처리되었고, 녀수(女宿)도 수녀성과 직녀성으로 중복되었다. 직녀성은 이십팔수의 하나가 아니며, 견우·직녀 설화로 유명한 은하수 이북의 중천에 떠 있는 별자리다. 태자성도 이십팔수에 포함되지 않으며, 자미원의 북극성좌에 있다. 북방칠수의 첫째인 두수(斗宿)의 경우 성상(星象)을 두성 위에 그리지 않고 견우성 위에 잘못 붙였으며, 별 개수도 6개가 아닌 7개로 잘못 묘사하였다.

셋째, 이십팔수 각각의 별자리 모양이 고려본과 선조본에서 다른 경우가 많은데, 대체로 선조본에 오류가 있는 듯하다. 동방칠수에서 미성(尾星)과 기성(箕星)이 바뀌었고, 저성(氐星)·필성(畢星)·삼성(參星) 등의 모양도 매우 바뀌어 있다.

선조본 하단부의 경우 성수명과 성상이 하나씩 어긋나 있는데, 별자리 모양을 따라 바로잡으면 맨 오른쪽부터 견우성·직녀성·허성·위성·실성·벽성·진성이

아니라, 두우녀허위실벽(북방칠수)으로 고쳐야 한다. 하단부 왼쪽에도 28수가 아닌 가위성을 삭제하고, 여기서부터 정귀류성장익진(남방칠수)으로 성수명을 하나씩 왼쪽으로 이동시켜야 한다. 남두육성의 경우도 그를 표시하는 별자리가 둘씩 세 쌍으로 여섯이어야 하는데, 선조본에는 둘둘만 있어 제대로 그리지 못하였다.

이렇게 선조본의 이십팔수도는 상당히 어설프고 혼란한 양상을 보이고 있어 그 제작자의 천문 안목이 정밀하지 못함을 드러내고 있다. 고려조에 비해 조선조 들어서 천문성수에 대한 관심과 수준이 소략해지는 사회적 분위기가 반영된 것이 아닐까 한다.

(2) 무엇보다 고려본 치성광불화가 지니는 가장 큰 특징의 하나는 이십팔수 도상 표현에서 각기의 성수명(星宿名), 성상(星象), 성관상(星官像) 외에 이십팔수 각각을 표상하는 이십팔수 신수상(神獸像)이 발목 부분에 덧붙여 그려져 있다는 점이다. 선조본에는 묘사되어 있지 않다. 현재 불화 상태가 양호하지 못하여 몇 개 정도만 윤곽을 포착할 수 있지만, 이십팔수에 모두 신수상이 그려졌을 것이 확실하다. 방성(房星) 발목께에 토끼 같은 그림이 보이며, 규성(奎星)에 꼬리 또는 뱀 모양의 그림이 있고, 두성(斗星)에는 고양이 같은 모양이 어렴풋이 보인다.

이 같은 이십팔수 신수상은 내용이 어떠하며 언제부터 성립된 표현 양식일까? 대한제국 시절 동가도 의장기(動駕圖 儀仗旗) 중 하나로 사용한 좌독기(坐纛旗) 드림에 이십팔수의 동물 형상이 그려진 점이 주목된다. 좌독기는 의장 행렬이나 군진에서 사용하던 군기의 일종인데, 행진할 때 주장(主將)의 뒤에 서고 멈출 때 장대(將臺)의 앞 왼편에 세운다. 검은 바탕 사자기의 중심부에 양의(兩儀)와 사상(四象)을 나타내는 원형의 태극 문양이 있고, 그 바깥으로 문왕팔괘(文王八卦)의 괘상(卦象)과 낙서(洛書)의 수상(數象)이 그려졌다. 이 좌독기에 동서남북중앙의 오방에 응하는 오색의 드림을 내리는데, 황색 드림은 소대(素帶)라 하여 그림 없이 중앙을 대표하고 나머지는 각 방위 색에 따라 이십팔수의 동물상을 묘사하였다. 청색 드림에는 동방 각항저방심미기의 진형(眞形)인 도롱룡·용·담비·토끼·여우·호랑이·표범을 그렸고, 적색 드림에는 남방 정귀류성장익진의 진형인 들개·양·노루·사슴·

말·뱀·지렁이를 담았으며, 흑색 드림에는 북방 두우녀허위실벽의 진형인 해치(獬豸, 해태)·소·박쥐·쥐·제비·돼지·유(揄, 이리 종류)를, 백색 드림에는 서방 규루위묘필자삼의 진형인 이리·개·꿩·닭·까마귀·원숭이를 그렸다.[48]

십이지지에 동물 상징을 부여하여 십이지신상을 만든 것처럼, 이십팔수에도 각기를 표상하는 동물이 있다고 보아 이십팔수 동물 표지 형식을 창출한 것이다. 이처럼 흥미로운 형식이 고려본 치성광불화에 그려져 있다.

이십팔수 신상 형식은 송원대에 처음 만들어진 것으로 추정된다. 먼저 그 문헌 전거를 고찰하면 다음과 같다. 『원사(元史)』 「여복지(輿服志)」 의장조(儀仗條)(p.1963)에 각종 의장 깃발의 상징을 설명하면서 이십팔수 각각에 대한 동물 표지도 기록하였다. 각 수기(宿旗)를 만들 때 그려질 신인(神人)의 형태, 복식, 머리 모습, 양손의 지물, 별자리 모양 등과 함께 자신을 상징하는 동물 표지상을 첨언하였다. 표 8에 이를 정리하였다. 대한제국의 의장기 중 좌독기의 드림에 묘사된 것과 거의 동일하므로, 원대의 이십팔수 동물 상징이 조선조 말까지 지속되었음을 알 수 있다.

다음으로 도상 전거를 고찰해 보자. 『원사』 「여복지」에 정리된 이십팔수 신상 형식은 원대 도교의 총본산 중 하나였던 영락궁 삼청전[산시(山西)성 융지(永濟), 현재 예성(芮城) 용천촌(龍泉村)으로 천건(遷建)]의 도관벽화(道觀壁畵, 1325년 6월 완성)에서 만날 수 있다. 삼청전은 영락궁의 주전(主殿)으로 도교의 최고 존신인 삼청존상[三淸尊象, 옥청천(玉淸天)의 원시천존, 상청천(上淸天)의 영보천존, 태청천(太淸天)의 태상노군]을 중심으로 약 300선관에 해당하는 도교의 각종 신상을 그렸다.[49]

그 삼청전 조원도(朝元圖)에 묘사된 선신(仙神)은 대략 여덟 무리로 구분되는데, ① 중궁 자미북극대제(中宮 紫微北極大帝)와 ② 구진성궁(句陳星宮) 천황대제를 필두로 ③ 태상호천(太上昊天) 옥황상제와 ④ 후토황지기(后土皇地祇), ⑤ 동화상상 목공

48. 『궁중유물도록』, 문화공보부, 1986, No.419
49. 왕손(王遜), 「영락궁삼청전벽화제재시탐(永樂宮三淸殿壁畵題材試探)」, 『文物』 63년 8기; 육홍년(陸鴻年), 「모회영락궁원대벽화적일사분회(摹會永樂宮元代壁畵的一些体會)」, 『文物』 63년 8기; 『영락궁벽화전집(永樂宮壁畵全集)』, 톈진인민미술출판사, 1997. 이상의 자료를 바탕으로 필자는 「북극성의 위치 변화 및 한대의 천문우주론 : 원대 영락궁 삼청전 조원도의 해석과 관련하여」(『도교문화연구』 13집, 한국도교문화학회, 1999)라는 논문을 통해 영락궁 삼청전의 도교 판테온 문제를 다룬 바 있다.

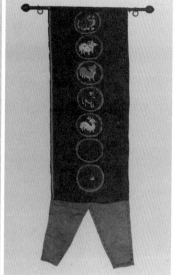

그림 24 좌독기 (『궁중유물도록』 No.419)　　　　　　　그림 25 좌독기의 28수 드림 (남방칠수의 동물상)

청동도군(東華上相 木公靑童道君)과 ⑥ 백옥구태구령태진 금모원군(白玉龜台九靈太眞 金母元君) 및 ⑦ 남극 장생대제(南極 長生大帝)와 ⑧ 동극 청화태을구고천존(東極 靑 華太乙救苦天尊)의 팔주상(八主像)이 각기 휘하에 수많은 군신을 거느리는 형국이다. 자미대제 아래로 북두구진, 삼태육성, 일월 오성 사요의 십일요 등이, 천황대제 아 래로 천지수의 삼관(三官)과 남두육성 등이, 옥황상제 아래로 십이원신(十二元神) 등 이, 후토황 아래로 오악사독(五岳四瀆)의 지리 신격 등이 포진되어 있다. 그중에서 이십팔수는 중궁자미대제 휘하에 14수, 구진천황대제 휘하에 14수가 분속되었으며, 머리에 쓴 관모 가운데 관식으로 각 동물 형상을 그려놓음으로써 구별되게 하였 다. 남두육성 등에도 고유의 동물 표지를 해놓았다.

　고려본 치성광불화의 이십팔수에도 그 같은 원대 영락궁 삼청전 조원도의 것과 유사한 동물상을 그렸을 것으로 추정된다. 두성의 신수를 영락궁본에서 해태라 하 였는데 고려본에 모호하지만 고양이 같은 네 발 동물 모습이 보이며 동일한 해태 상이 아닐까 생각된다. 영락궁에 묘사된 오성도에서 수성과 금성이 여신상으로 표 현되었는데 고려본에서도 그와 같다. 이런 점에서 영락궁의 형식과 고려본의 형식

방위	동방칠수							북방칠수						
수명(宿名)	각(角)	항(亢)	저(氐)	방(房)	심(心)	미(尾)	기(箕)	두(斗)	우(牛)	녀(女)	허(虛)	위(危)	실(室)	벽(壁)
동물 표지	蛟	龍	貉	兔	狐	虎	豹	獬	牛	蝠	鼠	燕	猪	貐
	교룡	용	담비	토끼	여우	호랑이	표범	해태	소	박쥐	쥐	제비	돼지	멧돼지

방위	서방칠수							남방칠수						
수명	규(奎)	루(婁)	위(胃)	묘(昴)	필(畢)	자(觜)	삼(參)	정(井)	귀(鬼)	류(柳)	성(星)	장(張)	익(翼)	진(軫)
동물 표지	狼	狗	雉	鷄	鳥	猴	猿	犴	羊	獐	馬	鹿	蛇	蚓
	이리	개	꿩	닭	새	원숭이	원숭이	들개	양	노루	말	사슴	뱀	지렁이

표 8 『원사』 「여복지」와 영락궁 삼청전 조원도(朝元圖, 1325년)의 이십팔수 신수상

이 상통한다 하겠으며, 이십팔수 신상도 마찬가지가 아니었을까 한다. 다만 더욱 정밀하게 비교 판정하려면 고려본을 원본 상태에서 면밀하게 조사해야 할 것이다. 대한제국 때의 좌독기 드림도 다시 고찰되어야 할 것이다. 명확히 밝혀지기 전까지 이 글에서는 『원사』 「여복지」의 동물 표지를 그대로 사용하고자 한다.

영락궁 삼청전 조원도의 신기명목(神祇名目)은 북송 휘종 선화(宣和) 원년(1119년, 고려 예종 14년) 5월에 어제(御製)된 〈구성이십팔수조원관복도(九星二十八宿朝元官服圖)〉(『송사』 「휘종본기」 p.404)의 것에 대체로 준하며, 도경 중 『상청영보대법(上淸靈寶大法)』(『정통도장』 52책, 53책)은 그 선화 계통의 360여 신기명목을 거의 보존하고 있다.[50] 이런 맥락으로 보아 북송의 마지막 황제로 도장(道藏)의 편찬 정리, 궁관(宮觀) 제도, 재초의궤(齋醮儀軌), 신기도상(神祇圖像) 등의 통일을 꾀하면서 중국 역사상 도교를 크게 현창한 휘종 시기에 도교 성신들에 대한 관복 제정 작업이 정리되었고, 여

---

50. 금유낙(金維諾), 「영락궁벽화여양릉화사주호고(永樂宮壁畵與襄陵畵師朱好古)」, 『영락궁벽화전집』, 1997. 『상청영보대법(上淸靈寶大法)』(『정통도장』 52책 권16 제18)은 도교의 각종 재초(齋醮) 법식(法式)과 과범(科範)을 세세히 제시한 책이다. 그중에서 주요 여섯 천존으로 '삼청상제폐하(三淸上帝陛下), 호천옥황상제폐하(昊天玉皇上帝陛下), 성조보생천존대제어전(聖祖保生天尊大帝御前), 구진성궁천황대제어전(句陳星宮天皇大帝御前), 자미중천북극대제어전(紫薇中天北極大帝御前), 동극태을구고천존어전(東極太乙救苦天尊御前)'을 서술한 양식이 많다. 도교의 최고신인 삼청과 북송의 조상신 조현랑(趙玄朗)을 뜻하는 성조대제(聖祖大帝)를 제외하면, 옥황상제가 제1위로 올라서 있고, 그 다음에 구진천황대제가, 그 다음으로 자미북극대제가 열위되었다. 한때 지존이었던 자미북극대제가 3위로 뒤처진 것을 볼 수 있으면 송원대 새로운 북극성신이었던 구진천황대제마저 옥황상제의 뒤로 밀려난 판테온을 담고 있다. 북송대의 전형적인 도교 신보 변화를 담은 것이다.

그림 26 고려본 치성광불화의 28수 신수 도상. 각(角)수 교룡, 항(亢)수 용, 저(氐)수 담비, 방(房)수 토끼, 심(心)수 여우다.

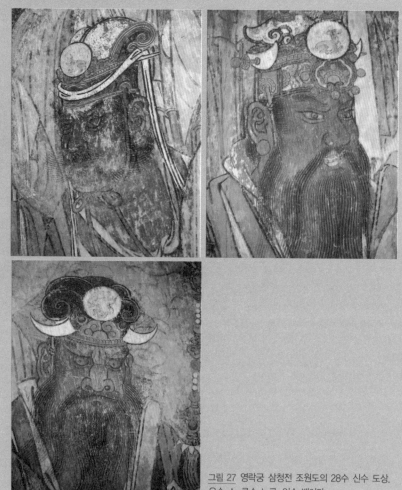

그림 27 영락궁 삼청전 조원도의 28수 신수 도상.
우수 소, 류수 노루, 익수 뱀이다.

기에서 연원한 기준이 이후의 도교 벽화에 이어졌을 것으로 생각되므로, 이즈음에 이십팔수에 동물 표지를 붙인 것이 아닐까 한다. 송원 도교 문화의 절정이라 평가되는 영락궁 벽화가 원 진종(晉宗) 태정(泰定) 2년(1325년, 고려 충숙왕 12년) 6월에 완성되었으므로 늦어도 이 시기 이전에는 이십팔수 신수상 양식이 고려로 유통되었을 것이다.

고려의 치성광불화는 이 같은 송원대 도교의 이십팔수 신상 양식을 받아들인, 우리 역사상 현존하는 최초의 흔적이다. 이 양식이 조선말 대한제국기까지 이어져 있으므로 한국 천문문화사를 들여볼 때 매우 중요한 대목의 하나가 될 터이다. 고려본 치성광불화가 제작된 시기는 아직 분명치 않은데, 이상의 과정으로 비추어 보아 이르면 북송 휘종(1101~1125) 전후, 아니면 원대 영락궁 삼청전 조영(1325) 전후 정도로 볼 수 있을 것이다. 따라서 고려본 치성광불화는 적어도 고려 전기 작품은 아니며 고려 후반기 송원 도불 문화와의 교섭 속에서 조망되는 작품이라 요약된다.

고려와 조선의 천문 문화 변화

지금까지 한국의 천문사상사와 천문문화사 연구에 매우 귀중한 자료가 되는 치성광불화 두 폭을 통하여 고려와 조선의 천문사상을 짚어보면서 그 천문 존상들의 역사적 맥락을 분석하였다. 고려본(14세기 추정작)과 선조 2년본(1569)의 두 천문 불화는 전체적으로 도상 형식이 매우 유사하며, 대체로 고려의 천문사상 시스템을 담은 것으로 평가되었다. 양란 이후 천문 불화 양식이 칠원성군 중심으로 크게 변하는 것과 관련하여, 두 작품은 구요 제천을 중심으로 하는 고려시대 천문사상 체계와 그것이 조선 전기까지 지속되는 측면을 잘 드러낸 도상으로 역사적 의의가 매우 높다. 분석 결과를 몇 가지 특징만 대략 정리하자면 다음과 같다.

첫째, 두 작품은 제명이 〈치성광불제성강림도〉이듯이 천상의 중심인 북극성을 불교 내원의 치성광여래로 규정한 가운데 수많은 제천성수가 위호하는 구도를 잡았다. 그런데 천황대제라는 도교의 천문 지고신격을 그 속에 병렬함으로써 결국

도교와 불교의 천문사상이 교섭 결합된
양식을 지향하였다. 선조본에는 고려본
에 없던 옥황상제와 다섯 대천이 편입
되어 고려와 다른 천문 체계를 노정하
기도 하였다. 이 두 치성광불화는 이렇
게 도불의 천문 교섭성, 고려와 조선의
천문사상 추이라는 논제를 담아내는 중
요한 자료로 조망된다.

둘째, 고려·선초 천문 시스템의 중심
부를 장식한 천문성수는 북극성, 일월
광, 일월오성의 칠요, 그리고 라후·계도
가 덧붙은 구요, 다시 자기·월패가 가
세한 십일요였다. 이것들을 뭉뚱그려 구
요 제천이라 대표하게 되는데, 구요는
인도 천문학에서 연원된 불교적 천문
형식의 전형인 구집 체계를 말하는 것이
었다. 도교 역시 그 구집 형식을 받아들
인 흐름 위에 십일대요를 내세움으로써
도불의 천문이 매우 깊이 습합되는 면
모를 보여 주었다. 선조본에서는 다섯
대천보살을 가미함으로써 불교적 천문
경향이 강조되는 형식을 드러냈다.

셋째, 『고려사』에는 천황대제, 구요,
십일요, 남두육성, 삼태육성, 이십팔수,
십이궁신 등 많은 성수가 자주 기록되

그림 28 치성광여래왕림도(미국 보스턴 박물관 소장. 비단 위 채색, 관
리번호 11,4001). The descending of Tejaprabha Buddha Fenollosa
—Weld Collection Photograph © 2008 Museum of Fine Arts, Boston

었는데, 본고의 고찰을 통해 그런 성수들의 맥락에 상당히 구체적으로 접근할 수
있었다. 무엇보다 고려는 불교 내원의 구요 성중을 중심으로 하면서도 도교 내원

그림 29 고려 14세기 초엽 추정
작 〈치성광여래왕림도〉의 새 모
사도 (考定 김일권, 그래픽 김소영.
괄호명 필자 삽입, 구진존명 추독,
일월광존명 추정)

그림 30 조선 선조 2년(1569)작 〈치성광불제성강림도〉의 수정 모사도. 『일본소재한국불화도록』(1996) 도면 2 저본

※성수명 18개를 수정하였다 :

臺大帝→玉皇大帝, 月學星→月孛星, 紫金星→交食星, 日太陽→日大陽, 注□星→延壽星, 益天星→益算星, 廀危星→度厄星, 上將星→上生星, 諸候星→諸侯星, 卽星→卿星, 七星→士星, 魚星→庶星, 織女星→須女星, 栿星→柳星, 習末星→翼星, □星→虛星, □七星→織女星, 方星→房星

의 남두육성, 삼태육성 등을 도입함
으로써 도불의 복합적 지향성을 담아
내었다. 천황대제는 북극성을 상징하
는 지고신이면서 고려의 군신으로서
전쟁 수호신 기능이 강하였다.

넷째, 고려본의 이십팔수 도상은 각
기를 표상하는 이십팔 신수상이 병기
된 우리 역사상 최초의 자료로 조망
되었다. 이십팔 신수상은 대한제국의
의장기에까지 구현된 형식으로 우리
천문문화사를 더욱 흥미롭게 만드는
요소다. 아마도 송원대 도교의 영향이
라 생각되며, 그 교섭을 점검하는 과
정에서 고려본 치성광불화의 제작 상
한선을 12세기 무렵으로 잡을 수 있
지 않을까 하였다. 이에 고려본 치성
광불화는 적어도 고려 전기의 작품은
아니며 고려 후기의 사상 배경에서 나
올 만한 작품으로 추정되었다.

그림 31 조선 선조 2년(1569)작 〈치성광불제성강림도〉(교토 고려미술
관 소장, 『일본소재한국불화도록』, 〈칠성도〉, 1996)

다섯째, 북두칠성은 남두육성과 대대적인 관계를 이루어 각기 주사(注死)와 주생
(注生)이라는 생과 사의 두 세계를 수호하는 수호성신으로 믿어졌으며, 삼태육성과
짝을 이루어 인간의 삼혼 칠백(三魂 七魄)을 관장하는 수호성신으로 여겨지기도 하
였다. 이렇게 북두칠성은 남북이두(南北二斗)와 북두삼태(北斗三台) 형식이라는 중층
적 점성 기능을 담고 있었으며, 선조본에 이르면 거기에 다시 동자칠원성군 관념까
지 대두되는 것을 볼 수 있었다.

여섯째, 고려·조선의 북두칠성 체계가 실은 칠성이 아니라 북두구진 형식이었음
을 확인할 수 있었다. 존상 양식에서 칠성은 수당대 불전에 기반을 둔 피발여용형

(선조본)이거나 삭발비구형(고려본)이던 반면에, 좌보와 우필의 이은성(二隱星)은 고려본과 선조본에서 모두 도교적 성격의 조복성관형을 취하고 있어 북두칠성이 양식적으로 불교와 도교라는 전혀 다른 내원에서 말미암았음을 암시한다.

일곱째, 하늘에 궁릉형으로 벌려 있던 십이궁신은 도상 내용에서 이전의 당송대 십이궁신과 몇 가지 도상 모티브를 달리하는 측면을 보였다. 북방 요나라의 것과도 구별되는 특징 때문에 고려가 바탕에 둔 십이궁신의 전범이 무엇이었을까 하는 새로운 과제가 제기되었다. 문화의 수용과 변용이라는 측면을 잘 풀어낼 논제로 생각된다.

그 외에도 적지 않은 단서가 본문에 개진되었는데, 이번 고찰을 통하여 우리 천문문화사 이해를 한층 제고할 수 있을 것으로 전망된다. 옥황상제라는 지고신 명칭이 왜 조선시대 이후에 나타나는지 살펴보았으며, 불교의 불천 구조를 어떻게 조망할 수 있을지 점검하였고, 일월의 상징이 일월광격과 일월요격으로 분화되는 문제 등도 다루었다. 물론 추후 더 천착해야 할 과제도 적지 않게 발굴되었다. 십일요 성중의 관식 상징 문제, 송원대 도교 천문과의 교섭 문제, 황도십이궁도의 도상 변천 문제 등은 이 글에서 세밀하게 다루지 못한 주제들이다.

그럼에도 이 글을 바탕 삼아 앞으로 더욱 심화 연구한다면 고려와 조선의 천문 양상 변화가 큰 그림으로 그려질 수 있을 것으로 보인다. 기왕에 다루어진 선사시대 고인돌 별자리 문화와 고구려의 천문을 연계해 낸다면 더욱 포괄적으로 한국 천문문화사를 조망할 수 있을 것이다. 이러한 거시적인 작업이야말로 우리 역사에 수놓인 전통 천문학의 자취뿐 아니라 하늘을 놓고 다양하게 품어내려 하였던 우리 문화의 깊이를 잘 드러내게 될 것이다.

고려시대
능묘 천문도와 벽화의 문화

—

고구려 천문 문화는 어떻게 이어졌는가
고려 벽화 무덤의 천문도와 고구려식 북극삼성의 재등장
고구려 천문 전통을 계승 발전시킨 고려시대

고구려 벽화에 자주 그려진 벽화 천문도는 당시 동아시아 천문학사에서 차지하는 비중이 높을 뿐 아니라, 고구려 이후 한국사에 면면히 이어지는 전통 천문의 유구한 기반을 읽어 내는 기저가 된다. 이 글에서는 이같이 고구려 벽화를 통해 드러난 고구려 천문 문화가 후대 특히 고려시대에 어떠한 양상으로 계승되거나 재해석되는지 고찰하고자 한다. 더 나아가 고구려 이후 고대 일본과 요 등 이웃 나라의 천문 문화에서 어떠한 고구려적 특성이 겹쳐지는지 짚어낸다면 고구려 문화의 확산 흐름을 이해하는 데 적지 않은 도움이 될 것이다.

고구려 천문 문화는 어떻게 이어졌는가

(1) 지금으로부터 약 2천 년 전에 일어나 칠백여 년간 존속한 고구려가 한국문화사를 구성하는 중요한 문화적 원천이 됨을 밝히는 작업은 현재 진행되는 중국의 동북공정에 대해 타당하고도 설득력 있는 대응책을 마련하는 데 일조하게 될 것이다. 잘 알려져 있다시피 지금까지 발견된 수많은 벽화 고분 덕분에 고구려의 생활 풍속과 문화 양식이 생생하게 드러난다. 그중에서 고구려 벽화에 자주 그려진 벽화 천문도는 당시 동아시아 천문학사에서 차지하는 비중이 높을 뿐 아니라, 고구려 이후 한국사에 면면히 이어지는 전통 천문의 유구한 기반을 읽어 내는 기저가 된다.

특히 고려시대의 왕릉과 일반 묘실 벽화에서 고구려와 유사한 천문 시스템을 구축한 흔적이 점점 드러나, 한국문화사에서 고구려 천문학의 문화적 계승성 문제를 제고케 한다. 또한 1990년대 들어 고구려 멸망 직후인 서기 700년 전후로 편년되는 고대 일본의 기토라 고분에서 세계 최고(最古)의 경이로운 전천 천문도가 발견되었는데, 관측지가 고구려의 후반기 수도였던 평양 지역(북위 38~39도)임이 일본 학계의 주요 견해로 제시되면서 고구려의 벽화천문도가 더욱 주목을 받기에 이르렀다.

이러한 동아세계사적 흐름은 고구려의 천문 문화가 당대에 그친 것이 아니라 후대로 계승되고 널리 확산된 주목할 만한 문화 현상임을 보여 준다. 고구려 벽화에 그려진 많은 제재 중에서 천문 자료는 객관적인 관측성과 가시적인 형식성 때문에 어떤 소재보다 문화 계승 측면을 더 명확하게 드러낸다. 또한 천문 양식은 시기에 따라 쉽게 변질되는 성격이 아니라 뚜렷한 시대성과 문화성을 동반하기 때문에 고대 한·중·일의 비교문화사 문제를 더욱 제고하게 한다.

이 글에서는 이같이 고구려 벽화를 통해 드러난 고구려 천문 문화가 후대 특히 고려시대에 어떠한 양상으로 계승되거나 재해석되는지 고찰하고자 한다. 더 나아가 고구려 이후 고대 일본과 요 등 이웃 나라의 천문 문화에서 어떠한 고구려적 특성이 겹쳐지는지 짚어낸다면 고구려 문화의 확산 흐름을 이해하는 데 적지 않은 도움이 될 것이다.

(2) 고대에서 천문(天文)은 자신들의 하늘과 우주를 탐색하는 방식에 대한 이야기다. 물질적인 천체를 연구 대상으로 삼는 현대적 관점의 천체학(天體學)이 인문학과 결별하고 독립된 분과로 전개된 것은 근대 이후의 현상이다. 역사 시대에 천문학(天文學)은 글자 그대로 하늘에 수놓인 존재들의 문법(文法)을 총합적으로 탐구하는 하늘의 학문이었다. 하늘의 물리적 문법을 파악하려는 역산가(曆算家)적 관점을 기반으로 삼으면서 우주론적 사변을 모색하여 인간과 사회의 존재 의의를 더욱 높이려는 시도들이 복합적으로 진행되었다.

하늘의 별자리를 묘사한 유물 천문도는 그러한 역사 천문학의 당대 성과가 반영된 주요 결과물이다. 그렇지만 고대로 갈수록 우리가 접할 수 있는 자료가 빈약한 탓에 그 면모를 소상히 알기 어렵다. 이런 와중에 고구려는 같은 시기 위진수당대의 별자리 무덤(총 16기가량)을 합친 것보다 훨씬 많은 25기에나 벽화를 남겼을 뿐 아니라 단순한 별 장식 정도가 아니라 연결선을 지닌 관측학적 별자리 그림을 그려 놓아 당시의 천문학과 천문관에 비교적 깊이 접근할 수 있다.[1] 고려는『고려사』「천문지」와「오행지」등을 통해 천문 자료를 많이 전하기도 하였지만, 관측 토대가 되는 천문도 내용이 어떠했는지는 실물이 온전히 전해지지 않아 알 수 없다.

이런 상황에서 현재 만날 수 있는 고려 유물자료들을 통하여 고려의 천문도와 천문관 문제를 살펴보는 일은 그 의의가 적지 않다. 천문성수도를 묘사한 자료가 매우 귀중하나, 아직 국내 학계에서 이것들의 내용을 모아 분석한 논문을 찾아보기 어렵다. 고려 건국 시조인 왕건의 현릉(顯陵, 943)부터 천장에 성수도가 그려진

---

1. 김일권, 「위진수당대 고분 벽화의 천문성수도 고찰」, 『한국문화』 24집, 1999口. 12

것으로 보고되었고, 고려말 공민왕의 현릉(玄陵, 1372)에 이르기까지 많은 왕릉 벽화에서 천문 자료가 간취된다. 그런데 이들 왕릉과 일반 귀족의 벽화 무덤에는 천문 성수도만 그려진 것이 아니라 고구려 전통의 사신도라든가 십이지신상, 팔괘도와 같은 역론적 우주론 도상들 또한 중요한 의미소로 자리 잡고 있다. 고려인은 중첩적 체계를 통해 자신들의 우주론을 다변화해 갔던 것이다.

이 글에서는 바로 이 자료들을 종합하면서 고려 천문도의 개요를 잡아 보고자 한다. 아울러 석관, 묘지석, 동경, 불화 등 천문에 관련된 유물 자료 전체를 일별하면서 고려의 천문관과 우주론 문제를 풀어 가고자 한다. 이런 과정에서 고려의 천문이 고구려와 어떤 역사적 계승성을 지니는지, 또한 새로운 시대적 요구를 담아 자신들의 관점을 어떻게 확장해 나갔는지 짚어 보려 한다.

(3) 고구려에서는 고위 귀족들이 4세기 무렵부터 봉토 석실의 벽화 무덤을 다량으로 만드는 동안에 군왕들은 자신들의 고유한 묘제였던 대형 적석묘를 견지하면서 벽화를 남기지 않았다.[2] 그 반면, 고려에서는 초기 왕릉부터 벽화를 그리는 양식이 유행하였다. 고려 474년간 34왕의 고분 중 현재까지 벽화가 확인된 왕릉이 10기에 이른다. 흥미롭게도 이 중에서 충정왕(忠定, 1337~1352)의 총릉(聰陵)을 제외하고는 한결같이 천장에 천문성수도를 그려 놓았다. 이는 벽화묘이면 거의 천문도를 능묘 제도로 사용하였다는 말이다. 충렬왕의 비 제국대장공주의 고릉(高陵)과 비정되지 않은 능들까지 합하면 벽화릉은 15기에 달한다.

고려 관료 귀족 무덤에서 서곡리 벽화묘 같은 벽화 무덤이 6기가량 밝혀졌고, 경남 밀양시 청도면 고법리 산 134번지 송은(松隱) 박익(朴翊, 1332~1398)의 무덤(1420)은 조선 초기에 만들어진 것이나 양식상 고려 벽화묘로 볼 수 있다.[3] 이것들까지 합치

---

2. 평양 천도 이후의 벽화 무덤 중에서는 강서대묘가 평원왕(?~590)의 능으로 추정되는 등 봉토 석실 무덤을 왕릉의 묘제로 사용하였을 가능성이 크다. : 아즈마 우시오(東潮), 「魏晉·北朝·隋·唐と高句麗壁畵」, 『고구려벽화의 세계』, 고구려연구 16집, 고구려연구회, 2003년 12월

3. 안휘준, 「송은 박익 묘의 벽화」, 『고고역사학지』 제17·18합집, 동아대박물관, 2002. 10월, 579~604쪽
심봉근, 『밀양고법리 벽화묘』, 세종출판사, 2002

면 현재 고려 능묘 총 22기에서 벽화가 발견된 셈이다.[4] (이 장의 끝 부분에 '고려 벽화묘와 능묘천문요소 분석표'를 별첨하였다.)

이렇게 고려에서는 왕릉과 일반 귀족 무덤에서 모두 묘실 벽화가 발전했으며, 벽화 능묘 22기에서 천문성수도를 그린 것이 17기에 이른다. 상당히 높은 비율이다. 왕릉이 포함되었다는 측면에서 이런 유물자료의 성격을 총칭하자면 '능묘 천문도'라 일컬을 수 있다.[5] 고려 34명 왕의 왕릉 중에서 현재 밝혀진 벽화릉은 10기인데 그중 총릉을 제외한 9기가 천문벽화릉이다. 벽화를 그린 왕릉이면 천장석에 거의 천문도를 그렸다는 뜻으로, 그만큼 고려 국왕들이 천문에 지향성을 두었음을 시사한다.

비록 여러 문제 때문에 천문도 내용을 현재 확인할 수 있는 능이 많지 않으나, 고려 천문학 연구에 더없이 귀중한 자료다. 현재 이들 벽화의 천문자료에 주목하여 이를 정리한 논문을 찾기는 어렵다.[6] 이에 각종 발굴 보고서와 관련 자료를 종합하여 고려 능묘 천문의 내용을 대별하면, 고구려 벽화가 사방위 관점의 일월-사신-사숙도(四宿圖) 천문 시스템에 주력한 데 비해 고려 벽화는 전천 관점의 일월-중궁(북극3성과 북두7성)-이십팔수 천문 시스템을 마련하였다고 요약된다. 벽화에서 사신도가 약화되고 그 대신 천문 관측의 중심이 되는 북극성의 중궁과 적경(赤經) 역할을 하는 적도 이십팔수가 강조되어 있다.

---

4. 고려와 조선 초기의 벽화 무덤에 대한 전체 개요는 최근에 발표된 한정희, 「고려 및 조선 초기 고분 벽화와 중국 벽화와의 관련성 연구」(『미술사연구』 246·247합호, 한국미술사학회, 2005. 9월)에서 잘 정리되었으며 총 19기를 망라하였다.

5. 김일권, 「고구려 벽화와 고대 동아시아의 벽화 천문 전통 고찰: 일본 기토라 천문도의 새로운 동정을 덧붙여」(『고구려연구』 16집, 고구려연구회, 2003ㅊ. 12월)에서 사용한 바 있다.

6. 고려 벽화묘에 대한 기존 연구는 대부분 십이지신상을 주제로 하였다. 최근 논문인 한정희(2005)에서 고려 벽화묘 전체를 주목하여 정리한 바 있어 본고에 큰 도움을 받았다. 다만 이 논문들에서는 천문도가 아니라 역시 십이지신상과 문인화에 대한 문제를 천착하였다.

　안휘준, 「고려시대의 인물화」, 『한국회화사연구』, 시공사, 2000

　정병모, 「공민왕릉의 벽화에 대한 고찰」, 『(강좌)미술사』, 한국불교미술사학회, 2001. 12월

　이혜진, 「고려 고분 벽화의 십이지상 복식 고찰」, 서울대 의류학과 대학원 석사논문, 2004. 2월

　한정희, 「고려 및 조선 초기 고분 벽화와 중국 벽화와의 관련성 연구」, 『미술사연구』 246·247합호, 2005 등.

고려 벽화 무덤의 천문도와 고구려식 북극삼성의 재등장

개성 부근에 고려 왕릉으로 알려진 17기가량의[7] 무덤을 비롯하여 지금까지 알려진 고려의 능묘 중에 벽화를 그린 무덤을 살펴보자. 고려 벽화 무덤은 대부분 천장에 천문도를 그려놓은 점이 흥미롭다. 이 자료를 검토하는 과정에서 고구려식 북극성이 재등장하는 것을 목격하게 된다.

태조 왕건의 현릉(943년)에 그려진 사신도와 별자리, 매죽송의 문인화

개성시 개풍군 해선리 만수산 줄기의 중복에 자리 잡은 현릉(顯陵)은 태조 왕건(王建, 918~943)과 신혜왕후의 합장묘로, 무덤 외부에 두른 높이 136센티미터의 병풍돌 열두 개에는 면돌 중심부에 십이지신상이 새겨져 있다. 병풍돌에서 1미터가량 바깥에 다시 돌기둥 열둘과 동자 기둥 열둘, 가로지른 기둥 열두 개로 구성된 십이각

그림 1 태조 현릉의 십이지 수수인신상 병풍돌 중 오(牛)신
(『대정5년도고적조사보고』, 305쪽)

형 난간돌 시설이 있다. 이런 12각 난간돌과 십이지 병풍돌 형식은 이후 고려의 기본적인 왕릉 제도로 정착되었다. 『조선유적유물도감』 11권(고려편 2)에 수록된 현릉의 시설물은 1954년에 수복한 것이다. 십이지신상은 모두 장수 옷을 입고 두 손을 앞으로 모아 홀을 쥔 입상이며, 머리 부분에 짐승 열두 마리의 머리를 각각 형상화한 수수인신상(獸首人身像)이다.[8](그림 1)

이 무덤은 1993년에 발굴되면서 벽화가 그려진 왕릉으로 새로이 확인되었다. 그 결과 우리나라뿐 아니라 중

---

7. 왕성수, 「개성 일대 고려왕릉에 대하여」, 『조선고고연구』, 사회과학원 고고학연구소, 1990-2호, 32~35쪽
8. 『조선유적유물도감』 11권 고려편 2, 동편찬위원회, 평양:외국문종합출판사, 1992, 22~23쪽

동벽 : 매화나무, 참대나무(왕대), 청룡도 그림

서벽 : 소나무, 매화, 백호도 그림

그림 2 왕건 현릉의 동벽과 서벽 벽화(리동림 사진, 『조선고고연구』, 1993-2호)

국 벽화 무덤에서도 매우 드물게 매화와 참대나무(왕대), 소나무를 그린 문인화를 주제로 삼은 벽화 무덤으로 밝혀졌다(그림 2).[9] 3대 정종(定宗, 923~949)의 안릉(安陵)에도 참대나무와 소나무 및 풍경화가 그려졌다 하며,[10] 24대 원종(元宗, 1219~1274)의 소릉(韶陵, 소릉군 제5릉)에서도 대나무와 소나무가 발견되었고, 29대 충목왕(忠穆,

---

9. 김영심, 「고려태조 왕건릉 벽화에 대하여」, 『조선예술』, 1993년 2월호, 사회과학원 고고학연구소, 52~53쪽
   사회과학원, 「왕건 왕릉(고려 태조 현릉)이 발굴되었다」, 『조선고고연구』, 1993년 2호, 사회과학원 고고학연구소, 47~49쪽
   한정희, 「고려 및 조선 초기 고분벽화와 중국 벽화와의 관련성 연구」, 169~199쪽
10. 김종혁, 「개성 일대의 고려 왕릉 발굴보고(1)」, 『조선고고연구』, 1986-1호, 39~42쪽

1337~1348)의 명릉(明陵)에도 꽃과 나무, 나비가 그려졌다고 보고되었다.[11] 2000년 9월 경남 밀양 화악산 남서쪽 기슭 구릉지에서 발견된 박익(朴翊) 묘에도 매화와 대나무가 남녀 군상들과 함께 동서벽에 그려져 있다.[12]

결국 문인화 소재 벽화가 고려의 능묘 제도에서 꾸준히 사용된 것으로 짚인다. 다만 이것을 고려의 독특한 양식으로 보기는 힘들 듯하다. 중국 오대 왕처직 묘(王處直 墓, 923년)[13]에서 대나무 그림이 윤곽으로 그려진 것 등으로 미루어 보면, 이 소재 벽화는 당말오대 시기에 등장하여 요나라와 원나라의 벽화묘로 널리 전파되어 간, 당시 동아시아 세계의 보편적 장의 미술 양식 중 한 가지로 볼 필요도 있다.[14]

현릉의 벽화를 다시 자세히 보면, 동벽 중심부에 꽃송이가 활짝 핀 매화나무 한 그루가 그려졌고, 좌우에 참대나무가 두 그루 보인다. 이와 대칭되는 서벽 중심부에 굵은 소나무 두 그루가 밑둥께에서 엇갈리게 자리 잡았고, 벽의 북쪽에 매화나무가 여러 대 그려졌다.

그런데 이런 문인화 주제와 다소 어울리지 않을 듯한 사신도(四神圖)가 사방 벽면에 그려져 있다(그림 2).[15] 동벽의 남쪽 아래 부분에 매화 가지 아래로 묵선의 윤곽선으로 그려진 청룡도(靑龍圖)가 불 갈기 세 가닥을 위로 날리면서 남쪽 입구로 날아가는 이른바 남수북미(南首北尾) 자세를 취하였다. 서벽의 남쪽 아래 부분에 소나무 가지 아래로 역시 남수북미 자세의 백호 그림이 진한 묵선으로 그려졌다. 크기로 보면 청룡과 백호가 벽면 중심을 차지한 것은 아니며, 남쪽 입구를 향해 작게 그려져 있다. 백호는 몸통이 가늘고 길며 입을 쫙 벌렸고 엉덩이를 위로 들고 꼬리

11. 왕성수, 「개성 일대 고려왕릉에 대하여」, 『조선고고연구』, 1990-2호, 32~35쪽
　　리창언, 『고려 유적연구』, 백산자료원, 2003, 229쪽
12. 박익 묘의 천장석에 성수도의 흔적이 남아 있어 고려초 태조릉에서 보이던 문인화풍 벽면과 천장성수 전통이 조선 초기에도 지속되고 있음이 엿보인다. 적외선 촬영을 하면 천장석에 별자리 흔적이 보인다 하며, 내용은 파주 서곡리 벽화묘의 일월성신도와 가장 유사할 것으로 추측하였다. : 안휘준, 「송은 박익 묘의 벽화」, 『고고역사학지』 제17·18합집, 2002, 584쪽
13. 하북성문물연구소, 『五代王處直墓』, 북경 문물출판사, 1998
14. 한정희, 「고려 및 조선 초기 고분 벽화와 중국 벽화와의 관련성 연구」, 2005, 180~184쪽
15. 김인철, 「고려태조 왕건왕릉발굴보고」, 『고려무덤발굴보고』, 평양: 사회과학출판사, 2002(서울: 백산자료원, 2003 재간행). 『조선고고연구』 1993-2호에 실린 흑백 사진 상태가 좋지 않아 사신도의 세부 판별은 힘들다.

는 뒤로 곧추 뻗었으며, 잔등에 검은 줄이 아래위로 그어졌고 배에 부드러운 솜털이 덮여 있다고 보고되었다.

북벽 벽화는 심하게 퇴색되어 잘 알 수는 없으나 그림 윤곽과 검은색, 붉은색, 푸른색의 채색 흔적 등으로 볼 때 고려 석곽무덤에 그려지는 현무도(玄武圖)와 공통점이 보인다고 하였다. 남벽은 마멸이 심각하여 그림의 흔적을 볼 수 없었다고 한다.

천장석의 벽화는 회벽이 많이 떨어져 자세히 알아볼 수 없으나, 입구 부분의 남쪽 천장 중심부에 별 여덟 개가 지그재그식으로 동서로 길게 그려진 것이 명백히 보인다고 한다. 별은 모두 원형이며 지름 2.5~3센티미터로 붉은색 선으로 그렸으며, 별과 별은 푸른색 선으로 연결되었다고 설명하였다.

사진 자료를 직접 확보하지 못해 잘 알 수는 없지만, 위의 별자리 묘사로 보건대 천장석 남반부에 있는, 연결선을 지닌 기다란 별자리는 후대 양릉의 천문도에서 보이는 것과 같은 28수 일부를 말하는 것일지 모른다. 공민왕릉의 천장석 남반부에는 두 쌍의 3성으로 구성된 여섯 별만 그려져 있기 때문에 이런 형식의 남두육성 구도는 아니라고 짐작된다. 만약 28수를 그린 양식이라면 천장석 중심부에 북극성이나 북두칠성이 그려졌을 가능성이 높으며, 둥근 원반의 해와 달을 그렸을 수도 있다. 앞으로 남북의 공동조사가 요망된다.

제3대 정종의 안릉(949년)에 그려진 남두육성

안릉(安陵)은 정종(定宗)의 무덤으로, 개풍군 고남리 소재지 동쪽으로 700미터 떨어진 룡수산 남록에 동쪽에 약간 치우친 남향으로 자리 잡았다(무덤칸 남북 350×동서 344×높이 195센티미터). 1978년 7월 26일에서 8월 3일까지 사회과학원 고고학연구소가 발굴 조사를 진행하였다. 현릉과 마찬가지로 12각으로 된 병풍돌과 난간 시설이 있으나, 병풍돌의 면돌에는 십이지신상이 없었고 그 대신에 무덤 출입문이 있는 정남쪽 면돌에만 십이지신 1상이 자그마하게 돋을새김되었으며 다만 매우 작고 심하게 마모되어 모자에 새겨진 동물의 형체를 알아볼 수 없었다고 한다.[16]

---

16. 김종혁, 「개성 일대의 고려왕릉 발굴보고(1)」, 『조선고고연구』 1986-1호, 39~42쪽

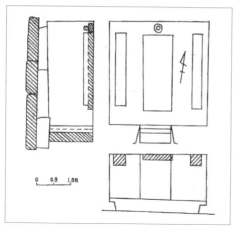

그림 3 정종 안릉의 무덤칸 실측도 (김인철, 2002)

무덤칸은 반지하에 마련되었고, 평행고임 1단에 평천장을 올린 구조다. 바닥 중심에 화강암을 다듬어 관대를 놓았고, 관대의 동서남북 면에 도안화된 연꽃 무늬를 새겼다.

벽면(높이 160센티미터)과 천장에 횟가루와 굵은 모래, 볏짚 등을 섞은 다음에 질 좋은 회를 발라 그림을 그렸다. 사방 벽면에 벽화가 그려졌으나, 현재 확인되는 것은 동벽의 풍경화와 남벽의 건물 그림 정도다. 동벽 북쪽께에 굳세게 자란 진한 녹색의 참대나무가 그려졌고, 남쪽 부분에 푸른 잎과 붉은 꽃이 달린 꽃나무가 그려졌으며, 남벽 서쪽 부분에 검은색으로 그린 건물 그림이 희미하게 남아 있다.

천장석에는 붉은색으로 둥근 모양의 별(지름 1.2센티미터)을 그렸고, 별 사이는 붉은색 연결선으로 연결하였다고 한다. 애석하게도 현재 파악되는 별자리는 남두육성(南斗六星)뿐이라 하였다. 이 남두육성이 고구려 천문에서 매우 중시되던 남방의 방위 별자리로 그려진 것인지는 앞으로 조사할 필요가 있다.

이로써 현릉과 안릉이 불과 6년 차이로 조성된 것을 감안할 때 10세기 중반 고려의 가장 초기 왕릉부터 벽화 무덤을 도입하였고, 천장석에는 천문의 표상인 별자리 그림을 안치하였던 것을 알 수 있다. 안릉에는 없으나 현릉의 사방 벽면에는 사방위 수호신상인 사신도를 장치하였다. 이렇게 사방 벽면에 사신도를, 천장에 천문도를 그리는 벽화 무덤 양식은 고구려의 천문 벽화 전통을 이은 것이라 충분히 간주할 수 있으며, 벽화 무덤을 남기지 않은 통일신라의 300년 공백을 뛰어넘어 고려조에 이르러 부활한 전통이라 이를 만하다. 물론 다음에서 보듯이 고려 능묘 천문도가 28수를 위주로 삼는 것으로 미루어, 고구려 계승 측면 외에도 당시 동아시아 사회에 유행하던 천문 전통을 보편적으로 수용했다는 관점에서도 조망할 필요가 있다.

제20대 신종의 양릉(1204년) 천문도에 나타난 고구려식 북극삼성

신종(神宗, 1198~1204 재위)의 무덤 양릉(陽陵)은 개풍군 고남리 소재지에서 동쪽으로 400미터 거리의 룡수산 남쪽에 있으며, 정종의 안릉에서 서쪽으로 300미터 정도 떨어졌다. 양릉 발굴은 안릉 발굴에 뒤이어 1978년 사회과학원 고고학연구소가 진행하였다.[17]

무덤 외부 돌난간 시설은 대부분 파괴되어 내용이 잘 파악되지 않는다. 지하에 마련된 무덤칸은 평천장을 한 장방형 석실 무덤이며, 서쪽으로 치우친 남향이다(무덤칸 크기 남북 368×동서 300×높이 226센티미터). 천장석은 크기가 비슷한 판돌 세 개를 남쪽부터 가지런히 덮었으며, 벽면과 마찬가지로 회죽으로 미장하였다. 사방 벽면에 모두 벽화를 그린 흔적이 검은색과 붉은 색채로 남았으나 내용을 알기 어려우며, 단지 북벽 동쪽과 서벽 북쪽에 사람 그림이 확인될 뿐이라 한다.

천장에는 천구를 상징하는 지름 123센티미터의 대원을 그렸고 그 안에 지름 5센티미터가량 원반의 달 그림과 북두칠성을 비롯한 27개 별자리(별 지름 0.5~0.9센티미터)를 그렸다. 북쪽 부분 별자리가 탈각되었으며, 현재 남아 있는 별은 158개라 하였다. 별과 별자리 연결선이 모두 붉은색이다.[18] 이 별자리의 모습을 스케치한 자료를 보면 원주 외곽께에 각기 연결선을 지닌 28수가 빙 둘러 있고, 가운데 부분에 북두칠성이 그려져 있다.[19]

그런데 개성박물관에 전시된 양릉 천문도의 모사도(그림 6)를 보면, 가운데 큰 원반의 색깔이 누런 색이 아니라 붉은색이다. 그렇다면 달이 아니라 태양을 그린 것일 가능성이 크다.[20] 그 옆의 별자리가 동방칠수여서 개연성이 더욱 크다. 사실 이 모사도는 다음에서 살펴볼 서삼동 벽화 천문도와 비교할 때 뒤짚혔을 가능성이 있다. 동방칠수가 동쪽에 있는 방식이 일반적이기 때문이다. 무덤 바깥에서 내부를 들여다보는 방식으로 잘못 그렸을 수 있는 것이다. 이 모사도[21]에서 마멸된 북방칠

17. 김인철, 「양릉 발굴보고」, 『고려무덤발굴보고』, 2002

18. 김종혁, 「개성 일대의 고려왕릉 발굴보고(2)」, 『조선고고연구』, 1986-2호, 32~36쪽

19. 리준걸, 「고구려 벽화무덤의 별 그림에 대한 연구」, 『고고민속논문집』 1984-9호, 2~58쪽

20. 김인철, 「양릉 발굴보고」(『고려무덤발굴보고』, 2002)의 66쪽에서는 붉은색의 이 별을 태양으로 보았다.

21. 개성박물관 모사도의 방위와 내용은 김인철, 「양릉 발굴보고」(『고려무덤발굴보고』, 2002)의 66쪽에 실린 '그

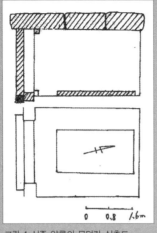

그림 4 신종 양릉의 무덤칸 실측도
(김인철, 2002)

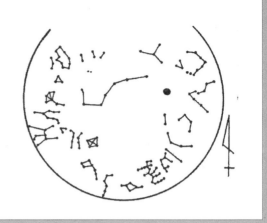

그림 5 양릉 천장 그림 (김인철, 2002)

그림 6 양릉 모사도 (리준걸, 1984)

그림 7 신종 양릉의 천문 복원도(개성박물관)

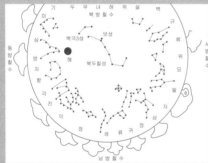

그림 8 신종 양릉의 천문 동정도 (김일권, 2008)

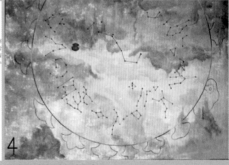

그림 9 뒤집어 본 양릉 천문도

수 쪽이 천장 북쪽이라는 보고서의 설명이 맞다면 개성박물관과 보고서의 모사도는 좌우를 뒤짚어야 동서남북의 사방칠수 방위와 맞아들어가게 된다(그림 9).[22]

공민왕릉의 천장석에는 다른 별보다 크게 붉은색의 태양 원반과 누런 색의 달 원반이 동서 양편으로 묘사되어 있다. 일월의 천문도를 기획한 것이다. 이에 비추어 볼 때 양릉의 천문도에서도 태양의 맞은편 서방칠수 쪽에 달 원반이 그려져 있었을 가능성이 충분하다. 그 색이 쉽게 퇴색되는 누런 색이어서 잘 확인되지 않았을 수 있다.

양릉 천문도 중심부에는 무엇보다 고려의 별자리 형태를 보여 주는 매우 중요한 별자리가 그려져 있다. 우선 북두칠성이 아니라 제8의 보성(輔星)까지 그린 북두팔성도(北斗八星圖)가 주목을 끌며, 다음으로 북두 자루 옆에 별 3개를 연결선으로 이은 꺾인 모양의 별자리가 더 그려져 있다(그림 9). 이 3성이 바로 고구려식 전통의 북극3성과 동일한 별자리로 파악된다. 중국 고천문도에서 그려지지 않던 방식이어서, 고구려와 고려의 능묘 천문도 연구에 매우 중요한 대목이 된다.[23]

북극3성은 5세기 초중반의 고구려 벽화 고분 씨름무덤과 춤무덤에서 등장하기 시작하여, 마지막 7세기 전후의 진파리 4호분과 집안 오회분 4호묘·5호묘 및 통구사신총에 이르기까지 계속 나타난 고구려식 별자리다(그림 10, 11, 12). 그러다 530년이 지난 고려 능묘 벽화에 이르러 다시 등장하였으니, 고려가 고구려의 천문 전통을 계승하였다고 분명하게 말할 수 있게 된 것이다. 북두칠성에 보성을 덧붙인 북두8성 역시 408년 편년의 고구려 덕흥리 고분에서 등장한 바 있다.

양릉의 천문도 구성을 보면, 한 장의 돌판에 원주를 그려 그 안에 28수를 둘렀고, 원주 속 동서쪽에 해와 달을 안치하고 그 가운데로 밤하늘 별자리의 중심인 북

림 11. 양릉 천정의 별그림'과 동일하여, 발굴 보고서에서 이미 방위를 잘못 적용했을 것이라 생각된다.

22. 이 뒤짚였을 오류 문제에 대해서 김일권, 「고구려 벽화와 고대 동아시아의 벽화 천문 전통 고찰」(『고구려연구』16집, 2003ㅊ)에서 다룬 바 있다.

23. 김일권, 「고구려 고분 벽화의 북극성 별자리에 관한 연구」, 『고구려연구』 5집, 고구려연구회, 1998ㄴ. 6

_____, 「각저총·무용총의 별자리 동정과 고대 한중의 북극성 별자리 비교 검토」, 『한국과학사학회지』 22권 1호, 한국과학사학회, 2000ㄹ. 6

_____, 「벽화 천문도를 통해서 본 고구려의 정체성」, 『고구려연구』 18집, 고구려연구회, 2004ㅅ. 12월

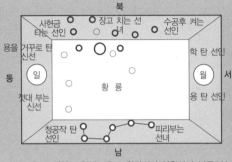

그림 10 집안 오회분 4호묘 천장석의 일월상과 북극3성 및 북두칠성·남두육성 (김일권, 『白山學報』 47, 1996)

그림 11 집안 오회분 4호묘 천장석 황룡도. 위쪽의 둥근 별 3개가 북극3성이며, 가운데 큰 것이 북극성이다.

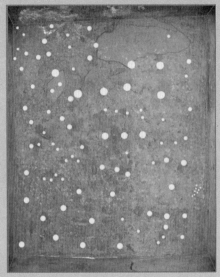

그림 12 진파리 4호분 천장 금박 천문도(김일권, 2004). 가운데 큰 별 3개가 북극3성이며, 그 위쪽 북두칠성과 보성이 더 크게 그려졌다. 주변에 28수가 둘러져 있다.

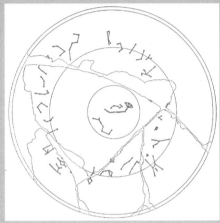

그림 13 오월 문목왕 전원관 묘(941년)의 석각 천문도

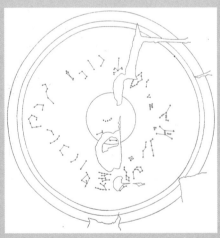

그림 14 오월 문목왕 차비 오한월 묘(952년)의 석각 천문도

극3성과 북두칠성(+輔星)을 그린 형국이다. 이런 천문도 양식을 단순화하면 '28수 천문도' 또는 '일월 중궁 28수 전천 천문도'라 일컬을 수 있는데, 고구려 진파리 4호분(6세기 전반) 천장석에 처음으로 출현한 천문도 양식이며(그림 12) 오랫동안 묻혀 졌다가 10세기 당말오대 시기에 다시 유행하기 시작하여 11~12세기의 요나라 벽화 무덤에서 만개한 천문도 제작 기법이다. 특히 오대 시기의 오월국(吳越國) 문목 왕(文穆王) 전원관(錢元瓘, 941년 졸)과 그의 차비(次妃) 오한월(吳漢月, 942년 졸) 무덤의 천장석에 그려진 28수 전천 천문도는 내규(內規)와 적도(赤道)의 동심원을 더 그려 좀 더 과학적인 천문도 양식이라 평가받는다(그림 13, 14).

전원관 묘에서는 외곽 적도 선상에 28수를 그렸고, 중심부의 내규(內規) 동심원 속에 북극성 주변의 대표적인 중궁(中宮) 별자리를 담았다. 중궁 별자리로는 북극 성을 포함한 북극5성과 구진(鉤陳)6성 그리고 북두칠성(+輔星)와 화개(華蓋)9성(+虹 7성)을 그렸다. 오한월 묘에서는 구도는 동일하지만, 외곽에 적도원 없이 28수를 그 렸고, 중심부 내규 속 중궁 별자리로는 전원관 묘에 비해 좀 단순한 북극5성좌와 북두칠성(+보성)을 그렸다.[24]

이렇게 천문 관측의 중심이 되는 북극성 주변의 대표적인 중궁 별자리와 전천의 성수를 대표하는 28수로 얼개를 잡은 새로운 기법의 28수 천문도 양식이 고대 천 문도를 표현하는 주요 방식으로 오대 시기에 유행하기 시작한 것이다. 오대 시기 직후 하북 선화(宣化) 지역에서 발견된 요나라의 벽화묘군 10기 중 7기에서 28수 양식 천문도가 그려졌다(그림 15, 16).[25] 고려와 거의 동시대에 있던 요(907~1125)는 9 대 210년간 존속하면서 중원의 송을 압박한 북방 강국으로, 고구려 이후 가장 많 은 천문 벽화묘를 남긴 왕조여서 더욱 주목 받는 나라이기도 하다.

고려 능묘 천문도는 이 같은 시대적 배경 속에 중궁 별자리와 28수 위주의 천문

24. 伊世同,「最古的石刻星圖 :杭州吳越墓石刻星圖評介」,『考古』75-3
　　　　,「杭州吳越墓石刻星圖」,『中國古代天文文物論集』, 北京 文物出版社, 1989
　　절강성문물관리위원회,「杭州 · 臨安五代墓中的天文圖和秘色瓷」,『考古』75-3
25. 하북성문물연구소 編,『宣化遼墓壁畵』, 북경 문물 출판사, 2001
　　김일권,〈요나라의 벽화천문과 동서통합적인 우주론〉「고구려 벽화와 고대 동아시아의 벽화천문전통 고 찰: 일본 기토라 천문도의 새로운 동정을 덧붙여」,『고구려연구』16집, 2003ㅊ

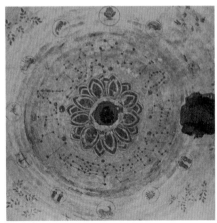

그림 15 M1 장세경 요묘(1116년)   그림 16 M2 장공유 요묘(1117년)

도 양식을 함께 호흡한 것으로 조망된다. 그런데 중궁 별자리의 내용이 이목을 끈다. 고려 능묘 벽화에 그려진 중궁 별자리는 거의 예외없이 북극3성과 북두칠성 두 종류를 담는다. 특히 북극3성은 현재까지 필자가 검토한 바에 따르면 고구려 벽화 고분에만 등장했다. 중국 당나라 성도와 오대 및 송명의 천문도에서 항상 북극5성 좌를 표현한 것과는 분명한 차이를 보이는 것이다. 고려는 당시에 유행하던 28수 천문도 양식을 적용하면서도 왜 북극성 별자리만큼은 중국식을 따르지 않고 고구려식 북극3성좌를 견지하였을까? 이는 고려가 고구려 천문 전통을 계승했다는 연장선에서 이해된다.[26] 북극3성과 북두칠성을 중궁 별자리로 담아내고 주변에 28수를 두르는 고려의 중궁 28수 형식은 고구려의 진파리 4호분 천문도에서 이미 등장한 바 있다.

　관측천문학 측면에서 볼 때, 중국의 북극5성좌에서 맨 안쪽 별은 당송대에 새로운 북극성으로 간주된 천추성(天樞星, 기린자리 Cam. GC17443, 5.28등성)이라 불렸다. 고구려와 고려의 북극3성좌에서 가운데 별은 북극대성으로, 한당대에 북극성 역할을 하였으며, 천제의 별이라는 뜻을 지닌 제성(帝星, ß UMi, Kochab 2.08등성)으로 불렸고, 하늘의 최고 주재자인 태일신(太一神)이 상주한다고 믿어졌다. 『고려사』에 숱하

26. 김일권, 「벽화 천문도를 통해서 본 고구려의 정체성」, 『고구려연구』 18집, 2004ㅅ. 12월

게 등장하면서 전쟁과 질병, 기근을 주관하는 태일 초례(太一 醮禮)는 이 태일성에 대한 기원 의례였다고 할 수 있다. 조선시대로 넘어가면서 고려의 이 북극3성은 더 그려지지 않으며, 중국식 북극5성좌로 대체된다.

안동 서삼동 고려 벽화묘(12세기초)에 그려진 일월 중궁 28수 천문도

신종의 양릉 천문도가 그처럼 대단한 역사적 의의를 지니는 자료이나, 천장 북쪽 부분의 일부 별자리가 박락된 상태여서 온전한 모습을 볼 수 없다는 점이 아쉽다. 또 남북의 사정상 실제 사진자료를 확보하기가 난망하다.

경북 안동시 녹전면 서삼동(西三洞) 산 204번지 야산에서 발견된 고려 벽화묘는 그 갈증을 시원하게 풀어준다. 안동대학교 박물관에 의해 1980년 12월 발굴되었고 현재는 덮인 상태여서 직접 확인하지 못하나, 안동대 박물관에 가면 좋은 벽화 사진을 만날 수 있다. 무덤 형태는 방형 봉토 석실분으로 고구려 고분의 전통을 간직하였으며, 남향을 취한 석실의 크기가 남북 229센티미터, 동서 96센티미터, 높이 90센티미터다. 무덤 내에서 동국중보, 해동통보, 동국통보 등 고려 동전 4개와 북송 인종(1010~1063)대의 천성원보, 북송 철종(1076~1100)대의 원우통보 등 중국 동전 12개가 수습되었는데, 가장 늦은 동국통보의 주조 연대가 숙종 2년(1097)에서 10년(1105) 사이이고, 이보다 늦은 동전이 없는 점으로 미루어, 무덤의 조성 연대를 12세기 초로 추정하였다.[27]

벽화는 화강암 석실 벽면에 회칠을 한 뒤 그렸으며, 동서남북의 사방 벽면에 사신도와 인물도가 묘사되었다. 벽면에 비하여 상당히 자그마한 편이다.[28]

동벽의 청룡도는 전체 길이가 30센티미터가량으로, 머리가 입구를 향한 남수북미형이며, 얼굴은 정면을 향하였다. 꼬리는 뭉툭하게 위로 말려 있고, 등이 볼록하게 나온 모습이며 약간 푸른 빛을 띤다. 서벽의 백호는 먹선의 윤곽선 속에 갈색을 띠며, 머리를 치켜든 자세인지 남수북미하여 내달리는 모습인지 판단하기 어렵다.

---

27. 안동대학교 박물관, 『서삼동 벽화 고분』(1981), 35쪽

28. 서삼동의 컬러 사진은 안동대학교 박물관, 『고려시대 안동사람들은 어떻게 살았을까』(도서출판 성심, 2004) 참조

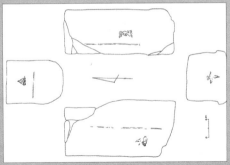 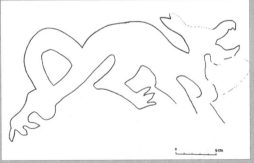

그림 17 서삼동 벽화묘 내부 실측도 (『서삼동 벽화 고분』, 1981) 그림 18 서삼동 동벽 청룡도(『서삼동 벽화 고분』)

그림 19 서삼동 서벽 인물도(『서삼동 벽화 고분』) 그림 20 서삼동 남벽 주작도(『서삼동 벽화 고분』) 그림 21 서삼동 북벽 현무도(『서삼동 벽화 고분』)

그림 22 서삼동 벽화묘 주작과 현무 사진(안동대 박물관, 2004)

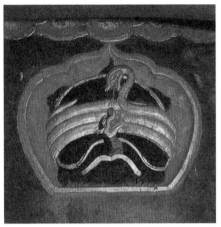

그림 23 임안 오월국 강릉(康陵) 후실 벽감의 채색 현무 부조상(『文物』 2000-2)

그림 24 임안 오월국 강릉 후실 벽감의 채색 주작 부조상(『文物』 2000-2)

백호 위에 먹선으로 그린 높이 20센티미터의 인물상은 양손을 맞잡고 무언가를 끌어안은 채 무덤 내부를 응시하는 자세를 취하였다. 남벽의 주작도는 정면을 향하고 꼬리를 머리 위로 올린 형상이다. 활짝 편 꼬리 부분에 붉은 색채가 칠해졌고, 몸체는 먹색 계통이며, 발 끝에서 치켜올린 꼬리까지 높이가 24.5센티미터다. 북벽의 현무도 역시 정면을 향한 자세이며, 삼각형 산형(山形)을 이룬 구도 속에 거북 몸체를 뱀이 돌돌 감싼 형태를 취하였다. 꼭지점까지 높이는 18센티미터다. 이런 삼각산형 현무도는 고려의 사신도 표현에서 일반적인 것이기도 하다. 고구려의 사신도와 달라 이미 형태가 변했다고 여겨지는데, 오대 시기 오월과 요나라의 현무도 표현에서 빈번히 보이는 것으로 보아 동시대의 사신 표현에 충실한 것이라 할 수 있다(그림 23).[29] 주작 또한 고구려에서는 측면 자세로 화려한 동세를 내보였는데, 오월과 요나라, 고려시대에 이르면서 좌우대칭의 정면형 주작으로 변형되었다(그림 24). 이전 시기에는 벽화묘실의 남벽 입구 양편에 주로 쌍으로 마주보는 형태로 넓게 그려졌는데, 묘제 변화에 따라 석관묘가 발달하면서 석관의 남쪽 단일면에 주작을 안치하며 정면형 주작을 선호하게 된 것은 아닐까 짐작된다.

29. 杭州市文物考古所·臨安市文物館, 「浙江臨安五代吳越國康陵發掘簡報」, 『文物』 2000-2

그림 25 고려 최광 석관 바깥면
의 주작도(『조선고적도보』 7책,
1920, No. 3380)

그림 26 고려 금동 관식 금구 청
룡도(『조선고적도보』 9책, 1929,
No. 4316)

그림 27 고려 금동 관식 금구 백
호도(『조선고적도보』 9책, No.
4317)

그림 28 고려 금동 관식 금구 주작도
(『조선고적도보』 9책, No. 4318)
그림 29 고려 금동 관식 금구 현무도
(『조선고적도보』 9책, No. 4319)

이렇게 서삼동의 사신도 벽화는 고려의 벽화 문화 이해에 중요한 자료지만, 아쉽게도 크기가 작고 현재 남아 있는 윤곽선이 희미하여 형체를 쉽사리 알아보기 어렵다. 이에 고려 사신도의 형체 윤곽을 좀 더 알아볼 수 있는 다음 자료가 도움이 된다.

형태상 서삼동 주작도와 가장 유사한 주작도(그림 25)는 고려 최광(崔珖, 1207~1229)[30]의 석관(1229년) 외면에서 찾을 수 있다. 날개를 양 옆으로 활짝 펼쳤으며, 뒤쪽으로 꼬리깃 다섯 가닥이 솟구쳐 있는 정면형 주작이다.

고려시대 관식(棺飾) 금구(金具)로 사용된 사신도 유물은 금동 투조로 만들어 형체의 윤곽을 분명히 하였다. 이것을 살펴보면, 날렵한 유선형 청룡이 여기에서는 네 다리가 뭉툭하게 발달한 네 발 동물 형상으로 변모하였다(그림 26). 백호도 비슷하게 투박해진 모습이며 머리에 뿔이 없는 점 정도가 청룡과 다르다(그림 27). 주작은 정면형 대신 측면형이며, 사실적인 가금류 몸체이며, 꼬리 깃이 길고 넓게 하늘로 솟은 점이 신비감을 준다(그림 28). 현무에서 뱀은 고구려의 것보다 역할이 축소된 느낌으로 가늘게 거북이 몸체에 붙어 있으며, 배경으로 높다랗게 부풀어 오른 수목 문양이 이전의 현무와는 전혀 다른 형상을 만들어 내고 있다(그림 29).

이것들은 서삼동의 것과 동일하지는 않지만, 고려에 와서 변모된 사신도의 형상을 짐작하기에 좋은 자료가 된다. 또한 오월과 요나라의 것과도 모습이 같지 않아서 변용된 것으로 짐작되는데, 이 문제는 앞으로 각별한 관심을 갖고 지켜볼 만한 주제라 여겨진다.

다음으로 서삼동 벽화묘의 천장석에는 거의 훼손되지 않은 28수 천문도가 찬란하게 처음 그대로처럼 반짝이고 있다. 벽면과 달리 회칠을 하지 않고 직접 채색을 입혔으며, 화강암 판석 하나로 이루어진 천장석(길이 290, 너비 103센티미터) 중심부에

---

30. 최광은 고려 고종대 동주(東州, 철원) 사람으로, 조부와 증조, 고조가 모두 평장사(平章事)를 역임하였고 아버지가 지문하성사(知門下省事)에 있는 명문가의 자제였으며, 문음(門蔭)으로 입직하였다. 내시 감문위섭산원(內侍 監門衛攝散員)이 되어 임금을 모셨으며, 고종 16년(1229) 8월에 병이 들어 22세로 요절함에, 황봉산(黃鳳山) 남쪽 기슭에 장사지냈다. 8월 10일 죽어 8월 24일에 장례하였다 하니 약 15일 동안 묘지명과 사신도가 새겨진 석관을 만들었던 것으로 보인다. 석관은 일본 동경국립박물관 소장(No 27375)이다. : 김용선, 『역주고려묘지명집성(상)』, 한림대출판부, 2006, No.180 최광 묘지명 참조

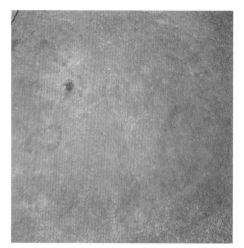

그림 30 서삼동 벽화묘(12세기 초)의 천장 벽화(안동대 박물관, 2004)

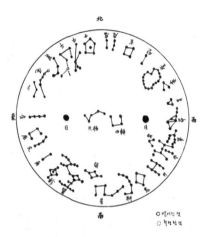

그림 31 서삼동 천장 모사도 (『서삼동 벽화 고분』, 1981; 『한국의 천문도』, 1995)

지름 80센티미터짜리 대형 천구원을 묵선으로 그렸고, 그 속에 179개에 이르는 붉은 별을 그렸다. 원형의 천문도 공간에는 창공의 푸른 배경을 상징하듯 바탕을 청록으로 채색하였다. 그 안에 먹선의 테두리 속에 붉은색으로 칠해진 둥근 모양의 지름 1센티미터짜리 별들이 앉혀 있다. 별자리의 연결선이 군데군데 묵선으로 처리된 흔적이 있으나 매우 가늘게 그린 탓인지 잘 파악되지 않는다. 각수(角宿) 2성과 벽수(壁宿) 2성, 규수(奎宿) 16성, 익수(翼宿) 23성 등에서 희미한 연결선이 보인다. 태양과 달은 지름 2.5~3센티미터로 별자리보다 훨씬 크게 그렸으며, 먹선 윤곽이 있고, 둘 다 붉은색으로 그린 점이 인상적이다. 동방칠수 편이 태양이고, 서방칠수 편이 달이다. 다만 달은 누런색으로 처리할 만한데 붉은색이다. 그 때문인지 서쪽의 달 원반이 좀 그슬린 듯 검은색이 섞여 보인다. 장방형에서 원주 바깥의 남과 북쪽에 꼬리 달린 흰색 구름무늬 장식이 두세 조각씩 그려져 있다(그림 30).

천문도 중심부에는 해와 달 사이로 북두칠성이 완연하다. 여기에다 자루쪽으로 별이 몇 개 더 있다. 발굴 보고서와 기존의 모사도에서는 모두 2개로 묘사한 부분이다(그림 31, 32).[31] 이에 따라 서삼동의 중궁 별자리가 다른 곳에서 비슷한 예를 찾

31. 안동대 박물관, 『서삼동 벽화 고분』(1981)의 도면 7
   임세권, 「고분 벽화에 나타난 28수」 『崔永禧 선생 화갑 기념 한국사학논총』, 탐구당, 1987

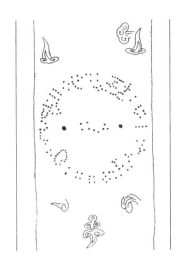

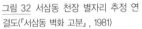

그림 32 서삼동 천장 별자리 추정 연
결도(『서삼동 벽화 고분』, 1981)

그림 33 안동 서삼동 천문도(김일권, 2008)

을 수 없는 북두7성 + 2성 형식이어서 해석하기가 매우 난감하였다. 사보(四輔)4성
과 천극(天極)5성으로 해석한 경우도 있지만,[32] 별자리 모양상 북두칠성이 빠진 것
이어서 그렇게 될 수는 없다. 필자도 이 때문에 해석에 상당한 애로를 겪고 있었다.

그러던 중 2005년 2월 2일 안동 서삼동 벽화 무덤을 답사하는 길에 안동대학교
박물관에 들러서 상설전시된 벽화 사진을 살펴보다가 비로소 의문이 풀리기 시작
하였다(그림 30). 북두칠성 자루 바깥의 두 별과 일직선을 이루는 북쪽 방향으로 좀
떨어진 곳에 붉은 반점이 하나 더 그려진 것이었다. 비록 별의 색이 짙은 홍색이 아
니어서 의문스러울 수도 있었지만, 탈색된 정도와 크기로 볼 때 충분히 별로 인정
할 만하다. 이를 포함하여 이으면 바로 신종의 양릉에서 보던 것과 마찬가지로 북
극3성임을 알 수 있게 된다. 필자가 본고에서 제시한 새로운 모사도(그림 33)에서는
이를 포함하였다. 결국 서삼동 천문도가 양릉의 천문도와 동일한 구조로서 '일월
+ 중궁(북극3성 + 북두7성) + 28수' 양식이라고 결론내릴 수 있다.

유경로 · 박창범 편, 『한국의 천문도』, 천문우주기획, 1995
32. 임세권, 앞의 논문(1987) 및 안동대박물관, 앞의 책(1981)의 33쪽 〈그림 17 서삼동 고분의 28수 추정 연결도〉

※ 안동 서삼동 고려벽화묘 천문도의 별자리 개수

일월 : 해(붉은 반점) 1 + 달(붉은 반점) 1

중궁 : 북극3성 + 북두7성

28수 :

(동방칠수) 각 항 저 방 심 미 기 (2 + 4 + 4 + 4 + 3 + 9 + 4 = 30성)

(북방칠수) 두 우 녀 허 위 실 벽 (6 + 4 + 4 + 2 + 3 + 4 + 2 = 25성)

(서방칠수) 규 루 위 묘 필 자 삼 (16 + 3 + 3 + 7 + 8 + 3 + 10 = 50성)

(남방칠수) 정 귀 류 성 장 익 진 (8 + 4 + 7 + 7 + 6 + 23 + 7 = 62성)

이상, 총 개수 일월 2성 + 중궁 10성 + 이십팔수 167성 = 179성

장단군 법당방의 고려 벽화묘(13세기 초)에 그려진 일월성신도

1947년 5월에 개성에서 십 리가량 떨어진 장단군 진서면 법당방(法堂坊) 산록에서 고려 벽화 고분이 발굴되었다. 국립박물관에 의해 법당방 2호묘라 이름 붙여진 이 고분은 1916년 발견된 개풍군 청교면 양릉리 수락암동의 석실 벽화묘 이후로 두 번째로 발견되는 고려 벽화 무덤이었다.[33] 석실에서 송나라 동전인 경덕원보, 황송 통보, 대송원보(大宋元寶) 등이 수습되었으며, 대송원보가 고려 고종 12년(1225)에서 14년(1227) 사이, 곧 남송 이종(理宗)의 즉위년인 보경(寶慶) 원년 이후에 주조된 것 이어서, 이 무덤의 조성 연대는 일러도 고려의 고종 12년을 앞서지는 못한다.

석실은 남북 270센티미터, 동서 160센티미터, 높이 120센티미터이며, 벽화는 사 방 벽면과 천장에 석회를 바른 위에 그렸다. 벽면 주제는 십이지 생초상인데, 동벽 과 서벽에 네 개씩, 남벽과 북벽에 두 개씩 하여 모두 12인물 생초상이 그려져 있다. 순서는 북벽 우측에서 자상(子像)으로 시작하여 동벽, 남벽, 서벽을 거쳐서 북벽 좌 측의 해상(亥像)으로 마감되었다(그림 34).

서벽의 넷은 상태가 좋아 모두 잘 보이고, 동벽의 양끝 둘과 북벽의 서편 하나 정도는 알아볼 수 있으며, 남벽은 도굴 과정에서 심하게 파괴되어 파악하기 어렵

---

33. 이홍직, 「고려 벽화 고분 발굴기 -長湍郡 津西面 法堂坊」, 『한국고문화논고』, 을유문화사, 1954

다 한다. 얼굴 윤곽이 가장 뚜렷한 인물상은 동벽 남쪽의 진관(辰冠) 인물상과 서벽 남쪽의 미관(未冠), 서벽 북쪽의 술관(戌冠) 등이며, 신관(申冠)의 면모와 풍격이 가장 좋다고 한다(그림 35, 36). 각 생초상들은 오른쪽으로 비스듬하게 서서 두 손을 맞잡아 홀을 쥐었으며, 옷은 소매가 넓은 도포(闊袖袍)를 입었고, 두부 양관(梁冠)의 상부 중앙에 십이지 동물 얼굴이 그려져 있다. 이는 법당방의 생초상이 수관인 신상(獸冠人身像)임을 말한다. 복식이나

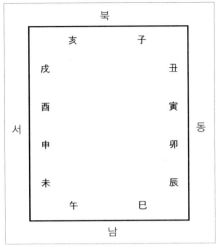

그림 34 법당방 벽화 십이지신상 배치도
(석실 내부 남북 2.70 × 동서 1.60 × 높이 1.20미터)

자세가 수락암동과 공민왕릉의 생초상과 통해 보인다. 애초에 채색하였으나 조사 당시에는 주색과 청색을 의상에서 간취할 뿐이라 하였다.[34]

이 법당방 벽화에서 가장 주목되는 부분은 아무래도 천장석에 그려진 별자리다. 3매의 판석으로 된 천장석 중 북쪽 돌에 '간단한 묵선(墨線)으로 일월성신도가 그려 있다'고 한다. 아쉽게도 이홍직의 「고려벽화고분 발굴기」(1954)에 실린 '도판 10 천체도 모사' 그림의 인쇄 상태가 좋지 않아 분명한 별자리 동정은 어렵게 되었다. 보이는 대로 대략 짚어보면, 묵선으로 천장석의 세로 폭 가까이를 반경으로 삼

34. 십이지신상의 출현과 전개에 대해서는 이미 많은 연구논문이 발표되었다.

이홍직, 「고려벽화고분 발굴기 -長湍郡 津西面 法堂坊」, 『한국고문화논고』, 을유문화사, 1954

손경수, 「한국십이지생초의 연구」, 『梨大史苑』 4집, 1962

西嶋定生, 「中國·朝鮮·日本における十二支像の變遷について」, 『古代東アジア史論集』下卷, 吉川弘文館, 1978, 295~337쪽

강우방, 「통일신라 십이지상의 양식적 고찰」, 『고고미술』 154·155합호, 1982

강우방, 「신라 십이지상의 분석과 해석」, 『원융과 조화』, 열화당, 1990

이혜진, 「고려 고분벽화의 십이지상 복식 고찰」, 서울대 의류학과 석사논문, 2004. 2월

정병모, 「공민왕릉의 벽화에 대한 고찰」, 『(강좌)미술사』, 한국불교미술사학회, 2001

한정희, 「고려 및 조선 초기 고분벽화와 중국 벽화와의 관련성 연구」, 『미술사연구』 246·247합호, 2005

그림 35 법당방 벽화 동벽 진(辰)관(이홍직, 1954)　　　　그림 36 법당방 벽화 서벽 미(未)관(이홍직, 1954)

그림 37 법당방 벽화 천장 별자리 그림 모사도(이홍직, 1954)

아 두터운 원형 테두리를 그렸고, 그 속에 일월로 보이는 큰 원반과 연결선이 있는 둥근 별 20여 개를 그렸다. 모사된 상태로 볼 때, 외곽의 대원에 비해 각 별의 원반 크기가 비교적 매우 크다. 이런 비례를 보면 숫자가 많은 28수를 그리려는 의도는 아니었다고 여겨지며, 특정한 별자리 몇 개를 그렸을 법한데 아직 해석의 실마리를 잡지 못했다. 모사도에서 보이는 별그림 묘사 수법이 매우 투박하다(그림 37). 이곳의 별자리 동정은 좋은 기초 자료를 확보한 다음으로 미룬다.

끝으로, 이 법당방 벽화에는 사신도가 그려졌다 하는데, 과연 그렇다면 십이지 생초상과 사신도 신상이 공존하는 형국이다.[35] 고분 벽화로서 이런 양식은 매우 드물다고 할 수 있으며, 비근한 사례는 수락동(水落洞) 1호 벽화분에서 만날 수 있다.

개풍군 수락동 1호 벽화 고분(13세기)의 사신도와 십이지신상 벽화

수락동 고분은 개풍군 청교면 양릉리 수락암동(水落岩洞)에 있는 석실 벽화묘이며, 크기가 동서 295×남북 360×높이 212센티미터로 법당방 고분의 3배 이상 되는 대형이다. 1916년 6월 일제에 의해 첫 조사가 실시되어 그해 10월에 수리를 완료하였고, 1918년 12월에 벽화를 모사하였으며 모사도는 국립박물관에 보관되었다 한다. 이후 1925년 재조사하여 개성군 고려왕릉지(高麗王陵誌)에 수록(山口卯橘, 1927)하였는데, 이때 이미 알아보지 못할 정도로 벽화 상태가 급격히 나빠졌다고 한다.[36] 1918년에 작성한 모사도면은 조선총독부의 『조선고적도보』 제7책(다이쇼 9년, 1921) 도판 3319~3323과 한국미술전집 4권 『벽화』(동화출판공사, 1974)의 도판 109~115 및 『조선유적유물도감』 11권의 도판 11~14 등 여러 곳에 수록되어 있다.

벽화는 석회를 바른 회벽 위에 그렸으며 상단에는 12생초상과 하단에는 사신도 상을 함께 그린 것이어서 고려 벽화묘로서 매우 특이한 위상을 지니게 된다. 고구려 이래 묘실 벽화에 사방위 수호신으로 사신도를 안치함과 더불어 신라 이래의

---

35. 문화재관리국 문화재연구소, 『파주 서곡리 고려벽화묘』(1993)의 118쪽 고려벽화묘 일람표에서 법당방 벽화에 십이지의 수관(獸冠) 인신상 외에 사신도가 더 그려진 것으로 표시하였고, 이를 재인용한 듯한 한정희, 앞의 논문(2005), 194쪽 도표에서 사신도가 그려졌다고 하였으나, 이홍직의 발굴보고서(1954)에서는 사신도에 대해 언급되지 않았다. 차후 이 문제를 확인할 필요가 있다.

36. 이홍직, 「고려 벽화 고분 발굴기」(1954)의 주석 1번 서술 참고

그림 38 수락동 벽화묘 십이지신상 배치도

십이지방위신을 중첩하여 안치하였기 때문이다. 우주론적으로 고구려와 신라의 방위 전통을 합용한 것이라 이를 수 있다.

생초상은 모두 양관을 쓰고 홀을 잡고 소매가 넓은 도포를 입었으며, 관 위에 해당 동물을 그렸다. 전형적인 수관인신상이다. 자세히 살펴보면, 북벽은 하단부 중앙에 원형을 이루는 현무도를 그렸고, 바로 위 북벽의 중심에 자상(子像)을 두었으며, 그 좌우로 해상(亥像)과 축상(丑像)을 그렸다. 동벽으로 가면, 아랫단에 몸체가 굵지 않고 길게 뻗은 청룡도를 그렸고, 그 위로 인, 묘, 진, 사의 네 생초를 그렸다. 서벽에는 청룡과 비슷하게 날렵한 동세로 묘사된 백호가 있고, 그 위로 미, 신, 유, 술의 네 생초상을 올렸다. 이렇게 되면 남벽 입구에 주작도와 오상(午像)을 그렸을 가능성이 있으나 발굴 당시 이미 훼손되어 확인하지 못했다고 하였다.[37]

돌판 셋으로 덮은 천장석도 석회 박락이 심하여 무엇을 그렸는지 알 수 없다고 한다. 현재까지 고려 벽화묘의 천장석 주제로 천문도 외의 것이 그려진 적이 없기 때문에 수락동 천장에도 별자리를 그렸을 가능성이 크다고 사료되나 1차 자료가 이미 멸실되어 확인할 길은 없다.

수락동 벽화의 청룡과 백호는 자세와 몸체가 고구려 벽화 중 약수리 고분이나 강서중묘의 것과 통하는 맛이 있어 보인다. 특히 백호의 동세와 신기는 앞서 보았던 서삼동 고분의 것이나 같은 시기 중국의 것, 또는 이 글에서 살펴보지 않은 동경(銅鏡)과는 비교되지 않을 정도로 강렬하다. 이런 측면에서 수락동 고분의 사신

---

37. 關野貞, 「高麗時代 繪畵 下」, 『朝鮮美術史』(朝鮮史學會, 京城: 1932)의 181쪽에서는 수락암동 고분의 생초가 각 벽면에 셋씩 동일하게 배치되었을 것이라 보았으며, 석실 정면 입구에 목제방립(木製方立)의 흔적이 있으므로 여기에 문을 설치하고, 그 문에 방위신과 주작도를 그린 것이 아닐까 하였다. 그러나 셋씩 배치되었다는 것은 여러 도록의 모사도 내용상 성립하기 어려운 일이라 생각된다.

도는 다른 고려의 사신도와 달리 고구려적 수법이 강하게 풍긴다고 하겠다.

그런데 수락동 모사도의 도판들을 방위에 따라 배치해 보면, 청룡과 백호가 남쪽 입구를 향하는 남수북미(南首北尾) 자세가 아니라 반대가 되어 버린다. 왜 이렇게 되어 있을까? 이에 의문이 들어 모사도를 세밀히 검토한 결과 동벽과 서벽의 모사도면이 좌우를 전도시킨 것이라 의심할 만한 단서를 찾게 되었다.

동벽 묘상(卯像)의 동물 형상(그림 40)은 매우 뚜렷하여 절대 기준으로 삼을 수 있는 바, 북벽(그림 41)에 해자축의 세 신상이 배치되었다고 보았을 때, 동벽은 인묘진사가 되므로 왼쪽에서 두 번째 신상이 묘상이 되어야 한다. 그렇지만 세 종류의 도록집에 실린 모사도를 보면(『벽화』 122쪽), 세 번째 신상의 수관(獸冠)이 토끼다. 이것은 이 동벽 모사도의 필름이 좌우로 바뀌었을 가능성을 뜻한다. 이에 좌우를 뒤바꾸어 보면 좌측에서 두 번째에 묘상이 배치되어 옳게 되어 간다(그림 42). 이렇게 되면 청룡의 방향도 일반적인 남수북미가 되어 맞아들어가게 된다.

북벽 모사도 방향은 『조선고적도보』 7책 도판 3318, 3319번의 사진 자료와 대조할 때 제대로인 것으로 파악된다.[38] 자상(子像)은 쥐 얼굴이 뚜렷하여 역시 절대 기준으로 삼을 수 있으며(그림 39), 북벽 정중앙 현무도 바로 윗단에 입상으로 자리 잡았으므로 북벽의 정중앙에 자상이 안치되었다는 것은 사실로 인정할 만하다.

그래서 세 종류 도록의 모사도 사진을 다시 면밀히 검토한 결과 3종 도록 모두에서 동벽과 서벽의 사진이 둘 다 뒤짚혔을 가능성이 있다는 생각이 들었다. 미신유술의 서벽 모사도 중 새(닭) 모습을 그린 동물상이 유관(酉官)에 해당할 것이므로 역시 제시된 사진의 좌우가 바뀐 것이라 생각된다. 이에 좌우를 바꾸어 보면, 그에 따라 인물상들이 향하는 자세가 반대로 돌려지게 되고, 또 생초 비정의 경우 진상(辰像)은 인상(寅像)으로, 미상(未像)은 닭 형상의 유상(酉像)으로 바뀌어야 될 것으로 생각되었다.

결과적으로 십이지 구도가 북벽에 해-자-축, 동벽에 인-묘-진-사, 남벽에 오, 서벽에 미-신-유-술을 배치한 형식으로 파악된다. 오상(午像) 하나만 남벽에 배치

---

38. 조선총독부, 『조선고적도보』 제7책 (고려시대 2), 1925 ; (주)진인진, 2005년 영인

그림 39 수락동 북벽의 현무도와 자(子)상 (『벽화』 128쪽)   그림 40 수락동 동벽 묘상 (『벽화』 124쪽. 좌우를 돌린 것)

그림 41 수락동 북벽의 하단부 현무도와 상단부 해-자-축(『조선유적유물도감』 11권, 29쪽)

그림 42 수락동 동벽 모사도 하단부 청룡, 상단부 인-묘-진-사(『벽화』 122쪽의 좌우 돌린 것)

그림 43 수락동 서벽 모사도 하단부 백호, 상단부 미-신-유-술(『벽화』 125쪽의 좌우 돌린 것)

한 방식은 파주 서곡리 벽화묘에서도 확인된다. 이로써 신상의 얼굴 방향이 모두 남벽 입구를 향하는 것을 알 수 있다. 종국의 사실 관계는 실제 모사 원본을 놓고 판정하는 것이 옳다고 생각되지만, 여기서는 기존 도록집에 실린 상태로는 혼란스러운 측면이 생기는 점을 지적하여 수정하였다.

파주 서곡리 1호 권준 벽화묘(1352년)의 고구려식 북극삼성과 북두칠성

1991년 3월 문화재관리국 문화재연구소와 국립중앙박물관에서 경기 파주군 진동면 서곡리 산 112번지(옛 개풍군 장단면 서곡리)의 고려 벽화 무덤을 발굴하였다.[39] 묘지석에 의해 무덤의 주인이 충선왕에 의해 대언(代言)으로 발탁되어 여러 차례 원나라 수도로 왕을 시종하였고, 충숙왕, 충혜왕, 충목왕까지 4대를 섬기면서 삼한벽상공신 길창부원군(三韓壁上功臣 吉昌府院君)으로 봉해진 권준(權準, 1280~1352)으로 밝혀졌다. 72세 되던 공민왕 원년(1352) 7월 14일에 눈을 감아 8월 16일에 안장되었고, 시호는 창화(昌和)라 하였으며, 30여 년간 승려 10명을 공양한 인연으로 장단면 서곡리에 있는 자효사(慈孝寺)의 서쪽 언덕에 장사지냈다. 발굴은 이 무덤 위쪽에 있는 한상질(韓尚質, ?~1400)의 무덤(서곡리 2호묘)을 관리하던 한씨 종친회의 조사 의뢰로 시작하게 되었다. 당시 한상질 묘의 부장품을 넣기 위한 부실(副室)로 여겨지던 1호묘는 발굴 결과 묘실 벽면에 십이지생초상과 천문도를 그린 고려의 귀중한 봉토 석실 벽화 무덤으로 밝혀졌다.

화강암 재질의 판석을 사용하여 석실을 구축하였고, 석실은 285×118×128센티미터(남북×동서×높이)의 장방형이다. 동벽과 서벽은 폭이 좁은 판석(각 38×289, 29×282센티미터) 위에 폭이 넓은 판석(각 87×289, 100×288센티미터)을 포개 올렸으며, 북벽은 3장의 좁고 넓은 판석을 사용하였고(19×126, 125×126, 21×126센티미터), 남벽은 정방형(130×126센티미터) 판석 1장으로 문비석을 만들었다. 천장석으로는 폭이 좁고 길이가 긴 판석 3장(78×240, 136×193, 115×253센티미터)을 가로로 놓아 덮었다.

벽면에는 양관(梁冠)을 쓰고 두 손으로 홀을 잡고 소매가 넓은 도포형 조복(朝服)

---

39. 문화재관리국 문화재연구소, 『파주 서곡리 고려 벽화묘(발굴조사보고서)』, 1993
안휘준, 「파주 서곡리 고려 벽화 고분의 벽화」, 『한국회화사연구』, 시공사, 2000, 252~264쪽

을 입은 수관인신형 십이지생초상이 묘사되었다. 돌 벽면에 음각선으로 인물상의 윤곽을 잡고 그 위에 얼굴의 세부와 손에 잡은 홀, 넓은 소매의 주름 등을 묵선으로 그렸고, 관식과 코, 입술, 볼 등과 긴 옷고름, 넓은 허리띠 등은 먹선으로 밑그림을 그리고 붉은색을 칠하였다. 옷은 모두 우임(右衽) 활수포(闊袖袍)형이며, 각 생초상은 양관 위에 12생초 두상(頭像)으로 표식하였다.

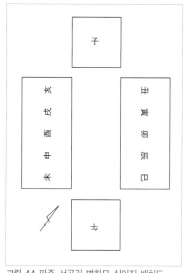

그림 44 파주 서곡리 벽화묘 십이지 배치도 (문화재연구소, 1993)

배치는 다른 곳과 다르다. 북벽에는 정중앙에 좌상(坐像)을 한 자상(子像) 1구만 안치하였고, 남벽에도 좌상을 한 오상(午像) 1구를 배치하였으며, 나머지 동벽과 서벽에는 각각 축-인-묘-진-사, 미-신-유-술-해의 다섯 인물이 26센티미터 간격으로 그려졌다. 특이한 것은 동벽과 서벽의 북쪽편

그림 45 서곡리 벽화묘 재(子)상 (문화재연구소, 1993)

그림 46 서곡리 벽화묘 서벽 미(未)상 (문화재연구소, 1993)

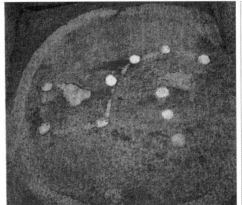
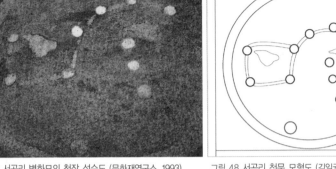

그림 47 서곡리 벽화묘의 천장 성수도 (문화재연구소, 1993)   그림 48 서곡리 천문 모형도 (김일권, 2006)

축상과 해상이 좌상을 취한다는 점이다. 다시 말해서 북벽의 자상을 중심으로 좌우의 축상과 해상 및 맞은편 입구의 오상이 앉은 자세를 하였고, 나머지는 입상을 취한다. 이런 격국(구조)으로 말미암아, 북벽의 자상이 곧 이 무덤의 주인공이 되어, 남면 호령하면서 근엄하게 앉아서 좌우 호위를 받도록 연출되었다(그림 44).

얼굴과 몸의 방향을 보면, 북벽과 동벽의 인물들은 모두 약간 남쪽을 향한 측면 상이며, 서벽의 상들은 모두 북쪽을 향한 자세이고, 남벽은 파악하기 어려우나 북면하였을 것으로 보았다. 결국 북벽의 자상에서 시작하여 동벽-남벽-서벽의 시계 방향으로 순환하는 형식을 띠었다. 대개 동벽과 서벽의 신상들이 북벽을 향하도록 묘사하는 것과 사뭇 다른 자세여서 주목되는 점이기도 하다. 마치 하늘에서 이십 팔수가 천구를 회전하듯이 시간의 수레바퀴를 굴리는 십이지 신상들이 지상의 시간 방위를 회전시키는 듯한 구조다.[40] 이 무덤 천장에 28수가 그려지지 않았지만 이 십이지 생초상들이 한결같이 시계 방향을 따름으로써 28수 천문도가 지향하는 계절별 천체와 시간의 변화 관점을 대행하는 듯한 느낌을 준다. 〈천상열차분야지도〉와 같은 전천 천문도의 십이지가 반시계 방향인데 이 생초상의 방향이 그와 다른 까닭은 십이지의 표상이 어디까지나 지상의 시간 흐름을 표시하는 데 목적을

---

40. 문화재연구소, 『파주 서곡리 고려 벽화묘』, 83~87쪽

두기 때문이다.

천문도가 그려진 1호묘의 천장은 크고 작은 판석 석 장으로 덮였는데, 가운데 판석(136×193센티미터)에 간단한 두 종류의 별자리가 흰색으로 그려져 있다. 먼저 우주를 상징하는 백색의 천구 대원(지름 190센티미터)을 두터운 흰색 실선(폭 8센티미터가량)으로 둥글게 그렸다. 하늘의 천구를 상징하는 듯하다. 중심부에 연결선을 지닌 북두칠성과 연결선이 없는 3성을 그렸다. 연결선과 별(지름 6센티미터 내외) 모두 먹선 테두리 속에 흰색으로 채색되었다. 북두칠성의 자루 쪽과 두병 속에 구름으로 생각되는 흰색 문양 역시 먹선으로 테두리를 두른 것으로 보아 구름 장식을 일부러 넣은 듯하다. 천장석의 남쪽 천구 대원에 가까이 붙어 있는 또 하나의 하얀 원반이 있다. 지름 7센티미터가량으로 다른 별보다 약간 크게 그려졌으며, 다른 별들이 매우 밝은 흰색을 띠는 반면에 이 홑별은 탈색 때문인지 바탕의 화강암 색에 가깝게 누른 빛깔을 띤다. 역시 묵선 테두리를 쳤다(그림 47).

북두칠성은 형태가 분명하여 이견이 있을 수 없는데, 이 무덤에서는 S자이므로 밤하늘에 직접 관찰되는 형태가 아니라 이를 뒤짚어 그린 것이다. 문제는 3성에 대한 해석이다. 발굴 보고서에서는 이를 삼태성(三台星)으로 보았고, 아래쪽의 홑별을 북극성으로 해석하였다.[41]

그러나 필자의 생각은 좀 다르다. 일단 삼태성은 3개로 구성된 별자리가 아니며, 북두칠성의 두병 뒤편으로 하늘로 올라가는 사다리 내지 징검다리처럼 둘둘씩 세 쌍을 이룬 6성 별자리이기 때문이다. 대좌(臺座)처럼 생긴 별이 세 곳에 있다 하여 삼태(三台)라 이름지은 것이므로 세 개의 커다란 별(三太星)이라는 의미로 읽을 수는 없다. 위치를 따지더라도 자루 쪽보다 두병 뒤쪽에 자리 잡은 것이 더 합당하다. 삼태육성을 간략하게 3성으로 표현했을 수도 있으나, 그럴 경우도 묘실 천장석에 천문을 대표하는 중심 별자리로 별자리를 단 두 개 그리면서 북두칠성과 더불어 놓일 정도로 삼태성에 큰 천문적 맥락이나 자격이 있다고 보기는 쉽지 않다.

실마리는 신종의 양릉 벽화와 안동 서삼동 벽화에 있다. 이 별들을 천문 관측의

---

41. 문화재연구소, 『파주 서곡리 고려 벽화묘』, 88~91쪽

중심 별자리가 되는 북극삼성(北極三星)으로 보는 것이 고려 능묘천문도에 일관되게 흐르는 전통에 부합할 것이라 생각된다. 고려는 북극삼성과 북두칠성의 두 별자리를 천문 대표로 삼아 천문도의 중궁 별자리로 일관되게 채택하여 왔다. 12세기, 13세기의 전통이 14세기의 이곳까지 전승된다고 여겨지는 것이다.

더구나 무덤의 주인 권준은 후일 세계에서 두 번째로 오래된 석각 천문도인 조선초의 〈천상열차분야지도〉(1395) 제작 책임을 맡은 양촌(陽村) 권근(權近, 1352~1409)의 종조부로, 권준의 둘째 동생이 바로 권근의 할아버지 권고(權皐)다. 이처럼 천문 전통이 강한 가문의 묘실 천문도에서 천문의 중심 별자리인 북극성이 그려지지 않았다고 보기가 오히려 쉽지 않다. 또한 그 북극성이 북극삼성 형식인 점에 비추어 고려가 저물어가는 14세기 중반에 이르러서도 고구려식 천문 전통이자 고려 고유의 능묘 천문 전통이 그대로 지속되고 있는 것을 여실히 보인다고 하겠다. 그런데 북극삼성은 왜 실제에 가깝게 북두칠성의 두병 앞쪽에 있지 않을까? 양릉과 서삼동 벽화에서도 이미 그러하였듯이 북두칠성 자루 쪽에 북극삼성을 묘사하는 방식이 하나의 전통으로 굳어졌다고 볼 수 있다. 묘장미술로 전해지는 능묘 천문 자체가 현대의 엄밀한 과학적 잣대로 평가하기는 어려운 것이다.[42]

그렇다면 이제 남쪽에 외떨어진 별 하나는 무엇으로 볼 것인가? 북극성으로 보기 어려운데도, 일단 별들 중에서 가장 크다는 점이 주목된다. 그렇다면 이것은 별보다 밝은 해나 달이라 볼 수 있지 않을까? 무덤 자체가 서쪽으로 25도쯤 기운 남향이며 이를 보정하여 실제 방위에 비출 때 혼자 있는 별의 방위가 동쪽에 가까우므로 태양에 해당할 것이다. 만약 이렇게 본다면 맞은편인 북두칠성의 자루 부근에 이에 대비될 만한 원반이 있어야 한다. 아쉽게도 쉬 눈에 띄지는 않지만, 굳이 찾아보자면 자루 끝별의 서쪽에 백색 대원과 사이에 누런 화강암 바탕색을 에워싸듯 둥그스름하게 옅은 검은 테두리선이 짚이기도 한다. 크기는 태양 원반과 비슷하다. 혹시 이것이 달은 아닐까.

사실 이 천장석의 천문도는 묘실에서 그린 것이 아니라 미리 제작하였다가 무덤

42. 김일권, 「고구려 벽화와 고대 동아시아의 벽화천문전통 고찰」, 『고구려연구』 16집, 2003ㅊ

위에 올린 것인데, 그 과정에서 판석에 그린 천문도가 석실 폭보다 살짝 크게 제작되는 바람에 천문도의 백색 대원 중 서쪽 일부가 서벽의 상부 이음새 안으로 밀려들어간 상태다. 그래서 묘실에서 올려볼 때 서쪽 원호 일부가 잘린 듯 보이는데, 이 점도 감안하여 달의 위치를 짚어볼 필요가 있다. 필자의 모사도(그림 48)에서는 이를 반영하였다.

이렇게 해와 달을 그렸을 것이라 추정하는 이유는 다른 고려 벽화묘에 등장한 천문도 구성 양식과 통하는 면이 있다고 여겨지기 때문이다. 양릉 천문도와 서삼동 천문도에서도 북극삼성과 북두칠성의 중궁 별자리를 중심부에 그린 다음, 천구 외곽 쪽으로 동서 양편에 다른 별보다 크게 해와 달을 그린 바 있다. 공민왕릉에서도 북두칠성을 그린 천장석의 동서 양편에 해와 달이 더 크게 그려졌다. 이렇게 고려 벽화묘에 등장하는 일월상의 양식은 천체의 변화를 주도하는 해와 달을 천문도의 주요 가족으로 중시한 흔적이라 할 수 있으며, 멀리로는 일월상과 사신도와 천문도를 동시에 하나의 묘실 천문에 담아내던 고구려의 벽화천문 전통이 지속되었다고 일컬을 만하다. 이런 점에서 서곡리의 일월상 문제는 좀 더 정밀하게 조사 검토되어야 한다.

제31대 공민왕의 현릉(1372년)에 그려진 일월성신도와 십이지생초상

1956년 7월 중순 개성시 문화유물 보존위원회가 공민왕(1351~1374)의 현릉(玄陵)을 수리하는 공사를 하였다. 현실(玄室) 내부에 대한 발굴 조사를 실시하였으며, 그해 8월 25일부터 9월 7일까지 현실 벽화의 모사 작업을 전개하였고, 12월에는 복구가 끝났다.[43]

고려 역대 왕릉과 왕후릉은 대부분 개성을 중심으로 반경 6~8킬로미터 주변에 분포되었는데, 그중 송악산 북방과 개성 서쪽인 만수산 남쪽 구릉지에 가장 많은 23기가 있다고 한다. 공민왕릉은 개성시 개풍군 해선리 만수산의 서쪽 분포 구역 중 가장 서쪽에 있으며, 태조의 현릉(顯陵)과 2킬로미터가량 떨어져 있다. 공민왕

---

43. 전주농, 「공민왕 현릉 - 각지유적정리보고」, 『고고학자료집』 3집, 1963년, 과학원출판사, 220~235쪽

　　　, 「고려 공민왕 현릉 발굴 개보」, 『문화유산』 4호, 과학원출판사, 1960년, 73~87쪽

그림 49 공민왕릉 병풍돌의 십이지신상 (『조선고적도보』 7책, 도판 3307)

그림 50 공민왕릉 태극무늬 모서리돌 (『조선고적도보』 7책, 도판 3308)

그림 51 공민왕릉 태극상 금강저 모서리돌

그림 52 공민왕 현릉 현실 십이지신상 배치도 (김일권, 2006)

그림 53 현릉 십이지벽화 자–축상 (『유물도감』 11책, 45번)

그림 54 현릉 십이지벽화 인–묘상 (『유물도감』 11책, 46번)

그림 55 현릉 십이지벽화 오–미상 (『유물도감』 11책, 48번)

14년(1365)에 죽은 노국대장공주의 정릉(正陵)과 서로 붙어 있는 쌍릉 형식으로 공민왕 생전에 현릉(玄陵)이 이미 조성되었으며, 1374년 10월 붕어하자 여기에 안장하였다. 봉명산에서 남쪽으로 뻗어내려온 줄기 중 무선봉이라 불리는 나지막한 산의 중복에 남향으로 쌍릉이 자리 잡았으며, 서쪽이 현릉이고 동쪽이 정릉이다.

무덤 외곽에 12각으로 병풍돌과 난간돌을 둘렀으나, 불과 50센티미터 이격된 쌍릉인 관계로 십이각 중 두 면이 붙었다. 대개 제7면돌의 오상(午像) 면을 정면으로 하는 것과 달리 이곳은 정남으로 맞춘 제6면돌과 제7면돌 사이의 모서리를 정면으로 삼았다. 병풍돌에는 조복을 입고 홀을 갖춘 수관인신상의 십이지 조각상이 온통 구름무늬를 배경으로 구름을 타는 모습으로 서 있으며, 해당 동물의 머리가 양관 위로 조각되어 있다. 면돌 하부에는 꽃병에서 뻗어나온 당초 문양이 새겨졌다. 각 병풍돌의 면돌과 면돌을 잇는 모서리돌에는 태극 문양이 중심부에 새겨진 금강저 조각상이 인상적이며, 씌움돌과 지댓돌에는 연꽃을 새겼고 당김돌에는 꽃무늬를 새겼다(그림 49).

특히 태극 문양은 고려의 우주론에서 태극 사상이 점증되는 중요한 유물적 전거가 되므로 주목되는 바이다. 성리학이 고려 말엽에 성행하는 시대적 계기와 맞물리는 표현으로 생각되며, 조선조에 들어가면 성리학적인 태극의 우주론이 팽배하게 된다(그림 50, 51).[44]

현실 크기는 동서 297×남북 300×높이 229센티미터이며, 동서북 세 벽면에 높이 70~75센티미터인 십이지 인물상이 4구씩 그려졌다. 북벽에 서편으로부터 술-해-자-축 신상이 그려졌고, 동벽에는 인-묘-진-사, 서벽에는 오-미-신-유가 배치되었다(그림 52).

신상은 모두 수관인신형 입상으로 뭉게 피어나는 구름을 타고 정면을 바라보는 자세다. 얼굴색은 연분홍에, 머리에 붉은 끈이 달린 양관을 쓰고, 소매가 넓은 두루마기(寬袖袍)를 입었으며, 관식에 동물 머리로 각 신상을 표식하였다. 두 손으로 맞잡은 홀은 자-사까지 청점을 찍었고, 오-해까지는 깃색과 같은 무색 홀을 하였다

---

44. 김일권, 「고려와 조선의 우주론 관점 변화 : 천문의 북극에서 이법의 태극으로」, 『동아시아 문화와 예술』 1
집, 동아시아문화학회, 2004ㅇ. 12월

그림 56 현릉의 천장 일월–북두칠성(『유물도감』, 11책, 51번)

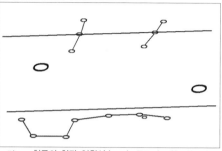

그림 57 현릉의 천장 일월성수도 (오른쪽이 日輪, 왼쪽이 月輪. 김일권 작성, 2003)

(그림 53, 54, 55). 두루마기 밑자락이 부풀면서 벌어진 자태와 홀을 굳게 맞잡은 날렵한 몸태로 정면을 응시하는 눈빛이 당당함과 세련미를 동시에 자아내며, 구름을 타고 어디론가 갈 듯도 하여 현실과 초월의 두 세계에 긴장감이 감도는 느낌이다. 술관(戌官) 부분에는 보수공사 때문이었는지 현재 거의 윤곽이 남지 않았다.

십이지 배치에서 남벽을 배제한 점이 특징이다. 각 동물의 두상(頭狀) 이미지가 상당히 잘 묘사되어 있어서 다른 무덤들의 십이지신상 판별에 좋은 기준을 제공한다. 소와 호랑이는 정면상을, 쥐와 토끼, 용, 양 등은 우측면상을 취하였다.

천장석에는 일월성수도가 그려졌는데, 동쪽에 지름 13센티미터의 붉은색 큰 원반으로 태양을 그렸고, 마주보는 서쪽에는 오렌지색에 가까운 황색으로 달 원반을 그렸다. 북쪽 천장에는 지름 6센티미터의 붉은색 원반으로 북두칠성을 그렸으며, 모두 붉은색 연결선으로 이어져 있다(그림 56). 맞은편 남쪽에는 역시 붉은색 별과 연결선을 지닌 한 쌍의 3성이 평행선마냥 비스듬히 늘어서 있다(그림 57). 북두칠성 제6성 옆에 붉은 원반이 하나 더 그려져 눈길을 끄는데, 북두 제8성인 보성(輔星)이다. 신종의 양릉 천문도에서도 북두칠성과 보성을 그린 바 있다.

그런데 남쪽의 쌍3성은 쉽게 동정되지 않는다. 북두칠성에 대비하여 남쪽 별자리로 대개 남두육성을 그리는 것이 고구려 이래의 전통인데, 별자리의 연결선과 구도가 국자 모양을 이루지 않고 사선식 평행으로 3성 한 쌍이 늘어선 것이다. 이런 예는 고대 한중 별자리 유물자료에서 유일하게 고구려 벽화 쌍영총(쌍기둥무덤)의 남쪽 천장 별자리에서 보인다. 쌍영총에서도 3성을 연결한 두 줄의 별자리가 평행하게 늘어서 있다. 필자는 쌍영총의 이 쌍3성이 고구려 벽화에 널리 보이는 남두육성의 변형으로 추정하였다.[45] 이에 견주어 달리 동정할 만한 전거가 나오기 전까지는 현릉의 남쪽 쌍3성도 남두육성의 변형으로 보는 견해를 제시한다.

전체적으로 볼 때 현릉의 천문도 구조는 북극성 별자리와 28수가 없기 때문에 양릉이나 서삼동처럼 일월 중궁 28수 천문도 방식은 아니며, 서곡리의 일월 중궁 천문도 방식과도 다르다. 고려 벽화묘로는 특이하게 동서남북의 사방위 천문성수 관점을 적용하는 바, 동방의 천문표식 태양과 서방 표식 달을 동서로 마주하여 그렸고, 북쪽에 북방의 방위 별자리인 북두칠성을 그렸고 남쪽에 남방 천문 표식으로 쌍3성을 그렸다. 이런 사방위 천문 기법은 고구려 고분벽화 천문도에서 항식으로 자리 잡은 양식과 매우 상통하므로, 역시 남쪽의 쌍3성을 남두육성의 변형으로 보는 편이 현재로서 적절하다고 생각된다. 왜 이런 변형이 나왔을까? 아직 그럴듯한 설명은 찾기 어렵다. 그렇지만 고려의 최후 벽화 무덤이자 마지막 벽화 천문도가 있는 14세기 중반 공민왕릉에 오히려 고구려 전통의 사방위 천문 관점이 적용되어 있다는 점이 매우 놀랍다.

이렇듯 천장의 천문 형식은 고구려를 잇고, 사방 벽면의 십이지신상 벽화가 통일신라 이래의 십이지 호석 전통을 이은 것이라 할 때, 신라와 고구려를 통합 발전시켰다고 하는 고려의 역사적 정체성이 능묘의 벽화천문이라는 문화적 표상에 잘 담아내어진 것이라 이를 만하다.

철원군 내문리 고려벽화묘(고려초)의 십이지신상과 팔괘도의 우주방위론

고려 벽화묘 중 매우 특이한 내용의 우주방위론을 담은 무덤이 강원도 철원군 내문리의 마을 소재지 뒷산인 달봉산에서 뻗어내려온 나지막한 언덕에 있다.[46] 1961년 4월 10일 내문중학교 학생들이 발견하였고, 그해 4월 18일 사회과학원 고고학

---

45. 김일권, 〈고려의 벽화 천문과 고구려, 기토라 고분과의 연계성 문제〉「고구려 벽화와 고대 동아시아의 벽화천문전통 고찰」, 『고구려연구』 16집, 2003ㅊ
46. 김인철, 〈내문리 돌곽흙무덤 발굴보고〉『고려무덤발굴보고』, 평양: 사회과학출판사, 2002 (서울: 백산자료원, 2003 재간행), 180~184쪽

연구소 량익룡이 발굴 정리하였다.

무덤 구역이 따로 마련되지 않았으며 봉분이 평토나 다름없이 되었다. 동남향이며, 무덤 석곽의 네 모서리가 동서남북 정방위로 맞추어져 있다. 석곽은 청석 판돌 6장으로 조성한 정방형이며, 가로×세로×높이 모두 1미터가 되는 정육면체 형태다(100×100×100센티미터). 이 돌곽흙무덤의 바닥에 판돌 한 장을 깔고 길이 100×두께 15센티미터짜리 판돌 4장을 엇물려 벽면을 구성하였으며, 길이 150×두께 20센티미터짜리 뚜껑돌을 덮었다.

이 석곽의 내부 벽면은 잘 다듬고 갈아서 매끈한 면을 만들었고, 그 위에 회 미장을 한 뒤 벽화를 그렸으며 바닥돌에도 회 미장을 하였다. 사방 벽면에 높이 12센티미터가량 되는 십이지신상이 그려졌다. 신상은 모두 검은색이고 허리띠만 붉은색으로 채색되었다. 다른 벽화묘와 달리 동물 머리에 바지를 입은 수수인신상(獸首人身像)인 점이 주목된다. 이런 예는 태조 왕건의 현릉(顯陵)에서 그려진 바 있으며, 나머지 능묘 속 12신상은 모두 수관(獸冠) 인신상이다. 십이지신 형식이 왕건릉과 같은 것으로 미루어 조성 연대를 고려 초기로 올려 잡아야 되지 않을까 한다. 고려 초기에 해당하는 왕건의 할머니 원창왕후의 온혜릉도 수수인신형의 병풍돌을 시설하였다. 이보다 앞서 통일신라의 여러 능묘 호석으로 두른 십이지신상들과 서기 700년경 조성된 고대 일본 기토라 고분의 벽면 벽화에서 십이지 수수인신상이 그려진 점도 참고가 된다. 동벽 북측에 이빨을 드러낸 호랑이 두상의 인신(寅神) 모습이 뚜렷하다.[47] 이런 흐름으로 볼 때 내문리의 수수인신상은 아직 전대의 화풍이 남아 있던 것이라 할 수 있다. 고려 벽화 무덤에서는 수락동 1호분이 그려

그림 58 기토라 고분 동벽의 수수인신상 (『キトラ古墳壁畵』, 2002)

東壁獸面人身像

---

47. 나라문화재연구소, 『キトラ古墳壁畵』, 飛鳥資料館 發行, 2002년 2월

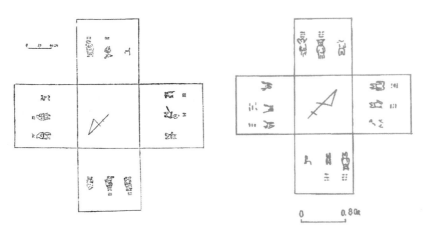

그림 59 철원 내문리 벽화 배치도 A (량익룡, 1961-5)   그림 60 철원 내문리 벽화 배치도 B (김인철, 2002)

지는 13세기 무렵 이후 모두 수관인신상으로 양식이 완전히 전변된 것으로 보인다. 내문리 고분이 발견된 철원은 태봉국(901~918)의 국도 부근이기도 하므로 통일 신라의 양식이 아직 남아 전해졌을 것이다.

내문리 벽화의 십이지신상은 네 벽면에 각각 셋씩 나란히 그렸는데, 수록된 모사도의 상태가 좋지 않아 판별하기 어려우나, 방위상 북벽에 해-자-축, 동벽에 인-묘-진, 남벽에 사-오-미, 서벽에 신-유-술의 신상을 그렸을 것이다(그림 59, 60).

그런데 특이한 대목은 이들 십이지신상 가운데 매 벽면의 왼편에 선 두 신상의 머리 위에 팔괘(八卦) 부호가 하나씩 붉은색으로 그려졌다는 점이다. 모사도의 방위를 기준으로 모사된 괘를 읽어 보면, 북벽 왼편부터 간(艮)-진(震), 동벽 왼편부터 손(巽)-리(離), 남벽 왼편부터 곤(坤)-태(兌), 서벽 왼편부터 건(乾)-감(坎)으로 읽힌다. 이어붙이면, 간-진-손-리-곤-태-건-감, 다시 말해 건-감-간-진-손-리-곤-태가 된다. 십이지신상의 방위를 따라 매겼다면 응당 지리의 팔괘방위론으로 사용하는 문왕팔괘 차서로 그려졌을 것이다. 문왕팔괘도는 서북의 건괘에서 시작하여 북-동-남-서로 가면서 건-감-간-진-손-리-곤-태의 순서를 이루므로, 내문리 벽면의 팔괘 차서와 일치한다. 십이지의 열두 방위론과 8괘의 여덟 방위론이 중첩되어 내문리 묘실의 우주를 호위하는 보기 드문 격국을 연출한 것이라 자못 흥

그림 61 문왕팔괘방위도

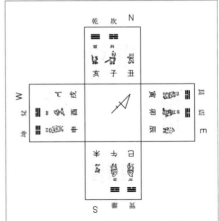

그림 62 무덤 안에서 펼친 철원 내문리 방위교정도(방위 표시와 도면 방향을 수정함)

미룹지 않을 수 없다. 고려시대에 들어와서 팔괘방위도를 방위우주론의 주요 기저로 삼으려는 흔적이 고려 동경 자료에서 자주 발견되는데, 이런 시대 경향이 이 내문리 무덤의 벽화로까지 도입되었다고 이를 수 있다.

다만 모사도면의 방위가 의문스럽다. 문왕팔괘도로 방위를 맞추었다면 감괘(坎卦)가 북방, 리괘(離卦)가 남방, 진괘(震卦)가 동방, 태괘(兌卦)가 서방을 가리켜야 하는데, 도면에서 진괘와 손괘의 사이인 동남쪽이 정북으로 되어 있다. 이는 리괘(남방)가 있는 면이나 진괘(동방)가 있는 면을 북벽으로 인식시키는 결과를 가져온다. 그에 따라 십이지신상의 배치도 달라지게 되므로 방위 오류 문제는 착오없이 바로잡아져야 한다. 십이지신상의 동물 모습을 갖고 사방 벽면의 방위를 정하기에는 동물의 모사 상태가 좋지 않다.[48]

이런 방위 혼란은 무덤 평면도를 만들면서 무덤 내부의 시점과 혼동한 때문이

48. 내문리의 모사도면은 두 곳에서 묘사되어 있는데, 둘이 좀 다르다. 김인철, 「내문리 돌곽 흙무덤 발굴보고」(『고려무덤발굴보고』, 2002)의 그림 43(181쪽)은 얼굴 윤곽만으로 거의 판별하기 어렵고, 랑익룡, 「鐵原郡 內門里 고려돌상자무덤에 대하여」(『문화유산』 5호, 과학원출판사, 1961)의 그림 2(65쪽)는 신, 간, 진의 동물 얼굴이 조금 더 뚜렷하여 참고가 된다. 이 두 그림의 방위 표시가 동일하므로 방위 오류가 있다면 둘 다 틀린 셈이다.

아닐까 싶다. 평면도의 방위 표시를 180도 거울대칭을 시켜 보면 감괘와 간괘의 사이인 동북방이 정북을 가리키는 것을 볼 수 있다. 이를 갖고 비정하여 보면 감괘(북)가 있는 면이 북벽이 되므로 팔괘 방위와 벽면 방위가 일치된다. 이를 기준으로 삼아 다시 십이지신상의 배치를 매겨 보면, 감괘가 있는 북벽에 해(건)-자(감)-축, 진괘가 있는 동벽에 인(간)-묘(진)-진, 리괘가 있는 남벽에 사(손)-오(리)-미, 태괘가 있는 서벽에 신(곤)-유(태)-술이 배치될 것이라 추정된다.

아니나 다를까 량익룡(1961)의 보고서[49]에 실린 도면에서 서벽 곤괘 아래 동물 윤곽이 원숭이 얼굴에 가까워 보이므로 신상(申像)의 위치와 일치한다고 여겨진다(그림 59). 량익룡(1961)과 김인철(2002)의 두 보고서 도면을 비교하면서 방위 표시를 수정하여 제시하면 그림 62와 같다.

또 하나 흥미로운 것은 이 무덤의 석곽 내부 중심에 놓여 있던 '네 귀 달린 항아리' 유물로, 높이가 44센티미터, 입 지름이 41센티미터이다. 푸르스름한 유약이 발라져 있어 고려 청자로 보이는데, 몸체를 돌아가면서 일정한 간격으로 괘 8개가 붉은색으로 그려져 있다고 한다. 이 8괘가 무덤 벽면의 8괘와 방향이 일치하게 놓였다 하므로 이 역시 동일한 문왕팔괘방위도를 그린 셈이다. 둘 다 붉은색으로 그린 점도 인상적인데, 아마도 붉은색이 끼치는 벽사의 의미를 담은 것으로 생각된다.

이 항아리에 높이 28센티미터, 굽 지름 11센티미터의 작은 단지가 하나 들어 있었는데, 단지 겉면을 명주천으로 감싸고 그 위에 참대나무를 가늘게 오려서 엮은 너비 4밀리미터짜리 구럭을 덮어 놓은 흔적이 남아 있다고 한다. 명주천 삭은 것이 두 숟가락 정도 나왔는데, 천에 글씨를 쓴 흔적이 있으며 그중 왼손으로 쓴 '달 월(月)'자는 분명히 확인된다고 하였다.

또한 항아리에서 지름 2.4센티미터, 두께 0.15센티미터의 두드려 만든 금화가 한 닢 출토되었으며, 앞면 중심에 길이 0.5센티미터의 방형 구멍이 뚫렸고, 주위로 '수명연장(壽命延長)'이라는 네 글자가 서투르게 음각된 것으로 보고되었다(그림 63).

이처럼 붉은 팔괘 부호를 그린 항아리가 묘 주인공의 영원한 삶을 기원하는 의

---

49. 량익룡, 「鐵原郡 內門里 고려돌상자무덤에 대하여」, 『문화유산』 1961-5호, 64~67쪽

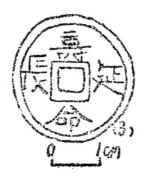
그림 63 내문리 출토 금화 '수명연장'
(량익룡, 1961-5)

식용 도기로 제작되었음을 엿볼 수 있다. 이때 팔괘 부호는 더욱 팔방위의 무한한 우주 속에서 묘 주인을 수호한다는 의미를 담은 것일 터이다.

내문리의 우주론적 상징이 여기에 그치지를 않는다. 무덤곽 중심으로 반경 1미터 범위에서 단지가 5개 출토되었는데, 4개는 동서남북 방위와 일치되게 놓였고, 나머지 1개는 동남 방위에 놓여 있었다고 한다. 동북쪽에서 1개 분량의 단지 조각이 발굴되었기 때문에 무덤곽의 주위 8방에 모두 단지를 묻었

을 것이라고 간주하였다. 이마저 팔괘의 팔방위 사상과 상통하는 것이니, 내문리 무덤이 팔괘 우주론을 매우 짙게 추구하였음을 엿볼 수 있다. 고려 벽화묘로서는 매우 드문 역학적 우주론의 결정체라 할 만하다. 이렇게 수준 높은 우주론을 구가할 수 있었던 문화는 이 무덤이 만들어진 철원이 바로 태봉국 수도 지역이었다는 점에서도 설명될 수 있지 않을까 한다.

천문도를 그린 나머지 고려 벽화 무덤

지금까지 살펴보지 못한 고려의 벽화 무덤들을 일괄하여 정리하면 다음과 같다.[50] 벽화가 없더라도 십이지 병풍돌이 있는 무덤도 가능한 대로 함께 점검하였다.

(1) 온혜릉의 십이지 수수인신상

태조 왕건의 할머니 원창(元昌)왕후릉으로 알려진 온혜릉(溫鞋陵)은 개성시 송악동 송악산(489미터)의 남쪽 기슭에 있다. 12각 병풍돌의 매면 중심부에 십이지신상이 하나씩 조각되었으나 마모가 심하며,[51] 1916년(다이쇼 5년) 일제의 조사 보고서에서

---

50. 「개성 일대 고려왕릉에 대하여」(왕성수, 1990-2호)를 보면, 개성 부근의 고려 왕릉 중 벽화를 그린 무덤으로 안릉과 경릉, 양릉, 소릉군 제5릉, 명릉, 현릉의 6기를 제시하였다. 천장에는 한결같이 천문도가 있고, 벽면에는 대나무, 소나무, 나비와 꽃 등 문인화풍과 인물 풍속도가 그려졌다고 하였다. 물론 현릉에는 십이지신상 주제까지 그려졌다.

51. 김인철, 〈온혜릉 발굴보고〉, 『고려무덤발굴보고』, 2002, 28쪽

는 동물 머리에 조복(朝服)을 입고 홀을 든 신상이라 기록하였고, 그중 진신(辰神)과 묘신(卯神)만 분명히 판독된다 하였다.[52] 이것은 수관(獸冠)이 아닌 수수인신상(獸首人身像)임을 뜻하는데, 태조 왕건릉과 마찬가지다. 이런 흐름으로 미루어 고려 초기에는 수수인신형 십이지신상 조각이 유행하였을 듯하다. 벽화에 대해서, 1993년 사회과학원 고고학연구소의 발굴에서 벽면에 벽화를 그린 흔적만 있을 뿐 내용은 잘 알 수 없었다고 한다.

(2) 고려 초기 서구릉의 별자리 벽화

서구릉(西龜陵)은 개성시 개풍군 연릉리 소재지에서 북쪽으로 800미터 떨어진 곳에 있다. 이곳은 개성 라성에서 서쪽으로 2킬로미터 되는 지점으로, 만수산의 남쪽 구릉지에 해당한다. 1994년 개성 고려박물관에서 발굴하였다.

무덤 외곽에 12각 병풍돌을 둘렀고, 면돌 중 정남쪽 면돌에만 십이지신상이 자그맣게 새겨졌다. 관모에 새겨진 동물이 너무 작아 형태는 잘 알 수 없다고 한다. 이렇게 정남쪽 면돌 한 곳에만 새긴 경우는 현재로서 제3대 정종의 안릉에서 보이므로 조성 시기가 서로 비슷할 수 있다. 이런 때문인지 발굴 보고서에는 무덤의 짜임새와 드러난 껴묻거리로 볼 때 안릉과 거의 비슷한 시기에 만들어진 무덤으로 추정하였다. 벽화는 벽면과 천장에 회 미장을 곱게 입힌 위로 그렸는데, 회벽이 대부분 떨어져 나갔으나, 동벽과 서벽에 대나무 그림이 보이며, 서벽 대나무가 동벽 대나무보다 선명하고 푸르싱싱하게 굵게 그려졌다고 한다. 천장에는 붉은색 선으로 둥글게 그린 별 그림(지름 0.8센티미터가량)이 있으며, 현재 확인되는 것은 3개뿐이라 한다. 이것들은 붉은색 선으로 연결되어 있다고 한다.[53]

(3) 제16대 예종의 유릉(1122년)

예종(睿宗, 1079~1122)의 유릉(裕陵, 1122년)은 개성시 개풍군 오산리에 자리 잡았으며,

---

52. 조선총독부, 『大正五年度古蹟調査報告』, 1916(한국고고자료집성 9, 『大正五年度古蹟調査報告』, 도서출판 민족문화, 1995 영인 ; 조선총독부, 『大正五年度古蹟調査報告』, (주)진인진, 2005 재영인), 290~309쪽 참조
53. 김인철, 「서구릉 발굴보고」, 『고려무덤발굴보고』, 2002, 116쪽

1978년 사회과학원 고고학연구소에서 발굴하였다. 12각 병풍돌 시설이 있으나 십이지상에 대한 언급은 없다. 벽면과 천장에 회죽이 곱게 입혀졌는데, 천장의 북쪽 부분에서 붉은색 동그라미 2개를 확인할 수 있었는데, 아마도 별 그림을 그려 놓았던 것 같다고 보고하였다.[54]

(4) 제19대 명종의 지릉(1197년)

개성시 장풍군 지릉리에 있는 명종(明宗, 1131~1202)의 지릉(智陵)은 12각 병풍돌 시설이 모두 파괴되었으며, 발굴 당시 천장에서 붉은색과 푸른색으로 그려진 가는 선들이 확인되었다고 한다.[55] 그런데 보고서에서는 언급되지 않으나, 다른 자료를 참고하면 벽면에 사신도(四神圖)가,[56] 천장에 성수도가 그려졌다고 한다.[57] 사신도와 성수도가 함께 그려진 것이 사실이라면 태조 현릉과 서삼동 벽화묘와 유사한 양식이 되므로 더욱 주목된다.

(5) 제25대 충렬왕비 제국대장공주의 고릉(1297년)

충렬왕 22년(1297) 2월에 제국대장공주를 고릉(高陵)에 매장하였다는 기록이 『고려사』 권제 89 후비열전 2에 있으며, 고릉은 개성시 개풍군 해선리에 있다. 제국대장공주는 충렬왕 즉위해(1274)에 혼인하여 고려로 왔으며 이듬해 원성공주(元成公主)에 책립(冊立)되었고 그해 충선왕을 낳았다. 사후 원나라 성종(成宗) 때 안평공주(安平公主)로 추봉되었고, 무종(武宗) 때 다시 제국대장공주(齊國大長公主)로 추봉되었다. 능 주변에 태조왕릉, 공민왕릉, 충목왕릉, 7릉떼, 선릉떼 등 석실봉토묘 17기가 배치되어 있다. 1978년 사회과학원 고고학연구소에서 발굴하였다.

---

54. 김인철, 「유릉 발굴보고」, 『고려무덤발굴보고』, 2002, 49쪽
55. 김인철, 「지릉 발굴보고」, 『고려무덤발굴보고』, 2002, 56~61쪽
   『大正五年度古蹟調查報告』(1916), 501~510쪽
56. 『파주 서곡리 고려 벽화묘』(1993)의 118쪽 고려 벽화묘 일람표에서 벽화 고분 13기를 도표로 정리 제시하였다. 북한 보고서에는 언급이 없었는데, 이곳의 설명에서 지릉에 사신도가 그려졌다고 한다.
57. 한정희, 앞의 논문(2005)에 실린 〈고려 및 조선 초기의 벽화묘〉에 지릉에 성수도가 그려진 것으로 표시하였다.

그림 64 제국공주 고릉의 십이지상 – 오신(午神) (『대 그림 65 선릉군 제3릉 십이지병풍돌 술신(戌神) (『대정5년도
정5년도고적조사보고』 411쪽) 고적조사보고』 348쪽)

고릉의 병풍돌 면돌 중심부마다 관복 차림을 한 앉은 자세의 십이지신상들이
하나씩 부조되어 있다(그림 64). 이처럼 입상이 아니라 모두 좌상인 점에서 주목된
다. 『대정오년도고적조사보고』(1916)에서는 홀을 든 수수상(獸首像)으로 기록하였
다.[58] 이로 보아 십이지 수수상이 13세기 말엽까지도 조각되었음을 알 수 있다.

좌상의 부조 형식은 이 무덤 외에도 제8대 현종의 선릉(宣陵)과 칠릉군 제2릉 및
선릉군(宣陵群) 제3릉에서 보이는데(그림 65), 이들 모두 좌상에 수수인신상을 취한
다. 따라서 현재까지 좌상인 경우 모두 수수상을 취하고 있다. 벽화는 회 미장을
하고 그렸는데 회벽이 거의 떨어져 흔적만 남았으며, 천장에는 지름 5센티미터가량
의 붉은색 동그라미가 4개 희미하게 확인된다고 하여 천문도를 그린 무덤으로 생
각된다.[59]

(6) 제30대 충정왕의 총릉(1351년)

1978년 사회과학원 고고학연구소가 발굴하였으며, 충정왕의 총릉(聰陵)은 개풍군
오산리 소재지에서 동쪽으로 1킬로미터 떨어진 릉동 마을의 뒷산 중복에 있다. 서
쪽으로 150미터 떨어진 곳에 예종의 유릉이 있다. 보고서에서는 벽면과 천장에 회

58. 조선총독부, 『大正五年度古蹟調査報告』, 1916, 285쪽
59. 김인철, 「고릉 발굴보고」, 『고려무덤발굴보고』, 2002, 82쪽

미장을 한 흔적이 전혀 없다 하고 또 벽화에 대해서도 언급하지 않는데,[60] 다른 자료에서는 총릉에 벽화가 그려져 있었다고 한다.[61]

(7) 칠릉떼 고려 무덤

칠릉떼는 고려 봉토석실분 7기가 같은 골짜기에 나란히 놓여 무덤떼를 이루고 있어 붙은 이름인데, 1916년 일제가 먼저 발굴하였고, 1982년과 1983년에 걸쳐 북한 사회과학연구원 고고학연구소가 재발굴하였다. 위치는 개풍군 해선리 서북쪽 만수산의 남쪽 칠릉골이다. 무덤 번호는 골짜기 가장 안쪽인 서쪽부터 1릉이며, 바깥쪽인 동쪽이 7릉이다. 능 간격은 20~100미터가량이다.

칠릉떼 제2릉의 12각 병풍돌시설에서 십이지신상을 면돌 중심부마다 하나씩 선새김 수법으로 새겼는데, 동물 머리에 관복 차림을 하고 홀을 든 모습이라 하므로 수수(獸首) 인신상이다.[62] 고려 초기의 태조릉과 온혜릉에 동일한 수수인신형이 새겨 있어 시기 추정에 참고가 된다. 제3릉도 12각 병풍돌 시설을 하였으며, 매 면돌의 중심부에 있는 장방형 구획(높이 37센티미터, 너비 48센티미터)에 십이지신상이 하나씩 조각되었다. 관복 차림에 홀을 들고 사람 얼굴의 모습으로 형상화되었고, 관모에 해당 방위의 동물 모습이 작게 새겨져 있었다 하므로, 수관(獸冠) 인신상에 해당한다.[63] 이 능은 내부를 발굴하지 않았다. 제4릉에는 현재 2돌기 정도의 병풍돌만 남았다. 이 무덤 속에 벽화 흔적이 있다 하며,[64] 천장은 화강암 판돌 3장을 동서로 나란히 가로덮은 평천장식인데 이 천장석에 북두칠성이 그려졌다고도 한다.[65] 제5

60. 김인철, 「총릉 발굴보고」, 『고려무덤발굴보고』, 2002, 91쪽

61. 김종혁, 「개성일대의 고려왕릉발굴보고(2)」, 『조선고고연구』 1986-2호, 36쪽

62. 개성시 장풍군 고읍리에서 서쪽으로 3킬로미터 떨어진 왕릉골의 배룡산(390m) 남록에 자리 잡은 고읍리 1호 돌칸흙무덤도 봉분 밑부분에 12각으로 돌린 병풍돌 시설을 하였는데, 면돌 중심부에 짐승 머리를 한 십이지신상이 서 있는 자세로 부조되어 있다고 한다. 역시 수수 인신상을 새긴 것이라 주목된다. 무덤칸에서 숙종 7년(1102) 12월에 주조한 '해동통보' 동전 2개가 출토되어 시기를 가늠케 한다. 또 출토물 중 백색 대리석으로 만든 석간에 '명(命)', '헌왕(獻王)' 등의 글자가 새겨 있어 왕릉급 무덤으로 추정된다. :김인철, 「고읍리무덤떼 발굴보고」, 『고려무덤 발굴보고』, 2002, 163쪽

63. 김인철, 「7릉떼 발굴보고」, 『고려무덤 발굴보고』, 2002, 137쪽

64. 김종혁, 「개성 일대의 고려왕릉 발굴보고(2)」, 『조선고고연구』 1986-2호, 36쪽

65. 『파주서곡리 고려벽화묘』(1993)의 118쪽 도표와 한정희, 앞의 논문(2005)의 194쪽 도표에서 이를 언급하였

릉은 병풍돌의 12각형 격임 부위가 남북 중심축에 오도록 연출되었다. 면돌 중심 부마다 십이지신상이 하나씩 새겨졌으며 심하게 마멸되어 형체를 알 수 없다고 한다. 제6릉과 제1릉은 12각 병풍돌 시설이 있으나 십이지신상을 새기지는 않은 것으로 보인다.

제7릉은 외칸에 남향 무덤이며(남북 3.6, 동서 2.73, 높이 1.98미터), 12각 병풍돌의 매 면이 각 한 장의 화강암 통돌로 조립되었고 십이지신상은 없다. 천장은 화강암 판돌 6장을 동벽과 서벽 사이에 나란히 놓은 평천장식인데, 별자리 그림이 그려져 있다. 천장 북쪽 부분에 붉은색으로 직경 3센티미터 되는 별 6개가 있고, 남쪽 부분에도 별 3개가 같은 크기로 그려졌으며, 북쪽의 6개 별들은 검은색 선으로 연결되어 있다고 한다. 북쪽의 별 여섯 개가 모두 이어졌다면 공민왕릉에서 보이던 것처럼 북두칠성을 그린 것일지 모르며 남쪽의 3성도 혹시 공민왕릉의 남쪽 쌍3성과 관련될 수 있으므로 앞으로 주목할 만한 벽화 무덤이다. 이 능에서는 천성원보와 황송통보라는 화폐가 출토되었고, 금제 불상 1구(높이 18센티미터)와 청보석, 붉은 보석이 박힌 금제 관 장식이 출토되었다.[66]

고려 왕릉 중에서 천장에 천문도를 그렸다고 언급된 고분은 이 외에 세 기가 있다.[67] 이에 대한 발굴 보고서를 아직 확보하지 못하여, 자세한 내역은 다음에 보충하기를 기약한다. 제11대 문종의 경릉(景陵, 1083년)에는 벽면에 인물 풍속이, 천장에 천문도가 그려졌다고 한다. 제24대 원종의 소릉(韶陵, 1274년)

그림 66 명릉군 제2릉 십이지상 – 오신(午神) (『대정오년 도고적조사보고』 415쪽)

으나, 김인철, 「7릉떼 발굴보고」(『고려무덤 발굴보고』, 2002), 140~144쪽에서는 언급이 없다.

66. 김인철, 「7릉떼 발굴보고」, 『고려무덤발굴보고』, 2002, 154~159쪽

67. 왕성수, 「개성일대 고려왕릉에 대하여」, 『조선고고연구』, 1990-2호, 35쪽

에는 벽면에 대나무와 소나무가 그려졌고 천장에 천문도가 있다고 한다. 제29대 충목왕의 명릉(明陵, 1349년)에는 벽면에서 나비와 꽃이 보였고 천장에 천문도를 그렸다고 한다.

(8) 십이지신상 병풍돌이 새겨진 고려릉

외곽에 십이지신상 병풍돌을 설치한 고분은 대개 왕릉급 묘장시설이다. 이를 정리하여 살펴보면, 앞에서 언급한 온혜릉과 태조 현릉, 정종의 안릉, 서구릉, 충렬왕비 제국공주의 고릉(高陵), 공민왕의 현릉(玄陵)과 공민왕비 노국공주의 정릉(正陵) 및 칠릉군 제2릉·제3릉·제5릉의 10기에다, 제5대 경종(景宗, 955~981)의 영릉(榮陵, 개성군 진봉면 탄동리)과 제8대 현종(顯宗, 992~1031)의 선릉(宣陵, 개성군 중서면 곡령리 릉현동), 선릉군(宣陵群) 제3릉 및 명릉군(明陵群) 제2릉·제3릉의 5기가 알려져 있다.[68] 경종의 영릉에는 십이지 수수인신 입상이 부조로 남았고, 현종의 선릉에는 십이지 수수인신 좌상이 부조로 새겨졌다. 명릉군 제2릉에서 십이지상 가운데 진·사·오·미의 네 상이 확인되며(그림 66), 선릉군 제3릉은 열두 신상이 모두 확인된다 한다(그림 65). 벽화 무덤은 아니지만 능묘 형식 외곽 시설을 갖춘 개성시 장풍군 고읍리 1호 석실봉토묘에도 수수인신 십이지신상 병풍돌이 있으므로 여기에 추가할 만하다.[69]

이상 모두 16기의 고려 제릉에 십이지신상 병풍돌이 있음을 알 수 있으며, 그중 9릉이 수수(獸首) 형식이어서 그 비중이 상당히 높은 편이며[70], 그 9릉 중 네 곳은 좌상 형식을 취하였다. 수관(獸冠) 형식의 병풍돌은 모두 입상으로 제작되었는데, 현재 칠릉군 제3릉 및 매우 늦은 고려말의 노국공주의 정릉과 공민왕의 현릉에만 나타나며, 이 세 곳 모두 입상이다.

---

68. 조선총독부, 『大正五年度古蹟調査報告』(1916), 283~285쪽에 고려의 13릉에 십이지신상이 새겨진 것으로 보고되었다.

69. 김인철, 「고읍리무덤떼 발굴보고」, 『고려무덤발굴보고』, 2002, 163쪽

70. 리창언, 『고려 유적연구』(2003), 200~202쪽에 정리된 도표를 보면, 십이지신상 병풍돌이 새겨진 능으로 모두 13기를 헤아렸다. 필자는 여기에다 안릉과 서구릉 및 고읍리 1호분을 추가하여 총 16기로 제시하였다.

그림 67 고려 석관천문도. 국립중앙박물관 소장, 신수01356, 2004년 『천문: 하늘의 이치, 땅의 이상』 국립민속박물관 발간 도 239, 허가번호 중박 2008 06-192.

illustrated by KIM IL-GWON
2005.01.15

그림 68 고려 석관 천문도(작도 김일권, 2005). 좌우에 북두칠성·보성과 카시오페이아 5성 별자리가 분명한 연결선으로 새겨졌고, 중심부에 태극무늬로 처리된 북극3성이 있으며, 이를 서로 맞물려 돌아가는 봉황 두 마리가 태극 형태를 이루며 감싸고 있다.

그림 69 이씨녀 고려 석관(국립중앙박물관 소장, 신수 5890)의 천문도

그림 71 고려 의종대 이초원 처 김씨 묘(1154)의 석관 천문도

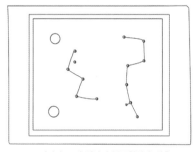 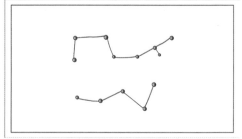

그림 70 이씨녀 고려 석관의 북두칠성과 선후5성 및 해와 달 그림

그림 72 고려 의종대 이초원 처 김씨 묘(1154)의 석관 천문도 모사도

- 수수인신상 : 온혜릉, 태조 현릉, 경종 영릉, 현종 선릉(좌상), 선릉군 제3릉(좌상), 고릉(좌상), 명릉군 제2릉, 칠릉군 제2릉(좌상 /線刻), 고읍리 1호묘
- 수관인신상 : 칠릉군 제3릉, 노국공주 정릉, 공민왕 현릉
- 형태 미상 : 안릉, 서구릉, 명릉군 제3릉, 칠릉군 제5릉

지금까지 고려의 능묘 벽화를 일별하면서 벽화의 내용과 천문도의 면모 및 십이지신상 여부를 훑어 보았다. 이를 이 장 말미에 표로 정하였다.

고려의 석관 천문도

끝으로 벽화는 아니지만 고려의 묘실 석관으로 사용된 돌관 내부에 선각(線刻)으로 그려진 천문도가 있어 덧붙이고자 한다. 체계적으로 조사하려면 좀 더 많은 자료가 공개되기를 기다려야 하지만 고려 천문도 이해를 위해 빼놓을 수 없는 부분이기 때문이다.

국립중앙박물관에 소장되어 있는 이 고려의 석관 유물(신수1356, 그림 67)[71]을 살펴보면, 중심부에 봉황 두 마리가 연출하는 태극상이 있고 왼쪽에 연결선을 지닌 북두칠성이, 반대편에 역시 연결선을 지닌 카시오페이아자리, 곧 선후(仙后)5성이 새겨져 있다. 북두칠성에는 제8 보성까지 새겨졌다. 양릉 천문도에서 보이던 바이기도 하다.[72] 이 두 별자리는 북극성을 찾아갈 때 길잡이가 되어 매우 중요하고도 유명하며, 두 별자리의 중간 지점에 북극성이 자리 잡혀 있다. 석관의 중심부 봉황들 사이를 살펴보면, 아니나 다를까 북극3성이 새겨져 있다. 다만 별 모양은 단순한 동그라미에 태극의 물결무늬를 집어넣은 것이다. 우주론 중심이 천문의 북극에서 이념의 태극으로 옮겨가려고 하는 시대적 계기가 작용되었을 것이다.[73] 공민왕릉의 병풍돌 중에 태극 무늬를 넣은 금강저상이 주목받는 까닭도 이 석관의 태극상과 상통하는 사상성이 보이기 때문이다. 이 자료를 편의상 봉황 석관 천문도라 부르겠다.

이씨녀 묘지명이 붙은 다른 석관(신수5890)에도 선후5성과 북두칠성이 마주보는 자세로 선명한 음각으로 새겨져 있다. 여기에는 다른 곳과 달리 해와 달을 새긴 원반이 선후5성 뒤편에 자리 잡았다. 북두칠성은 앞서와 마찬가지로 제8 보성을 작게 그려 짧은 연결선으로 붙여 두었다. 그런데 애초에 밑그림을 그릴 때 보성의 위

71. 신수품은 1966년 12월 23일 일본에서 문화재를 돌려 받아 새로 수장하였다는 의미에서 붙여진 번호여서, 발굴 출처나 유입 경로는 현재 잘 알 수 없다고 한다.

72. 김일권, 「5세기 고구려 고분 벽화에 나타난 천문관과 천문학 : 덕흥리 고분(408)의 별자리 동정과 천문학적인 고찰을 중심으로」(『고구려의 역사와 문화유산』, 한국고대사학회·서울시정개발연구원, 2004ㄷ. 9월)에서 이 자료를 처음으로 분석하였다.

73. 김일권, 「고려와 조선의 우주론 관점 변화 : 천문의 북극에서 이법의 태극으로」, 『동아시아 문화와 예술』 1집, 동아시아문화학회, 2004ㅇ. 12월. 이 책의 9장이다.

치와 자루 부분의 별 개수를 잘못 그렸는지 갈아서 마모시킨 흔적이 살짝 남아 있다. 북두칠성 자루 부분의 별이 4개가 아니라 3개이기 때문에 끝에서 두 번째 별에 붙인 보성의 위치도 함께 수정한 것이다. 무엇보다 눈길을 끄는 부분은 선후5성에서 안쪽에 연결선 없이 그린 별이 또 하나 있다는 점이다. 북두칠성처럼 잘못 그린 것인지 아니면 각도좌(閣道座)를 구성하는 또 하나의 별을 더 그린 것인지 판단하기 어렵지만 카시오페이아자리조차 고려인들이 좀 더 다른 관점에서 관찰한 흔적이 아닌지 눈여겨볼 만하다. 이 밖에 국립중앙박물관에 별자리 그림이 새겨진 석관 유물이 몇 점 더 소장되어 있으나 이에 접근할 수 있는 방법을 아직 찾지 못하여 전반적으로 조사할 기회를 기다리고 있다.

이초원의 처 김씨[李初元妻金氏] 묘지명이 새겨진 석관의 뚜껑 안쪽에 또다른 별자리 자료가 그려져 있는데, 이 역시 위의 것들과 대동소이하다. 제8 보성까지 그린 북두칠성과 이를 마주보는 카시오페이아자리 곧 선후5성이 선명한 음각으로 새겨져 있다. 선후5성의 볼록한 두 곳이 각기 다른 각도를 이루고 있어 실제 관측을 근거로 한 것임을 분명하게 보여 준다. 그런데 이 석관 천문도는 제작된 연도를 알 수 있다는 데서 그 의의가 더욱 크다.(그림 71)

석관의 주인공인 '고려국 고낙랑군대부인(高麗國故樂浪郡大夫人)' 김 씨(1089~1152)는 경주인으로 태종무열왕의 14대손이며, 아버지는 수대전(守大傳) 문하시중(門下侍中) 김경용(金景庸, 1041~1125)이고, 외조부는 고려 현종의 묘정(廟庭)에 배묘된 최항(崔沆, 972~1024)[74]의 아들인 최유부(崔有孚)로 설명되어 있다. 김 씨는 어려서부터 아침저녁으로 반야심경을 항상 읽었고 부처를 정성껏 모셨으며, 24세에 중산대부(中散大夫) 사재경(司宰卿) 지어사대사(知御史臺事) 이초원(李初元)에게 시집을 가서 아들 하나와 딸 다섯을 낳았고, 손자 16인, 손녀 16인, 증손자 5인, 증손녀 6인을 두었다. 과부가 된 16년 동안 혼자서 아이들을 잘 교육하였으며, 향년 64세 되던 고려 의종 6년 임신년(1152) 11월 20일 졸하여, 의종 8년 갑술년(1154) 5월 2일 경성(京城) 남쪽

---

74. 최항은 평장사(平章事) 최언위(崔彦撝, 868~944)의 손자로 고려 성종 때 과거 급제하여 현종을 옹립하는 데 큰 공을 세웠으며, 성종조 때 폐지된 팔관회 부활을 상주하기도 하였다.

진봉산(進奉山) 서북 산록에 장사하였다고 묘지명에 기록되어 있다.[75]

이 이초원 처 김씨 석관은 12세기 중엽 고려 의종 초기의 별자리 인식을 담아낸 것이라 정리된다. 문제는 고려시대 자체가 이미 중국적 천문도 지식이 팽배하였던 때임에도, 중국 천문도에 전혀 등장하지 않던 W자 모양의 카시오페아 5성 별자리를 위의 여러 석관 천문도에서처럼 여실히 묘사하고 있어 고려가 중국의 천문과 다른 자신들의 천문 전통을 수립했음을 내보인다는 것이다. 특히 고려 석관에 새겨진 북극3성은 고구려 천문을 잇는 연장선에서 조망되는 것이므로 고려 천문이 어디를 지향하는지 잘 알게 한다.

이렇듯 벽화가 아닌 석관 유물에서도 고구려와 관련하여 아직 다룰 만한 천문 문화가 적지 않으며, 동경(銅鏡) 유물 중에서도 고려의 천문 세계를 살펴볼 만한 것들이 있으나 이에 대해서는 다음 기회를 빌리기로 한다. 이 모든 자료를 폭넓게 검토할 때 우리는 고려와 고구려의 천문 관계를 더욱 깊이 논의할 수 있을 것이다.

고구려 천문 전통을 계승 발전시킨 고려시대

지금까지 20기가 넘는 고려 벽화묘를 일별하면서 파악 가능한 천문 관련 요소를 검토하였다. 도면 사진을 확보하지 못해 분석에서 제외된 고분이 적지 않다. 앞으로 자료가 좀 더 확충되기를 바란다.

고려는 건국 초기부터 왕릉의 묘장 제도를 신라에서는 보이지 않던 벽화 무덤으

---

75. 이 묘지명 내용은 허흥식,「고려 전기 석관 선각화로 본 인생관과 고구려 사상의 계승」(한국사연구회 제253차 연구발표회, 2006. 6. 16, 대우재단빌딩;「고려의 새로운 묘지와 석관」,『시각문화의 전통과 해석』, 김리나교수정년논집, 예경, 2007에 게재됨)에 실린 것을 바탕으로 삼았으며, 김씨묘 석관의 사진 자료는 이 발표회 때 처음으로 소개되었다. 이 자료의 발굴 출처가 불명하다 하여 위작 논란도 있지만 그 천문도 구성은 단순한 위작으로 설명될 수 있는 성격이 아니라 생각되며 국립중앙박물관 소장의 다른 석관 천문도와도 매우 상통하는 것이어서 충분히 고려시대 작품으로 인정할 만하다 여겨진다. 이처럼 고려 천문도 연구에 매우 귀중한 이 석관 자료는 자료 발굴자인 한국학중앙연구원 허흥식 교수로부터 사용 양해를 구하였으며, 한중연 포닥과 학술교수로 있던 2000년에 선생님을 처음 뵌 뒤로 늘 학술적 조언과 따뜻한 격려를 해주심에 이 자리를 빌어 감사 말씀 드린다.

로 가져갔고, 그것도 천문 벽화묘 방식으로 전개하고 있었다. 아무래도 개성이 평양과 가까운 관계로, 고구려 이래의 문화 유습이 계기를 마련해 주었던 것이라 해석된다. 다만 벽화에 문인화풍이 새롭게 수용되는 것은 오대북송대의 동시대적 문화 유행에 열려 있었기 때문에 가능하였을 것이다.

묘실 천장에 천문도를 안치함으로써 묘주의 무궁한 삶을 기약하던 세계관은 고구려 천문 문화가 여실히 추구하던 바이기도 하므로, 고구려를 계승하였다고 믿는 고려인들이 고구려적 전통을 되살린 것은 여러 모로 역사의 계기성에서 벗어나지 않았음을 시사한다. 특히 고구려 벽화에서만 그려지던 북극3성이 고려 능묘 벽화에서 부활한 것은 매우 중요한 대목이다. 현재 확인 가능한 양릉과 서삼동 천문도의 중심부에 고구려식 천문도 전통이 숨쉬고 있다. 이 현상은 벽화 천문도에 국한되지 않으며, 고려의 석관 천문도에서도 북극3성이 매우 분명한 방식으로 등장하고 있었다.

이렇게 고려시대에서는 왕릉과 일반 묘실 벽화에 고구려와 유사한 천문 시스템을 구축하고 있었다. 고려는 고구려와 마찬가지로 초기 왕릉부터 벽화 무덤을 그리는 양식이 유행하였다. 고려의 건국 시조인 태조 왕건의 능부터 고구려의 천문 벽화 시스템과 유사하게 천장석에는 천문도를, 사방 벽면에는 사신도(四神圖) 벽화를 그렸다. 현재까지 고려 474년간 34왕 중 벽화가 확인된 왕릉이 10기에 이르는데, 흥미롭게도 이들 10기 중에서 충정왕의 총릉(聰陵)을 제외하고는 한결같이 천장에 천문성수도를 그려놓았다. 이는 벽화묘이면 거의 천문도를 능묘제도로 사용하였다는 말이 된다. 귀족들의 벽화 무덤까지 합하면 고려의 벽화 능묘는 총 22기에 이르는데, 그중 17기에서 천문도가 확인되고 있다.

내용을 비교할 때, 고구려 벽화가 사방위 관점의 일월-사신-사숙도(四宿圖) 천문시스템에 주력한 것에 대하여, 고려는 전천(全天) 관점의 일월-중궁(북극3성과 북두7성)-이십팔수 천문 시스템을 마련하였다고 요약된다. 벽화에서 사신도 제재가 약화되는 가운데, 천문관측의 중심이 되는 북극성의 중궁과, 적경(赤經) 역할을 하는 적도 이십팔수 시스템이 강조되는 것이다. 여기서 고구려가 멸망한 지 300년이 지나고서도 고구려식 북극성이던 북극3성이 고려의 능묘와 석관묘 등에서 꾸준히 재등장하는 점은 고구려 천문이 고려에 계승되었음을 역사적으로 분명하게 승인시키는 매우 중요한 대목이다.

이와 같이 본 장에서는 고려시대 천문 자료의 상태와 내용을 자세히 정리하면서, 천문도의 내용과 천문 시스템에 대하여 일일이 분석하였다. 고려의 천문 체계를 드러내려는 이 글의 결과는 한국문화사에서 고구려 천문학의 역사적·문화적 계승 관계를 더욱 제고하는 성과라 기대된다.

현재 우리에게 전해지는 유물 자료가 상당히 빈약한 사정을 감안한다면 이 글에서 고려의 장묘 문화로 살펴본 왕릉과 일반 귀족 벽화 무덤 그리고 무덤 석관 등 여러 천문도 자료는 고려 천문의 면모를 느끼기에 더욱 귀중한 자료들이다. 그동안 잊혀 있던 고려의 하늘이 이렇게 조금씩 모습을 드러낸다면, 더욱이 그 속에서 고구려의 하늘이 숨 쉰다면 고려의 하늘을 복원하는 일에 일로매진함이 우리 시대의 임무는 아닐까.

조선왕조실록 중 세종실록에 실린 산릉(山陵) 제도를 살펴보면, 석실 너비가 8척, 길이가 11척, 높이가 7척인데 거기에 천상(天像)을 그리되, 일월성신(日月星辰)으로 모두 둥글게 그린다는 규정이 있다. 이로 미루어 보건대 조선 왕릉에도 고려 능묘와 같은 천문도 전통이 지속되었을 개연성이 높다. 광대무변한 우주를 구현함으로써 영원한 삶을 희구하던 고구려 이래의 천공 지향성이 어쩌면 그 속에서 잠들고 있을지 모른다.

표1 고려 벽화묘와 능묘천문요소 분석표 (김일권, 2006)

번호	능묘 이름	축조 연대	십이지 병풍돌	벽면 벽화
1	온혜릉 (溫鞋陵, 태조 조모 원창왕후릉)	고려 초	매면 십이지 수수인신 입상 부조	벽화 흔적
2	현릉 (顯陵, 태조 왕건릉)	943년	매면 십이지 수수인신 입상 부조	동벽: 매화, 참대, 청룡(남수북미) 서벽: 소나무, 매화, 백호(남수북미) 남벽: 마멸 북벽: 현무도
3	철원 내문리 벽화묘	고려 초	무덤 외곽시설 없음	·사면에 십이지 수수인신상과 문왕팔괘도(적색) 그림 북벽: 해ㅡ자ㅡ축 /건ㅡ감 동벽: 인ㅡ묘ㅡ진 /간ㅡ진 남벽: 사ㅡ오ㅡ미 /손ㅡ리 서벽: 신ㅡ유ㅡ술 /곤ㅡ태
4	안릉 (安陵, 3대 정종)	949년	정남쪽 병풍돌 면돌에만 십이지상 부조	동벽: 녹색 참대나무, 청색·적색의 꽃나무 풍경화 남벽: 건물 그림
5	서구릉(西龜陵)	고려 초	정남쪽 병풍돌 면돌에만 십이지상 부조	동벽, 서벽: 대나무
*	영릉 (榮陵, 5대 경종)	981년	십이지 수수인신 입상 부조	–
*	선릉 (宣陵, 8대 현종)	1031년	십이지 수수인신 좌상 부조	–
*	선릉군 제3릉	–	십이지 수수인신 좌상 부조	–
6	경릉 (景陵, 11대 문종)	1083년	–	인물 풍속
7	안동 서삼동	12세기 초	외곽시설 없음	동벽: 청룡도 서벽: 백호도, 인물상 남벽: 주작도(정면형) 북벽: 현무도(정면형)
8	유릉 (裕陵, 16대 예종)	1122년	–	벽화 흔적
9	지릉 (智陵, 19대 명종)	1197년	병풍석 파괴	(사신도)
10	거창 둔마리	12~13세기	–	동실: 천녀 서실: 주악천
11	양릉 (陽陵, 20대 신종)	1204년	파괴	동벽: 벽화 흔적 서벽: 인물 흔적 남벽: 벽화 흔적 북벽: 인물 흔적

천장 벽화	소재지	발굴 시기	출전	천문요소
–	개성시 송악동 송악산 남록	1916, 1993	김인철(2002)	십이지 우주론
입구 남쪽 천장 중심부에 지그재그식 붉은 별 8개(푸른색 연결선, 크기 2.5~3cm)	개풍군 해선리 만수산 중복	1993	김인철(2002)	십이지, 사신도, 천문도(28수의 일부?)
•8괘 부호(적색) 돌린 네 귀 달린 항아리 출토 •항아리에서 '수명연장' 음각한 금화 출토 •무덤곽 주변에 8방위로 단지 배치	철원군 내문리 달봉산 언덕	1961	량익룡(1961-5), 김인철(2002)	8괘 우주론, 십이지 우주론
남두육성 (붉은색 별과 연결선, 별 크기 1.2cm)	개풍군 고남리 룡수산 남록	1978	김종혁(1986-1호)	십이지, 천문도(남두육성)
붉은색과 연결선 지닌 3개의 별(지름 0.8cm)	개풍군 연릉리 북쪽 만수산 남록	1994	김인철(2002)	십이지, 천문도
–	개성시 진봉면 탄동리	1916	조선총독부(1916)	십이지
–	개성시 중서면 곡령리	1916	조선총독부(1916)	십이지
–	개성시 중서면 곡령리	1916	조선총독부(1916)	십이지
천문도	판문군 선적리	–	왕성수(1990-2)	천문도
천구원(묵색) 지름 80cm 동서(2성): 해와 달 (지름 2.5~3cm) 중궁(10성): 북극삼성, 북두칠성 외곽(167성): 이십팔수 (모두 적색 별, 묵선 연결선 흔적, 별 크기 1cm)	안동시 녹전면 서삼동	1980	임세권(1981)	사신도, 일월 중궁 이십팔수 천문도
천장 북쪽에 붉은색 별 2개	개풍군 오산리	1978	김인철(2002)	천문도
천문도 (붉은색과 푸른색 실선 흔적)	장풍군 지릉리	1916	김인철(2002), 조선총독부(1916)	사신도, 천문도
–	거창 남하면 둔마리	1971	문화재관리국(1974)	없음
천구원(적색) 지름 123cm, 동서: 해, (달) 지름 5cm 중궁: 북극삼성과 북두칠성, 보성 외곽: 이십팔수(천장 북쪽 북방칠수 부분 마멸) (총 158성 잔존, 붉은색 별과 연결선, 별 크기 0.5~0.9cm)	개풍군 고남리 룡수산 남록	1978	김종혁(1986-2), 김인철(2002)	일월 중궁 이십팔수 천문도

12	법당방 2호묘	13세기 초	–	십이지 수관인신상 (+사신도?) 북벽: 해-자 동벽: 축-인-묘-진 남벽: 사-오 서벽: 미-신-유-술
13	수락동 1호분	13세기	–	십이지 수관인신상(상단)과 사신도(하단) 북벽: 해-자-축, 현무 동벽: 인-묘-진-사, 청룡 남벽: 오, 주작 서벽: 미-신-유-술, 백호
14	소릉 (昭陵, 24대 원종)	1274년	–	대나무, 소나무
15	고릉 (高陵, 25대 충렬왕 비 제국대장공주)	1297년	매 면돌에 십이지 수수인신 좌상 부조	벽화 흔적
16	명릉 (明陵, 29대 충목왕)	1349년	–	나비, 꽃, 나무
*	명릉군 제2릉	–	십이지 수수인신 입상 부조	–
*	명릉군 제3릉	–	십이지신상 부조(두부 흠결)	–
17	총릉 (聰陵, 30대 충정왕)	1351년	–	벽화 흔적
18	칠릉떼 4릉	고려 말	–	벽화 흔적
19	칠릉떼 7릉	–	12신상 없음	–
*	칠릉떼 2릉	–	매면돌 십이지 수수인신 좌 상 선각	–
*	칠릉떼 3릉	–	매면돌 십이지 수관인신 입 상 부조	내부 발굴 않음
*	칠릉떼 5릉	–	매면돌 십이지상(마멸 심함)	–
*	고읍리 1호 석실 봉토묘	–	십이지 수수인신 입상 부조	(벽화 언급 없음)
20	파주 서곡리 1호 권준 묘	1352년	병풍돌 시설 없음	십이지 수관인신상(좌상 4, 나머지 입상) 북벽: 자(좌상) 동벽: 축-인-묘-진-사 (축-좌상) 남벽: 오(좌상) 서벽: 미-신-유-술-해 (해-좌상)
*	정릉 (正陵, 노국공주릉)	1372년	십이지 수관인신 입상 부조	–
21	현릉 (玄陵, 31대 공민왕)	1372년	십이지 수관인신 입상 부조 (정릉과 동일)	십이지 수관인신상 벽화, 운문도 북벽: 술-해-자-축 동벽: 인-묘-진-사 서벽: 오-미-신-유
22	밀양 박익(朴翊) 묘	1420년	–	동벽, 서벽: 매화, 대나무, 인물 풍속 남벽: 말과 마부

묵선으로 그린 둥근 별 20여 개와 연결선, 해와 달(원반), 천구원(지름 150cm가량 두터운 먹선)	장단군 진서면 법당방 산록	1947	이홍직(1954)	십이지, 일월성신도. • 대송원보 (1225~1227년 주조) 출토
–	개풍군 청교면 양릉리 수락 암동	1916	『조선고적도보』 7책 (1925)	십이지, 사신도
천문도	개풍군 소릉리	–	왕성수(1990-2)	천문도
지름 5cm가량의 붉은색 둥근 별 4개	개풍군 해선리	1978	김종혁(1986-2), 김인철(2002)	십이지, 천문도
천문도	개풍군 연릉리	–	왕성수(1990-2)	천문도
–	개성시 중서면 명릉동	1916	조선총독부(1916)	십이지
–	개성시 중서면 명릉동	1916	조선총독부(1916)	십이지
–	개풍군 오산리	–	김종혁(1986-2), 김인철(2002)	.
북두칠성	개풍군 해선리	–	김종혁(1986-2)	천문도
천장 북쪽에 지름 3cm 붉은색 별 6개, 검은색 연결선, 천장 남쪽에 동일한 크기 3성	개풍군 해선리	1916, 1983	김인철(2002)	천문도
–	개풍군 해선리	1916, 1983	김인철(2002)	십이지
–	개풍군 해선리	1916, 1983	김인철(2002)	십이지
–	개풍군 해선리	1916, 1983	김인철(2002)	십이지
–	개성시 장풍군 고읍리	1994	김인철(2002)	십이지. • 해동통보(1102년 주조) 출토
천구원(지름 190cm, 백색 선), 북극삼성, 북두칠성(연결선), 해와 달(?), (별 크기 6cm가량, 해는 7cm, 별과 연결선 모두 흰색)	개풍군 장단면 서곡리	1991	문화재연구소(1993)	일월 북극−북두칠성 천문도
–	개풍군 해선리 봉명산 남록	1956	전주농(1960, 1963)	십이지
붉은색 해와 누런색 달(지름 13cm) 북쪽: 북두칠성, 보성 남쪽: 쌍삼성(남두육성의 변형?) (별, 연결선 모두 붉은색, 별 지름 6cm)	개풍군 해선리 봉명산 남록	1956	전주농(1960, 1963)	십이지와 일월남북두 천문도
성수도 흔적 (파주 서곡리 천문도와 유사?)	밀양시 청도면 고법리	2000	심봉근(2002)	천문도

3부

–

조선편

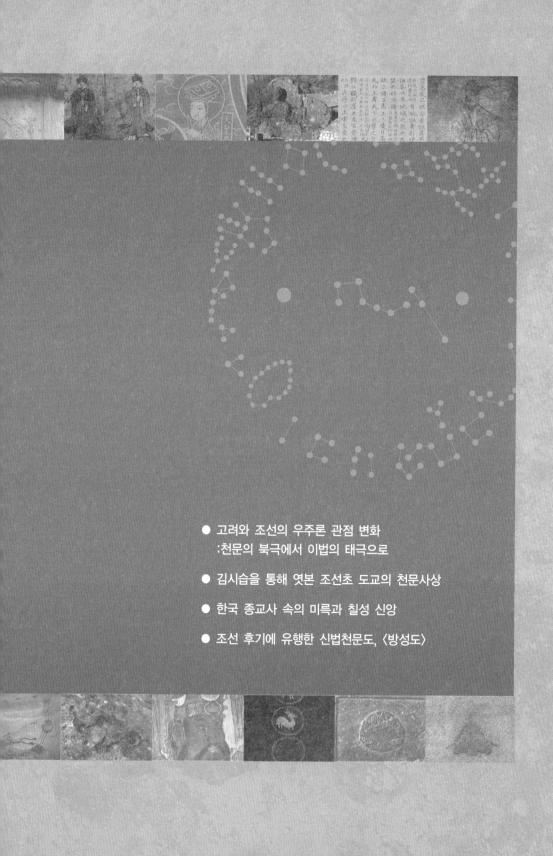

고려와 조선의 우주론 관점 변화
: 천문의 북극에서 이법의 태극으로

고려와 조선에서 하늘을 바라보는 관점에 큰 변화가 일어난 까닭은 무엇보다 제천 의례 혁파에서 찾을 수 있다. 명나라의 제후를 자처한 조선은 천자만이 하늘을 독점할 수 있다는 전근대 성리학적 질서론에 편입되고자 하였고, 건국 직후부터 조선의 위정자와 유자들은 수천년을 이어온 기존 제천례를 혁파할 것을 스스로 제기하였다. 태종, 세종 연간을 거치면서 이미 하늘의 상제에 대한 제천례가 분명한 존화종법적 자의식에 의거하여 국가 공식 의례에서 배제되었고, 건국 시조의 제천 배향조차 허락되지 않았다.

동서양의 우주론 개념

우주론(cosmology)은 우리 배후에 상정되는 매우 거대한 실재(reality)에 대한 논의다. 그 실재는 인격적 존재일 수도 있고, 비인격적 존재일 수도 있다. 다시 인격적 존재는 인간 세계에 직접 관여하는 주재신일 수도 있고, 퇴화하여 근원자로 원격화된 의례신일 수도 있다. 비인격적 존재 역시 복합적이다. 인간의 관념성을 끝없이 잡아매는 규범적인 이법자일 수도 있고, 외물적 우주 만유에 구심성을 제공하는 중심자일 수도 있다.[1]

서양에서 우주론이 혼돈(chaos)과 질서(cosmos)에 대한 변증론이라면, 동양에서 우주론은 하늘과 인간 사이의 합일과 분리에 대한 관계론이라 할 수 있다. 관계론이기에 하늘과 인간은 서로 이상적인 관계 설정을 끝없이 모색하며, 변증론이기에 혼돈과 질서는 서로를 넘어서야 하는 경쟁 관계에 놓인다. 그래서 서양의 우주론은 경쟁을 넘어서 종국에는 질서의 주재자에 편입되어야 하는 신론(神論, theism)으로 전환되며, 동양의 우주론은 천인의 상관 관계를 논하는 천론(天論)으로 표출되고 다시 우주와 인간의 질서 관계를 논하는 역론(易論)으로 펼쳐진다.

전통적인 사유에서 동양은 우주론이라는 말을 따로 성립시키지 않았다. 서양의 신론에 대해서는 천론이 대비되고, 코스몰로지에 대해서는 역론이 대응된다고 할 만하다. 이런 점에서 서양의 신학(神學)에 대하여 동양에서 천학(天學)과 역학(易學)

---

1. 우주론의 배후를 물형적으로 보는가 아니면 관념적으로 보는가의 차이도 있다. 중국이 천지인 구도에서 다분히 물형적 우주를 전제하였다면, 인도 불교는 무색계와 법계를 내세우듯 상당히 관념적인 우주를 추구하였다.

이라는 분야가 성립된 이유를 다소 짐작하게 된다. 천학이 점성학을 포함하여 물형적인 천체 운행 문제에 관심을 기울였다면 역학은 우주 자연의 변화 원리 문제를 형이상학적으로 풀어내는 데 더욱 치중하였다.

그리고 동양의 우주라는 말에 이미 시간과 공간으로 펼쳐지는 시공일여의 합일 질서를 추구하려는 역론적 관점이 짙게 깔려 있다. 『회남자』와 『설문해자(說文解字)』에 따르면, 우(宇)는 천지 사방상하 육합의 공간적 우주이며, 주(宙)는 고왕미래(古往未來)의 시간적 우주이다. 이 시공의 두 축이 불가분 불가리(不可分 不可離)하여 분리되는 성격이 아니라는 맥락에서 우주(宇宙)라 합용하는 말이 생겨난 것이다. 심하게 말하자면 동양적 우주란 시간과 공간의 일치 문제이기도 한 것이다. 역(易)의 자형적 의미를 일월합명(日月合明)에서 찾듯이 일월의 천체운행은 천학뿐 아니라 역학의 기본 주제이기도 하였는데, 지상의 인간은 천공을 운행하는 일월을 통하여 열두 달 이십사절기와 같은 시간의 벼리를 건립하였고, 그 시간의 질서 속에서 인간의 공간적 활동 방향이 정초된다는 믿음이 동양 고대에 제출되었던 월령(月令) 사상 혹은 명당(明堂) 사상이기도 하다. 이 흐름은 진한대에 괘기역학(卦氣易學)의 우주론 분야로 확장되었으며 이 분야는 후일 상수학(象數學)이라 일컬어졌다. 주역의 괘상(卦象)으로 절기의 시간 변화를 읽어내려 한 동양적 역론의 사유 초석이 이것이라 해도 과언이 아닐 정도이다.

이렇게 역론(易論)은 동양적 우주론의 바탕이다. 동양에서는 하늘과 인간, 하늘과 땅, 인간과 사회, 자연과 인간, 시간과 공간 등 많은 대립적 관계항을 하나의 유기적 시스템 안에 질서 있게 품어 내려 하였다. 인간이 원원한 하늘과의 관계 설정을 가장 근원적 주제로 내세워 왔다는 점에서 하늘을 둘러싼 천론의 고찰은 그러한 복합적인 역론 가운데 동양적 역론, 곧 동양적 우주론과 질서론에 중심 테제를 제공한다고 여겨진다.

그러므로 우리 역사에서 우주론의 변화를 고찰하는 데에는 우선 하늘에 대한 이해의 관점이 중요한 키워드가 된다. 이에 고려와 조선을 대비함으로써 한국사에서 우주론의 사유 변화가 보이는 몇 가지 측면을 짚어 보고자 한다.

하늘의 상실과 천론의 변화

고려와 조선이라는 두 시대를 하나의 검토 대상으로 놓는 것이 위험한 작업이기도 하지만, 현재 우리의 역사적 준거가 대부분 조선적인 사유 지형에 익숙하다는 점을 감안하면 때론 이것이 되려 권장할 만하다고 생각한다. 그래서 우리 역사 속에서 우리 사유 양식의 다양성을 확장할 수 있다면 우리 학문의 역사학적 인문성이 좀 더 유연해지는 보람이 있을 것이다.

고려와 조선에서 하늘을 바라보는 관점에 큰 변화가 생긴 까닭은 무엇보다 제천 의례 혁파에서 찾을 수 있다. 명나라의 제후를 자처한 조선은 천자만이 하늘을 독점할 수 있다는 전근대 성리학적 질서론에 편입하고자 하였고, 건국 직후부터 조선의 위정자와 유자들은 수천년을 이어온 기존 제천례를 혁파할 것을 스스로 제기하였다.

건국한 지 한 달도 안 되는 태조 원년(1392) 8월 11일 예조전서(禮曹典書) 조박(趙璞) 등이 고려 전례(典禮)의 혁파 방안을 건의하였는데, 상서문을 보면 도교와 불교의 예제 폐지를 주장하면서 더불어 "원구(圓丘)는 천자가 하늘에 제사 지내는 의절이니, 이를 폐지하기를 청합니다."라고 하였다(『조선왕조실록』, 「태조실록」).[2]

태종 10년(1410) 12월 25일의 실록에서 예조가 "옛부터 나라를 차지한 바는 반드시 시조(始祖)를 상제(上帝)에 배향하여 제사하였으니, 청컨대 정월 10일에 태조를 남교사(南郊祀)에 배향하소서."하고 건의하였으나, 이에 대해 정부 고위 관료들은 오히려 "시조를 하늘에 배향하는 것은 천자의 일이니, 번국(藩國)에 있어서는 일찍이 듣지 못하였습니다. 지금 예조에서 갑자기 예(禮)에 참람하게 신문(申聞)하였으니, 마땅히 유사(攸司)로 하여금 핵문(劾問)해야 합니다." 하였다. 이를 듣고 태종은 "내가 이미 그른 줄 알고 궁중에 머물러 두고 내리지 않았다. 세시(歲時, 설)가 이미 가까웠으니 하옥(下獄)할 수는 없다."라 하였다.

태종 14년(1414) 5월 13일, 병조판서 이응(李膺)이 우사(雩祀)를 당하여 하늘에 제사를 지내고 비를 비는 의례를 행할 것을 청하자, 태종 스스로 "천자가 된 뒤에야

---

2. 서울시스템(주), 『증보판 CD-ROM 국역조선왕조실록』(1997) 참조

천지에 제사 지내니, 참람한 예를 행할 수가 없다."라 거절하였다. 세종 원년(1419) 6월 7일에도 변계량(卞季良)이 가뭄이 심하므로 원단의 제천례를 다시 하자고 요청하였으나, 세종이 "참람한 예는 행함이 불가하다." 하였다.

이처럼 태종, 세종 연간을 거치면서 이미 하늘의 상제에 대한 제천례가 스스로의 분명한 존화종법적 자의식에 의거하여 국가 공식 예제에서 배제되었고,[3] 건국 시조의 제천 배향조차 허락되지 않았다.

그럼에도 아직 하늘 제사를 주관하는 소격서가 남아 있어 소중화적 성리학 질서를 완전히 구축하지 못하였다.[4] 그렇지만 이 같은 인식이 성립되자 소격서도 더 공존할 수는 없었다. 조선의 사상을 독점하려던 성리학자들은 이마저 용납할 수 없었던 것이다. 고려 이래 도교 의례를 전담하던 소격서가 남아 있어 그나마 옛부터 내려오던 제천의 제장(祭場)이 명맥을 유지하여 왔으나, 사림의 혁명을 이룬 중종 연간 성리학 근본주의자라 할 수 있는 소학주의자 조광조(趙光祖, 1482~1519)가 밤을 세워 연일 주야로 혁파 상소와 가납 면대로 압박한 끝에 드디어 소격서 혁파에 성공을 거두게 되었다.[5] 그 뒤 부활을 거듭하였지만 대세를 거스를 수 없어 조선조

---

3. 김해영, 「조선 초기 祀典에 관한 연구」, 한국정신문화연구원, 1994

4. 세종 31년(1449) 7월 4일조에서 영의정 황희가 가뭄의 재앙이 금년에 더욱 심하므로 비를 비는 기우 제천을 일시적이나마 원단(圓壇)에서 거행하기를 청하였는데, 세종이 답하기를, "비록 원단에 제사를 드린다 하더라도 비가 꼭 온다고 할 수 없는 것인데, 만일 행하고서 비가 온다면 참례(僭禮)라는 이름만 얻게 되니, 다만 소격전(昭格殿)이 비록 이단(異端)의 일이기는 하나 역시 하늘에 제사드리는 것이니, 동궁(東宮)으로 하여금 친히 기도하게 함이 어떻겠는가." 하였다. 이에 의정부에서 "소격전에 친행하는 것은 옛적에도 없던 바이며, 또 대신이 이미 대행하였사온데, 하필 친히 행할 것이 있겠습니까."라 아뢰었다. 이것은 국왕이 직접 원단 제천을 거행함은 참례에 걸리니 불가하고, 그 대신 기우 제천을 소격전에서 동궁으로 하여금 대행케 하는 절충안을 세종이 제시하고 의정부가 받아들이는 장면이다. 결국 조선 초기 원단 제천의 혁파로 비롯된 제천의 의례적 공백을 도교의 소격전이 대행하고 있음을 보여 준다.

5. 이긍익(李肯翊, 1736~1806)의 『연려실기술』에 묘사된 기묘사화 기사를 통하여 이 과정을 살펴보자. "중종 13년(1518) 무인년에 양사(兩司)와 옥당 예문관(玉堂 藝文館)에서 서로 다투어 소장(疏章)을 올려 소격서 혁파를 상소하였으나 여러 달이 지나도 허락지 않았다. 이때 홍문관 부제학 조광조가 면대(面對)를 신청하여 극론(極論)하였고, 다음날 또 동료들과 함께 합문에 엎드려 네 차례에 걸쳐 장계를 올렸으나 역시 허락지 않는지라 조광조가 승지에게 이르기를, '윤허를 받지 못하면 오늘은 물러가지 않겠다' 하였다. 날이 저물자 대간들이 다 집으로 돌아가니 조광조가 결심을 하고 동료들에게 '우리는 비록 죄책을 당하더라도 마땅히 정성을 다해 아뢰어 밤새도록 가지 말고 기어이 임금의 마음을 돌릴 것을 기하여야 하겠소.' 하고는 닭이 울 때까지 아뢰기를 그치지 않았다. 이에 임금이 '이 일을 어찌 허락지 않으리오마는 그 내력이 이미 오래 되었기에 없애기 어려워 그랬던 것이니 내일 대신들과 상의하여 혁파하겠노라.' 하였다." 드디어 조광조의 압력에 중종이 굴복

전반기가 끝나가면서[6] 조선에는 제천을 공식 제도로 주관할 수 있는 통로가 완전히 사라져 버렸다.

그렇지만 농경 제일주의를 내세우던 조선조는 기우제가 필요한 농업 사회의 현실적 정치적 요청을 외면하지는 못했다. 이에 기우로서의 원단례[7]와 더불어 숭유억불 정책 아래 음사로 내쳤던 무속(巫俗)과 승속(僧俗)에게 실질적인 기우 의례를 주관케 하는 편법이 동원되었다. 기우제에 제사되는 신위가 제천의 천신인가 아닌가 그 성격 규정을 둘러싸고 논란을 벌일 정도로 기우제조차 거부하려 하였지만 그마저 폐지할 경우 농경의 이념적 기반이 무너지게 되므로 결국 완전히 봉쇄하지는 못하고 권도(權道)라는 방편으로 무불(巫佛)에 편법을 허용하게 되었던 것이다. 이들 기우례가 성리학의 국가 공식 제천례제로 수용되지 못하였다는 점에서 이것은 일종의 변법의 역사라 할 수 있다.[8] 조선 사회의 예속이나 풍속을 들여다볼 때 마을

한 것이다.

　이 대목에 이긍익의 논평이 덧붙어져 있는데, "그때 승지들은 책상에 기대어 졸며 괴로워하고 있었다. 지엄한 대내에서 중사(中使)가 밤새도록 함부로 출입하며 여러 번 아뢰기를 그치지 않았으니 임금인들 어찌 귀찮지 않았겠으랴. 신하된 사람은 임금에게 간할 때 기회를 보아 아뢰어서 임금 스스로 깨우치도록 하여야지 이같이 핍박해서는 무사할 수 없는 것이다."라 하여, 조광조의 집요한 태도를 비판하고 있다. : 이능화 지음, 이종은 역주, 『조선도교사』, 보성문화사, 1992 참조

　「중종실록」을 살펴보면, 중종 13년 8월 1일 상소문에서 조광조가 소격서 혁파에 대한 자신의 사상적 논변을 장황하게 개진하였고, 8월 22일부터 9월 2일까지 거의 매일 하루에도 수차례 상소와 면대를 거듭하였으며, 드디어 9월 2일 밤에는 철야로 혁파를 압박하여 가납을 받아낸 끝에 9월 3일 공식적으로 소격서 혁파가 하교되었다. 실록에서는 이날 새벽의 일을 이렇게 기록한다. "신의 마음은 동료들과 밤새도록 논집하여 비록 벌을 받더라도 사피하지 않고 반드시 성상의 뜻을 돌리기를 목표로 하였는데, 이제 전교를 들으니 감격이 실로 큽니다. 어찌 소격서를 혁파하는 것 때문에 이처럼 기쁘겠습니까?… 아마도 여러 사람은 아직 성상의 뜻을 모를 듯하니, 지금 밤이 깊었지만 대간을 불러 그 뜻을 말씀하시는 것이 좋겠습니다." 하였다.

6. 이수광(李睟光, 1563~1628)의 『지봉유설』에서는 "임진병란 후에 이내 폐지되고 회복하지 않았다." 하였으니, 임진왜란 이후에 소격서가 완전히 혁파되었음을 알 수 있다. : 이능화, 『조선도교사』 참조

7. 태조 3년 8월 21일조에서, 예조가 "우리나라에서는 삼국시대 이래로 원구단(圓丘壇)에서 하늘에 제사를 올리고 기곡(祈穀)과 기우(祈雨)를 행한 지 이미 오래 되었으니, 경솔하게 폐할 수 없습니다. 사전(祀典)에 기록하여 옛날 제도를 회복하되 이름을 원단(圓壇)이라 고쳐 부르기 바랍니다." 하였는데, 이로부터 원구단을 원단으로 개칭하되, 일반 제천례전으로서가 아닌 기우례를 행하는 곳으로 사용하였다.

8. 세종조에 정리된 오례(五禮) 찬정에서 길례(吉禮)의 대사(大祀)에는 사직과 종묘의 둘만 입전시켜, 제천 항목 자체를 배제하였다. 이에 따라 기우 원단례는 대사의 제천례가 아니라 중사(中祀)의 풍운뢰우의(風雲雷雨儀)로 들어가 있으며, 무불의 기우례는 상정조차 되지 않았다. 우사단(雩祀壇)에서 여는 기우의도 호천상제(昊天上帝)에 대한 제천이 아니라 구망(句芒), 축융(祝融) 등 오관신(五官神)에 대한 제향으로 하향 규정되어

마다 민간신앙적인 기우례와 관련된 설화나 담론이 많이 발견되는 까닭은 이 같은 제천례의 편법 운영에서 말미암은 흔적이라고 볼 수도 있는 것이다.

조선 전기에 이 같은 일련의 제천 혁파 과정이 전반적으로 성공을 거둠에 따라 우리 사회에서 국가 제천과 같은 공식적인 예전을 더는 찾아볼 수 없게 되었다. 우리의 긴 역사에서 보자면 이것은 분명 혁명에 가까운 문화 변동이라 이를 만하다. 달리 보면 수천 년을 이어오면서 인간의 원원한 배경이 되어 왔던 하늘의 상실이라 이를 수도 있다. 소박하였든 제도화되었든 삼국시대 전부터 고려조에 이르기까지 제천의 중요성과 제천의 통로가 확대 일로를 걸어오다가 조선조에 들어서 공적인 하늘의 상실로 마무리된 것이다.

이런 변화는 다시 하늘을 둘러싼 논의의 흐름을 바꾸는 것으로 이어진다. 고려 사회가 제천 통로를 다양하게 확보하면서 다양한 신격을 제출하여 복합적 천론을 지향했다면 조선 사회에서는 천(天)의 작용적 측면에 대한 논의가 중심에서 멀어진다. 그래서 조선조 성리학의 우주론에서는 실재적인 천론이 커다란 비중을 차지하지 못하고 형이상학적 이념이 논의 중심으로 밀려들어온다. 제천례가 지속되었다면, 분명 제천의 주신 문제와 제장 문제, 제천 시기 문제 등 매우 구체적이고 교류적인 천론들이 개진되었을 테지만 이런 논의를 조선조 성리학자들의 글에서 찾아보기 어려운 것은 당연한 일이 되고 말았다.[9]

다원화된 고려의 하늘

고려 사회로 들어가 고려인이 지향한 제천과 하늘의 이해 문제를 살펴보면, 무엇보다 국가 제천 형식이 상당히 복합적이었다는 점이 주목을 끈다.[10] 흔히 국가 제

있다. 이처럼 조선조의 공식 예전에서는 어디에도 기우제가 제천례로 규정되지 않았으며, 하늘의 상제에 대한 제천례로 거행된 것도 아니었다.

9. 김일권, 「동양 천문의 범주와 그 세계관적인 역할 : 고려와 조선의 하늘 이해를 덧붙여」(『정신문화연구』 94호, 2004년 봄호)에서 천문사상과 제천의 문제에 대해 언급하였다.

10. 다음 논문 등에서 고려시대의 천신론과 제천례를 다루었다. 본 장에서는 거기에서 개진된 내용 몇 가지를

천의례라 하면 협의의 유교적 방식을 떠올리게 되지만, 관점을 개방했을 때 하늘에 대한 공적인 제사 일반을 지칭하는 보편화 관점을 상정할 필요가 있다. 세계 종교사로 눈을 돌려 보면 비록 내용은 다를지라도 다양한 하늘에 대한 제례를 그 문화권의 세계관으로 형식화하는 것을 볼 수 있다.

고려시대의 국가 제천의례 전통도 이 같은 보편적 맥락에서 접근하였을 때 비로소 다양한 관점이 드러난다. 고대 동아시아 문화권에서 유교적 제천례의 역사적 의미가 결코 적지 않음에도 실제 한국사를 들여다보면 유교적 제천례는 비중이 그리 크지 않았음을 발견하게 된다. 삼국시대의 제천의례는 유교 제도적 측면보다는 부여의 영고(迎鼓) 제천, 고구려의 동맹(東盟) 제천 등에서 보이듯이 유교 이전의 자문화 전통 측면에서 접근되며, 고려의 유교식 제천의례 역시 성종대에 비록 원구(圜丘) 제천으로 도입되었지만 고려시대 전체를 대표할 만한 중심 흐름에 자리 잡지는 않았다. 더욱이 성리학에서 건국 이념을 찾은 조선시대에는 존명 사대주의에 걸려 유교적 제천의례를 스스로 포기하였기 때문에 제천례를 둘러싼 숱한 논쟁에 비한다면 원구 제천이 한국사에서 차지하는 의의는 크지 않다고 할 만하다.

고려조의 제천 범주를 대별해 보면 국왕 친제 형식의 도교적 재초(齋醮) 의례나 불교적 도량(道場) 의례, 무속적 기우 의례도 국가 차원의 제천의례로 재조망할 여지가 많다. 유교적 제천은 성종 2년(983) 원구 기곡사(祈穀祀)로 전개되었고, 예종 2년(1110) 6월 "무진삭일(戊辰朔日)에 왕이 봉은사(奉恩寺)로 행차하였는데 기사일(己巳日) 이 절에서 친히 제천하였다"는 기록은 사찰에서 불교식 제천의례를 봉행하였음을 드러낸다. 의종 원년(1151) 내전에서 "태일 친초(太一 親醮)"하였다 하고, 선종 4년(1087) "문덕전(文德殿)에서 풍우조순(風雨調順)을 위해 태일 친초"하였다는 등의 기록은 왕이 친히 궐에서 초제(醮祭) 형식을 빌어 도교식 제천의례를 거행하였음을

본고의 논지와 관련하여 재론하는 정도로 언급하였다.

김일권, 「고려시대의 다원적 지고신 관념과 그 의례사상사적 배경」, 『한국문화』 제29집, 서울대 한국문화연구소, 2002ㄷ. 6

_____, 「고려시대 국가 제천의례의 다원성 연구」, 『고려시대의 종교문화 : 그 역사적 상황과 복합성』, 윤이흠 외 공저, 서울대출판부, 2002ㅂ. 12

_____, 「전통시대의 삼교 교섭과 공존의 문화: 고려시대의 다종교 상황을 중심으로」, 『한국문화와 종교적 다양성 : 갈등을 넘어서』, 한국정신문화연구원, 2003ㅅ. 12

보여 준다.

제천 빈도를 조사해 보면, 『고려사』 「예지」의 길례 대사(吉禮 大祀) 첫 부분에 편제되어 제일의(第一義)적 의미가 부여된 원구사(圓丘祀)에 대한 용례는 『고려사』 「세가」 전체에서 겨우 14번 정도 나타난 반면에, 도교적 제천례인 초재는 「세가」에서만 무려 183번이나 설행되었다. 더구나 원구사 14번 중에서 4번 정도(성종 2년, 현종 22년, 인종 22년, 공민왕 19년)만이 유교적 최고 사전에 걸맞은 정월 원구 제천으로 거행되었으며, 나머지는 주로 4, 5월을 시기로 삼는 기우 원구사였다. 기우 원구는 유교 제천의 본령이 아니다.[11] 이 점은 『고려사』 「예지」의 찬자가 고려의 제천 역사를 성리학적 입장에서 재구성해 놓았음을 시사한다. 오히려 「예지」 '잡사'로 몰아놓은 부분이 실상은 고려의 중심 역사였을 것으로 생각하게 된다.

따라서 실제 설행 빈도가 소략한 정월 원구사를 고려의 최고 국가의례로 내세운 것은 『고려사』 「예지」 찬자들이 유교적 호교론에 입각하여 의도적으로 강조한 것이며 역사적 실제와는 거리가 먼 기술임을 확인하게 된다. 매년 여는 제천이었기 때문에 기록하지 않았다고 볼 수도 있으나, 다른 의례 기록들을 비교하면 그렇게 보기가 쉽지 않다. 매년 11월 보름에 열리던 중동 팔관회(서경은 매년 10월 보름)의 경우 「세가」에서 130번 정도 빈출되었으며, 매년 2월이나 정월 보름으로 개설된 상원 연등대회는 무려 170번가량 기록되어 있다.

또한 이상하리만치 『고려사』 「세가」에 빈발하던 불교의 도량 의례가 「예지」에는 전혀 기록되지 않았다. 비록 「예지」가 성리학 사관에 입각하여 편찬되었다 하더라도 공식 차원에서 이루어진 고려의 예론(禮論)과 예제는 어느 정도 기탄 없이 기록되었어야 할 것이다. 「예지」에서 불교 의례가 완전히 배제됨에 따라 고려에 대한 우리의 이해는 심각한 불균형으로 이끌리게 되었다.

「세가」에 실린 자료를 중심으로 분석하더라도 불교의 각종 도량의례 중에 제석천, 마리지천, 공덕천, 사천왕 등을 모신 것은 일종의 불교적 제천의례로 조망될 수

---

11. 김일권, 「위진남북조 시기의 교사제도 변천과 천문사상」(『진단학보』 86호, 진단학회, 1998ㅁ. 12) ; 「진한대의 교사제도와 국가제천의례 변천과정」(『중국사연구』 제24집, 중국사학회, 2003ㄷ. 6월)에서 제천의 중심 형식과 그 변천 문제를 다루있다.

있다. 특히 천제석(天帝釋) 도량의례는 대개 정월 혹은 2월을 개설 시기로 삼는 국가의례로, 새해를 맞이하여 나라와 백성의 근원인 하늘에 예를 올리는 신년 제천의례 성격으로 설행되었다. 태조 왕건(918~943 재위)의 천수(天授) 2년(919)에 이미 내제석사(內帝釋寺)를, 천수 7년(924)에 외제석원(外帝釋院)을 창건하였고, 문종 14년(1060)에 처음으로 정월 제석도량을 열었고, 마지막 공양왕대에 이르기까지 천제석 도량의례는 꾸준하게 지속되었다. 고려의 대표적인 대사급(大祀級) 불교 제천의례였던 셈이다.

천제석이라는 말은 동어반복어로서 '天 = 帝釋'의 관계를 보여 주며, 『삼국유사』의 일연이 단군 신화를 편찬하면서 최고 하늘신인 환인을 석제(釋帝)로 격의(格義) 해석한 점 등을 미루어볼 때 당시 고려인들에게 제석은 하늘의 불교적 최고 천신을 의미했을 것으로 짐작된다. 여기에는 삼국시대 이래의 전통적 제천의식과 습합된 측면도 담겨 있다. 다시 말하면, 불교적 세계관 아래 불법을 수호하는 호법 신중의 하나로서가 아니라, 국가와 민생의 근원이면서 지고한 하늘을 주재하는 보편적 지고신으로서 불교의 최고 천신인 천제석이 내세워졌던 것이다. 고대 제천 전통의 고려적 재해석이면서 불교 신관으로써 전통 천 관념을 격의한 것이라 하겠다.

이를 보면 『고려사』 「예지」의 내용을 통하여 고려시대의 제천 현상을 이해하는 것이 얼마나 역사와 동떨어졌는지 잘 드러난다. 현대의 우리 학계도 조선조 학자들의 편향된 시각을 아직 극복하지 못한 연장선상에 있다고 여겨진다. 기존 연구사와 사료에 대한 비판적 안목을 강화할 필요가 있으며, 좀 더 다양한 준거와 분석을 통하여 고려시대의 역사 지형을 더 객관적으로 조망해 내기를 요청한다.

제천의 역사는 제천의 주신(主神) 역사도 함께 전제한다. 우리 역사에서 제출되었던 지고 천신을 살펴보면, 우선 『광개토태왕비』, 『삼국사기』 등 고대 사료에서는 천제(天帝)와 황천(皇天), 상제(上帝), 천(天) 등의 용법이 비교적 주류를 이루는 가운데 천제 관념이 강하였다면, 고려시대에는 그 같은 천제에 대한 용법이 거의 보이지 않는다. 그 대신 『고려사』에 나타난 지고 천신의 명칭을 분석하면 성스러운 하늘의 임금을 의미하는 황천상제(皇天上帝)가 가장 빈번하다. 또한 도교적 천문성수 우주론과 연관되는 태일(太一)과 천황(天皇)이 두드러지는 점도 주목을 끄는데, 이는 고려시대에 도교 세계관이 크게 영향을 발휘했을 것임을 시사한다. 그 다음, 상천(上天), 호천(昊天)도 많이 보인다. 특히 호천에 대한 관념은 『주례(周禮)』를 기반에 둔 유가적 의리론 맥락과 연관된다는 점에서 고려시대에 유교적 제천의례가 공식 수용되는 측면을 떠올리게 한다. 고려사에는 황천(皇天)이 34건, 태일(太一)이 28건, 상천(上天)이 25건, 상제(上帝)가 24건, 호천(昊天)이 9건, 천황(天皇)이 4건 나온다. 이처럼 다양한 지고천신이 공존하여 고려의 하늘을 다원화하고 있었다.

비천문적 우주론의 대두

우주론 변동과 관련하여 또 하나 주목할 만한 점은 하늘의 구체적인 질서론과 연관되는 천문에 대한 관점 변화다. 고려가 국가적 천문 시스템을 운영하면서 북극성을 중심으로 삼는 천문우주론을 지향했다면, 조선에 이르러서는 고대 동아시아 사회가 주목했던 북극성의 주재성과 상징성이 약해진 대신에 태극이라는 비천문적 우주론이 대두하면서 천(天)과 지(地)라는 물형적 천론에 천문을 종속시켰다. 성왕(聖王)이 추구해야 할 10가지 우주론 테제를 내세운 퇴계 이황의 『성학십도(聖學十圖)』에는 무극이태극(無極而太極) 논변을 담은 성리학의 『태극도설(太極圖說)』이 첫머리로 제시되었다. 이후 조선 성리학자들의 우주론 인식은 태극도설로 시작하는 이 문제의식에서 크게 벗어나지 않는다.

천문은 매우 거시적으로 보자면 하늘의 문제다.[12] 동아시아가 추구하던 하늘은 어떠한 것이었으며, 그 하늘은 다시 한국사에서 어떠한 것이었는지 고민하는 문제이기도 하다. 하늘에는 두 가지가 있다. 하나는 원기호대(元氣昊大)한 물형적 하늘이며, 다른 하나는 신성이 깃들어 있는 영명한 하늘이다.[13] 역사상 이 각각에 기반

---

12. 이하 본 장의 내용은 김일권, 「동양 천문의 범주와 그 세계관적인 역할」(2004)의 결론 부분에서 개진된 바 있다.

13. 다산 정약용(丁若鏞, 1762~1836)은 하늘을 ① 창창유형지천(蒼蒼有形之天)과 ② 영명주재지천(靈明主宰之天)으로 나누었으며, 자연계의 사물로서 가시적이고 형체가 있는 머리 위의 푸른 하늘(蒼蒼大圜)과, 자연계를 초월하는 형이상적 존재(自地以上)가 모두 천(天)이라 불리지만 원래 구분되어야 할 것이라 하였다. "臣以爲

을 둔 하늘의 임금이 둘 있다. 양한(兩漢) 대에는 후자의 맥락을 바탕으로 한 것으로서 성스러운 하늘을 주재하는 임금이라는 의미로 황천상제를 제출하여 숭봉하였다. 그 반면에 서진 이래 수당으로 가면 신비성이 옅은 전자의 맥락에 따른 호천상제(昊天上帝)를 숭봉하였다. 황천상제는 『상서(尙書)』와 『예기(禮記)』에 실렸고 호천상제는 『주례』에만 등장했지만, 둘 다 하늘의 돌보심을 받아 은혜를 입었다는 주나라의 고대 인격신 개념에서 출발한 것이다. 그럼에도 후대의 성리학에서는 호천상제를 더욱 선호하였으며 삼국시대, 특히 고려시대에서는 황천상제를 훨씬 선호하였다.[14]

그 선호 이면에는 하늘을 받아들이는 관점의 차이가 동반된다. 조선조 성리학자들은 하늘을 사실상 인격신으로 보는 것마저 거부하고 이법신(理法神, deism)으로 자리매김하는 경향이 강하였다. 삼교의 교섭성이 누구보다 강하던 김시습(金時習, 1435~1493)조차 "하늘을 공경하는 것(敬天)은 예이지만, 하늘에 제사 지내는 것(祭天)은 예가 아니다. 별을 존경하는 것(尊星)은 예이지만, 별에 제사 지내는 것(祭星)은 예가 아니다."[15]라 하여 이법신으로의 경향성 단초를 내보이고 있다.

또한 조선 중기 누구보다 의리학적이 아닌 다분히 상수학적인 자연관을 담아내고자 하였던 장현광(張顯光, 1554~1637) 역시 『역학도설(易學圖說)』(1609)과 「우주설」(1631)에서 '무극이태극(無極而太極)'이라든가 '원회운세(元會運世)'와 같은 북송 이학자들의 논변을 다루면서 우주 근원에 대한 일종의 인식론 문제를 풀어내려 하였다.[16] 무극이태극 논변은 북송 이학(理學)의 선구자 중 하나였던 주렴계(周濂溪,

高明配天之天, 是蒼蒼有形之天. 維天於穆之天, 是靈明主宰之天."(『여유당전서』 I-8, 中庸策), "先儒言天, 原有二種, 其一以自地以上謂之天, 其一以蒼蒼大圜謂之天."(『여유당전서』 II-4, 中庸講義補). 이러한 다산의 천·상제관을 예수회사 이마두(利瑪竇, Matteo Ricci, 1552~1610)의 천주관과 비교하면서 동양과 서양의 하늘 관념이 충돌 교섭하는 문제가 금장태, 『동서 교섭과 근대한국사상』(성균관대 출판부, 1984)에서 자세히 천착되었다.

14. 김일권, 「고려시대의 다원적 지고신 관념과 그 의례사상사적 배경」, 2002. 6

15. 『매월당집(梅月堂集)』 권17, 「천형(天形)」 제1. 敬天禮也, 祭天非禮也. 尊星禮也, 祭星非禮也. 敬天者 敬其在我之天 不履乎禍機. 尊星者 察其星物之變 不失乎人時. 此古昔先民所以謹天愛人, 萬世不易之 定理也.

16. 장회익, 「조선 후기 초 지식계층의 자연과 : 장현광의 「宇宙說」을 중심으로」, 『한국문화』 11집, 서울대 한국문화연구소, 1988

1017~1073)의 『태극도설』에서 출발하였는데, 질료적인 우주 생성론이라기보다는 우주의 제1원인에 대한 사변적 논증 문제라 할 수 있다. 원회운세론은 역시 북송 5자의 하나였던 소강절(邵康節, 1011~1077)의 『황극경세서(皇極經世書)』에서 제출된 이론으로 율력(律曆)에서 비롯되는 천체론적 시간관의 문제가 아니라 자연계에 내재되어 있는 12와 30을 기초로 한 수비(數秘)의 주기성을 드러내려 한 논의다. 비록 1년의 12월에서 12수를 가져오고 한 달의 30일에서 30수를 가져와서 역론(曆論)에 기초를 둔 듯하지만, 실제 천상(天象)이 지니고 있는 일월교회라든가 오행성의 운동 법칙과는 전혀 이질적인 '규범론적 시간관의 우주론'이라 할 수 있다.

이처럼 송대 이학 이래 조선조 성리학의 우주론은 한당 유학의 우주론이 추구한 천상 율력의 천문 원리나 일월성상의 천체운동 등과는 다른 갈래를 지향하였다. 우주론의 중심축이 본체론 또는 인식론 같은 형이상학적 고민으로 상당히 이동한 것이다. 어디까지나 성리학의 리(理) 중심주의적 테두리 안에서 우주론과 천론, 상수론과 기론을 풀어간 것이라 하겠다.

여기에다 앞서 언급하였듯이 조선조는 제후국으로 자처하여 고려까지 지속된 국가 제천례마저 공식 제도에서 배제함으로써 사실상 다산이 말한 것 중 하나인 영명 주재천(靈明 主宰天)에 대한 고민과 논의가 소외되는 형국을 초래하였다. 바꿔 말하면 조선의 하늘은 하늘을 주재하는 인격신이 사라져 버린 무주공산의 하늘이 된 것이다. 바로 이런 까닭에 조선 중후기에 몰아친 천주학의 천주나 개신교의 유일신(God)이 쉽게 안착된 것이 아니었을까.[17] 실상 지금까지도 이들에 대적할 만한 하늘의 주재자는 나오지 않고 있다.

이러한 조선과 달리 고려조에서는 하늘의 주재성을 놓고 여러 인격신이 제출되어 서로 견제하는 형국이었다. 고려는 유교 외에 불교와 도교가 서로 뒤섞인 복잡성의 시대 또는 다양한 이념이 배제되지 않고 공존하는 다원성의 시대였다. 고려의

---

17. 물론 천주교와 개신교 사이에 다시 도입의 편차가 있다. 천주는 마테오 리치와 다산의 논의에 보이듯이, 동양의 주재신인 상제(上帝)와 격의(格義) 쟁론되거나 대립되는 과정을 거쳤지만, 개신교의 유일신은 천주교가 닦아 놓은 기반 위에 마치 무혈입성하듯 이렇다 할 저항 없이 구한말에 안착된다. 조선에서는 이러한 지고신에 관한 신론이 동서의 하늘 충돌이라는 문명 접변의 핫이슈가 되지 않고 여말의 벽불론(闢佛論)에서 이미 주무기가 된 무부무군(無父無君)이라는 유교의 정치예교적인 형식의 충돌을 더 큰 문제로 삼았다.

지고신 관념으로 가장 선호된 것에는 앞서 말한 한위 시대 맥락의 황천상제, 북극성의 신격이면서 전쟁 수호신인 천황대제(天皇大帝), 진한대 황로학(黃老學)의 도론(道論)을 기초로 제기되었다가 풍우 조순(風雨 調順)이나 기우, 기설 같은 자연 절기 조절과 화재나 역질 등의 기양(祈禳)을 다스리는 주재신으로 널리 숭봉된 태일신(太一神)이 있다. 이와 다른 갈래로 불교의 불천 사상[18]에 기반을 둔 지고신도 공존하였다. 염부제 도리천의 주재자인 제석천주, 구원과 희망의 구세주인 천상의 도솔천주, 사바세계의 주인인 대범천존(大梵天尊) 등이다.

이 같은 복합적인 하늘 구조는 다시 천문 현상에 대한 주재자를 누구로 할 것인가에 대한 천문론으로 옮겨간다. 고려 왕실에서 빈번히 행해지는 재초 의례에는 일반적으로 이해되는 도교의 성수(星宿) 초례만 있는 것이 아니라, 성변 소재(星變 消災)를 위한 불교의 도량 의례도 있었다. 신라 원효의『금광명경주소(金光明經註疏)』에도 보이듯이『금광명경』은 성변이나 천변의 기양 소재에 특히 영험한 것으로 믿어졌다.[19] 천제석 도량, 금강경 도량, 불정 오성(佛頂 五星) 도량 등 각종 성변 소재 도량이 수백 차례 기록되어 있다.[20]

이렇듯 고려의 천문론에는 도교와 불교의 천문사상 문제가 복합화되어 있다. 이러한 고려의 우주론과 천문론 문제에 대해 논의를 진전시킨다면 조선조의 성리학적 우주론과 다른 준거의 관점을 얻을 수 있을 것으로 기대된다.

천문의 신앙 관점에서 들여다볼 때에도, 조선의 천문 성수에서는 현재의 우리에게 잘 이해되듯이 인간의 생사와 길흉화복을 주재한다는 북두칠성에 대한 관심이 지대하였다면, 고려의 천문 시스템에서는 북두칠성이 아니라 일월오성을 비롯한

---

18. 필자는 이러한 고려 불교의 복잡한 천론(天論) 혹은 천주론(天主論)을 풀어보기 위하여 '불천론(佛天論)'이라는 관점을 제기하면서, 천문과 불천이 복합화되는 구조를「고려 치성광불화의 도상 분석과 도불 교섭적 천문사상 연구」(『천태불교학연구』 4집, 천태불교문화연구원, 2003ㄴ. 6월)에서 천착하였다. 이 글은 이 책에 7장으로 실려 있다.

19. 김일권,「원효와 경흥의『금광명경』주소에 나타난 신라의 천문 성수 세계관」(『신라문화』 17·18 합집호, 신라문화연구소, 2000. 12)에서 신라승 원효와 경흥, 승장 등의 금광명경 관련 주석이 일승 간교(願曉, 728~798)의『금광명최승왕경玄樞』 10권(大正藏 No. 2196, 日藏 方等部 章疏 2) 등에 일부 보존되어 전해지고 있어 이를 통하여 신라의 천문 사상을 천착하였다. 이 글은 이 책 3장에 실려 있다.

20. 김형우,「고려시대 국가적 불교행사에 대한 연구」, 동국대 박사학위논문, 1992 참조

하늘의 움직이는 별인 구요(九曜)에 대한 관측과 사상이 『고려사』「천문지」,「오행지」 등에서 중심 논의를 차지한다.

그 맥락을 들여다보면 고려의 구요 중심 천문에는 국가적인 천문 재이론의 관점이 강하며, 조선의 칠성 신앙에는 개인적인 길흉화복이 강화되어 있다.[21] 아마도 조선조에서 이성을 추구하는 성리학자들의 이념과 더불어 세종대의 천문과학 융성기를 거치면서 공적인 국가 천문 영역에서 점성재이론적 색채를 상당히 탈색해 낸 것이 오히려 사적인 민간 천문 영역에서 칠성 신앙 같은 개인 기복적인 점성이 분리 강화된 계기가 되지 않았을까 한다. 요컨대 조선은 국가 천문과 민간 천문이 분리 분절되면서 양극화가 심화된 흐름을 보인다.

이렇게 고려와 조선의 천문 시스템이 사뭇 달랐을 것이라 짚이는 바, 그 속에서 하늘에 대한 이해뿐 아니라 우주론과 자연관에 대한 관점, 천문의 사회적 역할 등도 시대 변동과 더불어 적지 않은 변화를 겪어 왔을 것이다. 이에 대한 심화 연구가 우리의 세계관 준거를 좀 더 다양화하는 계기가 된다면 그것에 본 논의의 의의가 있지 않을까 한다.

태극으로 표현된 고려조의 북극삼성

지금까지 개진한 논지를 더욱 분명하게 보여 줄 매우 흥미로운 유물 자료 한 점이 새롭게 등장하였다. 이 자료는 부제로 잡았듯이 고려와 조선의 우주론 변화가 '천문의 북극에서 이법의 태극으로' 이행되는 것임을 내세우게 된 주된 착상 근거이기도 하다. 최근 고구려 벽화 천문도 연구를 통하여 고구려 천문학의 독자성을 규명

---

21. 김일권,「불교의 북극성 신앙과 그 역사적 전개 - 백제의 북진묘견과 고려의 치성광불 신앙을 중심으로」(『불교연구』18집, 동국대 한국불교연구원, 2002. 2)에서 현재 우리 사찰의 칠성각에 보이는 칠성신앙이 실상은 양란 이후의 문화 현상에 불과한 것임을 드러내고자 하였으며, 칠성각의 원형을 고려의 구요당(九曜堂)으로 추정하였다. 곧 고려의 구요 중심 천문이 조선 전기까지는 지속되다가 양란 이후 더욱 기복화된 사회 성향에다 천문에 대한 전문 지식이 단절되면서 칠성 중심 신앙으로 굴곡된 흐름으로 파악하였다. 이 글은 이 책 6장에 실려 있다.

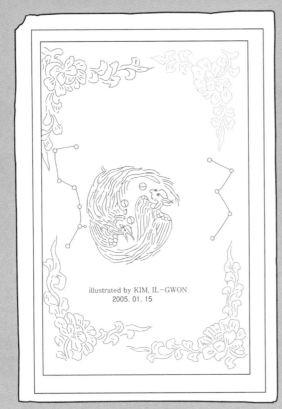

illustrated by KIM, IL-GWON
2005. 01. 15

그림 2 봉황 태극도에 그려진 세 점의
북극3성 태극상 (그림 1의 부분도, 김일
권 모사)

그림 1 고려시대 석관천문도, 국립중앙박물관 소장, 가로 63.5 세로
45.9 높이 25.3cm. 2004년 『천문: 하늘의 이치, 땅의 이상』 국립민
속박물관 발간, 도판번호 239, 허가번호 중박 200806-192. 석관
상판으로, 안쪽 정중앙에 북극성을, 좌우에 북두칠성과 카시오페이
아를 음각하였다. 좌우에 북두칠성과 카시오페이아자리가 마주보는
가운데 봉황 태극도가 중심부에 자리 잡았고, 다시 그 속에 북극삼
성 태극상 세 점이 뚜렷이 그려졌다.

하는 과정에서 국립중앙박물관에 소장된 유물 하나를 새로이 주목하게 되었다.[22] 이것은 고려시대 석관 개석 표면에 그려진 이른바 석관 천문도(그림 1)로, 고려 천문의 핵심 주제를 도상에 잘 담아내고 있다.

내용을 살펴보면, 석관의 네 모서리에 서로 대칭되는 꽃문양을 그려둔 가운데로 선으로 연결된 별자리 두 개가 먼저 눈에 띈다. 한쪽에 국자 모양으로 연결된 북두칠성이 음각되었고, 맞은편에 W 모양의 카시오페이아자리가 뚜렷하게 대응하고 있다.

북두칠성을 자세히 들여다보면 자루쪽 두 번째 별[ζ UMa. 동양식으로 개양성(開陽星)이나 무곡성(武曲星), 서양식으로 미자르(Mizar)라 불린다]에 짧은 연결선으로 이어진 별이 하나 그려져 있다. 이것은 북두 제8성에 해당하는 보성[輔星, 서양명 알코르(Alcor)]으로, 동양에서는 고대부터 천제를 보좌한다 하여 보성이라 불렀다. 겉보기 등급이 4등성인 보성은 2등성인 무곡성과 쌍성 관계에 있어, 시력이 좋은 사람에게는 변별되지만 보통은 합쳐져 하나로 인식된다. 이 어두운 별을 그렸다는 것은 고려시대 천문학의 관측 체계가 상당히 정교했음을 의미한다.

북두칠성은 북극성을 찾아가는 길잡이 별자리다. 현대 천문학에서 북두의 머리 곧 두괴(斗魁)의 제2 거문성(β UMa)에서 제1 탐랑성(α UMa)을 이은 길이만큼을 다섯 번 연장해 가면 그곳에 북극성이 있다. 대개 북극성은 밝은 별이 아니어서 맨 하늘에서 직접 찾기 어려우므로, 이처럼 북두칠성을 먼저 찾은 다음에 이를 이용하여 찾아가게 된다. 북극성은 지구의 자전축상에 자리 잡으므로 전 하늘의 주천 운동에 구심점이 되는데, 이에 북두칠성도 북극성을 안고 지구 자전을 따라 하루에 한 바퀴씩, 그리고 지구 공전을 따라 일 년에 한 바퀴씩 도는 회전 운동을 한다. 그래서 계절과 하루의 시간 변화를 일러준다 하여 북두칠성을 밤하늘에 걸린 대자연의 시계라 일컫기도 한다.

---

22. 고구려 덕흥리 고분 벽화(408년)에 그려진 W자형 카시오페이아자리가 한당의 중국식 천문도에는 보이지 않는 고구려식 별자리 형태임을 규명하는 과정에서 이 고려 유물자료를 주목하게 되었으며, 기본적인 분석은 김일권, 「5세기 고구려 고분벽화에 나타난 천문관과 천문학 : 덕흥리 고분(408)의 별자리 동정과 천문학적인 고찰을 중심으로」(『고구려의 역사와 문화유산』, 한국고대사학회 · 서울시정개발연구원, 2004ㄷ. 9월)에서 이미 개진한 바 있다.

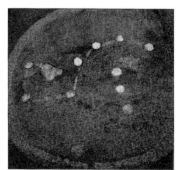

그림 3 파주 서곡리 고려 벽화묘(14세기)의 천장천문도

그림 4 고려 신종 양릉(1204년) 벽화의 천장천문도

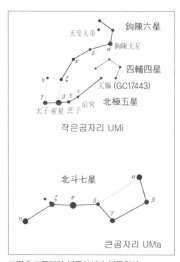

그림 5 고구려의 북극삼성과 북두칠성
* 고구려의 북극3성 (γ, β, 5 UMi)
* 한나라의 천극4성 (γ, β, 5, 4 UMi)
* 당송대의 북극5성 (γ, β, 5, 4, UMi, GC17443)
* 현재의 북극성 (α UMi, 구진대성)

다음 이러한 북두칠성과 더불어 북극성을 안고 회전하는 또 하나의 뚜렷한 별자리가 바로 카시오페이아자리다. 북두칠성과 카시오페이아자리는 적경 차가 대략 12시간 곧 180도 가량이어서 북극성을 사이에 두고 마주보며 주천한다. 카시오페이아자리 역시 북극성을 찾아가는 길잡이 노릇을 하며, W자형 두 꼭지점을 연장하여 생기는 삼각형의 초점에서 가운데별[γ Cas, 책성(策星)]만큼을 다섯 배 연장하여 가면 북극성을 찾을 수 있다.

이렇게 두 별자리는 북극성을 찾아가는 주요 길잡이 별자리이면서, 북극성을 안고 일 년에 한 번, 하루에 한 번씩 돌아가는 대표적인 주극의 주천 성수다. 이런 관측학적 사실에 충실하다면 이 석관 천문도 중심부에 북극성 별자리가 그려져 있음 직하다. 그런데 천문도 중심부에는 봉황 두 마리가 태극 형상으로 얽혔고 그 가운데에 태극상(太極象) 세 점이 그려져 있다. 직접적인 별 그림 대신에 상당히 장엄하게 문식(文飾)된 태극 이미지가 중첩되어 구축된 것이다. 문식의 주제에 따라 이름을 짓자면 '봉황 태극도'라 이를 만하다. 봉(鳳)과 황(凰)을 태극으로 얽은 점도 주목되거니와 두 마리의 머리맡에 태극선을 지닌 원반 두 점이 뚜렷하고 두 원반 사이에 다시 같은 크기의 태극 원반이 있다(그림 2).

이 태극원반 세 점이 무엇을 의미하는지 짐

작하기 위해서는 고려조의 또 다른 천문 유물자료를 살펴보아야 한다. 경기도 파주 서곡리 고려 벽화묘(14세기)의 천장석에는 별자리 그림(그림 3)이 하나 그려져 있다. 연결선을 지닌 일곱 점은 모양으로 보아 북두칠성이 틀림없으며, 함께 그려진 세 점의 별자리는 밤하늘의 구심점이 되는 북극성으로 상정되었다. 북극성은 하나의 별만 뜻하지만 하나만 그려서는 그 의미를 알 수 없으므로 대개 이를 포함하는 일련의 별자리로 표현되는데, 고려에서는 별 세 개를 연결한 북극삼성(γ , β , 5 UMi)으로 표현하였던 것이다. 가운데 별이 북극성이다. 당송의 것과는 다른 북극성 별자리를 성립시킨 것이다. 북극성 좌우의 두 별은 태자별과 서자별일 것이다. 북극3성좌 중에서 가운데 북극대성은 매우 밝은 2등성이어서 하늘의 최고 임금인 천제의 별이라는 의미에서 제성(帝星, β UMi)이라 불렸고, 그 왼쪽에 제성 다음으로 밝은 별(γ UMi, 3등성)을 천제의 적자인 태자(太子) 별로 보았으며, 그 다음 밝은 별(5 UMi, 4등성)은 나머지 자식들을 합칭한 의미에서 서자(庶子) 별이라 불렸다.[23]

고려 제20대 신종의 양릉(陽陵) 천장에 그려진 능묘 천문도(그림 4)에서도 보성을 포함한 북두칠성과 그 자루 끝 쪽에 세 별로 연결된 북극삼성이 28수에 둘러싸여 뚜렷하게 묘사되었다. 필자는 이미 여러 논문을 통하여 이 세 점의 별자리가 바로 고려의 북극삼성이며, 그것은 고구려 천문 벽화묘 천장에 자주 그려졌던 북극삼성 형식이 전승된 것이라고 고찰한 바 있다.[24]

결국 파주 서곡리 고려 벽화천문도와 신종의 양릉 천문도 등에서 공통된 결론은 고려시대에 북극성 별자리가 고구려 천문 전통인 북극삼성 형식으로 그려졌다

---

23. 그러나 다시 천 년이 흐르면서 현재의 북극성은 구진대성(a UMi, 2등성)이 되었다. 천문의 변화와 역사적인 북극성의 위치 이동 문제에 대하여 김일권,『동양 천문사상 하늘의 역사』(예문서원, 2007)에서 자세히 다루었다. (그림 5)

24. 다음 여러 논문에서 고구려와 고려의 천문전통이 계승되는 문제와 두 시대에 공통으로 발견되는 북극삼성 별자리에 대해 자세히 논증하였다.김일권,「고구려 고분벽화의 북극성 별자리에 관한 연구」,『고구려연구』5집, 1998ㄴ. 6

_____,「각저총·무용총의 별자리 동정과 고대 한중의 북극성 별자리 비교 검토」,『한국과학사학회지』 22권 1호, 한국과학사학회, 2000ㄹ. 6

_____,「고구려 벽화와 고대 동아시아의 벽화천문전통 고찰: 일본 기토라 천문도의 새로운 동정을 덧붙여」,『고구려연구』16집, 고구려연구회, 2003ㅇ. 12

그림 6 고려 공민왕 현릉 병풍돌에 새겨진 금강저 태극상 (『조선유적유물도감』, 고려편)

그림 7 고려 공민왕 현릉 병풍돌에 새겨진 금강령 속의 태극상

는 점이다. 따라서 이런 고려의 천문 기반에 따른다면, 앞서 석관 천문도의 봉황 태극도에서 확인한 태극 원반 세 점은 다름 아닌 고려의 북극삼성이라고 결론내릴 수 있다. 봉황 태극의 바깥쪽에 북극성을 찾아가는 두 길잡이 별자리인 북두칠성과 카시오페이아자리가 마주보는 형국 속에 중심부의 도상으로 그려져 있기 때문에 관측 구도상 원반들이 북극삼성임은 더욱 명약관화하다.

그렇다면 이것은 매우 놀라운 상징성을 담은 자료다. 북극삼성을 이법의 중심인 태극상으로 전변하는 상상력이 깃들어 있는 것이다. 태극 형상의 봉황도 사이로 태극 원반 세 점을 그려 두어 우주가 태극에서 비롯되는 것임을 중의적으로 시사하고 있다. 그러면서 그 태극이 곧바로 천문의 중심 북극성일 수밖에 없다는 자신들의 천문우주론을 매우 의도적이면서 정합적인 도상으로 이끌어 낸 것이다.

이렇게 고려 우주론의 중심이 천문의 북극에서 이법의 태극으로 이행하는 찰나를 그 석관 천문도에서 절묘한 천문 도상으로 표현해 내고 있다. 고려 후기에 들어 태극 이미지가 새롭게 부각되고 있음을 보여 주는 다른 유물 자료가 있다. 제31대 공민왕 (1330~1374)의 무덤 현릉은 고려의 석조 건축술을 잘 드러내는데, 봉분을 지탱하는 화강암 병풍돌이 12각형을 이루는 형태를 취하였다. 12면 병풍돌에 각각 구름을 탄 십이지신상을 양각으로 새겼고, 병풍돌이 서로 접하는 이음면 돌에는 금강저와 금강령 속에 정교한 태극 문양을 새겨 놓았다(그림 6, 7). 금강저는 불교에서 모든 것을 깨뜨릴 수 있다는 호법 무기이자 일체의 번뇌를 부수어 물리친다는 보리 지혜의 상징물이다.

이렇게 공민왕릉은 방위별로 십이지신상이 수호하는 가운데, 다시 불교의 호법 무기 금강저를 둘러 불법의 가피를 구하였으며, 그 속에 태극상을 안치함으로써 태극이 세계 존재의 원리였던 것처럼 우주와 더불어 영원한 삶을 살아가는 합일의 세계가 이 능묘 속에 구현되는 것임을 내비쳤다. 이때의 태극상은 현재 우리의 태극기처럼 가로로 누운 형태가 아니며 태극원리에 더욱 충실한 세워진 모양이다. 가운데 음양 경계선도 현재의 S자가 아닌 역S자 형태이다. 역학의 태극팔괘론에 따르면 이렇게 세워진 역 S자형 태극이 된다. 남북 음양이 아닌 좌우 음양의 합일과 변증을 표현한 것이다.

고려 후기에 이처럼 태극을 문화의 상징소로 끌어들여 적극 활용하는 모습을 볼 수 있는데, 아무래도 태극을 형이상학의 주된 요체로 내세우던 성리학의 도입과 연관이 있을 듯하다. 널리 알려져 있다시피 안향(安珦, 1243~1306)이 충렬왕 14년(1288) 왕을 따라 원의 수도 연경으로 들어가 『주자전서(朱子全書)』를 필사하여 돌아온 것이 고려의 성리학 도입 계기가 된다. 이로부터 여말선초를 거치는 사이에 성리학적 세계관이 널리 탐구되고 확산되는 길을 걷게 된다. 이러한 시대 배경에서 앞서와 같은 금강저 속 태극상이라든가 봉황태극도 속 북극삼성 태극상이 그려진 것이 아닐까 짐작된다. 특히 '북극삼성 태극상'은 고려 천문에서 새로운 사상 경향에 따라 우주론 중심이 천문의 북극이었다가 만물의 시초이자 배후인 성리학적 태극으로 전변되고 있음을 시사하는 것이어서 더욱 주목되는 자료다.

한국사에서 우주론 논장의 이동

지금까지 몇 가지 주제의식을 가지고 고려와 조선의 우주론 관점 변동 문제를 짚어 보았다. 변동의 주요 계기를 제천례 혁파와 천문 관점 변화, 하늘 이해의 변동 등에서 찾은 까닭은 한국사에서 우주론에 관계된 논장(論場)이 어떻게 변해 왔는지에 좀 더 주목해야 한다고 보았기 때문이다.

현대 사회에서 지금 우리의 우주론을 누가 거론하고 누가 주도하는지를 보면 역시 '우주론 논장'의 이동 현상을 확인하게 된다. 현대 자연과학의 물리학 진영과 기독교의 신학 진영이 팽팽히 대립하는 국면을 쉽게 만난다. 강화도 마니산에서 제천례를 거행함으로써 애써 전통적 우주론의 논장을 되살리려는 노력 또한 보인다. 이것들 외에 전통적으로 우주론에서 지분이 있던 불교나 도교, 성리학의 논장들은 매우 약화되어 역사 유물에서나 겨우 만난다. 현대 불교는 거의 천론을 외면해 버렸고, 성리학은 그것을 제기할 기반을 스스로 없애 왔다. 다만 모습을 전혀 달리한 도교는 현대인의 친자연주의 선호 때문에 새로운 관점에서 재해석되는 중이지만 아직 이렇다 할 스스로의 논장을 만들어 내지는 못하고 있다.

이런 현실에서 하늘의 다원성을 둘러싼 역사적 논장을 유물 속에서 다시 닦아 이끌어낼 수 있다면 그로써 역사학의 소임 한 부분을 드러낸다고 생각한다. 과거든 현재든 동아시아적 질서를 논의하고자 할 때 이 같은 우주론 주제는 그 필요성이 더욱 증대되리라 전망된다.

이 글에서 다루고자 한 논제 중에 비록 제대로 접근되지 않았던 태극의 문제가 있지만, 필자는 태극론이 어떤 논장에서 의미를 얻을 수 있는지를 고려와 조선의 우주론의 지형 변동이라는 면에서 고민하고자 하였다. 태극 자체를 논변하는 일만큼이나 태극을 둘러싼 역사적 논장의 흐름을 이해하는 일도 의미를 띨 것이라 보았기 때문이다.

거시적으로 짚어보자면, 고려 우주론의 대체적 지향성이 물상적이고 구체적인 천문의 북극과 제천의 하늘에서 찾아졌다면 그 흐름이 고려말 성리학 도입과 더불어 그 흐름이 형이상학적 이법의 태극으로 전화되어 간 끝에, 숭유 정책에 힘입은 조선에서는 태극 중심의 성리학적 우주론을 정초하였던 것이라 파악된다. 앞으로 여말선초의 태극 논변에 대한 사상사 흐름을 보강해 냄으로써 더욱 정교하고 치밀한 논점에서 이 글의 문제의식에 다시 다가서고 싶다.

〈고려와 조선의 우주론 관점 변화〉에 대한 논평

1. 우주론의 변화를 읽는 종교사적 독해의 의의

널리 알려졌다시피 조선 건국은 단순한 왕조 교체에 그치지 않고 여러 방면에서 분명한 시대적 변화를 보여 주는 계기가 된다. 물론 여말선초에 태동되기 시작한 변화의 결과는 조선 중후기에 가서 결실을 맺지만, 변화의 근거가 되는 세계관 변화와, 변화의 결과로 나타나는 문화적 징후를 읽을 수 있다. 중요한 것은 변화의 근거가 되는 세계관 변화와 그 결과로 나타나는 문화적 징후를 일관된 기준으로 엮어서 설명할 수 있는 학문적인 논리와 틀이다.

이러한 학문적 설명 체계를 구축하기 위해서 그동안 역사학계를 중심으로 해서 정치사, 사회경제사, 사상사, 문화사적 측면에서 고려와 조선의 시대적 연속성과 비연속성에 대한 고려는 물론 조선시대의 시기적 구분에 대한 다양한 논의가 있었다. 예컨대, 고려말 신진사대부를 거쳐 사림의 정치 참여에 이르고, 다시 붕당정치를 거쳐 세도정치에 이르는 정치세력의 교체라든가, 그에 동반하여 제기되는 사회경제적 변화, 그리고 유불 교체를 거쳐서 유교 이념에 대한 이해가 심화하는 조선 전기에서 그 한계를 사회적으로 인식하면서 사상 지반이 변하는 조선 후기에 이르기까지 다양한 시대 구분과 그 구분 기준들이 논의되어 왔다.

그렇지만 종교사적 관점에서 이러한 시대적 변화가 지닌 의의를 짚어 내는 작업은 아직 요원하기만 하다. 실제로 누구나 어느 정도 인정할 만큼 '일관된 관점'으로 정리된 변변한 '한국 종교사'가 아직 하나도 없다는 사실이 그러한 정황을 극명하게 보여 준다. 시론적 성격으로 한국 종교사를 정리한 논문이나 책이 없던 것은 아니다. 그러나 몇 안 되는 그러한 작업들조차 세계관 변화에 맞물리는 문화적 징후를 체계적으로 정리할 만한 일관된 기준을 적용하여 논리적 설명을 내놓는 수준에 이르지 못하였다.

제대로 된 종교사적 설명이 나오려면 역사적 사료를 치밀하고 비판적으로 소화하고 그에 대해 체계적으로 분석함과 더불어 종교사적 안목과 문화적 감성이 어우러져야 한다. 오늘의 발표는 이러한 조건을 어느 정도 구비한 좋은 실례라고 할 수 있다.

특히 세계 종교사의 중요 주제 중 하나인 '하늘 이해'의 문화적 징후로 나타난 제천 의례 혁파와 천문 담론의 성격 변화를 통해 고려에서 조선으로 이행하면서 벌어진 '우주론 변동'이라는 세계관의 변화를 읽어내는 작업은 고려와 조선뿐 아니라 동아시아 종교사, 넓게는 세계 종교사를 포괄하는 '비교'의 시금석으로 설정될 수 있다는 점에서 그 의의가 적지 않다. 또한 종교사적 관점으로 서술될 수 있는 주제를 발굴한 점은 물론, 그것을 문화적으로 일관되게 읽어 내는 작업이라는 점에서도 학술적 의의가 크다.

또 한 가지 주목할 만한 점은 오늘 발표문이 철저한 비판적 사료 검토를 거쳐 일반화된 결론의 압축적 서술이라는 점이다. 각주를 보면 알 수 있듯 발표문은 발표자가 기존에 연구한 결과를 압축한 결과물이다. 실제로 발표문은 한국 종교사뿐 아니라 중국 종교사를 대상으로 천문(天文)과 의례(儀禮)를 둘러싼 종교문화사와 관련된 일련의 연구를 꾸준히 진행하고 있으며 이 분야와 관련하여 가장 활발하게 발표하는 연구자의 학문적 성과의 연장선에서 자연스럽게 흘러나온 논지로 구성되었다.

2. 논지 검토와 관련된 몇 가지 질문

우주론(cosmology)에 대하여

본격적인 논지 검토에 앞서 '우주론' 개념에 대해 질문하고 싶다. 발표자는 서론에서 우주론을 '실재(reality)에 대한 논의'라고 정의하고 있다. 그러나 궁극적 실재에 대한 논의를 실재론이라고 지칭하지 않고 곧바로 우주론으로 명명하려면 좀 더 논리적인 설명이 필요할 듯싶다. 과학과 종교가 독자 영역으로 분리되는 근대 이전시대를 다룬다고 하더라도 실재론과 우주론은 등치되지 않는 것 같다. 동양이든 서양이든 우주론에는 과학적 관심과 종교적 관심이 함께 어우러져 있다. 다만 관심의 양상이 다를 뿐이다.

이 대목에 대해서 발표자는 서양과 동양의 우주론을 각각 혼돈과 질서의 변증론 그리고 천인 관계론으로 보고, 서양 우주론은 질서의 주재자를 중심으로 한 신론(神論)으로 전개된 반면, 동양 우주론은 천인 관계를 논하는 천론(天論) 혹은 역론(易論)으로 펼쳐진다고 서술하고 있다. 그리고 동양에서는 따로 우주론이라는 말이 성립되지 않는다고 지적하며, 또한 서양의 신론과 동양의 천론, 코스몰로지와 역론이 대응한다고 설명하고 있다.

그러나 이러한 설명은 조금 협소한 이해 혹은 오해를 불러일으킬 수도 있다. 발표자는 주로 중국의 유교 전통을 동양으로 대표하여 말하지만, 도교를 비롯한 각종 종교 전통까지 염두에 둔다면 그런 설명은 일반화에 조금 무리가 있지 않을까? 도교의 각종 신격이나 천문과 연관된 신화적 설명 등은 그러한 설명틀에 포섭되기 힘들지 않은가? 유교 전통에 한정한다고 하더라도 문제가 있다. 예컨대 성리학자인 주자는 뛰어난 자연학자이기도 했다. 자기 나름대로 천체의 운동에 대한 관찰을 근거로 우주의 운행 법칙을 구체적으로 논하고 있다. 주자의 논의를 살펴보면, 역(易)이라고 하는 변화의 법칙은 태극, 음양, 천지, 귀신 등을 통해서 설명하기도 하지만, 천체의 자연적 운행 법칙에 대한 탐구로도 설명할 수 있다. 이를 두고 과학적 관심과 종교적 관심으로 설명하는 것이 천론과 역론으로 설명하는 것보다 훨씬 설득력이 있지 않을까?

또한 발표자는 이법적 하늘 이해와는 달리 제사의 장에 대해서 혹은 점성술적 요소와 맞물리는 민간의 천문 이해에 대해서 언급하는데, 그렇다면 그러한 양태가 역론이라는 이른바 동양적 우주론의 범주 설정 자체에 문제를 제기하는 것 같다. 이에 대해 어떻게 생각하는지 듣고 싶다.

더 나아가 우주의 궁극적 실재에 대한 관심과 우주론을 구별하는 것은 물론, 천문 현상에 대한 종교적 관심과 과학적 관심을 구별해야 하지 않을까? 서양에도 근대 이전까지는 궁극적 실재인 신의 질서를 천문의 위계질서와 운행 법칙으로 설정하거나 인간 운명과 천체 운행을 연결하는 설명이 주류였다. 그리하여 대체로 가장 뛰어난 천문학자는 종교인인 동시에 점성학자이기도 했다. 고대 동양의 '천문(天文)' 개념 역시 천체의 물리적 법칙을 탐구하는 과학적 천문학(astronomy) 즉 역법(曆法)과 흔히 점성학으로 불리는 성명학(星命學, astrology)의 두 영역으로 구분될 수 있다. 실제로 후자는 『사고전서』의 분류 체계에서 천문 사상과 역(易)/음양오행설의 결합을 통해서 자부(子部)에 '술수(術數)' 혹은 '수술(數術)'이라는 범주로 들어갔거니와, 전자는 경부(經部)의 역류(易類)와 자부(子部)의 천문산법류(天文算法類)로 포섭된다.

그렇다면 생산적인 학술 연구를 위해서 피상적인 범주의 비교보다는 범주 설정을 좀 더 심각하게 고민해야 하지 않을까? 예컨대, 본인은 발표자가 박사학위 논문에서 내놓은 '천문우주론(astrological cosmology)' 개념이 그러한 고민을 구체화할 단초를 품는다고 생각한다.

우주론과 관계된 논장의 변화

한편, 발표자는 우주론과 관련된 '논장' 변화에 대해서 지적하고 있다. 현대 서양철학 용어를 쓰자면, 담론의 장을 상대화하여 관찰하는 메타담론적 시각이라고 할 수 있다. 발표문의 핵심 논지는 북극으로 표상되는 천문 우주론에서 태극으로 표상되는 이법적 하늘 이해로 담론의 성격이 변했다는 것이다.

이러한 사실을 논증하기 위해서 조선시대에는 성리학적 이념에 따라 국가 차원에서 제천 의례를 폐지했다는 점, 고려시대에는 제천의 양상이 종교 전통에 따라 다양했고 지고천신도 복합적 성격을 지녔다는 점, 북극성을 중심으로 하는 천문 우주론이 주재성과 상징성이 약해짐에 따라 태극의 비천문적 우주론을 통해 물형적 천론에 천문을 종속하는 양상으로 바뀐다는 점 등을 논거로 제시하고 있다.

첫 번째 논거와 두 번째 논거는 역사적 사실이므로 이론이 없지만, 세 번째 논거를 다루는 지점에서는 쉽게 납득되지 않는 점이 있다. 조선에서는 천문 역법에 끊임없이 관심을 보였다. 농경 사회에서 천문 역법에 대한 논의는 공동체의 생존과 번영의 핵심이라고 할 수 있다. 물론 황제국인 중국의 통제를 의식하기는 했지만,

조선시대 내내 학자 개인의 관심은 물론 국가 차원에서 천문 역법에 대한 논의가 끊이지 않았다. 조선시대에 유교적 수양론과 경세론의 관심에서 태극과 음양, 리(理)와 기(氣)에 대한 논의가 중요하게 부각된 것은 사실이지만, 그것이 바로 천문 역법에 대한 관심의 퇴조를 뜻하는 것은 아니다. 이 대목에서 신비적이고 기복적인 관심에서 비교적 자유로운 이법적 우주의 운행 법칙이 고려 시대의 천문우주론보다 더 발전한다고 볼 수는 없을까? 사견으로는 우주론의 퇴조가 아니라 그 성격의 변화라고 보아야 할 듯하다.

이와 관련해서 발표자는 유학자들의 상수학적 자연관을 이신론(deism)에 비유하고 있다. 아주 흥미로운 지적이다. 그렇다면 주재성이나 상징성이 강한 천신에 대한 의례적 관심에서 태극이나 음양에 의해 세계를 이해하는 성리학적 자연관에 의해, 현대과학에 비길 때 상대적이긴 하지만, 천문우주론의 담론적 성격이 성명학에서 천문학으로 변하게 되었다고 볼 수 있을 것이다. 물론 발표자가 지적하는 바와 같이, 성리학이 지닌 도덕 형이상학적 측면 때문에 그 과학적 성격에 한계가 따르기는 하지만 말이다. 이에 따라 고려시대까지만 해도 상호착종되었던 실재론과 우주론이 조선시대에 와서, 역시 상대적이긴 하지만, 영역 분화를 통해 구분됨으로써 성명학적인 종교적 관심은 칠성 신앙이나 무속 혹은 조선 후기의 천주교와 동학 등을 통해서 펼쳐지고 강렬한 실재론적 관심이 부각되었으며, 거기에서 분리된 천문학적 관심은 그 나름대로 일종의 자연과학적 우주론으로 전개된다고 볼 수 있지 않을까? 발표문에서도 어느 정도 언급하고 있지만, 이러한 분화에 따라 국가 영역과 민간 영역의 하늘 이해가 분리되고, 국가의 공적 영역에서 성명학적 관심이 퇴조하고 천문학적 관심이 부각된 반면, 민간의 사적 영역에서는 천문학적 관심에서 자유로와진 성명학이 민간 종교 전통으로 스며들고, 유교 지식인 그룹에서는 성명학의 색채가 약화된 천문학적 관심과, 리(理)와 태극으로 표상되는 실재론적 관심이 수양론과 경세론의 측면에서 주목받은 것이 아닐까 하는 생각이 드는데, 이에 대해 어떻게 생각하는가?

천문우주론적 시각과 성리학적 하늘 이해의 보편적 포괄성 문제

본인은 발표 논지에 대체로 공감하기에 사실에 대한 관찰에서는 별다른 이견이 없지만, 앞서 말했듯이 실재론적 관심과 우주론적 관심, 천문학적 관심과 성명학적 관심을 구분하면 논의가 훨씬 풍요로와지리라 생각한다. 이를 위해서는 우주와 연관된 용어 정의에 대해 논의할 필요가 있을 듯하다.

실제로 '우주(宇宙, cosmos)'라는 용어 자체가 세계, 천지 등으로 표현되는 시공(時空)을 가리킨다는 점과 현대 물리학의 우주 개념이 시공연속체라는 점을 염두에 둔다면, 우주론은 시간관-공간관으로 정리하여 논의해 볼 수도 있다. 실제로 천문은 시간 관념을 대변한다. 따라서 만약 하늘 혹은 천체 운행에 국한된 논의라면 우주보다는 천문을 사용하고, 시간과 공간을 포괄하는 논의에서 우주를 사용하는 것이 좋을 듯하다.

또한 유교적 전통, 특히 성리학 전통에서 이루어지는 하늘 이해가 보편적이고 포괄적인 다면성을 지녔음에 주목할 필요가 있다. 조선 후기 천주교 관련 옥사를 보면, 천주 혹은 상제의 초월적/인격적/주재적인 측면만을 강조하는 천주교의 하늘 이해에 대하여 보편적인 근원자인 하늘의 형체, 주재, 성정, 공용적 측면을 아우르는 성리학적 천관에서는 하늘의 총체적 모습을 잘못 이해하는 단면적 사고라고 비판하였다. 이와 더불어 특히 기복적 동기에 의한 천인 관계를 비판하고 있는데, 성리학의 이러한 비판적 관점은 고려시대에 왕성했던 하늘 제사나 조선시대 천문 관련 의례를 통해서 구체화되는 기복적 동기에 대한 비판에도 적용될 수 있다. 따라서 성리학적 질서 위에 세워진 조선시대에는 의례적 차원에서는 하늘을 어느 정도 상실했다고 할 수 있지만, 심성수양론적 차원에서 새로운 하늘을 접하게 되었다고 해석할 수 있다.

의례나 수양 혹은 사회 운영 차원에서 등장하는 하늘은 각기 다른 관심에서 새로운 문화적 함의를 지닐 수 있다. 그렇다면 조선시대에 하늘을 상실했다고 규정하는 것보다는 어떤 맥락에서 어떤 식으로 궁극적 실재를 만나는지 고려하면서 그러한 맥락 간의 관계를 유기적으로 설명한다면 훨씬 유익한 결론을 얻을 수 있지 않을까?

또한 우주론을 논하는 다른 방식과 천문우주론의 관계를 고려해 볼 수도 있다. 예컨대, 주역의 삼재(三才)적 세계관에 따라 천문과 대응하는 지리(地理)나 인사(人事) 관념의 문제를 고찰할 수 있다. 하늘의 별들이 이루는 분야에 대응하여 땅에도 분야가 구분되고 그 중심에는 명당이 자리 잡는다는 풍수지리적 관념이나, 천체 운행이 인간 운명을 결정한다는 사주추명학, 기문둔갑, 태을수, 자미두수, 육임점 등의 술수류 관념을 탐구함으로써 전혀 다른 하늘 이해를 엿볼 수도 있다. 이러한 술수류는 병가나 도가, 음양가 등을 중심으로 전해지면서 민간 전통에 대단한 영향을 끼쳤는데, 원래는 국가의 흥망성쇠와 연관된 천문 우주론의 비밀에 해당해서 국가에서 관리하는 대상이기도 했다.

이 밖에도 동양의 우주에 해당하는 천지가 어떤 맥락에서 문화적으로 표현되는지도 생각해 볼 수 있다. 어쩌면 천지 개념이 태극보다 훨씬 강력한 문화적 영향을 미쳤을지 모른다. 예컨대,『시경』에 '아버지 날 낳으시고 어머니 날 기르시네.'라는 구절이 있는데, 이는『주역』「계사전(繫辭傳)」의 생성론적 세계관을 적용한 사례다. 천지는 흔히 부모로 비유되면서 시간과 공간, 시작과 완성, 추상성과 구체성 등을 표상한다. 따라서 서양 중근동의 창조론이나 그리스의 존재론에 비해 동양의 주역적 세계관은 생성론(生成論)이라고 할 수 있다. 이러한 생성론적 원리는 유교적 전통사회에서 상수학을 포함한 주역은 물론 문화를 수용하고 구성하는 인식의 틀로 작용하였다. 따라서 단순한 천문관측이나 제천보다 훨씬 직접적인 영향을 미쳤을 가능성이 높다. 천지관이 천문우주론과 맺는 관계 양상이 탐구된다면 더 풍요로운 논의가 전개될 수 있을 것이다.

마지막으로, 발표자가 본문에서 언급했듯이, 제목에서 기대했던 것과는 달리 논의의 한 축을 이루어야 할 태극에 대한 언급을 찾아보기 힘들다. 유교 전통의 핵심 분야인 경학이나 수양론이나 경세론 등과는 구별되는 우주론에 대한 담론의 장에서 태극은 어떤 함의를 지닐 수 있을까? 이에 대한 고견을 기다리면서 부족한 논평을 마친다.

박종천(서울대 종교학과)

논평에 대한 답변

우선 심도 있고 개활한 논평문을 보내 주심에 깊이 감사드리며, 앞으로 열정적인 학문 작업을 함께 이룰 수 있기를 기원한다.

(1) 필자의 논지 의도를 요약한 '고려와 조선의 시대적 연속성과 비연속성'이라는 키워드는 평자가 말하였듯이 우리 학계가 다시금 깊이 고민해야 할 주제임이 틀림없을 것이다. 한국의 역사 서술에 대해 '세계관 변화에 맞물리는 문화적 징후를 체계적으로 정리할 만한 일관된 기준을 적용하여 논리적 설명을 내놓는 수준의' 작업들이 이루어지지 못한다는 지적 역시 매우 공감한다.

우주론 변동을 주제로 삼은 이 글에 대해 '하늘 이해의 문화적 징후로 나타난 제천 의례 혁파와 천문 담론의 성격 변화를 통해 고려와 조선뿐 아니라 동아시아 종교사, 넓게는 세계 종교사를 포괄하는 비교학의 시금석으로 설정될 수 있다'고 평가하는 바, 필자 개인의 문제의식에 대한 동의이자 또 다른 채찍으로 받아들이고자 한다. 평자가 지적한 바와 같이 우리 역사의 사상 문화적 연속성과 비연속성에 대한 연구가 앞으로 활발해지기를 기대한다.

(2) 필자가 사용한 우주론 개념이 다소 협소하다는 지적, 곧 주로 중국의 유교 전통을 동양으로 대표하여 사용함으로써 오해를 불러일으킬 수 있다는 지적에 대해 충분히 일리 있다고 생각한다. 천론과 역론을 동양의 대표적인 우주론 키워드로 내세웠기 때문인데, 그 의도는 이렇다. 서양에서는 신학을 기반으로 하는 신론이 우주론의 중심 흐름인 반면에 동양에서는 천학을 기반으로 삼는 천론이 우주론 논의의 중심 흐름에 있음을 강조하기 위해서였다. 또한 카오스에 대립되는 개념으로 설정된 서양의 코스몰로지라는 말이, 일치하는 것은 아니지만 굳이 찾자면, 동양에서는 역론이라는 관점으로 전개되었음을 환기하고자 하였다. 그리고 역(易) 개념이 천체의 일월 변화에서 성립된 말이듯이 동양의 역론 속에서는 또다시 천에 대한 천론이 큰 줄기로 흘러가고 있으므로, 결국 하늘에 대한 고민이야말로 동양의 사회 문

화를 읽어 내는 가장 큰 주제임을 드러내고자 하였다. 이에 따라 동양과 서양은 우주론 개념 설정부터 동일하지 않기 때문에 서로의 맥락을 충실하게 잡아낼 수 있는 관점을 개발해야 하리라 생각하였다.

만약 동양의 우주론을 내적인 논점에 충실한 개념으로 접근하자면, 평자가 지적한 것처럼 성리학의 수양론도 또 하나의 우주론 역할을 하였다고 볼 수 있다. 그러자면 불교 내에서도 화엄의 법계 우주론과 천태의 중중무진 우주론, 선종의 여래장 우주론, 밀교의 만다라 우주론 등이 편차를 달리할 것이며, 도교와 유교 전통 측면에서도 황로학의 삼계 우주론과 한당대의 천문우주론, 위진도교의 승선 우주론, 송대 성리학의 성리 우주론 등 다면적으로 접근할 수 있을 것이다. 실상 이렇게 좀 더 구체적이고 다면적인 논장을 직접 비교 고찰하는 작업이 필요하리라 생각한다.

천문 현상에 대한 종교적 관심과 과학적 관심을 구별해야 한다는 문제 제기에 대해도 충분히 공감한다. 그래서 필자는 일찍이 동양의 우주론에서 천문학의 관점이 지대하게 반영되어 있는 흐름을 추출하여 기존에 부각되지 않았던 천문우주론이라는 새로운 개념을 제기하여 지금까지 사용하고 있다. 다만 그 천문우주론이 일차적으로 선진(先秦, 춘추 전국 시대)과 한당대의 고대 우주론 지형에서 매우 중요하게 취급되어야 할 성격의 것이라 생각하며, 조금 더 넓게 보면 하늘과 인간의 관계론을 주된 테마로 삼는 동양적 천론의 하위 범주에서 운위될 수 있는 것이 아닌가 생각한다. 그래서 현대 학문의 종교와 과학의 구분이 전근대 고대 동아시아 사회를 읽는 데 얼마만큼 효용성이 있을지 최근에는 조금 다른 관점을 개발하고 있다.

(3) 고려와 조선의 천문우주론 변화 문제를 과학적 천문학(아스트로노미)과 종교적 성명학(아스트롤로지)이라는 두 개념의 대립과 극복으로 분석하는 시각은 여전히 중요한 시사점을 던져줄 것이다. 그렇지만 고려에서 성명학적 성격이 강하였다가 조선에 들어서서 더 자연과학적인 천문학으로 발전하였다는 시대적 대립 도식은 그다지 유용할 것이라고는 생각되지 않는다. 조선 사회 역시 고려와 마찬가지로 전근대적 사유의 모식에서 벗어난 것은 아니며, 개선된 진전이 있긴 하지만 조선이 새롭게 이룩한 천문학의 창의적 지평 자체가 수립된 것은 아니다. 본질적으로 고려와 동질

의 사유 속에 살아왔다는 점이 먼저 강조되어야 할 것이다. 차이가 있다면 조선이 우리 시대에 더 가까운 사회였기 때문에 더 많은 자료가 전해지고 좀 더 적극적으로 평가한다는 정도가 아닐까 한다.

흔히 논의되듯 성리학이 인간 이성의 합리성을 부단히 추구한 것은 분명하지만, 그 합리도 따지고 보면 전근대적 합리에 지나지 않는다. 성리학 이념에 포괄되지 않는 어떤 사회의 영역은 수용하기보다 도리어 놓아 버림으로써 이전 시대에 비해 오히려 더 속신화된 측면도 적지 않다. 아무튼 이와 같이 정밀한 관점의 제기와 토론이 앞으로 활발하게 펼쳐져 우리 사유에 대한 정직한 성찰이 깊어질 수 있기를 앙망한다.

(4) 필자가 제기한 조선조의 하늘의 상실에 대해, 그것이 전면적인 상실이 아니라 의례적 차원의 상실일 뿐이며 심성수양론적 차원에서는 오히려 새로운 하늘을 접하게 되었다고 해석할 수 있다고 하였다. 경청할 만한 지적이다. 다만 의례적 차원으로만 보기에는 우리 역사상 실로 조선 시대를 통하여 잃어버린 것이 너무나 많고 크다는 점을 우선 제기하고 싶을 따름이다. 옹호보다는 성찰이 긴요한 과제라 생각한다. 수양론이 두드러지는 문화적 전변 자체가 하늘의 문제를 인간 내면으로 가두어 버린 환원적 현상이라 할 수 있다. 의례를 잃어버림으로써 하늘을 운위할 수 있는 공적인 논장이 약화되었고, 그에 따라 점점 인간 배후의 근원에 대한 고민의 방식이 도그마화되는 배타성의 길로 치닫게 된 것은 아닌지 되물어볼 때라고 생각한다. 무엇보다 우리 사회가 고질적으로 잉태하게 된 다양성의 상실, 다시 말하여 다원성의 불성립에 대해서 그렇게 된 큰 계기를 하늘의 상실에서 찾을 수 있을 것이라 보았으며, 주된 책임은 조선조 성리학 사회에 물어야 하리라 생각한다.

아직 우리는 조선에 비해 고려라는 사회를 잘 모른다. 그것이 단지 시대가 멀고 전승 사료가 차이 나는 때문만은 아니라고 생각한다. 한국사에서 고려가 어떤 역할을 하였는지, 어떠한 문화사상적 의의를 지니는지를 앞으로 더욱 폭넓게 논의하여 우리 역사 해석의 주된 준거를 조선에서만이 아니라 고려에서도 찾을 수 있기를 고대한다.

김시습을 통해 엿본 조선초 도교의 천문사상

이 글에서는 매월당이 지향한 삼교 다원주의적 세계관 배경을 염두에 두면서 그가 천착한 단학 사상 속에서 천문사상 특성을 살펴보고자 한다. 매월당의 저술에서는 단학의 원리와 천문학의 원리를 연결 짓는 대목이 적잖이 발견된다. 이상의 내용을 분석하다 보면 조선 초기의 도교 사상을 이해하는 데 매우 중요한 자료가 『매월당집』에 담겨 있음을 깨닫게 된다.

김시습의 삼교 다원주의적 세계관

한국의 수련전통 역사에서 조선 전반기는 수련가들이 교학 체계와 수련 이론을 단학(丹學)이라는 범주로 엮어간 시기로 주목된다. 조선 건국 과정에서 내세워졌던 숭유 일원론적 정책 흐름에서 단학은 사상의 다양성을 지향하는 대표적인 지성 운동의 하나로 높이 평가될 만하다. 그렇지만 이미 시대의 중심 사상인 성리학의 테두리에서 제 위치를 정립해야 하는 시대적 한계로 인하여 좀 더 독자적인 뚜렷한 전통을 형성하는 데에는 성공하지 못하고 주변 사상(marginal group)의 하나로 지속되면서 조선시대 사상의 다변화에 기여해 왔다.

단학이 지니는 이러한 사상적 경향은 조선시대 초엽인 15세기에 살았던 매월당(梅月堂) 김시습(金時習, 1435~1493)에서 맨 먼저 찾게 된다. 그의 저술에는 당대 단학 수련가들이 이해하고 운용하려 한 단학 원리나 천문사상 등에 대한 내용이 적잖게 담겨 있다. 이에 대한 연구는 현대 단학 계통 수련 단체들이 내세우는 이론의 역사적 또는 사상적 배경을 탐구하는 데 유용한 관점을 제공한다.

물론 그의 사상은 이미 많은 선학이 지적해 왔듯이 도교적 맥락으로만 이해되지는 않으며, 따라서 유교·불교·도교의 삼교 다원주의적 맥락으로 접근하게 된다. 그의 유학 사상적 경향은 정암(靜庵) 조광조(趙光祖, 1482~1519)의 도학적 요소와 퇴계·율곡의 성리학적 이론 단서 그리고 후기 실학의 정신까지 내포하고 있다고 평가받지만 그 사상적 준거는 유교에 있다. 그렇지만 해동 단학의 상승(相承) 관계를

---

1. 유승국, 「매월당의 철학사상과 선비정신」, 『매월당 학술논총: 그 문학과 사상』, 강원대 인문과학연구소, 1988

기술한 한무외(韓無畏, 1517~1610)의 『해동전도록(海東傳道錄)』에 따르면 매월당은 이미 사후 1세기 만에 해동 단학의 근조(近祖)로 자리매김되고 있었으며,[2] 그가 남긴 불교 관계 저술 『십현담요해(十玄談要解)』나 『법계도주(法界圖註)』 등은 조선 불교 사상사에서 독자적 세계를 개척한 업적으로 평가받는다.[3]

이 글에서는 매월당이 지향한 삼교 다원주의적 세계관 배경을 염두에 두면서 그가 천착한 단학 사상 속에서 천문사상 특성을 살펴보고자 한다. 이 같은 주제의식은 달리 말하면 단학의 원리를 천문우주론적 세계관에서 모색하는 것에 관한 논의다. 전근대 이전의 우리 사회에서 천문사상이 매우 중요한 우주론적 준거의 하나로 지탱되어 온 사상사 흐름을 이해하고자 할 때 이와 같은 시도가 지니는 의의는 적지 않을 터이지만, 아직 이런 분야에 대한 연구가 미진하며 필자 또한 조선시대의 천문사상에 관한 전반적인 흐름을 파악한 입장에서 논의를 개진하고 있지 못하기 때문에 한계를 안고 있다. 그럼에도 우주와의 합일을 지향하는 단학의 사상적 배경에 천문우주론적 세계관이 적지 않은 자리를 차지하고 있음을 드러낼 수 있을 것이라 기대한다.

특히 매월당의 저술에서는 단학의 원리와 천문의 원리를 연결짓는 대목이 적잖이 발견된다. 이러한 경향은 의리론적 세계관을 중점적 관심(central concern)으로 삼는 조선조 성리학의 체계에서 찾아보기 힘들다. 아마 그의 다원주의적 세계관 배경으로 인하여 가능했으리라 여겨진다.

천문·단학과 관련된 매월당의 사상은 열 가지 주제를 논술한 『매월당집(梅月堂集)』권17 「잡저(雜著)」편과 아홉 가지 주제를 천착한 권20 「설(說)」편에 담겨 있다.[4] 「잡저」에서는 1. 천형(天形) 2. 북진(北辰) 3. 성리(性理) 4. 상고(上古) 5. 수진(修眞) 6. 복기(服氣) 7. 용호(龍虎) 8. 귀신(鬼神) 9. 미재(弭災) 10. 상장(喪葬)을 살펴보았으며, 「설」에서는 1. 인재설(人才說) 2. 생재설(生財說) 3. 명분설(名分說) 4. 상변설(常變說) 5. 귀신설(鬼神說) 6. 생사설(生死說) 7. 역설(易說) 8. 태극설(太極說) 9. 계인설(契仁說)을

2. 양은용, 「청한자(淸寒子) 김시습의 단학수련과 도교사상」, 『매월당 학술논총: 그 문학과 사상』, 강원대 인문과학연구소, 1988
3. 한종만, 「조선조 초기 김시습의 불교와 도교 수용」, 『한국종교』 8집, 원광대 종교문제연구소, 1983
4. 『국역매월당집』, 세종대왕기념사업회, 1977

다루었다. 그외『매월당집』권21「천지편(天地篇)」, 권23「잡설(雜說)」등에서도 산견된다.

그런데 이상의 내용을 분석하다 보면 조선 초기의 도교 사상을 이해하는 데 매우 중요한 자료가『매월당집』에 담겨 있음을 깨닫게 된다. 조선조 숭유 이념에 따른 도불 억압 정책으로 말미암아 특히 고려 조선의 도교 사상을 엿볼 수 있는 자료가 거의 사라진 관계로 현재 그에 대한 연구를 하기는 매우 어렵다. 이러한 가운데『매월당집』에 전해지는『진무경(眞武經)』,『연생경(延生經)』등은 당시 소격서 관원들이 사용한 경전으로 확인되므로 조선 초기 도교의 사상 경향을 짚어내는 데 매우 중요한 자료로 주목되기에 충분하다. 아마도 소격서가 혁파되는 중종 연간까지는 도교의 공식 경전이었을 것이며, 그 이후에는 민간화되었을 것으로 짐작된다.

『진무경』에 나타난 북방 수호신 진무대제 신앙

먼저「잡저」천형편(天形篇)에는 도가서의 일종인『진무경(眞武經)』과『연생경(延生經)』을 인용한 대목이 있다. 매월당은 일월성신에 대해 설명하던 끝에, 일찌기 여러 서적을 상고해 보았는데 도가서 중『진무경』에서 별의 형체와 그 영험한 자취를 자세히 말하고 있다면서 그 대목을 인용하였다.[5]

『진무경』첫 부분에 "우르러 고하노니, 현천대성(玄天大聖)은 북방 임계(壬癸)를 주관하는 지극한 영신(靈神)으로 금궐존진 응화신 무상장군(金闕尊眞 應化神 無上將軍)이며 진무(眞武)라 부른다. 위용이 혁혁한 태음군(太陰君)이며 열수(列宿) 중에서 허수(虛宿), 위수(危宿)의 빼어난 기운을 받아 두 눈동자가 번개를 당겨 군마(群魔)를 제압하며, 구름 같은 수만 대군을 구지(九地)에 위압한다. 자포 금대(紫抱 金帶)에 신봉(神鋒)을 들며 창구 거사(蒼龜 巨蛇)가 성족(聖足)을 받들며 육정 육갑(六丁 六甲) 신장이 좌우에 따르며 팔살장군(八煞將軍)이 앞뒤로 호위하여, 온갖 재화(災禍)

5.『매월당집』권17「잡저」'천형편'. 或問淸寒子曰 天有形乎? 曰有形. …曰余嘗商若羣籍. 道家有眞武經論, 星形體及靈跡甚祥. 其略云.

를 소멸하고 복을 내려주는 불사의한 존재이다. 한 마음으로 명을 받들어 지금 예를 봉행한다. 이때는 자미대제(紫微大帝)가 용한(龍漢) 원년(元年) 중원일(中元日) 태청경(太淸境) 위의 북극궁중(北極宮中)에서 자미전(紫微殿)을 향하였고 제천(諸天)의 성중(上聖)이 그 앞에 열좌하였다."라 하였다.[6] 이 중 현천(玄天)은 『회남자(淮南子)』 「천문훈(天文訓)」의 천문구야론(天文九野論)에서 북방 하늘로 제시된 이름이며, 임계는 천간의 오행사상에서 북방수를 의미하며, 허수와 위수는 이십팔수 중 북방칠수를 대표하는 별자리이며, 창구 거사는 현무의 이웅합체를 묘사한 부분이므로 모두 북방 진무의 성격과 관련된 내용들이다.

『매월당집』에는 여기까지만 실려 있지만, 도장본(道藏本)에는 그 뒤를 이어서 "남북이두(南北二斗)와 동서의 두 조계(曹洎), 5방의 오성(五星) 및 육궁지요(六宮之曜), 이십팔수, 십이궁신, 비천신왕(飛天神王), 무극선중(無極仙衆)이 모두 함께 제좌(帝座) 가까이서 엄숙히 도열하고 있을 때, 옥동전(玉童傳) 대제(大帝)가 북방대장 현무장군에게 칙명을 내린다."는 내용이 덧붙여 있다.[7]

곧 김시습이 인용한 『진무경』 내용이 『태상설현천대성진무본전신주묘경(太上說玄天大聖眞武本傳神呪妙經)』[『도장(道藏)』 18책, p.38]의 서두에 칠언시 형식으로 실려 있던 것과 똑같으므로,[8] 매월당이 도장에 대한 이해가 깊었다 하겠다. 이 책은 당송 간에 성립되어 송대에 유행한 것으로, 『도장』 동신부(洞神部) 보록류(譜錄類)로 편입되어 있다. 내용은 자미대제와 묘행진인(妙行眞人) 사이의 문답 형식으로 현무장군의 기원과 역할에 관하여 서술한 것이다.[9]

---

6. 『매월당집』 권17 「잡저」 '천형편'. 仰啓玄天大聖者 北方壬癸至靈神 金闕尊眞應化神 無上將軍號眞武 威容赫突太陰君 列宿虛危分秀氣 雙睛掣電群魔 萬騎如雲威九地 紫抱金帶按神鋒 蒼龜巨蛇捧聖足 六丁六甲左右隨 八煞將軍前後衛 消災降福不思議 歸命一心今奉禮. 爾時 紫微大帝於龍漢元年 中元之日 在太淸境上 北極宮中 向紫微之殿 前列諸天之上聖.

7. 『태상설현천대성진무본전신주묘경(太上說玄天大聖眞武本傳神呪妙經)』, 文物出版社 · 上海書店 합간 영인본 『도장(道藏)』, 1987, 18책 pp.38~41. 南北二斗 東西兩曹洎 五方之五星 及六宮之曜 二十八宿 十二宮神 飛天神王 無極仙衆 咸親帝座 肅拱宸威時 有玉童傳大帝之勅 北方大將 玄武將軍宜稟.

8. 태음군(太陰君)이 『매월당집』에는 대음군(大陰君)으로, 혁돌(赫突) 부분이 혁혁(赫赫)으로, 끝 부분의 상성(上聖)이 성상(聖上)으로 된 것만 다르므로, 이 책의 서두를 그대로 인용한 것임이 분명하다.

9. 卿希泰 主編, 『中國道敎』(上海 知識出版社, 1994) 「眞武大帝」조
  『中華道敎大辭典』(中國社會科學出版社, 1995) 「太上說玄天大聖眞武本傳神呪妙經」조

그런데 조선 성종대 완성된 『경국대전(經國大典)』(1485) 중에서 소격서 관리를 선발하는 내용 가운데 권3 「예전(禮典)」 도류(道流)의 취재편(取材篇)에서 "금단(禁壇)을 암송하고 영보경과의(靈寶經科儀)를 읽으며 『연생경』, 『태일경』, 『옥추경』, 『진무경』, 『용왕경』 중 세 가지를 점검한다(誦禁壇 讀靈寶經 科儀 延生經 太一經 玉樞經 眞武經 龍王經 中三經)."[10]라 하고 있다. 곧 『진무경』의 이름이 『경국대전』에 입전되어 있는 것이다. 이는 김시습이 읽은 『진무경』이 이미 조선 초기에 널리 중시되던 도교의 주요 경전이었음을 보여 준다. 그렇다면 그 내용은 조선시대 소격서 관원들이나 단학파들의 우주론 형성에 적지 않은 영향을 끼쳤을 것으로 짐작된다. 김시습의 「천형편」은 그러한 시대적 분위기를 반영한 것이라 할 것이다.

진무(眞武)란 북방의 신 현무(玄武)를 달리 칭한 말인데, 북송 진종(眞宗, 997~1022) 대중상부(大中祥符, 1008~1016) 연간에 송조의 조상신이자 수호신으로 여겨진 성조(聖祖) 조현랑(趙玄朗)의 이름을 휘(諱)하여 현(玄)을 진(眞)으로 고친 데서 연유한다[『주자어류(朱子語類)』 권125 「논도교(論道教)」; 『문헌통고(文獻通考)』 「교사고(郊社考)」].[11] 조현랑은 북송 진종이 북방 요나라의 공격으로 이른바 전연지맹(澶淵之盟, 1004년)이라는 굴욕을 겪으면서 왕권이 위기에 몰리고 민심이 이반하자, 난국을 타개하기 위해 옥황대제

---

10. 앞 구절에 대한 독법이 쉽지 않은데, '영보경과의(靈寶經科儀)'가 하나의 경전명인지 아니면 영보류(靈寶類)적인 재초과의(齋醮科儀) 일반 곧 도교적인 의식 총칭을 지칭하는 것인지 모호하다. 김낙필의 『조선시대 내단사상 : 권극중의 도교철학적 사유와 그 전개』(한길사, 2000) 71쪽에서는 경전명이라기보다는 영보재육법(靈寶齋六法)이라는 도교적 의식을 의미하는 것으로 해석하였다. 법제처 역주의 『경국대전(經國大典)』(한국법제연구원, 1993)에서는 "금단(禁壇)을 송(誦)하게 하고 영보경(靈寶經)을 읽게 하며 연생경, 태일경, 옥추경, 진무경, 용왕경 중에서 삼경에 대하여 과의한다."로 번역하여 과의(科儀)를 동사로 해석하였다.

  『경국대전』의 해석 논란을 보완하기 위해 명종 10년(1555)에 편찬된 『경국대전주해(經國大典註解)』(단국대 동양학연구소 영인본, 동양학 총서 제7집, 1979)에는 "禁斷科儀(各醮祭時讀誦), 靈寶經(靈寶醮 所讀), 延生經(北斗醮 所讀), 太一經(太一醮 所讀), 玉樞經(八節醮 所讀), 眞武經(眞武醮 所讀), 龍王經(祈雨祭 所讀)"이라 풀이하였다. 여기에서는 '과의(科儀)'를 '금단(禁壇)'(斷은 오자)과 연관지은 '금단과의(禁壇科儀)'로 항목화하여 각종 초제(醮祭)에서 독송되는 도교 의례 일반을 지칭하였으며, 그 다음 영보초(靈寶醮)에서 독송되는 하나의 독립된 경전으로 『영보경(靈寶經)』을 제시하였다. 그렇지만 도장(道藏)에서 도교의 재초 과의(齋醮 科儀)와 관련된 내용을 담은 경전명에는 대개 영보(靈寶)라는 말을 덧붙이므로, 『영보경』이라 할 때 그 구체적인 경전을 찾기는 매우 어렵다. 이런 점에서 '誦禁壇 讀靈寶經科儀' 구절이 도교적인 의식을 총칭하여 표현한 대목이 아닐까 한다. 다만 앞으로 그 『영보경』의 내용을 일러주는 새로운 관련 자료가 출현한다면 달리 해석될 수 있을 것이다.

11. 王遜, 「永樂宮 三淸殿 壁畫 題材 試探」(『文物』 63년 8기) ; 卿希泰 主編, 『中國道教』 「眞武大帝」조

와 연관된 천서(天書) 사건을 만들면서 부각되었다. 진종은 꿈에서 한 성관(星冠)이 내려와 '조수명, 흥어송(趙受命, 興於宋)'이라 적힌 천서를 주었다고 하는 이른바 1차 천서 사건(1008년)을 유포하며, 이 날을 국가 기념일로 제정하고 전국 각지에 천경관(天慶觀)을 건립케 하였다. 이로부터 4년 후 진종은 다시 2차 천서 사건(1012년)을 조작한다. 꿈 속에 한 신인(神人)이 나타나 지난번에는 천서를 주었고 이번에는 송조의 조상 조현랑을 내려보낸다는 옥황대제의 명령을 전하게 된다.[12]

이런 배경에서 북방 수호신으로 중시된 진무는 진종 대중상부 7년(1014) 익성보덕진군(翊聖保德眞君)으로 가호(加號)되며, 진종 천희(天禧) 2년(1018)에 다시 진무영응진군(眞武靈應眞君)으로 개호(改號)되었다가, 휘종 대관(大觀) 2년(1108)에 존호(尊號)를 올려 우성진무영응진군(佑聖眞武靈應眞君)으로 하였다. 도교 판테온에서 우성진무(佑聖眞武)는 천봉대원수(天蓬大元帥), 천유부원수(天猷副元帥), 익성흑살장군(翊聖黑殺將軍)과 더불어 자미북극대제의 사성(四聖), 이른바 '천지사장(天之四將)'으로 유명하다. 진무상은 대략 맨발로 구사(龜蛇)를 밟고 흑의 피발(黑衣 披髮)에 장검(仗劍)을 찬 모습으로 묘사되는데, 원대 영락궁 삼청전 벽화에서 이런 모습을 볼 수 있으며, 소식(蘇軾, 1036~1101)의 「상청태평궁시(上淸太平宮詩)」에서는 "신인이 옥규를 잡고 흑의에 거검을 끼고 피발에 두 눈동자가 늠름하다(神人控玉虯, 黑衣橫巨劍, 披髮凜雙眸.)."라고 표현되었다.[13]

북방 몽골족이 중원으로 들어온 원대에도 진무는 왕조의 보호신으로 더욱 숭봉되었는데, 원대 개국 초 북경 등지에 진무묘 소응궁(昭應宮) 등이 창건된다. 이런 흐름을 타고 원 성종 대덕(大德) 7년(1303) 12월에는 진군(眞君)에서 상제(上帝)의 반열로 승격되어, 원성인위원천상제(元聖仁威元天上帝)라 가봉(加封)되었다[『속문헌통고(續文獻通考)』 권79 「군사(群祀) 3」]. 진무가 지니는 북방 수호신 이미지가 원나라의 출자와 관련하여 주목되었을 것이다. 도교에서 제의 반열로 호칭하는 진무대제(眞武大帝) 또는 현천상제(玄天上帝)에는 이런 맥락이 반영된 것으로 여겨진다.

---

12. 『송사(宋史)』 「예지(禮志)」(中華書局 標點校堪本), pp.2537~2544 ; 김일권, 「도교의 우주론과 지고신 관념의 교섭 연구」, 『종교연구』 18집, 한국종교학회, 1999. 11
13. 王遜, 「永樂宮 三淸殿 壁畵 題材 試探」, 『文物』 63년 8기

명 성조 영락제(1360~1424) 시기에 다시 진무 신앙은 최고조에 오르는데, 성조 자신이 처음에 북방의 한 번왕이었다가 북방대신 진무의 도움으로 제위에 등극하였다고 하여, 영락 10년(1412) 20여만 명을 동원하여 무당산 궁관(武當山 宮觀)을 건립하였으며 진무의 향화(香火)가 끊이지 않도록 하였다고 한다. 현존하는 『도장』 중에서 『현천상제설보부모은중경(玄天上帝說報父母恩重經)』, 『현천상제계성록(玄天上帝啓聖錄)』, 『태상현천진무무상장군록(太常玄天眞武無上將軍錄)』 등은 이런 영향을 받아 출현한 것으로 여겨진다.[14]

한편 현무는 『사기』 「천관서」에 따르면 28수 중 북방칠수를 주관하는 사신의 하나인데, 허수(虛宿)와 위수(危宿)를 대표로 삼거나,[15] 북방칠수의 첫 별자리인 남두육성을 대표로 내세우기도 한다. 남두는 북두칠성과 더불어 '남두주생 북두주사(南斗注生, 北斗注死)'라 하여 생사를 주관하는 관부로 중시된 별자리다.[16] 이러한 생과 사에 관련된 남두와 북두의 점성사상은 고구려 고분 벽화에서도 발견되는데,[17] 여기 조선초 도교 사상에서 다시금 확인하는 것이다.

이와 같이 『진무경』은 송대의 관권 도교 배경에서 성립된 책이며, 주된 내용은 북방을 수호하는 현무대신을 신앙 대상으로 한 것이며, 위용이 혁혁한 진무대제의 위력을 빌려 제마를 극복하고 재난을 소멸하려는 맥락을 담고 있다. 아울러 육정육갑 신장, 팔살장군(八煞將軍)이 전후좌우로 호위하고, 북두칠성과 남두육성의 남북이두, 5방의 오성, 육궁지요, 이십팔수, 십이궁신 등의 별자리 신격과 비천신왕, 무극선중 등이 함께 북방대장 현무장군의 휘하에 소속되어 다시 북극궁중의 자미대제 아래 포진되어 있으므로, 조선 초기 도교 사상에서 어떠한 천문 판테온 체계가 성립되어 있을지 짐작하게 된다. 더불어 가장 높은 천문 신격으로 북극 자미대제가 설정되어 있으므로 북극궁 자미전의 북극성을 우주론의 중심에 두는 천문우주론적 세계관을 상정하게 된다. 이런 흔적을 『매월당집』 권17 「북진편(北辰編)」에서 또한 거듭 읽게 된다.

---

14. 卿希泰 主編, 『中國道教』 「眞武大帝」조

15. 『사기』 「천관서」 p.1308. 北宮玄武 虛危. 危爲蓋屋, 虛爲哭泣之事.

16. 동진 양희(楊羲, 331~386)의 『상청경(上淸經)』; 진(晋) 간보(干寶)의 『수신기(搜神記)』

17. 김일권, 「고구려 고분벽화의 천문 관념 체계 연구」, 『진단학보』 82호, 진단학회, 1996. 12

김시습의 북진론과 고려 선초의 태일 우주론

1.

『매월당집』 권17 「북진편」에서는 북극성과 북두칠성에 대한 이야기를 펼치고 있다.

"북진이란 북극 하늘의 중심쇠이니 항상 그 자리에 있어 움직이지 않는다. 그래서 공자가 '덕(德)으로 정치하는 것을 비유컨대 북진성이 그 자리에 있어 뭇 별이 아우르는 것과 같다.'고 하였다. 대개 이 별은 기(氣)의 주장이며 하늘의 중심에 있으니, 비유컨대 수레의 바퀴 심이나 맷돌의 심과 같다. 비록 움직이고자 하나 움직일 수 없는 것이요, 부동에 뜻을 둔 것은 아니다. 그래서 뭇 별의 지존이 된 것이니, 인간 세상처럼 단순히 위의(威儀)가 엄연하다 하여 존귀한 존재가 된 것은 아니다."[18]

여기에서 북극성을 기의 주장으로 제시한 점이 주목을 끈다. 『매월당집』 권17 「천형편」에서 하늘은 형체가 둥글고 기로 이루어진 존재라고 말한다.

"하늘이란 높아서 위가 없고 맑아서 끝이 없으며, 기의 운행이 쉬지 않으므로 일월성신이 광명으로써 매여 있으나 깃발처럼 꿰맨 것이 아니다. 풍우상로는 기의 변화로 생기는 것이며 정해져 있는 것이 아니다. 극히 맑고 극히 단단하여 다시 끝이 없으며, 극히 굳세고 극히 튼튼하여 다시 쉼이 없다. 그러므로 대지 산천이 대기(大氣)가 선회하는 중에 우뚝이 떠 있고, 초목 인물은 그 성명(性命) 안에서 삐죽삐죽 머리 들고 움직이니, 이것을 일러 하늘의 형체라고 하는 것이다."[19]

---

18. 『매월당집』 권17 「잡저」 '북진 제2'. p.15. 淸寒子曰 夫北辰者 北極天之樞也. 常居其所而不動 故聖仲尼曰 爲政以德 譬如北辰居其所而衆星拱之. 蓋此星 爲氣之主 而天之心, 如輪之轂 如磨之臍. 雖欲動而不可得 非有意於不動 故爲衆星之尊, 非人世威儀儼然而謂之尊也.

19. 『매월당집』 권17 「천형」 제1, p.13. 夫天者顥也. 高而無上 淡而無際, 有氣圓轉 健行不息, 日月星辰 以光明繫焉 而非綴旋也. 風雨霜露 以氣所墜焉 而非有爲也. 極淸極剛 無復有涯, 極强極健 無復有息. 大地山川 兀然浮於旋轉之中, 草木人物 闖然動於性命之內 夫是之謂天形.

그 기란 어떤 것인가라는 물음에 기는 일월성진의 추이와 한서주야(寒暑晝夜)의 왕래(往來)라고 하였다.[20] 이러한 이해는 기를 천체 운행과 매우 밀접한 것으로 여긴 것이다.

이는 일월성진을 기의 정화(精華)로 보는 다음 견해와 상통한다. "대기(大氣) 중의 빛[光耀]은 양의(兩儀)의 정화인데, 그중 양의 정화는 태양을 이르고 음의 정화는 달을 이른다. 태양의 남은 빛이 나뉘어 별이 되었으므로 별 성(星)자는 일(日)과 생(生)으로 구성된 것이다. 진(辰)이란 해와 달이 만나는 차서(次序)를 말함이니, 예컨대 정월이란 일월이 해방(亥方)의 취자(娶訾)에서 만나고, 2월은 일월이 술방(戌方)의 강루(降婁)에서 만나는데 이것을 이른다."라 하면서 다시 열자[列子, 이름은 어구(禦寇), 가상 인물로 추정]와 장형(張衡, 72~139)의 이야기를 빌어 설명한다. "열어구가 '하늘은 쌓인 기운일 따름'이라 하였으니, 해와 달과 별은 적기(積氣) 중에서 빛을 발하는 것이다. 장형이 말하기를 '별이란 땅에서 체(體)를 이루고 하늘에서 정(精)을 이루어 흩어져 벌려 있는 것이나 각기 속한 바가 있다.'라 하였다. 만약 이와 다른 이론이 있다면 나는 모른다."라 하여 한대 유학적 맥락의 천문적 기론(氣論)을 펼치고 있다. 이 가운데 취자(娶訾), 강루(降婁) 등은 한대에 개발된 세차기년법(歲次紀年法) 곧 목성의 주기로 태양 위치를 추산하는 세성십이차(歲星十二次)의 이름들이다.

그러면서 혼천설(渾天說)에 입각한 천체 구조론을 내보이는데, "하늘의 형체는 극히 둥글고 땅은 그 가운데에 있으며, 절반은 지상을 덮고 절반은 지하에 있다. 지상에 있는 것은 180도 반이 넘고 지하 역시 그러하다. 주천 도수는 365도 4분의 1이다."[21]라 한 것은 지축이 기울어진 채 지구가 하늘 속에 운행하는 모습을 말한 혼천설 대목이다. 기존의 개천설(蓋天說) 대신에 한대에 새로이 정립된 혼천설은 하늘과 땅을 상하(上下) 관계가 아닌 계란의 노른자와 흰자처럼 내외(內外) 관계로 파악하여 천체 구조를 설명한 이론이며, 이후 근대 서양 천문학이 들어오기까지 가장

---

20. 『매월당집』 권17 「천형」 제1, p.13. 曰天有形乎? 曰有形. 曰何者是形? 曰圓而無物. 曰有氣乎? 曰有氣. 曰何者是氣? 曰日月星辰之推代寒暑晝夜之往來是也.

21. 『매월당집』 권17 「잡저」 북진 제2, p.16. 蓋天體至圓 地居其中, 半覆地上 半在地下, 居地上者一百八十度半强, 地下亦然. 常周三百六十五度四分度之一.

유력한 천체론이었다.[22] 앞서 인용된 장형은 후한대 대표적인 혼천가로 중요한 인물이다.

『진서(晉書)』「천문지(天文志)」에는 기존에 제기된 천체 구조론을 개천설, 혼천설, 선야설(宣夜說), 안천설(安天說), 궁천설(穹天說), 흔천설(昕天說)의 여섯 가지로 정리하였는데, 그중에서 "丹楊葛洪釋之曰 渾天儀注云"이라 하여 동진 갈홍(葛洪, 283~363)의 말을 빌어 혼천설을 언급하는 점이 눈에 띤다.[23] 이는 당 태종대에 성립된 『진서』 편성 과정에 채록된 내용이므로, 당시 도교 사상가들이 이러한 천체 구조에까지 깊이 관심을 두었음을 보여 준다.

행성의 공전 운동에 관해서도 김시습은 "하늘은 땅의 둘레를 왼쪽으로 하루 낮밤으로 꼬박 한 바퀴 돌고도 1도를 넘는다. 일월오성 또한 하늘을 따라 선회하는데, 그중 오직 태양의 운행만이 하루에 한 바퀴씩 모자라지도 남지도 않으며, 그 나머지는 각기 늦고 빠름의 차이가 있다."[24]고 하였다. 소략하지만 행성의 운동까지 자신의 천론(天論)에 도입하고 있다는 점에서 그의 기론(氣論) 이면에 천문에 관한 이해가 깊이 깔려 있음이 엿보인다. 이상과 같이 매월당의 천론은 대략 한대의 천문사상적 배경에서 입론되어 있다고 여겨진다.

2.

『논어』에서도 뭇 별의 중심으로 주목된 북극성은 그 중심 상징성으로 인하여 일찍부터 천문 세계의 주요 개념으로 등장하였다. 여기에 지축도 긴 시간을 두고 회전 운동을 하는 세차 현상으로 인하여 한대의 북극성이 당대의 북극성과는 위치가 달라지는 등 매우 복잡한 천문 현상이 가미되면서, 북극성을 지칭하는 새로운 이름

---

22. 이문규, 「고대 중국인의 하늘에 대한 천문학적 이해」, 서울대 과학사협동과정 박사학위 논문, 1997 : 『고대 중국인이 바라본 하늘의 세계』, 문학과지성사, 2000으로 출간

23. 『진서(晉書)』「천문지(天文志)」 p.281. 丹楊葛洪釋之曰 渾天儀注云 天如雞子 地如雞中黃, 弧居於天 內 天大而地小. 天表裏有水. 天地各乘氣而立, 載水而行. 周天三百六十五度四分度之一. 又中分之 則 半覆地上 半繞地下, 故二十八宿 半見半隱 天轉如車轂之運也.

24. 『매월당집』 권17 「잡저」 북진 제2, p.16. 遠地左旋一晝一夜 適周一匝而又超一度. 日月五星 亦隨天以 旋. 而惟日之行一日一周 無欠無餘, 其餘則各有遲速之差 而其懸也.

들이 등장하게 된다.[25]

주(周)대에서 천제의 별이라 하여 제성(帝星)이라 이름 붙인 북극성이 『사기』 「천
관서」에 이르면, 하늘의 중심이라는 의미의 '천극성(天極星)' 또는 형이상학적 우주
론의 중심이라는 맥락이 부여된 '태일(太一)'의 상거(常居)로 이해되고 있다.[26] 태일
신은 한무제 때부터 교사 제천(郊祀 祭天)과 봉선 의례의 제천 주신으로 숭봉되면
서 한대를 풍미한 우주의 중심 신격이다. 『사기』 「봉선서(封禪書)」에서 "천신귀자태
일(天神貴者太一)"이라 한 것은 이런 맥락이다. 이것은 북극성을 중심으로 하는 천
문 우주론적 세계관이 한대에 주요 우주론이 되었음을 시사한다.[27] 전·후한 교체
기를 중심으로 활발하게 일어난 상수학(象數學)적 위서사상(緯書思想)은 이러한 시
대적 마인드와 깊은 연관을 지니고 있다.[28] 천문 현상을 역론(易論)과 상수학, 점성
학 등으로 해석하려 한 것이다. 한대에 천문 관측, 혼천의 개발 등 천문학적 활동
이 매우 활발하였다는 측면도 그 시대적 세계관을 이해하는 데 도움이 될 것이다.

이러한 배경에서 태일이 우주 중심인 북극성을 지칭하는 것으로 해석되면서 한
대 이후에는 태일을 중심으로 태일구궁설(太一九宮說), 태을점반(太乙占盤) 등 여러
가지 천문사상을 엮어내게 된다. 태일이 처음부터 북극성을 뜻한 것은 아니며, 그
개념은 전국시대 도가의 우주론 맥락에서 비롯된다. 『장자』 「천지편(天地編)」의 "주
이지태일(主之以太一)", 『여씨춘추』 「중하기(仲夏紀)」의 "태일출양의, 양의출음양.(太
一出兩儀, 兩儀出陰陽.)" 또는 "만물소출 조어태일, 화어음양.(萬物所出 造於太一, 化於陰
陽.)" 등에서 보이듯이, 노자의 도론 곧 "도생일, 일생이, 이생삼, 삼생만물.(道生一,
一生二, 二生三, 三生萬物.)"(『도덕경』 42장)이라는 우주 발생론적 사유와 공유하는 맥락

---

25. 김일권, 「북극성의 위치 변화 및 한대의 천문우주론 : 원대 영락궁 삼청전 조원도의 해석과 관련하여」,
『도교문화연구』 13집, 한국도교문화학회, 1999. 4

26. 『사기』 「천관서(天官書)」 p.1289. 中官. 天極星, 其一明者, 太一常居也. 旁三星三公, 或曰子屬. 後句四
星, 末大星正妃, 餘三星後宮之屬也. 環之匡衛十二星, 藩臣. 皆曰紫宮.

27. 김일권, 「고대 중국과 한국의 천문사상 연구 : 한당대 제천의례와 고구려 고분벽화의 천문도를 중심으
로」, 서울대 종교학과 철학박사 학위논문, 1999. 2

28. 『사기』 「일자열전(日者列傳)」에 태일과 오행, 감여(堪輿), 건제(建除), 종진(從辰), 역(曆), 천인(天人) 등 술
수 7가가 제시되고, 『한서』 「예문지(藝文志)」에 오행가가 『태일음양(泰一陰陽)』 23권에 나열되는 사실도 당
시 분위기를 반영하는 것이다.

이다. 이러한 형이상학적 우주론 관념이 한대에 이르러 황로학적 사상 배경에서 천상의 중심 북극성과 등치되면서 이제는 구체적인 천문성상의 구심점으로 그 역할이 확대된 것이라 하겠다.[29]

태일은 태일(泰一) 또는 태을(太乙)로도 불렸으므로 후대 도교에서 말하는 태일구고존신(太一求苦天尊), 태일제군(太一帝君), 태을원군(太乙元君) 등은 한대의 태일북극성을 지칭한 것이라 하겠다. 『사기』에서 태일(太一)이라 표현된 부분이 『한서』 (82년)에서는 대개 태일(泰一)로 고쳐 적혔으며, 『진서』 「천문지」나 『수서』 「천문지」, 『송사』 「천문지」 등에서는 동일한 문맥으로 태을(太乙)로 바꾸어 표현하고 있다.[30]

그런데 이러한 태일과 관련된 자료는 앞서 보았듯이 조선시대 『경국대전』의 도류 취재(道流 取材) 부분에 『태일경』이라는 이름으로 등장하므로, 조선초 도교의 우주론을 짚어 내는 데 매우 중요하다. 그것의 원제는 『태일원진보명장생경(太一元眞保命長生經)』(정통도장 2책)으로 추정되었다.[31] 문물출판사·상해서점 합간 영인본 『도장(道藏)』에서는 『태을원진보명장생경(太乙元眞保命長生經)』1권(1책 873)으로 수록되어 있다. 태일과 태을은 동일한 의미이므로 같은 책임을 알 수 있다. 이 경의 내용은 태을원진(太乙元辰)이 설법의 주체가 되어 "양(陽)이 모여 신(神)이 되고 음(陰)이 모여 형(形)이 되며, 그 두 음양의 합성으로 몸이 이루어진다. 마치 일월이 허공에 걸려 주야로 쉬지 않고 그 직분을 행하는 것과 같다. 희로애락이 서로 쟁탈하니 생로병사가 이로 인하여 있게 된다."는 등 생명을 보존하고 장생을 구하는 수련법에 대해 설하고 있다.[32]

그 후반부의 신주(神呪)에서 "삼청상경(三淸上境)의 태을원진이 법을 펴고 교화하여 사람들을 구제한다. 일궁 월륜의 혼백을 수련하고 천제(天帝)와 지관(地官)이 기와 허를 주관하여, 천이백 령 만이천 신으로 선택(仙宅)을 이룩하고 진신(眞身)을 이

29. 김일권, 「북극성의 위치 변화 및 한대의 천문우주론」, 1999
30. 김일권, 「고대 중국과 한국의 천문사상 연구」, 1999
31. 김낙필, 『조선시대의 내단사상』, 2000, p.72
32. 『태을원진보명장생경』(『도장』 1책 p.873). 太乙元辰曰 積陽爲神 積陰爲形, 陰陽兩半合成其身. 猶如日月 麗於虛空 晝夜不息, 各行其分, 憂悲喜怒 迺相攻奪, 生老病死 因之而有. 夫前識者道之子, 形化者 道之母, 旣知其子須識其母. 母者太上之分身也, 子者本心中之一也.

루니, 그 진신 중에 칠정구궁(七政 九宮)의 심광(心光)이 밝게 빛난다. 현명궁(玄明宮)을 비추고 허공의 대신(大神)을 밝히어 화기 심진(和氣 心眞)이 안으로 오장을 맑히며 밖으로 다섯 신[五神]을 부르며 정사(精思)에 다함이 없어 빛을 열어 사람을 구제하니, 늙은이는 도로 젊어지고 오래된 것은 다시 새로워진다."[33]라 하여, 진신을 이루어 장생하는 내용이 담겨 있다.

이 중 칠정(七政)은 북극성[太一]을 공지(拱之)하면서 사방위 사계절을 통어한다고 여겨진 북두칠성을 의미하기도 하고, 또는 하늘의 경성(經星, 항성) 사이로 운행하면서 천문 변화를 주도하는 일곱 위성(緯星, 행성) 곧 일월오성의 칠요를 지칭하기도 한다. 구궁(九宮)은 가운데의 중궁에서 동서남북의 천하 팔방위를 포국으로 하는 천문우주론적 모식의 하나를 일컫는데, 당송대에 매우 유행한 태일구궁 사상또는 낙서구궁(洛書九宮) 사상과 밀접하게 연관된다.[34] 결국 천문의 중심인 태일신이 도교의 하늘인 삼청경(三淸境)에 거하면서 천지 일월 성신으로 사방팔방의 인간세계를 두루 통할한다는 천문세계관을 담은 것이다.

그 신주 다음 끝부분에서 이 경의 공능을 덧붙이고 있는데, 만약 장생 득도하려는 자가 이 신주를 만 십만 번 암송하여 단좌 내사(端坐 內思)하면 십 년이 지나지않아 자연히 도를 이룰 것이라 한다. 또한 호국(護國)을 바라는 제왕에게 이 경을 암송할 것을 권하며, 병란(兵亂)이나 수한(水旱)에 이 태을성진경(太乙聖眞經)에 의거하여 16진인과 태을진상(太乙眞像)을 주조하여 재록(齋籙)을 수행하면 바라는 대로 이룰 것이라 한다.

이처럼 『태을원진보명장생경』은 제명(題名)에서도 엿보이듯이 태일신에 의지한 신주 재행(神呪 齋行)으로 일신의 수명 장생과 병란 수한에 호국하는 내용을 위주로 하고 있다. 그런데 이 경은 분량이 매우 적어 한 쪽도 되지 않는다. 이처럼 얇은 책이 과연 조선시대 도류 취재의 시험에 사용된 도경이었는지 조금 의아스럽지만, 현재 도장 자료상 달리 주목할 만한 경전은 보이지 않는다. 『경국대전』에 수록

---

33. 『태을원진보명장생경』(『도장』 1책 p.873). 三淸上境 太乙元辰 布和法化 開光度人 鍊魂日宮 校魄月輪 天帝總炁 地官飛虛 千二百靈 萬二千神 合成仙宅 立爲眞身 眞身之中 七政九宮 心光朗耀 照玄明宮 明空大神 和氣心眞 內淸五臟 外召五神 精思不窮 開光度人 老者反壯 故者還新. …
34. 김일권, 「고대 중국과 한국의 천문사상 연구」, 1999

된 『태일경』이 태일을 주체로 하는 경전임은 분명하므로, 조선초 도교에서 태일을 높이 숭봉했을 것으로 짐작하게 되는데, 더욱이 그 재초를 담당하던 소격서 안에 태일전이 따로 있었다[35]고 하므로, 조선 초기에서 태일이 지니는 의미가 매우 컸다 하겠다.

이러한 태일 사상의 배경을 생각할 때 고려시대 과의도교(科儀道教)에서 태일에 대한 초제(醮祭) 기록이 빈번한 것과 밀접히 연관될 것으로 여겨지며, 고려의 태일 신앙은 다시 송대 도교의 시대적 경향과 무관하지 않을 것으로 생각된다.

중국사에서 태일을 우주론의 중심으로 내세운 것은 한대의 사상적 배경을 반영한 것이다. 위진시대 이후로는 도교 자신들의 우주론 맥락에서 제기된 원시천존, 자미북극대제, 태상노군 등이 우주의 지고신격으로 등장하면서 태일은 그다지 주목되지 않게 된다. 그러다가 당 현종 이후 천문역법적인 맥락의 태을구궁귀신(太一九宮貴神) 의례가 다시 부각되며, 송에 이르러서는 국가 의례의 대사(大祀)로까지 승급한다.[36] 『태일경』은 아마 이런 배경에서 성립된 경전으로 여겨진다.

정작 도장 목록상으로 볼 때 태일의 비중은 그다지 높지 않다. 상해서점 영인본 『도장』에 수록된 1500여 경전에서 태일 또는 태을과 관련된 것이 12종류[37]에 불과하여 1퍼센트 미만이다. 그럼에도 고려에서 행한 많은 태일 초제 기록과 조선초 소격서에서 『태일경』을 중시한 것이나 태일전이 따로 마련되는 등으로 미루어 볼 때 고려 조선에서 태일이 매우 높이 숭봉되었음을 시사한다.

『고려사』에서 태일 용례가 등장하는 곳은 모두 24곳[38]이나 그중 태일 초제가 거

35. 김낙필, 『조선시대 내단사상』, 2000, p.73
36. 김일권, 「당송대의 명당의례 변천과 그 천문우주론적 운용」, 『종교와문화』 6호, 서울대 종교문제연구소, 2000. 5
37. 『태을원진보명장생경』 1권(1책 873), 『태을화부주고기양의(太乙火府奏告祈禳儀)』 1권(3책 600), 『상청태일 금궐옥새금진기(上淸太一金闕玉璽金眞記)』 1권(6책 378), 『태일구고천존설발도혈호보참(太一求苦天尊說拔度 血湖寶懺)』 1권(9책 892), 『황제태을팔문입식결(黃帝太乙八門入式訣)』 3권(10책 768), 『황제태일팔문입식비결(黃 帝太一八門入式秘訣)』 1권(10책 778), 『황제태일팔문역순생사결(黃帝太一八門逆順生死訣)』 1권(10책 784), 『송 동태일궁비명(宋東太一宮碑銘)』 1권(19책 687), 『송서태을궁비명(宋西太乙宮碑銘)』 1권(19책 689), 『송중태을궁 비명(宋中太乙宮碑銘)』 1권(19책 690), 『천황태일신율피예경(天皇太一神律避穢經)』 1권(32책 562), 『상청태일제 군태단은서해포십이결절도결(上淸太一帝君太丹隱書解胞十二結節圖訣)』 1권(34책 96)
38. 『고려사』에서 나온 태일 기록은 다음과 같다.

행된 것은 기록상 20회[39]로 조사되었다. 이 초제들은 궁궐 내 전각에서 기우 목적으로 왕의 친제 형식으로 진행된 예가 적지 않아 국가 제천 의례 맥락으로 조망되기도 하므로, 그것이 지니는 의례적 비중 또는 고려시대의 도교 천문사상에서 태일이 차지하는 위상을 짐작하게 된다. 또한 문종 6년(1052)에 김정(金正)이 태일력(太一曆)을 찬(撰)하였다 하고, 문종 36년(1082)에 태일구궁초(太一九宮醮)를 거행하였다

#1 문종 6년(1052) 3월 戊午 命太史金成澤撰十精曆; 李仁顯撰七曜曆; 韓爲行撰見行曆; 梁元虎撰遁甲曆; 金正撰太一曆 以禳來歲灾祥. (7권 「세가」)

#2 문종 10년(1056) 9월 己丑 祀太一於壽春宮 以禳火灾. (7권 「세가」 ; 63권 「예지 · 잡사」)

#3 문종 36년(1082) 4월 己卯 醮太一九宮 于會慶殿. (9권 「세가」)

#4 선종 4년(1087) 3월 丙子 親醮太一於文德殿 以祈風雨調順. (10권 「세가」 ; 63권 「예지 · 잡사」)

#5 숙종 6년(1101) 4월 甲辰 醮太一祈雨. (11권 「세가」 ; 54권 「오행지 · 금행」)

#6 숙종 9년(1104) 11월 癸酉 祈雪于宗廟社稷. 丁亥 醮太一祈雪. (53권 「오행지 · 화행」 ; 63권 「예지 · 잡사」)

#7 예종 원년(1106) 7월 丙午 醮太一于乾德殿. (12권 「세가」)

#8 예종 2년(1107) 3월 乙卯 醮太一于乾德殿. (12권 「세가」)

#9 예종 2년(1107) 5월 乙巳 醮太一于乾德殿. 乙卯 又醮于乾德殿禱雨. (12권 「세가」)

#10 예종 2년(1107) 5월 乙卯 醮太一于乾德殿以禱. (54권 「오행지 · 금행」)

#11 인종 10년(1132) 始修宮闕 … (妙淸)自言: "此太一玉帳步法 禪師道詵 傳之康靖和, 靖和傳之於我, 臨老得白壽翰傳之, 非衆人所知也." (127권 「열전 · 묘청」)

#12 의종 3년(1149) 1월 庚寅 流星似天狗自東指西庚戌飛星出天一大一入大微中五帝座北大如鉢尾長二尺許. … (48권 「天文志 · 月五星凌犯及星變」)

#13 의종 5년(1151) 5월 己酉 親醮太一於內殿. (17권 「세가」)

#14 의종 6년(1152) 4월 乙丑 朔醮太一於內殿. (17권 「세가」)

#15 의종 6년(1152) 4월 己卯 醮三界於內殿太一於福源宮. (17권 「세가」)

#16 의종 6년(1152) 6월 己卯 親醮太一于內殿. (17권 「세가」)

#17 의종 6년(1152) 6월 癸未 幸妙通寺 設摩利支天道場. 是日還壽昌宮. 醮七十二星於明仁殿 又醮天皇太帝 · 太一及十六神以禳疾疫. (17권 「세가」)

#18 의종 23년(1169) 3월 辛酉 醮太一 · 十一曜 · 南北斗 · 十二宮神於內殿. (19권 「세가」)

#19 명종 3년(1173) 4월 壬申 醮太一於內殿. (19권 「세가」)

#20 신종 2년(1199) 2월 戊子 流星出北斗入太一 (48권 「天文志 · 月五星凌犯及星變」)

#21 고종 9년(1222) 4월 丁酉 親醮太一於宣慶殿. (22권 「세가」)

#22 원종 5년(1264) 1월 己亥 醮太一於內殿. (26권 「세가」)

#23 원종 12년(1271) 11월 甲子 親醮太一于本闕. (27권 「세가」)

#24 신우 4년(1378) 5월 甲戌 以時令不和 醮太一于福源宮. (63권 「예지 · 잡사」)

39. 태일 용어가 등장하는 곳은 『고려사』 「세가」에 18회, 「지」에 9회, 「열전」에 1회로 모두 28회이나, 「세가」와 「지」에 중복된 것을 제외하면 24회로 확인된다. 24회 기록 중에서 문종 6년의 태일력(太一曆), 인종 10년의 태일옥장보법(太一玉帳步法), 의종 3년의 출천일대일입대미(出天一大一入大微), 신종 2년의 출북두입태일(出北斗入太一) 등은 초제 기사가 아니다. 이 글에서 사용한 『고려사』 원문 검색은 허성도 선생의 한국사 사료 연구소에서 인터넷으로 공개한 디지털 흔글 파일을 대본으로 하였다.

하므로, 조선초 도교의『태일경』이나 송대의 태일구궁의례와 상통하는 단서를 보게 된다. 태일 외에 구요(세가 24, 지 6, 열전 1의 용례 31건), 십일요(세가 8, 지 2의 용례 10건) 등도 상당히 주목된 천문성수다.

지금까지 보았듯이 조선시대에서도 고려시대의 천문사상을 그대로 이어 갔을 것이라 상정되며, 조선초 도교에서『태일경』을 중히 여긴 것도 이상과 같은 시대사적 배경에서 조망된다.

북두칠성과 연생 본명성 사상

다음으로『매월당집』권17 「천형편」에는 본명성(本命星) 신앙과 관련된『연생경』내용이 앞서 언급한『진무경』다음에 서술되어 있다. 이 부분은 성균관대 대동문화연구소 영인본『매월당전집(梅月堂全集)』에 누락되었는데, 한무외의『해동전도록(海東傳道錄)』[40]에 부록으로 수록된『매월당집초(梅月堂集抄)』의 「천형편」에는 일부가 실려 있다. 따라서 「천형편」에는 원래 이 부분이 실려 있었을 것이며, 또한『연생경』대목과 그 다음 '사제기선(土祭其先)'이라는 구절 사이가 문맥상 바로 연결되지 않기 때문에 다른 내용이 더 있었을 것으로 추정된다.

그런데 매월당이 인용한『연생경』역시『경국대전』의 취재 도류 부분에 실려 있으므로 본명성에 대한 점성 사상이 조선 초기 도교에서 중요하였음을 알 수 있다.『연생경』의 원제는『태상현령북두본명연생진경(太上玄靈北斗本命延生眞經)』(정통도장 19책)으로 상정되었다.[41] 관련된 주석서로『태상현령북두본명연생진경주(太上玄靈北斗本命延生眞經注)』5권(17책 1),『태상현령북두본명연생진경주해(太上玄靈北斗本命延生眞經注解)』3권(17책 39),『태상현령북두본명연생경주(太上玄靈北斗本命延生經注)』3권(17책 65) 등 몇 종류가 있는 것을 보아도 도교에서 북두 연생(北斗 延生) 문제에 많은 관심을 쏟았음을 알 수 있다.

---

40. 이종은 역주,『해동전도록』, 보성문화사, 1986
41. 김낙필,『조선시대의 내단사상』, 2000, p.72

매월당은 별의 영험한 자취를 설명하기 위하여 소격서의 교재이기도 한『연생경』을 인용하고 있으므로, 조선 초기 도교 집단과 밀접한 연관이 있을 것으로 여겨진다.『매월당집초』의「천형편」과『태상현령북두본명연생진경』의 관련 부분을 서로 비교하면서 내용을 살펴보면 다음과 같다. (밑줄 친 것은『도장』의 것을 필자가 보충한 것이다.)

"『연생경』에 이르기를, 무릇 사람의 성명(性命, 五體)은 다 본명궁(本命宮, 星官)이 주관하는 본명신장(本命神將)에 속한다. 본명성궁(本命星宮, 本宿星官)은 늘 음우(蔭祐)를 내리고 인명(人命)을 관장하여 타고난 천수(天壽)를 누리도록 한다. (범속한 자는 종신토록 이를 깨닫지 못함을 알지 못한다.) 본명진성(本命眞聖, 眞官)은 매년 여섯 차례 인간 세상에 강림하니, 하강하는 날이 본명(本命)의 기한이다. 그러나 (남릉사자(南陵使者) 3천 인과 북두진군(北斗眞君) 7천 신장, 본명진관이 중진(衆眞)의 옹호를 받으며 강세하니,) 재앙을 소멸하고 죄를 참회하면 오히려 복을 빌고 수명을 늘일 수 있다. 이 진경(眞經)을 가지고 능력에 따라 장초(章醮)를 지내면 복덕(福德)이 더욱 많아지며, 본명(本命) 기한이 이른다 할지라도 자기에게 오지는 않는다(자신도 모른다). 초연(醮筵, 齋醮)을 베풀지 않고 향화(香火)를 받들지 않는 것은 생명(生命)을 가벼이 여기고 본명(本命)을 미혹케 하여 사람의 신명(身命)을 귀중히 여기지 않음이니, 그 담당 천사(天司)가 복록(福祿)을 빼앗고 수명을 줄여 많이들 죽음에 이르게 할 것이다."[42]

이같이 두 책의 내용이 거의 같으므로『경국대전』에서 말하는『연생경』이란『태상현령북두본명연생진경』임이 분명해진다. 여기에는 제명 그대로 북두칠성이 인간

42.『해동전도록』(이종은 역주, p.280)에 실린『매월당집초』를 기본으로 삼고『태상현령북두본명연생진경』(상해서점 영인본『도장』11책 p.347)을 대조한 결과, 도장본의 것을 ( )로 추가하였고, 원본과 다른 부분은 [ ]로,『매월당집초』에만 있는 부분은 { }로 표시하였다.

延生經云 (老君曰) 凡人性命(五體) 悉屬本命宮[本命星官]之所主掌 本命神將. 本命星宮[本宿星官] 常垂蔭祐 主持人命 使保天年. (凡俗無知終身不悟.) 夫本命眞聖[眞官] 每歲六度 降在人間, 降日 爲本命限期. (有南陵使者三千人 北斗眞君七千神將 本命眞官 降駕衆眞 悉來擁護) 可以消災懺罪 請福延年[延生]. [持此眞經] 隨力章醮 福德增崇, 其有本命限期將至 身自不至[自身不知]. 不設醮筵[齋醮] 不修香火 此爲輕生迷本 不貴人身, 天司奪祿 減算除年 致多大喪[夭喪]. (云云下略)

의 수명을 관장하므로, 태어난 해의 본명성에 따라 칠성을 예배(禮拜)하고 제 죄를 참회하면 연명할 수 있을 것임을 강조하고 있다.

『해동전도록』에 수록된 『단가별지구결(丹家別旨口訣)』14장에서도 "처음 좌환한 지 오래도록 효험이 없으면 날마다 북두칠성에 절하되 각각 두 번 절하고 경건하게 암축(暗祝)하며 전날의 죄를 참회하면 음우(陰佑)가 있을 것"[43]이라 하여, 북두성에 대한 예참법(禮懺法)을 제시하고 있다.

북두칠원진군(北斗七元眞君) 각각이 담당하는 본명성은 『연생경』에 다음과 같이 제시되어 있다.

北斗 제1 陽明 貪狼 太星君 : 子生人 屬之

北斗 제2 陰精 巨門 元星君 : 丑亥生人 屬之

北斗 제3 眞人 祿存 眞星君 : 寅戌生人 屬之

北斗 제4 玄冥 文曲 紐星君 : 卯酉生人 屬之

北斗 제5 丹元 廉貞 綱星君 : 辰申生人 屬之

北斗 제6 北極 武曲 紀星君 : 巳未生人 屬之

北斗 제7 天關 破軍 關星君 : 午生人 屬之

北斗 제8 洞明 外輔星君

北斗 제9 隱光 內弼星君

上台 虛精 開德星君

中台 六淳 司空星君

下台 曲生 司祿星君

자신이 소속된 칠원진군의 명호를 부르면서 선공(善功)을 원만히 하면 길상이 내려질 것이라 한다. 위에서 북두 제7까지는 일반적인 북두칠성의 내용이지만, 그 다음 북두 제8 외보성(外輔星), 제9 내필성(內弼星)을 합해서는 북두구진 또는 북두구황(北斗九皇)이라 불리는 북두구성 체계로 도교에서 성립시킨 사상이다. 그 다음 상

43. 『단가별지구결』14장. 入寰久不能見效 逐日拜斗 各二拜 虔誠暗祝 追懺前日罪過則 自然有陰佑也.

태, 중태, 하태는 북두칠성의 두괴 뒤쪽에 세 쌍으로 이루어진 삼태육성을 말한다. 삼태성은 인간의 몸을 낳아 주고 길러 주고 보호해 주는 별자리로 칠성과 더불어 매우 중시된 점성이다. 『연생경』에는 북두주(北斗呪)라 불리는 칠성신주가 함께 실려 있는데, 여기서 그러한 북두칠성 또는 북두구진과 삼태육성의 점성 사상을 여실히 엿볼 수 있다.[44]

北斗九辰 中天大神, 上朝金闕 下覆崑崙, 調理綱紀 統制乾坤.

大魁貪狼 巨門祿存 文曲廉貞 武曲破軍 高上玉皇 紫微帝君,

大周天界 細入微塵, 何災不滅 何福不臻. 元皇正炁 來合我身,

天罡所指 晝夜常輪, 俗居小人 好道求靈, 願見尊儀 永保長生.

三台虛精 六淳曲生, 生我養我 護我身形, 魖勺灌行華甫魖 尊帝急急如律令.

중천의 대신 북두구진이 천계를 돌면서 미진한 것까지 세세히 다 살피니 어떤 재앙이 멸하지 않겠으며 어떤 복이 이르지 않겠는가? 천강(天罡, 북두칠성)이 가리키는 바에 따라 영보장생하기를 바란다는 점성 기원을 담았다. 고상옥황(高上玉皇)이 외보성, 자미제군(紫微帝君)이 내필성에 해당된다.

본명성 사상으로 운용하는 것에는 위의 칠성 외에 칠요, 구요, 십일요, 십이궁, 십이지지, 이십팔수 등 매우 다양하다. 이러한 점성 사상은 대개 서역 인도의 점성술이 불교 경전을 통해 대거 유포되는 당대 전후부터 흥기한다. 여기에 도교적 점성 관념까지 가세하면서 당말 이후 송에 들어서면서 더욱 흥성되는데, 『연생경』은 바로 그러한 시대의 산물이라 여겨진다. 『연생경』 저작 시기가 북송 초기로 꼽히는 것도 우연은 아니다.[45]

조선 초기 매월당의 저작이나 소격서 교재에 『연생경』이 쓰였다는 말은 바로 위와 같은 북두칠성과 삼태육성 또는 북두구진 등과 관련된 본명성 신앙이 널리 확

---

44. 북두칠성과 관련된 여러 명칭의 성격과 그 사상적 배경, 시대별 변천 그리고 도불의 칠성 신앙이 습합되는 측면 등에 관해서는 김일권, 「고대 중국과 한국의 천문사상 연구」(1999)에서 자세히 다룬 바 있다.

45. 『중화도교대사전(中華道教大辭典)』 「태상현령북두본명연생진경(太上玄靈北斗本命延生眞經)」조

산되어 있다는 의미로 이해된다. 따라서 지금까지의 고찰은 조선시대 도교사상뿐 아니라 근대에 이르기까지 민간의 성수신앙 경향을 짐작하는 데에도 적잖은 도움이 될 것이다.

『주역참동계』의 감리 일월 사상

한편, 김시습의 단학 논설 중에서 『매월당집』 권17 「잡저」 용호(龍虎) 제7에는 한대 도교 역론 또는 송대 상수학적 천문사상이 깔려 있어 주목된다.

그중 「용호편」의 감리(坎離) 사상을 살펴보면, 용호를 수련하면 신선이 될 수 있는가라는 물음에 김시습은 "용호라는 것은 납과 수은[鉛汞]이요, 정기(鼎器)라는 것은 건곤[乾坤]이요, 문무(文武)라는 것은 화후(火候)이다. 이를 아홉 번 연단하여 단(丹)을 이루는 것이다. 자세히 말하면 용이란 남방의 리용(離龍)이요, 호란 북방의 감호(坎虎)라는 것이다. … 연단할 때 용을 몰고 호를 부르며 그 정기를 삼키는데 한 번 들이쉬고 한 번 내쉬어 이를 서로 되풀이하면 복호강룡(伏虎 降龍)하여 날지도 않고 뛰지도 않으며 병합(倂合)하여 하나가 된다. 이를 연단(鍊鍛)이라 한다."[46] 라고 하였다.

이 대목은 외단법에서 중요한 납과 수은을 구체적인 물질이 아니라 인체 내부의 호흡 원리로 환원하여 내단사상으로 전환하는 내용이다. 그 결과 연홍(鉛汞)에서 빗대어진 용호가 이제는 남방의 리화(離火)와 북방의 감수(坎水)로 유비되어 이해된다. 일호일흡(一呼一吸) 쉼없이 호흡하는 가운데 인체 내부에서 상호작용하는 감리 수화(坎離 水火)의 두 기운을 풀무질하여 복호 강룡하면 그것이 수일(守一)의 연단이 된다고 본 것이다. 곧 내단 수련의 중요한 요체로 감리 수화의 두 원리가 강조되어 있다.

---

46. 『매월당집』 권17 「잡저」 용호 제7, p.24. 夫龍虎者 鉛汞也. 鼎器者 乾坤也. 文武者 火候也. 鉛之凡九轉 而成丹. 此其大略也, 若詳言之, 則龍者南方離龍也, 虎者北方坎虎也. … 作丹之時 驅龍呼虎 乃吞其精 一呼一吸 兩相飮食 伏虎降龍 不飛不走 倂合爲一 是謂鍊也.

그림 1 『주역참동계』의 일월감리 태극도 (좌측 리괘-불-태양-남방-용-납, 우측 감괘-물-달-북방-호-수은)

널리 알려져 있다시피 감리 수화를 연단의 중요한 원리로 정립한 것은 후한대 위백양(魏伯陽)의『주역참동계(周易參同契)』이다.『주역참동계』는 주역 사상으로 도가 연단술의 이론적 기초를 마련한 책인데, 여기서 제창된 건곤감리의 기본 사괘 원리는 이후 역학사에서도 적지 않은 우주론적 의의를 차지한다. 그중에서 특히 감(坎) 괘와 리(離) 괘를 64괘 변역(變易)의 근원으로 제시하였는데, 감리는 다시 천간의 무기(戊己)에 배당되었다. 다시 감무(坎戊)는 월정(月精)으로, 리기(離己)는 일정(日精)으로 유비되었다. 이에 감리(坎離)는 일월을 뜻하게 되어, 결국 건곤감리 4괘는 천지일월이라는 천문 세계의 중심 원리를 대표하게 된다. 따라서 마치 일월이 천지 사이에서 운행하여 절기 변화를 주관하듯이, 감리가 인체 내 물불[水火] 두 기운을 주관하여 연단이 완성되는 것으로 이해한다.[47]

이처럼 매월당의 수련 사상에서 내단의 요체로 제기된 감리 용호(坎離 龍虎) 개념은 천지 사이에서 실제적인 변화를 주도해 나가는 일월 정신에 바탕을 두고 있으므로, 천문 사상이 단학 원리의 배경에 깔려 있음을 보게 된다. 요컨대 인체 내단의 천문우주론적 운용이라 할 만하다.

정렴(鄭䃥, 호는 北窓, 1506~1549)의 저작으로『해동전도록』에 실려 있는『용호결(龍虎訣)』또한 매월당의 용호론(龍虎論)과 크게 다르지 않다. 이는 조선 전반기의 단학 사상가들에게 감리 일월의 수화 원리로 내단 과정을 설명하는 이론이 널리 정착되어 있음을 보여 준다. 물론 이들의 사상적 배경은『참동계』가 지닌 한대 천문우주론적 기반이라 하겠다.『용호결』서문에서『참동계』를 단학의 비조로 내세운 것[48]도 그러한 사상적 연원을 분명하게 제시한 대목이다.

47. 심경호 역,『주역철학사』, 예문서원, 1994 : 원제『周易研究史』, 廖名春 外, 湖南出版社, 1991, pp.252~258
    김일권,「도교의 우주론과 지고신 관념의 교섭 연구」, 1999
48.『해동전도록』소재『용호결』. "至於參同契一篇 案內丹之鼻祖"

상수학적 내단 호흡론과 원회운세론

끝으로 『매월당집』 「용호편」에는 사람의 호흡과 천지의 호흡이 일치한다는 내용이 서술되어 있는데, 여기에 깔린 사고체계는 하루의 호흡과 일년의 호흡, 우주의 호흡이 모두 같은 궤도를 따라 전개된다는 천인감응적 세계관이다. 호흡 수련을 통하여 천지의 원기를 내 몸 속으로 도기(盜氣)하여 장생할 수 있다는 믿음이다. 그런데 그 일치성을 설명하기 위해 내세운 이론이 북송 소강절(邵康節, 1011~1077)의 『황극경세서(皇極經世書)』에서 처음 천착된 원회운세론(元會運世論)에 바탕을 둔 점이 주목된다.

소강절은 송대 이학(理學) 중에서 한대 상수학의 중흥자로 유명한 인물이며, 우주의 모든 사물에 들어 있는 수상(數象)을 논증하고자 노력하였다. 그가 전한 「소횡도(小橫圖)」, 「소원도(小圓圖)」, 「대횡도(大橫圖)」, 「대원도(大圓圖)」는 주자(朱子, 1130~1200)에 의해 각기 「복희팔괘차서도(伏羲八卦次序圖)」, 「복희팔괘방위도(伏羲八卦方位圖)」, 「복희64괘차서도(伏羲64卦次序圖)」, 「복희64괘방위도(伏羲64卦方位圖)」라는 새로운 이름으로 『주역본의(周易本意)』 권수(卷首)에 수록되면서 송대 도서상수학(圖書象數學) 흐름을 엮어내게 된다. 그 외에도 소강절은 「후천팔괘방위도」, 「후천팔괘차서도」를 개척하였는데, 역시 주자에 의해 문왕에 가탁되면서 각기 「문왕팔괘방위도」, 「문왕팔괘차서도」라는 이름으로 『주역본의』에 실려 널리 알려져 현전하게 되었다.[49]

무엇보다 그는 연월일시의 시간 주기를 원회운세(元會運世) 단위로 환원하여 천지의 우주론적 시간으로 확장한 시간 주기론적 우주론을 전개한 것으로 유명하다. 원(元)·회(會)·운(運)·세(世)는 각기 일(日)·월(月)·성(星)·진(辰)의 천상(天象)에 근거를 둔 개념이며, 그 환산 단위는 각기 1년·12월·30일·12시이다. 『황극경세서』 「관물내편(觀物內篇)」의 '경세천지시종지수도(經世天地始終之數圖)', '경세일원소장지

---

49. 北宋 邵雍 著, 明 黃畿 注, 衛紹生 校理, 『황극경세서』, 中州古籍出版社, 1993: 심경호 역, 『주역철학사』, 1994, pp.405~416

		元	會 (×12)	運 (×30)	世 (×12)
天文 근거	天象	日	月	星	辰
	원리	太陽의 1년 1주천	일월교합의 1년 12次	별의 1년 360도 주천	1日 12辰
단위 환산법	개념	1元 = 12會	1會 = 30運	1運 = 12世	1世 = 30年
	환산 근거	1年 = 12月	1月 = 30日	1日 = 12時	1時 = 30分
하루 기준	단위	1日	12時	30分	12刻
	개념	24hr	2hr	4min	20sec
지구 1년 기준	단위	1年	12月	30日	12時
	日 환산	= 360日	= 30日×12	=1日×30	=1時×12
	개념	지구의 1년	지구의 한 달	지구의 하루	지구의 1시간
우주 1년 기준	규모	大변화	中변화	小변화	1세대
	역사 주기	360년	30년	1년	1월
	年 환산	129,600년	10,800년	360년	30년
	개념	우주의 1년 (=12×10,800년)	우주의 한 달 (=30×360년)	우주의 하루 (=12×30년)	우주의 1시간

표 1 소강절의 원회운세론

수도(經世一元消長之數圖)' 등을 참고하여 그 관계를 표 1에 정리하였다.[50]

매월당은 『매월당집』 권17 「용호편」 제5에서 "사람의 호흡은 천지의 호흡과 일치한다. 동지 이후는 내쉬는 숨이고 하지 이후는 들이쉬는 숨이니, 이는 일 년의 호흡이다. 자시 이후는 들이쉬는 숨이고 오시 이후는 내쉬는 숨이니, 이는 하루의 호흡이다. 하늘의 일 년과 하루는 사람에 있어 한 숨과 같다. 이로써 일원(一元)의 수를 헤아리면 129,600년이다. 이를 대화수(大化數)로 줄이면 일 년이 된다. 이제 단도(丹道)로 말한다면 하루는 13,500의 호흡이 있으니 일 호흡(一呼吸)이 일 식(一息)이 된다면 한 번 숨쉬는 동안에 천운(天運) 13,500년의 수(數)를 빼앗는 것이고, 1년 360일의 4,860,000식을 쉬면서 천운 4,860,000년의 수를 잠탈(潛奪)하면 더럽혀진 몸을 씻어 버리고 순양(純陽)의 체질로 변하여 비로소 기운을 바꾼다. 이를 대화(大華)라 한다. 대화는 자연히 용태(龍胎)의 체질로 되어 피[血]를 바꾼다. 이를 옥태경액지고(玉胎瓊液之膏)라 한다." 라고 서술하였다.

곧 사람의 한 호흡에 날숨과 들숨이 있으므로 그에 대응하여 하루에서도 자시 이후와 오시 이후, 다시 1년에서도 동지 이후와 하지 이후로 유비되었으며, 이를 크

---

50. 『황극경세서』(1993), 『역학대사전(易學大辭典)』(華夏出版社, 1995)

게 확장하여 일원(一元)의 수인 129,600년에서도 그와 같다는 의미다. 이런 시간적 주기론과 마찬가지로 단학 수련의 호흡법에도 하루에 13,500호흡이 있고(13,500호흡 ÷ 24시간 ÷ 60분 = 1분당 9.375호흡) 이를 1년 360일로 환산하면 4,860,000호흡이 된다는 식이다(13,500호흡 × 360일 = 4,860,000호흡). 그 한 번의 호흡으로 천운의 수를 하나씩 내 몸으로 잠탈하는 것이므로, 1년의 호흡량이면 내 몸이 순양 체질로 변하는 대화(大華)의 상태가 된다는 것이다. 대화는 다시 피[血]를 바꾸고, 다시 전변하여 살[肉]을 바꾸고, 다시 차례대로 골수[髓], 힘줄[筋], 뼈[骨], 모발[髮], 형상[形]을 바꾼다고 한다. 이러한 구전(九轉)의 과정은 흔히 말하는 환골탈태의 수련법과 다르지 않다. 그 끝에 천지와 함께 수명을 같이하니 이것이 장생초탈의 술법이라 하였다.

이와 같이 송대 상수학의 원회운세론적 주기론을 원용하여, 단도의 호흡 수련을 행하면 환골탈태하여 장생불사할 수 있다는 믿음을 내세운 것이다. 그러나 매월당은 다른 곳에서와 마찬가지로 결국에는 이 같은 단학의 신비주의 관점을 비판하는데, 수요장단은 천명에 매인 것인데 어찌 생명을 훔쳐서 편안할 수 있겠는가(然壽夭長短 自有定數 關於天命, 豈可傶生而可安?)하고 반문한다. 그러면서 "천도(天道)를 즐기고 천명(天命)을 알므로 근심하지 않는다(樂天知命故不憂)."라는 『주역』「계사전(繫辭傳)」의 말을 빌려 자연에 순응하는 태도를 제시하고 있다.

이렇게 여러 곳에서 단학의 수련 이론을 깊이 궁구 제시하면서도 마지막에는 유가의 의리론적 태도로 매듭을 짓는 것이 매월당의 독특한 서술 방법이다. 다원주의적 세계관에서 말미암은 태도라 할 것이다.

다양한 세계관을 포용하던 조선초 천문우주론

지금까지 조선 초기 도교의 천문 사상에 대해 살펴보았다. 특히 김시습의 단학 사상과 소격서에서 중시된 도경이 서로 연결되어 있다는 점에서 조선초 도교의 중요한 사상 경향과 경전적 근거를 짚어낼 수 있었다. 『매월당집』「천형편」에 김시습이 읽었다는 도가서 중 『진무경』과 『연생경』의 내용이 인용되어 있었는데, 이는 『경국대전』의 도류 취재 대목에 제시된 『연생경』, 『태일경』, 『옥추경』, 『진무경』, 『용왕경』 등의 도가서와 일부 일치하는 것이었다.

그중 『진무경』의 내용을 중심으로 북방의 수호 신장인 진무대제에 대한 신앙이 조선 초기 도교에 널리 알려졌을 가능성을 검토하였다. 그 과정에서 북극궁중의 자미대제를 중심으로 그 아래에 북방 진무대제가 자리 잡고 다시 그 호위신장으로 육정 육갑 신장, 팔살장군이 전후좌우에 배치되며, 그 아래로 북두칠성, 남두육성, 오성, 육궁지요, 이십팔수, 십이궁신 등의 별자리 신격과 비천신왕, 무극선중 등이 포진하는 도교 판테온과 그에 기반을 둔 천문우주론적 세계관을 엿보았다.

『진무경』의 주신 자미대제는 북극성 신격이므로, 이를 다시 소격서의 『태일경』과 연관하여 한대 천문우주론의 중심이었던 태일 사상에 대하여 살펴보았다. 태일은 고려시대에서도 20회에 걸치는 초제 기록이 남아 있을 정도로 매우 중시된 천문 신격이었으며, 조선초 도교에서도 여전히 중요하게 여기고 있음을 『경국대전』의 『태일경』 기사와 소격서 내에 건립된 태일전 등을 통하여 확인할 수 있었다.

다음으로 지금까지도 사찰이나 민간에서 친숙히 보는 북두칠성 신앙을 『매월당집』과 『경국대전』에 동시에 제시되어 있는 『연생경』을 통하여 살펴보았다. 이 경의 원제는 『매월당집』 내용 검토를 통하여 『태상현령북두본명연생진경(太上玄靈北斗本命延生眞經)』으로 확인되었다. 여기서 칠성 중 자신이 소속된 본명성궁을 향하여 북두예참을 하거나 경배하면 연생할 수 있을 것이라는 점성 사상이 여실히 드러났다. 아울러 칠성에 내필성·외보성의 이은성(二隱星)을 더한 북두구진 체계와 인간의 몸을 낳아주고 보호해 준다는 삼태육성 신앙도 그 속에 묻어 있음을 밝혔다. 이를 통해 조선시대에 만연하던 본명성 신앙이 북두칠성을 중심으로 펼쳐지고 있음을 확인할 수 있었다. 그리고 이 같은 칠성 연생 사상이 도교의 단학 이론에도 원용되고 있음을 김시습의 논설에서 어느 정도 엿볼 수 있었다.

끝으로 단학의 연단법을 설명한 김시습의 용호론 분석을 통하여, 후한대 『주역참동계』의 도교 역론이라 할 수 있는 감리 일월 사상이 조선초 단학 사상에서 중요한 개념으로 펼쳐졌음을 살펴보았다. 일월이 천지의 가운데에서 변화를 주장해가는 주요 원리이듯이 감호리용(坎虎 離龍)도 인체 내부의 두 기운인 물불[水火] 사이를 상호작용해 가는 연단의 주요 원리로 제시되었다. 그리고 인간의 호흡이 천지의 호흡과 일치한다는 천인감응적 세계관 아래 송대 상수학적 원회운세 원리를 원용하여, 단도의 호흡 수련을 행하면 환골탈태하여 장생초탈할 수 있을 것이라는 호흡 수련법도 내놓았다. 그런데 김시습은 이러한 단학 수련법을 깊이 궁구하면서도 결국에는 그 같은 단학의 신비주의적 관점을 비판하고는 천명과 천도에 순응하는 유가의 의리론적 태도로 매듭짓는다.

　이러한 대목에서 김시습의 삼교 다원주의적 세계관이 읽힌다. 이런 태도는 그의 논설 곳곳에 나타나 있으므로 성리학 중심의 일원론적 세계관이 완전히 정착하기 이전인 조선 초기의 사상 다변화 경향을 삼교 통합주의적 흐름과 연관하여 주목하게 하였다. 이같이 한국 종교사라는 관점에서 보더라도 매월당의 사상이 지니는 의의가 더욱 크다.

한국종교사 속의 미륵과 칠성 신앙

한국 종교문화사는 미륵을 둘러싸고 다양한 교섭 관계를 끊임없이 엮어 냈다. 이 글에서 고찰하려는 칠성과의 관계 역시 그러한 변이 중 하나이다. 미륵 사상의 소의경전 속에 천문 일반의 범주와 밀접한 대목이 거의 보이지 않지만 우리 종교문화사에서 이 둘의 중요한 관계를 보여 주는 대목이 발견된다. 전라남도 화순의 천불동 운주사에 놓여 있는 거대한 칠성바위를 빼놓을 수 없다. 이 운주사 칠성바위와 와불을 중심으로 미륵과 칠성의 관계를 풀어가고자 한다.

미륵과 칠성은 어떤 인연이 있는가

도솔천의 이상향을 배경으로 우리에게 내려온 미륵은 어느덧 1500년 역사를 한국 종교사와 함께 해왔다. 처음에는 불교 사상 가운데 하나였으나 지금은 한국 민중 신앙에서도 중요한 자리를 차지하고 있다. 삼국, 고려, 조선, 근현대를 지나면서 미륵의 사상 문화적 의미는 미륵경전에서 제시된 본래의 중심 흐름과 다소 달랐음 직한 다양한 변이를 외연으로 지니게 되었다. 이는 한국 종교문화사가 미륵을 둘러싸고 다양한 교섭 관계를 끊임없이 엮어 냈음을 방증한다. 어떤 사상이든 수용자의 요구에 따라 쉼 없이 자기 변형을 하지 않으면 잊히기 마련인데, 사상 자체도 본래 지닌 중심 의도를 잃지 않는 선에서 계속 타협점을 제시한다. 이를 문화 사상이 지니는 '구심성과 원심성의 신축 원리'라 해도 좋을 것이다. 사상의 변용과 원형 사이에는 늘 이 같은 긴장성이 놓여 있기 마련이다.

이 글에서 고찰하려는 칠성과의 관계 역시 그러한 변이 중 하나이면서, 미륵 사상의 원형과 변용이라는 긴장성 속에서 조망될 수 있을 것이다. 그런데 전혀 무관해 보이는 미륵과 칠성의 인연 관계에 어떻게 접근할 수 있을까? 널리 알려져 있다시피 칠성 곧 북두칠성은 점성과 관련된 천문의 한 갈래이며, 불교의 칠성 신앙은 밀교적 텍스트 기반 위에 구축되어 있다.[1] 미륵 사상이 소의경전으로 삼는 미륵 3부경 혹은 6부경[2] 속에는 북두칠성은커녕 천문 일반의 범주와 밀접한 대목이 거의

---

1. 불교의 천문성수 사상을 담은 밀교적 텍스트에 대해서는 서윤길, 『고려밀교사상사연구』(불광출판부, 1993) 등에서 언급되어 있으며, 본인의 학위논문에서도 이를 체계화하고자 노력하였다. : 김일권, 〈2부 3장 도불의 천문사상 교섭〉「고대 중국과 한국의 천문사상 연구」, 서울대 종교학과 철학박사 학위논문, 1999
2. 미륵신앙의 소의경전은 한역된 것으로 여섯 가지가 있어 6부경이라 하며, 그중 『미륵성불경』과 『미륵상생

보이지 않는다. 굳이 찾자면 미륵이 성불하여 용화삼회의 설법을 펼치는 중 제2법
회에서 미륵부처를 뭇 별 같은 권속들에서 우뚝 솟아 빛나는 밝은 달에 비유한 대
목 정도다.

그때 미륵불이 거룩한 비구 96억 명과 양거왕의 8만4천 대신과 모든 권속에 둘러싸
여 있을 터인데, 그 모습이 마치 달이 뭇 별에 둘러싸인 것과 같다. (『미륵대성불경』)

제3법회에서도 미륵불의 성불 찬탄 중에 불교적 천계의 일원인 석제환인과 32천
대신, 욕계와 색계의 모든 천왕, 천인, 천녀가 등장하는 데에서 미륵의 천문 관련
대목이 보인다.

미륵부처님이 사성제의 깊고 묘한 법을 설하시어 하늘과 사람들을 제도하고, 여러
성문제다와 하늘, 용, 팔부신중과 온 대중을 이끌고 성 안에 들어가서 걸식하시면, 수
많은 정거천(淨居天)의 대중이 부처님을 공경하여 뒤따를 것이다. … 그리하여 석제환인
과 32대신, 욕계의 모든 하늘 임금과 범천왕, 색계의 모든 천왕과 천인, 천녀들이 하늘
나라의 영락과 옷을 부처님의 머리 위에 뿌려 공양할 것이다. 그 하늘 옷들은 꽃일산으
로 변하며, 하늘나라의 온갖 악기가 저절로 울려서 부처님의 거룩하신 덕을 노래로 찬
양하리라. (『미륵대성불경』)

경』, 『미륵하생경』 세 가지를 중시하여 미륵삼부경이라 이른다. 그런데 상생경은 한 종류여서 문제가 없으나,
하생경은 한역 이본이 몇 가지 있고, 또 실은 성불경과 분량 차이가 있으나 같은 내용으로 되어 있어 삼부경
이라 하기에 문제점이 없지는 않다. 이를 편의상 나누어 살펴보면, 상생경은 ① 유송(劉宋, 420~479, 남송)의 저
거경성(沮渠京聲)이 한역한 『불설관미륵보살상생도솔천경(佛說觀彌勒菩薩上生兜率天經)』(455년) 1권을 일컬
으며, 다음 하생경류에는 연대순으로 ② 동진(東晋, 317~420) 부록(附錄)으로 되어 있는 역자 미상의 『불설미
륵래시경(佛說彌勒來時經)』 1권과 ③ 서진(西晋) 축법호(竺法護) 한역이라 전승되지만 실은 동진 융안(隆安)
원년(397) 구담승가제바(瞿曇僧伽提婆) 한역 별본인 『불설미륵하생경(佛說彌勒下生經)』 1권, ④ 후진(後秦) 구
마라집(鳩摩羅什) 한역(402년)의 『불설미륵대성불경(佛說彌勒大成佛經)』 1권, ⑤ 이것의 초록 별본으로 여
겨지는 구마라집 역본(402~412?)의 『불설미륵하생성불경(佛說彌勒下生成佛經)』 1권, ⑥ 당의 의정(義淨) 한역
(701)의 『불설미륵하생성불경(佛說彌勒下生成佛經)』 1권이 있다. 이 여섯 종류 중 ①의 상생경과 ③의 하생경,
④의 성불경을 미륵삼부경이라 일컫는다. 이상의 소의경전에 대해서는 김영태, 「삼국시대의 미륵신앙」(『한국
미륵사상』, 동국대 불교문화연구원편, 1997)을 전적으로 의존하였다.

이 대목들에는 북두칠성이 개입될 여지가 거의 없다. 그렇다면 미륵과 칠성은 전혀 관계가 없는 것일까? 관계가 있다면 어떤 지점에서 만나는 것인가? 사실 앞서 본 바와 같이 미륵경전 텍스트 상에서는 거의 관계가 없어 보인다.

그렇지만 우리 종교문화사에서 많지는 않지만 이 둘의 중요한 관계를 보여 주는 대목이 발견된다. 무엇보다 전라남도 화순의 천불동 운주사에 놓여 있는 거대한 칠성바위를 빼놓을 수 없다. 옛 백제 땅을 중심으로 전승되어 온 미륵 신앙의 한켠에 화순 운주사가 놓여 있으며, 이곳에는 흔히 천불천탑으로 불리는 수많은 석불상과 석탑이 만산 천불동 계곡에 빼곡이 서 있는 가운데 장차 새로운 날 새벽이 되면 일어서리라는 미륵 대망형의 초대형 석상 와불이 만산 서쪽 산록 바위면에 누워 있다(그림 2). 바로 당래불로서의 미륵 신앙과 천문의 칠성 신앙이 대형 야외 조형물로 서로 마주본 채 우리에게 다가와 있던 것이다. 이 운주사 칠성바위와 와불을 중심으로 미륵과 칠성의 관계를 풀어가고자 한다.

이 같은 접근법은 미륵과 칠성의 인연이 미륵경전이라는 불교사상으로 말미암아 연역된 관계가 아니라, 우리의 문화 주체자가 문화의 요청에 따라 미륵을 칠성과 필연적으로 결부했을 것이라는 문화해석학적 관점에서 접근 가능한 주제라는 것을 시사한다.

운주사의 칠성바위와 미륵 신앙

운주사를 처음 본 것은 1999년 3월 초 한국방송공사 역사스페셜팀의 '천불천탑의 비밀, 운주사'(1999년 4월 3일 방송) 프로그램에 대한 자문 요청을 받고 비가 쏟아지는 광주에서 화순까지 총알택시를 타고 갔을 때다. 자문으로 요청받은 까닭은 고구려 벽화의 천문성수도를 비롯한 동양의 역사 천문을 주제로 연구하고 있어 그 유명한 운주사 칠성바위에 대하여 한국천문학사 측면에서 불교와 천문의 관계 등 논평할 것이 있으리라는 제작팀의 기대 때문이었다. 오후 늦게 도착하여 촬영에 앞서 역사스페셜팀과 함께 둘러보니, 운주사 칠성바위와 산정의 와불은 기대를 넘어

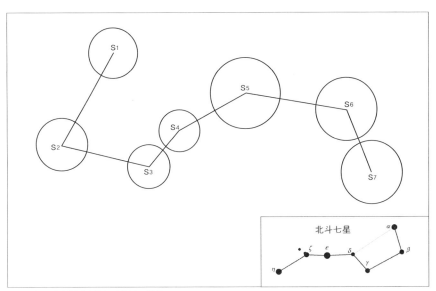

그림 1 운주사의 칠성바위와 실제 북두칠성

칠성바위	(친도교명)	(친불교명)	지 름	평균 지름	크기 순서	두 께	서양학명	겉보기 등급	밝기 순서
S1	天樞星	貪狼星	273~280	276.5	5	33	α Dubhe	1.79	2
S2	天璇星	巨門星	292~298	295.0	4	32~35	β Merak	2.37	5
S3	天璣星	祿存星	228~234	231.0	7	33~36	γ Phecda	2.44	6
S4	天權星	文曲星	230~235	232.5	6	37~38	δ Megrez	3.31	7
S5	玉衡星	廉貞星	385	385.0	1	45~56	ε Alioth	1.77	1
S6	開陽星	武曲星	325~331	328.0	3	29~35	ζ Mizar	2.27	4
S7	搖光星	破軍星	331~342	336.5	2	35	η Alkaid	1.86	3

표 1 운주사 칠성바위의 규격과 등급 비교 (규격은 이태호 1994 참조, 단위 cm)

서 상상을 초월한 신비 그 자체의 야외 거석 작품이었다. 책자와 보고서 등에 실린 도면 모사도와 사진 몇 장과는 많이 달라서 사진이나 도면의 한계와 왜곡 현상을 깊이 느끼게 된 순간이었다. 그 이후에도 다시 찾아가 찬찬히 살펴볼 기회가 있었는데 우리 역사에서 이렇게 엄청난 북두칠성을 누가 지상에 내려 놓았을까 다시금 고민하지 않을 수 없었다.

운주사가 들어선 만산 계곡의 서쪽 산등성이에는 평균 지름 2~4미터가량에 두께 20~60센티미터 정도 되는 대형 원반 오석(烏石) 일곱 개가 바둑알처럼 하늘의 북두칠성과 거울대칭되는 모양으로 고스란히 내려 앉았다(그림 1). 원반 크기가 모두 각양이어서 누가 보아도 실제의 칠성을 새겼을 것이라는 생각이 들게 된다. 실측 결과 북두칠성의 겉보기 등급과 거의 비례한다는 결론이 나온 것[3]은 당연한 문화 해석의 정당한 논거 보충이라 할 것이다. 곧 칠성석이 실제 관측을 바탕으로 제작한 것이므로 칠성석의 크기가 실제 등급에 비례한 것은 당연한 현상일 터이다.

실제 밝기와 칠성석 크기를 비교하면 이렇다. 가장 밝고 큰 별이 5번 옥형성(玉衡星)인데 S5 바위 지름도 385센티미터로 가장 크다. S1 바위가 실제보다 과장되어 제작된 것을 제외하면 나머지는 밝기와 크기가 정확지는 않으나 대체로 비례 관계를 보인다. 가장 어두운 3번과 4번 별에 해당하는 S3과 S4 바위는 가장 작다.

다만, 이 칠성바위의 배치가 실제 천상에 보이는 ㄹ자형이 아니라 그것에 거울대칭되는 S자형이어서 하늘의 북두칠성이 지상에 그대로 일대일 대응관계로 내려 앉았다는 관점이 어울린다. 이 대형 칠성바위의 조각품 하나만으로도 운주사의 계곡에 있는 수많은 불상과 불탑이 천문우주의 조화를 지향하였을 것이라고 볼 수도 있게 된다. 이 때문에 천불동 계곡에 놓인 많은 불상 불탑이 하늘의 별자리 중 일등성에 대응해서 조성 배치되었다는 견해가 나오기도 하였으며,[4] 역사스페셜 프로그램은 이런 맥락에서 접근하였다. 그러나 고대 한중의 천문 역사에서 일등성이 일률적으로 강조되는 맥락이 거의 잡히지 않기 때문에 필자로서는 아직 그 견해에 전적으로 동의하지는 못한다. 혹 우리 역사에서 천문성수의 역사를 좀 더 더듬다 보면 그러한 근거를 찾아낼 수 있을지도 모르므로 앞으로 시간을 두고 고찰해 보려 한다. 천문 별자리의 조응이라는 관점이 아무래도 운주사의 설명에서 배제할 수 없는 중요 시각이라 여겨지기 때문이다.

북두칠성은 널리 알려졌다시피 두괴(斗魁)를 이용하여 하늘의 중심인 북극성을

---

3. 이태호, 『운주사』(대원사, 1994), p.110에서 노무라 다카후미(野村孝文)에 의해 이런 견해가 최초로 제기되고, 성춘경과 박종철에 의해 재확인된 과정을 설명해 놓았다. 참고문헌은 野村孝文, 「全羅南道多塔峰の遺蹟」, 『朝鮮と建築』 19-8, 1940 ; 성춘경, 「運舟寺의 천불천탑」, 『月刊全海』 2월호, 1980 ; _____, 「전남의 문화재에 대한 고찰(상)」, 『금호문화』 7-8월호, 1983 등이다.
4. 한국방송공사 역사스페셜 자문 과정에 참여한 부산대 천문학과 박종철 선생의 견해 참조

그림 2 운주사의 서쪽 산등성에 있는 와불. 좌상 길이 12미터, 좌협시 길이 11미터. 배영찬 2008.

찾아가는 지표 별자리다. 두괴 중 1번과 2번 별을 이은 선을 1번 별 쪽으로 5배가량 연장하면 현재의 북극성이 자리 잡고 있다. 물론 이것은 현재 별자리를 기준으로 하는 방법이며, 예컨대 수당 시기라면 현재의 북극성 구진대성(句陳大星, α UMi)이 아니라 북두 자루 쪽으로 더 내려온 기린자리의 천추성(天樞星, GC17443 Cam)을 찾아야 한다.[5]

최근 몇 차례에 걸친 발굴 보고서의 결과에 따르면 운주사의 첫 조성 시기가 대략 고려 중엽인 11세기에서 13세기 무렵으로 추정되는 바, 이 시기에 칠성바위가 함께 조성되었다고 가정한다면 고려시대의 북두칠성과 북극성을 기준으로 접근해야 한다. 그런데 원대 정도부터 현재의 북극성을 주목하게 된 것으로 여겨지므로, 운주사의 북두와 북극성의 관계를 현재 관점으로 접근하여도 오차가 크지 않을 성싶다. 결론적으로 복잡하고도 정밀한 관측치를 내놓아야겠지만 역사의 천문도 자료를 대상으로 하는 것이 아니라 자연의 야산에 조형된 거대한 바위를 둘러싼 천문 배치를 조망하는 것이므로 운주사의 칠성바위를 현재 관점으로 환원한다 하여도 방법론상 심각한 오류를 품지 않을 것이라 전망된다.

이에 칠성석의 S2에서 S1으로 연장한 선을 따라 만산의 서쪽 산록을 거슬러 올라가면 북극성이 놓여야 하는 바로 그 자리에 운주사의 또 하나의 신비 초대형 와불을 만나게 된다(그림 2). 길이 약 12미터나 되는 이 부처는 누워 있지만 실상 누운 부처가 아니라 비로자나불의 지권인(智拳印)의 변형으로 여겨지는 두 손 모음 수인에 가부좌를 한 좌상이다. 그 왼쪽 협시불은 크기가 11미터가량으로 입상 형식을 하였다. 운주사 불곡의 주불인 이 대형 부처님이 좌상이지만 뉘어 있기 때문에 와불이라 이르게 된다.

이 좌상 와불의 성격은 무엇인가? 실마리는 와불 앞에 서 있는 입상 불상, 일명 머슴미륵(시위불)에서 찾을 수 있다. 이 불상은 와불의 우협시불 자리에 좌협시불과 함께 조각되었다가 누군가에 의해 먼저 일으켜 세워져 입상이 되었는데, 이를 근

5. 大崎正次, 『中國の星座の歷史』, 東京: 雄山閣, 1987

김일권, 「북극성의 위치 변화 및 한대의 천문 우주론 :원대 영락궁 삼청전 조원도의 해석과 관련하여」, 『도교문화연구』 13집, 한국도교문화학회, 1999ㄱ, 4 등.

거로 와불이 미륵의 하생 현시를 기원하는 미륵불상이었을 것이라 조망한다. 때가 도래하면 와불이 일어나 중생을 구원할 것이라는 미륵 신앙의 믿음이 투영되었다고 보는 견해다. 와불 밑둥에는 흠을 내어 떼어내려 한 흔적이 뚜렷하다.

천불동 곳곳에 석불이 100기 넘게 놓여 있고, 현존하는 석탑 21기 가운데 국내 여느 사찰에서 찾아볼 수 없는 색다른 형식의 원방형 원형석탑이 있는 등 운주사 전체의 조형물은 투박하며 무질서하고 그러면서도 다채롭다. 이런 조형물이 일반 사찰 전통을 파괴한다는 점에서 역사적으로 정권 중앙에서 소외된 전라도 민중이나 그들만의 신앙 공동체가 새로운 세상을 꿈꾸면서 만들어낸 것이 아니었을까 생각하게 된다. 그래서 운주사는 더욱 미륵 신앙 공동체의 것으로 조망되었다. 이 견해는 80년대 운주사를 소설의 마무리감으로 다룬 황석영의 『장길산』이 인구에 회자되면서 확산되었으며, 이런 한국의 민중 문화에 이해가 깊던 독일인 요헨 힐트만(Jochen Hiltmann)이 외국인의 시각으로 운주사가 꿈꾸었을 미륵의 용화세계를 『미륵 : 운주사 천불천탑의 용화세계』라는 책에 담아내면서 더욱 견고해졌다.

운주사의 좌상 와불을 미륵불로 보는 이 같은 기존 연구 기반 위에서 와불의 성격을 칠성바위와 관련하여 조망하는 견해를 덧붙여 보고자 한다. 앞서 살펴본 바와 같이 북두칠성 바위의 S2-S1을 연장한 방향에 그것도 거의 정북(N) 방향으로 와불이 놓여 있는 관계는 좌상 와불을 여래화된 북극성 신격으로 자리매김하기에 충분한 근거다. 현재의 불교문화사에서 볼 때 불교와 북극성의 관계가 다소 낯설게 느껴지지만, 우리 역사 특히 고려시대가 보여 주는 자료는 이 관계가 매우 중요하면서도 익숙한 테마임을 알려 준다.

『고려사』「세가」 태조편에는 태조 왕건의 등극을 예견하는 '고경 도참(古鏡 圖讖)' 대목이 실려 있다. 역성혁명 석 달 전인 918년 3월 중국 상인[唐商客] 왕창근(王昌瑾)이 태봉의 도읍 철원 저잣거리에서 어떤 백발 노인에게 옛 거울 하나를 구입하였는데, 거기에 "상제(上帝)가 진마(辰馬)에 아들을 내려 보내 삼한을 통일할 것"이라는 참서(讖書)가 적혀 있었다고 한다. 창근은 이를 궁예왕에게 바쳤고 궁예는 거울을 판 사람을 찾게 하였으니, 한 달 정도 만에 동주(東州, 철원) 발삽사(勃颯寺)의 치성광여래상(熾盛光如來像) 앞에서 도마와 거울[梡鏡]을 들고 있는 전성(塡星, 토성) 고상의

모습이 거울 주인과 비슷하다는 것을 알게 되었다 한다.[6]

비록 설화 형식이긴 하지만 이를 통하여 후고구려(태봉)의 사찰에 치성광여래를 불상으로 안치하면서 그 앞에 토성 등 오성(五星)의 소상이 따로 마련되었음이 짐작된다. 이 치성광여래가 바로 한국불교사에서 불교의 북극성 신격으로 모셔진 불격(佛格)이다. 이 신앙은 지금의 사찰 칠성각에까지 전승되어 있는데, 칠성탱화의 맨 가운데 부처님이 치성광여래다.

현재 통용되는 칠성청(七星請) 의례문에 제일 먼저 거열되는 신격도 이 치성광여래이며, 조선조 불교 의례집인 『석문의범(釋門儀範)』(1931)의 '제13 칠성단(七星壇)' 예경문(禮敬文)[7]에서도 중요하게 다뤄진다. 예경문은 다음과 같다.

志心歸命禮 金輪寶界 熾盛光如來佛

志心歸命禮 左右補處 日光月光 兩大菩薩

志心歸命禮 北斗大星 七元星君 周天列曜 諸星君衆

紫微大帝統星君 十二宮中太乙神

七政齊臨爲聖主 三台共照作賢臣

故我一心 歸命頂禮

금륜보계를 주재하시는 치성광여래불에게 지심으로 귀명하며, 좌우 보처이신 일광·월광의 양대 보살과 북두의 큰 별이신 칠원성군과 주천의 열수 제성군 제위에 지심으로 귀명한다는 내용이다. 일월성수를 권속으로 하는 치성광불정(Prajvaloṣṇiṣaḥ)은 석가불의 교령화신(教令化身)으로 모공(毛孔)에서 치성광염(熾盛光焰)을 뿜어내 붙은 이름이며, 무수한 광명을 방사하여 중생을 교령(教令)하는 의미를 취하였다[『대성묘길상보살설제재교령법륜(大聖妙吉祥菩薩說除災教令法輪)』]. 또한 석가여래

6. 필자는 이 고려의 치성광불 신앙에 대해서 역사학과 도상학 그리고 천문학과 불교학 측면 등으로 다각적인 접근을 도모하였다. 그러면서 근현대 사찰의 칠성각 신앙이 실상은 고려의 구요당 신앙에서 전변된 것임을 논증하였다. : 김일권, 「고려 치성광불화의 도상 분석과 도불 교섭적 천문사상 연구」, 『천태불교학연구』 4집, 천태불교문화연구원, 2003ㄴ. 6월, pp.275~370. 이 글은 이 책의 7장에 실려 있다.
7. 안진호 편, 『석문의범(釋門儀範)』, 법륜사, 1931, 〈칠성단〉 p.70

가 수미산정에서 성도하고 나서 보륜(輪寶)을 가지고 제천(諸天)을 절복(折伏)하였다 하여 일명 금륜불정(金輪佛頂)이라고도 한다.[8] 그 수인으로 석가불과 같은 설법인 또는 금륜인을 짓는 것은 그 내원을 석가불에 직접 끌어당기는 사상의 흔적이라 여겨진다.[9]

이같이 천상성수의 중심이자 불교의 하늘을 주재하는 치성광여래가 『고려사』에서는 삼한을 통일하는 대업을 위해 자신의 아들을 하계[辰馬]에 내려보냈다는 전통적 하늘의 주재자인 상제(上帝)에 유비되어 있다. 결국 고려 건국의 정통성을 불교적 천문사상에서 이끌어내고 있는 것이다.[10] 아마도 토성은 천명(天命)의 전달자로 보인다. 이를 통하여 고려에서 불교와 천문사상이 얼마나 직접 교섭되었는지를 여실히 들여다보게 된다.

운주사의 칠성바위와 와불의 관계가 칠성탱화에 보이는 치성광여래와 칠원성군의 관계와 정확히 대비되어 있으므로, 이런 관점에서는 운주사의 좌상 와불이 치성광여래라 비정하게 된다. 다만 고려와 조선의 불교 천문 시스템이 대폭 달라지기 때문에 운주사의 그 맥락을 고려의 것으로 볼지에 대해서는 고찰해야 한다.

고려 전본(傳本) 〈치성광여래왕림도〉(14세기)와 조선 선조 2년작 〈치성광불제성강림도〉(1569)라는 불화 두 점은 고려의 천문 시스템을 시각적인 불화 형식으로 잘 담

8. 모치쓰키 신코(望月信亨) 편, 『불교대사전(佛敎大辭典)』, 1973

   『밀교대사전(密敎大辭典)』(증보개정판, 1969) 〈치성광불정〉

9. 강소연, 「조선시대의 칠성탱화」(서울대 고고미술사학과 석사학위논문, 1998. 8)에 따르면, 북극성 신격으로 한국에서는 치성광여래라는 존명을 쓰고, 일본에서는 금륜불정 또는 묘견보살이라는 존명을 쓰는데, 존명뿐 아니라 도상도 매우 다르다고 한다. 이 같은 견해는 불교의 성수신앙 이해에 매우 돋보이는 관점이라 생각되며, 북극성과 관련된 성수신앙이 일본에서는 묘견보살을 중심으로 전개되고, 한국에서는 치성광여래를 중심으로 전개된 것을 의미한다. 이렇게 일본과 한국이 서로 다른 북극성 신앙을 펼치게 된 배경은 각기의 도입 시기와 관련되지 않을까 한다. 현전하는 문헌 자료에서 묘견보살 신앙은 백제 후기에 일본으로 건너갔으며, 치성광불 신앙은 후삼국시대 무렵에 등장하여 고려시대로 전개된 것이 드러난다. 따라서 북극성에 관한 두 갈래의 불교적 신앙이 백제와 고려라는 다른 시대에 한국에 전파되었을 것이며, 그 결과 한국과 일본의 성수 신앙 지형이 달라진 것으로 생각된다. 이에 관해서는 김일권, 「불교의 북극성 신앙과 그 역사적 전개 : 백제의 북진묘견과 고려의 치성광불 신앙을 중심으로」(『불교연구』 18집, 동국대 한국불교연구원, 2002. 3)를 참조 바란다. 이 글은 이 책 6장에 실려 있다.

10. 조선 태조 이성계가 〈천상열차분야지도(1395)〉라는 석각 천문도를 제작함으로써 유가적 천문 사상에 기대어 건국의 정통성을 찾는 것과 대비된다.

았다고 보인다. 이 불화들을 분석하여 얻은 결론은 크게 세 가지다.

첫째, 현재 우리의 사찰에서 볼 수 있는 칠성각과 칠성탱화 형식은 아무리 이르게 잡아도 조선조 양란 이후에 나타난 문화 현상이며, 둘째, 칠성각의 전신이라 할수 있는 불교의 천문 양식을 고려시대에는 구요당(九曜堂)이 대신하였을 것으로 추정된다. 셋째, 양란 이후 현재까지 내려오는 칠성탱화에서는 북극성과 북두칠성을 주요 테마로 삼는다면, 고려의 치성광불화에서는 북두칠성이 중심이 아닌 외곽에 있으며 그 대신 북극성의 중심부에 일월오성을 비롯한 구요(九曜) 및 십일요(十一曜)가 자리 잡는다는 점이다.

곧 고려와 조선 전기까지는 북극성과 구요 중심의 천문사상이 주류였다면, 양란 이후에는 문화 양식이 전변됨에 따라 구요를 배제하고 북극성과 북두칠성 중심의 천문사상을 노정한 것으로 파악된다.[11]

『고려사』 「세가」의 자료 분석에서 북두칠성을 초례(醮禮) 대상으로 한 기사가 문종 2년(1048)에 보이기 시작하여 12세기 의종대에 4건으로 집중되어 나타나지만 대개 다른 성수와 함께 초례되었으며, 13세기 고종조에는 북두에 대한 독초(獨醮)로 2건 기록되어 전한다.[12] 그렇지만 북두 초례는 고려사에서 모두 7건 정도에 불과하여 빈약한 형편이다.

구요당 관련 기사는 『고려사』 등에서 총 27건이 나오며, 다른 천문성수에 대한 초례도 태일초(太一醮) 16회, 십일요초(十一曜醮) 8회, 노인성초(老人星醮) 6회, 칠십이

---

11. 이런 관점은 앞서 언급한 김일권, 「고려 치성광불화의 도상 분석과 도불 교섭적 천문사상 연구」(『천태불교학연구』 4집, 2003ㄴ) 및 _____, 「불교의 북극성 신앙과 그 역사적 전개」(『불교연구』 18집, 2002ㄱ)에서 자세히 논고하였다. 앞 논문은 이 책의 7장에 실려 있다.

12. 1. 『고려사』 「예지」 잡사. 문종 2년(1048) 7월 己未 親醮北斗于內殿.
　　2. 「세가」 17권. 의종 6년(1152) 4월 壬申醮北斗於內殿.
　　3. 「세가」 19권. 의종 23년(1169) 정월 己卯醮二十八宿又醮北斗.
　　4. 「세가」 19권. 의종 23년(1169) 2월 醮十一曜南北斗二十八宿十二宮神於修文殿.
　　5. 「세가」 19권. 의종 23년(1169) 3월 辛酉醮太一十一曜南北斗十二宮神於內殿.
　　6. 「세가」 24권. 고종 40년(1253) 12월 戊午親醮北斗.
　　7. 「세가」 24권. 고종 41년(1254) 정월 丁酉親醮北斗于內殿.

성초(七十二星醮)[13] 2회, 남두초(南斗醮) 2회 등이 헤아려진다.[14] 이는 고려에서 북두 칠성에 대한 신앙이 천문 시스템의 중심에 있지 않았음을 시사하는데, 다만 고려 후기로 갈수록 북두에 대한 관심이 높아졌다는 정도로 해석된다. 북두에 대한 설화 기록으로는 유일하게 고려 충신 정몽주(鄭夢周)의 태몽 설화에서 어깨에 흑자(黑子) 7개가 북두처럼 배열되어 있었다는 기록(『고려사』「열전」제30)이 있는데, 이것 또한 고려 말기의 일이다.

이런 역사 정황을 참고하여 운주사의 칠성바위 제작 시기를 추정한다면 빈도가 가장 높은 의종대와 고종대 정도인 12세기에서 13세기 무렵과 연결될 것으로 기대된다. 이 시기는 무신정권기와 몽고침입기로 무척 혼란한 시대였다. 운주사의 주담당 세력이 그러한 혼란한 시대상을 피하여 중앙 흐름과는 이질적인 칠성 중심의 새로운 불교 천문 세계를 구축하면서 대망의 미륵 신앙을 꿈꾸었던 것이 아닐까 억측해 본다.

조선 후기 미륵 사상의 복합성과 칠성 신앙의 집중화

지금까지 다룬 운주사 칠성바위와 미륵 신앙은 문헌 자료가 아니라서 그 맥락을 더 구체적으로 짚어 내기에 역부족인데, 조선후기 숙종 시기에 있던 요승(妖僧) 여환(呂還)의 사건은 시사하는 바가 적지 않다. 여환은 숙종 14년(1688) 무진년(戊辰年) 양주(楊州) 청송면(靑松面) 금화(金化) 천불산(千佛山)에서 칠성의 강림을 받아 3국(國)을 받았으며, 이제 석가의 운수가 다하고 미륵의 세상이 도래할 것이라는 참언을 내세우고 자신을 미륵불로 칭하였다.

---

13. 이 칠십이성초(七十二星醮)의 경우 아마도 고려에서 중시된 천문성수 관념을 망라한 합칭이라 생각된다. 현전하는 고려 불화인 『치성광여래왕림도』의 구성을 참고하여 추정하면 북극성, 일월, 오성, 사요, 북두칠성, 남두육성, 삼태육성, 노인성, 십이지궁, 이십팔수를 합하면, 공교롭게도 숫자가 맞아떨어지므로 이런 범주였을 것으로 짐작되었다. (1+2+5+4+7+6+6+1+12+28=72) : 김일권, 「고려 치성광불화의 도상 분석과 도불 교섭적 천문사상 연구」, 『천태불교학연구』 4집, 2003ㄴ. 이 글은 이 책 7장에 실려 있다.
14. 양은용, 「고려도교사상의 연구」, 『원광대 논문집』 19, 1985
_____, 「(고려의) 도교사상」, 『한국사』 16, 국사편찬위원회, 1994

『숙종실록』에 숙종 14년 8월 1일 양주목사(楊州牧使) 최규서(崔奎瑞)가 여환 등 11인의 불궤(不軌)를 복주(伏誅)한 사건이 기록되어 있다.

처음에 양주목사 최규서가, '본주(本州) 청송면에 한 요사(妖邪)한 자가 있어 민간에 왕래하면서 스스로 신령(神靈)이라 일컫고 도당(徒黨)을 모아 어리석은 백성을 유혹하고 있는데, 이런 말이 경외(京外)에 전파(傳播)된 지 오래되었습니다.' 하며, 본주로부터 엿보아 체포해 조사하고, 그 흉모(凶謀)의 실상을 캐내 봉서(封書)로 정부(政府)에 급히 보고하였다. 좌의정 조사석(趙師錫)이 예궐(詣闕)하여 잡아다 국문(鞫問)할 것을 계청(啓請)하니, 임금이 허락하였다. 이에 금오랑(金吾郎)을 나누어 보내서 모두 체포하였는데, 양주 옥(獄)에 있는 자는 여환 등 무릇 14인이었다. 또 삭녕군수(朔寧郡守) 이세필(李世弼)의 비밀 장계(狀啓)로 인하여 이유선(李有先) 등 6인을 나치(拿致)하고, 또 여러 적도(賊徒)의 초사(招辭)에 관련되어 잇달아 체포된 자도 20여 인이었는데, 모두 의금부에 국청(鞫廳)을 설치하고 그 실정을 캐냈다.

여환이라는 자는 본래 통천(通川)의 승려로서 스스로 말하기를 '일찍이 금화 천불산에서 칠성(七星)이 강림하여 삼국(三麴)을 주었는데, 누룩 국(麴)은 국(國)과 그 음이 서로 같다.' 하였고, 또 수중노인(水中老人)·미륵삼존(彌勒三尊)이라는 말을 하고 그가 숭불하여 전국(傳國)하는 것으로 3년간 공부했다는 등 말을 하며 드디어 영평(永平)의 지사(地師) 황회(黃繪)와 상한(常漢) 정원태(鄭元泰)와 더불어 석가(釋迦)의 운수가 다하고 미륵(彌勒)이 세상을 주관한다는 말을 주창하여 체결(締結)하고 기보(畿輔)·해서(海西) 사이에 출몰하였다. 여환은 또 천불산의 선인(仙人)이라 일컫고 일찍이 '영(盈)·측(昃)' 두 글자를 암석에 새기고 말하기를, '이 세상은 장구(長久)할 수 없으니 지금부터 앞으로는 마땅히 계승할 자가 있어야 할 것인데, 용(龍)이 곧 아들을 낳아서 나라를 주관할 것이다.' 하였다. 그리고 드디어 은율(殷栗) 양가(良家)의 딸 원향(元香)이라는 여인에게 장가들었는데, 이상한 징험으로 능히 구름을 일으키고 비를 오게 하는 변화불측함이 있다고 하면서, 양주 정성(鄭姓)인 여무(女巫) 계화(戒化)의 집에 와서 머물면서 제 처를 용녀부인(龍女夫人)이라 하고, 계화는 정(鄭) 성인(聖人)이라 이름하였다.

그리고 이내 괴이한 문서를 만들어 이르기를 '비록 성인이 있더라도 반드시 장검(長

劍·관대(冠帶)가 있어야 하니, 제자가 되는 자는 마땅히 이런 물품을 준비하여 서로 전파하여 보여야 한다.'며 인심을 유혹하니, 한 마을 사람이 많이 따랐다. 또 '7월에 큰 비가 퍼붓듯 내리면 산악이 무너지고 국도(國都)도 탕진될 것이니, 8월이나 10월에 군사를 일으켜 도성으로 들어가면 대궐 가운데 앉을 수 있다.'고 핑계한 말도 괴서(怪書) 속에 있었다. 7월 15일에 여환, 황회, 정원태가 양주 사람 김시동(金時同), 최영길(崔永吉), 이원명(李元明)과 영평 사람 정호명(鄭好明), 이말립(李末立), 정만일(鄭萬一) 등과 더불어 각기 군장(軍裝)과 장검 등의 물건을 준비하고, 원향(元香)은 남복(男服)으로 갈아입고 성중(城中)에 몰래 들어가서 비오기를 기다렸다가 대궐을 침범하기로 약속하였는데, 그날 끝내 비가 오지 않으니, 하늘을 우러러보며 탄식하기를 '공부가 성취되지 않아 하늘이 아직 응해 주지 않는다.' 하고 드디어 삼각산(三角山)에 올라가 경문(經文)을 외며 하늘에 빌어 대사(大事)를 이루어주기를 기원하였으니, 그의 흉모(凶謀)와 역절(逆節)은 소문이 퍼졌을 뿐만이 아니었다. (원전 39집 131면 : 누리미디어 조선왕조실록 CD 참조)

이 여환의 미륵불 사건 전말에 담겨 있는 화소를 분석하면 대략 다음 정도를 분리할 수 있다.[15] 우선 가담 인물은 승려와 지사(地師, 지관) 및 무녀가 주축이다. 이

<hr />

15. 1. 자신을 신령(神靈)이라 한 통천의 승려 여환이 금화 천불산에서 칠성의 강림을 받아 삼국(三國)의 주재권을 신탁받게 되었다.

 2. 나라 전수를 위하여 3년간 미륵삼존과 수중노인(水中老人)의 공부를 하였다.

 3. 거사에 투합된 사람으로 지사(地師) 곧 상지(相地)를 다루는 풍수지관인 황회가 가담되었다.

 4. 석가의 운수가 가고 미륵의 세상이 도래할 것이라는 미륵하생의 참언을 주창하였다.

 5. 여환 자신을 천불산(千佛山)의 선인(仙人)이라 칭하였다.

 6. 영측(盈昃)이라는 암석 글자를 새겨 세상의 도수가 차면 기우듯이 이제 미륵의 운수가 도래하였다는 도수 비결을 사용하였다.

 7. 도래하는 세상을 계승하고 나라를 주관할 용자(龍子) 곧 용의 아들이 태어날 것이라 하면서, 그의 부인인 양가의 딸 원향을 용녀부인(龍女夫人)이라 이름하였다.

 8. 여환은 능히 구름을 일으키고 비를 오게 하는 변화불측한 신이력을 지녔다는 양주의 무녀(巫女) 계화(戒化)의 집에 머물면서 그녀를 정 성인(鄭 聖人)이라 추숭하였다.

 9. 무녀 계화의 집에 머물면서 괴서(怪書)를 만들었는데 제자가 되는 자들은 마땅히 장검과 관대를 착용하여 거병을 준비하여야 하며, 이를 서로 전파하도록 한다 하였다. 이런 유혹에 한 마을 사람들이 많이 따랐다.

 10. 괴서에 또 7월에 큰 비가 내려 산악이 무너지면 국도(國都)도 탕진될 것이니 이를 계기로 8월이나 10월에 거병하여 도성을 침입하면 혁명을 성공시킬 수 있을 것이라 하였다.

 11. 이에 7월 15일을 거사일로 잡고 용녀부인 원향을 남복시켜 성중에 먼저 들여보내 비가 오면은 여환 등

들은 모두 조선조의 숭유억불 이념 속에서 주류에서 밀려난 무불(巫佛) 습합의 전형을 담고 있다.

다음으로 사건 주역인 승려 여환에게 부여된 신비의 내원으로 다음처럼 대략 대여섯 가지를 꼽을 수 있다. 첫째, 천불산의 칠성 강림이 주목된다. 칠성이 자신에게 새로운 나라의 통치권을 주었다고 하므로 천명을 좌지우지하는 천상의 최고신 성격으로 조망되어 있다 하겠다. 이어 자신을 천불산의 선인(仙人)이라 칭했듯이 칠성의 성격은 다시 선(仙) 사상과 관련된다. 선과 천문의 관계는 이미 삼국시대부터 익숙한 결합인데, 고구려의 고분 벽화는 그런 측면을 잘 담고 있다. 고려에서도 선불(仙佛)의 습합 현상은 매우 왕성하였다.

둘째, 여환은 미륵삼존(彌勒三尊)으로 자처하였으므로, 사건의 본질을 혼란한 세상을 뒤바꾸어 이상 세계의 실현을 추구한 혁세 사상으로 조망하게 한다. 이제 석가의 운수가 다하고 미륵이 세상을 주관한다는 참언[16]은 그러한 새 세계의 대망을 더욱 갈구하고 있다.[17] 바로 그 미륵이 칠성이라는 천문성수의 천명을 받아 새 세

8명이 주축이 되어 대궐 침입을 시도하기로 기도하였다.

12. 그런데 그날 비가 내리지 않아 하늘을 탄식하면서 하늘의 불응이 자신의 공부 성취가 부족한 탓이라 여겨, 삼각산에 들어가 다시 경문을 외며 하늘에 비를 빌어 대사가 이루어지도록 기도하였다.

16. 여환과 공모자인 정원태의 공초 기록에 의하면, "나는 과연 황회와 더불어 동심으로 왕래하였으며 황회가 늘 말하기를 석가가 진하고 미륵이 마땅히 세상을 주장하니 비록 양반이라도 만약 미륵이 개세(改世)하였다고 들으면 반드시 마음을 돌릴 것이다."라 하여, 지사(地師)인 황회의 신념 속에서도 석가와 미륵의 적대적 대비 관념이 영향을 주었음을 보여 준다[『추안급국안(推案及鞫案)』 제97 「역적여환등추안(逆賊呂還等推案)」]. 장지훈, 『한국 고대 미륵신앙 연구』, 집문당, 1997, p.58에서 재인용하였다.

17. 이 같은 조선조의 석가와 미륵의 대대적 교체 관념이 운주사에서도 엿보여 흥미롭다. 운주사의 계곡 가운데 쌍배불감으로 불리는 석조 불상 두 구가 정남북(N-S)으로 등져 있다. 남쪽 좌상은 가부좌한 자세에 오른손을 배에 대고 왼손을 무릎에 얹은 마치 항마촉지인의 변형 같은 수인을 하고 있다. 북쪽 석불좌상은 양어깨에서 내려오는 옷주름이 좌정한 신체 전면을 덮고 있고 옷주름이 가슴 중앙에서 모아져 있는 가운데 운주사의 중심인 초대형 와불 좌상과 마찬가지의 수인 모양으로 두 손을 합장한 듯 모은 비로자나의 지권인 변형 수인을 취하고 있다.

이 두 석불의 관계를 다소 막연하게나마 다음 세 가지로 조망해 본다. 첫째, 둘이 정남북으로 등을 대고 등지고 있다는 점에서 적대 관계를 암시한다. 둘째, 수인 모양을 보면 남쪽 불상은 석가불의 항마촉지인의 변형인 듯한 수인을 하므로 석가불로 볼 수 있고, 북쪽 불상은 지권인 변형을 취한 대형 와불과 같은 수인을 취했으므로 미륵당래불로 배대될 수 있지 않을까 한다. 셋째, 현세를 주관하는 석가불이 현재 남면하여 이 세상을 다스리고 있으며, 미래세의 미륵불은 그 석가불에 등을 돌려 정북쪽을 향하여 언젠가 돌아올 미래세를 꿈꾸는 형상이다. 이런 점들로 미루어 필자는 쌍배불감의 남쪽은 현세의 석가불, 북쪽은 미래세의 미륵불로 볼 수

상을 열게 되는 것이므로 여기에서 미륵과 칠성의 새로운 관계가 설정된다. 영측(盈昃)이라는 암석 글자를 새겨 세상의 변화를 알리려는 참언은 달의 차고 이지러는 영휴(盈虧)의 천문 도수(度數) 측면을 암시한다고 여겨지는 바, 미륵의 새 운수가 이미 천문에서 결정되어 있다는 의도일 것이다. 이런 측면에서 칠성을 미륵에 연결짓는 사상적 배경의 하나를 칠성이 주재하는 천문 도수 측면에서 찾을 수 있지 않을까 한다.

셋째, 여환은 수중노인(水中老人)으로도 자처하였다. 수중노인이라는 말의 문맥을 잡기가 쉽지는 않지만, 고려가 자신의 정통성 근원을 설명할 때 풍수지리적인 수모목간(水母木幹)이라 하였던 풍수비보의 사상 측면이 떠오른다.

『고려사』 권수(卷首) 「고려세계(高麗世系)」에 인용된 김관의(金寬毅, 고려 의종대 인물)의 『편년통록(編年通錄)』에 따르면, 신라 헌강왕 2년(876) 도선(道詵)이 왕건의 아버지인 용건(龍建)을 찾아가서 왕건 출생과 고려 건국을 예언하는 과정에서, 송악산 곡령(鵠嶺)에 올라가 산수(山水)의 맥을 추려 보며 위로 천문을 보고 아래로 시수(時數)를 살피어 다음과 같이 말하였다고 한다.

이 지맥이 임방(壬方)의 백두산 수모목간(水母木幹)에서 와서 마두(馬頭) 명당(明堂)에 떨어졌는데, 그대는 또한 수명(水命)이니까 마땅히 수(水)의 대수(大數)를 따라 육육(六六)으로 지어 삼십육구(三十六區)로 하면, 천지의 대수(大數)에 부응(符應)하여 명년에는 반드시 성자(聖子)를 낳을 것이니 마땅히 이름을 왕건(王建)이라 하라.

이처럼 고려 왕토의 수명설(水命說)은 개성 송악산 지맥의 모체를 임방(壬方, 북방)의 백두산에서 구하는 풍수지리 사상 배경에서 조망되는데,[18] 동해와 서해, 남해에다 백두산에서 발원하는 압록강과 두만강을 합치면 우리 국토는 사면(四面)이 물로 에워싸인 형세가 되는 바, 그러한 수중(水中) 국토라는 의식이 최소한 고려에서

있지 않을까 억측해 본다. 조선조 무속의 무가와 민요에서 현세불인 석가불을 사기꾼으로 묘사하고 미륵불을 구원의 존재로 묘사하는 대목이 보이는 것도 같은 맥락일 것이다.
18. 김일권, 「천문정통론으로서의 한당대 오덕수명론과 삼통사상 연구」, 『한국사상사학』 12집, 한국사상사학회, 1999. 6월의 〈6. 결론 및 한국사에서의 오덕수명론〉

는 이미 성립되었을 것임을 시사한다. 바로 여환이 자처한 수중노인(水中老人)이란 이런 면에서 우리 국토의 주인이라는 뜻을 담은 말이 아닐까 한다. 여환의 사건에 두 번째로 거론될 정도로 비중 있게 참여한 황회(黃繪)의 직분이 지사(地師)라 하였다. 지사란 다름 아닌 상지(相地)를 전문으로 하는 풍수지리가였을 터이니 조선 후기의 풍수 관념 속에 우리의 풍수지리 근원을 수중 국토에 두는 의식이 반영된 것이 아니었을까 한다.

넷째, 여환이 수도하였을 천불산(千佛山)이라는 이름 자체가 운주사의 천불천탑 신앙에 부여되어 있는 것과 같은 불교의 천불(千佛) 신앙으로 조망된다.[19] 천(千)이라는 숫자는 천수천안(千手千眼) 관세음보살처럼 불교적 숫자 관념에서 무한을 의미하는 바, 천불(千佛)은 곧 불교의 모든 불보살을 일컫는 관용어라 하겠으며, 또한 현겁(賢劫) 동안에 나투실 부처님의 명호 1천 명을 거열한 『현겁경(賢劫經)』 「천불명호품(千佛名號品)」에서처럼 1천의 모든 불상을 짓는 실천 수행을 행함으로써 미래세에 도래할 미륵의 당래를 절실히 염원하는 맥락으로도 읽힌다.

공교롭게도 운주사의 옛 이름인 천불산과 동일한 금화 천불산에서 여환이 하늘의 칠성을 맞이하였고 자신을 천불산의 선인(仙人) 또는 미륵삼존, 수중노인이라 하였다. 이것은 천불(千佛) 신앙이 미륵의 당래를 뒷받침하는 문화적 코드로 적용된 것이라 하겠으며, 여환의 이 자료는 거꾸로 운주사의 천불 신앙을 미륵 신앙으로 작동되게 하는 중요한 키워드일 수 있음을 시사한다.

다섯째, 풍운조화를 일으켜 변화불측한 신비력을 소유한 용(龍)의 신화를 끌어들이고 있다. 옛부터 용은 한국과 중국에서 기우(祈雨)에 영험이 있는 신물로 신앙 존숭되었으며, 조선조 기우 의례에서도 여전히 중요하였다. 여환은 처 원향을 용녀부인이라 하고 자신의 아들을 용자(龍子)라 하는 등 기우 조화를 부리는 용의 영험성을 자신의 신비성을 꾸미는 또 하나의 중요한 축으로 설정하고 있다. 이는 물론 용화세계(龍華世界)를 추구하는 미륵경전의 용 신앙과 무관하지 않아 보인다. 여환

---

19. 운주사의 역사적 해명에 중요한 자료를 제공해 주는 『동국여지승람』(1481)의 기록에 따르면, "雲住寺 在 千佛山 寺之左右山脊 石佛石塔 各一千 又有石室 二石佛 相背以坐"라 하였다. 곧 운주사가 있는 산의 이름을 천불산(千佛山)으로 기록하고 있으며, 거기에 석불석탑이 일천 개나 있었다는 식으로 설명하였다는 것이다. 이태호, 『운주사』 p.16에서 재인용하였다.

자신이 미륵이며 그 아들을 새로운 세상을 다스리는 용의 아들이라 한 것이므로 그가 꿈꾸는 세상은 다름 아닌 미륵의 용화세계였다고 짐작된다. 이런 점에서 용은 조선조 무불의 기우 의례적 문화 코드와 미륵경전의 용화세계를 수호하는 사상 코드가 맞물려지는 중요한 접점이라 이해된다. 용의 조화력을 지닌 무녀 계화를 성인(聖人)이라 추대한 바도 같은 맥락일 것이다.

여섯째, 조선조에서는 기우 의례의 담당자로 무녀(巫女)와 맹승(盲僧)이 주로 동원되었으며, 이 역시 무불(巫佛)의 습합 구조 속에 조망되는 주제다. 하늘의 신이성을 공유한 무녀와 맹승을 수백 명씩 도성청(都省廳) 뜰에 모아 놓고 가물의 뙤약볕 속에 며칠간 고통 받게 함으로써 하늘의 연민과 측은함을 받아 궁극에는 강우 효과를 얻을 수 있다는 주술적 폭무(曝巫) 의례가 조선 후기에 흉년이 빈발해짐에 따라 더욱 횡행하였는데,[20] 승려 여환과 무녀 계화도 같은 시대적 배경에서 습합된 관계망을 보여 준다.

조선조에 더욱 강화된 이런 주술적 기우 의례의 모티브가 여환의 사건에서 최고조를 맡은 점이 아이러니다. 미륵 세상 실현 시나리오에서는 도성으로 잠입한 용녀 부인이 도우(禱雨)를 하여 하늘이 이에 응하는 것으로써 거사 시점을 삼아 대궐 전복을 기도한 것이다. 끝내 하늘이 불응하여 비가 내리지 않자 여환 일당은 그냥 물러나 삼각산에 들어가 독경하면서 도우를 빌어 거사 성공을 기도할 뿐이었다. 이런 파국 장면에 기록자의 해석이 가미되었다손 치더라도 기우(祈雨)의 응감(應感)을 주된 모티브로 한다는 점에서 이들의 미륵 신앙에 천변을 주재하는 하늘의 의지가 깊이 부여되어 있는 관계 구조가 엿보인다.

이상에서처럼 미륵과 칠성의 직접 결합을 노린 조선 후기 여환의 미륵불 사건이

---

20. 다음과 같은 일련의 논문에서 취무도우(聚巫禱雨), 폭무도우(曝巫禱雨)가 지니는 그 의미와 기능, 역사적 변천 과정 등을 기우 의례 전반과 관련하여 폭넓게 천착하였다.

최종성, 「국행기우제와 민간기우제의 비교연구: 시체처리와 제물처리를 중심으로」, 『종교학연구』 16집, 서울대 종교학연구회, 1997

_____, 「국행 무당 기우제의 역사적 연구」, 『진단학보』 86, 진단학회, 1998. 12

_____, 「용부림과 용부림꾼: 용과 기우제」, 『민속학연구』 6호, 국립민속박물관, 1999

_____, 「왕과 무의 기우의례 – 폭무의례를 중심으로」, 『역사민속학』 10호, 민속원, 2000. 6 등

지닌 사상 문화적 맥락을 다시 정리해 본다. 첫째는 석가와 미륵의 교대를 통한 미륵불의 하생 신앙, 둘째는 칠성 강림과 영측의 암각 참언에서 엿보이는 천문도수의 운수 사상, 셋째는 미륵 강림을 실현할 조건으로 작동되는 천불 신앙, 넷째는 수중노인과 지사(地師) 등에서 보이는 국토의 풍수 사상, 다섯째는 천불산의 선인(仙人)에서 보이는 선불(仙佛) 사상, 여섯째는 비를 내리게 하고 조화를 부리는 용신(龍神)의 신이성, 일곱째는 무녀를 통해 하늘의 조화를 조절하려는 주술 사상 혹은 무불(巫佛) 사상, 여덟째는 삼각산의 영험을 빌어 기우를 성공시키려는 전통적 산악신앙 등이 꼽힌다. 크게 보자면 이 모두 무불(巫佛)과 선불(仙佛)의 교섭 관계망 속에서 조망된다.

선불 교섭은 고려 초기부터 왕성하며, 무불 교섭은 고려말로 갈수록 짙어져 조선시대에 절정을 이룬다. 선불 습합은 이미 고려 초기 태조의 훈요십조에서 부처를 섬기는 상원 보름의 연등대회와 천령(天靈) 용신(龍神)을 섬기는 중동 팔관대회의 이중적 구조를 추구한 데서 보인다. 고려 중기 서경 전역 사건의 주역인 묘청(妙淸, ?~1135)과 일관(日官) 백수한(白壽翰, ?~1135)의 팔성당(八聖堂) 신앙에서도 호국백두악(護國白頭嶽)의 태백선인(太白仙人)을 불교의 문수사리 보살로 대응시키고 구려(駒麗) 평양선인(平壤仙人)을 연등불(燃燈佛)로 유비시키는 등 활발한 선불 교섭이 드러난다.

특히 토풍(土風)적인 팔관대회의 팔관 성격과 미륵 경전 속의 팔재계(八齋戒) 실천 조건, 곧 팔관을 잘 닦은 자라야 미륵의 용화세계에 태어날 자격이 있다는 계율적 이념이 고려 팔관대회의 이념과 어느 정도 연결된다는 점을 들어 선(仙)과 불(佛)의 연관성을 지적하였는데[21] 경청할 만하다고 여겨진다.

고려말 혼란기인 신우(辛禑, 1374~1388) 시기에 미륵불을 자칭하면서 혹민(惑民)하였다는 청주 고성(固城)의 이금(伊金) 사건에 관한 기록에서, 석가불을 능히 부릴 수 있다는 이금은 미륵불이라 자칭하였으며 이러한 그를 남녀 무격(巫覡)들이 더욱 존

---

21. 김영태, 「미륵선화고」, 『불교학보』 3 · 4합집, 1966
    서윤길, 「신라의 미륵사상」, 『한국불교사상사』, 숭산박길진박사화갑기념논집, 원광대출판국, 1975
    장지훈, 『한국 고대 미륵신앙 연구』, 집문당, 1997 등

경하고 따랐다고 한다(『고려사』 권화열전). 이는 전형적인 무불 습합의 과정을 보여 주는 자료다. 숙종조 여환의 사건이 지닌 무불 습합의 구도와 다르지 않다.

선불무가 끊임없이 교섭되는 한국 종교사

지금까지 유물 작품에서 고려의 미륵과 칠성 신앙 관계를 잘 보여 주는 운주사의 내용과 조선 후기의 복합적인 미륵 신앙을 잘 담은 여환의 사건을 중심으로 미륵과 칠성의 관계를 검토하여 보았다.

결과론적이긴 하지만 둘의 무대 장치가 매우 유사하다는 점을 간과하기 어렵다. 첫째, 천불산(千佛山)이라는 천불 신앙의 실천 공간적인 배경이 공통된다. 둘째, 둘다 북두칠성의 천문 주재성을 지향하고 있다. 셋째, 미륵 사상과 민중의 대망을 담아 내는 혁세론을 내장하고 있다. 이런 공통점에 더불어, 문헌 기록이라 그 맥락을 더 자세히 점검할 수 있는 조선 후기 여환의 미륵불 사건에 보이듯이, 고려 이래의 미륵 신앙에서 선불(仙佛) 습합과 무불(巫佛) 습합이라는 두 관점이 시사하는 바가 적지 않다고 생각된다.

이 글에서 다루지 못하였지만 이미 많은 선학의 연구 성과에서 지적하듯이 고대 신라의 화랑 전통에서 미륵 사상과 선(仙) 사상의 결합 구조를 읽을 수 있다. 신라 진지왕(眞智王, ?~579) 때 최초의 사찰이자 미륵 불상을 모셨던 흥륜사(興輪寺)의 중 진자(眞慈)가 항상 당주(堂主) 미륵상 앞에 나아가 대성(大聖)이신 화랑(花郎)이 이 세상에 현신하기를 발원하였는데 그 끝에 계시를 받아 백제의 웅천(熊川) 수원사(水源寺)에 가서 미륵선화(彌勒仙花)를 친견하였으며, 경주로 돌아와 찾으니 영묘사 동북쪽 길가 나무 밑에서 거닐며 노는 수려한 미소년이 바로 그였으므로 국왕이 맞아들여 국선(國仙)으로 삼았다는 설화가 전한다(『삼국유사』 권3, 「탑상」 4, 彌勒仙花 未尸郎 眞慈師).

미륵선화라는 말에 이미 미륵과 선(仙)과 화랑의 세 전통이 복합화되어 있다.[22]

---

22. 이를 필자는 선(仙)과 풍(風)과 미륵의 교섭 관계로 조망하여 보았다. : 김일권, 「한국 고대 '仙' 이해의 역

```
┌─────────────────────────────────────────┐
│                                           │
│  선(仙) ────── 불(弗)                      │
│                                           │
│              불(弗) ────── 무(巫)          │
│                                           │
└─────────────────────────────────────────┘
```

효소왕(孝昭王, ? ~ 702)대 죽지랑(竹旨郎)의 설화(『삼국유사』 권2 「기이」 2, 죽지랑조)에서도 석미륵상과 화랑의 결합이 보이는 등 신라에서 화랑은 선(仙)과도 결합하였고 미륵과도 결합하였다. 다만 이 시기의 미륵은 혁세론과는 맥락이 다른 전륜성왕(轉輪聖王) 내지 성현(聖賢)의 이미지를 주로 지닌다.

이런 신라의 선불 전통부터 고려의 훈요십조와 묘청의 팔성당 등에까지 보이듯 선불(仙佛)의 교섭 줄기는 한국 고대의 종교문화사를 읽어 내는 주요 관점 중 하나가 된다. 그런 기반 위에 역시 삼국, 고려에서 특히 조선조에 심화되는 무불(巫佛)의 습합 관점이 덧붙여지는 구도로 이해된다. 이 구조를 살펴보면 다음과 같은 선불무(仙佛巫)의 삼자 교섭 관계망으로 엮을 수 있을 것이다.

여기서 불(佛)이 매개 역할을 하는 까닭은 무엇보다 한국 종교사에서 선(仙)과 무(巫)의 종교 전통이 불교와 같은 조직 전통으로서 갖추어야 할 공동체 그룹을 형성하지 못하였고, 사찰과 같은 특정한 종교 공간을 생성하지 못하였다는 데서 찾아진다. 게다가 선과 무에서는 교학, 조직, 실천이라는 종교 성립의 3대 요건 중 하나인 교학 전통이 체계화되지 않았다. 다시 말해서 선과 무는 자신들의 우주론이라든가 신론, 실천론, 이념 지향성, 대세속적 교리 등과 같은 체계적인 교학의 발전과 전승을 이룩하지 못하였을 뿐 아니라 그런 교학을 담을 조직 전통조차 미비하였기 때문에, 조직 종교인 불교에 기대어 자신들의 신념 체계를 지속하게 되었다고 여겨진다.

한국 불교사상사의 주류 흐름에 있지 않는 미륵 사상이 역시 주변 사상으로 지속되는 선과 무의 전통과 쉽게 교섭하는 것은 이런 한국 종교사의 구조적 측면에서 보아 당연한 귀결로 생각된다. 북두칠성을 비롯한 천문 전통 또한 이를 전적으

사적 변천」, 『종교연구』 13집, 한국종교학회, 1997ㄱ. 5

로 담아낼 도교라든가 유교 전통이 부재한 한국 종교사에서 주변 사상인 미륵과의 교섭 혹은 무속과의 교섭으로 나아감은 필연적 흐름이 아니었을까 한다. 특히 고려에서 어느 정도 다양한 천문을 담아내던 도교 전통이 조선 전기 이후 완전히 혁파되면서 그것의 주 담당 세력은 그와 친화성이 높은 불교와 무속, 민간 신앙으로 흡수되어 간다.[23] 이런 변화로 말미암아 복잡한 천문 사상은 점점 축소되어 칠성 신앙에 집중되었고, 그 끝에 칠성 신앙이 불교의 칠성각으로 흘러들어 현재 우리의 민간·무속 신앙에까지 큰 비중을 차지하게 된 것이라 보인다.[24] 결국 선불무(仙佛巫)의 삼자간 교섭은 셋 다 시대의 중심 사상 역할을 하지 못하고 주변 사상으로 밀려나면서 생겨난 관계망이라 할 수 있다.

끝으로 이 글에서 역시 다루지 못한 백제 무왕대의 미륵사 창건과 칠성의 관련성 문제를 언급하는 것으로 매듭짓고자 한다. 무왕(武王, ?~641)과 부인이 용화산(龍華山) 사자사(獅子寺)로 참배하러 가던 길에 현재의 미륵산 아래 큰 못가에서 미륵 삼존불이 솟아 나왔다는 미륵사 창건 연기설화가 전한다(『삼국유사』 권2 「기이」 2, 무왕조). 이런 연기를 바탕으로 창건된 백제의 미륵사는 주지하다시피 당시 최대 규모로 창건되었고 백제 미륵 신앙의 중심지 역할을 한 대찰이었다.

그런데 최근 한국 암각화 연구에서 미륵산의 산정 장군봉의 일명 투구바위 윗면에 북두칠성을 닮은 성혈(星穴)이 파여 있다는 성과를 거두었다.[25] 칠성혈과 더불어 미륵산 산정 가까운 암반에 윷판형 바위 그림도 몇 점 발견되었으며, 그와 동일한 윷판 바위 그림이 현재 미륵사지의 회랑지, 강당지의 두 주춧돌 표면에도 하나

---

23. 최근 필자는 조선의 도교 전통을 잡아맨 수용처 역할을, 조선 전기에는 소격서가 맡다가 조선 후기에는 왕실과 국가의 지원을 받아 확산된 관묘(關廟)가 수행한 것으로 주목한 바 있다. 관묘야말로 단순한 관왕 신앙의 소의처 정도가 아니라 소격서를 대신하여 공적 영역의 도교뿐 아니라 민간 도교 측면에서도 적지 않은 영향을 끼쳤을 것이라 조망되었다. 특히 구한말 일제하 민족 종교와 무속 등에 만연해진 도교적 측면은 전적으로 이 관묘 신앙에서 확산된 흐름일 것으로 생각되었다. : 김일권, 「한말시기 도교적인 종교정체성과 삼교 통합주의 흐름 : 관왕 신앙의 성장과 선음즐교의 전개를 중심으로」, 『종교연구』 32집, 한국종교학회, 2003ㅂ. 가을
24. 이 문제는 고려와 조선의 하늘과 천문을 바라보는 관점의 변동 측면에서도 조망될 필요가 있다. : 김일권, 「고려와 조선의 우주론 변화 : 천문의 북극에서 이법의 태극으로」, 『동아시아문화』 창간호, 동아시아문화학회, 2004ㅇ. 12월. 이 논문은 이 책 9장에 실려 있다.
25. 송화섭, 「전북 지방의 성혈에 대한 고찰」, 『전라문화연구』 5집, 1991

씩 새겨져 있음이 확인되었다.[26] 이 윷판 그림이 다름 아닌 북두칠성의 사계절 사방위 주천 과정을 모형화한 일종의 천문우주론 모식이었을 것이라는 관점이 최근 제기되었으며,[27] 이런 측면에서 접근하자면 미륵사의 미륵 신앙과 북두칠성이 전혀 무관하다고 보기는 힘들지 않을까 하는 생각이 든다. 관련성이 거론된다면 그 맥락은 운주사와 여환 사건의 내용을 참고하여, 미륵의 새 세상이 북두칠성의 주천 도수처럼 어김없이 돌아올 것이라는 천문도수의 운수(運數) 사상 맥락에서 조망될 가능성이 크다고 보인다. 아니면 끊임없이 돌아가는 천문의 주천 운행처럼 무궁한 미륵의 용화세계를 백제 땅에 구현하려 하였다고 해석되지 않을까 한다. 아무튼 조선조를 지나면서 어느덧 선돌 신앙 형태와 석미륵상 신앙이 결합되는데, 이런 접점에서 야기되는 거석문화로서의 민간 미륵 신앙을 조망하자면 역시 암각화 장르로서 접근되는 별자리형 바위 그림과 다시 만나게 된다.

아직 단상에 불과하지만 이런 바위 문화 관점으로 접근하는 것도 한국 종교문화사를 풍부하게 하는 일환일 것이라 기대되며, 미륵의 문화사적 재해석을 끊임없이 고민해야 하는 우리로서 재해석의 기반을 좀 더 다양화하는 방법론이 되지 않을까 전망해 본다.

---

26. 송화섭, 「익산 미륵산·미륵사지의 윷판형 바위 그림에 대하여」, 『향토문화』 9·10합집, 향토문화연구회, 1995

27. 이 윷판 도형이 한국 고대인이 개발한 최초의 천문우주론 모형이었을 것이라는 관점은 김일권, 「한국 고대인의 천문우주관」(『강좌 한국고대사』 8권, 가락국사적개발연구원, 2002ㅅ. 12) 및 「국내성에서 발견된 고구려 윷놀이판과 그 천문우주론적 상징성」(『고구려연구』 15집, 2003ㄹ. 6월)에서 자세히 논고되었다. 이에 관해서는 앞서 나온 송화섭의 논문들과 이하우의 『칠포마을 바위 그림』(포철고문화연구회, 1994)에서 시사된 바이며, 최근에 다시 이하우, 「한국 윷판형 바위 그림 연구 : 분포와 방위를 중심으로」(『한국의 윷판형 암각화』, 한국암각화학회 2003년 6월 14일 춘계학술대회 발표문, 안동대학교 사회교육원 세미나실)에서 재검토되고 있다.

조선 후기에 유행한 신법천문도, 〈방성도〉

해남 녹우당에서 신법천문도 발굴되다
녹우당 소장 방성도의 구성과 제작자
방성도의 도법 특징과 천문학적 의의
18세기 조선에 유통된 방성도
실학자들, 서양 천문학을 들여다보다

병풍첩식으로 접하는 이 책자는 얇은 한지 외함 속에 두터운 양장본으로 들어 있었는데, 겉표지에는 '방성도'라는 제호와 붉은 녹우당(錄雨堂) 인이 찍혀 있었고, 내용면은 모두 12쪽의 활자 인쇄본이었다. 여기에 인쇄된 천문도 묘사 형태는 종래의 전통 방식이 아니라 위도와 경도로 구성된 모눈종이식 격자에 별자리를 그린 것으로, 지금까지 전혀 알려지지 않은 새로운 형태의 고천문도임을 한눈에 알 수 있었다.

해남 녹우당에서 신법천문도 발굴되다

(1) 이 글에서 다루는 〈방성도(方星圖)〉는 아직 학계에 알려지지 않은 새로운 천문도로, 전라남도 해남 녹우당(綠雨堂) 유물 전시관(해남읍 연동리)에 보존된 자료다. 유물관에 전시되어 있던 관계로 이곳을 찾는 사람들에게 일찍부터 알려졌으나 이 천문도에 어떤 역사적 의의가 있는가에 대해서는 학술적으로 연구 발표된 적이 없다.

1988년 3월 비매품으로 발간된 소개 책자 『녹우당의 가보 – 고산(孤山) 윤선도(尹善道) 고택(故宅)』(고산 13대손 尹泳杓 편)에서 "종가(宗家) 소작(所作)은 아니지만 종가에서 보존하고 있는 우리나라 유일의 희귀본이기에 여기에 전재"한다면서 두 쪽에 걸쳐 〈방성도〉 12면을 전재하였지만, 방성도의 작자에 대해서는 "1711년 숙종 37년 민명아(閔明我) 제작"이라고 하였을 뿐 특별한 부연이 없었다. 또 해남군 고산 유적관리사무소가 만든 『고산 윤선도 유적지』 설명 책자에는 "공재 윤두서 선생이 사용한 천문에 관한 책" 정도로 간략하게 표기되어 있어 아직 학문적으로 규명되지 않았음을 보여 준다.

1986년 한국정신문화연구원에서 『고문서집성(古文書集成)』(3)을 작성하기 위하여 해남 종가 소장 고문서 자료를 마이크로필름으로 수록하면서 '해남 윤씨 고문서 목록'(총 2861건)을 만들었는데, 여기에는 〈방성도〉와 『관규집요(管窺輯要)』의 이름이 올려지지 않았다. 1985년 『진단학보』 59호에 게재된 박성래 선생의 「성호사설 속의 서양과학」이라는 논문에서 성호사설 속 방성도 대목을 언급하면서 "성호 이익이 말한 그 방성도가 무엇을 뜻하는지 모른다."고 하였다. 최소한 이때까지 방성도라는 신법천문도(新法天文圖) 자료가 우리 학계에 전혀 알려지지 않았던 것이다.

(2) 필자는 2000년부터 원광대학교 동양학대학원에서 ‘동양의 천문 사상과 우주론’ 강의를 해왔는데 거기서 만난 세준 스님에게서 고산 윤선도(1587~1671)의 생가터로 유명한 해남 녹우당(사적 167호)에 천문 관련 책자가 소장되어 있다는 이야기를 듣게 되었다. 답사 계획을 세우고, 2001년 11월 4일 전라북도 전통문화연구소장 송화섭 선생과 서울교육대학교 과학교육학과 이용복 선생을 모시고 나주 송제리 고분의 별자리형 암혈 조사를 겸하여 녹우당을 찾았다.

녹우당 유물 전시관에서 세준 스님이 말한 자료가 다름 아닌 청나라 황정(黃鼎, 1650~1730) 찬정(纂定)의 『관규집요』(1652년)라는 매우 귀중한 천문지리 유서(天文地理類書)임을 확인하였다. 총 25책 80권에 달하는 방대한 분량의 이 책자에는 정성 들여 모사한 글씨에 수려한 천문지리 관련 그림 자료가 잔뜩 들어 있었다. 녹우당을 관리하는 해남 윤씨 종손 윤형식 선생에 따르면, 자화상(국보 240호)으로 유명한 조선 후기 화가 공재(恭齋) 윤두서(尹斗緖, 1668~1715)의 솜씨라고 하였다. 얼핏 보기에도 모사 솜씨는 놀라웠다. 더욱이 두 쪽에 실린 전천천문도는 세필로 처리된 별 그림의 정교함에 절로 감탄이 나온다. 이 『관규집요』는 어느 정도 국내에 알려진 책자이나 내용 분석을 가한 연구는 잘 보이지 않는다. 필자가 보기에 서양식 천문학이 반영되기 이전의 전통적 천문 집성록으로서 마지막 작업쯤에 해당하는 의의가 있지 않을까 여겨지므로, 조선 후기의 천문사상사 연구에 매우 중요한 역할을 할 것으로 생각된다.

(3) 사실 눈길을 더욱 잡아끈 것은 이 책보다 그 옆에 나란히 전시된 〈방성도〉라는 천문도 책자였다. 병풍첩식으로 접히는 이 책자는 얇은 한지 외함 속에 두터운 양장본으로 들어 있었는데, 겉표지에는 ‘방성도’라는 제호와 붉은 녹우당(綠雨堂) 인이 찍혀 있었고, 내용면은 모두 12쪽의 활자 인쇄본이었다. 서문에 해당하는 「방성도해(方星圖解)」 말미에 “강희 신묘세 중춘 치리역법 극서 민명아 제(康熙辛卯歲仲春治理曆法極西閔明我製)”라 적어 놓아 이 책이 강희 50년(숙종 37년, 1711년)에 민명아(閔明我)가 제작했음을 보여 준다. 여기에 인쇄된 천문도 묘사 형태는 종래의 전통 방식이 아니라 위도와 경도로 구성된 모눈종이식 격자에 별자리를 그린 것으로, 지

금까지 전혀 알려지지 않은 새로운 형태의 고천문도임을 한눈에 알 수 있었다.

자료 가치가 매우 높을 듯하여 충북대학교 천문우주학과의 이용삼 선생을 급히 불렀고, 다음날인 월요일에는 녹우당 종손 이형식 선생의 허락을 받아 자료를 정밀 조사하면서 디지털 카메라로 촬영하였다. 필자와 이용복, 이용삼 선생의 토의 결과 이러한 자료가 우리 학계에 아직 소개되지 않은 상황에서 그것이 국내에 있다는 사실만으로도 충분히 주목할 만하다고 판단하였고, 더욱이 보존 상태가 매우 양호하여 조선 후기 천문도 연구에 귀중한 자료가 된 것으로 기대되었다.

그리하여 방성도 자료에 대한 소개와 아울러 이 책의 제작자, 제작 경위, 유통 과정 등 역사적인 면을 고찰하고 거기에 반영된 천문학적 측면을 분석 연구함으로써, 조선 후기에 유통되었을 새로운 신법천문도의 역사적, 천문학사적 의의를 드러내고자 하였다. 2001년 12월 17일과 18일 이틀간 제2차 녹우당 답사를 하였으며, 이때 학연출판사 권혁재 사장을 대동하여 자료 영인 작업과 학술 연구 등에 대하여 논의하였다.

우리 세 사람이 검토한 초보적 연구 성과를 2002년 7월 5일 청주 문화회관에서 개최한 국제천문학회 아시아-태평양 분과(International Conference on Astronomical Instruments and Archives from the Asia-Pacific RegiSon)와 2003년 5월 31일 서울대학교에서 열린 전국역사학대회 한국과학사학회의 분과 발표문으로 발표하였다. 둘 다 발표용으로 개괄적 요점을 정리한 것이었고, 아직 본격적인 논문으로는 마련하지 못했는데 이는 공동연구가 지니는 어려운 측면이기도 하였다.

그런 와중에 서울역사박물관의 요청을 받아 이 박물관 소장 방성도 자료에 대한 해제를 준비하며, 방성도에 대한 기존 검토 결과를 함께 엮고자 이 글을 마련하였다. 여기에서 언급하는 천문학적 분석 부분은 앞서 공동으로 참여한 두 분의 성과를 대폭 따른 것이므로 양해를 먼저 구한다.

현재 필자가 파악한 바로는 국내에 〈방성도〉 자료가 3점 전한다. 하나는 필자 일행이 새롭게 발굴한 해남 녹우당 소장본이고, 다른 하나는 일찍부터 알려졌던 국립민속박물관 소장본이며, 마지막 하나가 최근 새롭게 수장된 서울역사박물관 소장 방성도다.[1] 녹우당본은 활자본이며, 나머지 둘은 필사본이다. 이 글에서는 이들 자료의 비교 검토도 아우르고자 하며, 잘못되거나 미진한 부분은 추후에 더욱 수정 보완하기를 기약한다.

녹우당 소장 방성도의 구성과 제작자

녹우당에 소장된 방성도(도면 22.0×22.3센티미터)는 (1) 방성도해와 (2) 남북적도성도(南北赤道星圖)와 (3) 방성도 용법(方星圖用法)의 세 부분으로 구성된다. 세부로는 ① 방성도해 ② 북극지도(北極之圖) ③ 제1도(춘분), 제2도(하지), 제3도(추분), 제4도(동지) ④ 남극지도(南極之圖) ⑤ 좌표 판독용 격자 원도(格子 圓圖)와 방도(方圖) ⑥ 용법 예시도 ⑦ 방성도 용법으로 나눌 수 있다. 총 12면의 쪽별 내용을 표로 정리하면 표 1과 같다.

구성	면수	도면	내용
방성도해	1	「방성도해」	육면 입방도 설명 (혼도 2개와 평도 4개) /녹우당 인장
	2	「방성도해」	관측지 북경 40°설명, 총 1876성, 강희 신묘세 민묘아 제작
남북적도 성도 (육면 방성도)	3	「북극지도」 (북극혼도)	북위 50~60° 반경 범위 수록
	4	「제1도」 (춘분평도)	적경 315°~45°, 적도 전후 ±40° 범위 수록 /입춘 우수 경칩 춘분 청명 곡우 입하
	5	「제2도」 (하지평도)	적경 45°~135°, 적도 전후 ±40° 범위 수록 /입하 소만 망종 하지 소서 대서 입추
	6	「제3도」 (추분평도)	적경 135°~225°, 적도 전후 ±40° 범위 수록 /입추 처서 백로 추분 한로 상강 입동
	7	「제4도」 (동지평도)	적경 225°~315°, 적도 전후 ±40° 범위 수록 /입동 소설 대설 동지 소한 대한 입춘
	8	「남극지도」 (남극혼도)	남위 50~60° 반경 범위 수록
방성도 용법	9	모눈 격자 원도	극 중심의 1°단위 방사선 격자
	10	모눈 격자 방도	적도 중심의 1°단위 경위도 격자
	11	사용법 예시도	동일 위도, 동일 경도, 다른 경위도의 경우 예시
	12	「방성도 용법」	동일 위도, 동일 경도, 다른 경위도의 경우 측정법
겉표지		'방성도' 제호	붉은 '綠雨堂印' 찍혀 있음. 하드커버
외함		'방성도' 묵서	얇은 한지로 된 봉투

표 1 해남 〈방성도〉의 구성

---

1. 이하 녹우당 소장본은 녹우당본, 국립민속박물관 소장본은 민박본, 서울역사박물관 소장본은 역박본이라 칭한다.

그림 1 해남 녹우당 소장 〈방성도〉. 왼쪽은 겉표지이고 아래는 왼쪽부터 순서대로 북극권도, 춘분권도, 하지권도, 추분권도, 동지권도, 남극권도, 방성도용법 모눈격자원도, 모눈격자방도, 사용법 예시도이다.

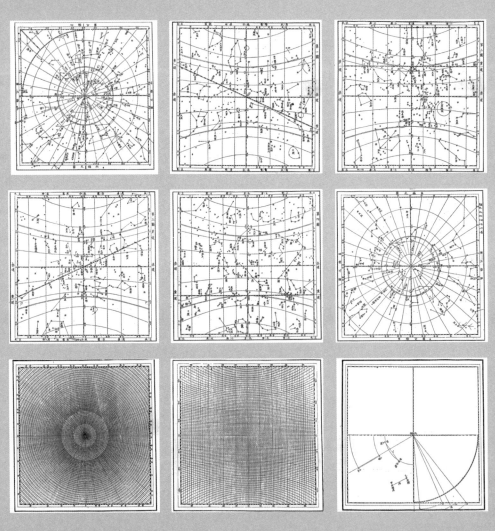

〈방성도〉의 제작자에 대하여

「방성도해」에 따르면, 〈방성도〉는 강희 신묘세(辛卯歲, 강희 50년, 숙종 37년, 1711년) 중춘(仲春)에 치리역법(治理曆法)인 극서(極西)의 민명아(閔明我, Min Ming-wo)가 제작한 것이다. 극서의 민명아는 누구를 말하는가? 그 내용이 서양식 투영법을 바탕으로 하는 것을 근거로 삼아 18세기 전후 중국으로 들어와 활약한 서양 예수회(야소회) 선교사들을 조사하였다. 그 결과 민명아는 1657년 예수회에 입교하여 강희 8년 (1669) 입청(入淸)한 이탈리아(意人) 선교사 그리말디(Philippus Maria Grimaldi, 1639~1712)로 확인되었다.[2]

이 그리말디의 〈방성도〉는 『속수사고전서(續修四庫全書)』(1032, 子部, 天文算法類, 上海古籍出版社, 1995~1999)에 북경도서관장본 〈방성도해〉(1권, 24.5×31.4센티미터)로 수록되어 있으며, 런던 대영박물관에 'Fang-Sing-Tou-Kiai'(Peking, 1711)[3]로 소장되어 있으며, 국내에서는 이번에 처음 확인되었다.

민명아는 강희 10년(1671) 즈음부터 남회인(南懷仁)과 더불어 역법을 수정(修精)하여 강희제에게 바쳤으며, 저서로 『방성도해』 1권(1711년 북경 인쇄)[4]이 있다고 하므로,

2. 서종택(徐宗澤) 편저, 『명청간 야소회 사역 저제요(明淸間耶穌會士譯著提要)』(台北, 中華書局, 1958), pp.395~396에 따르면, 민명아의 자(字)는 덕선(德先)이며, 1657년 예수회에 입교하였다가 강희 8년(1669) 오문(澳門, 마카오)에서 중국 전교를 시작하였다. 당시 양광선(楊光先)의 무고로 탕약망(湯若望) 등 25인이 피금되어 3년간 옥사를 입는 사건이 발생하였는데 선교사 나대래덕(那代來德, Navarrete)의 결원을 대신하여 자진 취옥(就獄)하였다가, 강희 10년(1671) 광저우(廣州)에서 석방되자 다시 전교를 시작하였다. 이후 남회인(南懷仁)과 더불어 역법을 수정(修精)하여 강희제에게 바쳤으며, 이로 인해 북경으로 나아가 황제의 권고(眷顧)를 받게 되었다 한다. 강희 25년(1686)에는 강희제의 칙명으로 통상교섭을 위해 러시아로 파견되었는데, 이 길에 로마에 들러 교황과 야소회 총회장을 만나 중국 교무를 보고하였으며, 독일의 철학자 래백니(萊伯尼, Leibniz)를 만나기도 하였으며, 일을 마치고 1692년 새로운 중국 선교사들과 동행하여 오문으로 돌아왔다 한다. 강희 34년(1695) 북경주교에 피임되었으나 받지 않았으며, 그해 5월 29일 야소회 부성회장직(副省會長職)에 선임되었고, 다시 강희 39년(1700)에는 북경회원(北京會院) 원장에 임명되었고, 강희 46년(1707)에는 중국 및 일본 교무 순열(巡閱)로 승격되었다. 중국 전교 41년 만인 강희 51년(1712) 11월 8일 북경에서 졸(卒)하였으며, 저서로 『방성도해(方星圖解)』 1권(1711년 북경 인쇄)이 있다고 한다.

3. Deborah J. Warner, 1979, *The Sky Explored: Celestial Cartography 1500-1800*, Alan R. Liss, Inc., New York & Theatrum Orbis Terrarum Ltd., Amsterdam.

4. 책의 제명으로 『방성도(方星圖)』와 『방성도해(方星圖解)』가 혼용되어 나타난다. 서종택 편저, 『명청간 야소회 사역 저제요』(1958)에서 『방성도해』 1권이라 하였으며, 데보라 J. 워너(Deborah J. Warner), 『The Sky Explored: Celestial Cartography 1500~1800』(1979)에서도 French Jesuit P. Grimaldi가 'Fang-Sing-Tou-Kiai'(Peking, 1711)를 지은 것으로 설명하였다. 『속수사고전서(續修四庫全書)』(1032, 子部, 天文算法類, 上海古籍出版社, 1995~1999)에도 『방성도해』(1권)로 수록되어 있다. 다만 반내(潘鼐), 『중국항성관측사(中國恒星觀測史)』(上海 學林出版社, 1989)에서는 『방성도』라 하였으나 『방성도해』라 한 문헌도 있다고 언급하였다. 이런 점으로

〈방성도〉의 내용은 남회인의 작업과 밀접할 것으로 생각된다.

남회인은 벨기에 출신 선교사 페르비스트(Ferdinandus Verbiest, 1623~1688)로, 18세에 예수회에 입교하여 1659년 전교를 위해 중국으로 파견되었으며, 1660년 5월 9일 북경으로 들어와 아담 샬(湯若望, J. Adam Schall von Bell, 1591~1666)의 조수로 수력(修曆)을 도왔다. 흠천감(欽天監) 감정(監正)으로 있던 강희 13년(1674)에 항성 1876성을 수록한『영대의상지(靈臺儀象志)』를 편찬하였다. 그의『적도남북성도(赤道南北星圖)』(1672년, 북경 간행)는『영대의상지』가운데 정성(正星, 항성) 1368성을 그린 것이다. 그 외『의상도(儀象圖)』2권(1673년 북경 간행),『강희영년역법(康熙永年曆法)』32권(1678년 북경 간행),『간평규총성도(簡平規總星圖)』등이 있다.

민명아의 직명인 '치리역법(治理曆法)'은 강희역옥(康熙曆獄, 1664년)이라는 신법과 구법의 갈등 끝에 강희 7년(1668) 남회인에게 처음 수여된 직명이다. 남회인에 앞선 인물인 탕약망은 흠천감의 감정으로 청 세조 연간에 매우 중용된 인물이었다. 탕약망은 청나라 세조가 순치 원년(1644) 5월 북경에 진입하자마자 자신의『숭정역서(崇禎曆書)』103권[이듬해 11월『서양신법역서(西洋新法曆書)』로 번각하여 개칭]을 황제에게 진정하여, 그해 10월 그에 바탕을 둔 시헌력(時憲曆)을 새로운 왕조의 공식 역법으로 반포케 하였다. 그 공적이 높이 평가되어 11월 흠천감의 최고 책임자가 되었고, 12월부터 '수정역법관감정사(修政曆法管監正事)'라는 감정 직함이 부여되었다. 이때부터 서양 천문학이 중국의 관방(官方) 역법에 공식 편입되었으며, 탕약망에 대한 청나라 정부의 준용은 더욱 높아가 순치 10년(1653) 3월 통현교사(通玄敎士)라는 칭호를 하사받기에 이르며(『청사고』「탕약망열전」), 그에 따라 중국 야소회의 지위도 더불어 상승하였다.

그러나 중국 내부인들의 야소회에 대한 반감과 흠천감 개편 과정에서 비롯된 반발이 겹쳐져 순치 16년(1659)부터 중국인 천문학자 양광선(楊光先)이 탕약망을 몇 차례 고발하였으며, 강희 3년(1664) 7월에는 드디어 강희역옥(康熙曆獄)이라 부르는 일대 숙청 사건이 발생하게 되었다. 그 결과 양광선이 흠천감의 감정이 되어 시헌법(時憲法)을 폐지하고 구법인 대통력(大統曆)을 부활시켰으며, 탕약망과 그를 도와

미루어『방성도해』가 원제일 가능성이 커 보인다. 그러나 국내에는『방성도』로 유통되었다.

치력 업무를 하던 남회인 등은 구금되었다.

수년 뒤 강희제가 친정을 하면서 정국 변동이 일어났는데, 강희 7년(1668)에 남회인은 양광선의 역법과 예보에 오류가 있음을 지적하였고, 실측 결과 오류가 인정되어 양광선이 탄핵되었다. 이에 청 정부는 남회인을 다시 불러들여서 흠천감의 '치리역법'으로 임명하였고, 곧이어 감부(監副)에 제수하였으며, 이듬해 강희 8년(1669) 12월에 흠천감의 감정으로 발탁하여 흠천감 업무를 주관하게 하였다(『청사고·남회인열전』). 이것은 강희 3년부터 두 자리로 늘어난 만인(滿人)과 한인(漢人)의 감정직 중 한인의 감정직을 충원한 것이었다. 강희 16년(1677)에는 서양인 은리격(恩理格, Christian Herdtricht, 1624~1684)과 민명아 등이 흠천감에 들어와 남회인의 작업을 도왔다.

그런데 남회인에게 그 한인의 감정직을 주면서 감수(監修)로 고쳐 사용하였는데, 옹정 3년(1725) 대진현(戴進賢, I. Kögler, 1680~1746)에 이르러야 비로소 감수라는 말을 떼고 실질적인 감정(監正)이 제수되었다고 한다(『청사고』「직관지」 흠천감조). 한편 반내(潘鼐)의 『중국항성관측사』(1989)에서는 이를 두고 옹정 3년 치리역법의 직함이 감정으로 개칭된 것이라 서술하였다. 이로 보면 감수와 치리역법이 감정직(監正職)과 맞먹는 동일한 의미로 사용되는 듯한데, 좀 더 분명한 사실 관계는 앞으로 더 찾아보아야 할 것 같다.

이렇게 남회인이 중용되면서 서양인의 비중이 다시 커졌으며, 이후 흠천감 직무가 서양인 사이에 세습되는 흐름을 보인다. 강희 27년(1688) 남회인이 병으로 사망하면서 선교사 서일승(徐日升, T. Pereira, 1645~1708)과 안다(安多, Antoine Thomas, 1644~1709)가 천문역법의 직무를 잠시 접수하였으며, 오래되지 않아 민명아가 치리역법을 계임(繼任)하였다. 강희 51년(1712) 민명아가 사망함에 따라 기리안(紀理安, Bernard-Kilian Stumpf, 1655~1720)으로 대체되었고, 강희 59년(1720) 기리안이 운명함에 대진현이 이어 받았다. 그러다 옹정 3년(1725) 대진현이 감정에 임명되면서 치리역법의 직함이 폐지된다(반내, 1989). 건륭 11년(1746) 대진현이 사망하면서 감정직은 다시 유송령(劉松齡, A. von Hallerstein, 1703~1774)에게 승임(升任)되었다.

이상에서 볼 때, 민명아가 맡은 치리역법은 흠천감의 최고직인 감정(監正)을 만

주인과 한인에게 주도록 한 규정을 피하여 청나라 정부가 특설한 서양인 천문학자에게 주는 천문관직이라 할 수 있으며, 치리역법은 흠천감의 역법 업무를 실질적으로 총괄하는 자리이다. 그 존속 시기는 남회인이 처음 받은 1668년부터 대진현의 1725년까지의 대략 60년 동안으로 정리된다.

방성도의 도법 특징과 천문학적 의의

심사투시도법과 육면입방체 형식

(1) 방성도가 보여 주는 외형적 특징은 무엇보다도 전통적인 원형 전천천문도가 아니라 천구를 정방형 육면으로 분할하여 그린 육면입방체 형식이라는 데 있다. 한국과 중국이 기존에 주로 사용하던 방식은 조선조 태조 4년(1395)에 만들어진 〈천상열차분야지도〉처럼 천구 북극을 중심으로 전천의 하늘을 커다란 원형으로 그리는 소위 개천식(蓋天式) 천문도였다. 외규(外規)라 불리는 최외곽 대원은 관측지 위도에서 일 년 동안 관측할 수 있는 모든 별의 범위를 담았으며, 내규(內規)라 불리는 중심부 소원은 연중 내내 지평선 위에 떠올라 있는 주극성 범위를 포괄하며, 이것들과 동심원인 적도가 중간에 그려지고, 다시 적도와 교차하는 황도가 그려진다.

방성도는 이런 전통 방식을 버리고 천구를 일종의 육면체로 파악하여, 육면체의 상하에 해당하는 북극권과 남극권을 거극(距極) 45° 가량으로 잘라내었고, 중간 허리의 적도 주변부는 90° 폭의 방형 넉 장으로 분리하였다. 이렇게 구형 천구에 육면체 전개도법을 가한 이유에 대하여 민명아는 「방성도해」에서 다음처럼 자세히 설명하였다.

(A) 시학론(視學論, 光學論)에 따르면, 사람의 눈에서 안광이 발출하여 대상의 경계에 이르면 모두 삼각형을 이룬다. 그 각도가 만약 45도에 있다면 적당하지만, 그 각도가 60도라면 보이는 것이 부정확해진다. 이러므로 화가들 역시 45도를 기준으로 삼아 그림을 그려 사람들이 그 원근의 깊이(深遠)를 잘 볼 수 있음에 기뻐하지 않음이 없다. 그

러나 만약 이 기준을 넘으면 선명하게 이를 수 없어 관측하기를 싫어하지 않음이 없다. (B) 지금 이 방성도는 혼원(渾圓, 구형)을 입방체로 하였는데, 시학 이론에 따라 투영 시점[人目]을 지구 중심[地中心]에 두어 땅을 육면의 입방체로 만들었으며 상하사방(上下四傍)이 각 90도이다. (C) 모두 수정 유리를 투광(透光)하는 것처럼, 북극은 위에 남극은 아래에 거하여 각기 극을 중심으로 삼았다. 극을 둘러싼 각각 45도 직선은 경권선(經圈線)으로 삼았고, 위경변(緯徑邊)에는 도수(度數)를 번갈아 분철(分綴)로 처리하였다. 그런 다음에 항성표에 따라 극을 둘러싼 모든 별을 포진시켰다.

　(A)에서 사람의 시각이 한 눈에 45도씩 합쳐서 90도 범위를 쉽게 식별하므로 적도 주변 원주를 4등분하여 관측의 편리를 도모하였고, 구면의 북극권과 남극권도 마찬가지로 45도 범주로 처리하였다는 것이다(C).

(2) 그러면서 천구를 투영하는 방법에 대하여, 투영 시점을 지구 중심에 두는 심사도법(心射圖法)을 사용하였음을 밝히고 있다(B). 심사도법은 하늘을 구형으로 간주하고 모든 별이 그 구면에 고정된 위치에 있다고 가정한 뒤, 천구의 중심 곧 지심에서 해당하는 천구면 영역을 평면에 그대로 투사하는 방식이다.
　방성도는 이런 심사도법을 따라 투영 시점을 지심에 둔 육면입방체로 투사하였고, 각 성도면의 중심점은 천구상의 특정 위치와 일치시켰는데, 천구의 북극과 남극, 춘분점, 하지점, 추분점, 동지점을 각 천구면의 투사 기준점으로 삼았다. 심사도법의 단점은 투사 중심점에서 멀어질수록 각거리의 왜곡이 심해진다는 점이다. 중심에서 45도 떨어진 위치의 왜곡 비율이 대략 50퍼센트 증가하며, 더 떨어질수록 그 비율은 기하급수적으로 증가한다. 이에 대해 「방성도해」의 다음 설명이 참고가 된다.

　(D) 각 성도 사면(四面)의 경변(徑邊, 가로와 세로변)에 역시 분철 도수(分綴度數, 흑백 눈금)를 갖추었고, 매 면에는 모두 양분양지(兩分兩至, 춘·추분과 하·동지)의 적도 도수를 중심부에 놓았다. 그 남북 좌우의 각기 45도 거리 범위에 항성표에 따른 철성(綴星, 연결

선을 지닌 별자리)을 안배하였으니 하늘의 모습(天象)과 매우 흡사할 것이다. 일찍이 이전의 법(前法)을 상고하면, 인목(人目, 투영 시점)을 지구 밖(球外)에 두어 북극의 반주천(半周天) 성좌를 투시하다 보니, 적도에 가까운 별들은 그 빛이 서로 섞여 판별하기 모호하였다. 그러나 이 방성도의 제작으로 극에서 적도 90도에 이르는 호면(弧面)을 직각의 방면(方面)으로 보완하였으니, 별과 별의 상거(相距, 상대 거리)가 여유 있고 질서 정연히 늘어 놓게 되었다. 지금 북경을 관측 본지로 삼으면 북극출지(北極出地) 40도인데, 이 성도의 북극도면을 통하면 극을 둘러싼 45도 범위 이내의 별을 일년 내내 관측될 것이니 이제 그 식별하는 일에 여력을 쏟지 않아도 될 것이다. 다음 만약 남극출지(南極出地)에서 보는 것이라면 이 성도의 남극도면으로 관측하면 동일한 이치가 갖추어져 있다.

이렇게 왜곡 문제를 보완하기 위하여 민명아는 몇 가지 장치를 마련하였는데, 중심에서 45도 영역만 투사한 성도를 만들었고, 성도의 중심부와 외곽부에 눈금을 넣은 좌표축을 병기하여 왜곡 정도를 알 수 있도록 하였다(D). 흑백을 교대로 처리한 눈금의 간격은 1도다. 그리고 적경과 적위의 간격이 중심점에서 멀어질수록 커지는 정도를 쉽게 알아볼 수 있도록 폭이 점점 커지는 10도 간격의 경위도 격자선을 그려 넣었다. 이에 따라 황도상의 위치에 의해 결정되는 24절기도 각기의 중심점에서 멀어질수록 더 큰 간극으로 표시되었다.

(3) 또 하나 방성도가 보여 주는 인상적인 부분은 적도선과 태양의 길을 표시한 황도선을 둘 다 직선으로 처리하였다는 점이다. 이에 황도를 직선으로 만들기 위하여 적위선들이 적도 남북으로 10도씩 올라갈수록 휘는 정도가 심해지는 곡선으로 처리되었다. 태양의 적위 변화 한계를 보여 주는 남북 회귀선 ±23.5도 선들도 중심점에서 멀어질수록 휘는 정도가 점점 심해지는 곡선으로 처리되었다. 「방성도해」에서 이지 한위권(二至 限緯圈)이라 부르는 이 남북 회귀선은 곡선 두 줄로 처리하여 태양의 천구상 운행 한계를 쉽게 알아볼 수 있도록 하였다. 전체적으로 적도선을 기준으로 상하 방향으로 대칭되는 쌍곡선 형식을 취하였다.

현대천문학에서 대개 천구 좌표를 직선으로 적위선을 그린 바탕 위에 황도선을 사인 곡선으로 그리는 것에 비하면 특이하게 비친다. 「방성도해」에 따르면 민명아가 황도선을 직선으로 고집한 이유는 태양의 출몰과 궤도 및 별의 출몰 지평 시각을 쉽게 추산할 수 있도록 자세히 설명하는 데서 엿볼 수 있다.

적도선과 황도선의 관계를 살펴보면, 제1 춘분성도와 제3 추분성도에서는 적도선과 황도선이 각각 춘분점인 술궁(戌宮)과 추분점인 진궁(辰宮)에서 교차하였으며, 제2 하지성도와 제4 동지성도에서는 적도선과 황도선이 평행선을 이룬 채 각각 하지점의 미궁(未宮)과 동지점의 축궁(丑宮)에서 남북회귀선과 접합되었다. 이에 대한 「방성도해」의 설명은 이렇다.

적도는 사면의 중간 허리에 두었다. 제1면의 중심에서 황적(黃赤)이 교차하였고, 황도는 여기서부터 점점 북쪽을 향하는데, 이를 적도 경도의 시작으로 삼아 여기부터 기산(起算)한다. 제2면에 황도는 최북단으로 하지 한위권(限緯圈)과 맞닿았다가 점차 회전한다. 제3면의 가운데에서 황도는 다시 적도와 교차하였다가 점차 남향하며, 여기에 이르면 절반의 주천 곧 180도를 지난다. 제4면에 황도는 극남쪽으로 동지 한위권과 맞닿았다가 점차 회전하여, 제1면의 중심에 이르면 적도와 다시 교차한다. 여기에 이르면 일주천을 다하여 360도가 된다.

이렇게 황도선을 직선으로 처리함으로써, 관찰자들이 방성도에서 태양의 움직임을 쉽게 연역해 내고 절기 시각도 별자리의 위치 변화와 관련시켜 쉽게 파악할 수 있도록 하였다. 별의 남중 시각과 절기 변화의 관계인 별의 중성(中星) 시각 파악도 용이해진다. 또한 적도의 변화와 황도의 변화의 상관관계를 직선 비율화함으로써 태양의 적도좌표계와 황도좌표계의 관계를 더 쉽게 파악할 수 있도록 하였다.

(4) 「방성도해」는 절기 변화와 태양의 궤도상 움직임 그리고 계절에 따라 관측 가능한 별자리 범위에 대해 다음처럼 설명하였다.

방도 앞머리의 수면(首面, 제1면)에서 태양이 술궁(戌宮)을 돌 때는 춘분에 걸리는데, 이

때의 도면은 낮 하늘의 모습(天象)이므로 식성(識星, 별 관측)은 가을의 3개월에 가능하고, 그 가을의 야밤에 항상 관측되는 천상(天象)에 해당한다. 제2면에서 태양이 미궁(未宮)을 돌 때는 하지에 걸리며, 이 도면은 겨울의 3개월간 쓸 수 있고, 그 밤에 항상 보이는 천상에 해당한다. 제3면에서 태양은 진궁(辰宮)을 돌 때 추분에 걸리며, 이 도면은 봄의 3개월간 가능하고, 그 밤에 항상 보이는 천상에 해당한다. 제4면은 태양이 축궁(丑宮)을 지날 때 동지에 걸리며, 이 도면은 여름 3개월간 가능하고, 그 야밤에 항상 보이는 천상에 해당한다.

방성도는 태양의 움직임을 천상에서 쉽게 연역해낼 수 있도록 실제 관측 용도로 제작되었던 것이다. 태양은 절기가 춘분일 때 술궁에 있으며, 하지일 때 미궁에, 추분일 때 진궁에, 동지일 때 축궁에 있다는 설명이다. 그 반면에 태양이 지나는 곳의 별자리는 반대 계절에서 관측할 수 있으므로, 제1 춘분성도는 가을철 3개월간 사용할 수 있다는 설명이다. 마찬가지로 제2 하지성도는 겨울철 3개월간, 제3 추분성도는 봄철 3개월간, 제4 동지성도는 여름철 3개월간 가능한 관측용 성도가 된다.

민명아는 「방성도해」 첫머리에서 천상에 부합하도록 제작된 종래의 천문기구 중에 혼천의(渾天儀)가 으뜸이나 이를 갖고 다니며 직접 관측하기 어렵고, 나무로 만든 목구(木球)와 종이로 만든 지구(紙球)는 신축이 가장 용이하지만 그 기준을 구하기 어려우며 더구나 꽂이대에 넣어 휴대하기는 더욱 어렵다면서, 다음과 같이 서술하였다.

이에 부득이하게 곳에 따라 관측하기에 편하도록 새로운 방성도를 창안하고, 이를 네모난 상자[筒篋]에 넣어 가볍고 편리하도록 하였다.

이 같은 제작 동기와 취지를 볼 때 방성도가 휴대용 관측 성도로 제작되었음이 분명하다.

이어서 기존의 성도 작도법에서 구형의 천구를 전개하여 평면도로 만든 간평규(簡平規)와 천구를 남북의 반구로 쪼갠 남북양성도(南北兩星圖) 형식이 있으나, 이것들은 적도 바깥의 별자리 모양을 실제와 합치하기 힘들거나 적도 주변의 별자리가 분리되어서 식별하기 용이하지 않다면서 다음과 같이 설명하였다.

이제 방도(方圖)를 제작함으로써 그러한 앞의 폐단을 모두 면하게 하고, 성좌의 형상을 변하지 않게 하며, 관측연구자들이 이 성도를 따라 하늘을 관측하여 식별하는 일이 번거롭지 않도록 할 것이며, 그 가리킴이 마음과 눈에 명료하여 하늘을 따라 도는 별자리 이름들[星名]을 역력히 부를 수 있을 것이다.

실제 천상의 별자리 모양을 도면상에서 명료하게 합치시켜 관측할 수 있는 방성도를 제작하고자 하는 의도를 충분히 읽을 수 있다.

(5) 천문 관측시 정확한 별들 간 거리와 좌표상 위치를 산출하기 위하여 이 방성도를 어떻게 활용하면 좋은지에 대해 민명아는 「방성도 용법」으로 자세히 설명하였다. 아울러 1도 단위의 눈금이 그려진 좌표 판독용 격자도 두 장, 그의 표현을 빌면 양극전선원도(兩極全線圓圖)와 경위전선방도(經緯全線方圖)를 첨부하였다.

전자의 격자 원도는 극점을 정점으로 하여 1도 단위로 그린 방사선식 적경 선과 1도 단위의 동심원을 45도 범위로 구성한 적위 원이 교차된 눈금표다. 후자의 격자 방도 역시 1도 단위로 구성된 경위도선을 그린 눈금표인데, 경도 90도 범위의 직선과 적도선 남북으로 45도 범위의 곡선으로 그려져 있다. 이 눈금표 두 장을 각 계절의 도면과 남북극 도면에 올려놓으면 구하고자 하는 별의 적위와 적경 값을 쉽게 추산해낼 수 있다. 민명아는 추산에 필요한 과정을 세 단계로 설명하였다. 첫째 어떤 별의 경도를 조사하고, 둘째 그 별의 위도를 조사하고, 셋째 두 별의 상거도(相距度)를 조사한다는 것이다.

별 하나의 좌표를 읽으려 할 경우 위 방법처럼 눈금표를 올려놓는 방법으로 쉽게 구할 수 있지만, 문제는 경도와 위도 값이 서로 다른 별들 사이의 거리 도수를 측정하는 경우다. 이는 구면천문학에서 평면 삼각형과 구면 삼각형의 관계를 이용하여 별들 간의 각거리를 측정하는 원리와 관련이 있다.

「용법」에서 별들 간의 상거도수를 재는 방법을 세 가지로 나누어 예시도면과 함께 설명하였다. 첫째, 두 별의 적위가 같고 적경이 다를 경우, 둘째, 두 별의 적경이 같고 적위가 다를 경우, 셋째, 두 별의 적경과 적위가 모두 다를 경우의 상거도수다. 앞의 두 경우는 비교적 간단하게 설명되었다. 첫째 경우 북극권에 있는 상필성(上弼星)과 우추성(右樞星)을 예제로 들어, 상거도수 18도 40분을 얻었다. 둘째 경우 북극권의 상재(上宰)와 칠공(七公) 제3성을 대상으로 하였으며 상거 13도 8분을 얻었다. 셋째 경우는 북극권의 옥형(玉衡)과 요광(搖光)을 예제로 삼았다. 극심에서 요광까지의 거리만큼을 하변에 표시하고, 두 별의 간격만큼을 빼는 방식으로 상거 10도 20분을 구하였다. 이상 구면 삼각함수를 직접 쓰지 않고 곡률을 준 도면상에서 눈금표를 이용하여 구하려는 과정을 설명한 듯하다.

서법 천문도의 역사와 초기 중서합용 성도로서의 의의

(1) 방성도에는 「방성도해」에 밝힌 바와 같이 '1등성 16개, 2등성 68개, 3등성 208개, 4등성 513개, 5등성 339개, 6등성 721개, 기(氣) 11좌를 합하여 모두 1876개의 별'을 수록하였다. 이 항성 개수는 남회인이 강희 13년(1674) 정월에 간행을 주청한 『영대의상지』 16권에 실린 항성표의 개수와 동일하며, 강희 11년(1672) 임자년을 역원(曆元)으로 삼았다. 책의 서명에 "治理曆法極西南懷仁著"라 하였는데 방성도의 그것과 동일한 후기 형식이다. 남회인은 강희 8년부터 강희 12년까지 5년에 걸쳐 황도경위의(黃道經緯儀), 적도경위의(赤道經緯儀), 지평경의(地平經儀), 지평위의(地平緯儀), 기한의(紀限儀), 천체의(天體儀)라는 천문의기 6종을 제작하면서 별들의 위치를 매우 광범위하고 정밀하게 새롭게 관측하여 『영대의상지』에 수록하였다. 그에 앞서 강희 11년(1672)에는 〈적도남북성도〉라는 전천항성도를 제작하였는데, 지금 북경 고관상대에 남아 있는 천체의(天體儀)의 전천 항성이 이 성도의 별 모양을 새긴 것이라 한다. 애석하게도 그 성도는 드물게 전하여 지금 찾아보기 어렵고, 또한 『영대의상지』의 성도도 지금 전본이 결핍되었다고 한다(반내, 1989).

『영대의상지』에 실린 성좌 내역은 전통 성좌가 261관 1210성이고, 증설된 증성(增星)이 516성이며, 남극 성좌 23관 150성이 추가되어, 총계 284관 1876성이다. 전통

성좌는 『보천가(步天歌)』의 283관 1464성보다 22관 254성이 줄어들었다. 성표(星表)는 성좌 순서에 따라 배열한 『숭정역서』(1634)와 달리 여기서는 황경(黃經)과 적경(赤經)의 대소 차서에 따라 배열하였으며, 성명(星名)은 전통적인 별자리 옆에다 일, 이, 삼 등의 편호(編戶)를 붙였고, 추가된 별은 동, 서, 남, 북과 내, 중 등의 방향을 부가하였다.

이보다 앞서 편찬된 『숭정역서』에는 1366성이 포괄되었는데, 초판 『영대의상지』의 황도경위도표에 실린 1367성과 적도경위도표에 실린 1368성과는 한두 개 차이를 보이나, 새롭게 관측한 6등성이 510개 가량 추가 보충된 것은 남회인의 공헌으로 평가된다. 이로써 중국의 성좌 범위가 대폭 확대되는 증광이 이루어졌으며, 이 결과를 민명아가 〈방성도〉에 반영한 것이다.

다만 『숭정역서』 편찬을 주도한 서광계(徐光啓, 1562~1633)의 〈적도남북양총성도(赤道南北兩總星圖)〉(1633년 10월)에는 1812성(1등성 16개, 2등성 67개, 3등성 216개, 4등성 522개, 5등성 419개, 6등성 572개)이 수록되어서 64성만 늘어난 셈이다. 실상 남회인의 작업에서 작은 별을 제외한 기본적인 것은 서광계의 『숭정역서』를 연신한 것으로도 평가된다. 이렇게 남회인의 『영대의상지』는 멀리 서광계와 탕약망의 천문작업에 기반을 두고 개진 보충된 의의를 지닌다.

(2) 『숭정역서』 137권을 개찬한 탕약망의 『서양신법역서』(1645)가 성도와 성표에 합치되지 않은 결점이 심하여 남회인이 『신법역서(新法曆書)』로 개편하였지만 여전히 개선되지 않았다. 이에 강희 53년(1714) 황제가 친히 관심을 보여 하국종(何國宗)과 매곡성(梅穀成,) 등 중국학자에게 그 책의 전면 개편을 진행케 하였는데, 그 결과 8년 뒤 『역상고성(曆象考成)』(1722) 42권이 편성되었다.

『역상고성』이 사용된 지 18년이 지난 옹정 8년(1730) 6월 일식 예보에 오차가 발생하자, 흠천감 서양 감정(監正) 대진현(戴進賢)과 감부(監副) 서무덕(徐懋德, Andreas Pereira, 1690~1743)이 역법 개정을 요청하게 되었고, 이에 옹정 연간의 수정 작업을 거쳐 건륭 7년(1742) 티코 브라헤(Tycho Brahe , 1546~1601)의 방법을 적용한 『역상고성후편(曆象考成後篇)』 30권이 편찬되었다.

그러한 한편, 대진현은 『영대의상지』의 관측 시기가 이미 상당하여 항성이 황도를 따라 약 70년에 1도를 동행(東行)하는 세차(歲差) 운동에 따라 편차를 많이 보이므로 건륭 9년(1744) 새로운 관측과 의기 제작을 개진하였다. 이에 건륭 17년(1752) 신측한 항성경위도표가 완성되어 『의상고성(儀象考成)』이라 명명되었고, 건륭 19년에는 기형무진의(璣衡撫辰儀)라는 대형 천체의기가 제작되었으며, 드디어 건륭 21년(1756) 『의상고성』 30권이 출간되었다. 이 편찬 작업의 마무리는 건륭 11년(1746) 봄에 대진현이 사망함에 유송령이 감정직을 이어 받고 포우관(鮑友管, A. Gogeisl, 1701~1771)이 감부(監副)가 되어 진행하였다.

『영대의상지』를 중수(重修)한 『의상고성』의 항성 관측은 건륭 9년 갑자년(1744)을 역원(曆元)으로 삼아, 전통 성좌 277관 1319성을 수록하였다. 『의상지』보다 16좌 109성이 많아졌고, 『보천가』보다 6성좌 145성이 적어졌다. 그외 1614성을 증첨하고 남극 23관 150성을 추가하여 총계 300관 3083성을 수록하였다. 다만 『의상고성』 30권 중 「항성총기(恒星總紀)」 1권에서는 전통 성좌 259관 1129성, 증첨 597성, 남극 23좌 150성을 합하여 총 282관 1876성이라 하였다. 같은 책에서 서로 차이가 나는 까닭은 대진현이 편찬을 발의하여 관측을 진행하다가 사망하면서 찬수의 완성을 맡은 유송령, 포우관 등이 거듭 중측(重測)하였기 때문으로 해석되었다.

이 『의상고성』과 관련하여 대진현이 주도하여 그린 성도가 3종 있다. 하나는 〈항성전도(恒星全圖)〉로 내규 40도, 외규 160도를 범위로 삼았고, 별 색깔을 적·황·흑의 3색으로 구분하였는데 전통적으로 전승되던 삼가성도(三家星圖)의 유습이 반영된 것이다. 책 속에 실은 작은 성도는 『사고전서』 사본으로 전하지만, 그와 별도로 제작한 대형성도는 현재 어디에 남아 있는지 알 수 없다고 한다. 다음 〈적도남북항성도(赤道南北恒星圖)〉는 적도의 대원을 나누어 그린 것이며, 〈황도총성도(黃道總星圖)〉(1723)는 황극(黃極)을 원심으로 삼아 황도의 대원을 나누어 그린 것으로 『의상고성』에 실리지는 않았다.

이후 도광 25년(1845) 『의상고성속편(儀象考成續編)』 32권이 완성되어 총 3240성의 항성을 수록하였는데, 정성(正星, 항성) 1319성과 남극성 130성을 합한 1449성에다 증성(增星) 1771성과 남극 증성 20성을 합한 1791성을 합친 것이었다. 여기에 성도가 4종 실렸는데, 〈적도남북성도〉는 정성 1449성을 표시하였으며, 〈항성전도(恒星全圖)〉는 내외규를 갖춘 전통식 전천성도였다. 다음 은하수의 경위도를 표시한 〈천한전도(天漢全圖)〉가 있고, 일명 『성도보천가(星圖步天歌)』라 불리는 〈삼원이십팔수도(三垣二十八宿圖)〉 31폭은 『보천가』 형식을 따라 삼원과 이십팔수도를 표시한 것이다.

(3) 지금까지 명말청초 서양 천문학이 도입되면서 제작된 성표와 성도의 개황을 살펴보았다. 이 시기 천문학의 발전 과정이 새로운 천문의기를 제작하여 천문을 관측하고, 이 관측 결과를 새로운 항성표로 만들고, 다시 이를 새로운 항성도로 제작하는 3박자 과정을 대체로 거치는 것을 볼 수 있었다. 이런 흐름에 비추어 볼 때 민명아의 〈방성도〉는 탕약망 이후 새로운 의기 제작과 정밀 관측을 통해 중국의 항성표를 대폭 확장한 남회인의 『영대의상지』의 항성 관측 자료를 대본으로 삼았던 의의가 있다. 더욱이 현재 남회인이 그린 〈적도남북성도〉를 직접 보기 어렵고 그 내용이 북경 고관상대의 천체의 정도에 남아 있는 점을 감안할 때, 민명아의 성도가 지니는 사료적 가치는 매우 높아진다.

이 과정에 서양의 천문학 이론과 성도가 계속 유입되면서 성좌의 동정과 중서대조 작업도 병행하여 개진되었는데, 민명아의 방성도 제작에 참고가 되었던 것은 프랑스 예수회 회원이었던 파르디(P. Pardies, 1636~1673)의 성도였다. 1674년에 간행된 파르디 성도는 〈방성도〉와 똑같이 심사도법을 사용하였고, 분지점 좌우 90도 범위로 잘라 남북극권(45도 출지)과 함께 6장의 부분 성도로 만든 것이었다. 성도 6장에 모두 1481성과 함께 별자리 신화 그림을 덧입혀 놓았다. 10도 간격의 적도 경위도선과 1도 단위의 눈금자를 외곽에 그려넣었으며, 곡선으로 그려진 적위선 속에 적도선과 황도선이 직선으로 처리된 것은 〈방성도〉와 동일하다. 다만 파르디 성도는 황도 경위도선이 동일한 방식으로 덧그려진 점이 〈방성도〉와 다르다. 데보라 워너 (Deborah J. Warner)도 『The Sky Explored』(1979)에서 중국 별자리를 그린 그리말디의 지도에 파르디 성도가 모델이 되었다고 평가하였다.

선교사 위방제(衛方濟, F. Noel, 1651~1729)가 만든 『중서대조항성표』(1710)에는 『영대의상지』의 남회인 성도와 민명아의 〈방성도〉를 비교하여 놓았다. 프랑스의 드 권느(C. L. J. de Guignes)는 노엘의 대조표를 개수하면서, 민명아의 〈방성도〉와 파르디의 성도를 활용하고 드 라 이르(Philippe de La Hire)의 성도를 참고하여, 1781년 두 폭의 대조성도와 중서대조표를 간행하였고『중국성도(中國星圖)』라는 제명을 달았다. 이렇게 민명아의 〈방성도〉는 유럽에서 중서대조의 성표와 성도 제작에 중요한 자료의 하나로 활용되고 있었다.

그 뿐 아니라 중국에서 탕약망-남회인-대진현으로 이어지는 초기 중서합용의 천문학 흐름 와중에 제작된 성도가 대부분 대형 원형 반구도 혹은 대형 개천식 원도로 그리는 점에 비추어 볼 때, 민명아에 의해 전혀 다른 방식의 성도가 시도된 것이다. 앞에서도 살펴보았지만 민명아는 편리하게 사용할 수 있는 휴대용 관측성도를 제작하고 싶어 하였다. 흠천감에서 제작된 것들이 주로 한두 폭짜리 대형 전천천문도이다 보니 실제 야외 관측에는 번거로울 수밖에 없었다. 이에 민명아는 유럽에서 전해온 파르디의 분도를 참고하여 사계절 절기별로 쉽게 별자리를 관측할 수 있도록 실용적인 방성도를 실험적으로 시도하였던 것이 아니었을까 생각된다.

요컨대, 〈방성도〉는 동양의 전통적인 성좌를 서양식 투영법으로 묘사한 가장 초기 천문도 중 하나로, 동양 성도의 당시 관측천문학적 비교 연구에 중요한 자료가 되며, 따라서 명말청초 서양식 동양 성도의 연혁 연구에 중요한 자료로 역할이 기대된다.

18세기 조선에 유통된 방성도

18세기 『성호사설』과 방성도

(1) 전통적으로 익숙하던 원도가 아니라 방도로 제작된 〈방성도〉의 형식적 특징이 당시에 매우 특이한 인상을 주었을 것이라 쉽게 짐작된다. 조선 중기 서양의 신학문을 소개하면서 실학의 기반을 다지던 성호(星湖) 이익(李瀷, 1681~1763)에게도 그건 마찬가지였을 것이다.

성호의『성호사설(星湖僿說)』「천지문(天地門)」에〈방성도(方星圖)〉와〈성토탁개도 (星土坼開圖)〉라는 글이 각각 실려 있고, 그 속에 '서국방성도(西國方星圖)', '육편방성 도(六片方星圖)', '성토탁개도'라 하여 민명아의〈방성도〉를 세세히 관찰한 바를 기 록하였다.[5] 그런데 이 문제를 다룬 박성래의「성호사설 속의 서양과학」(『진단학보』 59호, 1985년)에서 성호 이익이 말한 방성도가 무엇을 뜻하는지 모른다고 하였으므 로, 최소한 1985년까지도 방성도 자료가 우리 학계에 알려지지 않았음을 보여 준 다. 더욱이 청나라 강희 연간 흠천감의 치리역법으로 있던 민명아가 남회인의 성표 를 갖고 제작한 방성도 판본이 조선 후반기에 유통되었을 측면도 국내 학계에 아 직 알려지지 않았다.

성호가〈성토탁개도〉라 붙인 제명이 흥미롭다.『방성도』가 남북극권을 갈라 펼 쳐 천구를 여섯 조각으로 쪼개 놓았고, 다시 하늘의 땅을 경위도선으로 구획하여 성토(星土)를 펼쳐 놓은 그림이라는 뜻이다.〈성토탁개도〉는『성호사설』권1과 권3 에 내용이 거의 같은 채 중복 편집되어 있다.

'육편방성도'라는 말은 물론 방성도가 북극권과 남극권 및 이분이지 분도를 합 쳐 여섯 조각으로 이루어진 것을 묘사한 말이다. 성호는 "육편(六片)의 방성도는 서국(西國)에서 나온 것이요, 중국 사람이 미처 생각해 내지 못한 것이다."(〈성토탁개 도〉)라고 하면서 '서국방성도'의 역사적 의의를 적극적으로 평가하였다.

(2) 성호는「방성도」라는 글에서, "지금 서국(西國)의 방성도를 보면 중국의 것과 다르다. 더러는 연결한 선만 있고 별은 없는데 이는 그곳에서 망원경으로 관측한 것이다. … 이것은 터무니없는 말이 아닌즉, 그대로 따라야 한다."라 하여, 방성도 의 천문학적 우수성을 긍정하였다(본고의 성호사설 번역은 한국고전번역원의 고전국역총서 『성호사설』을 참조하였다.). 민명아의〈방성도〉에서 별을 표시하지 않고 연결선만 이어 놓은 별자리를 두고 이른 대목이다. 북극도에 부광좌(扶筐座), 제1도에 저성(杵星)과

5. 방성도 관련 편명은 다음과 같다. (1)『성호사설』천지문 제1권「성토탁개도」(pp.86~87, 이하 민추 국역본) (2) 천지문 제2권「방성도」(pp.136~137) (3) 천지문 제3권「성토탁개도」(pp.317~318, 제1권「성토탁개도」와 거의 동일) (4) 천지문 제3권「담천」(p.321)에 방성도 언급

구성(臼星), 인성(人星), 제3도에 청구(靑丘), 제4도에 적졸(積卒) 등이 해당한다. 이는 민명아가 별자리 모양은 전통적인 것을 따르면서 별 표시는 당시의 관측 결과에 따른 6등성까지만 처리한 때문이라 생각된다.

그리고 성호는 방성도가 여섯 폭으로 이뤄진 과학적인 이유에 대하여 자세히 설명하였다.

옛날 천문도는 단지 하늘을 수레 덮개로 본 평면의 개천도(蓋天圖)이어서 천구 전체를 표시한 구형의 혼천전도(渾天全圖)에 미치지 못한다. 사람이 대지의 한쪽 구석에 살고 있으니 전체를 다 볼 수 없음은 당연하다. 이 때문에 아랫면(남극권) 한 쪽이 또 다시 있어야 된다는 것을 모르는 사람이 대부분이다. 우리는 이렇게 견문이 좁았다. 천체는 궁원(穹圓)인데 그림은 평면이니, 개천도로서는 어쩔 수 없이 중간이 촘촘하고 바깥 부분은 엉성하게 되지만 실제로는 그렇지 않다. 방도(方圖)는 육편(六片)으로 나누었으니, 무릇 사람의 시력이 미치는 곳이 불과 사방의 일 면에 불과하다. 하늘의 동서 적도가 360도라면 남북도 마찬가지인데, 눈으로 미치는 범위는 상하좌우 90도에 불과하다. 이를 따라 90도씩 분리하여 방도는 상하를 두 폭, 사방을 네 폭으로 만들어, 거리에 따라 조밀도가 일정하고 차이 나지 않게 하였으니 그 착상이 매우 세밀하다. 그러나 이 여섯 폭의 그림은 아직도 궁륭과 평면에 차이점이 있다. 그래서 다시 분해도를 창안하여 중간은 연속시키고 양쪽은 손가락을 벌린 것처럼 탁개하여 놓았다. 이렇게 하여 척도(尺度)가 유감없이 묘사되었으니 역시 정교하다.(《방성도》)

기존의 전통적인 개천식 원형 성도가 원 중심에서 멀어질수록 실제 각거리가 벌어져 별자리 모양이 왜곡되는 문제점을 지적하면서, 이 때문에 방성도는 사람의 시각이 미치는 90도 범위를 기준으로 삼아 상하사방의 여섯 폭 탁개도(전개도)를 창안하였으며, 여기에 다시 경위도의 조밀도를 조절하여 척도 왜곡을 보정하였다는 것이다. 민명아가 의도한 천구의 심사식 투영방법과 90도 단위로 도면을 분리한 광학적 이유 등을 성호가 유감없이 파악하여 서술하고 있다. 성호의 관찰력과 이해력이 매우 높았음이 잘 드러난다.

그리고 성호는 「천지문(天地門)」 '담천(談天)'에서 하늘의 구조를 논한 기존의 여섯 가지 이론 곧 개천설(蓋天說)과 혼천설(渾天說), 선야설(宣夜說), 흔천설(昕天說), 궁천설(穹天設), 안천설(安天設)을 언급하면서, 여기에 방천설(方天說) 관점을 새롭게 덧붙여 서술하였다. 방천설이 이미 왕충(王充, 27~100?)이 『논형(論衡)』에서 언급한 바라 하면서, 아마도 〈방성도〉와 같이 상하 사방을 여섯 조각으로 나누어 성도(星度)를 밝게 살필 수 있는 것이라 하였다. 이것은 성호가 방성도에서 보이는 것과 같은 방천설을 기존에 없던 새로운 천체 구조론으로 볼 수도 있음을 개진한 대목이라 여겨진다.

(3) 그런데 성호는 「성토탁개도」에서 서양의 육편 방성도를 논하면서 은하수 문제를 언급하였다.

중국인은 남극(南極)을 보지 못하였기 때문에 천하(天河) 곧 은하수가 동북방으로 머리를 두고 서남방으로 꼬리를 두어서[首艮尾坤] 둘레가 반원형의 고리 옥처럼 한쪽이 트인 줄로만 알았지, 그것이 남쪽으로 둘러 다시 북쪽으로 되돌아가[繞南復北] 둥근 고리처럼 중간이 조금도 끊어진 곳이 없다는 것을 누가 알았겠는가?

기존에 중국인이 남극을 보지 못한 때문에 은하수가 남쪽을 둘러 북쪽으로 다시 돌아오는 둥근 고리 모양을 이루는 것을 알지 못하였다고 비판하면서, 태양이 불이라면 은하는 물이요, 황도가 태양의 궤도라면 은하는 물의 궤도이며 적도는 그 가운데라 대비하였다. 은하가 태양과 교차되어 봄에는 북쪽으로 오고, 가을에는 남쪽으로 가는데, 북으로 돌 때 하지의 순수(鶉首, 12次의 하나) 위치에서 시작하여 춘분의 강루(降婁) 위치에서 최고점에 달하였다가 추분의 수성(壽星) 위치에서 끝나며, 이것은 마치 활 두 개가 한 줄로 연결된 것과 마찬가지라 하였다. 적도를 활줄로 삼는데, 황도는 내부에 있어 각각의 거극도가 64도이고, 은하는 밖에 있어 거극도가 각각 22도이며, 그 둘이 교차하는 곳은 동지와 하지라 하였다. 그리고 동에서 서로 흐르는 은하가 순수 위치에서 둘로 갈라지는 이유가 무엇인가 하면서, 그것은 순수 차에서 불 기운이 왕성해지기 시작하면 물 기운은 저절로 분산되고, 강루 차에서 불 기운이 약해지면 물 기운이 다시 뭉치는 당연한 이치 때문이라 하였다.

이렇게 성호는 은하수의 천문학적 배치와 원리에 대해 제 나름대로 자세한 설명을 개진하였다. 그런데 민명아의 〈방성도〉에는 은하수가 표시되지 않았다. 북경도서관장본과 해남 녹우당 인쇄본에는 은하수를 표시한 흔적이 없다. 그 반면에 필사본으로 전해지는 서울역사박물관소장본과 국립민속박물관소장본에는 푸른색으로 은하수가 칠해져 있다.

이 때문에 성호가 본 방성도가 녹우당본이 아니라 당시에 새롭게 필사되면서 은하수를 가필한 필사본이었을 가능성이 제기된다. 그렇지만 인쇄본에서 별자리 연결선만 있고 별이 표시되지 않은 것과 달리 이들 필사본은 그 위치에 별을 모두 그려 넣었다. 그리고 필사본들에 그려진 은하수는 우수(牛宿) 부분에서 두 줄기의 은하 남북도로 구분되지 않으며, 전체가 강폭이 다른 한 줄의 은하수로만 그려져 있다. 이런 점을 볼 때 성호는 이 필사본들의 방성도를 본 것이 아니라 또다른 전천 천문도의 은하수 그림을 참조하여 의견을 개진한 듯하다.

결론적으로, 성호가 본 방성도는 녹우당본과 같은 인쇄본이 분명하다 여겨지며, 다만 은하수 대목이 「성토탁개도」에 언급된 것은 기존 중국인의 안목이 짧았음을 비판하기 위하여 남극권을 그려 두어 전혀 발상을 달리하였던 서양의 방성도를 서두로 도입한 정도가 아니었을까 짐작된다.

이렇게 민명아의 〈방성도〉는 조선조 18세기의 천문학사 연구와 조선 후기 실학자들의 천문관 연구에 중요한 자료 역할을 할 것으로 기대된다. 같은 남인계인 성호의 친형 이서(李漵)는 현재 남아 있는 녹우당의 현판 글씨를 썼을 만큼 해남 윤씨와 교분이 두터웠다고 한다. 이는 성호가 녹우당의 방성도 판본을 직접 보았을 가능성을 시사한다. 방성도의 간행 시점이 1711년이므로 그 직후 공재 윤두서가 수집하였을 가능성도 있다고 생각되나, 이 문제는 앞으로 좀 더 면밀히 조사해야 한다.

덧붙여 『성호사설』의 방성도 대목은 조선 후기 실학자이면서 천문학자로 최근에 주목을 받는 이재(頤齋) 황윤석(黃胤錫, 1729~1791)의 『이재난고(頤齋亂藁)』 권39에

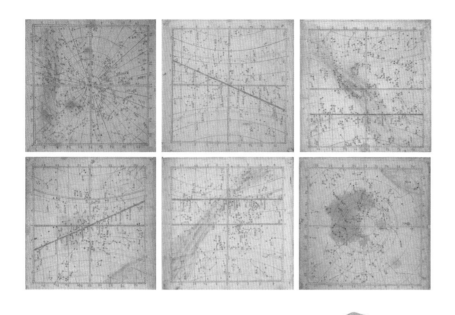

그림 2 국립민속박물관 소장 방성도, 유물번호 민속6361.
위는 순서대로 북극권도, 춘분권도, 하지권도,추분권도, 동지권도, 남극권도이다.

도 축약되어 실렸다.[6] 별다른 언급이 없이 성호의 방성도 관찰기를 소개하였지만, 이를 통하여 18세기 후반에도 성호의 방성도 대목이 주목을 끌고 있었음을 확인할 수 있다.

또한 일제시기 방대한 한국종교사 관련 저술을 남긴 이능화(李能和, 1869~1943)의 『조선기독교급외교사(朝鮮基督教及外交史)』(1928)에도 성호의 방성도가 소개되어 있다. 상편 제3장 조선학자의 서양 학술에 대한 사상편 중에 제1절 서양의 천문성학

6.『이재난고』권39 7월 25일 丙寅 조. 方星圖 : 西國有方星圖 分渾天爲六片, 盖記人目所及 不過四方之一, 而東西三百六十度, 南北亦同. 目力之及 上下左右 不過九十度, 方圖上下 爲下圖 四方爲四圖. 遠近疏密 井井不差, 然猶嫌六圖之猶差 穹平爲別, 故又圳爲折圖, 中還而兩端坼開 如撒指樣, 於是天度無憾 亦巧矣. 盖圻開上下 兩頭爲十二片, 皆腹闊而兩頭織.

과 역상(天文星學及曆象)을 다루면서, 『성호사설』 중의 「방성도」와 「성토탁개도」 두 편의 원문(原文) 전반부(前半部)에 구결(口訣)을 붙여 수록하였다.[7]

이처럼 성호의 방성도 관찰기는 조선인들이 서양 천문학을 어떻게 수용하였는지 고찰할 때 그 서두에서 언급될 만큼 중요하게 취급되어 있다.

조선 후기 유통된 세 가지 판본

(1) 해남 녹우당의 〈방성도〉는 도면 크기(22.0×22.3센티미터)나 인쇄 상태와 내용으로 보아 북경도서관 소장본 『방성도해』(『속수사고전서』 1032권)와 동일한 판본으로 여겨지므로, 민명아가 북경에서 간행한 인본 중 하나가 녹우당으로 수입된 것으로 생각된다.

그런데 국내에는 이 인쇄본 외에 필사본으로 전해지는 방성도가 두 점 더 있다. 하나는 국립민속박물관 소장본(유물번호 6361. 약칭 민박본)이며, 또 하나는 서울역사박물관 소장본(유물번호 14012. 약칭 역박본)이다. 녹우당본과 마찬가지로 둘 다 겉표지 제명을 '방성도'로 하였다.

책의 형태는 녹우당본과 북경도서관장본이 책자 형태로 넘기는 형식이라면, 민박본과 역박본은 면들이 서로 이어진 육면체의 전개도 형식을 취하였다. 이에 필사본들은 접합면이 아닌 면에 모두 접착용 종이 테이프가 붙어 있어, 각 면을 이어붙이고 나면 육면체 형태의 입체성도가 될 수 있도록 하였다. 이로써 구형의 천구 형식이 되므로 비록 완전한 구형이 아니더라도 실제 천상의 모습이 어떻게 구성되는지를 입체적으로 파악할 수 있으며, 천체의 운행을 공간적으로 쉽게 이해할 수 있게 된다. 민명아가 의도한 성도의 간편성과 휴대성이 조선에 와서 더욱 응용된 점이라 할 수 있다. 당시 지식인층 사이에 방형 입체 성도를 이렇게 만들어 공부한 것은 아니었을까? 간단하게 천구를 구성하여 관측성도를 만들고자 한다면 이보다 편리한 방법은 없었을 것이다. 이 점이 방성도의 최대 장점이기도 하므로 국내에 지금까지 확인된 것 외에 또다른 방성도 자료가 발굴될 가능성이 높다고 여겨진다.

면 구성을 보면, 성도를 6면으로 구성한 것은 모두 동일하다. 다만, 「방성도해」

---

7. 이능화, 『조선기독교급외교사』 상편, 學文閣 영인본, 1968, 10~11쪽

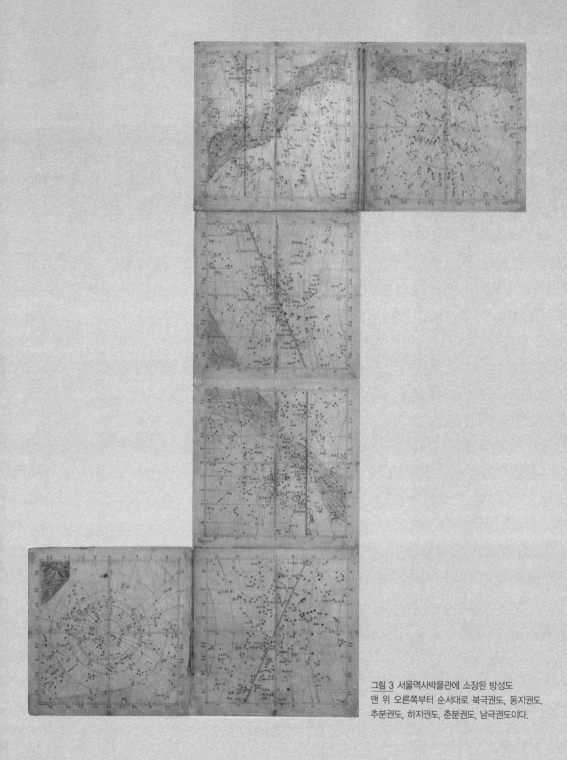

그림 3 서울역사박물관에 소장된 방성도
맨 위 오른쪽부터 순서대로 북극권도, 동지권도,
추분권도, 하지권도, 춘분권도, 남극권도이다.

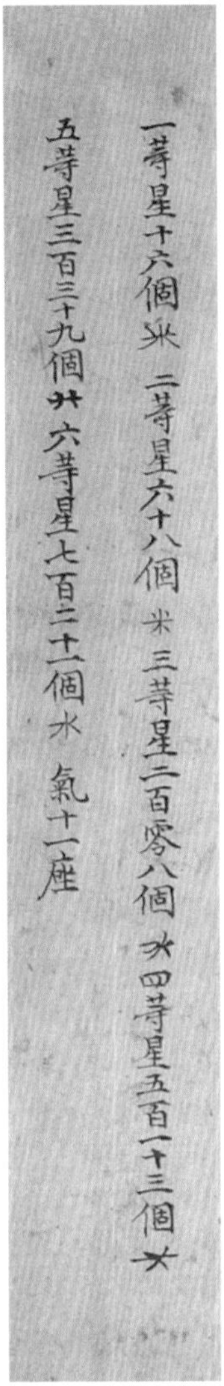

五等星三百三十九個米 六等星七百二十一個水 氣十一座

三等星三百零八個 水 四等星五百十三個米

一等星十六個米 二等星六十八個米

그림 4 민박본 방성도
의 별 등급 표시

와 「방성도용법」을 합한 도설 부분이 민박본은 3면이며, 다른 역박본과 녹우당본은 4면이다. 인쇄본에 있던 좌표 판독용 격자 원도와 격자 방도 및 용법 예시도면이 필사본인 역박본과 민박본에는 빠져 있다. 필요성이 없었기 때문이라기보다는 간단하게 육면체 천구를 구성하기 위해서는 더 이상 지면을 할애할 수 없었기 때문이라 생각된다.

(2) 내용으로 들어가면, 「방성도용법」의 내용은 모두 동일하다. 단지 민박본의 「용법」 첫 줄에서 필사 작업 중 빠진 글자가 있어 그 '경도(經度)'를 본 줄 옆에 작은 글씨로 덧붙여 놓았다. 이런 반면에 「방성도해」 부분에서는 차이를 보인다. 일단 민박본은 녹우당본과 마찬가지로 「방성도해(方星圖解)」라 하였지만, 역박본은 「방도해(方圖解)」라 하여 한 글자를 줄였다.

큰 차이점으로 민박본과 역박본이 「도해」의 말미에 있어야할 "康熙辛卯歲仲春治理曆法 極西閔明我製"라는 작자 서명을 누락하였다는 점이다. 또한 방성도가 수록한 별의 총 개수를 묘사한 "共星一千八百七十六個"라는 부분도 둘 다 빠뜨렸다.

또다른 차이점은 녹우당본과 북경도서관장본의 「도해」에는 없던 별 등급의 표시 부호가 두 필사본에 동일하게 병기되어 있다는 점이다. "一等星十六個水, 二等星六十八個米 …" 처럼 1등성에서부터 6등성까지 각각 '米, 水, 米, 㐅, 卄, 水'라는 각기 다른 모양의 등급 부호 여섯 종류를 삽입하였다. 이것은 민명아가 성도면에 별을 그려넣으면서 등급에 따라 구분하기 위하여 채택한 것으로, 남극권도의 외곽부에 성등(星等) 부호 여섯 가지와 기(氣) 부호가 범례로 올려 있다. 이를 민박본과 역박본에서 「방성도해」의 본문에 삽입한 것이다.

그렇지만 정작 이 두 필사본은 「성도면」 여섯 쪽에서 그 별등급 부호를 쓰지 않고 전통적으로 사용하던 동그라미 형식의 별 모양으로 바꾸어 버렸다. 그러면서 방성도의 모든 별을 동그라미로 그렸을 뿐 아니라 별의 등급 구분을 없애버렸다. 그래서 별의 모양과 위치는 인쇄본들과 같지만 별의 등급을 알 수 없게 되었다. 이는 매우 중대한 필사 오류다. 등급 구분은 정밀한 관측에 매우 중요한 측면이므로 간과해서는 곤란하기 때문이다. 등급을 무시하고 위치만 중시하다 보니, 녹우당본에서는 별자리 연결선은 있고 별 표시를 하지 않은 부분까지 모두 동그라미로 별 표시를 해버렸다. 역시 등급 정보는 사라지고 위치 정보만 전해진 것이다.

(3) 그러나 무엇보다 중요한 차이는 역박본의「용법」말미에는 다른 곳에 없던 전혀 새로운 내용이 부가되어 있다는 점이다. 이 필사본 방성도를 완성한 시기와 작자를 보여 주는 서명과 오행성의 천체 운행을 설명한 부분이 추기된 것이다. 다음 세성(歲星) 설명에서 괄호 안은 세주 형식으로 두 줄로 씌어진 부분이다.

1. "歲甲申孟夏梧山書"

2. "五行星」

歲星 屬木 一月移三度 一年移一宮 十二年周天

　　(色青 小於太白 凡青比參左肩 黃比參右肩 赤比參心中星 白比狼星 黑比奎大星)」

熒惑 屬火 二日移一度 二月移一宮 二年周天 色赤 大小如塡」

塡星 屬土 二十八日移一度 二十八月移一宮 二十八年一周天 色黃 小於辰」

太白 屬金 一日移一度 一月移一宮 一歲一周天 色白 大於狼星 又大於歲星」

辰星 屬水 一日移一度 一月移一宮 一歲一周天 色黑 小於歲星"

추기된 서명은 서울역사박물관 소장 〈방성도〉가 오산(梧山)이라는 사람에 의해 갑신년(甲申年) 4월에 제작되었음을 보여 준다. 그러면 갑신년이 언제인가? 일단 1711년 이후의 갑신년을 찾아보면, 영조 40년(1764, 건륭 29년)과 순조 24년(1824, 도광 4년), 고종 21년(1884, 광서 10년)의 셋 정도를 대상으로 상정할 수 있다.

이중 1884년은 조선 말기 천문학자인 관상감 제조 남병길(南秉吉, 1820~1869)에 의해 서법을 반영한 〈성경(星鏡)〉(1861)이라는 성도가 새로이 제작되어 유포된 이후여서 일단 대상에서 제외될 만하다고 생각된다. 그러면 조선 후기에 오행성(五行星) 대목을 추가할 정도로 천문학에 식견을 갖췄고 오산(梧山)이라는 호를 지닌 인물을 찾아야 하는데 단서를 찾기가 쉽지 않다.

조선조 문집과 인물들을 검색하는 과정에서 영조 2년에 태어나 정조 5년에 몰한 오산(梧山) 서창재(徐昌載, 1726~1781)가 주목되었다. 그의 선대들이 소백산 아래 영주 순흥 사이에 터를 잡아 내려왔으며, 고조 후서(後穉)가 호조좌랑(戶曹佐郎)을 하였고, 아버지는 엽(曄)이며, 어머니는 안동 권(權) 씨로 붕석(朋錫)의 딸이다. 오산의 장지(葬地)는 순흥부(順興府) 구고산(九皐山) 아래에 썼다고 한다. 그는 대산(大山) 이상정(李象靖)의 문인으로 벼슬은 하지 않았으며, 후손 간발(幹發)이 간행한 『오산문집(梧山文集)』 3책 6권(서울대 규장각 및 국립중앙도서관 소장본)을 남겼다.

『오산문집』 권6을 살펴보면, 족제(族弟) 서창경(徐昌鏡)이 쓴 만사(輓詞) 중에서 다음과 같은 부분이 있다.

문장을 보면 반드시 뜻을 궁구하였으며 의심나는 곳이 나오면 책을 닫고 밝은 해석을 얻은 다음에야 읽어 나갔다. 그가 읽은 책에 역전(易傳)이 있으며, 설괘(說卦)의 지결(旨訣)을 익혔고, 또 태을지수(太乙之數)와 병진지기(兵陣之機)와 율도성력지서(律度星曆之書)를 익혔다.

「묘갈명(墓碣銘)」에서도 스스로 역(易)의 대의를 밝히 알아 '음양(陰陽) 복서(卜筮) 병진(兵陣)의 설(說)'에 능통하였고, 또 성리학 저서를 두루 읽어 드디어 중용질의(中庸質疑)를 저록(著錄)하였고, 수학계몽(數學啓蒙)에 주해(註解)를 하여 자손들에 보이고자 하였다 한다.

이렇게 오산 서창재는 천문역산과 관련된 태을수(太乙數)와 병법서(兵法書), 율도(律度) 및 성력서(星曆書)에 밝았음을 알 수 있다. 필자는 이런 내력에 비추어 오산이 방성도와 같은 천문성도를 필사하여 연구용으로 사용하지 않았을까 추정해 보고자 한다. 영조 40년(1764)의 갑신년이면 방성도가 간행된 지 50년이 지났고 또 그의 나이 38세이므로 당시에 유통되었을 방성도의 필사 시기로서 개연성은 충분하다. 다만 그의 문집에서 방성도와 직접 관련된 구절을 아직 찾지 못하여 역박본 방성도를 필사한 당사자로 확정하기는 어렵다. 다른 인물일 가능성은 여전히 남아 있으므로, 앞으로 이에 대한 연구가 진일보하기를 기대한다.[8]

(4) 다음으로 「성도면」의 비교 문제로 들어가면, 우선 필사본들에서 별에 색채를 집어넣은 점이 눈에 띈다. 모두 동그라미 별로 그려진 필사본의 성도면에서는 인쇄본들이 적용하지 않은 별의 색깔 표시가 부가되었다. ✕같은 등급 부호를 사용하였더라면 별의 색깔 표시가 어려웠을 것이다. 적색 원점과 흰색 원점 그리고 흑색 원점의 세 가지로 구분되었다. 춘추전국시대의 전설적인 천문학가 무함(巫咸)과 감덕(甘德), 석신(石申)에 가탁한 삼가성도(三家星圖) 방식인가 하면 그렇지는 않아 보인다.

민박본을 보면, 탈색이 심하긴 하지만 대체로 28수가 붉은색으로 처리되어 있다. 이로 보아 적색 별은 28수를 쉽게 파악하기 위한 표시라 짐작된다. 다음 흑색 별이 많지는 않으나 별자리 일부에 군데군데 적용되어 있다. 남극권에 특히 많아 보인다. 무엇을 흑색으로 삼았는지는 파악하기 어렵다.

역박본도 삼색 별자리 표시를 하였다. 그렇지만 민박본에 비해 일관성을 찾기가 더 어렵다. 여기서는 자미원과 태미원, 천시원의 좌우원 담장 별자리를 적색으로 표시하였고, 북극5성좌와 북두칠성도 적색으로 강조되었다. 그리고 제1 춘분성도와 제2 하지성도에서 위(危)수에서 실벽(猪貐), 규루위묘필자삼(奎婁胃昴畢觜參), 정귀류(井鬼柳)수에 이르는 28수가 적색으로 되었지만, 제3 추분성도와 제4 동지성도의 28수 부분은 심대성(心大星)만 제외하고는 별다른 색이 칠해지지 않았다. 남극권도에서는 노인성이 붉은색으로 되어 있다. 다음 흑색 원점 역시 많지 않으며 주

---

8. 필자는 이 추정 문제에 대하여 조선시대 천문역법사를 전공하는 한국정신문화연구원 장서각의 정성희 박사에게 자문을 구하였다. 그 결과 조선 후기에 호가 오산이었던 인물로, 서창재 외에 배상현(裵象賢, 조선 헌종 때 문신. 본관은 흥양)과 유진석(柳鎭奭, 1804~1864. 본관은 문화), 이용헌(李龍憲, 철종 때 학자. 본관은 함평) 등 후보자가 서너 명 있으나 그중 서창재의 이력이 가장 유력하다는 동의를 보내왔다. 이 자리를 빌어 감사드린다. 앞으로 좀 더 명확한 전거가 찾아져 이 문제가 완전 해결되기를 기다린다.

로 별자리의 일부분에 적용되어 있다. 제1도에서 천균(天囷) 중 일부, 제2도에서 천원(天苑)과 천원(天園), 관(爟) 등의 일부와 제3도에서 장수(張宿) 일부분, 제4도에서 천부(天桴) 일부분 따위가 검은 별로 그려졌다. 역박본에서 어떤 기준과 이유로 삼색 별자리를 구분하였는지는 파악하기가 매우 어렵다. 단지 삼원과 28수를 적색으로 강조하려 했던 의도는 읽힌다.

(5) 또 하나 주목되는 점이 두 필사본은 똑같이 태양이 28수 각각을 언제 지나가는 지를 "室初三十分十二秒, 奎初三十三分十七秒, …" 등으로 황도선 상에 일일이 표시하였다는 점이다. 이 내용이 녹우당본에는 없다. 전통적으로 적도선상에서 28수의 경도 값을 매기는 경우가 있었지만, 여기처럼 황도선상에서 28수의 황경 값을 매기는 것은 매우 주목되는 측면이다. 명말청초에 서양 천문학이 들어오면서 기존의 28수(宿)와 12차(次), 12궁 등 여러 분주(分周) 요소를 모두 적도상의 경위도 값과 황도상의 경위도 값으로 이중 측정하는 방법이 도입되었다. 이 때문에 주로 적도 좌표 값만 기록해 온 그 이전의 성차분도(星次分度)에 비해 더욱 정밀한 관측 값이 필요해졌다. 민박본과 역박본에는 이런 측면의 28수 황경도분 값을 기록한 것으로 보인다.

(6) 다음 성좌도 비교 문제로 들어가면, 녹우당본에 표시된 별이나 별자리가 두 필사본에서 누락된 경우가 상당히 많다. 별자리 연결선도 자세히 비교하면 미세하게 차이가 나는 곳이 적지 않다. 특히 역박본의 제1 춘분성도에는 민박본에서도 그려진 인성(人星)이 몽땅 누락되어 버렸다. 전반적으로 역박본이 민박본보다 더욱 엉성한 느낌을 준다. 누락된 별이 더 많을 뿐 아니라, 앞서 28수의 황경값을 추기할 때 "危初三十七分九秒"라는 말이 역박본에서는 누락되는 등 모사 정밀도가 떨어져 보인다.

이렇게 찍힌 별 위치나 개수, 추기 상황 등으로 볼 때, 민박본이 역박본을 모본(模本)으로 삼아 얻어진 것이 아니라는 사실 관계를 알 수 있다. 그 반대로 역박본이 민박본을 대본(臺本)으로 삼아 필사한 것일 수는 있다. 따라서 논리상 민박본이

	녹우당 방성도	국립민속박물관 방성도	서울역사박물관 방성도
〈책면 구성〉	하드커버 제호 1면, 도해 3면, 성도 6면, 격자도 3면, 뒤표지 1면	제호 1면, 도해 3면, 빈 면 1면, 성도 6면, 뒤표지 1면	제호 1면, 도해 4면, 성도 6면, 뒤표지 1면
조판 형태	활자 인쇄본	필사본	필사본
책편 형식	12면 책자	6片 전개도 牒子	6片 전개도 牒子
크기	22.0×22.3cm (북경도서관장본 『方星圖解』와 동일)	22.0×22.0cm	22.0×22.0cm
비고	한지로 된 외함	입방체 접착 종이테이프 있음	입방체 접착 종이테이프 있음
책명	『方星圖』	『方星圖』	『方星圖』
제작 연대	숙종 37년(1711)	영조 40년(1764) 이전 추정	甲申年 孟夏(1764년으로 추정)
제작자	청 흠천감 치리역법 민명아	미상	梧山 (徐昌載 추정)
〈도해 부분〉	'方星圖解'	'方星圖解'	'方圖解'
	6등급 구별 略號 없음	6등급 구별 略號 삽입	6등급 구별 略號 삽입
성수	'共星一千八百七十六個'	漏記	漏記
발제	'康熙辛卯歲仲春治理曆法 極西閔明我製'	漏記	漏記
별등급 부호	표시 없음	'米米氷米卄水' 삽입됨	'米米氷米卄水' 삽입됨
〈용법 부분〉		1행 '經度' 삽입 처리됨	'歲甲申孟夏梧山書' 추기
			'五行星' 조목 추기
		용법예시도, 격자도 없음	용법예시도, 격자도 없음
〈성도 부분〉	各分圖名 있음	分圖名 없음	分圖名 없음
	24절기명 처리	절기명 없음	절기명 없음
	별 등급 구분과 등급 부호 사용함	별 등급과 부호 사용 없이 원점으로 균일 처리	별 등급과 부호 사용 없이 원점으로 균일 처리
	흑백 성좌로 처리	星色에 적색과 흑색 사용	星色에 적색과 흑색 사용
		28수 적색 처리	三垣과 28수 일부 적색 처리
	6등급 이하는 위치만 표시	6등급 이하도 원권으로 처리	6등급 이하도 원권으로 처리
	·	별 유무와 연결선 차이남	별 유무와 연결선 차이남
	28수 황경도분값 없음	28수 황경도분값 추기	28수 황경도분값 추기. '危初三十七分九秒' 누락
	흑백이 교차된 눈금자	줄 눈금자	줄 눈금자
	은하수 표시 없음	청색 은하수 표시	청색 은하수 표시
북극지도	별의 색깔 없음	흑색 별 : 天培 일부, 天廚 일부	적색 별 : 북극5성좌, 북두칠성, 자미좌원, 자미우원
	天大將軍, 螣蛇, 積尸, 柱, 天津, 七公 삐져나감	삐져나간 별자리 일부 생략됨	삐져나간 별자리 일부 생략됨

표 2 국내 소장 『방성도』 3본의 대조

앞선다고 결론 내릴 수 있다. 물론 두 필사본의 모사 대본이 서로 달랐을 개연성 또한 있다.

적어도 두 필사본이 녹우당본을 직접 그대로 필사한 것은 아니며, 누군가에 의해 별 모양을 원점 모양으로 전부 바꾸면서 별 색깔[星色]을 부가하였고 또 28수 황경도분을 추기하는 등 일종의 새로운 해석 작업을 거친 소위 1차 방성도 해석본을 모본으로 삼았다고 할 수 있다. 그 1차 해석자는 분명 성호 이익처럼 당시 천문학의 자료와 원리에 밝은 인물일 수밖에 없다. 그리고 또다른 판본이 발굴되지 않는 한 현재로서 그 1차 방성도 해석본이 다름 아닌 지금 살펴보고 있는 민박본일 가능성도 있다. 여기에다 만약 역박본을 영조 40년 오산(梧山) 서창재가 필사했다는 것이 성립된다면, 민박본은 적어도 1764년 이전에 제작되었다는 추정마저 가능해진다. 앞으로 새로운 단서가 포착되고 확인된다면 더욱 정밀한 결론이 나올 것이다.

실학자들, 서양 천문학을 들여다보다

지금까지 국내 학계에 전혀 소개되지 않은 해남 녹우당 소장 민명아(閔明我)의 『방성도』가 어떤 책인지 역사적으로 고찰하면서, 아울러 국내에 소장된 국립민속박물관 소장본 방성도와 서울역사박물관 소장본 방성도를 처음으로 비교 고찰하였다.

그 결과 방성도의 원저작자 민명아는 청나라 흠천감(欽天監)에서 치리역법을 역임한 이탈리아 출신 예수회 선교사 그리말디(Philippus Maria Grimaldi)로 확인되었으며, 그가 몰하기 직전인 1711년 북경에서 『방성도』를 간행한 것으로 파악되었다. 이 천문도의 제작 목적은 휴대가 간편하고 관측하기에 편리한 관측 휴대용 성도를 만드는 것이었으며, 그 이전에 시도되지 않은 새로운 육면입방체 형식의 방도식 성도를 실험적으로 제작한 것으로 파악되었다. 그가 방성도의 별자리 위치를 찍는 데 바탕으로 삼았던 것은 탕약망(湯若望) 이후 걸출한 선교사 천문학자였던 남회인(南懷仁)이 『영대의상지』(1674년)에 수록한 항성표로 확인되었으며, 그 역원은 강희 11

년(1672) 임자년이었다. 방성도의 도법 원리를 제공한 것은 프랑스 출신 예수회 선교사였던 파르디(P. Pardies)의 성도(1674년)였음을 알 수 있었다. 또한 명말청초 중서합용의 천문도가 다수 제작되는 흐름 중에서도 민명아의 방성도는 그 초기 작품의 하나로서 충분히 의의가 클 것으로 조망되었다. 특히 유럽인들이 중국의 성도를 대조 연구할 때 민명아의 방성도가 영향을 주고 있었음도 확인할 수 있었다.

이러한 그리말디의 〈방성도〉가 국내에 유입되어 해남 윤씨의 종가인 녹우당 종택에 소장되었던 것이다. 녹우당본 방성도의 제책 크기와 내용 및 형태를 대조할 때, 북경도서관장본과 대영박물관 소장본의 것과 동일한 것으로 여겨지므로, 민명아가 북경에서 인쇄하였던 판본의 하나가 녹우당으로 유입된 것으로 파악되었다. 이 점은 녹우당본의 자료적 가치를 더욱 높인다.

한편 녹우당 현판 글씨를 성호 이익의 형 이서가 써주었을 만큼 성호 이익은 해남 윤씨와 활발히 교류하였을 것으로 짐작되는데, 같은 남인학파인 이익 또한 저서 『성호사설』에서 매우 세밀하게 육편 방성도를 관찰한 내용을 처음으로 기록한 점으로 미루어 남인계를 통하여 방성도가 유통된 것이 아닐까 추정되었다.

성호는 『성호사설』에서 「방성도」라는 제명을 직접 달기도 하였고, 방성도를 풀이한 「성토탁개도」라는 편명으로 서술하기도 하였으며, 『천지문』 담천에서도 방성도를 언급하였다. 방성도가 6편으로 제작된 원리 그리고 90도 폭으로 성도를 그린 이유 등을 자못 심도 있게 논하여 당시 18세기 조선조 실학자들의 천문학적 이해 수준을 가늠하게 하였다. 18세 말엽의 천문학자 이재 황윤석도 성호의 방성도 관련 글을 소개하고 있었다.

한편, 해남 녹우당의 〈방성도〉를 모사한 새로운 방성도가 또 달리 유통되고 있음을 두 점의 필사본 방성도를 통하여 짐작할 수 있었는데, 모사는 녹우당본을 그대로 베낀 것이 아니라 천문학에 식견이 있는 당시 누군가가 몇 가지 측면에서 재해석함에 따라 원본과 달라진 결과가 초래되었다.

가장 크게 달라진 특징은 별 모양을 원본과 달리 모두 동그라미로 바꾸어 놓았다는 것이다. 그러면서 원본에서 구분되었던 별 등급을 무시해 버렸고, 원본에 위치만 있던 별도 새롭게 표시하였다. 원본에 비해 적지 않은 별이 누락되었으며, 아예 별자리가 누락된 경우도 발생하였다. 그 반면에 원본에 없던 적흑백의 색을 별에 부여하여 삼원과 28수의 인식에 도움을 주도록 하였고, 황도선상에 28수의 황경 값을 추기함으로써 28수의 천문학적 원리를 더 정밀히 하려 하였다.

전체적으로 민박본이 역박본에 비해 정밀도가 높은 것으로 파악되었으며, 누락된 별자리 위치나 개수로 볼 때 민박본이 역박본을 모본으로 삼을 수는 없는 것으로 확인되었다. 이 때문에 민박본이 역박본보다 먼저 필사되었을 가능성을 추론하였다.

그런데 역박본에는 다른 곳에 없는 오행성 조목과 필사자의 서명을 부기하여 제작 시기를 추정하는 단서가 남아 있다. 갑신년(甲申年)과 오산(梧山)이라는 호를 지닌 인물을 검토한 결과, 율도(律度)와 성역(星曆)에 밝았던 오산 서창재라는 인물이 주목되었으며, 만약 그렇다면 갑신년은 영조 40년(1764) 4월이 될 것으로 추정되었다. 이에 따라 민박본은 만일 역박본보다 앞선다면 모사 시기는 영조 40년 이전일 개연성이 있다. 전체적인 흐름으로 보아 방성도는 출간 직후 조선으로 유입되어 18세기 지식인층 사이에 유통된 것이 아닐까 생각되었다. 이는 조선 후기 천문학사 연구에 새로운 자료가 되는 것이므로 앞으로 이에 대한 정밀한 재검토와 광범위한 재해석이 요청된다.

녹우당본 방성도해와 방성도 용법 원문

· ·

1.「方星圖解」

從來符合天象而無毫髮黍錯者 惟渾天儀之製爲首推也, 然非範金爲球斷不能中規而適用. 其他木球·紙球最易伸縮難求其準, 且需托以架座 携帶維難, 不得有隨地測視之便, 于是創 爲星圖, 藏之笥篋 實稱輕便.

有爲一平圓之簡平規者 有爲剖渾圓爲南北兩星圖者 俱各得視學之妙蘊. 然簡平規以渾圓 開展爲平圖, 以北極出地二十三度半爲限于赤度以內之星象固得盡善, 至赤道以外之星形與 在天者 究不得脗合也. 如南北兩圖 從渾天之赤道部分 爲兩半渾圓, 復匾之而爲兩平圓. 人 從南極視北 或從北極視南 所見之星 固圖與天合, 然人當兩道之下 視赤道之星座 因分繪兩 圖 殊難識別矣.

若今方星之製 悉免前弊, 不變星座之形狀, 使學識星者 按圖以窺天挨次識認不煩, 指示卽 可瞭然于心目 而週天之星名 可歷歷而呼之也. 嘗按視學論 人目之能視張目出光 至所視之 界 皆成三角形. 其角若在四十五度 則適當, 其可角若過六十度 則所視亦不眞確. 故畫家亦 以四十五度爲規作畫 人莫不喜其深遠而受看, 若越此規 無不厭觀而鮮趣.

今是圖以渾圓爲立方, 按視學之理 以人目居地中心 設地爲六面立方之體, 上下四傍各 九十度. 皆若水晶玻璃之能透光者 北極居上 南極居下, 各以極爲心. 環極各四十五度直線 爲經圈線 爲緯徑邊 俱分綴度數, 按表而布拱極之諸星焉.

赤道居四傍之腰, 第一面之中心 係黃赤相交, 黃道自此漸向北, 爲赤道經度之始 從此起 筆. 第二面 係黃道斜絡最北 與夏至限緯圈相切 而漸回轉. 第三面之中 係黃道復與赤道相交 漸次向南, 至此卽半周天 爲一百八十度. 第四面 係黃道斜絡極南 與冬至限緯圈相切而回轉 漸, 至第一面之中心 與赤道復交, 至此卽全一周天爲三百六十度.

四面之徑與邊 亦俱分綴度數, 每面皆以兩分兩至之赤道度居中, 其南北左右亦各距 四十五度 按表綴星 恰與天象脗合矣. 嘗考前法 以人目在球外 視北極之半周天星座, 愈近赤 道者 其光相參直竟糢糊莫辨. 是圖之製 以極至赤道九十度之弧面 補成直角之方面, 星與星 之相距 不更綽然臚列井井陳獻乎.

今以北京試認之本地 北極出地四十度, 以是圖北極一面 視之環極四十五度之星 終歲恒 見挨次對認不勞餘力, 若見南極出地者 視是圖之南極一面理俱同. 首方一面 太陽躔戌宮 係 春分, 此面是畫之天象, 要認星可用于秋之三月, 當夜恒見之天象. 第二面 太陽躔未宮 係夏

至, 此面可用于冬之三月, 當夜所恒見之天象. 第三面 太陽躔辰宮 係秋分, 此面可用于春之三月, 當夜所恒見之天象. 第四面 太陽躔丑宮 係冬至, 此面可用于夏之三月, 當夜所恒見之天象.

凡認得一星 欲考其何經何緯度, 檢度之某星 查徑與邊所分之度 卽得何經何緯度也. 如求某星出入地平 知太陽躔某宮度, 某星距黃道若于度 知太陽之出沒 以星之距度 或先或後, 并可得某星出沒地平之時矣. 七政曆載太陽躔度, 民曆載太陽出沒. 是圖之專用開列于後.

一等星十六個, 二等星六十八個, 三等星二百零八個,

四等星五百一十三個, 五等星三百三十九個, 六等星七百二十一個,

氣十一座, 共星一千八百七十六個.

康熙辛卯歲仲春 治理曆法 極西 閔明我製.

방성도해

종래에 천상(天象)에 부합하여 조금도 착오가 없도록 제작된 것은 오직 혼천의(渾天儀)가 으뜸이나, 범금(範金)으로 구형(球形)을 삼은 것이 아니어서 잘라서 규환(規環)을 맞추어 적용할 수는 없다. 그외 목구(木球, 나무로 만든 구형)와 지구(紙球, 종이로 만든 구형)는 가장 신축이 용이하지만, 그 기준을 구하기 어렵고 또 꽂이대(架座)에 넣어서 휴대하기는 더욱 어렵다. 이에 부득이하게 곳에 따라 관측하기에 편리하도록 새로운 방성도를 창안하고, 이를 네모난 상자에 넣어 가볍고 편리하도록 하였다.

하나의 평원(平圓)으로 된 간평규(簡平規)라는 것과 혼원(渾圓)을 남북의 두 성도(星圖)로 나눈 것이 있는데, 각기 시학(視學)의 장점을 지닌다. 그런데 간평규는 혼원(구형)을 전개하여 평면도로 삼은 것이어서, 북극출지 23도 반을 한계로 하는 적도 이내의 성상(星象)에는 최선의 상태를 얻을 수 있으나, 적도 이외의 별자리 형상과 하늘에 있는 것들에는 궁구하기가 꼭 맞지는 않는다. 예컨대 남북의 두 그림은 천구(渾天)의 적도를 따라 가른 반구도(半球圖) 두 개를 다시 납작하게 펴서 평면원 두 개로 만든 것이다. 사람이 남극을 따라 북쪽을 관측하거나 혹은 북극을 따라 남쪽을 바라보아 보이는 별들은 진실로 성도와 하늘이 합치된다. 그렇지만 사람이 두 길의 아래에서 적도의 성좌를 관측할 때는 두 성도로 나뉘어 그려져 있기 때문에 식별하기 매우 어렵다.

이제 방도(方圖)를 제작함으로써 그러한 앞의 폐단을 모두 면하게 하고, 성좌의 형상을 변하지 않게 하며, 별을 관측하고 연구하는 사람들[學識星者]이 이 성도를 따라 하늘을 관측하여 식별하는 일이 번거롭지 않도록 할 것이며, 그 가리킴이 마음과 눈에 명료하여 하늘을 따라 도는 별자리 이름들을 역력히 부를 수 있을 것이다.

시학론(視學論)에 따르면, 사람의 눈에서 안광이 발출하여 대상의 경계에 이르면 모두 삼각형을 이룬다. 그 각도가 만약 45도에 있다면 적당하지만, 그 각도가 60도라면 보이는 것이 부정확해진다. 이러므로 화가들 역시 45도를 기준으로 삼아 그림을 그려, 사람들이 그 원근의 깊이를 잘 볼 수 있음에 기뻐하지 않음이 없다. 그러나 만약 이 기준을 넘으면 선명하게 이를 수 없어 관측하기를 싫어하지 않음이 없다.

지금 이 방성도는 구형을 입방체로 삼았는데, 시학 이론에 따라 투영 시점을 지구 중심에 두어 땅을 육면의 입방체로 만들었으며, 상하사방이 각 90도이다. 모두 수정 유리를 투광하는 것처럼, 북극은 위에 남극은 아래에 거하여 각기 극을 중심으로 삼았다. 극을 둘러싼 각 45도 직선은 경권선(經圈線)으로 삼았고, 위경변(緯徑邊)에는 도수(度數)를 번갈아 분철(分綴)로 처리하였다. 그런 다음에 항성표에 따라 극을 둘러싼 모든 별을 포진시켰다.

적도는 사면의 중간 허리에 두었다. 제1면의 중심에서 황도와 적도가 교차하였고, 황도는 여기서부터 점점 북쪽을 향하는데, 이를 적도 경도의 시작으로 삼아 여기부터 기산한다. 제2면에 황도는 최북단으로 하지 한위권(限緯圈)과 맞닿았다가 점차 회전한다. 제3면의 가운데에서 황도는 다시 적도와 교차하였다가 점차 남향하며, 여기에 이르면 절반의 주천 곧 180도를 지난다. 제4면에 황도는 극남쪽으로 동지 한위권과 맞닿았다가 점차 회전하여, 제1면의 중심에 이르면 적도와 다시 교차한다. 여기에 이르면 일주천을 다하여 360도가 된다.

각 성도 사면의 가로와 세로변[徑邊]에 역시 흑백 눈금으로 이루어진 분철 도수를 갖추었고, 매 면에는 모두 춘추분과 하동지의 양분양지(兩分兩至)의 적도 도수를 중심부에 놓았다. 그 남북 좌우의 각기 45도 거리 범위에 항성표에 따른 연결선을 지닌 별자리[綴星]를 안배하였으니 하늘의 모습과 매우 흡사할 것이다.

일찍이 이전의 법을 상고하면, 투영 시점을 지구 밖에 두어 북극의 반주천 성좌를 투시하다 보니, 적도에 가까운 별들은 그 빛이 서로 섞여 판별하기 모호하였다. 그러나 이 방성도의 제작으로 극에서 적도 90도에 이르는 호면(弧面)을 직각의 방면(方面)으로 보완하였으니, 별과 별의 상대 거리(相距)가 여유 있고 질서 정연히 늘어놓게 되었다.

지금 북경을 관측 본지로 삼으면 북극출지 40도인데, 이 성도의 북극도면을 통하면 극을 둘러싼 45도 범위 이내의 별은 일년 내내 관측될 것이니 이제 그 식별하는 일에 여력을 쏟지 않아도 될 것이다. 다음 만약 남극출지에서 보는 것이라면 이 성도의 남극도면으로 관측하면 동일한 이치가 갖추어져 있다.

방도 앞머리의 제1면에서 태양이 술궁(戌宮)을 돌 때는 춘분에 걸리는데, 이때의 도면은 낮의 천상이므로 별 관측은 가을의 3개월에 가능하고, 그 가을의 야밤에 항상 관측되는 천상에 해당한다. 제2면에서 태양이 미궁(未宮)을 돌 때는 하지에 걸리며, 이 도면은 겨울의 3개월간 쓸 수 있고, 그 밤에 항상 보이는 천상에 해당한다. 제3면에서 태양은 진궁(辰宮)을 돌 때 추분에 걸리며, 이 도면은 봄의 3개월간 가능하고, 그 밤에 항상 보이는 천상에 해당한다. 제4면은 태양이 축궁(丑宮)을 지날 때 동지에 걸리며, 이 도면은 여름 3개월간 가능하고, 그 야밤에 항상 보이는 천상에 해당한다.

무릇 어떤 별을 관측하여 그 경도와 위도를 고찰하고자 하면, 성도상 그 별을 검토하되 가로와 세로의 나뉘는 분도(分度)를 조사하면 구하고자 하는 별의 경위 도수를 얻을 수 있다. 어떤 별의 지평 출입 도수를 구하면 태양이 어떤 궁도를 지나는지 알게 되며, 어떤 별의 황도 거리가 몇 도인지는 태양의 출몰이 별의 거도(距度)로 앞인지 뒤인지를 알려주며, 아울러 어떤 별의 지평 출몰 시각도 얻을 수 있을 것이다(칠정력에 태양 궤도가 실려 있고, 민력에 태양의 출몰이 실려 있다.). 이 그림의 사용법은 뒤에 예시하였다.

1등성 16개, 2등성 68개, 3등성 208개, 4등성 513개, 5등성 339개, 6등성 721개, 기 11좌로, 모두 1876개 수록.

강희 신묘세(강희 50년, 숙종 37년, 1711년) 중춘에 치리역법 극서 민명아가 짓다.

2.「方星圖用法」

查認星之法 總歸三條. 第一條 查某星經度. 第二條 查某星緯度. 第三條 查兩星相距度數. 凡認得一星 欲考其何經何緯, 故列減便之法, 特繪經緯全線方圖 并兩極全線圓圖, 隨意將某圖內之某星用規矩取定 移校全線之圖, 卽得此星經緯準度.

　倘遇兩星不同經緯 欲考其相距度數, 必依象限圖式用規矩取定, 按甲乙丙等字爲法, 依法挨查所校象限儀之度 卽知此二星相距準度也. 凡查考周天諸星相距之度 如此用法不勞餘力 卽時瞭然於心目矣. 并列比如成法于左.

　一. 查北極圖內 上弼與右樞. 此二星 雖同緯度圈線 自極心取象限儀中 兩直線至邊度 用甲乙字號比例, 相距十八度四十分 卽得準度分也.

　二. 查北極圖內 上宰與七公第三星. 此二星 雖同經度直線 須用規矩 自極心取各星圈線比至中心度, 相距十三度八分 卽得準度分也.

　三. 查北極圖內 玉衡與搖光. 此二星經緯俱不同, 故用規矩 自極中校取搖光之遠移至中度下 從此橫比邊度 定號爲甲. 自甲至極中取一, 自然直線隨得度. 邊虛圓小線 再取玉衡之遠亦照前法 所求先取虛圓小線爲乙. 次校二星之遠近 從805斜比度格之外爲丙. 自丙至極中 又取自然直線 用張規矩比校, 甲丙二線之中所經象限儀之度, 卽得二星相距十度二十分之準度分也. 倘認象限儀中度數不明 隨移校邊度 更易明矣. 凡同緯度不同經度之星, 卽上弼右樞二星亦照前法所求, 用甲乙字號 查象限儀中 卽得相距準度分也.

방성도 용법

별 관측[認星]의 조사 방법은 모두 3개조이다. 제1조는 어떤 별의 경도를 조사한다. 제2조는 어떤 별의 위도를 조사한다. 제3조는 두 별의 상거도를 조사한다. 무릇 한 별을 인지하여 그 경도와 위도를 고찰하고자 하면 감편법(減便法)을 쓰며, 특히 경위 전선 방도(經緯全線方圖)와 양극 전선 원도(兩極全線圓圖)를 (부록으로) 함께 그려 두었다. 어떤 성도 내의 어떤 별을 따라 규구를 정하고자 하면 그 모눈으로 그려진 전선도로 옮겨 대조하면 곧 그 별의 경위 준도를 얻게 된다.

　혹시 두 별이 서로 다른 경위도를 만나 그 상거 도수를 구하고자 하면, 반드시 상한도식(象限圖式)에 의거하여 규구를 정할 것이며, 갑을병 등의 글자에 따른 방법을 따른다. 그 방법에 의거하여 검교되는 상한의(象限儀)의 도수를 조사하면 곧 이 두 별의 상거 준도를 알게 된다. 무릇 주천 제성의 상거 도수를 조사함에 이 같은 용법이 힘들지 않으면 즉시로 심목이 명료해질 것이다. 아울러 그 방법을 비유하여 예를 들면 왼쪽과 같다.

1. 북극도 내의 상필성과 우추성을 조사한다. 이 두 별이 비록 같은 위도선상에 있더라도 극 중심에서 상한의(象限儀)를 취하고, 두 직선이 하변에 이르는 곳을 갑을의 부호를 써서 비례하면, 상거 18도 40분에 준하는 도분을 얻는다.

2. 북극도 내의 상재성과 칠공 제3성을 조사한다. 이 두 별이 비록 같은 경도 직선이더라도 반드시 규구를 써서 극 중심에서 각 성권선(星圈線)이 중심도수에 이르는 비율을 취하면, 상거 13도 8분에 준하는 도분을 얻는다.

3. 북극도 내의 옥형성과 요광성을 조사한다. 이 두 별의 경위는 모두 서로 다르므로, 규구를 써서 극 중심에서 요광성까지의 거리를 취하고, 이 횡비를 따라 변의 도수에다 갑으로 부호를 매긴다. 갑에서 극 중심까지를 일(一)로 취하면 자연히 직선은 얻은 도수를 따른다. 하변의 점선에서 다시 옥형성의 원근을 앞의 방법처럼 취하여 구해진 점선의 값을 을로 삼는다. 다음 두 별의 원근을 비교하여, 갑에 따른 격자 바깥의 경사비를 병으로 삼는다. 병에서 극의 중심까지 또 자연히 직선을 취하고, 규구를 써서 갑병 두 선의 가운데가 상한의를 지나는 도수를 비교하면 곧 두 별의 상거 10도 20분의 준도분을 얻는다. 혹시 상한의 중의 도수 인식이 불명확하여, 하변의 도수로 옮겨 처리하면 다시 쉽게 밝혀질 것이다. 무릇 위도는 같고 경도가 다른 별들은 곧 상필과 우추의 두 별에서 구한 방법처럼 갑을의 자호를 써서 상한의 값을 조사하면 곧 상거 준도분을 얻을 수 있을 것이다.

▌참고문헌

기초 자료(가나다 순)

『경국대전(經國大典)』

『고려대장경』

『고려사』

『구당서』

『낙서(洛書)』

『남제서(南齊書)』

『논어』

『동문선(東文選)』

『望月佛教大辭典』

『명사(明史)』

『묘견사략연기(妙見社略緣起)』

『부상약기(扶桑略記)』

『북사(北史)』

『북제서(北齊書)』

『북진묘견보살영응편(北辰妙見菩薩靈應篇)』

『사기』

『삼국사기』

『삼국유사』

『상서(尙書)』

『설문해자(說文解字)』

『세종실록』

『송사(宋史)』

『송서(宋書)』

『수서(隋書)』

『수신기(搜神記)』

『숙종실록』

『신당서(新唐書)』

『아사박초(阿娑縛抄)』

『여씨춘추(呂氏春秋)』

『예기(禮記)』

『오대사(五代史)』

『원사』

『이십육사대사전(二十六史大辭典)』

『이아(爾雅)』 「석천(釋天)」

『일본삼대실록(日本三代實錄)』

『일본서기』

『정종실록』

『좌전(左傳)』

『주례(周禮)』

『주서(周書)』

『중종실록』

『진서(晉書)』

『진서(晋書)』

『진택영부연기집설(鎭宅靈符緣起集說)』

『청사고(淸史稿)』

『취두산구기(鷲頭山舊記)』

『태조실록』

『태종실록』

『통전(通典)』

『한서』

『회남자(淮南子)』

『후태평기(後太平記)』

『후한서』

김시습, 『매월당집(梅月堂集)』

이규보, 『동국이상국집』

이익, 『성호사설(星湖僿說)』

이황, 『성학십도(聖學十圖)』

486

1장

로버트 바우얼·아드리안 길버트, 『오리온 미스터리』, 열림원, 1999

장 피에르 베르데, 『하늘의 신화와 별자리의 전설』, 시공사, 1997

2장

김일권, 「한국인의 윷놀이판 바위그림에 투영된 천체우주론적 관점 고찰 : 정읍 두승산 망화대의 바위그림 자료 소개를 덧붙여」, 『한국암각화연구』 5집, 2005. 4

김일권, 「한국 윷판형 암각화의 문화성과 상징성」, 『학예연구』 3·4호, 국민대학교 박물관, 2003. 2

김일권, 「별자리형 바위 구멍에 대한 고찰」, 『古文化』 51집, 한국대학박물관협회, 1998

이하우·한형철, 『칠포마을 바위그림』, 포철고문화연구회, 1994

포철고문화연구회, 「칠포리 암각화군 조사보고」, 『古城』 2집, 1990

이태형, 『재미있는 별자리 여행』, 김영사, 1989

大崎正次, 『中國の星座の歷史』, 東京: 雄山閣, 1987

3장

『불광대사전(佛光大辭典)』 전 8권, 韓國人文科學院, 1998

정승석 편저, 『고려대장경해제』 전 6권, 고려대장경연구소, 1998

한국고대사회연구소 편, 「黑齒常之 墓誌銘」 『(역주)한국고대금석문』 1권, 가락국사적개발연구원, 1995

김상현 집, 「輯逸 金光明經疏 : 金光明最勝王經玄樞 所引 元曉疏의 輯編」, 『동양학』 24집, 단국대 동양학연구소, 1994

김말환, 「금광명경의 윤리사상과 그 한국적 전개」, 동국대 교육대학원 윤리교육전공 석사학위 논문, 1984

강우방, 「四天王寺址 出土 彩釉四天王浮彫像의 복원적 고찰」(『미술자료』 25집, 국립중앙박물관, 1980 ; 『원융과 조화 : 한국 고대 조각사의 원리 I』, 열화당, 1990 재수록)

김상현, 「고려시대의 호국 불교 연구 : 금광명경 신앙을 중심으로」, 『학술논총』 1집, 단국대 대학원, 1976

안계현 집, 「勝莊撰 金光明最勝王經疏(輯逸)」, 『불교학보』 2집, 동국대 불교문화연구원, 1964

중화서국 편집부, 『한서』 「出版說明」, 중화서국, 1960

望月信亨, 『望月佛教大辭典』

平備, 『最勝王經羽足』 1권, 大正藏 No. 2198

明一, 『金光明最勝王經註釋』 10권, 大正藏 No. 2197

願曉, 『金光明最勝王經玄樞』 10권, 大正藏 56권 No. 2196, 日藏 方等部 章疏 2

『루탄경』 6권, 고려대장경 662, 19-425. 大正藏 23권 1-277

『佛說灌頂經』, 大正藏 21권, No. 1331

唐 義淨 역, 『金光明最勝王經』 10권, 고려대장경 9, 大正藏 16권 No. 403

隨 寶貴 외 역, 『合部金光明經』 8권, 고려대장경 9, 大正藏 16권 No. 359

北涼 曇無讖 역, 『金光明經』 4권, 고려대장경 37, 大正藏 16권 No. 335

『보성다라니경(寶星陀羅尼經)』, 大正藏 13권, No.402

『보살처태경(菩薩處胎經)』 7권, 大正藏 12권 No.384

常騰, 『註金光明最勝王經』 10권, 日藏 方等部 章疏 1

顏師古 찬, 『한서』 권1 「漢書敍例」

4장

김일권, 「고구려의 천문과 고분 벽화」, 『인류의 문화유산 고구려 고분벽화』, 연합뉴스·교도통신
공동 발행, 주식회사 연합뉴스 출판, 2006

전호태, 「고분 벽화로 본 고구려의 역사와 문화」 『고구려 고분벽화』, 주식회사 연합뉴스, 2006

김일권, 「역주 고려사 오행지」(4), 『고려시대 연구』 X, 한국학중앙연구원, 2006

김일권, 「고구려 건국신화의 신화 계보 변동 : 천지에서 천손으로」, 『다시 보는 고구려사』, 고구려
연구재단편, 2004ㅁ

東潮, 「魏晋·北朝·隋·唐と高句麗壁畫」, 『고구려 벽화의 세계』, 고구려 연구 16집, 고구려연구
회, 2003. 12

5장

서영교, 「나당전쟁기 唐兵法의 도입과 그 의의」, 한국사연구회 제227차 월례발표회, 2002. 3. 16

이희덕, 『고려시대 천문사상과 오행설 연구』, 일조각, 2000

권덕영, 「『천지서상지』편찬자에 대한 새로운 시각」, 『백산학보』 52호, 1999. 3

潘吉星 저, 盧嘉錫 總主編, 『中國科學技術史』, 北京: 科學出版社, 1998

李錦繡, 『唐代制度史略論稿』, 北京: 中國政法大學出版部, 1998

薄樹人 主編, 『中國科學技術典籍通彙』, 鄭州: 河南教育出版社, 1995

신종원, 「고대의 日官과 巫」, 『신라 초기불교사 연구』, 민족사, 1992

한국고대사회연구소, 『(역주)한국고대금석문』, 가락국사적개발연구원, 1992

陳遵嬀, 『中國天文學史』 권5, 台北: 明文書局, 1988

淸孫詒讓 撰, 『周禮正義』 권69, 11책, 中華書局, 1987

이병도 역주, 『삼국사기』, 을유문화사, 1983

中村璋八, 「天文要錄について」, 『日本陰陽道書の研究』, 東京: 汲古書院, 1975

太田晶二郎, 「天地瑞祥志略說 : 附けたり, 所引の唐令佚文」, 『東京大學史料編纂所報』 7호,
1972

中村璋八, 「天地瑞祥志について : 附引書索引」, 『漢魏文化』 7호, 漢魏文化研究會, 1968

조선사편수회, 『朝鮮史』 전 8권, 조선총독부, 1932~1940

瞿曇悉達 칙찬, 『開元占經』

唐 李鳳, 『天文要錄』

唐 一行, 『大衍曆』

藤原佐世, 『日本國見在書目錄』

藤原通憲, 『通憲入道藏書目錄』

6장

박효열, 「조선 후기 七星圖 비교연구 : 전라도 지역과 경기도 지역의 양식 비교를 중심으로」, 동국
대학교 불교대학원 불교예술사 전공 석사학위논문, 1998. 12

강소연, 「조선시대의 칠성탱화」, 서울대 고고미술사학과 석사학위논문, 1998. 8

이복동, 『상용불교의범(常用佛教儀範)』, 보련각, 1998

『고려시대의 불화』, 시공사, 1997

국립문화재연구소, 『일본소재한국불화도록』, 1996

서윤길, 「구요신앙과 그 사상원류」, 『고려밀교사상사연구』, 불광출판부, 1993

이능화 저, 이종은 역주, 『조선도교사』, 보성문화사, 1992

차재선, 「조선조 칠성불화의 연구」, 『고고미술』 186호, 한국미술사학회, 1990. 6

陳遵媯, 『中國天文學史』 권2, 台北: 明文書局, 1985

김영태, 「백제 琳聖太子와 妙見信仰의 일본 傳授」, 『불교학보』 제20집, 1983

佛教書局 편, 『七佛八菩薩所說大陀羅尼神呪經』(晋代 317~420, 失名. 今附東晉錄), 『佛教大
藏經』 57책, 台北: 佛教出版社, 1978; 부산: 고전독서회 발행, 1982

林溫, 「妙見菩薩と星曼茶羅」, 『日本の美術』 No. 377, 東京: 至文堂, 1977

種智院大學 密教學會內密教大辭典 再刊委員會, 『密教大辭典』, 개정증보판, 京都: 法藏館,
1969

안진호 篇, 『석문의범(釋門儀範)』, 법륜사, 1931

『七曜攘災法』(806), 『佛教大藏經』 54책, 台北: 佛教出版社

大正新修大藏經 圖像, 『백보구초(白寶口抄)』 「묘견법(妙見法)」 권148, 1933

大正新修大藏經 圖像, 『별존잡기(別尊雜記)』

唐 一行 修述, 『梵天火羅九曜』

7장

강소연, 「京都 고려미술관장 '치성광여래강림도' 考」, 『京都美學美術史學』 1호, 2002. 3

안상현, 『우리가 정말 알아야 할 우리 별자리』, 현암사, 2000

『영락궁벽화전집(永樂宮壁畵全集)』, 天津人民美術出版社, 1997

국립문화재연구소, 『일본소재한국불화도록』, 1996

진기환, 『중국의 토속신과 그 신화』, 지영사, 1996

이운허,『불교사전』, 동국역경원, 1995

서윤길,「구요신앙과 그 사상원류」,『고려밀교사상사연구』, 불광출판부, 1993

서윤길,「제석사상과 그 신앙의 고려적 전개」,『고려밀교사상사연구』, 불광출판부, 1993

차재선,「조선조 칠성불화의 연구」,『고고미술』186호, 한국미술사학회, 1991

夏鼐,「從宣化遼墓的星圖論二十八宿和黃道十二宮」,『中國天文文物論集』, 北京: 文物出版社, 1989

문화공보부,『궁중유물도록』, 1986

陳遵嬀,『中國天文學史』권2, 台北: 明文書局, 1985

安居香山·中村璋八 편,『重修 緯書集成』권6, 東京: 明德出版社, 1979

河北省博物館,「河北宣化遼壁畫墓 發掘簡報」,『文物』75-8

河北省博物館,「遼代彩繪星圖是我國天文史上的重要發現」,『文物』75-8

이용범,「법주사 소장 '新法天文圖'에 대하여 : 在淸天主敎神父를 통한 서양 천문학의 조선 전래와 그 영향」, (『역사학보』31·32집, 1966 ;이용범,『한국과학사상사연구』, 동국대출판부, 1993 재수록

王遜,「永樂宮三淸殿壁畫題材試探」,『文物』63-8

陸鴻年,「摹會永樂宮元代壁畫的一些体會」,『文物』63-8

『道藏要籍選刊』

『북두칠성호마법』(일명 '복치성광법'),『불교대장경』54책

『正統道藏』

『春秋運斗樞』

『七曜攘災法』(806),『佛教大藏經』54책, 台北: 佛教出版社

이규경,『오주연문장전산고(五洲衍文長箋散稿)』

김시습,『매월당집초(梅月堂集抄)』

8장

허흥식,「고려 전기 석관 선각화로 본 인생관과 고구려 사상의 계승」, 한국사연구회 제253차 연구발표회, 2006. 6. 16

한정희,「고려 및 조선 초기 고분벽화와 중국 벽화와의 관련성 연구」,『미술사연구』246·247합호, 2005

이혜진,「고려 고분벽화의 십이지상 복식 고찰」, 서울대 의류학과 대학원 석사논문, 2004. 2

안동대학교 박물관,『고려시대 안동사람들은 어떻게 살았을까』, 도서출판 성심, 2004

김용선,『역주고려묘지명집성(상)』, 한림대출판부, 2006

안휘준,「송은 박익 묘의 벽화」,『고고역사학지』제17·18합집, 동아대박물관, 2002. 10

奈良文化財研究所,『キトラ古墳壁畫』, 飛鳥資料館 發行, 2002.2

김인철,「내문리 돌곽흙무덤 발굴보고」,『고려무덤발굴보고』, 평양: 사회과학출판사, 2002; 서울:

백산자료원, 2003 재간행

리창언, 『고려 유적연구』, 주체91, 평양: 사회과학출판사, 2002, 서울: 백산자료원, 2003 재간행

심봉근, 『밀양고법리 벽화묘』, 세종출판사, 2002

김인철, 「7릉떼 발굴보고」, 『고려무덤발굴보고』, 2002

김인철, 「양릉 발굴보고」, 『고려무덤발굴보고』, 2002

정병모, 「공민왕릉의 벽화에 대한 고찰」, 『(강좌)미술사』, 한국불교미술사학회, 2001. 12

『キトラ古墳と壁畵』, 飛鳥古京顯彰會, 2001

河北省文物研究所, 『宣化遼墓壁畵』, 北京: 文物出版社, 2001

안휘준, 「고려시대의 인물화」, 『한국회화사연구』, 시공사, 2000

안휘준, 「파주 서곡리 고려 벽화고분의 벽화」, 『한국회화사연구』, 시공사, 2000

河北省文物研究所, 『五代王處直墓』, 北京: 文物出版社, 1998

유경로 · 박창범 편, 『한국의 천문도』, 천문우주기획, 1995

국립문화재연구소, 『파주 서곡리 고려벽화묘』, 1993

『조선유적유물도감』 11권 고려편 2, 동편찬위원회, 평양: 외국문종합출판사, 1992

강우방, 『원융과 조화』, 열화당, 1990

왕성수, 「개성 일대 고려왕릉에 대하여」, 『조선고고연구』, 사회과학원 고고학연구소, 1990-2호

조선유적유물도감편찬위원회, 『조선유적유물도감』, 10편, 평양, 1988~1996

임세권, 「고분 벽화에 나타난 28수」 『崔永禧 선생 화갑 기념 한국사학논총』, 탐구당, 1987

김종혁, 「개성 일대의 고려 왕릉 발굴보고(2)」, 『조선고고연구』 1986-2호

김종혁, 「개성 일대의 고려 왕릉 발굴보고(1)」, 『조선고고연구』 1986-1호

리준걸, 「고구려 벽화무덤의 별그림에 대한 연구」, 『고고민속논문집』 1984-9호

강우방, 「통일신라 십이지상의 양식적 고찰」, 『고고미술』 154 · 155합호, 1982

안동대학교 박물관, 『서삼동 벽화 고분』, 1981

西嶋定生, 『古代東アジア史論集』 下권, 東京: 吉川弘文館, 1978

伊世同, 「最古的石刻星圖 : 杭州吳越墓石刻星圖評介」, 『考古』 75-31

『벽화』, 한국미술전집 4권, 동화출판공사, 1974

전주농, 「고려 공민왕 현릉 발굴 개보」, 『문화유산』 4호, 과학원출판사, 1960

이홍직, 「고려벽화고분 발굴기 - 長湍郡 津西面 法堂坊」, 『한국고문화논고』, 을유문화사, 1954

조선총독부, 『조선고적도보』 9책, 1929

조선총독부, 『조선고적도보』 7책, 1920

조선총독부, 『大正五年度古蹟調査報告』, 1916, 한국고고자료집성 9, 『大正五年度古蹟調査報告』, 도서출판 민족문화, 1995 영인 ; 조선총독부, 『大正五年度古蹟調査報告』, (주)진인진, 2005 재영인

9장

김일권, 『동양 천문사상 하늘의 역사』, 예문서원, 2007

김해영, 「조선 초기 祀典에 관한 연구」, 한국정신문화연구원, 1994

김형우, 「고려시대 국가적 불교행사에 대한 연구」, 동국대 박사학위논문, 1992

조선유적유물도감편찬위원회, 『조선유적유물도감』, 10편, 평양, 1988~1996

장회익, 「조선 후기 초 지식계층의 자연관 : 장현광의 「宇宙說」을 중심으로」, 『한국문화』 11집, 서울대 한국문화연구소, 1988

금장태, 『동서교섭과 근대한국사상』, 성균관대 출판부, 1984

10장

김낙필, 『조선시대 내단사상 : 권극중의 도교철학적 사유와 그 전개』, 한길사, 2000

이문규, 『고대 중국인이 바라본 하늘의 세계』, 문학과지성사, 2000

『易學大辭典』, 華夏出版社, 1995

『中華道教大辭典』, 中國社會科學出版社, 1995

卿希泰 외 편, 『中國道教』, 上海: 知識出版社, 1994

廖名春 외, 심경호 역, 『주역철학사』, 예문서원, 1994 :원제『周易研究史』, 湖南出版社, 1991

양은용, 「청한자(淸寒子) 김시습의 단학수련과 도교사상」, 『매월당 학술논총 : 그 문학과 사상』, 강원대 인문과학연구소, 1988

유승국, 「매월당의 철학사상과 선비정신」, 『매월당 학술논총 : 그 문학과 사상』, 강원대 인문과학연구소, 1988

『도장(道藏)』, 文物出版社 · 上海書店 합간 영인본, 1987

한무외(韓無畏), 이종은 역주, 『해동전도록(海東傳道錄)』, 보성문화사, 1986

한종만, 「조선조 초기 김시습의 불교와 도교수용」, 『한국종교』 8집, 원광대 종교문제연구소, 1983

『경국대전주해(經國大典註解)』, 단국대 동양학연구소 영인본, 동양학 총서 제7집, 1979

『국역매월당집』, 세종대왕기념사업회, 1977

양희(楊羲), 『상청경(上淸經)』

11장

황석영, 『장길산』, 창비, 2004

김영태, 「삼국시대의 미륵신앙」, 『한국미륵사상』, 동국대 불교문화연구원 편, 한국언론자료간행회, 1997

요헨 힐트만, 『미륵 : 운주사 천불천탑의 용화세계』, 학고재, 1997

장지훈, 『한국 고대 미륵신앙 연구』, 집문당, 1997

양은용, 「(고려의) 도교사상」, 『한국사』 16, 국사편찬위원회, 1994

이태호, 『운주사』, 대원사, 1994

서윤길, 『고려밀교사상사연구』, 불광출판부, 1993

송화섭, 「전북지방의 성혈에 대한 고찰」, 『전라문화연구』 5집, 1991

大崎正次, 『中國の星座の歷史』, 東京: 雄山閣, 1987

성춘경, 「전남의 문화재에 대한 고찰(상)」, 『금호문화』 7-8월호, 1983

성춘경, 「運舟寺의 천불천탑」, 『月刊全海』 2월호, 1980

서윤길, 「신라의 미륵사상」, 『한국불교사상사』, 숭산박길진박사화갑기념논집, 원광대출판국, 1975

野村孝文, 「全羅南道多塔峰の遺蹟」, 『朝鮮と建築』 19-8, 1940

12장

『續修四庫全書』, 1032, 子部, 天文算法類, 上海古籍出版社, 1995~1999

潘鼐, 『中國恒星觀測史』, 上海: 學林出版社, 1989

윤영표, 『녹우당의 가보 – 孤山 尹善道 故宅』, 1988

Deborah J. Warner, *The Sky Explored: Celestial Cartography 1500-1800*, NY: Alan R. Liss, Inc., 1979

이능화, 『조선기독교급외교사(朝鮮基督教及外交史)』 상편, 學文閣 영인본, 1968

徐宗澤 편저, 『明淸間耶穌會士譯著提要』, 台北: 中華書局, 1958

『의상고성속편(儀象考成續編)』 32권, 1845

『의상고성(儀象考成)』 30권, 1756

『역상고성(曆象考成)』 42권, 1722

남회인(南懷仁), 『강희영년역법(康熙永年曆法)』 32권, 1678년 북경 간행

남회인, 『영대의상지(靈臺儀象志)』, 1674

남회인, 『의상도(儀象圖)』 2권, 1673년 북경 간행

남회인, 『적도남북성도(赤道南北星圖)』, 1672

남회인, 『간평규총성도(簡平規總星圖)』

남회인, 『신법역서』

서광계(徐光啓), 『적도남북양총성도(赤道南北兩總星圖)』

탕약망, 『서양신법역서』, 1645

탕약망, 『숭정역서(崇禎曆書)』 103권, 1644

지은이의 저술 목록

※이 책은 다음 논문을 모아 보강한 것이다.

1장 : 「고대 별자리의 문화사」, 2005ㅅ. 겨울

2장 : 「영일 칠포지역의 별자리 암각화 고찰」, 2006ㅅ. 9

3장 : 「元曉와 憬興의 『金光明經』 註疏에 나타난 신라의 天文 星宿 世界觀」, 2000ㅅ. 12

4장 : 「5세기 고구려 고분벽화에 나타난 천문관과 천문학」, 2004ㄷ. 9

5장 : 「『天地瑞祥志』의 역사적 의미와 사료적 가치」, 2002ㄹ. 6

6장 : 「불교의 북극성 신앙과 그 역사적 전개」, 2002ㄱ. 3

7장 : 「고려 熾盛光佛畵의 도상 분석과 도불교섭적 천문사상 연구」, 2003ㄷ. 6

8장 : 「고구려의 천문 문화와 그 역사적 계승」, 2006ㄷ. 6

9장 : 「고려와 조선의 우주론 관점 변화」, 2004ㅇ. 12

10장 : 「김시습과 조선 초기 도교의 天文思想」, 2001ㄷ. 11

11장 : 「한국종교사 속의 미륵과 칠성신앙」, 2006ㄹ. 8

12장 : 「신법천문도 方星圖의 자료 발굴과 국내 소장본 비교 고찰」, 2004ㅈ. 12

저서

『동양 천문사상 하늘의 역사』, 『동양 천문사상 인간의 역사』, 예문서원, 2007

『고구려 별자리와 신화』, 사계절, 2008

논문

한국 암각화와 천문문화

「서복 설화의 역사적 인식 변화와 남해 금산 서불과차 암각문의 연관성 문제」, 『민속학연구』 22호, 국립민속박물관, 2008ㄴ. 6

「고령지역 바위구멍 암각화의 현황과 성격」, 『고령지역의 선사·고대사회와 암각화』, 고령군대가야박물관, 2008ㄱ. 3

「영일 칠포지역의 별자리 암각화 고찰」, 『한국암각화연구』 7집, 한국암각화학회, 2006ㅅ. 9

「서울지역 고인돌의 성혈그림 고찰」, 『선사시대의 서울 문화』, 2005 서울시 조사보고서, 고인돌사랑회, 2005ㄹ. 9

「한국인의 윷놀이판 바위그림에 투영된 천체우주론적 관점 고찰 : 井邑 斗升山 望華臺의 바위그림 자료 소개를 덧붙여」, 『한국암각화연구』 5집, 한국암각화학회, 2004ㅊ. 12

「한국 윷판형 암각화의 문화성과 상징성」, 국민대박물관 『학예연구』 3·4호, 2003ㄱ. 2

「별자리형 바위구멍에 대한 고찰」, 『古文化』 51집, 한국대학박물관협회, 1998ㄷ. 8

고구려의 하늘과 별자리

「고구려의 천문자연관과 하늘사상」, 『고구려의 문화와 사상』, 동북아역사재단편, 2007ㄱ. 3

「중국 역사교과서의 신화긍정론과 민족융합론을 통한 역사통합이론 고찰」,『중국 역사교과서의 한국
고대사 서술문제』, 동북아역사재단편, 기획연구 07, 2006ㅊ. 12

「고구려의 천문과 고분벽화」,『인류의 문화유산 고구려 고분벽화』, 연합뉴스·교도통신 공동발행, 주식
회사 연합뉴스 출판, 2006ㅁ. 8

「角觝塚和舞踊塚中的星座判定与古代漢中北極星星座的比較研究」,『韓國高句麗史研究論文集』,
韓國高句麗研究財團·中國延邊大學 編譯, 2006ㄴ. 5

「동아시아 역사에서 고구려 고분벽화의 별자리그림과 천문학(Pictures of star constellations in the Tombs of
the Koguryo Kingdom and its astronomy in the history of East Asia)」, 고구려 고분벽화 국제심포지움, 2005.
10. 21~23, 독일 베를린 자유대학 동아시아 미술사 연구소

"Astronomical and spiritual representations", Preservation of the Koguryo Kingdom Tombs, UNESCO,
Paris, September 2005ㅁ.

『고구려문명기행』, 고구려연구재단편, 2005ㄷ. 7

「평양지역 고구려 천문벽화무덤의 천문도 복원 문제 : 진파리4호분 금박천문도의 복원을 중심으로」,
『고조선·고구려·발해 발표논문집』, 남북러 국제학술회의, 고구려연구재단, 2005ㄴ. 5

「高句麗古墳壁畵中的天文思想及其體系」,『高句麗文化的歷史價値』, 韓中國際學術會議, 高句麗
研究財團·中國社會科學院 中國邊疆史地研究中心, 中國 北京, 2004ㅋ. 12

「벽화천문도를 통해서 본 고구려의 정체성」,『고구려연구』18집, 고구려연구회, 2004ㅅ. 12

「중국학계의 고구려 고분벽화 연구동향 분석」,『중국의 고구려사 연구 동향분석』, 기획연구01, 고구려연
구재단, 2004ㅂ. 11

「5세기 고구려 고분벽화에 나타난 천문관과 천문학 : 덕흥리 고분(408)의 별자리 동정과 천문학적인 고
찰을 중심으로」,『고구려의 역사와 문화유산』, 한국고대사학회·서울시정개발연구원, 2004ㄷ. 9

「고구려 초기벽화시대의 신화와 昇仙的 도교사상」,『역사민속학』18호, 한국역사민속학회, 2004ㄴ. 6

「한국 고대 별자리 문화와 고구려의 천문학」, 제2회 세계한국학대회 2004년 5월 29일, 미발표문

「고구려 벽화와 고대 동아시아의 벽화천문전통 고찰: 일본 기토라 천문도의 새로운 동정을 덧붙여」,
『고구려연구』16집, 고구려연구회, 2003ㅊ. 12

「국내성에서 발견된 고구려 윷놀이판과 그 천문우주론적 상징성」,『고구려연구』15집, 고구려연구회,
2003ㅁ. 6

「고구려의 黃龍思想과 그 우주론적 세계관」,『용, 그 신화와 문화(한국편)』, 서영대·송화섭 편, 민속원,
2002ㅁ. 9

「古代人たちの天文觀 : 高句麗壁畵の古代星座圖」,『月刊韓國文化』271号, 日本 韓國文化院, 東京,
2002ㄴ. 6

「고구려의 하늘세계」,『한국생활사박물관』03권 고구려생활관, 사계절출판사, 2001ㄱ. 1

「각저총·무용총의 별자리 동정과 고대 한중의 북극성 별자리 비교 검토」,『한국과학사학회지』22권 1
호, 한국과학사학회, 2000ㄹ. 6

「벽화에 나타난 화려한 천문 세계 : 과학과 예술이 빚어낸 독창적인 별자리 그림」,『문화와 나』44호, 삼

성문화재단, 1999ㄱ. 1·2월호

「高句麗壁畵の星座圖の考定」, 金井塚良一 日譯, 『硏究紀要』 3号, 日本 山武考古學硏究所, 1998ㄹ. 11

「리준걸, "고구려 고분벽화를 통해 본 고구려의 천문학 발전에 관한 연구"에 대한 토론」, 『고구려 고분벽화』, 1997년 7월 제3회 고구려 국제학술대회 발표논집, 東京, 韓國 高句麗硏究會·日本 東京 學習院大學·在日本朝鮮歷史考古學協會 주최 ;『고구려연구』 4집 재수록, 1997ㄷ. 12

「고구려 고분벽화의 天文思想 특징: 삼중 천문 방위표지 체계를 중심으로」, 『고구려연구』 3집, 고구려연구회, 1997ㄴ. 11

「고구려 고분벽화의 북극성 별자리에 관한 연구」, 『고구려연구』 5집, 고구려연구회, 1998ㄴ. 6

「고구려 고분벽화의 天文 관념 체계 연구」, 『진단학보』 82호, 진단학회, 1996ㄴ. 12

「고구려 고분벽화의 별자리그림 考定」, 『白山學報』 47호, 백산학회, 1996ㄱ. 12

한국 고대인의 천문과 우주

「백제의 曆法制度와 干支曆日 문제 고찰」, 『백제문화사대계』 11권-백제의 사회경제와 과학기술, 충남역사문화연구원, 2007ㄷ. 6

「고구려 국가제사에 대한 중국학계의 연구 분석」, 『중국의 한국고대문화연구 분석』, 기획연구05, 고구려연구재단, 2005ㅇ. 12

「고대 별자리의 문화사 : 그때는 북극성이 달랐다!」, 『문화와 나』, 삼성문화재단, 2005ㅅ. 겨울

「벽화에 나타난 고구려 여성들의 여러 모습」, 『다시 보는 고구려사』, 고구려연구재단편, 2004ㅅ. 11

「고구려 사람들의 하늘세계」, 『다시 보는 고구려사』, 고구려연구재단편, 2004ㅂ. 11

「고구려 건국신화의 신화 계보 변동 : 천자에서 천손으로」, 『다시 보는 고구려사』, 고구려연구재단편, 2004ㅁ. 11

「한국 고대인의 천문우주관」, 『강좌 한국고대사』 8권, 가락국사적개발연구원, 2002ㅅ. 12

「元曉와 憬興의 『金光明經』 註疏에 나타난 신라의 天文 星宿 世界觀」, 『신라문화』 17·18합집, 동국대 신라문화연구소, 2000ㅅ. 12

「고구려 고분벽화의 내세관 변천에 대한 논의」, 『역사와 현실』 37호, 한국역사연구회, 2000ㅁ. 9

「고구려인들의 별자리 신앙」, 『종교문화연구』 2호, 한신대 인문학연구소, 2000ㄴ. 4

「한국 고대 '仙' 이해의 역사적 변천」, 『宗敎硏究』 13집, 한국종교학회, 1997ㄱ. 5

고려의 하늘과 천문사상

「고구려의 천문 문화와 그 역사적 계승 : 고려시대의 능묘천문도와 벽화무덤을 중심으로」, 『고구려연구』 22집, 고구려연구회, 2006ㄷ. 6

「고려와 조선의 우주론 관점 변화 : 천문의 북극에서 이법의 태극으로」, 『동아시아 문화와 예술』 1집, 동아시아문화학회, 2004ㅇ. 12

「고려 熾盛光佛畵의 도상 분석과 도불교섭적 천문사상 연구」, 『천태불교학연구』 4집, 천태불교문화연구원, 2003ㄷ. 6

「『天地瑞祥志』의 역사적 의미와 사료적 가치 : 撰者에 대한 재검토와『高麗史』所引 記事 검토」,『한국고대사연구』26집, 한국고대사학회, 2002ㄹ. 6

「불교의 북극성 신앙과 그 역사적 전개 : 백제의 北辰妙見과 고려의 熾盛光佛 신앙을 중심으로」,『불교연구』18집, 동국대 한국불교연구원, 2002ㄱ. 3

고려의 국가제천과 공존의 문화

「전통시대의 삼교 교섭과 공존의 문화: 고려시대의 다종교상황을 중심으로」,『한국문화와 종교적 다양성 : 갈등을 넘어서』, 한국정신문화연구원, 2003ㅇ. 12

「고려시대 국가 제천의례의 다원성 연구」,『고려시대의 종교문화 : 그 역사적 상황과 복합성』, 윤이흠 외 공저, 서울대출판부, 2002ㅂ. 12

「고려시대의 다원적 至高神 관념과 그 의례사상사적 배경」,『한국문화』제29집, 서울대 한국문화연구소, 2002ㄷ. 6

고려사 오행지 역주

「高麗史 五行志 譯註(5)」金行篇,『고려시대연구』XII, 한국학중앙연구원, 2007ㅁ. 12

「高麗史 五行志 譯註(4)」木行篇,『고려시대연구』X, 한국학중앙연구원, 2006ㅂ. 9

「高麗史 五行志 譯註(3)」火行篇,『고려시대연구』VIII, 한국학중앙연구원, 2005ㄱ. 3

조선시대 천문과 도교문화

「조선 중기 우주관과 천문역법의 주역적 인식 : 張顯光의 易學圖說에 나타난 상수역학을 중심으로」,『태동고전연구』22집, 한림대 태동고전연구소, 2006ㅈ. 12

「근대 다종교 경험과 종교 갈등의 회통 문제: 이능화의 한국종교사학론과 역사종교학의 방법론을 중심으로」,『근대 한국 종교문화의 재구성 – 근대성의 형성과 종교지형의 변동 II』, 한국학중앙연구원 · 종교문화연구소, 2006ㅇ. 11

「한국종교사 속의 미륵과 칠성신앙 : 운주사의 칠성바위와 숙종조 미륵불 사건의 해석을 중심으로」,『종교와 역사』, 윤이흠 교수 정년 기념 논총, 서울대출판부, 2006ㄹ. 8

「전주시 풍수방위론의 카오스와 코스모스 : 全州府城의 방위지표로 본 전주인의 우주관」,『도교문화연구』24집, 한국도교문화학회, 2006ㄱ. 4

「昭忠祠에 세워진 二十八宿와 天文碑 고찰」,『임실독립운동사』, 임실군 · 전북역사문화학회, 2005ㅈ. 12

「신법천문도 方星圖의 자료 발굴과 국내 소장본 비교 고찰 : 해남 녹우당과 국립민속박물관 및 서울역사박물관 소장본을 대상으로」,『조선의 과학문화재』, 서울역사박물관, 2004ㅈ. 12

「한말시기 도교적인 종교정체성과 삼교통합주의 흐름 : 관왕신앙의 성장과 선음즐교의 전개를 중심으로」,『종교연구』32집, 한국종교학회, 2003ㅅ. 가을 : 한국학중앙연구원 · 종교문화연구소,『근대성의 형성과 종교지형의 변동』I, 2005. 11 재수록

「김시습과 조선 초기 도교의 天文思想」,『도교문화연구』15집, 한국도교문화학회, 2001ㄷ. 11

단군의 역사적 인식 변화

「단군 이해의 민족주의적 경향(2)」,『宗教學研究』15집, 서울대종교학연구회, 1996ㄷ. 12

「17세기 단군 이해의 민족주의적 경향」,『宗教學研究』14집, 서울대종교학연구회, 1995. 12

불교사상사

「『大乘起信論』의 修行論과 止觀不二論」,『불교학의 해석과 실천』, 불일출판사, 2000ㅂ. 11

「『대승기신론』生滅門의 體用不二論」,『보조사상』13집, 보조사상연구원, 2000ㄱ. 2

「『대승기신론』에서 染淨熏習論의 體用不二論的 이해」,『불교사연구』3집, 불교사학연구소, 1999ㅇ. 12

「禪修證論의 종교학적 이해와 體用論 연구」,『白蓮佛教論集』8집, 백련불교문화재단, 1998ㅁ. 12

「『大乘起信論』의 不二論과 體用論 연구(1)」,『九山論集』2집, 구산장학회, 1998ㄱ. 5

중국 고대의 신화와 천문

「漢武帝의 太一祭天과 黃老宇宙論」,『중국사연구』32집, 중국사학회, 2004ㄹ. 10

「동양 천문의 범주와 그 세계관적인 역할 : 고려와 조선의 하늘 이해를 덧붙여」,『정신문화연구』94호, 한국정신문화연구원, 2004ㄱ. 봄호

「동양의 신화와 천문 : 규범신화와 천문신화로서 읽기」,『신화와 역사』, 정진홍 교수 정년 퇴임 기념논문집, 서울대 종교문제연구소, 서울대출판부, 2003ㅂ. 6

「四神圖 형식의 성립 과정과 漢代의 天文星宿圖 고찰」,『고구려연구』11집, 고구려연구회, 2001ㄴ. 7

「魏晋 隋唐代 古墳壁畵의 天文星宿圖 考察」,『한국문화』24집, 서울대 한국문화연구소, 1999ㅂ. 12

「道佛의 占星思想과 占卜信仰」,『한국민속학보』10호, 한국민속학회, 1999ㅁ. 12

「道教의 宇宙論과 至高神 관념의 교섭 연구」,『종교연구』18집, 한국종교학회, 1999ㄹ. 11

「天文正統論으로서의 漢唐代 五德受命論과 三統思想 연구」,『한국사상사학』12집, 한국사상사학회, 1999ㄷ. 6

「北極星의 위치 변화 및 漢代의 天文 宇宙論 : 元代 永樂宮 三淸殿 朝元圖의 해석과 관련하여」,『道教文化研究』13집, 한국도교문화학회, 1999ㄴ. 4

한당대 국가제천과 천문

「秦漢代의 郊祀制度와 國家祭天儀禮 변천과정」,『중국사연구』제24집, 중국사학회, 2003ㄹ. 6

「兩漢代의 五行論的 世界觀에 따른 五郊儀禮 고찰」,『중국사연구』제23집, 중국사학회, 2003ㄴ. 4

「唐宋代의 明堂儀禮 변천과 그 天文宇宙論的 운용」,『종교와 문화』6집, 서울대 종교문제연구소, 2000ㄷ. 5

「중국 고대 明堂 의례의 성립과정과 천문우주론적 의미 고찰」, 연대 국학연구원 발표문 2000년 3

「漢唐代 郊祀制度에서의 日月儀禮 研究」,『대동문화연구』35집, 성균관대 대동문화연구원, 1999ㅅ. 12

「魏晋南北朝 시기의 郊祀 制度 변천과 天文思想」,『震檀學報』86호, 진단학회, 1998ㅂ. 12

498